www.heil.reisen

Rolf Krane

Der Reisende Rahmen

Meine Pilgerfahrt an der Westküste der USA

verlag heil.reisen

Bibliografische Information der Deutschen Nationalbibliothek: Die Deutsche Nationalbibliothek verzeichnet diese Publikation in der Deutschen Nationalbibliografie; detaillierte bibliografische Daten sind im Internet über *dnb.dnb.de* abrufbar.

© 2016 Rolf Krane
Erstauflage

verlag heil.reisen,
Rolf Krane, Münchäckerweg 16, 69168 Wiesloch
www.heil.reisen
www.facebook.com/heil.reisen

Umschlaggestaltung: Carolin Liepins, München
Lektorat: Maria Meinel, Halle (Saale)
Korrektorat: Gudrun Bernhard, Sandhausen
Zitat-Übersetzungen[1]:
Maria Meinel, Gudrun Bernhard, Rolf Krane
Karte[2]: Rolf Krane
Satz[3]: Rolf Krane

Herstellung: Bookstation GmbH, Anzing
Buchblock[4]: Zum Schutz der Bäume und Umwelt hergestellt aus 100% Altpapier ohne Chlorbleiche

ISBN 978-3-9818322-1-1

Weil wir auch das sind, was wir verloren haben!
Alejandro González Iñárritu [5]

*Für meinen Vater,
der seinen Weg mit einem Bein gegangen ist.*

Inhalt

Vor der Reise ist nach der Reise

Die Wahl des Rahmens	11
Aufbruch der Schmetterlinge	15
Das muss mit	20
Reisen mit dem neuen Rahmen	23
Schlaflose Nächte in Seattle	29

Mit dem Fahrrad von Seattle nach San Francisco

Der erste Tag auf dem Rad	35
Die Küche des Radreisenden	40
Schwachpunkt Achillessehne	46
Fliegenfischen am Coldwater Lake	52
Ausgebremst auf einer Farm	58
Goethe für Anfänger	62
Die Weisheit der Krabbe	67
Seesterne am Cannon Beach	72
Das Café am Rande des Ozeans	78
Alleine am Cape Lookout	82
Tückische Riesenwellen	86
Requiem für einen Killerwal	89
An den Ufern der Yaquina	93
Schleim auf dem Beifahrersitz	98
Conde B. McCullough	104
Abstecher zum Crater Lake	112
Radtour auf dem Cape Arago	119
Der Fluch der Ureinwohner	128
Was geschah am Battle Rock?	133

Die Schurken vom Rogue River	142
Heiratsantrag und Siegerehrung	152
Willkommen in Kalifornien	157
Allee der Giganten	164
Klassenfahrt mit Stinktier	173
Halbzeit im Nebel	184
Über die Golden Gate Bridge	194

Mein Jakobsweg ist der Camino Real

El Camino Real Business	203
Unterwegs im Caltrain	214
Herbst in Half Moon Bay	220
Heißer Stoff	225
Radfahren auf dem Bay Trail	231
Sushi-Meister gesucht	234
Buckelwale in Monterey	236
Auf einer Mission	246
Das gute Leben	254

An einem heiligen Ort

Ankunft in Big Sur	275
Was für eine Blume wächst aus dir?	291
Der Mann aus der Asche	315
Immer zurück zum Atem	340
Das Rad in mir dreht sich	366
Abschied von Big Sur	387

Weiter auf dem Camino Real

Zurück auf Mission	397
Die Seele der Gitarre	404
Das Licht macht den Unterschied	409
Ein Piano am Strand	415

Wir sind nicht allein	422
Die Zeit ist reif	431
Schreiben im Baumhaus	440
Exkurs: Die Minderen Brüder	447
Mission beendet	456
Das Gesetz der Gravitation	466
Rückflug mit dem Reisenden Rahmen	470

Nach der Reise ist vor der Reise

Wieder zu Hause	477
Radfahren, Essen, Schlafen	478
Exkurs: Eine Sendung Sand	482
Heimkehr des Schmetterlings	489
Medizinbaum	496

Anhang

Literaturverzeichnis	513
Anmerkungen und Quellenangaben	517
Index	535
Danksagungen	566
Über den Autor	568

Vor der Reise ist nach der Reise

Die Wahl des Rahmens

In den vergangenen 24 Jahren war ich in der Software-Entwicklung beschäftigt gewesen. Das verlockende Angebot einer Altersteilzeit hatte ich angenommen als meine beiden jüngeren Kinder noch mit mir zusammenwohnten. Seitdem meine jüngste Tochter an ihren Studienort gezogen war, lebte ich alleine. Meine drei Kinder wohnten nun verstreut in der Republik an weit entfernten Orten.

Anfänglich fühlte ich noch eine große Erleichterung. Ich genoss die gewonnene Freiheit und begann damit, das Haus an meine neue Lebenssituation anzupassen. Zunächst gestaltete ich den Garten um, dann richtete ich für mich ein geräumiges Arbeitszimmer ein, löste die Kinderzimmer auf und wandelte sie in Gästezimmer um. Nie zuvor hatte ich soviel Raum in meinem Leben gehabt!

Im darauffolgenden Jahr, genau eine Woche nach meinem 60. Geburtstag, endete die aktive Phase meiner Altersteilzeit. Auf dem Heimweg von der Geburtstagsfeier mit meiner ältesten Tochter beklagte meine Kusine, ebenfalls alleinstehend und im Ruhestand, dass keine ihrer Freundinnen Zeit hätte, sie auf einer Safari durch Namibia zu begleiten. Meine Tochter meinte nur:

„Frag Papa, der hat Zeit."

Und so traf ich meine Kusine vier Monate später nach Abschluss ihres Entwicklungshilfeprojektes in Windhoek. Zu zweit fuhren wir mit einem Mietwagen durch die Nationalparks des Landes und beendeten unsere Tour in Kapstadt. Ich war fasziniert von den farbenprächtigen Sonnenuntergängen in der grenzenlosen Namib-Wüste, von den freilaufenden Löwen im Etosha National Park und vom fröhlichen Gesang der Schulkinder in Otjikondo. Meine erste Reise in Afrika.

Wieder zurück in Deutschland löste sich meine Band auf, in der ich Gitarre spielte. Unsere Sängerin war aus beruflichen Gründen nach München umgezogen, die Gruppe zerbrach an dem Versuch, sie zu ersetzen. Mein Alltag verlief nicht mehr im gewohnten Rahmen. Geblieben waren noch die beiden Laufgruppen, mit denen ich weiter meine wöchentlichen Runden drehte. Es dauerte nicht lange, bis ich eine große Leere in meinem Alltag spürte.

Ich war auf der Suche nach einer neuen Aufgabe. Im Sommersemester startete ich ein Gaststudium im Bereich Fotografie an einer Fachhochschule für Gestaltung. Seit Jahren fotografierte ich mit Begeisterung. Am Ende des ersten Semesters kam ich jedoch zu der Einsicht, dass das Fotografieren ein Hobby für mich war und keine neue Lebensaufgabe, die mich erfüllen konnte.

Es wurde mir immer klarer, dass mein Leben eine Neuorientierung, einen neuen Sinn brauchte. Ich fühlte mich noch zu jung für den Ruhestand und wollte weiterhin in einem begrenzten Rahmen tätig sein. Welcher Aufgabe sollte ich mich in Zukunft widmen? Was entsprach meinen Fähigkeiten und machte mir Spaß? Womit konnte ich etwas Sinnvolles bewirken? Ich dachte viel über das Leben nach, welches hinter mir lag, und jenes Leben, das noch vor mir lag. Doch zu Hause kam ich nicht weiter. Ich brauchte dringend eine Auszeit, Abstand von Wiesloch, von der Familie, von Freunden und von Brisa, meiner Freundin.

Über Pfingsten war ich mit ihr in Griechenland unterwegs gewesen. Verheißungsvoller Ausgangspunkt unserer Reise war Delphi. Wir besuchten den Apollontempel, der dem Gott des Lichtes und der Heilung geweiht war. Die Anzeichen für eine bevorstehende Trennung waren nicht mehr zu übersehen. Dennoch reisten wir wie geplant mit dem Schiff durch die ägäische Inselwelt der Westkykladen. Unterwegs reifte in mir der Entschluss für eine Selbstfindungsreise. Bei einem Abendessen am Strand erzählte ich Brisa von dieser Idee. Sie war nur wenig beeindruckt davon. In ihrem Leben hatte sie schon oft eine Auszeit genommen und war monatelang allein durch Asien, Afrika und Südamerika gereist. Der bevorstehende Abstand zu mir schien ihr wenig auszumachen. Sie wirkte eher erleichtert und riet mir, in ein Kloster zu gehen.

Während ihrer Asienreisen war sie über Wochen in budhistischen Klöstern geblieben und meditierte dort täglich. Sie war der Ansicht, man brauche einen Rahmen für einen Rückzug und eine Selbstfindung; in einem Kloster sei man gut begleitet auf seinem Weg. Die Vorstellung aber, mich in einen Rahmen aus vier Wänden zurückzuziehen, um darin still zu sitzen, behagte mir in keiner Weise. Ich brauchte Bewegung und das Gefühl von Freiheit. In einem Traum tanzte ich im Kreis einer Gruppe von Männern und Frauen. In der Mitte hatte jeder Tänzer ein Schild mit einem Motto platziert. Meines lautete:

"Mehr Bewegung im Leben!".

War der Jakobsweg ein passender Rahmen für meine Pigerreise? Eine Nichte war hier schon unterwegs gewesen, ebenso ein Onkel, der auf einer seiner Wanderungen sogar von Sohn und Enkelsohn begleitet wurde. Doch sie erzählten mir, der Weg sei mittlerweile überlaufen und die Herbergen übervölkert. Ich aber brauchte mehr Raum und Zeit für mich alleine. Außerdem wollte ich meinen eigenen Weg finden. Und so entschied ich mich für einen Rahmen aus Aluminium, eine Reise mit einem leichten und robusten Trekkingrad.

Nachdem Brisa und ich aus Griechenland zurückgekehrt waren, beendeten wir unsere Beziehung, und ich konzentrierte mich auf die Vorbereitungen für meine Selbstfindungsreise. Fast täglich unternahm ich eine ausgiebige Radtour. In den Ruhepausen dazwischen vervollständigte ich meine Ausrüstung, studierte Karten, las Reiseberichte und holte mir Rat von erfahrenen Radreisenden. In den letzten Wochen vor Reisebeginn intensivierte ich mein Training, packte Steine in die Fahrradtaschen, durchquerte die nordbadische Rheinebene und erklomm die Hügel des benachbarten Kraichgaus.

Bei der Wahl meines Reiseziels musste ich nicht lange überlegen. Seit zwanzig Jahren zog es mich in die USA. Ich hatte bereits zahlreiche geschäftliche und private Reisen in allen Teilen dieses Landes unternommen. Von 1996 bis 1998 arbeitete ich für meine Firma in einem amerikanischen Forschungslabor im Herzen des Silicon Valley und lebte mit meiner Familie in Redwood City. Wir machten Urlaub auf Hawaii, unternahmen Reisen an der kalifornischen Küste bis nach San Diego und besuchten Nationalparks in Kalifornien, Nevada, Arizona und Utah. Meine beruflichen Aufgaben hatten mich nach Texas, Georgia, Florida und in den Nordwesten des Bundesstaates Washington geführt. Bevor wir nach Deutschland zurückkehrten, bereisten wir für einige Wochen die Küste Neuenglands.

Die Westküste der USA aber hatte mich immer in besonderer Weise angezogen. Nun lockten mich die Küsten Oregons und Nordkaliforniens. Ich hatte beeindruckende Bilder davon gesehen, war aber nie dort gewesen. Deshalb sollte meine Pilgerreise mit dem Fahrrad in Seattle starten, entlang der Pazifikküste verlaufen und in San Francisco ihren Abschluss finden. Um Reisekosten zu sparen und um der Natur näher zu sein, beschloss ich, zu zelten und auch selbst zu kochen. Von August bis Oktober wollte ich unterwegs sein. Bis auf die beiden Flüge und die ersten beiden Nächte in einer Jugendherberge in Seattle war nichts vorausgeplant.

Aufbruch der Schmetterlinge

Einige Tage nach der Rückkehr aus Griechenland besuchte ich die Gedenkstätte meiner verstorbenen Ehefrau Karina. Ein kleiner Schmetterling aus Bronze zierte ihren Stein. Er hatte sich zu meiner Überraschung aus der Halterung gelöst. Warum er sich von alleine lockerte und nun danebenlag, blieb sein Geheimnis. Ich steckte den Schmetterling wieder zurück in die Fassung und fixierte ihn am nächsten Tag mit Klebstoff.

Kurze Zeit später beginne ich mit den Vorbereitungen für meine Reise. Eine Bekannte bringt mich in Kontakt mit Franz, den sie auf einer Bergtour kennengelernt hatte. Er hatte ausgedehnte Radtouren in der ganzen Welt unternommen und will mir Tipps für meine Reise geben. Pünktlich erscheint Franz nun vor dem Haupteingang des Doms in Speyer. Bei herrlichem Badewetter fahren wir von hier aus an einen nahegelegenen Baggersee. Ich habe Mühe, ihm mit meinem alten Rad zu folgen, denn Franz fährt auf einem Motorroller voran. Er schont seine Kräfte, weil er in Kürze seine nächste Radreise startet. Am See angekommen versorgt er uns mit kühler Apfelsaftschorle und erzählt, dass er in der nächsten Woche mit zwei Freunden nach Calgary fliegen wird. Von Banff in der Provinz Alberta wollen sie über die Great Divide Mountain Bike Route bis nach Antelope Wells in New Mexico fahren, eine Strecke von 4500 Kilometern. Neun Wochen haben sie für ihre Tour eingeplant.

Ich bin erstaunt, als ich von Franz erfahre, dass er bereits siebzig ist. Er sieht viel jünger aus und wirkt sehr zäh und gut trainiert. Seit Jahrzehnten unternimmt er lange Reisen auf dem Rad und hat darüber hinaus viele alpine Touren bis hinauf auf 7000 Meter Höhe bewältigt. Aus seiner Sicht ist meine geplante Fahrt von Seattle nach San Francisco mit einer Gesamtlänge von 1500 Kilometern eine Unterforderung. Er meint, dass die Strecke viel zu kurz gewählt sei.

Ich hätte sicher keine Probleme bis nach San Diego weiter zu fahren. Doch für mich ist es eine große Herausforderung, nicht nur körperlich, sondern vor allem auch psychisch, da ich alleine fahre. In meinem ganzen Leben war ich nie länger als eine Woche ohne Begleitung unterwegs gewesen. Franz hat Europa, Kanada, Mexiko, Patagonien, Marokko und die Mongolei durchkreuzt und viele ausgedehnte Touren in einer Gruppe gemacht, kennt aber auch das Alleinreisen. Ich bin sehr froh, dass ich ihn treffe, seine Ausrüstungstipps sind gut und nützlich. Er rät mir davon ab, erst in den USA ein neues Fahrrad zu kaufen. Besser sei es, das Rad in Deutschland zu besorgen und es hier schon einzufahren.

Franz hat Recht. Das neue Rad am Heimatort zu kaufen, hat viele Vorteile. Seit Jahren bin ich Stammkunde in einem Fahrradgeschäft. Zu Beginn meines Trainings habe ich hier bereits Radkleidung, einen neuen Helm und einen Sattel erworben. Hier werde ich gut beraten und bekomme ein hochwertiges Trekkingrad, das ich von den Monteuren gleich vollständig ausrüsten lasse, mit neuem Sattel, einem Gepäckträger für das Vorderrad sowie Flaschenhalterungen und Reifen mit Spezialprofil. Der Laden versorgt mich auch mit den passenden Ersatzfelgen und Schläuchen. Was mich schließlich überzeugt, ist der Umstand, dass ich mein Fahrrad bereits in Deutschland einfahren werde. Ich kann mich an das Rad gewöhnen, Kette und Lager werden eingetreten und die Scheibenbremsen schleifen sich ein. Bevor wir auf unsere erste große Fahrt gehen, wird es von den Profis vor Ort technisch noch einmal ordentlich durchgecheckt.

Franz sagt mir auch, worauf ich beim Fahrradkauf achten soll. Die vordere Gabel sollte eine Federung aufweisen, die eingestellt werden kann. Einen breiten Lenker empfiehlt er, damit sich der Brustraum beim Atmen besser öffnen kann. Die Griffe sollten Hörner haben, damit ich die Handhaltung während der Fahrt auch einmal wechseln kann. Und schließlich ist bei viel Gepäck ein robuster Ständer ebenso wichtig wie eine Bremshilfe, entweder in Form von Öldruck- oder Scheibenbremsen.

Er rät mir strapazierfähige und wasserdichte Fahrradtaschen in einer Signalfarbe zu besorgen. Mit einer Lenkertasche, zwei großen Taschen hinten und zwei kleineren vorne, um darin Zelt, Schlafsack und Matratze zu verstauen, sei ich gut ausgestattet. Für Wanderungen oder Ausflüge ohne Fahrrad empfiehlt mir Franz einen zusätzlichen Rucksack, der hinten auf die Gepäcktaschen geschnallt werden kann. Er meint auch, dass es kein Problem sei, das Rad als Sondergepäck im Flugzeug mitzunehmen. Ich bin dankbar für seine vielen guten Tipps und gespannt, zu welchem Zelt er mir raten wird. Da er die Typenbezeichnung nicht auswendig kennt, verabreden wir uns ein weiteres Mal am nächsten Vormittag bei ihm zu Hause.

Noch am Abend telefoniere ich mit meiner Fluggesellschaft und melde mein Fahrrad als Sondergepäck an. Es sei nicht erforderlich, dass ich das Rad verpacke, versichert mir der Agent. Ich könne es zusammengebaut am Sondergepäckschalter in Frankfurt abgeben. Auf dem Flughafen würde es dann in einen speziellen Fahrradcontainer verfrachtet.

Am nächsten Vormittag treffe ich mich wieder mit Franz, diesmal in seiner wunderschön gelegenen Wohnung in Speyer. Von der Dachterrasse aus blickt man über die Dächer von Speyer und auf den Dom. Es ist ein sonniger Tag, die Sicht reicht bis zum Rhein.

Franz beginnt sofort damit, sein geräumiges Zelt, das nur drei Kilogramm wiegt, auf der Terrasse aufzubauen. Sein Fahrrad hat er bereits demontiert und in einem Karton verstaut. Auf einem Tisch im Esszimmer liegt seine gesamte Ausrüstung ausgebreitet. Ich schaue mir an, was er alles mitnimmt und mache mir Notizen. Franz schwärmt von einer Fahrradjacke, deren Ärmel abnehmbar und mit Reißverschlüssen an der Weste befestigt sind. Die Jacke weist nicht nur den Wind ab, sondern verträgt auch leichten Regen. Er hatte gleich zwei davon gekauft. Sein Angebot, mir eine davon abzutreten, nehme ich gerne an.

Er zeigt mir auch Fotos von seinen vielen Rad- und Bergtouren, viele davon mit einer Frau an seiner Seite. Er vertraut mir an, dass seine Lebensgefährtin, mit der er über zwanzig Jahre zusammen gewesen war, vor zwei Jahren beim Klettern in den Alpen tödlich verunglückt sei. Sie war auf vielen Rad- und Bergtouren seine Begleiterin gewesen.

Betroffen erwidere ich, dass meine Lebenspartnerin vor zehn Jahren an Krebs verstorben war. Ich erzähle ihm auch, dass mein Bruder mit sechzehn Jahren beim Klettern den Tod gefunden hatte. Mit seiner Gruppe war er damals auf dem Langkofel in der Nähe von Wolkenstein unterwegs. Aufgrund eines festgeklemmten Seiles konnten sie sich bei Dämmerung und Dunkelheit nicht weiter abseilen und mussten für Stunden unter einem Wasserfall im Sprühregen ausharren. Mein Bruder starb an Unterkühlung. Als ich von Franz erfahre, dass sich der tödliche Unfall seiner Lebensgefährtin ebenfalls in den Dolomiten ereignete, bin ich noch mehr bestürzt. Es gibt erstaunliche Verbindungen zwischen uns beiden. Unsere Begegnung kann nicht zufällig sein.

Franz bietet mir an, die Radtaschen seiner verstorbenen Partnerin auszuleihen. Verkaufen wolle er mir diese Erinnerungsstücke jedoch nicht. Obwohl ich dieses Angebot sehr schätze, lehne ich ab. Einen Verlust der Taschen möchte ich nicht riskieren. Einen Gepäcksack, um meine Fahrradtaschen für den Flug zu verstauen, leihe ich mir gerne von ihm. Franz erklärt mir, dass der Sack auch auf der Radtour von Nutzen sei. Er diene unterwegs immer als Schmutzmatte vor dem Zelteingang.

Am Ende lädt mich Franz noch zu einer Tasse Kaffee ein. Wir sitzen auf der Dachterrasse, genießen den sonnigen Vormittag, den Rundblick über die Dächer von Speyer und unterhalten uns. Ich frage ihn, worauf ich als Alleinreisender besonders achten sollte. Er rät mir, das Rad immer dort abzuschließen, wo viele Menschen daran vorbeilaufen könnten. Wenn ich in einem Supermarkt einkaufen ginge, sollte ich es am besten im Eingangsbereich platzieren. Überhaupt solle ich, wenn möglich, mein Rad nie aus den Augen lassen. Wie man mit dem Alleinsein umgeht, möchte ich noch von ihm wissen. Er meint, ich solle mich beschäftigen und nicht zu grübeln anfangen.

Für einige Wochen werden wir zur gleichen Zeit in den USA unterwegs sein, obwohl wir ganz andere Wege fahren. Beide radeln wir von Nord nach Süd. Franz und seine Freunde fahren über die Great Divide, die weltweit längste Mountainbike-Strecke. Die Bergtour verläuft entlang der kontinentalen Wasserscheide, die im längsten Abschnitt dem Gebirgskamm der Rocky Mountains folgt. Flüsse, die westlich davon entspringen, fließen in den Pazifik, östlich davon münden sie in den Atlantik, nordöstlich in den Arktischen Ozean und südöstlich in den Golf von Mexiko. Meine Strecke verläuft westlich davon, entlang der Küste zum Pazifik. Auf unterschiedliche Weise werden wir beide einer Route folgen, deren Verlauf durch das Wasser bestimmt ist. Es ist das Element, das unsere Gefühle bewegt und sie zum Fließen bringt. Durch das Wasser erfahren wir Reinigung und Klarheit, aber auch Wachstum und Verbundenheit mit dem Ganzen.

Bevor ich mich von Franz verabschiede, führt er mich in den Keller. Er möchte mir unbedingt noch das Fahrrad seiner verstorbenen Lebensgefährtin zeigen, da ihr Rad ähnlich ausgerüstet sei wie sein bereits verpacktes. Meine Augen bleiben sogleich am schwarzen Sattel des Damenrades hängen. Den rückwärtigen Teil ziert ein weißer Schmetterling!

Das muss mit

Mein neues Fahrrad steht voll beladen und abfahrbereit mitten im Wohnzimmer. Es ist ein leichtes, aber robustes Treckingrad mit einem silbergrauen Rahmen aus Aluminium. Morgens um halb drei bin ich aufgestanden, denn mein Zug Richtung Frankfurt Flughafen fährt um vier. Ein letztes Mal überprüfe ich mein Reisegepäck.

Die Radtaschen sind expeditionstauglich, wasserdicht und knallgelb, wie ein Signal. Über dem zusätzlich montierten Vorderträger hängen zwei kleine Seitentaschen. Die eine enthält mein lindgrünes Zelt, eine Nummer kleiner als das von Franz, aber groß genug für einen Alleinreisenden. In die andere Tasche habe ich den extrabreiten Daunenschlafsack und die überbreite Luftmatratze mit integrierter Pumpe gestopft. Auf den Vordertaschen werde ich mein Solarpanel anbringen, die Ladestation für mein Smartphone.

In der Lenkertasche bewahre ich Pass, Flugtickets, ESTA-Visum, wichtige Medikamente und mein elektronisches Equipment auf: eine digitale Spiegelreflexkamera, das Smartphone, eine Funk-Tastatur, ein E-Book-Lesegerät, das bereits mit Reiselektüre beladen ist, zwei weitere Akkus und eine Stirnlampe. Die Lenkertasche werde ich auf der Fahrt besonders gut im Auge behalten. Sie ist verschließbar, leicht abnehmbar und kann schnell mit einem Tragegurt versehen und umgehängt werden, wenn ich mich vom Rad entferne. Zur Vorsorge habe ich eine Krankenversicherung für die USA, eine Reiseversicherung und eine 24-Stunden-Diebstahlversicherung für das Rad abgeschlossen. Alle wichtigen Dokumente und Gebrauchsanweisungen sind digitalisiert und mit meinen Kontakt- und Kalenderdaten in einem Internet-Datenspeicher gesichert.

Auf dem hinteren Gepäckträger sind drei große Taschen miteinander verschnürt. Eine Seitentasche enthält einen

Brennspirituskocher und die Küchenutensilien. In der zweiten Seitentasche befinden sich meine gesamte Kleidung, mein Kulturbeutel sowie meine Reiseapotheke. Die dritte ist eine geräumige, obenauf geschnürte Quertasche, die alles enthält, was im Bedarfsfall schnell greifbar sein muss: einen Regenponcho, eine superleichte Windjacke, Werk- und Flickzeug, das Solarpanel, zwei Ersatzschläuche, eine Verbandstasche, ein Handtuch sowie ein Paar Sandalen. Unten in der Tasche liegt ein leichter Rucksack für kleinere Touren zu Fuß. Die Fahrradpumpe, eine Halterung für große Wasserflaschen und Ersatzfelgen sind am Rahmen des Rades befestigt.

Auf der Hinreise trage ich meine khakifarbene Expeditionshose mit abnehmbaren Hosenbeinen und ein langärmeliges Expeditionshemd. Den Regen und Wind abweisenden Rad-Anorak habe ich übergezogen. Meine Füße stecken in festen knöchelfreien Wanderschuhen. Sie sind noch recht neu und immer noch nicht ganz eingelaufen. Unter meinem Fahrradhelm werde ich ein leichtes Schlauchtuch tragen. Ein Paar Radhandschuhe liegen bereit.

Die große Quertasche enthält auch alles, was ich während der Reise im Flugzeug benötige, einen Radführer für die amerikanische Westküste und eine warme Fleece-Jacke. Ich bin überzeugt davon, dass ich mit dieser Ausrüstung alles habe, was ich für die Reise benötige, und dass es zugleich auch das Minimum ist, was ich brauche.

Kurzfristig entschließe ich mich, meinen Teddy mit auf die Reise zu nehmen. Er heißt Happy. Ich stopfe ihn in die Tasche mit dem Zelt. Als weiteren Begleiter nehme ich einen kleinen Schutzengel mit, der an einem silbernen Halskettchen hängt. Ich hatte ihn zwei Wochen vor der Abfahrt zu meinem 61. Geburtstag von einer Freundin geschenkt bekommen mit den Worten: „Der muss mit!"

Meine jüngste Tochter hatte einen zauberhaften klitzekleinen Brumpfo für mich gebastelt. Sie schrieb dazu:

Brumpfo ist ein sehr liebenswertes Monster. Es wird dir ein treuer Weggefährte sein und dich beschützen. Mit seinem manchmal etwas ... anderen Aussehen wird er Bären und Berglöwen abschrecken sowie böse Gedanken und Erfahrungen fernhalten!

Um wilde Tiere auf Distanz zu halten, nehme ich noch zwei Bärenglöckchen und eine Bärenpfeife mit. In der Verpackung eines anderen Geburtstagsgeschenks war ein kleiner blau karierter Hase als Anhänger eingeflochten. Der muss natürlich auch mit und soll mir helfen, Ängste zu überwinden. Und schließlich packe ich auch die Glasmurmel ein, die ich von einer Ladenbesitzerin in Athen mit den Worten geschenkt bekam, „Dass alles rund wird und sich für alles eine Lösung findet."

Bevor ich aufbreche, bleibt mir noch genug Zeit, um mein Fahrrad für die Reise zu segnen. Ich zünde einen Räucherkegel an und setze ihn in eine Metallschale. Nachdem ich die Flamme ausgeblasen habe, quillt würziger und dichter Rauch aus der Kegelspitze. Mit der qualmenden Schale bewege ich mich um das Rad, lasse den Rauch durch alle Teile hindurchziehen und bitte darum, dass sie gut funktionieren und halten, und dass mich mein Rad sicher auf meiner Reise trägt. Ich lasse den Rauch auch um die Taschen ziehen und bitte darum, dass sich meine Ausrüstung als nützlich erweisen und nicht abhandenkommen möge. Dann stelle ich die Räucherschale unter das Tretlager. Mit einer Klangschale bewege ich mich um das beladene Rad und beschalle es mit wohlklingenden tiefen Gongschlägen, so dass die schützenden Schwingungen meine Ausrüstung durchdringen. Schließlich bringe ich zwei kleine Zimbeln zum Klingen und bewege mich ein letztes Mal mit feinen und hellen Tönen um das Rad herum. Einige Rauchkegel und die Zimbeln packe ich ebenfalls mit ein, denn mein Rad braucht noch einen Namen. Ich werde es unterwegs taufen. Erst wenn ich es kennengelernt und seine besonderen Qualitäten erfahren habe, soll es einen passenden Namen bekommen.

Reisen mit dem neuen Rahmen

Vorsichtig rolle ich mein Rad über die Schwelle meines Heimes, verschließe die Haustür hinter mir, schwinge mich in den Sitz und starte mit kräftigen Tritten in die Dunkelheit der Nacht. Die Straßen sind noch feucht vom letzten Regen. Das Licht der Straßenlaternen spiegelt sich im nassen Asphalt. Die Stadt ist ungewohnt still und menschenleer. Mein Rad gleitet durch die Nacht und folgt dem eigenen Lichtkegel. Ich spüre den Rahmen unter mir und die zusätzlichen 25 Kilogramm Gepäck. Das Gewicht des schwer bepackten Rades verleiht der Fahrt eine kraftvolle Dynamik auf der flachen Strecke. Einmal in Bewegung versetzt, rollt es leicht und zügig voran. Bergab wird es nicht anders sein. Die eigentliche Herausforderung wird erst auf mich zukommen, wenn es bergauf geht.

Bereits nach wenigen Minuten erreiche ich den Bahnhof. Heute Morgen bin ich der einzige zusteigende Fahrgast. Ich schiebe mein Rad behutsam durch die Wagentür des Zuges und gönne ihm eine erste Ruhepause. Zum Flughafen in Frankfurt brauche ich zweieinhalb Stunden und muss zweimal umsteigen. Ohne Rad und in einer Direktverbindung führe ich nur eine Stunde.

Vom elektronischen Check-in am Flughafen steuere ich zielstrebig den Sondergepäckschalter meiner Fluggesellschaft an. Dort packe ich sämtliche Radtaschen in den Gepäcksack, verschnüre ihn mit einer kurzen Kordel und lege ihn auf einen Kofferwagen. Lediglich die Lenkertasche und die große Quertasche stelle ich gesondert als Handgepäck dazu. Meinen Fahrradhelm trage ich bis ins Flugzeug. Aus beiden

Radreifen lasse ich etwas Luft, damit sie während des Fluges nicht platzen.

Am Schalter checke ich zunächst den Gepäcksack ein. Mit 22 Kilogramm liegt er noch gut im Limit. Als ich dem Mitarbeiter am Schalter auch mein Fahrrad übergeben möchte, verweigert er mir zunächst die Annahme, da es nicht in einem Karton verpackt sei. Damit habe ich nicht gerechnet. Ich weise ihn darauf hin, dass mein Rad als Sondergepäck angemeldet sei, und dass ich das Rad auch unverpackt abgeben könne, und es während des Fluges in einem Spezialcontainer untergebracht würde. Davon weiß der Mann am Schalter nichts und telefoniert erst einmal. Im Internet hatte ich einen Blog verfolgt, in dem diskutiert wurde, ob es besser sei, ein Rad im Karton oder in Folie zu verpacken oder ob man es ohne jede Verpackung abgeben sollte. Die Diskussion ergab, dass das Risiko von Beschädigungen größer sei, wenn für das Transportpersonal nicht zu erkennen ist, dass es sich um ein Fahrrad handelt. Schließlich akzeptiert der Mann am Schalter mein unverpacktes Fahrrad. Er ruft einen weiteren Mitarbeiter dazu, dem ich das Rad mit den Worten übergebe: „Passen Sie bitte gut darauf auf!" Der aber grinst nur und verschwindet mit dem Rad in den Transportbereich.

Im Flugzeug habe ich einen Platz am Gang. Neben mir sitzt ein freundlicher Senior, der auf dem Heimweg nach Seattle ist und sehr gut Deutsch spricht – mit leichtem amerikanischen Akzent. Zweimal im Jahr besucht er seine neunzigjährigen Eltern, die in der Nähe von Kassel in einem Altenheim leben. Dieses Mal sei er auch gekommen, um ihr Haus aufzulösen und zu verkaufen. Mein Sitznachbar war in Deutschland aufgewachsen. Nachdem er in Boston studiert und seine Frau dort kennengelernt hatte, blieb er in den USA. Heute hat er einen amerikanischen und einen deutschen Pass. Er wohnt mit seiner Frau in Seattle, unmittelbar am Lake Washington und hat zwei Töchter. Beide leben in Oregon, die eine ist Lehrerin in Portland, die andere studiert Ozeanographie und lebt an der Küste.

Diesen Mann zu treffen, ist ein Segen, denn er hat viele hilfreiche Informationen für mich. Mit ihm gehe ich noch einmal die geplante Radroute vom Flughafen zur Jugendherberge durch. Zu meinem Schrecken verläuft sie durch ein Industriegebiet. Mein Nachbar beschreibt eine schönere und nur wenig längere Strecke, die am Lake Washington und an seinem Haus vorbeiführt, empfiehlt mir jedoch dann, die Link Light Rail, eine Schnellbahn vom Flughafen bis zur Innenstadt, zu nehmen. Damit sei ich in einer halben Stunde am Ziel. Ich solle an der Station „International District/Chinatown" aussteigen. Meine Herberge liege ganz in der Nähe.

Durch unsere Unterhaltung, ein kleines Nickerchen und das Filmprogramm verläuft der Flug kurzweilig. Ich schaue einen Film an, in dem ein junger Witwer mit zwei Kindern eine neue Liebe findet und muss bei der letzten Szene weinen vor Rührung.

In Seattle angekommen, versuche ich vergeblich, meine Prepaid-Karte zu aktivieren, die ich in Deutschland über das Internet für einen beachtlichen Preis erworben hatte. Das Gefühl, plötzlich abgeschnitten zu sein von meinen Kindern zu Hause, lässt Panik aufsteigen. Noch fehlt mir die nötige Gelassenheit, um mit unerwarteten Pannen umzugehen. Von der weit gereisten Brisa hatte ich erfahren, dass man unterwegs immer wieder Geschenke erhalte, mit denen man nicht gerechnet habe. Sie sagte, ich solle meine Aufmerksamkeit immer auf das Positive richten und dafür dankbar sein. Wenn ich etwas verlöre oder etwas nicht wie erwartet funktioniere, sei es besser, nicht daran festzuhalten. Mein Nachbar im Flugzeug hat mich mit vielen Informationen beschenkt. Ich bin ihm dankbar dafür. Nun funktioniert das Smartphone nicht wie erwartet. Im Augenblick kann ich das Problem nicht lösen, also übe ich mich in Gelassenheit und warte, bis sich für die Lösung des Problems eine Möglichkeit ergibt.

Wenig später wird meine Gelassenheit erneut auf die Probe gestellt. Nach über zehn Stunden Flugzeit verbringe ich die nächsten eineinhalb Stunden in der Warteschlange der Einwanderungsbehörde, bevor ich das amerikanische Hoheitsgebiet betreten darf. Als ich die Gepäckausgabe erreiche, kreist der Sack mit meinen Radtaschen bereits auf dem Karussell. Das Gewebe ist an zwei Stellen durchgescheuert. Doch das eigentliche Problem liegt tiefer. Die beiden darunterliegenden Taschen sind ebenfalls aufgerissen und damit nicht mehr regendicht. Den vorausgehenden Übungen ist es zu verdanken, dass ich nicht die Fassung verliere.

Umso größer ist meine Freude, als ich am Sondergepäckschalter mein Fahrrad entdecke und untersuche. Es hat den Flug unbeschadet überstanden. Nach der Rast an Bord wirkt es frisch und ausgeruht. Jedoch verweigern mir die Beamten am Zoll seine Herausgabe. Ich darf es als Passagier auf der Fahrt mit der Flughafenbahn des „Satellite Transit System" bis zum Hauptgebäude nicht mit mir führen. Nur die Fluggesellschaft kann das Rad dorthin befördern. Um meine Übungen in Gelassenheit weiter zu vertiefen, muss ich mich selbst darum kümmern, jemanden vom Bodenpersonal zu finden, der diese Aufgabe übernimmt.

Drei Stunden später übergibt mir ein Mitarbeiter das Rad. Voller Tatendrang pumpe ich die Reifen auf und bepacke es. Es ist ein sonniger Tag und angenehm kühler als die letzten Tage in Deutschland, wo ich bei Temperaturen über 30 Grad trainiert hatte. Ich bin frohen Mutes und möchte bei diesem wunderbaren Wetter die dreißig Kilometer entlang des Lake Washington bis zur Herberge radeln.

Mein Vorhaben gestaltet sich nicht so einfach wie gedacht. In Ermangelung eines funktionsfähigen Smartphones mit Navigationssystem brauche ich zunächst einen Stadtplan von Seattle. Ich schiebe mein bepacktes Rad durch das Flughafengebäude und wechsele mit einem Fahrstuhl die Ebenen, bis ich einen Laden dafür finde. Wesentlich schwieriger erweist es sich, das Flughafengelände Richtung Lake Washington zu verlassen. Der Stadtplan scheitert an der Dreidimensionalität des Flughafens. Auf zwei verschiedenen Fahrebenen probiere ich mein Glück und gerate immer nur in Sackgassen oder Autostraßen ohne Radweg. Nach einer weiteren Stunde spüre ich die Erschöpfung der 24-stündigen Anreise. Ich beschließe, mehr auf meinen Körper zu achten. Er soll auf meiner Tour künftig das letzte Wort haben.

Und so nehme ich den Vorschlag meines Mitreisenden dankbar an und fahre mit der „Link Light Rail in die Innenstadt. Die Jugendherberge liegt direkt hinter dem großen Tor, durch das man nach Chinatown gelangt. Ich habe zwei Übernachtungen in einem Vierbettschlafraum gebucht. Einen Teil meines Gepäcks verschließe ich im Zimmer, einen anderen in einem Zusatzfach im Gepäckraum. Das Rad steht abgeschlossen im Keller der Herberge.

Nach einer Dusche fühle ich mich wie neugeboren und mache mich zu Fuß auf den Weg in die Innenstadt. Mein erstes Ziel ist der Laden einer großen Telefongesellschaft. Einem Verkäufer gelingt es, meine Prepaid-Karte durch wiederholtes Einlegen und Neustarten des Smartphones zum Laufen zu bringen. Von ihm lerne ich, dass eine vergleichbare Karte in seinem Geschäft nur etwa halb so viel kostet wie die in Deutschland über das Internet bestellte.

Ich bin froh, dass mein Telefon wieder funktioniert, fühle mich wieder verbunden mit der Welt und hoffe, dass sich meine Angst bei unerwarteten Pannen mit der Zeit legt. Sie verengt meinen Blickwinkel. Gelingt es mir gelassen zu bleiben, dann entspannt und öffnet sich meine Wahrnehmung für unerwartete Lösungen.

Der Aufenthalt in der Herberge gefällt mir. Ich teile mein Zimmer in der ersten Nacht nur mit einem weiteren Gast. Am frühen Abend entdecke ich im Speisesaal am Tisch gegenüber eine Frau, die meine Aufmerksamkeit auf sich zieht. Ich kann es kaum fassen. Mit ihrer schlanken Figur, den kinnlangen blonden Naturlocken, ihrer hohen Stirn, den eng stehenden grau-blauen Augen über der langen schmalen Nase, dem breiten schmalen Mund und dem leicht vorstehenden Kinn sieht sie aus wie Brisa. Neugierig spreche ich sie an. Ich erkläre ihr, dass sie mich an jemanden in Deutschland erinnere und ich sie gerne fotografieren möchte. Sie ist einverstanden und wir unterhalten uns. Ihr Name ist Helen. Sie ist mit ihrem Bruder unterwegs und kommt aus Delaware, wo sie als Lehrerin arbeitet. Seattle ist für die Geschwister der Ausgangspunkt einer Seerundreise bis Alaska.

Auf der Kreuzfahrt mit Brisa durch die griechische Ägäis habe ich eine Art des Reisens wiederentdeckt, die ich in den letzten Jahrzehnten verloren hatte. Ich habe wieder gelernt, wie ich mit wenig Geld auskommen kann. Wie einfach es ist, mit anderen Reisenden oder Einheimischen in Kontakt zu kommen, wenn ich nur offen und herzlich auf sie zugehe. Wie wenig ich vorausplanen muss, wenn ich unterwegs bin. Wie viel sich auf einer Reise von selbst ergibt. Wie dankbar ich sein kann über jede Begegnung mit einem Menschen, der mich unterstützt, mir einen Hinweis oder Rat mit auf den Weg gibt. Wie ich Missgeschicke auf Reisen annehmen und wieder loslassen kann. Wie mich Hindernisse unterwegs schützen oder zu neuen Orten führen können. Wie ich mit mehr Gelassenheit entspannter und leichter vorankomme. Ich bin Brisa sehr dankbar dafür, dass sie mich mit diesen Sichtweisen und Haltungen wieder in Kontakt gebracht hat. Die vorausgegangene Fahrt mit ihr hat mich auf einen neuen Rahmen für mein Reisen eingestimmt.

Schlaflose Nächte in Seattle

Der Zeitunterschied zwischen Deutschland und der amerikanischen Pazifikküste beträgt neun Stunden. Mein Körper braucht erfahrungsgemäß etwa eine Woche, um sich umzustellen. In den ersten Tagen bin ich immer früh müde und wache früh auf. Gestern Abend war ich bereits um acht eingeschlafen und bin heute Morgen schon um halb vier wieder aufgestanden. Eine Stunde später sitze ich im Speisesaal und schreibe dem Frühstück entgegen.

Meine Kinder baten mich darum, sie über meinen Reiseverlauf zu informieren. Sie machten sich Sorgen um ihren allein reisenden Vater. In einem privaten Blog erfahren sie nun täglich, wo ich mich aufhalte und was ich erlebe. Zusätzlich können sie meine Tour über eine Anwendung im Internet verfolgen. Die dazugehörige App auf meinem Smartphone zeichnet die Route automatisch auf. Ich habe meiner Familie und meinen Freunden mitgeteilt, dass ich mich nicht per Telefon oder E-Mail melden werde und sie gebeten, mich nur in Ausnahmefällen zu kontaktieren.

Um das Schreiben meiner Berichte zu erleichtern, habe ich eine handliche Reisetastatur mitgenommen, die ich über eine Funkverbindung mit dem Smartphone verbinde, die unverzichtbare Kommunikationszentrale für meine Reise. Außerdem benötige ich es zum Navigieren, Finden von Campingplätzen und Reservieren von Übernachtungen.

Heute Morgen muss ich feststellen, dass es sich nicht mehr aufladen lässt, weder über das amerikanische Netzgerät, noch über das Notebook meines Tischnachbarn, der seit fünf Uhr neben mir sitzt. Ein Smartphone, das sich nicht mehr aufladen lässt, ist bald nutzlos. Überrascht von mir selbst, bleibe ich heute gelassen mit dieser Erkenntnis. Seit gestern vollzieht sich ein Wandel in mir. In der Gewissheit, dass es sicher eine einfache Lösung für das Problem geben wird, mache ich mich nach dem Frühstück auf den Weg zu einem Telefonladen meines Geräteherstellers. Der allerdings befindet sich nicht im nahegelegenen Zentrum, sondern im Universitätsviertel. Die junge Frau an der Rezeption der Herberge erklärt mir, wie ich mit dem Schnellbus dorthin komme.

Eine halbe Stunde später bin ich dort. Der Bus hält an jeder zweiten Querstraße der University Avenue. Es herrscht ein reges Treiben junger Leute auf den Bürgersteigen der langgezogenen Straße, die mit kleinen Läden, Restaurants und Cafés dicht besiedelt ist. Die alten Gebäude im viktorianischen Stil sind höchstens zweigeschossig und verbreiten eine idyllische Kleinstadtatmosphäre. An der Ecke zur 50. Straße steige ich aus. Zu Fuß durchquere ich ein typisch amerikanisches Wohnviertel und passiere pastellfarbige Holzhäuser mit gepflegten, blühenden Vorgärten. Die Straßen sind zur Mittagszeit wie ausgestorben. Nur eine junge Frau sitzt auf der Eingangstreppe ihres Hauses in der Sonne und verzehrt in Gedanken versunken eine Schüssel Salat.

Schließlich erreiche ich eine großzügige Einkaufsanlage. Der Telefonladen mit dem riesigen Logo an der Fassade ist nicht zu übersehen. Mindestens drei Dutzend Mitarbeiter und ebenso viele Kunden bevölkern die Einkaufshalle. Gleich am Eingang begrüßt mich ein Angestellter und fragt nach meinem Anliegen. Nachdem er überprüft hat, dass Kabel und Netzgerät in Ordnung sind, kann der Fehler nur noch im Gerät selbst zu suchen sein. Ich habe Glück, denn der Laden hat auch technische Mitarbeiter, die kleinere Reparaturen auf der Stelle erledigen. Ich erhalte den nächsten freien Termin in einer Dreiviertelstunde und eine Wartungsnummer.

Beim Gedanken daran, dass mein Smartphone kaputt sein könnte, fällt es mir plötzlich schwer, weiter gelassen zu bleiben. Meine komplette Logistik ist von diesem Gerät abhängig. Mein gesamtes Zubehör, die Tastatur, das Ladegerät und die Ersatzakkus sind ebenso darauf abgestimmt wie meine

Software. Was mache ich nur, wenn sich mein Smartphone nicht mehr reparieren lässt? Während ich auf den Techniker warte, bereitet mich der vorausschauende Verkäufer auf die Anschaffung eines neuen Gerätes vor. Er wittert ein mögliches Geschäft. Eine Neuanschaffung ist jedoch nur in Verbindung mit einem amerikanischen Telefonvertrag erschwinglich. Ich brauche ein Gerät ohne Vertrag, um es in Deutschland weiter zu benutzen. Aber der Preis dafür liegt jenseits meiner Möglichkeiten. Also beende ich das Verkaufsgespräch, verlasse den Laden und verspeise auf einer schattigen Parkbank einen Frozen Yoghurt.

Wieder abgekühlt kehre ich zurück und melde mich bei einem freien Mitarbeiter mit meiner Wartungsnummer. Kurz darauf begrüßt mich ein Techniker. Er verbreitet den typischen Optimismus der Westküste, der mich davon überzeugen soll, dass der Defekt leicht zu beheben ist. Mit meinem Smartphone zieht der Techniker sich in die Werkstatt zurück. Entspannt und zuversichtlich warte ich auf seine Rückkehr. Keine zehn Minuten später erscheint er wieder und strahlt übers ganze Gesicht. Er musste nur die Steckdose im Gerät reinigen. Ich danke dem jungen Mann für den kostenlosen Service und bin froh, dass dieses Problem schon in Seattle aufgetreten ist. An der gesamten Küste Oregons gibt es keinen Telefonladen meiner Gerätemarke. Der nächste befindet sich in Portland, 200 Kilometer weiter südlich.

Erleichtert fahre ich mit dem Bus wieder zurück ins Zentrum. In einem Outdoor-Geschäft vervollständige ich meine Ausrüstung und in einem Bio-Supermarkt kaufe ich Hygieneartikel und noch einige Grundnahrungsmittel ein. Danach bleibt mir noch genug Zeit für einen Besuch des Experienced Music Project Museum. Dieses Museum, kurz EMP genannt, befindet sich in der Nähe der Space-Needle, des Wahrzeichens von Seattle. Es hat eine auffallende Gestalt und wird von Einheimischen auch als Hämorrhoide bezeichnet. Der Architekt verglich die Form einmal mit einer geschmolzenen Gitarre. Ich mag es gerade wegen seiner ungewöhnlichen Form. Vor allem aber ist es ein Tempel der Rockmusik. Ursprünglich war es als Jimi Hendrix Museum konzipiert worden. Das Museum hat viele Erinnerungsstücke von ihm ausgestellt.

Der geniale und musikalisch bahnbrechende Gitarrist wurde 1942 in Seattle geboren und verbrachte dort seine Kindheit. Mit 19 Jahren verpflichtete er sich für drei Jahre zum Militärdienst. Nach dreizehn Monaten brach er sich angeblich im Sommer 1962 beim Fallschirmspringen den rechten Knöchel und wurde aus gesundheitlichen Gründen ehrenhaft aus der Armee entlassen. Hendrix entkam dem Vietnamkrieg und begann stattdessen eine Karriere als Berufsmusiker.

Meine erste Begegnung mit Jimi Hendrix hatte ich im Alter von 15 Jahren, als ich 1967 in den Schulferien bei meiner Oma in Detmold zu Besuch war. Im Schaufenster eines Musikgeschäftes entdeckte ich ein Bild von dem Musiker auf einer Plattenhülle. Auf dem ersten Blick war ich empört über sein auffälliges Äußeres, seine grell bunte Kleidung, seine feminine Halskette und seinen wilden Hut mit Federn. Gleichzeitig fühlte ich mich angezogen von diesem ungewöhnlichen Mann. Er weckte eine neue Seite in mir. Später saß ich alleine in der Küche meiner Oma. Oben auf ihrem antiken Küchenschrank stand ein Radioempfänger, aus dem plötzlich die Musik von Pink Floyd erklang: „See Emily Play"[6]. Für mich waren es Klänge aus einer anderen Welt, die meine Seele von der irdischen Schwere befreiten und mich auf eine neue Ebene des Bewusstseins hoben. Ich war wie berauscht. Die beiden Erlebnisse öffneten mich für die Welt Rockmusik Ende der Sechzigerjahre. Meine frühe Begeisterung für die Weltraumfahrt und die bevorstehende Mondlandung war um eine neue kulturelle Dimension bereichert worden.

Direkt neben dem EMP-Museum befindet sich auch die Endstation der Monorail. Die 1,5 Kilometer lange Strecke der selbstfahrenden futuristischen Einschienenbahn verläuft mitten durch die Innenstadt. Als technikbegeisterter Mann lasse ich mir eine Fahrt nicht entgehen. Beim Einsteigen habe ich Glück und erwische einen Platz ganz vorne. Durch die weite gläserne Front genieße ich den Panoramablick auf die vorbeiziehenden Hochhäuser. Es scheint, als flöge der Zug durch die Häuserschluchten. Die Illusion wird immer dann noch verstärkt, wenn sich der Wagen in einer Kurve zur Seite neigt.

Am Abend bin ich mit Walter verabredet. Der deutsche Softwareexperte lebt hier schon seit vielen Jahren. Wir hatten uns kennengelernt, als ich einmal geschäftlich hier länger zu tun hatte. Damals trafen wir uns oft zum Abendessen oder unternahmen an Wochenenden Wanderungen durch die nahegelegenen Naturparks. Walter führt mich heute Abend in einen japanischen Supermarkt mit Ständen, die kleine Köstlichkeiten zu einem günstigen Preis anbieten. Er ist frustriert von seinem neuen jungen Chef, der keine Ahnung davon habe, womit seine Mitarbeiter beschäftigt seien. Er zeige weder Interesse daran, noch bemühe er sich, deren Arbeitsinhalte zu verstehen. Walter ist erschöpft von dieser neuen Art der Personalführung und möchte deshalb bald in den Ruhestand gehen.

Nach dem Essen wechseln wir in eine Bar an der touristischen Waterfront mit Blick auf den Pudget Sound und unterhalten uns über das Radfahren. Walter übergibt mir die Radkarten, die ich im Internet bestellt hatte und an seine Adresse liefern ließ. Die Adventure Cycling Association hat eine Radroute[7] ausgearbeitet, die auf drei Karten verteilt die gesamte Strecke entlang der Pazifikküste von Seattle bis nach San Francisco dokumentiert. Die Route ist ein Klassiker. Man kann sie auch in geführten Gruppen radeln oder sich der Tour einer Wohltätigkeitsorganisation anschließen, die damit Aufmerksamkeit wecken und Spenden für einen guten Zweck sammeln möchte. Die ideale Reisezeit ist von Ende August bis Anfang Oktober, mit moderaten Temperaturen, wenig Niederschlägen und nachlassendem Straßenverkehr. Mit dem Nordwestwind im Rücken startet man am besten in Seattle und fährt von da aus südwärts. Größtenteils verläuft die Route über den Highway 1 bzw. 101. Mein Radführer im Gepäck ist das Buch „Bicycling the Pacific Coast"[8] mit einer kompletten Streckenbeschreibung.

Walter erzählt mir, dass sich in den letzten zehn Jahren immer mehr Amerikaner für das Radfahren begeisterten. Der derzeitige Bürgermeister von Seattle sei ein engagierter Radfahrer und setze sich nachdrücklich für den Ausbau geschützter Radwege in der Stadt ein. Viele Radfahrer hätten diese Politik jedoch als Freibrief für waghalsige Fahrten durch die Innenstadt missverstanden. Walter regt sich darüber auf, dass manche Radler durch den Verkehr rasten und einfach daraufsetzten, dass Autofahrer und Fußgänger ihnen auswichen. Nicht selten käme es deshalb zu schweren Unfällen.

Wir bleiben nicht lange in der Bar. Auch Walter ist müde und möchte nach Hause. Zwar kann ich heute schnell einschlafen, wache aber schon bald wieder auf und verbringe die meiste Zeit wieder schlaflos im Bett. Um vier Uhr morgens packe ich so geräuschlos wie möglich meine Sachen zusammen und schleiche mich aus dem Schlafsaal. Das frühe Aufstehen stört mich diesmal nicht. Es ist der erste Tag auf meiner Radtour. Heute starte ich von Seattle in Richtung San Francisco.

Mit dem Fahrrad von Seattle nach San Francisco

Der erste Tag auf dem Rad

Trotz seines kurzen Daseins ist mein neues Rad bereits reich an Reiseerfahrungen. Es hat Wege und Straßen um meinen Heimatort kennengelernt, mit der Bahn ist es gereist und mit dem Flugzeug geflogen. Heute unternehme ich mit ihm eine Schiffsreise. Wir verlassen die Herberge und rollen die leeren und abschüssigen Straßen zum nahegelegenen Hafen am Pudget Sound hinunter. Die erste Morgenfähre soll uns nach Bremerton auf die andere Seite der Bucht befördern.

Es dauert nicht lange, bis sich weitere Radler eingefunden haben. Eine von ihnen frage ich, welche Tour sie sich für diesen Samstag vorgenommen hat. Sie erzählt mir, dass sie auf dem Weg zur Arbeit sei und an diesem Wochenende als Ärztin in einem Krankenhaus in Bremerton Dienst habe. Ich bin beeindruckt, dass sie diese Strecke täglich auf sich nimmt, aber sie erklärt mir, dass sie nur dreimal in der Woche dorthin müsse. Sie ziehe es vor, in Seattle zu wohnen.

Dann kommt die Fähre. Nach dem Entladen dürfen die Radfahrer als erste an Bord. Vorne auf dem Fahrzeugdeck hängen mehrere Seile über einem Seitengeländer. Hier stelle ich wie die anderen mein Rad ab und binde es fest. Bald schon legt die Fähre ab. Die See ist glatt und der Himmel grau und wolkenverhangen. Während der Überfahrt liegt das Schiff ruhig im Wasser. Von vorne weht ein steter kühler Wind. Mit einem unbehaglichen Gefühl verlasse ich das offene Deck und lasse mein Rad und die Ausrüstung erstmals unbeaufsichtigt. Lediglich die Lenkertasche mit den Wertsachen und Papieren nehme ich mit. Im geheizten Restaurant des Oberdecks versorge ich mich mit einer heißen Schokolade und wärme mich auf. Von Zeit zu Zeit schaue ich nach meinem Rad. Allmählich verliere ich die Angst und gewinne meine Gelassenheit wieder zurück.

Vom Restaurant genieße ich einen fantastischen Blick auf das gewundene Ufer der Bucht und ihre Meerengen, durch die sich die Fähre windet. Dicht am Wasser stehen großzügige Ferienhäuser. In vielen Vorgärten ist die amerikanische Nationalflagge gehisst, obwohl heute gar kein Feiertag ist. Jedes Haus verfügt über einen eigenen Steg. Man kann die Grundstücke nur über den Wasserweg erreichen. Sobald die Bugwelle der Fähre das Ufer erreicht hat, beginnen die an den Stegen befestigten Boote leicht zu schaukeln. Unmittelbar hinter den Häusern schließt sich ein dichter Wald aus Nadelhölzern an.

Nach einer Stunde erreicht die Fähre den Hafen von Bremerton. Wiederum sind es die Radfahrer, die das Schiff zuerst verlassen dürfen. Neben mir fährt die freundliche Ärztin und möchte mir den Weg aus dem Ort heraus zeigen. Ich soll ihr folgen. Auf der Ausfahrtsstraße geht es gleich ordentlich bergan. Ich überhole, winke der Pendlerin dankend zu und lasse sie schon bald hinter mir. Ich bin hochmotiviert, durchtrainiert und voller Energie.

Zunächst geht es für ein kurzes Stück über den viel befahrenen Highway 3. Glücklicherweise ist auf dem breiten Seitenstreifen genug Platz zum Radfahren. Aber ich muss auf den Straßenbelag achten, der stellenweise beschädigt und mit Müll, Glasscherben und Metallteilen übersät ist. Mein Blick ist aufmerksam auf den Boden vor mir gerichtet. Hier macht das Fahren keinen Spaß.

Zum Glück kann ich bereits nach wenigen Kilometern in eine kaum befahrene Seitenstraße abbiegen. Kontinuierlich geht es bei geringer Steigung in weiten Kurven durch ein Waldgebiet einen Hügel hinauf. Nach zehn Kilometern habe ich bereits einen Höhenunterschied von 300 Metern überwunden. Schließlich erreiche ich den höchsten Punkt. Von dort kann ich bis zu meinem ersten Zwischenstopp in Belfair bergab rollen.

Im örtlichen Baumarkt besorge ich Denatured Alcohol, Brennspiritus, für meinen Kocher, Streichhölzer und schwarzes Textilklebeband, mit dem ich die Risse in den aufgeschürften Seitentaschen flicke. In Belfair findet heute ein Straßenfest statt, auf dem die örtlichen Vereine selbstgemachte Produkte und Speisen verkaufen. Vorsichtig schiebe ich mein beladenes Rad durch die Menge und begutachte das bunte Angebot. Ich entscheide mich für die Tacos einer Gruppe von Seniorinnen, die Geld für ein Altenheim sammeln. Die liebenswürdigen Damen spendieren mir sogar eine kostenlose Extraportion, damit ich genügend gestärkt weiterfahren kann.

Einem Polizisten vertraue ich mein Rad an und will zur Toilette. Er fragt nach meinem Solarpanel. Ich erkläre ihm, dass ich damit mein Smartphone auflade. Selbst bei bedecktem Himmel wie heute funktioniere es, aber die Solarzellen erzeugten ohne Sonnenschein nur halb so viel Strom. Er meint dazu, es sei ein Kompromiss. Wenn die Sonne nicht scheine, müsse ich mich auch weniger anstrengen und nicht so viel schwitzen.

Die Radkarten der Adventure Cycling Association sind in Tagesabschnitte von etwa 60 Kilometern eingeteilt. Jede Abzweigung ist besonders markiert und wird in einer Textbeschreibung kommentiert. Ein zusätzliches Blatt informiert über aktuelle Änderungen. Gefaltet passen zwei Tagesabschnitte in die transparente Kartentasche vorm Lenker. Ohne die Kommentare und nur mit einer Karte wäre ich völlig verloren. Ich muss sie nur richtig lesen. Schon vor einer Weile habe ich die letzte Abzweigung hinter mir gelassen, als mich das ungute Gefühl erfasst, dass ich mich verfahren habe. Streckenverlauf und Karte passen nicht mehr zusammen. Ohne Netz kann mir die Navigation auf meinem Mobiltelefon auch nicht weiterhelfen. Auf der verlassenen Landstraße ist kein Auto in Sicht. Für ein Umkehren bin ich schon zu weit gefahren.

Als ich plötzlich von hinten ein Fahrzeug herankommen höre, bin ich erleichtert und stoppe augenblicklich meine Fahrt. Schnell drehe ich mich um und winke. Mein Hilfesignal wird erkannt. Ein großer Wagen hält direkt neben mir. Das Seitenfenster auf der Beifahrerseite fährt herunter, eine Dame in meinem Alter lächelt mich an und schaut mir tief in die Augen. Mit einem zweideutigen Unterton in ihrer Stimme fragt sie: „Sweetheart, was kann ich für dich tun?"

Die herausfordernde Frage verstärkt meine Hilflosigkeit, als ich sie nach dem Weg zum Mason Lake frage. Eine jüngere Frau am Steuer verfolgt schmunzelnd unseren Wortwechsel. Sonst ist niemand im Wagen. Wie alle Amerikaner, die ich unterwegs treffe, möchte auch diese Gesprächspartnerin Start und Ziel meiner Reise erfahren. Beeindruckt von meiner Antwort weitet sie ihre Augen und mischt ihrem Blick dann mit einem leichten Senken des Kopfes eine Dosis Mitleid bei. Ich aber bin froh, von ihr zu erfahren, dass ich auf dem richtigen Weg sei und an der nächsten Straße rechts abbiegen soll. Von da aus gehe es in einer Talfahrt direkt an den See.

Dort angekommen finde ich endlich wieder einen Anschluss an den Weg auf meiner Karte und folge der westlichen Uferstraße. Die Fahrt gleicht einer Achterbahn. In kurzen Abständen geht es steil bergauf und wieder bergab. Zwischendurch lichtet sich der Wald und gibt den Blick auf den See frei. Das Ufer ist mit Ferienhäusern gesäumt. Dennoch ist es ruhig in diesem Erholungsgebiet. Es ist ein herrlicher Ort zum Baden, Angeln oder Bootfahren.

Am frühen Nachmittag reißt die Wolkendecke auf. Die Sonne zeigt sich, es wird zunehmend wärmer. Ich mache eine Pause, trage Sonnencreme auf und ziehe mein kurzärmeliges Trikot an. Die hügelige Strecke hat von nun an lange und sanfte Steigungen, die von ebensolchen Abfahrten gefolgt werden. Schließlich erreiche ich nach 70 Kilometern mein Tagesziel, den Ort Shelton.

Über das Internet kann ich keinen Zeltplatz in der näheren Umgebung finden. Der nächste ist 50 Kilometer entfernt. Einheimische empfehlen mir stattdessen ein günstiges Motel im Ort. Dort erhalte ich ein Zimmer im Erdgeschoss und darf sogar mein Rad mit aufs Zimmer nehmen. In der Feinkostabteilung des nahegelegenen Supermarktes versorge ich mich mit Lebensmitteln für Abendessen und Frühstück.

Frisch geduscht und mit Nahrung gestärkt starte ich eine kleine Erkundungsfahrt durch den Ort, der in einem Seengebiet gelegen ist, an der Oakland Bay. Ich möchte ein idyllisches Uferplätzchen finden, mich dort hinsetzen, bis die Dämmerung aufzieht und meinen Blick über das friedliche Wasser schweifen lassen. Aber leider gelingt es mir nicht, bis zum Wasser vorzudringen. Der gesamte Uferbereich zur Ortsseite wird von einer holzverarbeitenden Firma vereinnahmt. Shelton verdankt seine Existenz der Holzwirtschaft und wurde 1890, dem Gründungsjahr des Holzunternehmens, als Gemeinde anerkannt. Die gefällten Bäume werden über den See angeliefert, auf dem Firmengelände zersägt und zu Holzprodukten für den Hausbau verarbeitet. Späne, Rinde und Sägemehl gehen weiter an die Papierindustrie und die Landwirtschaft.

In der Hoffnung, doch noch einen Zugang zu finden, umfahre ich das Fabrikgelände und nähere mich dem See von Norden. Aber je näher ich ans Wasser komme, umso penetranter wird ein dumpfer teeriger Geruch in der Luft.

Den Abend verbringe ich im örtlichen Kino und schaue mir die computer-animierte Abenteuerkomödie „Planes"[9] an. Der Held der Geschichte ist ein kleines Flugzeug, das Felder mit Schädlingsbekämpfungsmitteln besprüht und davon träumt, in einem Rennen mitzufliegen. Mithilfe von Freunden besteht es die schweren Prüfungen der Qualifikation und startet in einem Wettflug rund um den Globus.

Die Küche des Radreisenden

Leistungssportler schwören auf Bananen. Die handlich verpackten gelben Früchte enthalten Kohlenhydrate, die den Körper rasch mit neuer und dauerhafter Energie versorgen. Mit ihrem Kalium aktivieren sie Enzyme, die Muskeln geschmeidig halten und den Wasserhaushalt regeln. Ihr Magnesium lässt Nerven und Muskeln besser zusammenspielen und verhindert Krämpfe. Weitere Mineralstoffe, Aminosäuren und Vitamine verstärken ihre gesunde Wirkung. Bananen machen fit und auch noch gute Laune, denn sie fördern die Produktion von Serotonin im Gehirn. Mein ideales Frühstück umfasst ein Müsli mit Banane. Mit griechischem Joghurt angerührt wird es zur nahrhaften Eiweißbombe. Und es ist schnell zubereitet. Dazu trinke ich Kaffee aus biologischem Instantpulver, den ich mit braunem Rohzucker süße.

MÜSLI FÜR RADLER

ZUTATEN (1 PORTION)
- *5 Esslöffel Müslimischung (mit vielen Nüssen)*
- *1 Banane*
- *1 weiteres Stück Obst (Apfel, Birne, Pfirsich o.ä.)*
- *1 Becher fettarmer griechischer Naturjoghurt*
- *Wasser oder Fruchtsaft*

ZUBEREITUNG (5 MINUTEN)
1. Müslimischung und Joghurt in eine Schale geben und verrühren.
2. Obst in kleine Stücke schneiden und dazu mischen.
3. Nach Bedarf Wasser oder Fruchtsaft unterrühren.

In der letzten Nacht habe ich wunderbar geschlafen und nicht bemerkt, dass es geregnet hat. Am Morgen bin ich froh, im Trockenen übernachtet zu haben und genieße die heiße Dusche und mein Müsli. Mit dem Jetlag habe ich kaum noch Probleme. Sonnenlicht und frische Luft beschleunigen die Umstellung.

Am frühen Sonntagmorgen verlasse ich den Ort und durchfahre ein Waldgebiet. Bis auf zwei aufgeschreckte Rehe, die vor mir über die Fahrbahn huschen, bin ich zu dieser Stunde allein auf der Straße.

Die hügelige Strecke ist angenehm zu fahren. Ich fühle mich fit und ausgeschlafen. Die Luft ist noch feucht und kühl. Nach einer Stunde durchquere ich eine flache Steppenlandschaft aus Gräsern und Büschen. Bewaldete Hügel begrenzen die weite Hochebene am Horizont. Der Himmel lichtet sich, vereinzelt zeigt sich die Sonne. Immer trockener und wärmer wird die Luft. Nach einer weiteren halben Stunde mache ich Rast am Buck's Prairie Store. Das kleine Lebensmittelgeschäft steht mitten in der Wildnis. Zur Straße hin überdeckt ein weites Vordach den Eingang. Früher war hier eine Tankstelle. Den Platz der Tanksäulen haben nun zwei Tannen eingenommen. Dazwischen äst regungslos eine vierköpfige Rehfamilie. Ein Künstler hat Bäume und Tiere aus Holzplatten gesägt und bunt bemalt.

Im Laden kaufe ich bei einer alten Dame eine Packung Müslikekse. Eine Tasse Bohnenkaffee bekomme ich gratis dazu. Hinter dem Gebäude wechsele ich mein verschwitztes Hemd. Die nasse Kleidung hänge ich über einen Zaun zum Trocknen. Vor dem Laden parken zwei Autos, die aus entgegengesetzten Richtungen gekommen waren. Die Fahrer sind mit ihren Vehikeln gemeinsam alt geworden. Sie haben die Fenster geöffnet und unterhalten sich. Ich stelle mich mit meinem Kaffee dazu und erkundige mich nach dem Weg. „Genieße jede Minute deiner Reise!", sagt der eine mit dem langen weißen Bart zu mir, während mich der andere Mann und sein betagter Hund aus dem Fenster beobachten.

Nach der Rast setze ich meine Fahrt fort. Kurz vor Elma holt mich ein Radfahrer ein und fährt ein Stück neben mir. Wir unterhalten uns. Er hat ebenfalls in Shelton übernachtet, jedoch in einem anderen Motel und ist wie ich auf dem Weg nach Astoria in Oregon. Der Ort an der Pazifikküste liegt an der Grenze zu Washington. Von dort möchte er die USA bis zum Atlantik durchqueren. Um sich auf die 6000 Kilometer lange Tour vorzubereiten, ist er zu Hause in den Bergen der Schweiz 1000 Trainingskilometer gefahren. Ich wundere mich darüber, wie wenig Gepäck er mit sich führt. Es beschränkt sich auf zwei Seitentaschen hinten. Lediglich ein Zelt mit einer Matte ist quer darüber verschnürt. Ich frage ihn, wo er seine Küche verstaut hat. „Meine Küche ist meine Kreditkarte!" ist seine Antwort. Sie braucht keine weitere Fahrradtasche. In den USA ist das Essen in Restaurants recht günstig, sodass man durch Selbstversorgung nicht viel Geld spart. Man spart jedoch viel Zeit und Gepäck, wenn man nicht selbst kocht. Der Schweizer beabsichtigt, wenn möglich in Motels zu übernachten. Nur für den Ausnahmefall hat er Zelt, Matte und Schlafsack mitgenommen. Der gut trainierte Radfahrer hat nicht nur leichteres Gepäck, er ist auch jünger und leichtfüßiger als ich, vor allem aber schneller. Ich halte ihn nur auf. An der nächsten Steigung signalisiere ich ihm, mich zu überholen. Wir verabschieden uns, und er fährt davon. In Elma angekommen treffe ich ihn erneut. Er folgt der gleichen Karte, macht Pause am Straßenrand und verzehrt ein Butterbrot, mit dem er sich beim Frühstück im Motel versorgt hat.

Ich möchte in der Nähe des Ortes auf einem Zeltplatz übernachten. Doch meine Suche mithilfe des Smartphones nach einem nahegelegenen Platz bleibt erfolglos. Ein Hinweis, den ich an einer Tankstelle erhalte, führt mich komplett in die Irre. Es ist Mittag und ich bin erst 40 Kilometer gefahren. Ich bin fit und am Nachmittag bleibt noch genug Zeit zum Weiterziehen. Centralia, das Tagesziel des Schweizers, ist mir zu weit. Aber auf dem Weg dorthin, nur 35 Kilometer entfernt, gibt es einen Campingplatz kurz hinter Rochester. Zur Sicherheit rufe ich dort an und habe Glück. Rechtzeitig vor Büroschluss erreiche ich die Besitzerin. Sie registriert mich und hinterlegt für mich einen Umschlag an der Rezeption.

Bevor ich jedoch weiterfahre, mache ich Mittagspause in einem kleinen chinesischen Restaurant am Ortsausgang. Für wenig Geld erhalte ich ein komplettes Menü mit einem Getränk, das kostenlos nachgefüllt werden darf. Ich nutze die Pause auch, um mein Smartphone und die Zusatzakkus wieder nachzuladen. Die App, die während des Fahrens läuft und meinen Weg aufzeichnet, hatte sich schon in Deutschland als Stromfresser erwiesen. An einem bewölkten Tag ist mein Solarpanel dafür nicht ausreichend.

Erholt und gestärkt fahre ich nach einer Stunde weiter. Die Strecke verläuft weitgehend eben und folgt einem Flusslauf. Die lange Tagesetappe macht mich allmählich müde. Auf den letzten Kilometern spüre ich ein leichtes Ziehen in der linken Ferse. Es war bereits in Deutschland aufgetreten, nachdem ich mit den neuen Schuhen gefahren bin. Wenn ich die Füße zu weit vorne auf die Pedale aufsetze, reiben die hohen und steifen Hinterkappen an meinen Fersen. Muss ich mir neue Schuhe besorgen?

In Rochester halte ich an einem kleinen Laden und kaufe Gemüse, Obst und Joghurt ein. Einen Kilometer hinter dem Ort liegt der reservierte Campingplatz, verkehrsgünstig und nicht zu übersehen direkt am Highway 12. Am Eingang zur Rezeption finde ich den Umschlag mit dem Lageplan und der Zahlenkombination für das Waschhaus. Die anwesenden Gäste sind ausnahmslos mit großen Wohnmobilen oder Wohnanhängern angereist. Sie haben sich in ihre autarken Zellen zurückgezogen. Ihre Verbindungen beschränken sich auf die Anschlüsse an Strom, Wasser und Kanalisation. Der Raum zwischen den Wagen ist verwaist.

Am Ende des Geländes entdecke ich einen verlassenen Wiesengrund. Die Markierung auf dem Lageplan weist mich an, hier mein Zelt aufzuschlagen. Als ich näher komme, entdecke ich ein Schild: „Dog Walking Area!". Ich muss die Wiese mit den Hunden teilen und besetze vorsorglich einen Platz am hinteren Ende. Er liegt auch am weitesten entfernt von der Schnellstraße. Später am Abend beobachte ich, wie eine Frau auf der anderen Seite der Wiese mit ihrem Hund Gassi geht. Jedenfalls nimmt man Rücksicht aufeinander.

Mein Zelt ist schnell aufgebaut. Die Radtaschen stelle ich neben die Matratze ins Zelt. Mit der Radhose, den schmutzigen Socken und Unterhosen und einer Tube Waschmittel in den Händen laufe ich gedankenversunken zum Waschhaus. Dort angekommen, habe ich den Code vergessen. Die Eingangstür ist versperrt. Nach drei Versuchen, das Zahlenschloss zu öffnen, gebe ich auf. Mein Blick wandert vom etwa hundert Meter weit entfernten Zelt zu den nahegelegenen Wohnmobilen, wo ich einen einsamen Camper vor seinem Fahrzeug entdecke. Er kennt den Code auch nicht. Im Unterschied zu mir ist er auch nicht darauf angewiesen. Da steht das Waschhaus wohl an einem Ort, an dem es nicht benötigt wird. Die fahrbaren Bungalows sind mit eigenen Waschräumen ausgestattet.

Zum Trocknen hänge ich die nasse Wäsche mit Klammern an die Umzäunung hinter meinem Zelt. Nach dem Duschen bereite ich das Abendessen zu. Heute gibt es Ratatouille, einen Gemüseeintopf. Zwar dauert die Zubereitung eine Weile, aber sie hat auch eine entspannende Wirkung auf mich. Am Ende des Tages belohne ich mich mit einem köstlichen Essen.

RATATOUILLE FÜR RADLER

ZUTATEN (1 PORTION)
- *1 große Kartoffel*
- *1 kleine Aubergine*
- *1 kleine Zucchini*
- *1 rote Paprika*
- *2 Tomaten*
- *1 Zwiebel*
- *2 Zehen Knoblauch*
- *Olivenöl*
- *Salz, Pfeffer, 1 Gemüsebrühwürfel*

ZUBEREITUNG (40 MINUTEN)
1. *Aubergine in Würfel schneiden, die Würfel salzen und 15 Minuten zur Seite stellen.*
2. *Kartoffeln und Paprika in kleine Stücke schneiden. Zwiebel zerkleinern und Knoblauchzehen fein hacken.*
3. *Das Salz von den Auberginen mit Wasser abspülen und die Würfel abtropfen lassen.*
4. *Olivenöl zusammen mit dem Knoblauch in einen großen Topf geben und auf die Flamme stellen.*
5. *Wenn das Öl heiß ist, Zwiebel, Kartoffeln, Paprika und einen zerdrückten Gemüsebrühwürfel dazu geben, umrühren und schmoren.*
6. *Zucchini in Scheiben schneiden und die Tomaten zerkleinern. Nach 10 Minuten dazu geben und umrühren.*

7. *Flamme klein stellen und das Gemüse weitere 10 bis 15 Minuten dünsten lassen. Nach Bedarf Wasser hinzugeben und umrühren, sodass nichts am Boden anbrennt.*
8. *Abschmecken mit Salz und Pfeffer.*

Als ich mit dem Abwasch fertig bin und meine Zähne geputzt habe, sind seit meiner Ankunft vier Stunden vergangen, in denen ich nur mit meiner leiblichen Versorgung beschäftigt war. Eine gefühlte Stunde davon bin ich zwischen Zelt und Waschhaus hin und her gelaufen. Meine nächste Anschaffung ist ein Wasserkanister.

Schwachpunkt Achillessehne

Mein erster Weg am Morgen führt mich ins Waschhaus. Wieder zurück baue ich den Kocher auf und mache Feuer. Es braucht eine Weile, bis das Wasser für den Morgenkaffee kocht. Das Müsli ist schnell zubereitet. Der Himmel ist dicht bewölkt. Es weht kaum ein Wind, aber früh am Morgen ist die Luft noch kühl. Ich wärme meine Hände über dem Kocher. Die vergangene Nacht sitzt mir noch in den Gliedern. Ich fühle mich, als hätte ich auf dem Seitenstreifen geschlafen. Viel geht heute nicht. Bis Toledo sind es flache fünfzig Kilometer. Das sollte gut zu schaffen sein. Endlich ist der Kaffee fertig. Ich frühstücke und packe meine Sachen. Drei Stunden nach dem Aufstehen bin ich endlich abfahrbereit.

Bis zum Seitenstreifen habe ich es nicht weit. Gleichmäßig trete ich in die Pedale und bewege mein Rad über die ebene Straße. Bereits nach wenigen Hundert Metern spüre ich wieder ein leichtes Brennen in der linken Ferse. Das

Gefühl ist mir vertraut, aber so früh ist es noch nie auf einer Tour aufgetreten.

„Es wird schon gehen. Heute will ich nicht so weit" denke ich. Aber mit jedem Tritt verstärkt sich das Brennen, bis der Schmerz nicht mehr zu ignorieren ist. Schon bald ist mir klar, dass ich so nicht weiter radeln kann. Die Schuhe sind nicht das Problem. Etwas mit meiner linken Ferse stimmt nicht. Plötzlich schießt mir das Wort Achillessehne durch den Kopf. Ich habe schon oft gehört, dass Sportler sich diese verletzen. Wo aber befindet sie sich? Ich stoppe augenblicklich meine Fahrt, um mich schlau zu machen. Im Internet finde ich mehr dazu. Die Achillessehne verbindet den Wadenmuskel mit dem Fuß. Sie verläuft direkt durch die Ferse. Bei Überbelastungen kann sie sich entzünden und verzerren. Einzelne Fasern können reißen. Wenn es die ganze Sehne erwischt, gibt es einen lauten Knall. Diese Information dringt wie ein Schuss in meinen Kopf. Ich bin plötzlich hellwach. Schlagartig wird mir klar, was passieren kann, wenn ich weiterfahre. Die Vorstellung, mutterseelenallein und bewegungsunfähig weitab von jedem Ort mit Rad und Gepäck auf einer Landstraße zu stranden, gefällt mir ganz und gar nicht. Plötzlich begreife ich auch den Zusammenhang zwischen meinen augenblicklichen Beschwerden und den Muskelfaserrissen in der linken Wade vor zehn und fünfzehn Jahren. Ich hatte damals heftige Schmerzen, musste einen Gipsverband tragen und konnte sechs Wochen lang nur mit Krücken laufen. Soweit soll es nicht wieder kommen. Ich muss mich von einem Arzt untersuchen lassen. Mithilfe des Smartphones finde ich das nächstgelegene Krankenhaus. Es befindet sich in Centralia und ist nur noch 15 Kilometer entfernt. Ich beschließe, mit einem Bein dorthin zu radeln. Von meinem Vater habe ich gelernt, wie es funktioniert. Er war oberschenkelamputiert und fuhr viele Jahre mit dem Rad zur Arbeit.

Mit dem rechten Fuß bringe ich das Rad in Bewegung. Als es rollt, trete ich das Pedal kräftig nach unten und lasse es durch den Schwung wieder hochsteigen. Mein linker Fuß ruht währenddessen belastungsfrei auf dem anderen Pedal. Ich habe Glück, dass die Straße eben verläuft. Bergauf hätte ich keine Chance mit dem schweren Gepäck. Nur langsam komme ich voran. Eine App hilft mir beim Navigieren. Nach zwei Stunden erreiche ich Centralia. Ich habe das unbestimmte Gefühl, dass meine Reise an diesem Ort eine neue Bestimmung erfahren wird.

Um das Providence Centralia Hospital haben sich einige Spezialkliniken und Arztpraxen angesiedelt. Als erstes steuere ich eine orthopädische Klinik. Ich beschreibe der Frau an der Rezeption meine Beschwerden und lege ihr die Bescheinigung meiner privaten Auslandskrankenversicherung vor. Sie zeigt sich wenig beeindruckt davon. Man könne mir heute keinen Termin mehr geben. Stattdessen schickt sie mich in die Valley View Health Center Walk In Clinic. Diese öffne in einer Stunde, um 12:00 Uhr. Eine Anmeldung bräuchte ich nicht. Ich solle mich einfach dort einfinden.

Bis dahin brauche ich dringend etwas zu essen und zu trinken. Im Hospital soll sich eine Kantine befinden. Ich schiebe mein Rad durch die großräumige Eingangshalle. Eine Angestellte des Krankenhauses spricht mich an. „Hallo, ich bin Jennifer. Ich fahre auch gerne Rad in meiner Freizeit. Was ist passiert? Wie kann ich dir helfen?" Ich erkläre ihr, was mit mir los ist, und dass ich auf die Öffnung der Ambulanz warte. „Du musst dich bestimmt ein paar Tage ausruhen. In dieser Zeit kannst du sicher bei meinem Freund Randy wohnen. Er ist auch Radsportler, pensioniert und wohnt alleine auf einer Farm. Randy spricht sogar ein bisschen Deutsch. Ruf mich an, wenn du vom Arzt zurück kommst." Sie übergibt mir ihre Visitenkarte und notiert darauf ihre private Mobilnummer. Mit so viel Hilfsbereitschaft habe ich nicht gerechnet.

Ich stelle mein Rad neben einem Tisch in der Eingangshalle ab. Während ich mir etwas aus der Kantine besorge, passt der freundliche Senior am Empfang auf meine Ausrüstung auf. Er fährt ebenfalls Rad. Im zweiten Weltkrieg war er in der Nähe von Nürnberg stationiert.

Rechtzeitig vor Öffnung der Ambulanz sitze ich auf einer Bank vor dem Eingang. Ich bin der zweite Patient in der Warteschlange. Nach und nach finden sich weitere ein. In ihrer körperlichen Erscheinung und in ihrer Kleidung unterscheiden sie sich sehr von denen, die ich in der privaten Orthopädieklinik gesehen habe.

Später finde ich heraus, dass diese Ambulanz für Patienten eingerichtet wurde, die entweder nicht krankenversichert sind oder Medicaid erhalten. Die Medical Assistance ist ein sozialhilfeartiges Leistungssystem für Personenkreise mit geringem Einkommen, Kinder, ältere Menschen und Menschen mit Behinderungen. Die Walk-In Clinic wurde 2009 mit Unterstützung des Providence Hospitals eingerichtet, um die eigene Notfallambulanz zu entlasten. Letzten Endes spart das Hospital dadurch Kosten.[10]

Bald bin ich an der Reihe. Eine Krankenschwester misst Gewicht, Körpergröße, Blutdruck und Temperatur und fragt mich nach Medikamenten und nach meinen Beschwerden. Kurz darauf treffe ich den diensthabenden Arzt. Er untersucht meine linke Wade und den linken Fuß und meint, dass sich meine Achillessehne entzündet habe. Ich sei sicher gut vorbereitet für die Tour, was meine Kondition, meine Knochen und meine Muskelkraft betreffe. Die Sehne sei aber mit der Belastung überfordert gewesen. Eine Zerrung liege noch nicht vor, doch ich könne vorerst keinesfalls weiterfahren. Es sei eine gute Entscheidung gewesen, die Tour zu unterbrechen und hier vorbeizukommen. Ich solle die Ferse mit Eis kühlen und täglich mehrmals entzündungshemmende Schmerztabletten nehmen. Er verschreibt mir Ibuprofen und rät mir, mindestens drei Tage Pause vom Radfahren einzulegen. Danach soll ich langsam wieder beginnen, am ersten Tag mit zehn Kilometern, dann fünfzehn, dann zwanzig und so fort. Ich spreche ihn auf die Dehnungsübungen an, die ich immer nach dem Fahren mache. Davon rät er dringend ab, solange nicht alles ausgeheilt sei. Die Dehnungen verschlimmerten die Entzündung. Was hatte ich immer kräftig gedehnt, schon beim Training in Deutschland!

Als ich Jennifer anrufe, hat sie bereits mit Randy gesprochen. Für ein paar Tage kann ich bei ihm auf der Farm bleiben. Sie gibt mir seine Nummer, und ich rufe ihn an. Auf meine Nachfrage versichert er mir, dass ich gerne bei ihm bleiben könne, und dass er mich in einer Stunde mit seinem Wagen abholen komme. Nach zwei Stunden ist Randy immer noch nicht da. Wird er überhaupt kommen? Erneut rufe ich Jennifer an, Randy kann ich nicht erreichen. Sie versichert mir, dass er sich auf den Weg gemacht habe, aber dass Pünktlichkeit nicht seine Stärke sei. Endlich erscheint Randy, der mir sogleich sympathisch ist. Er wirkt sehr durchtrainiert und begrüßt mich freundlich mit einer Entschuldigung für seine Verspätung. Gemeinsam schaffen wir Fahrrad und Gepäck in sein großes Fahrzeug und fahren los. Unterwegs bitte ich ihn, an einem Supermarkt vorbei zu fahren, um Schmerztabletten und Lebensmittel einzukaufen.

Während des Einkaufens biete ich ihm an, die nächsten Tage für uns beide zu kochen. Er ist damit einverstanden. Und so besorge ich reichlich Gemüse und Fleisch für warme Mahlzeiten sowie Obst und Joghurt fürs Frühstück. Mit seiner Hilfe wähle ich zwei Flaschen Wein aus, die vom Nordufer des Columbia River stammen. Zu meiner Überraschung übernimmt er an der Kasse den Wein.

Randy hatte die kleine Farm in der Nähe von Centralia von seiner Mutter geerbt. Sie gehörte einst seinen Großeltern. Seit dem Tod seiner Mutter wohnt er dort allein und renoviert die alten Gebäude. Als wir ankommen, verschwindet er gleich in einer Scheune. Mit einer gepolsterten Liege kommt er wieder zurück. Ich mache es mir bequem darauf. Kurz darauf erscheint er wieder mit einem Eisbeutel aus dem Tiefkühlfach und einem Glas Wasser. Dann setzt er sich zu mir. Wir unterhalten uns über meine entzündete Ferse. Randy kennt sich aus mit Verletzungen der Achillessehne. Vor einigen Jahren waren ihm beim Radfahren einige Fasern gerissen. Das war sehr schmerzhaft. Fuß und Unterschenkel waren in Gips fixiert, wochenlang ging er mit Krücken, der Heilungsprozess zog sich hin. In der letzten Phase musste er einen Spezialschuh mit verstellbarem Absatz tragen. Der anfänglich sehr hohe Absatz wurde von Woche zu Woche tiefer gestellt, um die Achillessehne vorsichtig wieder zu dehnen. Um meine Ferse zu entlasten, will Randy den Absatz meines linken Schuhs erhöhen. Wieder verschwindet er in seiner Scheune und kommt kurz darauf mit Material und Werkzeug zurück. Aus einer Gummiplatte schneidet er zwei Absatzlagen und befestigt sie mit Textilklebeband unter meinem linken Schuh. Eine Entlastung kann ich nicht spüren, als ich damit testweise eine Runde gehe. Aber ich möchte meinen Gastgeber nicht enttäuschen und humpele die nächsten Tage damit herum. Ich bewege mich ohnehin kaum und vielleicht hilft es.

Vorerst lege ich mich wieder auf die Liege, und wir unterhalten uns weiter. Bisher war ich davon ausgegangen, dass ich mein Zelt in Randys Garten aufschlagen kann. Nachdem wir eine Stunde miteinander geredet haben, bietet er mir sein Gästezimmer an. Noch während ich ruhe, räumt er es auf und bezieht das Bett mit einem frischen Laken. Später bringen wir meine Sachen ins Haus. Er zeigt mir die Küche und ich beginne zu kochen. Es gibt Salzkartoffeln und eine Pfanne aus geschnetzelter Pute mit grünem Spargel. Randy öffnet dazu die Flasche Weißwein. Wir stoßen miteinander an. Ich bin froh, dass wir so unkompliziert miteinander umgehen. Das Essen gelingt sehr gut. Am Ende verfeinert Randy die Pfanne noch mit einer Art Spinat aus seinem Garten.

Als wir nach dem Essen noch zusammensitzen, erzählt er mir, dass er als Atomwissenschaftler in einer staatlichen Forschungseinrichtung für Nukleartechnologie gearbeitet hatte. Mit einem Computerprogramm, das er mitentwickelte, simulierten sie die Brennprozesse in einem Reaktorkern. Doch sein Feuer für die Kernenergie brannte nicht lange. Vor fünfzehn Jahren stieg er aus, da war er 55. Über seine Gründe schweigt er. Heute ist er engagiert im Umweltschutz. Er treibt viel Sport in der Natur, wandert, klettert, angelt, fährt Ski, Kajak, Mountainbike und Rennrad.

Fliegenfischen am Coldwater Lake

Beim Aufwachen am Morgen brennt meine Ferse, obwohl ich noch keinen einzigen Schritt gegangen bin. Als ich in der Küche eintreffe, steht ein Topf auf dem Gasherd. Darin köchelt ein Brei aus Haferflocken. Um heißes Wasser für Kaffee zu machen, entzünde ich eine weitere Flamme. Kurz darauf erscheint Randy mit einem Schälchen Blaubeeren, die er in seinem Garten gepflückt hat. Er begrüßt mich mit: „Guten Morgen. Wie geht es Ihnen?" Vor Jahren hatte er eine Zeit in München gelebt und etwas Deutsch gelernt. Während wir unser Müsli aus gekochten Haferflocken, griechischem Joghurt, Bananen und Blaubeeren verzehren, ruht mein linker Fuß auf einem Hocker. Meine Ferse kühle ich mit einem frischen Eisbeutel. Gleich nach den ersten Löffel Müsli nehme ich eine erste Schmerztablette.

Im Gespräch mit Randy wird mir klar, dass ich in diesem Zustand nicht weiterradeln kann, auch nicht, wenn ich ein paar Tage aussetze. Als ich ihm mitteile, dass ich wohl auf einen Mietwagen umsteigen werde, um damit bis nach San Francisco weiterzufahren, spüre ich auch seine Erleichterung. Er bekräftigt mich in meinem Entschluss. Wenn es mir nach zwei Wochen wieder besser geht und die Entzündung auskuriert ist, dann möchte ich mich mit kurzen Tagestouren auf flachen Strecken an der Küste wieder in Form bringen. Falls die Ferse erneut schmerzen sollte, dann lasse ich das Radfahren wieder. Um diesen Plan umzusetzen, brauche ich einen Einweg-Mietwagen bis San Francisco, der im Heck ausreichend Platz für mein Fahrrad hat.

Randy hilft mir bei der Reservierung und ruft einen Mietwagen-Verleih in Centralia an, mit dem er gute Erfahrungen gemacht hat. Allerdings müssen wir das Fahrzeug in Portland abholen. Die Hauptstadt von Oregon liegt etwa 150 Kilometer weit entfernt. Ohne Zögern bietet mir Randy an, mich mit seinem Wagen dorthin zu bringen. Ich bin zugleich überrascht und dankbar. Was sollte ich ohne seine Hilfe machen? Übermorgen möchte er mich nach Portland bringen, und dann kann ich meine Reise fortsetzen.

Wir unterhalten uns wieder über Atomenergie. Ich möchte mehr über Randys Forschungen erfahren. Er zeigt mir eine seiner Veröffentlichungen, die beschreibt, wie die Vorgänge in einem Reaktorkern mithilfe komplexer physikalischer Gleichungen modelliert wurden.

Entscheidend für ein kontrolliertes Brennen sei die Anzahl der freien Neutronen. Damit ein Atomreaktor Wärme erzeuge, müssten genügend Neutronen freigesetzt werden. Seien es zu viele, so könne eine Kernschmelze auftreten. Im schlimmsten Fall explodiere der Reaktor. Eine Vielzahl von Faktoren steuere die Freisetzung von Neutronen: die Art des spaltbaren Materials, die Länge, Dicke und Form der Brennstäbe, der Abstand der Stäbe zueinander, das Material und die Dicke ihrer Ummantelung sowie die chemische Zusammensetzung der Kühlflüssigkeit. Zusammen mit Kollegen hatte Randy ein Computerprogramm entwickelt, in dem die verschiedenen Einflussgrößen variiert werden konnten. Sie simulierten Variationen und verfolgten, was geschah. Wenn sich Simulationen als erfolgreich erwiesen hatten, begann man mit dem Bau der entsprechenden Testanlage. Alleine bei dem Gedanken daran, läuft mir ein Schauer über den Rücken. Als ehemaliger Software-Entwickler konnte ich erfahren, was alles beim Programmieren schiefgehen kann. Ich hätte mich nicht getraut, Programme zur Steuerung von Flugzeugen oder medizinischen Geräten zu entwickeln. Wenn ich fliege, denke ich besser nicht darüber nach.

Den ganzen Vormittag verbringen wir in der Küche und unterhalten uns. Dabei ist es ein wunderschöner Tag. Randy möchte am Nachmittag einen Ausflug unternehmen. Er schwärmt vom Mount St. Helens, der nur etwa eine Autostunde entfernt liegt. Den Berg und sein Umfeld, das heute unter Naturschutz steht, dürfe ich auf keinen Fall auslassen auf meiner Reise. Auf dem Coldwater Lake, einem See in der Nähe des Berges, möchte er mit mir Kajak fahren.

Ich bin begeistert von seinem Angebot. Randy hat bereits ein Kajak vor die Tür gestellt. Ich soll probieren, ob es passend für mich ist. Als ich in dem Boot sitze, wird mir klar, dass ich in einem Kajak nicht nur die Arme belaste. Mit den Füßen drücke ich mich beim Paddeln vorne im Boot ab, und das geht im Moment überhaupt nicht. Randy schlägt vor, stattdessen angeln zu gehen. Stolz zeigt er mir ein großes Ruderboot aus Holz, das er aus einem Fertigbausatz hergestellt hat. Doch es steht weit hinten verstaut in der Scheune und erfordert einen Anhänger. Deshalb entscheidet er sich für ein kleines aufblasbares Schlauchboot mit Ruderbank.

Während Randy das Boot in den Wagen lädt, bereite ich unseren Lunch vor, wasche, putze und schneide Tomaten, Paprika und Möhren. Zusammen mit Brot, Erdnussbutter, Käse und Wasser packe ich den Proviant in eine Kühlbox. Randy stellt sein Anglerzeug zusammen und braucht einige Zeit, bis er die passenden, insektenähnlichen Köder gefunden hat. Wir gehen Fliegenfischen.

Der Mount St. Helens ist ein Vulkan, der 1980 verheerend ausbrach. Die oberen 400 Meter seines Kegels wurden in die Luft gesprengt, sodass der Berg heute nur noch gute 2500 Meter hoch ist. Der Vulkanausbruch forderte mehrere Dutzend Menschenleben, zerstörte ein großes Waldgebiet und hinterließ im weiten Umkreis eine dicke Schicht Asche, die auch vor besiedelten Gebieten keinen Halt machte.

Schon bald erreichen wir den Naturschutzpark, das Mount St. Helens National Volcanic Monument, und ich werfe einen ersten Blick auf den abgekappten Kegel. Randy mochte diesen Vulkan einst so besonders, weil er einen so perfekt geformten Kegel hatte. Zehn Jahre vor dem Ausbruch war er mit Freunden bis zum Kraterrand hinauf gestiegen.

Unter den Opfern waren viele Wanderer, Bergsteiger und Geologen, die von der plötzlichen Katastrophe überrascht worden waren. Der amerikanische Geologe David A. Johnston zählte zu den bekanntesten. Er arbeitete in Vancouver für die United States Geological Survey, eine staatliche Behörde zur Erforschung landschaftlicher Ressourcen und Katastrophen. Die Geologen dort hatten Wochen zuvor Veränderungen am Vulkan beobachtet, die eine größere Eruption befürchten ließen. In einem Wohnwagen wurde ein Beobachtungsposten auf dem Coldwater Ridge, einem Bergkamm in der Nähe des heutigen Sees, eingerichtet. Hier hielt sich Johnston auf, als er am 18. Mai 1980 um 8:32 Uhr über Funk den Ausbruch mit seinen berühmten letzten Worten meldete: „Vancouver! Vancouver! Es geht los!"[11]

Dem Geologen ist es zu verdanken, dass das Gebiet um den Vulkan evakuiert wurde. Selbst, als viele schon Entwarnung geben wollten, bestand er gegen den Widerstand anderer Behörden auf der Sperrung. Dank seiner Beharrlichkeit kamen nur wenige Menschen ums Leben.

Wir machen einen ersten Stopp. Der Lavastrom hatte ein breites Bett hinterlassen, durch das sich heute ein Fluss talwärts schlängelt. Zur Überraschung der Biologen hatten sich Pflanzen- und Tierwelt schneller erholt als erwartet. Außerhalb des Lavastrom-Flusses ist längst wieder alles üppig grün. Seit dem Vulkanausbruch ist die Landschaft völlig verändert. Der gewaltige Lavastrom hatte die Gesteinsmassen der Eruption zur Seite geschoben, die nun ganze Seitentäler abschlossen, in denen sich dann das Wasser sammeln konnte. Viele neue Seen und Tümpel waren so entstanden. Einer der neu entstandenen Seen ist der Coldwater Lake, das Ziel unseres Ausflugs. Er liegt nur wenige Kilometer nördlich des Vulkans.

Schließlich sind wir da. An einer Bootsrampe laden wir aus. Es dauert eine Weile, bis wir das Schlauchboot mit einer Handpumpe aufgeblasen und die Ruderbank montiert haben. Dann verstauen wir unseren Proviant und das Angelzeug. Kaum haben wir ablegt, weht uns der Wind schon auf den See hinaus.

Randy lässt das Boot treiben und erklärt mir das Fliegenfischen. Er befestigt zwei Köderfliegen im Abstand von einem Meter an der Angelschnur und zeigt mir, wie man sie mit einem speziellen Knoten an die Leine bindet. Als nächstes lerne ich, wie man die Angel hält. Während der Griff in meiner Hand ruht, nehme ich die Schnur zwischen Daumen und Zeigefinger, um so leichter zu spüren, wenn ein Fisch anbeißt. Dann lasse ich etwa zehn bis fünfzehn Meter Schnur ab. Während der Wind das Boot weiter in Bewegung hält, treibt die Schnur im Schlepp, sodass die Köderfliegen dicht unter der Oberfläche wie echte schwimmende Insekten aussehen. Der Köder muss sich bewegen - das ist das Geheimnis beim Fliegenfischen. Damit wir nicht zu weit auf den See hinaustreiben, rudert Randy von Zeit zu Zeit wieder zurück. Dabei steuert er das Boot am Ufer entlang, wo die Fische im flacheren Wasser auf ihre Beute warten. Während er die ganze Arbeit macht und Boot und Köderfliegen in Bewegung hält, kann ich mich ausruhen. Meine einzige Aufgabe besteht darin, die Angelrute zu halten und auf die Schnur zu achten.

Zwischendurch picknicken wir, kauen rohes Gemüse und schmieren uns Brote mit Erdnussbutter und Käse. Der Himmel ist strahlend blau, der Blick auf den Mount St. Helens überwältigend. Die Nachmittagssonne hüllt ihn in warmes Licht. Das eiskalte Wasser des Sees kühlt den Boden des

Gummiboots, auf dem mein verletzter Fuß ruht. Es weht ein leichter und milder Wind, der gegen Abend allmählich nachlässt. Außer uns sind nur zwei weitere Boote mit Anglern unterwegs. Der stille glatte See und die friedliche Landschaft an seinen Ufern erfüllen mich mit tiefer Ruhe.

Plötzlich zuckt die Schnur zwischen meinen Fingern, ein Signal, auf das mich Randy vorbereitet hatte. Gespannt ziehe ich die Rute zurück, damit der Haken in den Fisch eindringen kann. Doch bald schon löst sich der Widerstand. Randy fordert mich auf, die Schnur einzurollen. Am Haken hängen nur Wasserpflanzen, die sich darin verfangen hatten. Fliegen und Haken sind zum Glück unbeschädigt geblieben. Nach drei Stunden hat noch immer kein Fisch angebissen. Während der ganzen Zeit sehen wir nur ein einziges Mal eine Forelle aus dem Wasser springen. Zweimal hören wir das Platschen hinter uns. Randy meint, das sei sehr wenig für einen späten Nachmittag.

Das Ufer, an dem wir entlangfahren, liegt schon im Schatten. Es wird bald dunkel. Das erste Boot kehrt bereits um. Randy rudert ebenfalls zurück zur Landestelle. Dort erfahren wir von den anderen Anglern, dass sie nur eine einzige Forelle gefangen haben. Obwohl wir leer ausgegangen waren, war es doch ein wunderbar erholsamer Nachmittag auf dem Coldwater Lake.

Auf der Rückfahrt halten wir ein letztes Mal auf einem Rastplatz und betrachten den Vulkan im Abendlicht. Randy zeigt auf den rotgolden leuchtenden Berg, strahlt mich an und offenbart mir ein weiteres Wort aus seinem deutschen Wortschatz: „Alpenglühen".

Wir fahren zurück, es dämmert bereits. Fortwährend geht es den Berg hinab. Ich frage Randy, warum er nicht in den niedrigen Gang seiner Automatik wechselt, damit der Motor bremsen kann. Er aber mag das abschüssige Fahren und tritt lieber in die Fußbremse, wenn die Fahrt zu schnell wird. Wir fahren in einem Wahnsinnstempo. Ich bin froh und erleichtert, als wir endlich unten ankommen. Im Laufe der Abfahrt hatten sich die Bremsgeräusche beängstigend verändert. Auf den letzten Meilen bis zur Farm klingen sie, als würden Metallplatten aneinander reiben. Der Gestank heiß gelaufener Scheibenbremsen ist nicht mehr zu ignorieren. Als wir endlich zu Hause sind, ist auch Randy klar geworden, dass er seine Bremsen überfordert hat. Morgen früh will er mit dem Wagen in die Werkstatt.

Ausgebremst auf einer Farm

Die Farm umfasst ein Haupthaus, ein kleines Nebengebäude, eine große Scheune und drei Schuppen mit landwirtschaftlichem Gerät. Unmittelbar vor dem Wohnhaus verläuft eine Straße, die nachts zum Glück nur wenig befahren wird. Die Fenster sind gut schallisoliert. Ich höre den Straßenlärm kaum und schlafe ganz ausgezeichnet. Hinter dem Haus ist ein Garten mit Obstbäumen und Sträuchern angelegt, der in eine große Wiese übergeht. Hier befinden sich die weiteren Gebäude. Dahinter liegt ein Waldstück mit einem kleinen See.

Die Renovierung und Erhaltung der Farm hat sich Randy zur Lebensaufgabe gemacht. Angefangen hatte er mit den Dächern. Jetzt ist das Haupthaus an der Reihe. Es hat ein Wohnzimmer, eine Küche, drei Schlafzimmer und ein Bad. Seit Anfang des Jahres ist das Bad in Arbeit. Zurzeit gibt es weder eine Toilette noch eine Dusche im Haus. Im Garten steht ein Häuschen mit einem Plumpsklo, uriniert werden darf hinter den Büschen. Am Spülbecken in der Küche waschen wir uns und putzen uns die Zähne.

In der Frühe werde ich von meiner Blase geweckt. Verschlafen schleiche ich mich durch die Morgendämmerung in den Garten hinaus. Es ist nebelig. Das hohe Gras ist feucht vom Niesel. Vor einem Strauch mache ich Halt und ein Schaudern durchfährt mich. Hinter dem Gestrüpp erblicke ich eine Hirschkuh mit ihrem Kalb. Für einen Moment schaue ich dem friedlichen Muttertier direkt in die treuen Augen, bis die beiden Tiere aufgeschreckt das Weite suchen. Die unerwartete Begegnung hat in mir ein Gefühl der Ehrfurcht und der Eintracht hinterlassen.

Im Laufe des Morgens verstärkt sich der Regen. Für einen Ausflug ist es zu trübe. Nach drei Tagen Katzenwäsche brauche ich dringend eine Dusche. Nachdem ich Randy mein Anliegen vorgetragen hatte, erklärt er mir eine Art des Duschens, die er beim Militär gelernt habe. Er nennt sie „Navy Shower": Man schnappt sich zwei Eimer Wasser und sucht sich ein ungestörtes Plätzchen im Freien. Mit dem ersten Eimer übergießt man sich, seift sich dann ein und spült sich mit dem zweiten Eimer wieder ab. Nach diesen knappen, aber ausreichenden Erläuterungen verschwindet Randy plötzlich. Es dauert eine Weile, bis er wieder auftaucht. Er hat noch etwas Besseres für uns gefunden. Freudestrahlend zeigt er mir einen Wassersack, an dessen Ausguss ein Duschkopf angeschlossen ist. Auf der Suche nach einem passenden Platz entscheiden wir uns für einen Apfelbaum auf der Wiese hinter dem Haus. Über einen Ast führen wir ein Seil mit einem Haken. Daran hängen wir den Duschsack. Bei allem Behelf im sanitären Bereich genießen wir jetzt einen gewissen Komfort. Immerhin gibt es heißes Wasser in der Küche. Überhaupt ist das Wasser hier sehr gut. Es kommt aus dem eigenen Brunnen und schmeckt ausgezeichnet. Randy ließ das Wasser sogar testen.

Vorerst aber verschieben wir das Duschen. Ich habe Randy angeboten, ihm heute bei der Renovierung des Bades zu helfen. Er hat auch gleich eine Idee, wie ich mich nützlich machen kann. Vom Kriechkeller aus muss er das Abflussrohr der Toilette durch den Boden des Bades einführen und von unten fixieren. Dafür braucht er einen Helfer, der das Rohr von oben hält und einpasst. Das mache ich gerne.

Bevor wir anfangen, fahren wir noch zum Baumarkt in Centralia. Randy braucht eine passende Schelle, mit der er das Rohr unter dem Boden befestigen kann. Unterdessen regnet es weiter unablässig. Jedes Bremsen wird begleitet von einem kratzenden und scheppernden Geräusch. Unser erstes Ziel ist die Autowerkstatt. Der nächste freie Werkstatttermin für eine Reparatur ist erst in drei Tagen. Um die Bremsen inspizieren zu lassen, sollen wir in einer Stunde wiederkommen. Wir nutzen die Wartezeit, um in den Baumarkt zu fahren. Randy meint unterwegs, dass er mit den kaputten Bremsen auf keinen Fall nach Portland fahren kann. Dem kann ich nur zustimmen. Um mich morgen nach Portland zu bringen, schlägt er mir vor, einen weiteren Wagen zu mieten. Dankbar nehme ich sein Angebot an und übernehme dafür selbstverständlich die Kosten.

Während Randy im Baumarkt eine passende Rohrschelle besorgt, kaufe ich eine große strapazierfähige Plastikplane. Um den Mietwagen zu schonen, möchte ich mein Fahrrad darin einwickeln. Außerdem ist die Plane ein guter Sichtschutz.

Anschließend fahren wir zurück zur Autowerkstatt. Ein Monteur nimmt die Vorderreifen ab und inspiziert die Bremsen. Die Beläge sind völlig abgefahren. Die Bremsbacken haben bereits tiefe Rillen in die Trommeln gefurcht. Eine von ihnen lässt sich kaum noch lösen. Wir können von Glück reden, dass wir unbeschadet den Mount St. Helens hinuntergekommen sind. Es muss einen Schutzengel geben, der mich auf dieser Reise behütet. Er hindert uns daran, dass wir mit den defekten Bremsen bis nach Portland fahren. Rechtzeitig lässt er uns den Schaden bemerken, indem er uns in die Berge begleitet und wohlbehalten mit dem letzten Bremsbelag wieder hinunterführt. Ein großes Gefühl von Dankbarkeit erfüllt mich.

Ganz langsam und mit großer Vorsicht fährt Randy den Wagen nach Hause. Besser wäre es gewesen, ihn gleich in der Werkstatt zu lassen, aber wir brauchen ihn noch einmal, um morgen früh nach Centralia zu gelangen. Zurück auf der Farm, ruft Randy erneut in der dortigen Mietwagen-Filiale an und bestellt für den morgigen Tag ein Fahrzeug auf seinen Namen. Damit wird er mich morgen früh zur Filiale des Unternehmens in Portland bringen, wo ich in den Mietwagen nach San Francisco umsteigen werde.

Als wir das Abflussrohr für das Klo endlich montiert haben, ist es schon früh am Abend. Der Regen hat immer noch nicht nachgelassen. Es ist ungemütlich kalt und nass im Freien, und wir haben Hunger. Das Duschen verschieben wir auf den nächsten Morgen. Während Randy seine Baustelle aufräumt, beginne ich mit dem Kochen.

Es gibt heute Abend gebratene Schweinekoteletts. Dazu mache ich Kartoffelstampf mit Knoblauch und einen Salat aus Tomaten, Paprika und Avocados. Randy öffnet die Flasche Rotwein. Der Cabernet Sauvignon stammt aus der Weinregion der Columbia Gorge und reifte an den Nordhängen des Columbia River etwa hundert Kilometer westlich von Portland im Bundesstaat Washington.

Nach dem Essen zeigt mir Randy Fotos aus Alaska. Im letzten Jahr war er dort mit Freunden zum Fliegenfischen nach Lachsen. Außerdem betrachten wir Bilder, die er im gleichen Jahr von einem Urlaub mit Jennifer auf Maui, Hawaii, gemacht hat. Im Unterschied zu Randy ist Jennifer noch berufstätig und im Krankenhaus beschäftigt. Zurzeit betreut sie außerdem ihre alte Mutter, die vorübergehend bei ihr ohnt. Ihre Schwester, bei der die Mutter sonst lebt, ist in den Urlaub gefahren.

Erst spät gehen wir zu Bett. Meine Haut klebt und verlangt nach einem Bad. Um meinen Daunenschlafsack zu schonen, benutze ich seit meiner Ankunft auf der Farm einen dünnen Einlagesack. Ich schlüpfe in den Sack und stelle mir vor, wie ich im Freien unter dem Apfelbaum stehe. Das Zitronenaroma meines Duschgels dringt in meine Nase. Mit den Gedanken an klares, lauwarmes Wasser, das über Kopf und Körper rinnt, falle ich in einen tiefen Schlaf.

Goethe für Anfänger

Früh am Morgen wird mein Traum endlich Wirklichkeit. Randy hat unseren Duschplatz zusätzlich mit einem Stuhl ausgestattet, auf dem ich Waschzeug und Handtuch ablegen kann. Zwar ist die Luft noch kühl und das Gras klitschnass, aber der Regen hat endlich aufgehört. Das warme Wasser hüllt mich beim Duschen in eine dampfende Wolke. Ich fühle mich wie im Fünf-Sterne-Hotel.

Beim Frühstück erzählt mir Randy, dass vor einiger Zeit ein Bär den Wald hinter seiner Farm zu seinem Revier gemacht habe. Der Bär habe nicht weiter gestört, denn er sei nur von Zeit zu Zeit vorbeigekommen. Er sei friedlich gewesen und habe keinen Schaden im Wald angerichtet. Randys Nachbar aber habe Panik bekommen und den guten Bären erschossen. Wie sich herausstellte, war das ein Fehler, denn seitdem beansprucht ein böser Bär den Wald. Der neue kratzt und beißt die Rinde von den Bäumen, um sein Revier zu markieren und sich zu messen. Wenn ein Bär einem Weibchen folgt, hinterlässt er Spuren. Er stellt sich vor einem Baum auf die Hinterbeine und kratzt und beißt möglichst weit oben am Stamm Markierungen in die Rinde. Folgt ein anderer Bär ebenfalls der Spur des Weibchens, so misst dieser sich an den Spuren des Rivalen. Kommt er nicht so hoch wie der andere, gibt er das Weibchen auf. Kommt er höher, dann nimmt er die Verfolgung auf und sucht den Kampf mit dem Konkurrenten. Mit seinem Imponiergehabe hat der neue Bär schon viel

Schaden angerichtet. Randy meint: „Wenn man einen guten Bären in der Nachbarschaft hat, dann ist es besser, wenn er bleibt."

In der ersten Nacht bin ich mit der Taschenlampe hinaus in den Garten gelaufen, um das stille Örtchen aufzusuchen. Ich weiß nicht, wie ruhig ich geblieben wäre, wenn ich statt einer friedlichen Hirschkuh dem bösen Bären in die Augen geblickt hätte. Gut, dass ich es erst jetzt von ihm erfahre. Weder im Dunkeln noch in der Morgendämmerung hätte ich mich alleine nach draußen getraut.

Ein letztes Mal fahren wir mit den defekten Bremsen nach Centralia. Wir haben Glück, der freundliche und engagierte junge Manager des Mietwagenverleihs gibt uns ein Upgrade auf einen größeren Wagen und einen Seniorenrabatt. Das Fahrrad passt ohne Probleme hinein, wir müssen nicht einmal das Vorderrad abmontieren.

Über die Interstate 5, eine Autobahn, die von Seattle bis nach San Diego verläuft, fahren wir Richtung Süden. Randy ist stolz auf die wenigen deutschen Worte und Sätze, die noch hängen geblieben sind. Am Anfang seiner Forschungstätigkeit habe er sogar einen wissenschaftlichen Artikel zur Atomenergie mit Hilfe eines deutschsprachigen Kollegen aus dem Deutschen ins Englische übersetzt.

Ein Gedicht von Johann Wolfgang von Goethe sei ihm in Erinnerung geblieben. In gebrochenem Deutsch rezitiert er den zweiten Teil von Wanderers Nachtlied:

Ueber allen Gipfeln ist Ruh,
In allen Wipfeln spürest du
Kaum einen Hauch.
Es schweigen die Vöglein im Walde;
Warte nur, balde
Ruhest du auch.[12]

Ich bin beeindruckt von Randy. Im Unterschied zu ihm kenne ich kein einziges Gedicht des großen deutschen Dichters auswendig. Als wir an Brisas Geburtstag mit ihren Freunden am Tisch saßen, hatten alle etwas von Goethe vorgetragen. Ich war der einzige, der nichts zum Besten geben konnte. An jenem Abend hatte ich das Gefühl mangelnder Bildung mit in den Schlaf genommen. Heute sehe ich die Chance gekommen, mein kulturelles Defizit endlich auszugleichen. Dieses Gedicht von Goethe ist meisterhaft in seinem Verhältnis von Umfang und Gehalt. Andere mögen wie schwerer Wein sein. Dieses ist wie ein Grappa. Eine Goethe-Forscherin schrieb über das Gedicht: „Die Verse durchwandern in einem einzigen Bild- und Sprachklang gewordenen Gedanken den ganzen Kosmos."[13]

Man geht davon aus, dass es von Goethe am Abend des 6. Septembers 1780 in einer Jagdaufseherhütte auf dem Kickelhahn verfasst wurde. Mit einem Bleistift soll er es an eine Holzwand gekritzelt haben. War es sein Genie, das dieses Destillat hervorbrachte? War die Fläche an der Wand begrenzt? War vielleicht der Bleistift schon am Ende? Das kann nur der Dichter alleine wissen. Was er jedoch dabei empfand, schrieb er noch am gleichen Tag an seine geliebte Charlotte:

Wenn nur meine Gedancken zusammt von heut aufgeschrieben wären es sind gute Sachen drunter. Meine beste ich bin in die Hermannsteiner Höhle gestiegen, an den Plaz wo Sie mit mir waren und habe das S, das so frisch noch wie von gestern angezeichnet steht geküsst und wieder geküsst.[14]

Wie der böse Bär in Randys Wald hatte auch der liebestolle Dichter seine Zeichen in Höhlen und Holz geritzt.

Im Internet finde ich das Gedicht schnell. Zunächst übersetze ich es für Randy ins Englische, damit er sich an dessen

Sinn erinnert. Dann übe ich mit ihm die richtige Aussprache. Das Gedicht hat es in sich, es enthält neben den Umlauten „ü" und „ö" auch ein „sch" und ein „sp". Besonders das „sp" macht Randy zu schaffen. Immer wieder spricht er mir die betroffenen Worte nach, bis seine Aussprache akzeptabel ist. Wechselseitig wiederholen wir Zeile für Zeile. Besonderen Wert lege ich darauf, dass es mit den passenden Betonungen und Pausen vorgetragen wird. Die angenehme und gewünschte Nebenwirkung unserer Übungen ist, dass am Ende auch ich in der Lage bin, ein komplettes Gedicht von Goethe auswendig aufzusagen. Und wo habe ich es gelernt? Auf der Interstate 5 in den USA, auf dem Weg vom Bundesstaat Washington nach Oregon.

Pünktlich erreichen wir die Mietwagen-Filiale im Südwesten von Portland. Der Manager kann mir nur einen einzigen Wagen anbieten, der zum Transport meines Rades groß genug erscheint. Es ist eine schwarze Limousine von imponierender Größe und Gestalt. Ihr Benzinverbrauch ist nicht weniger beeindruckend. Zum Glück kostet Benzin in den USA nur etwa die Hälfte. Die wichtigere Frage für mich ist, ob mein Rad tatsächlich hineinpasst. Ich löse den Lenker und den vorderen Gepäckträger. Beide stelle ich quer. Das Vorderrad montiere ich ab. Wir klappen die Rückbank des Fahrzeugs herunter und breiten die Plane im Laderaum aus. Vorsichtig hebe ich mit Randy das Rad in den Wagen. Ich bin erleichtert. Öffnung und Laderaum sind gerade ausreichend. Nachdem auch mein Gepäck verstaut ist, gehe ich mit dem Manager ins Büro, um den Mietvertrag abzuschließen.

Bevor wir auseinander gehen, möchte ich Randy noch zum Lunch einladen. In der Nähe finden wir ein Restaurant, wo es leckere Sandwiches gibt. Doch dieses Mal besteht Randy darauf, das Essen zu bezahlen. Die Fahrt hat auch für ihn einen Nutzen. Er erklärt mir, dass er die neuen Bremsen hier in Portland besorgen wird. Oregon erhebe im Unterschied zu

Washington keine Bundesstaat-Steuer. Dadurch spare er viel Geld.

Ich bedanke mich bei ihm für seine großzügige Hilfe und lade ihn ein, mich in Deutschland zu besuchen, gerne auch gemeinsam mit Jennifer. Randy liebt historische Gebäude. Ich würde ihm die Schlösser in Heidelberg, Schwetzingen und Bruchsal zeigen. Von meinem Wohnort aus könnten wir sie auch gut mit dem Rad erreichen. Als wir uns verabschieden, habe ich das Gefühl, einen neuen Freund gefunden zu haben.

Mein Tagesziel ist Astoria, das an der Mündung des Columbia River in den Pazifik liegt. Der nördlichste Ort in Oregon an der Grenze zu Washington ist von Portland etwa zwei Stunden Fahrzeit entfernt. Auf dem Weg zur Küste führt die Strecke durch eine waldreiche und feuchte Berglandschaft. Die meiste Zeit nieselt es. Der Wind treibt dichte Nebelschwaden durch die Baumwipfel. Die Straßen sind nass. Ständig geht es in Kurven bergauf und bergab.

Nach einer guten Stunde erreiche ich die Küste und fahre über den Highway 101 gen Norden. Vom Pazifik sehe ich nichts. Entweder ist die Straße zu weit entfernt von der Küste oder die See ist in Nebel gehüllt.

Am Nachmittag erreiche ich Astoria. Unübersehbar ist die acht Kilometer lange Astoria Bridge über den Columbia River. Vom gegenüberliegenden Ufer kommend steigt sie steil bis auf eine Höhe von sechzig Metern an und endet in Astoria auf einem Hügel. Auf der zweispurigen Brücke gibt es in beiden Richtungen nur eine schmale Radspur, die lediglich durch eine weiße Linie von der Autospur abgetrennt ist. Mein Radführer hätte diese Brücke gemieden. Nun verstehe ich auch, warum.

Astoria interessiert mich, weil es die Partnerstadt von Walldorf, der Nachbarstadt von meinem Wohnort Wiesloch, ist. In der Touristeninformation erkundige ich mich nach Campingplätzen und Sehenswürdigkeiten. Eine freundliche alte Dame sagt mir, dass der aus Walldorf stammende Gründer

Johann Jakob Astor der Stadt nie hier gewesen sei. In meinen Augen ist Astoria ein trostloser Ort, schmutzig und heruntergekommen. Weder gibt es einen Campingplatz, noch hat der Ort etwas Attraktives für mich zu bieten. Erwähnenswert finde ich nur, dass hier Szenen einiger bekannter Spielfilme gedreht wurden, wie z.B. aus den ersten beiden Folgen von „Free Willy"[15] einer Geschichte über die Freundschaft eines Orcas zu einem Jungen, der ihn aus seiner Gefangenschaft befreit. Auch Filmproduktionen können in Oregon Steuern sparen. Ich habe keine Lust mehr, noch länger in Astoria zu bleiben und fahre 25 Kilometer weiter Richtung Süden nach Seaside, einen Badeort, den mir Randy empfohlen hatte. Unterwegs besorge ich in einem großen Supermarkt Lebensmittel für die nächsten drei Tage. Zum Abendessen kaufe ich fertigen Kartoffelsalat und Guacamole. Ich bin hungrig und müde. Gleich hinter der Ortseinfahrt von Seaside liegt unmittelbar am Highway 101 ein Campingplatz. Im hinteren Teil der Anlage baue ich mein Zelt auf, hole mir dort im Laden noch eine Dose Bier, verspeise meine Salate, gehe früh schlafen und ignoriere den Verkehrslärm.

Die Weisheit der Krabbe

Das unablässige Dröhnen des nächtlichen Autoverkehrs klingt noch in meinen Ohren, als ich aufwache. Es ist feucht im Zelt. Das Dach ist klamm. Dichter Nebel verhüllt den Morgenhimmel. Erst spät am Vormittag bricht die Sonne durch die Wolken. Für heute Morgen ist Hausarbeit angesagt. Meine Radkleidung muss dringend gewaschen werden. Dann werde ich sie für die kommenden zwei Wochen ganz unten im Gepäck verstauen. Bleibt einstweilen nur die andere Hose mit ihren abnehmbaren Hosenbeinen. Sie muss ebenso gewaschen werden wie die übrige Kleidung. Während die Trommel meine Wäsche durch die Lauge schwenkt, wiege ich mein Haupt unterm heißen Wasserstrahl und genieße den Komfort einer sauberen und geräumigen Duschkabine.

Am Nachmittag habe ich alles erledigt und mache mich auf die Suche nach einem neuen Zeltplatz. Immer noch ist Hochsaison in Oregon und gerade am Wochenende kommen viele Besucher an diesen beliebten Küstenabschnitt. Es ist Freitag. Wenn ich heute keinen Campingplatz finde, habe ich morgen ein ernsthaftes Übernachtungsproblem. Weder in Seaside noch im Nachbarort Cannon Beach hatte man mir für Samstag einen Stellplatz fürs Zelt gewährt. Man wartet lieber auf die besser zahlenden Wohnmobile, die noch im Laufe des Tages eintreffen werden. Auch auf den nächsten fünfzig Kilometern ist alles ausgebucht. Schließlich erhalte ich in Nehalem den Tipp, weitere acht Kilometer nach Süden zu fahren. Der Campingplatz an der Nehalem Bay ist nicht zu übersehen. Es stört mich nicht mehr, dass er an der 101 liegt. Hier bin ich willkommen. Das Zentrum von Kelly's Brighton Marina ist ein kleiner Laden. Dort empfängt mich die Besitzerin, die gemeinsam mit ihrem Mann den Campingplatz betreibt. Ich registriere mich, hinterlege meinen Pass und lasse auf meinen Namen anschreiben. Abgerechnet wird zum Schluss. Auf diese Weise werden unnötige Gebühren für Kreditkartenbuchungen gespart. Ich solle mir selbst einen freien Platz mit Sitzgarnitur und Feuerstelle aussuchen, belegen und, wenn etwas fehlt, bei ihr melden. Etwas abseits des Highways finde ich einen voll ausgerüsteten Stellplatz, baue das Zelt auf und bereite meinen Schlafplatz vor. Dann gehe ich wieder zurück zum Laden im Zentrum des Geschehens.

Die Anlage liegt in jener Bucht, wo der Nehalem River in den Pazifik mündet. Durch die Gezeiten gibt es an dieser Stelle einen steten Wechsel von Salzwasser, das landeinwärts strömt, und Süßwasser, das ins Meer fließt. Dieser Austausch begünstigt das Wachstum der Meerestiere. Von zwei Seiten werden sie reichlich mit organischer Nahrung, Pflanzenteilen, Algen, Insektenlarven und Kleinkrebsen versorgt. Der Campingplatz betreibt deshalb auch einen kleinen Hafen, wo man Boote und Ausrüstung leihen kann, um selber auf Fang zu gehen. Vor dem Laden stehen Bassins mit frischen, lebenden Muscheln, Austern und Krabben. Auf Bestellung werden sie von zwei freundlichen Mädchen gar gekocht.

Ich möchte eine Krabbe probieren, suche eine passende aus und entscheide mich auf Anraten der Bedienung für eine Weichpanzerkrabbe. Diese Art hat eine weiche Schale und ist einfacher zu knacken. Vorsichtig hebt die junge Dame das lebende Schalentier aus dem Bassin, setzt es in einen Metallkorb und versenkt den Korb samt Inhalt im siedenden Salzwasser eines großen Kessels. In fünfzehn Minuten kann ich wieder kommen. Dann ist meine Krabbe gar. In der Zwischenzeit besorge ich mir im Laden eine Dose Bier und Kartoffelchips. Die Besitzerin gibt mir außerdem einen Korb mit Papierservietten, Pappteller und Plastikgabel. Im Außenbereich finde ich einen freien Tisch und beobachte von da aus das Treiben um mich herum. Die Gebäude sind bunt und wirken chaotisch. Überall liegt Zeugs herum. Fischernetze und Bojen hängen an den Wänden. Fensterrahmen, Türen und Dachsimse sind in grellem Grün gestrichen.

Von morgens früh bis spät in die Nacht hallt Rockmusik aus den Außenlautsprechern. Ein Radiosender aus Seaside spielt durchgehend Hits der Sechziger- und Siebzigerjahre. Es scheint, als sei hier die Zeit stehengeblieben. Zwei Biker rollen mit ihren aufgepeppten Choppern auf den Parkplatz. Sie haben ihre Arme weit nach vorne gestreckt, um an die Griffe ihrer hohen Lenker zu gelangen. Ich stelle mir vor, wie Peter Fonda und Dennis Hopper hier Halt machen. Im Radio läuft „Born To Be Wild"[16].

Fortwährend kommen neue Gäste an die Kochstelle und bestellen Krabben, die gleich darauf im Kessel landen. Gegarte Tiere machen Platz für die nächsten und landen auf dem Putztisch, wo sie geöffnet und von ihren Innereien befreit werden. Währenddessen kommen ständig Boote herein mit neuem Fang. Fische werden zerlegt und gesäubert. Um eine Feuerstelle am Rande der Terrasse hat sich eine Gruppe von Gästen versammelt. Die Leute unterhalten sich, lachen und trinken Bier aus Dosen. Es herrscht Hochbetrieb.

Endlich ist auch meine Krabbe gar. Das Mädchen fragt mich, ob ich sie selbst zerlegen möchte. Ich solle ihr zuschauen, wenn sie diese Arbeit für einen Kunden vor mir erledigt, und einfach alles nachmachen. Also stelle ich mich neben sie und folge ihr. Sie erklärt mir die einzelnen Schritte und beantwortet meine Fragen. Ich lege die Krabbe auf den Rücken, breche mit einem Messer den Panzer auf und entferne den Brustdeckel. Der Panzer liegt nun unten und dient als Behälter für die sogenannte Krabbenbutter, in die man später Fleisch und Chips tunkt. Mit Sauce gefüllt stelle ich ihn zur Seite. Anschließend drehe ich den Rumpf wieder um und entferne die Innereien. Zum Schluss spüle ich die Krabbe kurz mit Salzwasser ab – und fertig.

Als ich an meinem Tisch Platz nehme, erklingt „Stairway To Heaven"[17]. Ich segne das Schalentier, bedanke mich bei den Kräften der Gezeiten und stelle mir vor, wie die kleine Krabbenseele über einen Sonnenstrahl in den Himmel aufsteigt. Im Sternzeichen des Krebses wird sie als winziger Lichtpunkt am Nachthimmel leuchten.

Die natürliche Lebenswelt der Krabbe ist geprägt vom Wechsel der Gezeiten, die unaufhörlich kommen und gehen wie das Auf und Ab meiner gegenwärtigen Gemütsschwankungen. Wann immer ich von Gefühlen überflutet werde, ist es Zeit, in eine Innenschau zu gehen, bis das innere Meer zur Ruhe gekommen ist und seinen normalen Pegel wieder erreicht hat. Die Krabbe mit ihrem harten Panzer macht mich darauf aufmerksam, meine Verletzlichkeit und mein Bedürfnis nach Sicherheit und Schutz zu ehren. Jeder hat das natürliche Recht, zuallererst für sich selbst zu sorgen, sich zu schützen und „Nein" zu sagen.

Die Krabbe führt mich zurück zum Strand des Meeres, um dort in meine Gefühlswelt einzutauchen. Was hat mich in meinem Leben am meisten verletzt? Wo haben die Wechselduschen des Lebens meinen weichen und lebendigen Kern erkalten und verhärten lassen? Was schmerzt immer noch und bedarf der Heilung? Das salzige Meerwasser vermag die inneren Wunden zu waschen, zu reinigen und zu heilen, auch wenn es schmerzt. Die Krabbe kann auch seitwärts und rückwärts laufen. Sie fordert mich auf, zurück zu gehen in meine eigene Vergangenheit, um dort etwas aufzuarbeiten, das meine Gegenwart blockiert und meine Zukunft behindert. Meine Reise verlief bisher alles andere als geradlinig. Die Krabbe ermuntert mich, zukünftige Hindernisse weiter anzunehmen, seitwärts zu gehen, vom Weg abzuweichen und mich für neue und unerwartete Erfahrungen zu öffnen.

Auch wenn ich im Moment noch wenig damit anfangen kann, danke ich dem Meerestier für seine Weisheit und beginne mit dem Verzehr seines zarten, wohlschmeckenden Fleisches. Mit der Gabel zupfe ich es aus den aufgebrochenen Schalen, tunke es in die Buttersauce und lasse es auf der Zunge zergehen. Wie köstlich! Zwischendurch tauche ich Kartoffelchips in die Sauce, zerkaue sie genüsslich und spüle mit Dosenbier nach.

Es ist ein traumhafter windstiller Abend mit klarem Himmel und warmer Abendsonne. Die Luft ist erfüllt von Salzwasser, dem Geruch von Fisch und gekochten Meerestieren. Mein Blick wandert über die Nehalem Bay, in der die Abendsonne glitzert und immer tiefer sinkt. Ich bin glücklich, hier gelandet zu sein.

Auf dem Rückweg zum Zelt treffe ich den Besitzer, der mit seinem kleinen Trecker noch immer im Gelände unterwegs ist. Er versorgt die spät angekommenen Camper mit Holzgarnituren und rostigen Autofelgen, die als Feuerstelle dienen. Vor über zwanzig Jahren hat er hier ganz klein angefangen, mit Krabbenkochen direkt am Highway. Mit der Zeit sind der Laden, der Campingplatz und der Bootsverleih dazu gekommen. In der Hochsaison ist das Ehepaar täglich sechzehn Stunden an sieben Tagen der Woche mit Arbeit beschäftigt. Der Mann ist ein freundlicher, stets vergnügter Mittvierziger. Als ich ihm begegne, trägt er auf dem Kopf eine gelb-rot gestreifte Narrenkappe mit Glöckchen an den Zipfeln. Er sieht aus wie Till Eulenspiegel. Man muss wohl ein Narr sein, um diesen Platz zu betreiben.

Seesterne am Cannon Beach

Nach dem Frühstück fahre ich den langen Weg zurück nach Seaside. Im größten Ort des Küstenabschnittes finde ich in einem Buchladen einen Reiseführer für die Oregon-Küste. Lebensmittel besorge ich in einem Supermarkt. Meine Suche nach einem Geschäft, in dem ich einen Polfilter für meine Kamera bekommen kann, bleibt erfolglos. Die digitale Fotografie hat die kleinen Fotoläden aussterben lassen. Filme werden nicht mehr entwickelt. Kameras und Zubehör bestellt man heute über das Internet.

Barfuß überquere ich den endlos scheinenden breiten Sandstrand, bis ich schließlich durch knöcheltiefes Wasser wate und stehenbleibe. Ich bin am Meer angekommen. Die Ausläufer der Pazifikwellen kühlen meine noch immer wunde Ferse und umspülen meine Waden. Solange ich behutsam gehe, habe ich keine Beschwerden. Nur wenn ich zu viel herumlaufe, spüre ich wieder ein leichtes Brennen. Dann mache ich eine Pause und stelle mich ins kalte Wasser. Das Meer tut meiner Ferse gut. Es belebt auch mein Gemüt an diesem trüben Spätvormittag, dessen Himmel mit grauen Wolken verhangen ist. Nur wenige Menschen haben sich am Strand von Seaside eingefunden, Familien mit Kindern, die im Sand buddeln, ihre Drachen steigen lassen oder durch das seichte Wasser flitzen, dass es spritzt. Die meisten laufen in Sweatshirts oder Anoraks herum, nur wenige Wagemutige tragen T-Shirts. Hoffnungsvoll hat jemand einen Sonnenschirm aufgespannt.

Auf dem Weg zurück schlendere ich erneut durch den Ort. So ausgestorben sein Strand ist, so belebt ist seine Fußgängerzone. Während die letzten Gäste noch frühstücken, haben sich die ersten bereits zum Mittagessen eingefunden. Sie stehen vor den günstigen Restaurants Schlange und warten auf einen freien Tisch. Billige Läden bieten Spielzeug, Süßigkeiten, Andenken und Strandartikel an. Im Zentrum befindet sich eine Einkaufshalle mit einem historischen Kinderkarussell. Dicht gedrängt schiebt sich der Menschenstrom durch die Halle, vorbei an Läden, Cafés, Restaurants, Schießbuden und Zuckerwatteständen. Fotostudios mit historischen Requisiten und Kulissen laden die Besucher ein, sich in die Pionier- und Gründerzeit zurückzuversetzen, in eine Zeit, in der noch alles möglich und das Wachstum grenzenlos schien. Familien kostümieren sich als Cowboys, Trapper, Salonmädchen und Südstaatenschönheiten und nehmen das Bild längst vergangener Zeiten mit nach Hause.

Andere Familien, die in die Zukunft blicken und Wert auf die Bildung ihrer Nachkommen legen, besuchen das Seaside Aquarium, ein Meeresaquarium. Es zählt zu den ältesten an der amerikanischen Westküste und wurde im Jahr 1937 eröffnet. Beliebt bei Kindern sind vor allem die Streichelbecken mit Seesternen, Seeanemonen und Seeigeln. Das Hauptgebäude stammt aus den Zwanzigerjahren. Ursprünglich war es ein mit Meerwasser betriebenes Hallenbad.

Seaside ist ein Badeort der schwindenden amerikanischen Mittelschicht, die sich noch einen Familienurlaub am Meer leisten kann. Die Gäste kommen aus dem Großraum Portland. Von dort ist dieser Ort das nächstgelegene Reiseziel an der Pazifikküste. Im August, dem wärmsten Monat des Jahres, ist Hochsaison. Ab Oktober locken die Strände nördlich von Seaside mit großen Mengen von essbaren Schwertmuscheln, die bei Ebbe mit Schaufeln aus dem nassen Sand gegraben werden. Von Mitte Juli bis Ende September stehen sie unter Naturschutz, damit die jungen Muscheln ungestört reifen können.

Südlich von Seaside befindet sich der viel gerühmte Strand des noblen und teuren Badeortes Cannon Beach. Nur fünfzehn Kilometer trennen die beiden Badeorte. Doch der Abstand zwischen der verarmenden Mittelschicht und der immer reicher werdenden amerikanischen Oberschicht hat sich in den letzten Jahren vergrößert. Nur wenige können sich einen Aufenthalt in Cannon Beach leisten. Hier haben sich Galerien, Banken und Kunstgewerbeläden angesiedelt. Sie verkaufen Luxusartikel, Schmuck, Kleidung, Glas, Keramik, Bilder und Skulpturen zu hohen Preisen. Ich lasse mich von den hohen Parkgebühren nicht abschrecken und verbringe dort den Nachmittag am Strand.

Der Sand in Cannon Beach ist nicht feiner als der in Seaside. Beide Strände führen zum gleichen Meer. Das Besondere am Cannon Beach ist das Herausragende, die vorgelagerten Felsen. Das nördliche Ende des Strandes wird durch die Bird Rocks begrenzt, eine Felsformation, auf der Seevögel nisten. Am südlichen Ende steigt ein riesiger Felsen eindrucksvoll aus dem Wasser empor. Es ist der Haystack Rock, ein gewaltiger Heuhaufen aus Stein, den das Meer stehen gelassen hat. Zur Landseite wird der Strand von großzügigen Ferienhäusern, Strandvillen und Hotelanlagen gesäumt.

Am westlichen Ende der 2nd Street mit Zugang zum Strand treffe ich eine sportlich uniformierte Frau mit Dienstfahrrad. Eine Plakette am Rahmen und ein Abzeichen an ihrer Kleidung weisen sie als Fremdenführerin aus, eine

Servicekraft der Stadtverwaltung. Sie spricht gerade mit anderen Gästen und informiert sie über Restaurants im Ort.

Als ich an der Reihe bin, frage ich sie, ob man bis zum Haystack Rock durch das Wasser waten kann. Sie antwortet auf Deutsch. Mein Akzent ist nicht zu leugnen. Um 16:00 Uhr sei Niedrigwasser. Dann könne man den Felsen trockenen Fußes erreichen. Von ihr erfahre ich, dass er der dritthöchste dieser Art auf der Welt ist. Auf meine Frage nach dem Grund für ihr ausgezeichnetes Deutsch erzählt sie mir ihre Lebensgeschichte. Ihre Mutter stammt aus den Niederlanden und lebte bis zum Ende des Zweiten Weltkriegs in Halle in der damaligen Provinz Sachsen. Während des Krieges geriet sie in ein Feuergefecht. Ein deutscher Soldat warf sich auf sie und schützte sie mit seinem Körper. Seine selbstlose Tat rettete ihr das Leben. Er selbst wurde bei dem Angriff tödlich verletzt. Nachdem die Russen Ostdeutschland besetzt hatten, floh die Mutter mithilfe von Freunden wieder zurück in die Niederlande. Hier lernte sie einen amerikanischen Soldaten kennen, den sie heiratete und mit dem sie in die USA auswanderte. Die attraktive Strandführerin wurde nach dem Krieg in den USA geboren. Die deutsche Sprache lernte sie von ihrer Mutter. Nun verstehe ich auch den Stolz, mit dem sie ihre Dienstkleidung trägt, die ihr Autorität und Schick zugleich verleiht. Schließlich verdankt sie ihr Leben zwei Männern in Uniform.

Es ist noch früh am Nachmittag, und so mache ich zunächst eine kleine Wanderung zu den Bird Rocks. Längst habe ich mir einen Schongang angewöhnt. Wenn ich eine Treppe oder eine leichte Steigung hochlaufe, dann gehe ich seitwärts. Unterwegs an Wasserpfützen lege ich immer wieder eine Pause ein und kühle meine Ferse. Ich bin froh, dass mir das Gehen im Vergleich zum Radfahren kaum Probleme bereitet. Allmählich hellt es etwas auf und die Sonne zeigt sich. Die schneeweißen Kuppen der Felsen leuchten im Sonnenlicht. Ihre Färbung verdanken sie den Exkrementen ihrer gefiederten Bewohner. Als ich endlich angekommen bin, gibt es bis auf vereinzelte Seevögel und Strandwanderer, die sich bis hierhin verlaufen haben, wenig zu sehen.

Um zum Haystack Rock zu gelangen, kehre ich wieder zurück zum Parkplatz und fahre mit dem Wagen ein Stück weiter gen Süden. Mittlerweile hat sich das Meer zurückgezogen und die Menschen strömen zum Anziehungspunkt Strand. Mit einer beachtlichen Höhe von 72 Metern ragt der Haystack Rock buchstäblich wie ein Heuhaufen aus dem Sand. Er wird gesäumt von kleineren Felsbrocken und Felsnadeln. Die Oberfläche der Steine ist übersät von Miesmuscheln, Seepocken, Algen, Polypen und Seegurken, die zusammenzucken, wenn man sie berührt. Doch die eigentliche Attraktion sind die tellergroßen Seesterne, die sich an den feuchten Felsen festgesogen oder in die Pfützen zurückgezogen haben. Ihre Arme strahlen in Ocker-, Braun- und Purpurtönen. Ich beobachte Seeanemonen in allen Größen, deren olivgrüne Tentakel sich träge im Wasser wiegen. In den Gezeitenbecken zwischen den Felsen krabbeln kleine und große Krabben, kleine und große Kinder finden ihre Freude daran. Für die Besucher von Cannon Beach ist das Strandaquarium bei Ebbe geöffnet. Der Zugang zu den Streichelbecken des Pazifiks ist kostenfrei.

Einige Ranger in Uniform sind damit beschäftigt, die Absperrschilder zu verschieben und die Besucher davon abzuhalten, auf die Felsen zu klettern. Sie schützen die nistenden Seevögel. Eine Gruppe von Touristen hat sich um eine Rangerin geschart, die einen Seestern in den Händen hält und Wissenswertes dazu erklärt. Anschließend setzt sie das Tier, das auf dem Sand gestrandet war und zu vertrocknen drohte, vorsichtig wieder in eine Pfütze.

Auf dem Rückweg zum Parkplatz begegne ich einer Hochzeitsgesellschaft. Sie hat sich zu einem Gruppenfoto am Strand versammelt. Im Hintergrund ragt dekorativ der Haystack Rock empor. Für die wohlhabende Schicht ist Cannon

Beach ein beliebter Ort zum Heiraten. Dort, wo der asphaltierte Weg in den Strand übergeht, haben die Damen ihre Stöckelschuhe ausgezogen und wohl geordnet abgestellt. Wer ans Meer möchte, geht am besten barfuß.

Auf meinem Rückweg zum Campingplatz mache ich am Short Sands Beach Halt. Meine Zeltnachbarn, drei junge Surfer aus Vancouver, mit denen ich mich am Vorabend an ihrer Feuerstelle unterhielt, hatten mir diesen Strand empfohlen. Etwa 15 Kilometer südlich von Cannon Beach, fließt der Short Sand Creek unter dem Highway 101 hindurch. Kurz dahinter befindet sich ein Parkplatz, von dem ein Fußweg am Bach entlang und durch den Küstenwald direkt zum Strand führt. Auf dem Weg dorthin kommen mir die ersten Rückkehrer entgegen. Nach einem Kilometer erreiche ich den Short Sands Beach, der die Smuggler Cove abschließt, eine bei Surfern beliebte Bucht. Obwohl es schon spät am Nachmittag ist und immer mehr Nebelschwaden landeinwärts treiben, ist der Strand noch gut besucht. Das Meer hat seinen Tiefpunkt längst hinter sich gelassen, langsam kehrt die Flut zurück. Im Wasser treiben noch immer viele Surfer und warten auf die perfekte Welle. Während immer mehr von ihnen an Land gehen und sich im feuchten Sand in Gruppen sammeln, ziehen andere noch entschlossen dem Meer entgegen. Was die Wellenreiter eint, ist die Herausforderung, das Glücksgefühl des schwerelosen Gleitens auf dem Wasser und der Moment der Verbundenheit mit den Elementen der Natur. Sie gehören zu einer wachsenden amerikanischen Subkultur, die ihr Selbstverständnis nicht mehr aus der Zugehörigkeit zu einer materiell definierten Schicht bezieht.

Die Luft wird immer kühler. Einige Feuer am Ende des Strandes brennen bereits. Treibholz gibt es hier in Fülle. Ich mache mich auf den Rückweg von meinem ersten Tag am Meer.

Das Café am Rande des Ozeans

Die sanitären Anlagen auf den Campingplätzen hatten bisher sehr zu wünschen übrig gelassen. Waschbecken zum Geschirrspülen oder für die Handwäsche hatte ich nicht vorgefunden. Meist beschränkte sich das Angebot auf ein oder zwei kleine Becken zum Händewaschen und auf ebenso viele Toiletten und Duschen. Auf diesem Platz ist es leider nicht anders, obwohl hier Dutzende von Gästen in Zelten übernachten. Am nächsten Morgen sind die sanitären Einrichtungen in keinem guten Zustand. Deshalb ziehe ich es vor, schon früh weiterzufahren.

Dreißig Kilometer weiter südlich halte ich an einem Einkaufszentrum am Stadtrand von Tillamook und treffe eine Gruppe von Radreisenden, die sich dort ebenfalls mit Proviant versorgen. Ein Vater, der mit seinem halbwüchsigen Sohn auf einem Tandem unterwegs ist, erzählt, dass sie in diesem Jahr nur eine kurze Tour von wenigen Tagen unternähmen. Davor seien sie auch schon einmal bis San Francisco geradelt. Auf der Weiterfahrt überhole ich immer wieder Radfahrer, die meist alleine oder zu zweit unterwegs sind. Manche haben ihre Räder vollbeladen mit kompletten Campingausrüstungen. Andere fahren mit leichtem Gepäck. Wahrscheinlich gehen sie im Restaurant essen und übernachten im Motel. Wer mit dem Rennrad auf Tour ist, beschränkt sich auf einen Tagesrucksack. Auch am Ende der Saison ist immer noch viel Autoverkehr auf dem Highway 101 und die Seitenstreifen sind oft sehr schmal. Fast alle Radler tragen auffällige gelbe oder rote Westen, manche davon blinken auch am Tag. Einige haben an ihren Rädern nach links weisende Signalstangen angebracht, um überholende Autos auf Abstand zu halten. Sehr beliebt sind auch kleine Rückspiegel, die an das Brillengestell geklemmt werden. Mir wird oft wehmütig, wenn ich die Radwanderer in großem Bogen überhole.

Doch wenn ich an einer Steigung an ihnen vorbeiziehe und sehe, wie sie sich den Berg hochquälen, dann bin ich auch erleichtert.

Von der Tillamook aus fahre ich über den Highway 131 in den Three Capes Scenic Loop Richtung Netarts und lande schließlich in Oceanside, einem Badeort, in den ich mich sofort verliebe. Er liegt an einem langgestreckten breiten Sandstrand, der am nördlichen Ende durch aus dem Wasser ragende Felsen begrenzt wird. Die farbig getünchten Wohnhäuser des Ortes sind terrassenartig in den leicht ansteigenden Hang der Küste gebaut. Nur eine kurze und enge Sackgasse führt bis zum Strand, wo es ein paar kleine Läden, Cafés und Restaurants gibt. Als ich ankomme, sind die Parkplätze alle besetzt. Doch bald darauf habe ich Glück und kann einen ergattern, denn es ist Mittagszeit und die ersten Gäste verlassen den Strand.

Es gibt nur ein einziges Café, das Espresso anbietet, ein kleiner, feiner Laden im italienischen Stil. Der Innenraum des „Brewin' in the Wind"[18] ist im Geist der Sechzigerjahre dekoriert ist. An den Wänden hängen Fotos von Bob Dylan, vom Strand und Sprüche wie „Wenn du Angst vor Butter hast, nimm Sahne!"[19]

Ich bestelle einen großen Cappuccino und wähle aus der Kühltheke eine Süßspeise aus Pfirsichen mit Keksbröseln, die überbacken und mit zwei Kugeln Vanilleeis und viel Sahne getoppt wurden. Durch den Raum zieht ein Duft von frisch gebrühtem Kaffee, im Hintergrund läuft Country-Musik. Ich setze mich ans Fenster und während ich die köstliche Zwischenmahlzeit genieße, lasse ich meinen Blick über den weiten Strand schweifen. Obwohl ich gestern viel am Meer herumgelaufen bin, habe ich heute keinerlei Beschwerden in der Ferse. Das stimmt mich hoffnungsvoll für den weiteren Verlauf der Reise. Ich habe die Radtour gerade rechtzeitig abgebrochen, bevor ich möglicherweise auch mit dem Gehen Probleme bekommen hätte.

Und so verbringe ich den weiteren Nachmittag bei strahlend blauem Himmel und einem lauen Spätsommerwind an diesem herrlichen Strand.

Danach ist es an der Zeit, eine Unterkunft für die kommende Nacht zu finden. Ich fahre den Three Capes Scenic Loop zurück bis zum Cape Lookout State Park und reihe mich in die Schlange der Ankommenden ein. Vor mir checkt gerade ein Radwanderer ein. Jeder State Park verfügt über einen Hiker-Biker Campsite, einen gesonderten Platz für Wanderer und Radfahrer. Sie können dort jederzeit ohne eine Reservierung ein kleines Zelt aufschlagen und müssen dafür nur wenig pro Übernachtung bezahlen. Jedoch für mich und alle übrigen Neuankömmlinge ist der Park die nächsten beiden Tage ausgebucht. Wenn es noch einmal eng werden sollte, werde ich in Erwägung ziehen, ob ich meinen Wagen noch vor dem Park abstelle und für eine Nacht aufs Rad umsteige. Wenigstens kann mir der Ranger einen privaten Campingplatz mit freien Plätzen empfehlen, der nur fünfzehn Kilometer entfernt liegt.

Er liegt direkt an der 101 in einem kleinen Waldstück, das von einem Bach durchflossen wird. Auf meine Frage nach einem ruhigen Übernachtungsplatz bietet mir die Besitzerin eine kleine freistehende Hütte im hinteren Teil des Geländes an. Das zauberhafte Häuschen war im viktorianischen Stil erbaut und lila angestrichen worden. Man erreicht es über eine ebenso hübsche Holzbrücke, die über den Bach führt. Es liegt weit ab von der Straße, am Rande der gepflegten Anlage. Die Waschräume sind sehr sauber. Außerdem gibt es eine kleine Scheune, in der eine komplette Gästeküche eingerichtet ist. Es ist ein perfekter Ort für mich und zu meinem Glück gelingt es mir, den Preis bei einem Aufenthalt von zwei Nächten in eigener Bettwäsche herunterzuhandeln.

Da heute Sonntag ist, möchte ich essen gehen und fahre wieder auf den Three Capes Scenic Loop nach Pacific City und von dort bis Cape Kiwanda zu einer pittoresken Badebucht, wo ich in einem gut besuchten Restaurant zu Abend esse. Nach dem Dinner spaziere ich am Strand entlang, halte Ausschau nach interessanten Fotomotiven im Licht der untergehenden Sonne und genieße die Abendstimmung. Eindrucksvoll ragt ein riesiger Felsen aus dem Meer, ein weiterer Haystack Rock, der Chief Kiawanda Rock. Zwar überragt er jenen in Cannon Beach mit einer Höhe von 100 Metern noch um 30 Meter, aber er wird auch bei Ebbe noch vom Meer umspült. Er wird auch Teacup Rock genannt, ein Name, der sich einem erst erschließt, wenn man ihn aus einem bestimmten Blickwinkel betrachtet und das Profil einer auf den Kopf gestellten Teetasse erkennt. Vor dem Felsen, im Licht der untergehenden Sonne, steht ein frisch vermähltes Brautpaar barfüßig weit draußen im flachen Wasser. Die Braut schleift die Schleppe ihres Kleides hinter sich durchs seichte Wasser. Eine dritte Person hält den Brautschleier, als hätte ihn der Wind emporgehoben. Davor bemüht sich eine Fotografin, das Paar ins rechte Licht zu rücken. Bald darauf fährt ein Fischerboot in hohem Tempo auf den Strand zu. Mit Schwung und hochgestelltem Außenbordmotor landet es mit dem Bug im Sand. Ein Wagen mit Bootsanhänger kommt herbeigefahren und rangiert im Rückwärtsgang vor das Boot, das nun mithilfe einer Motorwinde auf den Hänger gezogen wird. Alles vollzieht sich mit einer Routine, als geschähe es so an jedem Abend. Vereinzelte Surfer, die im Abendlicht den letzten Wellen des Tages entgegeneilen, versuchen vergeblich, sich dem Ende dieses Spätsommersonntags zu entziehen und harren solange aus, bis die Sonne hinter dem Kliff versunken ist.

Als ich in meine viktorianische Hütte zurückkehre, ist es bereits stockfinster. Im Bett liegend höre ich nur das leise Plätschern des Bachs. Um mich herum ist es so still, dass es mir schwerfällt einzuschlafen, und das erste Mal auf meiner Reise steigt ein Gefühl der Einsamkeit in mir auf.

Alleine am Cape Lookout

Nach dem Frühstück fahre ich wieder zurück zum Cape Lookout State Park. Dort vor der Netarts Bay erstreckt sich eine schmale, etwa acht Kilometer lange Landzunge nach Norden, die parallel zur Küste verläuft. Heute möchte ich am Pazifikstrand bis zum Ende dieser Halbinsel wandern. Auch heute Morgen bin ich erneut beschwerdefrei aufgewacht. Wenn ich nur bedächtig genug gehe, kann ich mir auch eine längere Strecke vornehmen. Auf der Fahrt zum Park mache ich Halt an einem Aussichtspunkt, der auf einem Hügel weit oberhalb der Bucht liegt und zugleich Startpunkt für Drachenflieger ist, die von hier aus den Hang bis zur Landzunge hinuntergleiten. Heute morgen ist der Himmel bedeckt und die Luft dunstig und kühl, kein Wetter zum Drachenfliegen. Es ist bereits Herbst in Oregon, und die Regenzeit naht dieses Jahr früher als sonst.

Als zahlender Tagesbesucher kann ich meinen Wagen auf dem Parkplatz am Strand abstellen und starte von dort meine Wanderung Richtung Norden. Jetzt bei Ebbe ist der Sandstrand mehr als hundert Meter breit. Auf dem ersten halben Kilometer der Landzunge herrscht selbst an diesem ungemütlichen Tag ein reges Treiben. Mir begegnen viele Familien mit Kindern, die vom Campingplatz an den Strand strömen. Später treffe ich nur noch vereinzelt Besucher. Schließlich ist der Strand um mich herum menschenleer und ich genieße die Weite und Stille, in die nur das unablässige Rauschen des Windes und der Wellen dringt. Doch bald schleicht sich wieder jenes Gefühl der Einsamkeit in mein Gemüt zurück, das ich bereits gestern Abend gespürt hatte. Heute mischt es sich mit einer Traurigkeit, für die ich zunächst keine Erklärung finden kann. Stattdessen richtet sich meine Aufmerksamkeit auf meine linke Wade. Beschwerden in der Ferse habe ich heute keine, aber die Muskulatur in meiner linken Wade hat sich beim Laufen verhärtet und verkrampft. Das Gehen im trockenen Sand ist beschwerlich und der feuchte Sand ist mir zu hart. So gehe ich behutsam an der Grenze zwischen nassem und trockenem Sand, wo das Barfußlaufen am angenehmsten für mich ist. Nach über einer Stunde liegt das Ende der Landzunge noch in weiter Ferne. Mein Smartphone hat keinen Empfang und kann deshalb auch keine Karte laden. Als ich wieder einmal in meine Wade spüre, muss ich an die Faserrisse und Zerrungen vor zehn und fünfzehn Jahren denken. In beiden Fällen hatte ich mich vor einem Ballspiel nicht ausreichend aufgewärmt. Es passierte jedes Mal, wenn ich aus dem Laufen nach einem Ball auf dem Boden langte und meine Wadenmuskulatur dabei überdehnte. Beim letzten Mal hatte ich Basketball während eines Kuraufenthaltes gespielt. Meine Eltern hatten in dieser Zeit die Kinder versorgt. Als ich nach Hause zurückkam, lief ich auf Krücken. Mein Vater begrüßte mich, ebenfalls auf Krücken, er hatte gerade seine Beinprothese abgelegt. Gemeinsam humpelten wir auf die Terrasse, machten es uns dort gemütlich und unterhielten uns lange unter vier Augen. Er erzählte mir aus unserer Familiengeschichte, und ich hörte ihm aufmerksam zu und fragte nach.

Vielleicht spürten wir damals schon, dass dieses Gespräch von besonderer Bedeutung für uns beide war, und so fragte ich ihn am Ende, welchen Rat er mir mit auf den Lebensweg geben möchte. Es war unser letztes persönliches Gespräch, denn nur wenige Monate danach verstarb er nach kurzer schwerer Krankheit. Als ich daran denke, kommt mir plötzlich das Todesdatum in den Sinn. Ich blicke in meinen Kalender. Heute ist sein Todestag.

Das also war der Grund für meine Traurigkeit. Ich bin nicht mehr in der Lage weiterzugehen und lasse mich auf einem ausgeblichenen und glatt geschliffenen Baumstamm nieder, der als Strandgut an Land geschwemmt worden war. Die letzten Jahre hatte ich mich immer besser mit meinem Vater verstanden. Er war am Ende mit sich und seinem Leben ins Reine gekommen. Als man ihm nach dem Zweiten Weltkrieg im Alter von 19 Jahren das linke Bein amputieren musste, prognostizierte man ihm eine Lebenserwartung von höchstens sechzig Jahren. Er hatte immer wieder davon erzählt, nachdem er seinen 70. Geburtstag erlebt hatte. Er fühlte sich zunehmend vom Leben beschenkt und war im Alter von 78 Jahren gestorben. Ich muss daran denken, wie bewundernswert er mit seiner körperlichen Behinderung umgegangen ist. Trotz seiner Oberschenkelamputation hatte er immer Sport getrieben. Er konnte gut schwimmen und brachte meinen Geschwistern und mir das Schwimmen bei. Mit Münzen lockte er uns unter Wasser. Erst tauchten wir mit dem Kopf in einem Waschbecken, später im Schwimmbecken des Freibades. Als junger Mann hatte mein Vater meine Mutter mit einem Salto über einen Weidezaun beeindruckt, den er ihr auf Krücken vorführte. Er war auch ein ausgezeichneter Radfahrer. Als ich noch klein war, hatten meine Eltern oft Radausflüge unternommen. Ich saß im Körbchen am Lenker meines Vaters. Nur mit seinem gesunden rechten Bein hielt er das Rad in Schwung, während der Fuß des Holzbeines auf dem linken Pedal ruhte. Erst mit 43 Jahren machte er einen Führerschein, nachdem er zuvor zwei Jahre lang mit einem Mofa unterwegs gewesen war. Davor war er zwanzig Jahre lang jeden Tag mit dem Fahrrad zur Arbeit gefahren. Nur bei Straßenglätte, Schneefall oder starkem Regen ließ er sich von einem Kollegen abholen. Nach seiner Pensionierung war er weiter aktiv im Versehrtensport, dem sich mittlerweile auch die Ehefrauen angeschlossen hatten. Meine Eltern nahmen an Kegelturnieren teil und brachten nicht selten Pokale nach Hause. Mit ihrem Vorbild haben sie mir immer Mut gemacht, wenn ich in schwierige Lebenssituationen geraten war. Durch meine Gedanken an sie komme ich wieder mit meinen Stärken in Kontakt, fühle mich mit ihnen verbunden und kann Trost finden. Meine Gefühle der Einsamkeit und Traurigkeit verfliegen allmählich, ich finde ins Jetzt zurück und beende schließlich meine Rast mit einem Apfel und einem Müsliriegel. Dabei sehe ich, dass mir vom Ende der Landzunge her ein Paar entgegenkommt. Ich frage die beiden nach der Entfernung und sie meinen, dass sie vor etwa vierzig Minuten von der Spitze aus losgegangen seien. Sie hätten dort einen großen Schwarm von Pelikanen beobachten können. Obwohl ich das Ziel sehr verlockend finde, beschließe ich doch umzukehren. Ich möchte Wade und Ferse nicht überstrapazieren. Für den Rückweg lasse ich mir viel Zeit und fühle mich nach vier Stunden frischer Seeluft und Bewegung körperlich, emotional und geistig erfrischt.

Vom Cape Lookout State Park fahre ich am Netarts Bay entlang weiter Richtung Norden, passiere Oceanside und erreiche schließlich das Cape Meares Lighthouse. Im Laufe meines Lebens habe ich eine besondere Vorliebe für Leuchttürme entwickelt. Besonders gern mache ich Fotos von ihnen, lichte sie bei jedem Wetter ab und bemühe mich bei der Bildgestaltung darum, das Wesentliche ihres jeweiligen Standortes zu erfassen. Ich bin fasziniert von den aufragenden Richtungsweisern im Grenzbereich von Land und Wasser, die den Naturgewalten trotzen und deren Leuchtfeuer in luftigen Höhen den Stürmen standhalten. In den Leuchttürmen finde ich etwas von meinem eigenen Wesen wieder, das mich mit Stolz und Freiheit erfüllt, aber manchmal auch einsam macht.

Das Cape Meares Lighthouse ist der erste Leuchtturm, den ich auf meiner Reise aufsuche. Ich beschließe von nun an, alle Leuchttürme bis San Francisco zu besichtigen und Fotos von ihnen zu machen. Auch möchte ich mehr darüber erfahren, wie sie entstanden sind und wie sich das Leben an so einem abseitigen Ort für die Leuchtturmwärter und ihre Familien einst gestaltet hatte. Bisher habe ich in Oregon nur einen einzigen Leuchtturm verpasst, das Tillamook Rock Light, aber das liegt ohnehin zwei Kilometer vor der Küste zwischen Seaside und Cannon Beach auf einem Felsen im Meer.

Tückische Riesenwellen

Die Sonne scheint in die Gemeinschaftsküche, als ich dort mein Frühstück verzehre. Gestern Abend bereits war ich der einzige Gast, der die geräumige Scheune für sich nutzte. Zu meinem Eintopf aus Kartoffeln und Möhren hatte ich mir die zweite Hälfte einer Flasche Chardonnay gegönnt, der in Oregon abgefüllt worden war und war satt und müde in der kleinen viktorianischen Hütte eingeschlafen. Heute morgen fühle ich mich munter wie seit Tagen nicht mehr. Ein wundervoller Tag mit strahlend blauem Himmel begrüßt mich, und mein Müsli mit Banane und griechischem Joghurt versorgt mich mit zusätzlichen Energien. Heute möchte ich bis nach Newport weiterfahren und im South Beach State Park mein Zelt aufschlagen.

Meine Stimmung ist ausgezeichnet, vielleicht bin ich an diesem Tag sogar etwas übermütig. Ich starte meine Limousine, setze schwungvoll zurück und trete gleich wieder auf die Bremse, weil etwas hinterm Fahrzeug den Weg blockiert. Ich springe aus dem Wagen und stelle erschrocken fest, dass ich mit dem Heck an eine niedrige Mauer gefahren bin, die im toten Winkel lag. Aber zu meinem Glück ist die Lackierung der Stoßstange nur wenig angekratzt. Der Schaden ist nicht groß genug, um meine gute Laune an diesem Morgen zu vertreiben. Ich beschließe, das Problem einstweilen auf sich beruhen zu lassen. Gespannt darauf, welche Überraschungen mich an diesem Tag noch erwarten werden, verlasse ich den Campingplatz. Der erste Teil der Strecke bis Lincoln City verläuft kurvenreich durch ein hügeliges Weideland, das von

Kuhherden bevölkert wird, die im warmen Licht der frühen Sonne grasen. Der Nebel in den Senken hebt sich langsam, die feuchten Wiesen glänzen im Sonnenlicht.

An einem Aussichtspunkt mache ich Halt und genieße den Blick von hier oben auf das Meer. Kurz darauf trifft ein junges Paar ein, dessen Räder mit Taschen schwer beladen sind. Ich spreche die beiden an und erfahre von den beiden, dass sie in Astoria losgefahren sind und bis nach San Francisco wollen. Sie sind die ersten Radler, die ich treffe, die mit dem gleichen Ziel gestartet sind. Ich erzähle ihnen meine Geschichte, und der junge Mann macht ein Foto von mir, wie ich vor der geöffneten Hecktür auf das Rad im Kofferraum zeige. Er hatte meine Geschichte interessiert verfolgt und meinte dann, dass er ebenfalls seit ein paar Tagen Schmerzen in den Waden verspüre.

In Lincoln City mache ich Zwischenstopp in einem Einkaufszentrum. Dort gibt es tatsächlich einen Kameraladen, in dem ich einen passenden Polfilter und eine Gegenlichtblende bekomme. In einem Outlet kaufe ich eine Jeans und zwei T-Shirts, um mehr Wechselwäsche zu haben, da ich fast nur Radbekleidung mitgenommen hatte.

Nach der Ortsausfahrt von Lincoln City passiere ich die Siletz Bay, wo sich eine surreal anmutende Felsgruppe aus dem Wasser erhebt. Es ist gerade Ebbe, sodass man sie zu Fuß erreichen kann. Ich halte an einem Aussichtspunkt, steige die Böschung hinab und laufe hin. Von diesen kleinen Felsen geht ein besonderer Zauber aus, da sie mit winzigen Nadelbäumen bewachsen sind und von Weitem wie ein Bonsai-Arrangement aussehen. Zurück auf dem Parkplatz finde ich eine Tafel, die beschreibt wie die gesamte Westküste in den USA zuletzt an einem Januarabend des Jahres 1700 von einem Tsunami heimgesucht worden war. Auch die Menschen, die hier an der Mündung des Siletz River lebten, waren davon betroffen. Sie wurden überrascht von einer mehr als zehn Meter hohen Flutwelle, die das Land schon wenige Minuten nach einem Seebeben erreichte. Damals waren fast alle Buchten, in denen Flüsse ins Meer mündeten, von Ureinwohnern besiedelt. Die Katastrophe wurde von ihnen mündlich überliefert, von Geologen durch eine Analyse von Baumringen und Sedimentschichten nachgewiesen und durch Untersuchungen von Ethnologen und Archäologen bestätigt. Seit dem verheerenden Tsunami im Indischen Ozean 2004 ist das Bewusstsein an der amerikanischen Westküste gewachsen, dass ein derartiges Unglück jederzeit auch hier passieren kann.

An vielen Stränden findet man Tafeln, die über Tsunamis aufklären. Straßenschilder an der Küste informieren darüber, wenn man in ein gefährdetes Gebiet kommt und wenn man es wieder verlässt. Innerhalb einer Gefahrenzone sind Fluchtwege ausgeschildert, die zu höher gelegenen Sammelplätzen führen.

Etwa vier Kilometer südlich der Siletz Bay liegt Gleneden Beach, ein Ort, den mir Randy empfohlen hatte. Ich halte abermals. Riesige Wellen brechen hier vor der Küste, rollen weit über den Strand und schieben einen breiten, schäumenden Teppich vor sich her; ein eindrucksvolles Motiv, das mich auf der Stelle zum Fotografieren verlockt. Um das Schauspiel besser ins Bild zu bekommen, nähere ich mich vorsichtig dem Wasser, bis mir plötzlich eine hohe Welle entgegenkommt. Schnell fliehe ich vor dem heranrollenden Wasser, vergesse mein Fersenproblem und hüpfe in wenigen Sprüngen den Strand hinauf. Geschafft!

Dann fahre ich weiter nach Depoe Bay, einen Ort mit einem pittoresken Naturhafen, der gut geschützt in einer steilen Bucht mit einem schmalen Zugang zum Meer liegt. Auch die hohe Depoe Bay Bridge, eine Betonbogenbrücke aus den Zwanzigerjahren, über welche die 101 verläuft, ist sehenswert. Hier möchte ich mich ein wenig umschauen, Fotos machen und eine kleine Erfrischung zu mir nehmen. Kurz hinter der Brücke parke ich vor einem kleinen Museum. Doch bevor ich aussteige, will ich noch bei der Verwaltung des State Parks anrufen, um einen Zeltplatz zu reservieren. Automatisch greife ich in die linke Beintasche nach meinem Smartphone und stelle überrascht fest, dass es fehlt. Es muss herausgerutscht sein, denke ich, und schaue unter dem Fahrersitz nach. Ich durchsuche das ganze Auto und bin schockiert, als ich es nicht finden kann. Vielleicht ist es in Gleneden Beach beim Einsteigen aus der Hose gerutscht, schlussfolgere ich, und liegt nun dort auf dem Parkplatz. Bevor ich jedoch zurückfahre, will ich nachforschen und bitte die Dame an der Kasse des Museums darum, ihren Computer benutzen zu dürfen. Über das Internet versuche ich, mein Mobiltelefon zu lokalisieren, doch es ist nicht erreichbar.

Es bleibt mir nur noch eine Hoffnung, und ich fahre wieder zurück nach Gleneden Beach. Aber weder auf dem Parkplatz noch am Strand kann ich es finden. Mehrmals gehe ich alle Wege sorgfältig ab und frage andere Strandbesucher. Niemand hat ein Smartphone gefunden oder herumliegen sehen. Im Sand zu graben, ist hoffnungslos. Schließlich erinnere ich mich daran, dass ich vor der Welle geflohen war. Ich hatte vergessen, die Hosentasche zuzuknöpfen und das glatte Gerät konnte herausgerutscht sein, ohne dass ich es bemerkt hatte. Wahrscheinlich war es dann von der auslaufenden Welle überflutet worden und im nassen Sand versunken, auf Nimmerwiedersehen.

Requiem für einen Killerwal

Seitdem das Meer mein Smartphone verschlungen hat, fühle ich mich erneut abgeschnitten vom Rest der Welt und bin erschüttert darüber, wie abhängig ich bereits von einer allzeit verfügbaren Telefon- und Internetverbindung geworden bin. Meine Hochstimmung vom Morgen ist in ein Tief umgeschlagen. Dabei schmerzt mich der materielle Verlust nur wenig. Das Modell war vier Jahre alt und damit technologisch obsolet, und das Display hatte einen kleinen Riss. Ich denke: „Die schlechte Nachricht ist: Ich habe mein Smartphone verloren. Die gute: Ich bekomme eine neues."

Die nächste größere Kleinstadt ist Newport, wo ich gleich hinter dem Ortseingang ein kleines Einkaufszentrum mit einem Elektronikladen entdecke. Dort finde ich ein preisgünstiges Mobiltelefon, das Funkverbindung unterstützt, denn ich möchte das Gerät mit meiner drahtlosen Tastatur verbinden und weiter an meinem Blog schreiben. Burt ist ein hilfsbereiter Verkäufer, der die Aktivierung des Telefons mit einer Flatrate für nationale Telefongespräche und uneingeschränkten Zugang zum Internet für mich übernimmt. Für einen Aufpreis werden auch Anrufe nach Deutschland möglich. Um auch diesen Service zu aktivieren, telefoniert Burt fast eine Stunde vergeblich mit einem Agenten der Telefongesellschaft, deren Computerprogramm immer dann abstürzt, wenn der Mitarbeiter das Buchen auslöst. Am Ende erhalte ich ein Ticket und soll mich morgen noch einmal beim Kundenservice melden. Es ist bereits dunkel, als ich den Laden verlasse, viel zu spät für den State Park oder einen anderen Campingplatz. Deshalb übernachte ich in einem nahegelegenen Motel. Ich esse im gegenüberliegenden Café zu Abend und verbringe den restlichen Abend im Hotelzimmer, um mein neues Mobiltelefon einzurichten. Als erstes lade ich meine Kontakte und meinen Kalender aus der Datensicherung im Internet auf das Telefon und richte den Zugang zu den elektronischen Kopien meiner Reisedokumente ein. Nachdem ich meine neue Mobilnummer an Familie und Freunde gesendet habe, geht es mir schon viel besser und ich fühle mich wieder verbunden mit der Welt. Einzig mein Bemühen, die Tastatur über Funkverbindung mit dem Telefon zu verbinden, bleibt erfolglos. Es ist bereits Mitternacht, als ich beim Suchen nach Lösungen im Internet lese, dass ich nicht der einzige mit diesem Problem bin und dass die Versionen von Telefon und Tastatur nicht zusammenpassen. Ich nehme eine warme Dusche und gehe schlafen.

Am nächsten Tag rufe ich mit meinem Ticket bei der Telefongesellschaft an. Das Programm stürzt noch immer ab. Wahrscheinlich war es nie mit der Eingabe einer deutschen Adresse getestet worden. Ich gebe das Vorhaben auf und denke weiter darüber nach, welche technischen Lösungen es dafür geben könnte, dass ich weiter an meinem Blog schreiben kann. Mittlerweile macht es mir sehr viel Freude, jeden Abend die Erlebnisse meines Tages schriftlich zusammenzufassen. So vertreibe ich mir auch die Zeit, wenn sich die anderen Camper in ihre Wohnmobile zurückgezogen haben. Ohne eine zusätzliche Tastatur aber ist das Schreiben auf einem Mobiltelefon zu mühselig. Also bin ich den ganzen Vormittag in verschiedenen Geschäften unterwegs, bis ich mich am Ende dazu durchringe, ein preiswertes Tablet anzuschaffen, das sich mit meiner Tastatur verbinden lässt. Das neue Gerät hat einen ausreichend großen Bildschirm und ich kann damit auf einfache Weise Fotos hochladen. Die Speicherkarten meiner Kamera können problemlos eingeschoben werden.

Einen halben Tag war ich also damit beschäftigt gewesen, den Verlust meines Smartphones wieder auszugleichen. Es hat mich einiges gekostet, aber es hat auch dazu geführt, dass mir das Schreiben von nun an leichter fallen wird. Verloren gegangen sind nur einige wenige Fotos und zwei Tagesberichte, das war zu verkraften.

Anschließend fahre ich direkt zum South Beach State Park, der sich etwa drei Kilometer südlich von Newport befindet. Kurz vor 13:00 Uhr erreiche ich den Park. Mit meinem Wagen bin ich der dritte in der Warteschlange, habe gute Chancen und kann schließlich zwischen drei Plätzen wählen, die für die nächsten beiden Nächte verfügbar sind. Ich entscheide mich für einen Platz mit eigenem Strom- und

Wasseranschluss und bin froh über diesen Komfort. Nachdem ich mein Zelt aufgeschlagen habe, mache ich einen kleinen Rundgang durch die Anlage, um die nächstgelegenen Waschräume auszumachen. Unterwegs komme ich an Tsunami-Schildern vorbei, die Fluchtwege zu sicheren Sammelpunkten aufzeigen. Wie andere State Parks liegt auch dieser in einer Gefahrenzone am Wasser und nur wenig oberhalb des Meeresspiegels.

Die morgendliche Bewölkung ist inzwischen einem heiteren Himmel gewichen. Es ist ein schöner Nachmittag, und das Wetter soll laut Vorhersage noch weiter aufklaren. In der Region um Newport gibt es einiges zu sehen, und so fahre ich nach einer kleinen Mittagspause zum nahegelegenen Oregon Coast Aquarium. Im Innenbereich gibt es einige Becken mit Habitaten der verschiedenen Uferzonen und auch einen Streichelzoo mit Seesternen und Seeanemonen. Im Außenbereich befinden sich Gehege für Seeotter, Seevögel, Seelöwen und Robben, die mich alle nicht sonderlich begeistern, und den Tieren scheint es nicht anders zu gehen. Die grau betonierten Anlagen machen auf mich einen trostlosen Eindruck. Beeindruckt bin ich lediglich von dem gläsernen Unterwassertunnel, von dem aus man viele Arten von Fischen beobachten kann, die neben und über einem herschwimmen. In solcherart trockenem Tauchgang durchstreift man den Pazifik in drei verschiedenen Lebensräumen. Zunächst geht es durch ein Riff mit wogenden Wäldern aus Seetang, zwischen denen sich viele Arten von Fischen tummeln. Darauf passiert man ein Schiffswrack auf dem sandigen Meeresgrund, das als Wohnstätte für Heilbutts, Störe und Schollen dient. Zum Abschluss der Unterwasserexkursion taucht man durch ein Becken mit Haien aus der Region, durch welches unablässig Schwärme von Sardellen und Makrelen ziehen.

Ende der Neunzigerjahre war dieses Bassin nicht unterteilt, sondern bildete einen zusammenhängenden Bereich. Eine Zeit lang hatte hier ein Orca sein Zuhause, der als

Hauptdarsteller der Filmreihe „Free Willy" bekannt geworden war. Mein Sohn war gerade sechs Jahre alt, als wir den ersten Teil der Reihe anschauten. Mit Begeisterung sahen wir auch die nächsten Filme und verfolgten dann mit großem Interesse die aufwendigen Bemühungen, um den Orca – ganz so wie im Film – wieder in die Freiheit zu entlassen. 1996, nach dem Ende der Dreharbeiten, wurde der Orca Keiko hierher nach Newport geflogen, um ihn wieder aufzupäppeln. Nach zwei Jahren hatte er eine Tonne Gewicht zugelegt und wurde von der US Air Force weiter nach Island gebracht, um ihn an seinem Geburtsort auszuwildern. Tatsächlich lernte er mit Unterstützung von Trainern wieder selbständig im Meer zu leben. Jedoch war sein Leben in Freiheit nicht von langer Dauer. Nach wenigen Jahren verstarb er an den Folgen einer Lungenentzündung. Am 20. Februar 2004 wurde hier im Aquarium ein Gedenkgottesdienst für ihn abgehalten.

An den Ufern der Yaquina

Vom Aquarium fahre ich weiter zum Yaquina Bay Lighthouse. Auf dem Weg dorthin überquere ich die Flussmündung des Yaquina River über eine etwa tausend Meter lange Bogenbrücke. Die Konstruktion mit architektonischem Schick, eine elegante Kombination aus Stahl und Beton, war mir bereits auf dem Hinweg zum Campingplatz aufgefallen. Am nördlichen Ende, unterhalb der Brücke, parke ich meinen Wagen und gelange über eine geschwungene Treppe nach oben auf den Fußweg. Ich laufe bis zur Mitte des Flusses. Von hier hat man eine fantastische Sicht auf die Altstadt von Newport mit dem Fischereihafen am südlichen und dem Yachthafen am nördlichen Ufer der weiten Bucht. Aber ebenso begeistert bin ich von der Brückenarchitektur, die auf kunstvolle

Weise Leichtigkeit mit Standfestigkeit verbindet. Sie thront über der Flussmündung in einer Harmonie, als wäre sie ein natürlicher Teil der Landschaft. Die Konstruktion ist nicht allein auf ihren Zweck beschränkt. Die Brücke ist ein in Stahl und Beton gegossenes Kunstwerk mit formvollendeten Geländern, Bögen und Türmchen und erinnert mich in ihrer Bauweise an Gebäude aus der Epoche des Jugendstils. Auf meinem Weg zurück zum Wagen entdecke ich ein altes gusseisernes Schild mit Namen und Daten der Brücke: Yaquina Bay Bridge, erbaut 1933 bis 1936.

An ihr nördliches Ende schließt sich der Yaquina Bay State Park an. Er liegt auf einer Landzunge, die im Südosten durch die Flussmündung und im Westen durch den Pazifik begrenzt wird. Hier befindet sich auch das Yaquina Bay Lighthouse, das den Schiffen auf ihrer Rückfahrt in den Hafen von Newport einst den Weg wies. Der zweitälteste Leuchtturm Oregons ist der einzige aus Holz, der in dieser Gegend noch erhalten ist. Sein Leuchtfeuer wurde noch mit Walöl betrieben. Nach seiner Fertigstellung 1873 war er nur drei Jahre in Betrieb und wurde dann durch das fünf Kilometer weiter nördlich liegende Yaquina Head Lighthouse abgelöst. Erst im Jahr 1996, nach 122 Jahren Pause, wurde er wieder – nun voll automatisiert - in Betrieb genommen.

Vom Leuchtturm aus steige ich einen steilen Pfad hinab, wandere durch eine Dünenlandschaft bis zur Spitze der Landzunge und wundere mich unterwegs über zahlreiche skurrile Sandskulpturen. Als ich eine davon näher untersuche, stelle ich fest, dass ihr Kern aus Strandgut besteht, deren Oberfläche von Sand überzogen ist, der dort haften blieb. Es sind natürliche Kunstwerke, von Wind und Wellen geschaffen.

Am Ende des Strandes besteige ich die nördliche Mole, die ebenso wie die auf der anderen Flussseite weit ins Meer reicht. Die Molen fixieren die Flussmündung, schützen sie vor Versandung und verhindern, dass sie ihren Lauf ändert. Sie stabilisieren auch die Wassertiefe in der Fahrrinne und dienen als Wellenbrecher, sodass auch größere Schiffe sicher in den Hafen einfahren können. Vorsichtig balanciere ich über den künstlichen Damm aus Beton und Felsbrocken und gehe allmählich Richtung Brücke zurück. Hin und wieder mache ich Pausen, setzte mich auf die Steine und schaue über die Dünenlandschaft, an deren Ende der Leuchtturm emporragt oder betrachte die kunstvolle Brücke, die von hier aus in ihrer ganzen Weite zu sehen ist. Ich genieße die frische Seeluft und die Sonne, die im Laufe des Nachmittages die Wolken vertrieben hat.

Während ich in die Mündung des Yaquina River blicke, muss ich an die Menschen denken, die einst hier lebten und von jener Riesenwelle überrascht worden waren, lange bevor die Weißen in ihr Land kamen. Heute erinnert nur noch der Name des Flusses an dieses Volk. Die Yaquina waren ein kleiner Stamm von Fischern, die in Blockhäusern am Fluss lebten, und an der Küste und in der nahrungsreichen Mündung vor allem nach Seehunden jagten. 1855 wurden sie zusammen mit anderen Stämmen von der amerikanischen Regierung in das Siletz Reservat verwiesen, einen etwa 20 Kilometer breiten und 200 Kilometer langen Küstenstreifen, der im Norden bis Cape Lookout reichte. Der Dawes Act aus dem Jahr 1887 unterteilte das Land in Parzellen, die von Ureinwohnern privat beansprucht, aber auch an weiße Siedler weiterverkauft werden konnten. Die Verdrängung in eingegrenzte kleinere und ertraglose Gegenden und die Zerteilung des gemeinschaftlich genutzten Stammeslandes entzogen den Ureinwohnern die Lebensgrundlage. Sie führten ein elendes Leben in den Reservaten und waren angewiesen auf Lebensmittellieferungen der US-Regierung.

Heute gibt es kaum noch Nachfahren der Yaquina, ihre Sprache ist ausgestorben. Geblieben ist nur ihr Name, dem man hier immer wieder begegnet. In Gedanken an die Ureinwohner versunken, kehre ich zurück zum Yaquina Bay Lighthouse, wo mein Wagen parkt.

Es dämmert bereits, als ich an einem Supermarkt ankomme, wo ich Lebensmittel für die nächsten drei Tage und ein Verlängerungskabel einkaufe. Um selbst noch zu kochen, ist es bereits zu spät, und so versorge ich mich ausnahmsweise mit einem Menü aus einem Schnellrestaurant. Auf dem Zeltplatz setze ich mich ins Auto und schreibe, während meine elektronischen Geräte über die Verlängerung wieder aufgeladen werden. Nach den Ereignissen der letzten Tage bin ich müde und gehe zeitig schlafen. Doch während ich so allein in meinem Zelt liege, muss ich daran denken, dass ich in einer Tsunami-Gefahrenzone übernachte, und komme eine Weile nicht zur Ruhe. Es ist erstaunlich still in dem großen Park, der mit mehr als 300 Stellplätzen voll belegt ist. Nur das entfernte Rauschen des Verkehrs auf der 101 ist zu hören, und das Nebelhorn, das in regelmäßigen Abständen ein durchdringendes Signal ertönen lässt. Daran muss ich mich wohl gewöhnen.

Unausgeschlafen wache ich bereits früh auf und bleibe noch über eine Stunde in meinem warmen Schlafsack liegen, bevor ich aufstehe. Es ist kühler geworden, und ich bin froh, dass ich lange Winterunterwäsche als Schlafzeug mitgenommen habe. In der Nacht sind die Temperaturen unter 10 Grad Celsius gesunken. Heute morgen ist es nebelig und nieselt. Ein feuchter Film haftet auf dem äußeren Zeltdach. Ich lege meinen klammen Daunenschlafsack ins Auto, damit er dort trocknen kann.

Nach dem Frühstück fahre ich in die Altstadt von Newport, um mich dort im Fischerhafen, umzuschauen, und überquere auf dem Weg dorthin erneut die Yaquina Bay Bridge. Ein dichter Nebel liegt über der Bucht. Der Hafen wirkt an diesem Morgen wie ein Friedhof auf mich. Die regungslose Wasseroberfläche im Hafenbecken spiegelt die dort ruhenden Boote mit ihren Masten und Takelagen vor einem milchigen Hintergrund, die Brücke im Hintergrund ist wie vom Nebel verschluckt. So früh treffe ich nur Fischer und Hafenarbeiter an, die den leblosen Fang des Vortages entladen und zwischen Schichten aus Eis in große Container umlagern. Der Nebel hat sich wie ein Leichentuch über den Hafen und die Behälter mit totem Fisch gelegt. Die meisten Touristen kommen erst später, wenn sich der Nebel verzogen hat und die Container verschwunden sind.

Ich verlasse den unwirtlichen Ort und fahre weiter in das Zentrum von Newport. Dort setze ich mich in ein Internet-Café, suche mir ein gemütliches Plätzchen zum Schreiben und versorge mich mit heißem Tee. Da sich das Wetter nicht bessern will, bleibe ich hier sitzen, bis sich irgendwann am Nachmittag mein Magen meldet. Aber ich habe heute keine Lust, in der Kälte und Nässe vor meinem Zelt zu kochen. Deshalb gehe ich in das gegenüberliegende mexikanische Restaurant. Als ich nach dem Essen wieder auf die Straße trete, hat sich der Nebel etwas gelichtet und die Luft ist trockener geworden.

Gesättigt und aufgewärmt fahre ich zur Yaquina Head Outstanding Natural Area, einem Naturschutzpark am nördlichen Stadtrand von Newport, wo sich der zweite Leuchtturm befindet. Am Eingang erwerbe ich statt einer Tageskarte einen Pass, mit dem ich in den nächsten fünf Tagen jeden weiteren State Park auf meiner Reise besuchen kann. Durch den Park, der auf einer Landzunge liegt, gelangt man bis zum Yaquina Head Lighthouse. Es wurde auf einem Felsmassiv am Ende des Kaps errichtet und im Jahr 1873 in Betrieb genommen. An der umliegenden Steilküste und auf den vorgelagerten Felsen sollen Seevögel aller Arten nisten. Vom Fuße des Leuchtturms hätte man sicher einen guten Rundblick auf das Meer und die Küste, wenn nicht noch immer der Nebel die Sicht trüben würde.

Außer dem Leuchtturm findet man hier heute nur noch ein kleines Nebengebäude. Zur Zeit des manuellen Betriebes umfasste die Anlage noch ein Wohnhaus und eine Scheune. Hier lebte der Leuchtturmwärter mit seinen beiden

Assistenten und ihren Familien. Sie waren Selbstversorger, die Ackerbau und Viehzucht betrieben, Krabben und Muscheln sammelten und nach Seelöwen und Robben jagten. 1939 wurde der Turm elektrifiziert und im Jahr 1968 schließlich automatisiert.

Als der Nebel wieder dichter wird und die Dämmerung aufzieht, fahre ich zurück nach Newport, wo ich den Abend bei heißer Schokolade schreibend in einem behaglichen Café verbringe, bevor ich wieder zum Zeltplatz zurückkehre.

Schleim auf dem Beifahrersitz

Am Morgen ist es wieder kühl und feucht, und die hölzerne Sitzgarnitur an meinem Stellplatz ist noch ganz nass vom Nebel der vergangenen Nacht. Deshalb frühstücke ich auf dem Beifahrersitz im Wagen. Dann falte ich das Zelt locker zusammen und verstaue es das erste Mal feucht im Wagen.

Heute fahre ich weiter Richtung Süden. Nach vierzig Kilometern mache ich einen ersten Halt am Cape Perpetua und parke den Wagen hoch oben auf dem Felsen. Von dort führt ein Rundgang um den Steilhang herum, von dem aus man einen unglaublichen Blick auf die Küste hat. Ich bin auf der Suche nach dem Cleft of the Rock Light, einem Leuchtturm, der heute in Privatbesitz ist, aber ich finde weder Hinweise, noch kann ich ihn mit bloßem Auge ausfindig machen.

Mit dem Heceta Head Lighthouse nur wenige Kilometer weiter südlich habe ich mehr Glück. Ich melde mich für eine Führung an, die in einer halben Stunde beginnt. Das Wetter ist im Laufe des Vormittages aufgeklart und hat nun viele Leute an diesen Ort gelockt. Drei Führungen sind gleichzeitig unterwegs. Ich bin in die rote Gruppe eingeteilt worden, und so stehe ich mit den anderen „Roten" in der Sonne und warte darauf, dass es losgeht. Schließlich werden wir von unserem Führer Will aufgerufen. Er fragt, woher wir kommen, und nachdem ich an der Reihe war, erzählt er, dass er von deutschen Vorfahren abstamme und Verwandte in Heidelberg habe. In seiner Einführung erfahren wir, dass der Leuchtturm 17 Meter hoch ist, die Landspitze, auf der wir stehen, 62 Meter über dem Meeresspiegel liegt, und das Signal bei klarer Sicht noch in 39 Kilometern Entfernung zu sehen ist. Der Name Heceta bezieht sich nicht etwa auf einen Stamm von Eingeborenen, sondern auf den baskischen Forscher Bruno de Heceta, der im Auftrag der spanischen Krone Ende des 18. Jahrhunderts Schiffsexpeditionen an die Westküste Nordamerikas unternahm. In der Region um den Leuchtturm hatten die Siuslaw ihr Zuhause. Das Kap, auf dem die Anlage errichtet wurde, war ein beliebter Jagdplatz der Eingeborenen. In den umliegenden Buchten fischten sie, jagten nach Seelöwen und sammelten in den Felswänden Eier von Seevögeln. Mit dem Bau des Leuchtturms wurden sie von ihrem angestammten Land vertrieben.

Nachdem eine andere Besuchergruppe den Leuchtturm verlassen hat, führt uns Will ins Erdgeschoss hinein. Der Turm war aus Ziegelsteinen errichtet worden. Bei der aufwendigen Renovierung, die erst im vergangenen Juni abgeschlossen wurde, hatte man einen Teil der Innenwand unverputzt gelassen, sodass man hier noch die blanken Ziegel sehen kann. Die Wände am Boden weisen eine Dicke von einem Meter auf und verschlanken sich bis zur Turmspitze auf einen halben Meter. Auf diese Weise wollte man das Gebäude damals gegen Erdbeben sichern. Die Ziegelsteine wurden aus San Francisco mit dem Schiff angeliefert und mussten in Boote umgeladen werden, die in der Bucht unterhalb des Turms landen konnten. Von dort aus trugen die Bauarbeiter die Steine den Berg hinauf. Damals gab es hier keine Straßen. Die 101 wurde erst viel später gebaut, sodass man die Leuchttürme in den ersten Jahrzehnten nur von der See her versorgen konnte. Nach einer Bauzeit von zwei Jahren wurde der Leuchtturm 1894 in Betrieb genommen.

Will unterbricht seinen Vortrag, bis die im Obergeschoss weilende Gruppe die Wendeltreppe hinabgestiegen ist und das Gebäude verlassen hat. Anschließend folgen wir ihm nach oben. Dort zeigt er uns ein Räderwerk, mit dem das Leuchtfeuer in der Spitze des Turmes gedreht wurde. Es funktionierte wie das einer alten Standuhr: an einem Seil hing ein Gewicht, das durch den Turm nach unten sank und so für Antrieb sorgte. Wie bei einer Uhr war auch hier die zeitliche Präzision von großer Bedeutung. Jeder Leuchtturm hat eine eigene Signatur, mit der die Seefahrer ihn identifizieren können. Sie wird bestimmt durch die Länge des Signals und durch die Farbe des Lichts. Das weiße Signallicht des Heceta Head Lighthouse blinkt exakt zehn Sekunden lang. Um das mechanische Drehwerk in Betrieb zu halten, stieg der Wärter alle vier Stunden den Turm hinauf und zog das Gewicht wieder nach oben. Vor der Elektrifizierung wurde das Leuchtfeuer mit Petroleum betrieben, das ebenfalls regelmäßig nachgefüllt werden musste.

Nach der Führung mache ich eine längere Rast, verzehre meine mitgebrachten Lebensmittel und Getränke und streife noch eine Weile durch das Gelände. Unterhalb des Leuchtturms befindet sich das ehemalige Wohnhaus des Wärters, seiner beiden Assistenten und ihrer Familien. Die schneeweißen Hauswände und das knallrote Dach des erst kürzlich renovierten Gebäudes leuchten schmuck in der Sonne. Als ich an dem Haus vorbeischlendere, hätte es mich nicht verwundert, wenn seine ehemaligen Bewohner im Sonntagsstaat auf der Veranda erschienen wären. Jedenfalls ist dieser Ort sehr beliebt für Hochzeitszeremonien samt Dinner und Übernachtung mit Frühstück für die Brautleute und den engeren Familienkreis.

Auf meiner Weiterfahrt Richtung Florence erreiche ich nach wenigen Kilometern eine weitere Attraktion. Mit einem Aufzug geht es dort siebzig Meter in den Fels hinunter, bis man in eine große Höhle gelangt, in der etwa zweihundert Seelöwen den Winter verbringen. Es ist eine Herde von Jungtieren und Kühen, die dort geschützt ihren Nachwuchs gebären und ihn das erste Lebensjahr aufziehen. Aber weil der Gestank in der Höhle fürchterlich sein soll und mir außerdem unwohl ist bei dem Gedanken, so tief ins Erdinnere einer Erdbebenzone zu dringen, lasse ich die Seelöwen lieber unter mir und fahre weiter.

Kurz nach der Ortseinfahrt von Florence entdecke ich linker Hand einen RV-Park, einen Platz für Wohn- oder Reisemobile, die im Amerikanischen Recreation Vehicles, kurz RV, bezeichnet werden. Ich parke neben der Rezeption und blicke über die Anlage. Zu meinem Entsetzen ist sie vollständig zubetoniert. Um die Zeltheringe in den Boden zu bekommen, bräuchte ich eine Schlagbohrmaschine.

Die hilfsbereite Besitzerin hat Verständnis für meine Not und ruft eine Kollegin an, die noch freie Stellplätze für ein Zelt anbieten kann. Und so gelange ich an einen ruhigen Platz, der abseits der 101 in Heceta Beach in der Nähe des Strandes liegt. Nach dem Einchecken baue ich das Zelt auf und koche. Heute gibt es einen Eintopf aus Kartoffeln, Rosenkohl und Schafskäse und einen griechischen Salat. Nach dem Essen schnappe ich meine Wäsche und gehe in den Waschsalon, wo ich Shane treffe, einen jungen Mann, der aus Neuseeland stammt. Wir befüllen die Maschinen, setzen uns dann auf die Wartebank vor dem Salon, trinken Bier aus Dosen und unterhalten uns über alternative Medizin. Shane lebt seit einem Jahr in Kanada und arbeitet dort in einem Hotel. Sein Vater hatte ihn gedrängt, Arzt oder Jurist zu werden, doch er interessierte sich mehr für Umweltschutz und Naturheilkunde. Für eine Ausbildung in dieser Richtung will ihn sein Vater aber finanziell nicht unterstützen.

Er erzählt weiter, dass er mit seiner Frau Kate auf dem Weg nach Nevada zum Festival des brennenden Mannes in der Black Rock Desert, das übermorgen beginne. Alljährlich würde dort eine komplette Stadt aus der Wüste gestampft und abschließend wieder dem Erdboden gleichgemacht. Der Höhepunkt der einwöchigen Veranstaltung bestehe darin, eine riesige Holzfigur abzubrennen. Shane meint, die Teilnehmer müssten sich komplett selbst versorgen und alles mitbringen, was sie für eine Woche benötigen, insbesondere ausreichend Wasservorräte. In der Wüstenstadt gäbe es nichts zu kaufen, es könne nur getauscht werden. Dieses Jahr würden über sechzigtausend Teilnehmer erwartet. Die regulären Tickets seien wahrscheinlich seit langem ausverkauft.

Bei der Vorstellung, noch eine Eintrittskarte aufzutreiben, meine Tour am Pazifik zu unterbrechen, auf direktem Weg bis nach Nevada zu fahren und am Festival teilzunehmen, werde ich ganz aufgeregt und fühle, wie ein neues Reisefieber in mir entflammt. Später, als ich mit dieser inneren Unruhe im Zelt liege, ist es still um mich herum. Aus der Ferne höre ich nur das Rauschen der Wellen. Endlich falle ich in einen tiefen Schlaf. Mitten in der Nacht werde ich plötzlich durch ein tiefes Brummen geweckt, das bald darauf wieder verstummt. Benommen schlafe ich wieder ein, wache aber kurz darauf erneut davon auf. Ich schaue aus dem Zelt und stelle fest, dass das Brummen vom Wohnmobil meines Platznachbarn kommt, dessen Standheizung bei der Kälte angesprungen ist. Am liebsten würde ich den Stecker herausziehen.

Nach einer unruhigen Nacht verlasse ich kurz nach der Morgendämmerung das Zelt und nehme mein Tablet mit zur Toilette. Gestern Abend kam ich nicht mehr ins WLAN, und hier sollte es den besten Empfang geben, da der Sendemast auf dem Dach der sanitären Anlage steht. Über das Internet hoffe ich, noch ein Ticket für das Festival zu finden. Doch selbst am frühen Morgen sind alle Zugänge zum WLAN vergeben, obwohl die meisten Gäste noch schlafen. Wer das

Glück hatte, sich mit dem Netzwerk zu verbinden, lässt seinen Computer vermutlich auch über Nacht in Betrieb. Ersatzweise gelange ich mit dem Smartphone, übers Telefonnetz ins Internet. Zunächst registriere ich mich auf der Webseite des Veranstalters, um dann allerdings die offizielle Bestätigung zu erhalten, dass alle Karten bereits vergeben sind.

Zurück am Zelt treffe ich Shane und Kate, die gerade aufgestanden sind. Enttäuscht berichte ich Ihnen von meinem Versuch, doch Shane ermutigt mich und rät mir, weiter im Internet nach Restkarten zu suchen. Die beiden wollen gleich aufbrechen und heute einen Zwischenstopp am Crater Lake einlegen, der etwa 300 Kilometer landeinwärts auf dem Weg liegt. Randy hatte mir diesen Vulkankratersee sehr empfohlen. Seitdem ich unterwegs bin, habe ich immer mehr das Gefühl, geführt zu werden. Menschen, denen ich unterwegs begegne, treffe ich immer aus einem bestimmten Grund. Nun – nach dem zweiten Verweis darauf – sollte ich wohl einen Ausflug zu diesem See machen. Vielleicht auch nur als Zwischenstation auf dem Weg nach Nevada. Während ich noch frühstücke und meine neuen Freunde ihre Abfahrt vorbereiten, kommt Shane noch einmal kurz zu mir rüber, um ein pflanzliches Mittel für meine entzündete Achillessehne zu empfehlen, das ich als Tee zu mir nehmen soll. Auf einen Zettel hat er den medizinischen Namen Achillea millefolium und die englische Bezeichnung Yarrow notiert. Es ist die Schafgarbe. Bevor wir uns verabschieden, tauschen wir noch E-Mail-Adressen und Telefonnummern aus. Wer weiß, vielleicht sehen wir uns bald wieder.

Plötzlich bin ich voller Tatendrang und baue schwungvoll mein Zelt ab. Als ich eine Zeltstange auseinandernehme, reißt der Gummizug im Inneren der Rohre. Kurz darauf entdecke ich eine dicke weiße Schleimspur auf dem Beifahrersitz. Ich folge der Spur durch den Innenraum, um den Verursacher zu finden, und räume das Fahrzeug schließlich vollständig aus.

Am Ende verliert sich die Spur und ich hoffe, dass der Eindringling inzwischen das Weite gesucht hat.

In diesem Moment hält auf dem Weg vor meinem Stellplatz ein Wohnmobil. Ich suche den Fahrer, um ihn zu bitten, mir dabei zu helfen, das Fahrrad wieder einzuräumen. Als ich ihn auf der anderen Seite seines Fahrzeugs finde, schließt er gerade einen Schlauch an eine Wasserstelle an, um Frischwasser aufzufüllen. Daneben liegt ein Betondeckel, auf dem ich vorhin mein gespültes Geschirr abgestellt hatte. Er hatte die Kanalisation verschlossen, in die nun das Abwasser aus dem Wohnmobil fließt.

Ich zeige dem Fahrer die Schleimspur auf dem Sitz und frage ihn, was er davon hält. Er meint, dass es sicher eine Schnecke gewesen sei. Das Geschirr auf dem Kanaldeckel, ein gerissener Gummizug im Zeltstab und eine Schnecke in meinem Wagen sind deutliche Botschaften: „Achte auf deine Gesundheit, überspann den Bogen nicht noch einmal und lass es langsam angehen." Ich bin selbst ein Mann, in dem es brennt, und so folge ich lieber weiter den Feuersignalen der Leuchttürme.

Conde B. McCullough

Am späten Vormittag setze ich meine Reise fort und überquere direkt hinter Florence die Siuslaw River Bridge. Sie trägt die gleiche architektonische Handschrift wie die Brücke in Newport. Auf dem Platz gleich hinter der Brücke parke ich meinen Wagen und finde dort ein Schild mit ihrem Baujahr 1936. Offenbar war derselbe Architekt am Werk. Zu Fuß laufe ich über den Bürgersteig der Brücke und finde die gleichen Gestaltungselemente an den Geländern, Treppen, Pfeilern und Torbögen wieder, die mir schon an der Yaquina Bay

Bridge in Newport aufgefallen waren. Die vertikalen Verzierungen überwiegen und verleihen der fast fünfhundert Meter langen Brücke zugleich etwas Erhabenes, das gen Himmel weist. Die Brücke verbindet nicht nur die beiden Flussufer, sondern auch das darunter fließende Wasser mit Luft und Himmel darüber. Während ich bis zur Mitte der Brücke laufe, zieht ein dichtes Nebelfeld landeinwärts in die Flussmündung und hüllt die Brücke in eine weiße Wolke. Die Ufer sind – wenn überhaupt – nur schemenhaft zu erkennen. Plötzlich reißt der Nebel um mich herum auf, der Himmel zeigt sich strahlend blau und ich kann verfolgen, wie die Schwaden zügig über den Fluss weiter ins Inland ziehen und langsam verdunsten.

Anders als bei jener Brücke in Newport sind die Stahlelemente der Bögen dieser Brücke mit Beton ummantelt. Diese ist auch nicht so hoch wie jene und besitzt stattdessen in der Mitte einen zweiteiligen Klappbrücken-Abschnitt, durch den auch größere Schiffe passieren können. Ich staune über die stattlichen, kunstvoll verzierten Obelisken, die an den vier Ecken der Klappbrücke thronen. In ihrem Inneren befinden sich die Hebemechanik sowie Bedien- und Wohnräume für die Brückenwärter.

Weiter geht meine Fahrt über die 101 Richtung Süden. Nach einer halben Stunde Fahrzeit überquere ich die Umpqua River Bridge, eine Brücke in der bereits vertrauten Handschrift, jedoch nicht so kunstvoll ausgestaltet wie die letzten beiden. Lediglich die Brückenbögen an den Uferseiten sind aus Stahlbeton gebaut. Der Mittelteil der niedrigen Brücke besteht aus einer leichteren Stahlkonstruktion, die um neunzig Grad gedreht werden kann und auf diese Weise zwei Durchfahrtswege ermöglicht. Bei dieser Brücke mussten praktische und wirtschaftliche Ziele überwogen haben. Wahrscheinlich hatte die technisch aufwendige Drehbrückenkonstruktion das Budget weitgehend ausgeschöpft, sodass für eine künstlerische Gestaltung nur noch wenig Spielraum blieb.

Jenseits der Brücke liegt das kleine Städtchen Reedsport, wenige Kilometer weiter die Ortschaft Winchester Bay, wo ich an der Ortseinfahrt eine Bäckerei entdecke. Begeistert von dem für amerikanische Verhältnisse großen Angebot an Backwaren kaufe ich ein Fladenbrot mit eingebackenen Cheddar-Käsestückchen und Jalapeños sowie Erdnussbuttergebäck als Nachspeise.

Auf der anderen Straßenseite gibt es einen Imbisswagen mit frischen Austern, die dort über Holzkohle gegrillt werden. Während ich auf meine Bestellung warte, frage ich den Verkäufer, wie man am besten zum Crater Lake komme. Zwar habe ich es aufgegeben, dem jungen Paar vom letzten Campingplatz nach Nevada zu folgen, aber der viel gerühmte Kratersee hat mich neugierig gemacht.

Der Mann erklärt mir den Weg und rät mir eindringlich davon ab, in der Nähe eines Sees zu kampieren. Die Mückenplage sei zu dieser Jahreszeit fürchterlich. Die Einheimischen würden deshalb eher im Winter oder Frühjahr hinfahren. Es sei besser, am Umpqua River zu übernachten, da gäbe es viele Campingplätze.

Als die Austern gar sind, reicht er mir die geöffneten warmen Schalen einzeln in die Hand. Mit Stücken von meinem Fladenbrot zupfe ich das Muskelfleisch heraus und tunke das Brot in die Brühe. Es schmeckt einfach köstlich.

In Winchester Bay, an der Mündung des Flusses, befindet sich das Umpqua River Lighthouse. Ebenso wie der Yaquina und der Siuslaw River verdankt der Umpqua seinen Namen dem ursprünglichen hiesigen Eingeborenenstamm der Siuslaw. Der Leuchtturm stammt aus dem Jahr 1894 und ersetzte einen anderen, der während einer Sturmflut unterspült und zerstört wurde. Den neuen baute man deshalb mit sicherem Abstand zur Mündung. Heute steht er auf dem abgesperrten Gelände einer Kaserne der Küstenwache.

Von außen finde ich kaum einen Blickwinkel, aus dem ich ein sehenswertes Foto machen könnte. Entweder steht der Zaun im Weg oder eines der hässlichen Gebäude verdeckt die Sicht auf den Turm. Jedoch befindet sich ganz in der Nähe ein kleines Museum zur Geschichte des Leuchtturms und der Küstenwache, das ich stattdessen besuche.

Die Leuchttürme an den Küsten der USA unterstehen seit dem Jahr 1939 der US Coast Guard. Nach dem Ersten Weltkrieg wuchs in den USA das Bewusstsein über die Verletzlichkeit der Grenzen. Man unternahm große Anstrengungen, um das Land auf den Seeseiten zu schützen. Das erklärt auch die Übernahme der Leuchttürme durch die Küstenwache, die heute dem Department für Homeland Security unterstellt ist. Der Bau des Highway 101 entlang der Pazifikküste wurde nicht nur aus wirtschaftlichen Gründen vorangetrieben, sondern auch, um die Küste für das amerikanische Militär leichter erreichbar zu machen. Bis dahin beschränkte sich die Besiedlung der Küste auf eine Reihe von Ansiedlungen mit Häfen an den Mündungen großer Flüsse. Der Personen- und Güterverkehr erfolgte fast ausschließlich über das Meer, und die Schiffe orientierten sich an den Leuchttürmen, die als Lichterkette die Navigation an der Küste unterstützen. Die Planungen für den Highway 101 und seine zahlreichen Brücken über die Flussmündungen begannen unmittelbar nach dem Ende des Ersten Weltkriegs. Während große Teile der Streckenführung bereits in den Zwanzigerjahren ausgebaut worden waren, dauerte die Fertigstellung der Brücken bis in die Dreißiger. Bis dahin wurde der Verkehr mit Fähren bewältigt, die mit dem steigenden Verkehrsaufkommen infolge der wachsenden Wirtschaft und des zunehmenden Tourismus unter Druck gerieten. Die Besiedelung der Westküste Oregons durch die Weißen begann mit einer Verdrängung der Ureinwohner von ihrem angestammten Land an den Flussmündungen. Die Sicherung der eroberten Küste gegen neue Eindringlinge nach dem Ersten Weltkrieg beschleunigte und erweiterte die Besiedelung. Ich beginne langsam zu verstehen, welche Bedeutung die Leuchttürme, der Highway 101 und seine Brücken für diese Entwicklung hatten.

Weiter geht meine Fahrt Richtung Coos Bay, einer Ansammlung verschiedener Ortschaften, die heute zu einer der größten Städte an der Küste Oregons zusammengewachsen sind. Bevor ich weiter Richtung Osten zum Crater Lake fahre, möchte ich mich mit Lebensmitteln versorgen und hoffe auch, ein Reparaturset für meine defekte Zeltstange zu finden. Wie alle größeren Städte an der Küste liegt Coos Bay an der Mündung eines Flusses, an dem ursprünglich ein Stamm von Eingeborenen lebte, die Coos.

Von Norden kommend überquere ich zunächst einen Damm über einen toten Seitenarm der Bucht und gelange dann auf eine gewaltige Brücke, die über den Flusslauf des Coos River nach North Bend führt. Bereits auf der Brückenauffahrt erkenne ich die unverwechselbare Gestaltung der Brückengeländer. Doch oben endet die Betonbauweise plötzlich und wechselt in die Stahlkonstruktion einer Auslegerbrücke. Ich durchfahre ein formenreiches Fachwerk aus grünen Stahlträgern, eine kubistische Allee, von deren Straßenrändern Stämme in die Höhe zu wachsen und sich über mir zu einem Spalier zu verzweigen scheinen. Abrupt wechselt die Stahlkonstruktion und geht wieder in die Betonbauweise der Brückenabfahrt über.

Direkt hinter der Brücke befindet sich eine Parkbucht, wo ich meinen Wagen abstelle, denn ich habe Schautafeln entdeckt. Ich steige aus und blicke zunächst auf die Brücke mit ihrer eindrucksvollen Stahlkonstruktion zurück. Unmittelbar vor der Brücke warnt eine Signalanlage:

Bikes on bridge when lights flash - Speed 30

An der Stirnseite des Brückengeländers befindet sich ein Knopf für Radfahrer. Drückt man diesen, beginnen die

Signallichter auf der gesamten Brücke zu blinken. Die Autofahrer sind damit gewarnt und gehalten, langsamer zu fahren. Sobald man die Anlage gestartet hat, sollte man die Brücke zügig überqueren, da sich die Warnblinker nach einer Zeit automatisch wieder abstellen. Mit dem gleichen System sind auch einige Tunnel ausgerüstet. Die Bauwerke, die man vor 100 Jahren plante, haben nur schmale Bürgersteige, keine Radwege, und wurden nicht für den heutigen Verkehr ausgelegt.

Dann vertiefe ich mich in die Schautafeln und erfahre, dass all die wundervollen Brücken das Verdienst von Conde Balcom McCullough sind, der von 1919 bis 1935 als leitender Brückenbau-Architekt in Oregon tätig war. Ihm zu Ehren wurde die Brücke über die Coos Bay im Jahr nach seinem Tod 1947 in Conde McCullough Memorial Bridge umbenannt.

Geboren wurde McCullough 1887 in Reffield, South Dakota, wuchs in Iowa auf und studierte Tiefbau am Iowa State College. Als Berufsanfänger arbeitete er zunächst bei einer Firma, die erstmals Stahlbeton im Brückenbau einsetzte, und erhielt bald darauf eine Stelle als verantwortlicher Brückenbau-Ingenieur in einer Behörde, die für die State Highways in Iowa zuständig war. Durch seine fortschrittlichen und effizienten Arbeiten gewann er schnell nationale Anerkennung und Beachtung.

1916 zog er nach Oregon um, wo er zunächst als Professor für Baustatik an der späteren State University lehrte. Drei Jahre später konnte die Straßenbaubehörde in Oregon ihn als leitenden Architekten für die Brücken des 101-Bauprojektes gewinnen. Er sammelte ein engagiertes Team aus ehemaligen Studenten und Arbeitskollegen um sich, das mit Begeisterung seiner Idee folgte, die Brücken nicht nur zweckmäßig und kostengünstig, sondern auch im Einklang mit ihrem natürlichen Umfeld zu bauen. Über ihre Arbeitsweise schrieb er:

Meist vermessen die Eisenbahner einen Fluss und schicken dann die abgeänderte Version eines schon bestehenden Entwurfs für eine Brücke, die nach standardisierten Vorgaben gebaut werden kann. Hier in Oregon werden unsere Ingenieure so ausgebildet, dass sie selbst den Fluss vermessen und eine zweckmäßige und kostengünstige Brücke bauen können und sie dabei so gestalten, dass sie sich in die Landschaft einfügt.[20]

Ich bin begeistert von den Ergebnissen dieser Architekten und kann ihre Ziele gut nachvollziehen.

Vor meiner Pensionierung arbeitete ich als leitender Architekt in der Entwicklung von Software-Benutzeroberflächen und verfolgte mit meiner Arbeit vergleichbare Ziele, wenn es darum ging, eine grafische Bedienoberfläche im Einklang mit den daran arbeitenden Menschen zu entwerfen. Während meines Arbeitslebens musste ich leider viel zu oft die Erfahrung machen, dass diesen Zielen oft andere Interessen und einschränkende Rahmenbedingungen im Wege standen.

Künstlerisch orientierten sich die Brückenbauer an Stilrichtungen unterschiedlicher Epochen und übernahmen Elemente der Gotik, des Art Deco, des Jugendstils und der Klassischen Moderne. Zu ihren Meisterwerken zählen die vier Brücken, die ich in den vergangenen Tagen bewundern konnte: die Yaquina Bay Bridge in Newport, die Siuslaw River Bridge in Florence, die Umpqua River Bridge in Reedsport und die Conde McCullough Memorial Bridge in Coos Bay.

Sie alle wurden 1936 in Betrieb genommen. McCullough war für den Bau von 14 Brücken für den Highway 101 verantwortlich. Auf der Tafel steht, dass er sich im Jahr darauf von der aufreibenden Projektarbeit zurückgezogen habe und in die Verwaltung gegangen sei. Später erfahre ich in seiner Biografie[21] von Robert W. Hadlow mehr über die tatsächlichen Hintergründe. McCullough war ein glühender Verfechter staatlicher Brücken und entschiedener Gegner von Privatisierungen. Er hatte eine willensstarke und sture Persönlichkeit, wenn es etwas durchzusetzen galt, von dem er überzeugt war. Als er 1937 von einer zweijährigen Abordnung als Entwicklungshelfer für den Brückenbau des Inter-American Highway in Mittelamerika zurückkam, verschärften sich die Konflikte mit seinem Vorgesetzten, dem er in einer bedeutsamen Stellenausschreibung fünf Jahre zuvor unterlegen war. Der neue Chef löste das Problem, indem er seinen Untergebenen ohne eine Gehaltserhöhung beförderte und quasi die Treppe hoch stieß. In der neuen Position hatte McCullough alle Entscheidungsbefugnisse verloren, war infolgedessen frustriert und verbrachte die verbleibende Zeit seines Lebens mit dem Schreiben von Büchern. Er starb 1946 an einem Schlaganfall.

1937, als er sich auf dem Höhepunkt seines Schaffens befand, sagte er einmal:

Vom Anbeginn der Zivilisation bis zum heutigen Tage sind Ingenieure eifrig damit beschäftigt, diese schöne Erde und all die ihr entspringende Romantik zugrunde zu richten.[22]

Mit seinem Lebenswerk hatte er diesem Trend erfolgreich entgegengewirkt. Kurz vor seinem Tod resümierte er:

Ich vermute mal, ich werd' mich vor Petrus ganz gut rechtfertigen können. Nicht alle [Brücken], ihr wisst schon, aber ein paar davon sind so gut geworden, dass sie das Leben lebenswert machen.[23]

Abstecher zum Crater Lake

In Coos Bay parke ich vor einem Einkaufszentrum, besorge Lebensmittel und finde zum Glück auch ein Reparaturset für die defekte Zeltstange. Es ist bereits Nachmittag, als ich zum Crater Lake aufbreche, der etwa 300 Kilometer entfernt landeinwärts liegt. In Roseburg kreuze ich die Interstate 5, tanke dort und fahre danach weiter auf dem Highway 138, der sich hinter der Stadt am Ufer des North Umpqua River entlang schlängelt. Mehr als hundert Kilometer von der Küste entfernt befinde ich mich immer noch im Land der Umpqua. Eine weitere Stunde lang fahre ich Richtung Osten und halte dann Ausschau nach einem Campingplatz. Schließlich finde ich einen RV-Park mit Zeltplatz, der mir zusagt. Ich buche für die nächsten beiden Nächte. Morgen will ich von hier aus einen Tagesausflug zum Crater Lake unternehmen.

Bei der Anmeldung erzähle ich der Besitzerin von meinem Missgeschick mit der Zeltstange, und sie ruft gleich ihren Mann herbei, der sich das defekte Teil ansieht und routiniert vor meinen Augen repariert. Vom Reparaturset ist er begeistert, so etwas kannte er bisher noch nicht. Danach führt er mich zum Zeltplatz, eine Wiese am Rande der Anlage, die unmittelbar an ein dichtes Waldstück angrenzt. Heute Nacht bin ich hier der einzige Gast, und bei dieser Vorstellung wird mir sehr unbehaglich. Deshalb frage ich den Mann, ob ich mir Sorgen wegen Bären machen müsse. Doch er meint nur gelassen, hin und wieder tauche mal einer hier auf. Im letzten Jahr sei in der Gegend ein Puma herumgestreift, aber es habe in der Zeitung gestanden, dass man ihn erschossen habe. Ich solle nur darauf achten, dass ich keine Lebensmittel mit ins Zelt nehme, sondern besser im Auto lasse. Seine Ausführungen beruhigen mich keineswegs. Ich kann nur hoffen, dass ich nicht selbst als Lebensmittel von einem Bären oder Puma identifiziert werde.

Um meiner Angst entgegenzuwirken, beginne ich gleich nach dem Zeltaufbau mit Sicherheitsvorkehrungen. Ich befestige an den Zeltleinen die beiden Bärenglöckchen, deren Klingeln mich wecken soll, wenn Raubtiere an das Zelt stoßen. Das Auto parke ich so, dass die Scheinwerfer auf den Zelteingang gerichtet sind. Neben mein Kopfkissen lege ich griffbereit die Bärenpfeife und den Autoschlüssel. Bei einem Angriff werde ich den Panikknopf des Schlüssels drücken und damit die Alarmanlage meines Wagens auslösen. Dann werden die Scheinwerfer blinken und mein Zelt hell aufleuchten lassen. Dazu wird im Rhythmus der Lichtblitze ein nervenaufreibendes Hupen ertönen. Außerdem werde ich kräftig in die Bärenpfeife blasen, die einen durchdringenden schrillen Ton von sich gibt. Wenn heute Nacht ein wildes Tier meinem Zelt zu nahe kommt, dann werde nicht nur ich eine böse Überraschung erleben. Vor dem Einschlafen versammle ich meine Schutztiere um mich herum: Happy, meinen unbekümmerten Teddybären, Brumpfo, den Raubtierschreck, und den kleinkarierten Hasen, der mich vor panischer Angst bewahren soll.

Als ich am Morgen aufwache, stelle ich glücklich fest, dass alles unberührt geblieben ist. Meine Schutzmaßnahmen haben sich nicht bewähren müssen. Ich habe tief und fest geschlafen und bin kein einziges Mal wach geworden. Den ganzen Vormittag regnet es. Zum Frühstück setze ich mich wieder ins Auto und erfreue mich an meinem Brennspiritus-Kocher, der im Regen draußen auf dem Holztisch steht und zuverlässig Wasser kocht. Es ist wahr, was die Werbung verspricht. Er funktioniert wirklich bei jedem Wetter.

In der Hoffnung, dass es bald aufhört zu regnen, setze ich mich auf die überdachte Veranda vor dem Büro, lade meine Geräte und schreibe weiter am Blog. Gegen Mittag starte ich trotz des Regens meinen geplanten Ausflug zum Crater Lake. Vielleicht wird das Wetter unterwegs besser. Aber die dunkle Wolkendecke über mir will während der gesamten Fahrt einfach nicht aufreißen. Zudem ziehen dichte Nebelschwaden auf, während der Regen pausenlos auf das Autodach prasselt. Ich fahre mit mäßigem Tempo, denn die Sicht ist streckenweise eingeschränkt und die fortwährend ansteigende Straße ist nass. Nach einer Stunde Fahrzeit biege ich ab zum Diamond Lake und lege dort eine Mittagspause ein.

Als ich meinen Wagen parke, blitzt und donnert es in der Ferne. Im Restaurant der Lodge bestelle ich ein Country Steak mit Pommes Frites und grünen Bohnen. Das aus Fleischresten zusammengepresste Steak wird nur durch seine Panade zusammengehalten und ist ebenso wie die zerkochten Bohnen von einer dicken Schicht heller Mehlpampe überzogen, die ich sofort zur Seite schiebe. Ein fades Essen, das nur mit viel Ketchup zu bewältigen ist und mir später im Magen liegt. Aber es macht satt und schließlich habe ich dafür bezahlt.

Nach dem Essen hellt es plötzlich auf. Ich laufe zum See hinunter und genieße von dort die Aussicht auf den Diamond Lake mit den angrenzenden Bergen im Hintergrund. Der See mit seinem flachen Zugang zum Wasser und den Boots- und Radverleihstationen ist ein ideales Feriengebiet. Aber mein Ziel ist heute der Crater Lake National Park, und so fahre ich schließlich weiter, bis ich nach einer halben Stunde an der Nordseite des Vulkans Mount Mazama ankomme. Um den Berg herum führt eine 53 Kilometer lange Rundstraße. Ich folge ihr Richtung Westen, da ich mit der Sonne im Rücken auf besseres Licht beim Fotografieren hoffe und das Besucherzentrum Rim Village ebenfalls auf dieser Seite liegt. Die Straße ist sehr eng, und die Böschung fällt am rechten Rand ohne einen Seitenstreifen oft steil ab. Ich klammere mich an das Lenkrad, konzentriere mich auf den Mittelstreifen, halte mein breites Fahrzeug in der Spur und vermeide es, nach rechts zu sehen. Von der Landschaft um mich herum bekomme ich kaum etwas mit. Zum Glück liegen an der Strecke immer wieder Parkplätze mit Aussichtspunkten. Mein erster Halt ist am Watchman Overlook. Über einen Aufgang und Treppen steige ich vom Parkplatz hoch zur Aussichtsplattform. Ich spüre bereits beim Atmen, dass die Luft hier oben dünner ist. Die steilen Schrägen passiere ich seitlich in einer Schonhaltung, um eine Überdehnung meiner Achillessehne zu vermeiden. Ich bin froh darüber, dass ich trotz der Entzündung kaum im Gehen eingeschränkt bin. Endlich bin ich oben angelangt und schaue in einen riesigen, fast kreisrunden Vulkankrater, dessen Hänge innen noch steiler abfallen als außen. In der Tiefe drinnen ruht der See. Und obwohl dichte Nebelschwaden die Sicht oft verschleiern, der Himmel von grauen Wolken verhangen ist und das Wasser farblos scheint, bin ich von diesem Anblick überwältigt. Der Crater Lake hat einen Durchmesser von etwa acht Kilometern und liegt in zweitausend Metern Höhe, zweihundert Meter unterhalb des Kraterrandes. Vor dem westlichen Ufer erhebt sich eine kleine Insel aus dem Wasser. Wizard Island ist selbst ein kleiner Vulkan mit einem eigenen Krater.

Bis vor etwa 8000 Jahren hatte der Mount Mazama noch eine Höhe von 4000 Metern. In einer gewaltigen Eruption wurde die Spitze des Bergkegels in die Luft geschleudert. Die Trümmer findet man heute in Form von Felsmassiven und vereinzelten Ansammlungen riesiger Gesteinsbrocken im weiten Umland verstreut. Verglichen mit dem Ausbruch des Mount St. Helens im Jahr 1980 war dieser mehr als vierzig Mal so stark. In den folgenden 500 Jahren gab es weitere kleinere Ausbrüche des Vulkans, während sich der Krater langsam mit Wasser füllte. So entstanden auch Wizard Island und weitere Krater unter der Wasseroberfläche. Das Wasser resultiert aus der Schneeschmelze, denn jährlich fallen hier oben bis zu 15 Meter Schnee.

Am späten Nachmittag erreiche ich das Besucherzentrum Rim Village mit einer Lodge, Läden und einem Restaurant. Doch mich interessiert vor allem der Ausblick vom Sinnott Memorial Overlook. Über eine Treppe gelangt man nach unten zu einer überdachten Aussichtsplattform, die in den steil abfallenden Hang gebaut wurde. Mittlerweile ist das Wetter weiter aufgeklart, sodass sich der Kraterrand im Hintergrund schärfer vom Himmel abzeichnet. In großer Geschwindigkeit werden die Wolken und Nebelschwaden über dem See zur Seite geweht, bis die Sonne die Landschaft endlich in ein warmes Licht hüllt. Das Wasser direkt unterhalb des Aussichtspunktes schimmert in türkisen und hellblauen Tönen, und ich stelle mir vor, wie diese erst bei strahlendem Sonnenschein leuchten mögen. Die einzigartige Schönheit des Crater Lake wurde immer wieder von Schriftstellern und Poeten gepriesen. So schrieb Jack London im Jahr 1911:

Ich dachte, ich hätte alle Schönheiten der Natur bestaunt, verbringe ich doch schon viele Jahre damit, tausende Kilometer zu reisen und mir die schönen Fleckchen dieser Erde zu erschließen. Doch nun habe ich den Höhepunkt erreicht. Nie wieder werde ich eine Naturschönheit bestaunen und als das Wunderbarste empfinden können, das ich je gesehen habe. Crater Lake ist bei weitem der Gipfel.[24]

Leider kann ich an diesem zauberhaften Ort nicht mehr lange bleiben, denn ich möchte den Zeltplatz noch bei Tageslicht erreichen. Und so mache ich mich denn auf den Heimweg. Kurz hinter der Parkausfahrt nehme ich einen Tramper mit, einen Wanderer mit einem großen Rucksack. Er möchte heute noch bis 18:00 Uhr nach Diamond Lake kommen, um ein postlagerndes Proviantpaket abzuholen, das er dorthin hat vorausschicken lassen. Durch den starken Regen und die Gewitter war er heute langsamer vorangekommen als geplant. Der Wanderer erzählt, dass er zu Fuß von Kanada durch die Rocky Mountains bis nach Mexiko unterwegs sei und sich dafür fünf Monate Zeit genommen habe. Bis der Winter Ende November einsetze, wolle er sein Ziel erreicht haben.

Auch er findet, dass der Herbst in Oregon in diesem Jahr früher als sonst begonnen habe.

Ich bin sehr beeindruckt von seinem Vorhaben und frage ihn nach seinen Erfahrungen mit Bären und anderen Raubtieren, da er alleine unterwegs ist und in der Wildnis übernachtet. Er berichtet, dass ihm selbst bisher kein Raubtier begegnet sei. Er habe einen Spezialcontainer, der seine Lebensmittel geruchsneutral verschließe und den er immer etwas abseits von seinem Zelt auf dem Boden deponiere. Normalerweise gäbe es in der freien Wildbahn keine Probleme mit Raubtieren, da die Menschen ihnen nicht vertraut seien und nicht in ihr Beuteschema passten. Zur eigenen Sicherheit blieben Wildtiere auf Distanz. Anders sei es in Parks, wo viele Touristen unterwegs seien, die dummerweise ihr Essen offen herumstehen ließen oder die Tiere gar fütterten. Die Raubtiere verlören so jede Scheu. Oftmals müssten Tiere, die einmal übergriffig geworden waren, abgeschossen werden, um Schlimmeres zu verhindern.

Einmal, erzählt er weiter, hätte er jedoch einen anderen Alleinwanderer getroffen, der mitten in der Nacht von einem Bären überrascht worden war. Das Tier hatte mit seinen Krallen schon das äußere Zeltdach aufgeschlitzt. Als der Mann aufwachte und den Bären erblickte, schauten sie sich durch das Moskitonetz direkt in die Augen. Erschreckt hatte der Mann laut geschrien und dem Bären mit einer Taschenlampe direkt ins Gesicht geleuchtet. Damit konnte er das Tier verscheuchen und blieb zum Glück unverletzt.

Ich höre entsetzt zu und bewundere den Mut der Menschen, die ganz alleine zu Fuß und mit einem schweren Rucksack beladen die Wildnis der Rocky Mountains durchwandern. Dann erfahre ich eine weitere glimpflich ausgegangene Geschichte von meinem Gesprächspartner. Unterwegs sei er einer Frau begegnet, die ebenfalls alleine unterwegs war. An einem Morgen, nachdem sie ihr Zelt abgebaut und ihren Rucksack gepackt hatte, entdeckte sie einen Berglöwen, der sie aus sicherem Abstand beobachtete. Zwei Stunden lang harrte sie am Lagerplatz aus und bewegte sich nicht von der Stelle. Währenddessen wurde sie von der Raubkatze umkreist, die ihren Standort wechselte, ohne sich weiter zu nähern, bis sie endlich davonzog. Für die Frau sei das natürlich eine sehr beängstigende Erfahrung gewesen.

Am Diamond Lake setze ich den unerschrockenen Wanderer, der trotz dieser Geschichten eine unglaubliche Ruhe und Klarheit auf mich ausstrahlt, gerade rechtzeitig vor dem kleinen Postgebäude ab und erreiche eine Stunde später den Zeltplatz, bevor es zu dämmern beginnt. Ich lege mich bald ins Zelt und schlafe etwas weniger sorgenvoll ein, als tags zuvor.

Mitten in der Nacht wache ich plötzlich nassgeschwitzt und mit klopfendem Herzen auf. Zwei Polizisten sind in mein Zelt eingedrungen. Während mich der eine von ihnen mit einer Pistole bedroht, versucht der andere, mir Handschellen anzulegen. Als ich mich heftig dagegen wehre, erwache ich aus meinem Alptraum. Eine Weile lausche ich, ob sich etwas in der Nähe meines Zeltes regt. Ich schalte mit dem Autoschlüssel die Scheinwerfer meines Wagens einmal kurz an und aus. Doch nichts geschieht, ich beruhige mich allmählich wieder und finde schließlich zurück in den Schlaf.

Als ich früh am Morgen aufwache, regnet es nicht mehr. Die Stille des Ortes tut mir gut, und trotz des Alptraums fühle ich mich ausgeschlafen und erholt. Während ich im Freien frühstücke, hängen Zelt, Luftmatratze und Schlafsack bereits zum Trocknen über einer Leine. Nach dem Duschen scheint die Sonne und ich setze mich entspannt zum Schreiben auf die Veranda des Büros, bis alles getrocknet ist. Gegen Mittag verlasse ich den Campingplatz und fahre den gleichen Weg, auf dem ich gekommen war, wieder zurück nach Coos Bay.

Radtour auf dem Cape Arago

Nach dem Tanken in Coos Bay fahre ich weiter Richtung Cape Arago, einer Landzunge südlich der Stadt mit Campingplätzen und einem Leuchtturm. Ich nehme den Cape Arago Highway, der am südlichen Ufer des Coos River verläuft, bis der Fluss nördlich von der Ortschaft Charleston in den Pazifik mündet. Über eine Brücke überquere ich eine Bucht mit einem verschlafenen Fischereihafen und gelange direkt nach Charleston. Drei Kilometer weiter erreiche ich den Bastendorff Beach County Park. Das Einchecken auf dem Campingplatz erfolgt in Selbstbedienung. Ich bin etwas überrascht und hilflos, treffe aber glücklicherweise einen anderen Gast, der mir weiterhilft. Im Grunde ist es ganz einfach.

Als erstes nehme ich einen Anmeldeschein aus einer regensicheren Box, fahre dann durch die weitläufige Anlage und suche mir selbst einen freien Stellplatz. Die Parzellen sind sehr geräumig und durch Buschwerk und Bäume voneinander abgegrenzt. Ich wähle eine mit Strom- und Wasseranschluss ganz vorne in der ersten Reihe vor dem Meer, das ich durch die Bäume sehen kann. Sofort fühle ich mich wohl und sicher an diesem Ort. Nachdem ich mein Zelt aufgebaut habe, fülle ich den Anmeldeschein aus, ein Formular auf der Vorderseite eines Briefumschlags. Darauf notiere ich Name, Adresse, Nummernschild meines Autos, Ankunftsdatum, Anzahl der Übernachtungen und Platznummer, lege in das Innere die Gebühr für zwei Übernachtungen und klebe den Umschlag zu. Anschließend reiße ich den angehängten Parkschein ab, beschrifte ihn ebenfalls und lege ihn hinter die Windschutzscheibe ins Auto. Schließlich fahre ich wieder zurück zum Eingang und werfe das ausgefüllte Kuvert mit dem Geld in die Schlitzöffnung eines Tresors. Das war's schon. Mich begeistert dieses System. Es basiert auf gegenseitigem Vertrauen.

Heute ist endlich wieder ein angenehmer, warmer und sonniger Tag. Die Temperaturen sind im Vergleich zu denen der letzten Tage deutlich angestiegen und liegen nun bei 20 Grad Celsius. Die Wetterprognose lässt hoffen, dass es so bleibt. Ich freue mich auch, nach den Regentagen endlich wieder selbst zu kochen und bereite mir gleich eine Kartoffelsuppe mit Paprika und Zwiebeln. Dazu gibt es wie immer einen griechischen Salat, denn kleine Salatgurken, feste Tomaten und Schafskäse in der Dose kann ich im Heck meines Autos für zwei bis drei Tage gut lagern.

Nach dem Essen unternehme ich eine Erkundungstour mit dem Auto. Vom Campingplatz führt eine Straße am Meer entlang bis zur Spitze der Landzunge und endet dort als Sackgasse in einer Wendeschleife. Unterwegs halte ich kurz an Aussichtspunkten und Stränden, um zu entscheiden, welche ich am nächsten Tag in aller Ruhe aufsuchen möchte. Auf der Rückfahrt zum Zeltplatz fasse ich den Entschluss, die morgige Tour mit dem Rad zu unternehmen, da die Strecke bis auf wenige kleinere Hügel relativ flach verläuft. Mein Gepäck lasse ich ohnehin im Auto. Seit zwei Wochen bin ich nicht mehr Rad gefahren, habe meine entzündete Sehne geschont und in den letzten Tagen keine Beschwerden mehr gespürt. Morgen früh will ich es wieder wagen. Voller Vorfreude kehre ich zu meinem Zelt zurück, gehe früh zu Bett und schlafe ausgezeichnet in dem ruhigen Park.

Als ich aus dem Zelt herauskrieche, begrüßt mich ein wunderschöner Tag, ideal für eine Radtour. Während das Kaffeewasser kocht, räume ich mein Rad aus dem Heck und baue es wieder zusammen. Gleich nach dem Frühstück packe ich etwas Obst, Müsliriegel, Wasser, Verband- und Flickzeug in meinen kleinen Rucksack, schwinge mich mit neuem Tatendrang aufs Rad und starte in den noch kühlen Morgen. Anfangs geht es bergab, ich lasse das Rad rollen und genieße die Abfahrt durch die frische Morgenluft. Aber anders als im Auto wahrgenommen, erweist sich die Strecke wenig später als eine wahre Berg- und Talfahrt. Um meine linke Ferse zu schonen, trete ich, wie es mir der Arzt in Centralia empfohlen hatte, nicht mit dem Fußballen, sondern mit der Hacke in das Pedal. Wenn die Straße ansteigt, leistet mein rechtes Bein die Hauptarbeit. Das Radfahren über diese hügelige Strecke erweist sich alles andere als einfach für mich.

Nach zwei Kilometern passiere ich die Einmündung in den Lighthouse Way. Gestern war ich bereits mit dem Auto hier, fand aber heraus, dass der Weg als Sackgasse vor dem Zaun eines Privatgrundstücks endet. Deshalb fahre ich weiter auf der Hauptstraße und komme bald danach zum Sunset Beach, einem weiten, wunderschönen Sandstrand in einer Bucht mit einer engen Meeresöffnung, die auf beiden Seiten durch Felsen begrenzt wird. Früh am Morgen haben sich erst wenige Besucher hier eingefunden. Ein Mann bringt sein Faltkajak zu Wasser und paddelt aufs Meer hinaus. Vor einer gestrandeten Baumwurzel positioniert ein Mann sein Stativ und wird dabei von einem anderen Touristen beobachtet, der ebenfalls zum Fotografieren hierher gekommen ist. Letzterem überlasse ich meine Kamera und bitte ihn, ein Foto von mir zu machen, während ich über den feuchten Sand des Strandes radele. Nach mehreren Versuchen gelingt ihm eine Aufnahme, die mir gefällt. Am Strand sitzt eine Frau vor einer Staffelei und malt ein Aquarell von der Bucht.

Ich suche mir ein trockenes Plätzchen in der Sonne, strecke mich auf dem Boden aus und träume vor mich hin. Als ich mit Brisa auf Milos unterwegs war, entdeckten wir in der Altstadt von Plaka ein Sandmuseum. Der Besitzer eines Andenkenladens hatte Sand aus aller Welt gesammelt und Proben davon an den Wänden zur Schau gestellt. Da er von der US-Westküste nur wenig vorzuzeigen hatte, versprach ich ihm, auf meiner Tour Sand für ihn zu sammeln. In den letzten beiden Wochen hatte ich dieses Vorhaben komplett vergessen. Heute morgen, als ich mein Fahrrad zusammenbaute, kam mir der Sand wieder in den Sinn und ich deponierte die

Plastikbeutelchen für die Proben, die in meinen Gepäcktaschen ganz nach unten gerutscht waren, in meinem Tagesrucksack. Feierlich nehme ich nun ein erstes Tütchen, beschrifte es und fülle es mit etwas Sand vom Sunset Beach.

Mittlerweile sind weitere Maler am Strand eingetroffen. Sie haben es sich auf Klappstühlen bequem gemacht und ihre Staffeleien mit Blick auf die Öffnung der Bucht ausgerichtet. Einen von ihnen, der an einem Ölbild malt, spreche ich an. Charles, der aus Charleston kommt, legt mir gleich seine Webseite nahe und empfiehlt mir, das Coos Art Museum zu besuchen, wo gerade eine Ausstellung von Gemälden mit marinen Motiven zu sehen sei. Dort hänge auch ein Bild von ihm. Er erzählt, dass er mit dem Bild vom Sunset Beach bereits vor zwei Jahren begonnen habe und seitdem immer wieder daran arbeite. Damit erinnert er mich an meinen Vater, der ebenfalls mit manchen Bildern über Jahre beschäftigt war. Kurz bevor mein Bruder beim Klettern in den Dolomiten ums Leben kam, hatte er das marmorierte Felsmassiv der Marmolata im Alpenglühen fotografiert. Nach seinem Tod begann mein Vater, nach diesem Foto ein riesiges Ölgemälde des Berges zu malen. Es war seine Art, den Tod seines Sohnes zu verarbeiten. Mein Vater hängte das wandfüllende Gemälde über das Sofa im Wohnzimmer unseres Elternhauses. Immer wieder nahm er es ab, um etwas zu ändern. Über sechs Jahre malte er an dem Bild, bis es für ihn stimmig war. Kurz bevor er verstarb, stellte er es auf den Dachboden und ersetzte es durch ein Ölbild einer Baumgruppe von Eichen. Ich erzähle Charles von meinem Vater und seiner Vorliebe für die niederländischen Maler des goldenen Zeitalters: Rembrandt van Rijn, Peter Paul Rubens, Jan Vermeer und Franz Hals. Immer, wenn er deren Bilder in einem Museum betrachtete, nahm er seine Brille ab, ging mit den Augen dicht an die Oberfläche und studierte Pinselführung und Farbauftrag der alten Meister. Als er einmal im Rijksmuseum vor Rembrandts Nachtwache stand, beugte er sich über die Absperrung und stützte sich dabei auf seinen Krückstock. Einen erschrockenen Wärter, der ihn zurückhalten wollte, beruhigte er mit den Worten: „Haben Sie keine Sorge. Dieses Bild ist wie Religion für mich."

Als ich Charles von meinem vergeblichen Versuch erzähle, einen Zugang zum Leuchtturm zu finden, verrät er mir einen Weg zu einem Strand, von dem man aus eine gute Sicht darauf habe. Er sei in den vergangenen Jahren mehrmals selbst dort gewesen, um den Leuchtturm von dort zu malen. Also fahre ich zurück in den Lighthouse Way. Fünfzig Meter vor dem Zaun verstecke ich mein Rad unter den Bäumen und kette es dort an einen Stamm. Wenige Meter dahinter entdecke ich den steil abfallenden Pfad zu jenem Strand. Jemand hat ein Seil oben an einem Baumstamm befestigt, das bis nach unten reicht. Ich hänge mich in das starke Seil, greife mit den Händen vor die darin geknüpften Knoten, stemme meine Füße in den Hang und seile mich vorsichtig ab.

Unten lande ich auf dem menschenleeren Sandstrand einer Bucht, die von einem Steilhang begrenzt wird, der oben mit Privathäusern bebaut ist. Vor der Küste, am Westrand der Bucht, ragt die kleine Felseninsel Chief's Island aus dem Meer, auf deren Felsplateau das Cape Arago Light in der Morgensonne leuchtet. Ich habe sogleich das Empfinden, dass ich auf geweihtem Grund gelandet bin. Aber mir ist auch unbehaglich, denn ich befinde mich auf privatem Stammesland der Coos. Charles hatte mich in die Geschichte des Ortes eingeweiht und auch verraten, dass Besucher dort nicht erwünscht seien. Doch er hatte mich auch wieder beruhigt, schließlich habe er in den vergangenen Jahren einige Male an diesem Strand unbehelligt malen können.

Vor dreihundert Jahren lebte an diesem Küstenabschnitt ein Volk von Ureinwohnern, das durch den verheerenden Tsunami ums Leben kam. In Ausgrabungen fand man Überreste ihrer damaligen Siedlung Baldiyaka. Nach der Katastrophe wurde die Bucht und Chief's Island von heimischen Stämmen als Grabstätte genutzt, auch noch, nachdem die amerikanischen Behörden mit dem Bau des ersten Leuchtturms im Jahre 1866 weitere Beisetzungen verboten hatten. Bedingt durch Erosion war die Anlage dann stark beschädigt und in den vergangenen 150 Jahren dreimal erneuert worden, bis sie im Jahr 2006 außer Betrieb genommen wurde. Zwei Jahre später kam es zu einer von George W. Bush unterzeichneten Vereinbarung, in der Chief's Island, der Leuchtturm und die angrenzende Bucht wieder in den Besitz der Vereinigten Stämme der Coos, Lower Umpqua und Siuslaw zurückgeführt wurden.

Die marode Holzbrücke, über die der Lighthouse Way bis auf die Insel führte, wurde nach letzten Instandsetzungen des Leuchtturms durch die Küstenwache abgerissen. Erst in diesem Jahr wurde die Insel in einem feierlichen Akt den Stämmen zurückgegeben. Als Teil der Vereinbarung haben sie die Verpflichtung übernommen, den Leuchtturm künftig für die Öffentlichkeit zu erhalten, denn er wurde 1993 ins Nationale Register historischer Orte übernommen. Heute wird die Insel wieder als indigene Grabstätte genutzt und ist zurzeit für die Öffentlichkeit gesperrt.

Im Bewusstsein, über geweihtes Land zu laufen, ziehe ich meine Sandalen aus, schreite würdevoll über den Sand und bewege mich respektvoll auf die Insel zu. Es ist Ebbe, und so wate ich durch das Wasser bis zu einer Felsgruppe, über die ich vorsichtig balanciere, bis ich Chief's Island vollständig im Blick habe.

Zurück am Strand setze ich mich auf einen Baumstamm und verzehre das mitgebrachte Obst. Ich genieße die Ruhe und lasse den Frieden dieses Ortes lange auf mich wirken. Der Sand ist übersät mit Hölzchen, die vom Wasser und vom Sand rund geschliffen und von der Sonne und vom Wind getrocknet worden waren. Ich bitte den geweihten Ort, einige der Hölzchen mit nach Hause nehmen zu dürfen, und frage jedes einzelne Stück, ob es bereit sei mitzukommen. Und so finden sich einige von ihnen in unterschiedlichen Längen, die mit mir gehen. Nach meiner Rückkehr möchte ich sie als würdevolle Erinnerung an meine Reise zu einem baumartigen Mobile zusammenfügen und auf diese Weise dem heiligen Ort meinen Respekt erweisen.

Dann verlasse ich den Strand und klettere mithilfe des Seiles wieder den Abhang hoch. Auf dem Weg zur Spitze des Kaps halte ich noch einmal am Sunset Beach, um mich bei Charles für die Wegbeschreibung zu bedanken. Mittlerweile hat sich eine ganze Gruppe von Malern am Strand eingefunden. Von Charles erfahre ich, dass sie sich einmal in der Woche zum gemeinsamen Malen treffen. Im Sommer versammeln sie sich an pittoresken Orten und im Winter reihum in ihren Häusern. Eine andere Künstlerin kommt vorbei, kündigt an, dass es bald etwas zu essen gäbe und lädt mich ebenfalls dazu ein. Die Gruppe feiert heute den 70. Geburtstag ihres Mannes, der bereits damit begonnen hat, den Grill in Betrieb zu nehmen. Bevor das Fest startet, versammeln sich die Künstler, um die Ergebnisse ihres Schaffens zu begutachten. Sie setzen sich im Halbkreis um ihre ausgestellten Werke, von denen eines nach dem anderen präsentiert und besprochen wird. Anstatt die Bilder zu kritisieren, werden Gestaltungselemente oder Techniken gelobt, die besonderes Gefallen finden.

Dann sind die Würstchen gar und die Party beginnt. Es gibt ein großes Buffet aus frischen Salaten, Saucen und schmackhaften Beilagen, zu welchem jeder etwas beigetragen hat. Ich unterhalte mich mit einem Paar, das vor einigen Jahren nach der Pensionierung von Flagstaff, Arizona, nach Coos Bay umgezogen war. Sie hatte als Lehrerin und er als Ingenieur in einem Elektronik-Unternehmen gearbeitet. Aufgrund der klaren Luft hatten viele Chip-Hersteller Produktionsstätten in Arizona errichtet. In den letzten Jahren aber habe sich das Wetter dort dramatisch verändert. Die Hitze im Sommer sei mittlerweile unerträglich geworden und im Winter regne es so stark, dass es regelmäßig Überschwemmungen gäbe. Das

Paar ist froh darüber, dem entkommen zu sein, und fühlt sich nun wohl an der Küste Oregons. In der Künstlergruppe aus aktiven Ruheständlern haben sie einen neuen Freundeskreis gefunden. Ich bleibe noch, bis das „Happy Birthday" gesungen und der Geburtstagskuchen angeschnitten ist. Dann fahre ich weiter zum Shore Acres State Park.

Dort gibt es eine beeindruckende Felsenküste zu sehen, jedoch zieht es mich heute zum nahegelegenen Simpson Beach, auf den mich eine Malerin hingewiesen hat. Vor einigen Wochen habe sich die Gruppe dort zusammengekommen. Sie meinte, der Sand sei an diesem Strand ganz anders als am Sunset Beach, obwohl beide doch so nahe beieinander lägen. Vom Parkplatz folge ich den Schildern zum Simpson Beach, die ich ohne ihren Tipp sicher übersehen hätte. Der Strand liegt versteckt in einer kleinen Bucht, die auf der Landseite von einem unzugänglichen Steilhang umgeben ist. Ich lasse mein Rad oben stehen und steige die steile Treppe hinab, die man in den Felsen gehauen hat. Ich habe den ganzen Strand für mich alleine und lasse mich im Sand nieder, der sehr grob und mit Partikeln von Muschelschalen durchsetzt ist, beschrifte ein weiteres Tütchen und fülle es mit einer Sandprobe. Die umliegenden Felsen der windgeschützten Bucht und der grobe, schnell trocknende Sand haben die Wärme des Sonnentages gespeichert und strahlen sie nun wieder ab. Ich lege mich in den warmen Sand und genieße die temperierte Seeluft und das stete Meeresrauschen, bis es schattig und kühler wird.

Dann setze ich meine Radtour fort und mache am Aussichtspunkt des Simpson Reef and Shell Island einen kurzen Halt. Zahlreiche Felsenriffe ragen vor der Küste aus dem Meer, auf denen sich unzählige Seelöwen, Robben und Seeelefanten versammeln sollen. So steht es jedenfalls auf einer Tafel, denn vom Land aus kann man die Tiere mit bloßem Auge kaum erkennen. Dafür ist der Lärm, den sie machen, weithin zu hören. In meiner auffälligen Radkleidung werde ich von einem Rentnerpaar angesprochenen, das über zehn Jahre in Deutschland gelebt hatte, während er dort beim Militär stationiert war. Deutsch hatten sie nicht gelernt. Heute wohnen sie in Florida. Der Mann rät mir, dort eine Radtour zu unternehmen, wenn ich lieber im Flachland Rad fahre.

Meine letzte Etappe bis zur Spitze des Cape Arago ist besonders hügelig. Immer, wenn es bergab geht, nehme ich Schwung für den Anstieg auf den nächsten Hügel. Hier am Kap finde ich nichts Sehenswertes und fahre auf direktem Wege zurück zum Zeltplatz. Die Tagestour mit dem Rad hat mir gut getan und ich bin beschwerdefrei zurückgekommen, jedoch ist mir dabei klar geworden, dass ich derartige Touren in nächster Zukunft besser lassen sollte. Zwar habe ich meine linke Ferse geschont, aber meine rechte dadurch umso mehr belastet. Wenn ich diese Fahrweise fortsetze, ist es nur eine Frage der Zeit, bis auch die rechte Seite Probleme bereitet.

Am nächsten Morgen ist das Wetter so strahlend wie am Vortag. Heute geht meine Reise wieder weiter. Bevor ich die Halbinsel verlasse, halte ich in Charleston. Ich parke an der Brücke, erkunde den Ort und mache Fotos vom Hafen. Unterwegs entdecke ich den Umschlagplatz einer Austernfarm, auf deren Gelände sich riesige Hügel aus leeren Schalen türmen. Die Aufzucht von Austern hat hier ein industrielles Ausmaß angenommen wie an anderen Orten die Produktion von Hühnereiern.

Ich lasse den Ort hinter mir und fahre in die Innenstadt von Coos Bay, zum Coos Art Museum, das mir von Charles empfohlen worden war. Es ist das einzige Kunstmuseum an der Küste Oregons und besitzt eine bemerkenswerte Sammlung von Gemälden zeitgenössischer Künstler. Während der Sommerzeit ist hier alljährlich eine Ausstellung mit maritimen Gemälden zu sehen, die Annual Maritime Art Exhibit. Dieses Jahr feiert sie ihren 20. Geburtstag. Ich bin begeistert von der Auswahl der Bilder und nehme mir viel Zeit, um alle zu betrachten. Meinem Vater hätte diese Ausstellung sicher auch gefallen. Als ich noch zur Grundschule ging, baute er ein Modell von der Santa Maria, dem Flaggschiff der Kolumbus-Flotte. Den Rumpf konstruierte er aus Kleiderbügeln, die Fensterrahmen der Kajüten schnitt er aus Fliegenklatschen. Schließlich finde ich auch das unverkäufliche Bild von Charles aus Charleston. Es zeigt einen alten Schlepper in einer Bucht an einem Landesteg, auf dem ein flaches offenes Beiboot liegt. Die Frau an der Kasse kennt Charles und erzählt mir, dass er in diesem Jahr zu den Juroren der Ausstellung gehörte.

Der Fluch der Ureinwohner

Von Coos Bay fahre ich über den Highway 101 weiter Richtung Süden. Nach einer halben Stunde Fahrzeit, etwa fünf Kilometer vor der Ortschaft Bandon, biege ich nach rechts in den Bullards Beach State Park. Er liegt auf einer Landzunge, die im Westen vom Pazifik und im Osten vom Coquille River begrenzt wird. Auch dieser Fluss verdankt seinen Namen einem Stamm von Ureinwohnern, den Ko-Kwell. Da ihr Name an das französische Wort für „Muschelschale" erinnerte, wurden sie von den französischsprachigen weißen Trappern Coquille genannt. An der südlichen Spitze des Parks, wo der Fluss ins Meer mündet, befindet sich ein Leuchtturm, den ich heute besuchen möchte. Dort endet die Straße. Unterwegs halte an einer Bootsrampe und betrachte von dort aus die Bullards Bridge, eine einfallslose Stahlkonstruktion, die den Coquille River überbrückt. Sie entbehrt jeder Ästhetik und wirkt wie ein Fremdkörper in der Landschaft. Mit den Brücken von Conde B. McCullough hat sie in ihrem Äußeren nichts gemein. Sie wurde unter der Aufsicht seines Nachfolgers Glenn S. Paxson gebaut und im Jahr 1954 in Betrieb genommen. Nach McCullough wurde der

Brückenbau in Oregon wieder reduziert auf ausschließlich technische und ökonomische Zielsetzungen.

Die Straße durch den Park verläuft weiter am Fluss entlang, auf dessen gegenüberliegender Seite sich eine flache Marschlandschaft ausbreitet. Dann biegt die Strecke Richtung Meer ab und durchquert eine hügelige Dünenlandschaft. Schließlich erreiche ich das Coquille River Lighthouse. Als ich mich im Museumsladen im Untergeschoss des Turmes für eine Tour anmelden möchte, werde ich mit meinen offenen Sandalen zurückgewiesen. Ich darf die Stahltreppe ins Obergeschoss nur mit festem Schuhwerk betreten. Gerade pünktlich zur nächsten Führung komme ich passend angezogen wieder zurück. Ein kräftiger Mann mit Schnauzbart führt uns in die Spitze des Turmes, wo in 15 Metern Höhe früher das Licht installiert war. Dort erzählt er uns, dass der Leuchtturm 1896 – als letzter in Oregon – in Betrieb genommen wurde, um die von See zurückkehrenden Schiffe sicher in den Hafen von Bandon zu leiten, der auf der anderen Seite des Flusses liegt. In der Nähe hätten damals ein Wohnhaus für die Familie des Leuchtturmwärters und eine Scheune gestanden. Jeden Tag seien die Kinder von ihrer Mutter über den Fluss gerudert worden, damit sie zur Schule in Bandon gehen konnten.

Nach diesen Ausführungen lenkt der Führer unsere Blicke auf die beiden Molen, die den Flusslauf ins Meer lenken, und erzählt uns deren Geschichte. Sie wurden zur gleichen Zeit wie der Leuchtturm gebaut. Als Steinbruch für das Baumaterial diente der Tupper Rock, ein Felsmassiv im heutigen Stadtgebiet von Bandon. Der damals mächtige Felsen wurde mit Dynamit gesprengt und in Stücke zerkleinert. Sie wurden dann mit einer Lore an den Fluss gefahren, weiter über die bereits aufgeschichtete Mole und an dessen Ende im Meer aufgeschüttet. Die Steine für die gegenüberliegende Seite transportierte man mit Flößen dorthin.

Die Sprengung des Tupper Rock erfolgte gegen den Protest des Stammes der Coquille. Für sie war es der Großmutter-Felsen. Seit Menschengedenken war er für sie ein heiliger Ort gewesen. Die Weißen ignorierten den Einspruch der Ureinwohner und schändeten und zerstörten die bedeutsame Kultstätte. Es ist überliefert, dass der Stammeshäuptling die Stadt Bandon mit einem Fluch belegte. 1914, zwanzig Jahre später, wurde sie durch ein Feuer fast völlig ausgelöscht. Nach ihrem Wiederaufbau brannte sie im Jahr 1936 erneut ab. Dieses Mal wurden mehr als 500 Häuser zerstört. Lediglich sechzehn blieben erhalten.

Die Schändung des Felsens durch die Weißen macht mich ebenso betroffen wie der Fluch der Eingeborenen. Nach dieser unheimlichen Geschichte brauche ich eine Pause. Nachdem die Führung beendet ist, setze ich mich an den Strand. In Coos Bay hatte ich mich mit Humus, Keksen und Äpfeln versorgt. Während ich mein Essen verzehre, frage ich mich, ob ein Fluch eine derartig verheerende Wirkung haben kann. Der Leuchtturmführer hatte erzählt, dass die Brände nicht durch Brandstiftung, sondern in beiden Fällen durch die Unachtsamkeit von Weißen ausgelöst worden seien. Im Internet suche ich nach weiteren Hintergrundinformationen und erfahre, dass die Ausbreitung des Feuers durch Stechginster begünstigt worden war, den die Begründer der Stadt im Jahre 1873 aus Irland eingeführt hatten. Innerhalb weniger Jahrzehnte hatte sich der leicht entflammbare, ölhaltige Strauch rasant im Ort ausgebreitet und einheimische Pflanzen verdrängt. War es möglich, dass die Eingeborenen mit ihrem tiefen Naturverständnis bereits erkannt hatten, welche Gefahr von der fremden Pflanze ausging?

Einmal neugierig geworden, möchte ich nun wissen, was vom Großmutter-Felsen übrig geblieben ist. Ich fahre zurück zur 101, überquere den Coquille River und frage mich in Bandon durch, bis ich die Überreste des Felsmassivs endlich gefunden habe. Nach der Rückgabe des Felsengrundes an die Coquille wurde dort von ihnen ein Seniorenheim gebaut. Hundert Jahre nach der Schändung durch die Weißen nahm das Heritage Place 1994 seinen Betrieb auf und verlieh so dem großmütterlichen Ort eine neue Bestimmung und Würde. In der Zufahrtsschleife zum Haupteingang steht ein großer Felsbrocken aus blauem Schiefer, einem sehr seltenen Gestein. Auf dem Besucherparkplatz stelle ich meinen Wagen ab und gehe zur Rezeption, um mehr zu erfahren. Die Empfangsdame weist mich höflich aber bestimmt zurück, zur Geschichte des Felsens wolle man keine Stellung nehmen.

Zum Abschluss meines Besuches in Bandon parke ich an der südlichen Mole und wandere von dort über den Sandstrand bis zum Coquille Point, einem Felsenriff, das vom Land bis ins Meer verläuft. Vor der Küste ragen weitere massive Klippen aus dem Meer, am markantesten der Table Rock, ein Brutplatz für Seevögel, der unter Naturschutz steht. Als ich am Strand einen toten Fisch fotografiere, wird mir klar, dass ich nicht mehr lange an diesem verwunschenen Ort bleiben sollte. Mit dem Auto fahre ich einen Kilometer weiter Richtung Süden und mache einen letzten Halt gegenüber dem Face Rock, einem Felsen vor der Küste, der wie ein Kopf aus dem Wasser ragt und in den Himmel schaut. Nach einer Legende der Ureinwohner schwamm hier einst die stolze und übermütige Häuptlingstochter Ewanua weit ins offene Meer hinaus, ohne seine Gefahren zu respektieren. Daraufhin wurde sie von Seatka, dem bösen Geist des Meeres, in Stein verwandelt. Seitdem liegt Seatka hinter dem Felsen auf der Lauer, um Ewanua in die Augen zu schauen. Sie aber trotzt ihm weiter und blickt mit erhobenem Haupt in den Himmel.

Danach verlasse ich endgültig den Ort und fahre auf direktem Weg nach Port Orford, wo ich die nächsten Tage bleiben möchte. Kurz hinter der Ortseinfahrt läuft mir eine Fußgängerin mit zwei Einkaufstüten entgegen. Als ich näherkomme, stellt sie ihre Tüten ab, blickt in meine Richtung und bekreuzigt sich. Ich fahre an ihr vorbei, bin zutiefst verstört über ihre Geste und habe Mühe, mich auf den Verkehr zu konzentrieren. Hoffentlich ist nichts von den Verwünschungen aus Bandon an mir hängen geblieben!

Wenig später führt die Straße mit einem Tempolimit an einer Schule vorbei. Ich fahre langsamer und beschleunige, nachdem es wieder aufgehoben ist. Plötzlich sehe ich im Rückspiegel einen Polizeiwagen mit blinkenden Lichtern hinter mir. Ich fahre rechts ran, damit er mich in seinem Einsatz besser überholen kann. Zu meiner Überraschung hält er direkt hinter mir. Ich bin sein Einsatz! Also schalte ich den Motor ab, lege beide Hände sichtbar auf das Lenkrad und warte, bis der Beamte neben meiner Fahrertür steht und mir ein Zeichen gibt, das Seitenfenster zu öffnen. Ich sage, dass ich aus Deutschland komme und befürchte zu schnell gefahren zu sein, da ich gelegentlich noch die Meilen auf dem Tacho mit Kilometern verwechsle. Doch der Polizist kennt kein Pardon. Als er mich eingeholt habe, sei ich 11 Meilen zu schnell gefahren. Er fragt, ob ich 220 Dollar Bußgeld zahlen oder eine Verwarnung erhalten möchte. Ich denke nicht lange nach und entscheide mich für die Verwarnung. Erst auf seine Aufforderung hin greife ich nach meiner Brieftasche und übergebe ihm meinen Führerschein. Damit geht er zurück in sein Fahrzeug und überprüft meine Angabe, dass ich den Wagen gemietet habe. Wahrscheinlich vermerkt er mich auch in einem Verkehrsregister. Ein weiteres Mal werde ich nicht mehr so glimpflich davonkommen. Mit einer abschließenden Belehrung und einem „Fahren Sie vorsichtig!", entlässt er mich endlich.

Was geschah am Battle Rock?

Etwa 10 Kilometer südlich von Port Orford liegt der Humbug Mountain State Park. Er ist nach dem 600 Meter hohen gleichnamigen Berg benannt, dem höchsten unmittelbar an der Küste gelegenen in Oregon. Per Selbstbedienung registriere ich mich auf dem Campingplatz und belege für die nächsten beiden Nächte wieder eine Parzelle mit Strom- und Wasseranschluss. Müde nach der langen Fahrt und dem ereignisreichen Tag fahre ich zurück nach Port Orford in den Hafen und esse in einem kleinen, feinen Fischrestaurant zu Abend. Ich gönne mir eine Austernvorspeise, ein Steak aus weißem Thunfisch mit Salat und Folienkartoffeln und dazu ein Glas Chardonnay. Dann fahre ich gestärkt und gesättigt zurück zum Campingplatz und verbringe schreibend die Zeit bis zum Schlafengehen.

Am nächsten Morgen regnet es. Ich habe viel geschwitzt in der letzten Nacht, sicher auch eine Folge des üppigen Abendessens. Als ich vom Duschen zurückkomme, hat sich der Regen verzogen und ich kann im Freien frühstücken, aber bald danach gießt es schon wieder in Strömen. Deshalb verziehe ich mich nach Port Orford in ein Café. Dort wärme ich mich auf, schreibe weiter, lade Fotos in meinen Blog und trinke heißen Tee.

Als es gegen Mittag endlich aufhört zu regnen, fahre ich etwa zehn Kilometer nach Norden in den Cape Blanco State Park. Zunächst besichtige ich das Hughes House, ein Wohnhaus im Queen Anne/Eastlake Stil. Es ist mit seiner Inneneinrichtung gut erhalten und ein sehenswertes Beispiel für die Architektur und Wohnkultur des ausgehenden 19. Jahrhunderts. Hier lebte das irisches Siedlerpaar Patrick and Jane Hughes, das sich 1860 an der Mündung des Sixes River angesiedelt und eine Familie gegründet hatte. Anfänglich lockte sie die Goldsuche an den Fluss. Hughes erschloss dort eine

Schwarzsand-Mine, die er Jahrzehnte lang weiter betrieb. Mit der Zeit erwarben die Siedler mehr Land, vergrößerten ihre Farm und spezialisierten sich auf Milchwirtschaft. Die von ihnen produzierte Butter wurde bis nach San Francisco verschifft. Für die ansässigen Familien errichteten sie eine Schule und eine Kirche. Die Zimmer des Wohnhauses sind heute liebevoll mit Originalmöbeln eingerichtet und im ursprünglichen Stil dekoriert. Ich löse mich von der Führung durchs Haus, gehe selbständig auf Entdeckungsreise und nehme mir Zeit, Details zu fotografieren. Auf einem Tischchen steht ein Hygrometer, das wie ein Fremdkörper in meinem geplanten Bildarrangement steht. Ich rücke es zur Seite. Kaum aber habe ich das Gerät berührt, da entdecke ich daneben ein Schild mit der Aufschrift: „Nicht berühren!". Zu spät, Sofort fängt es laut zu piepen an. Verärgert kommt die Führerin herbei, um den nervenden Ton wieder abzuschalten, schaut mich mit strenger Miene an und belehrt mich: „Nicht anfassen!"

Mein nächstes Ziel ist das fünf Kilometer entfernte Cape Blanco Lighthouse, das auf den Klippen des Kaps direkt an der Mündung des Sixes River steht. Dieser älteste Leuchtturm in Oregon wurde 1870 in Betrieb genommen und hat durch seine Lage auf den Klippen mit 90 Metern Feuerhöhe die größte Reichweite. Er wurde gebaut, um den wachsenden Schiffsverkehr entlang der Küste, der durch die Holztransporte und Goldsucher verursacht wurde, sicher zu leiten. Während ich auf die nächste Führung warte, studiere ich die Schautafeln und erfahre weitere Details über die Familien, die früher hier gearbeitet und gelebt hatten. 1919, als der Leuchtturmwärter James Langlois nach 42 Jahren Arbeit in den Ruhestand ging, stellte er mit dieser Dienstzeit einen Rekord an der amerikanischen Westküste auf. Das Cape Blanco Lighthouse war auch der Arbeitsplatz der ersten Leuchtturmwärterin. Mabel E. Bretherton arbeitete hier zwei Jahre lang als Assistentin. Sie übernahm die Stelle nach dem Tod ihres Mannes im Jahr 1903, der bis dahin das Coquille River Lighthouse betrieben hatte. An jenem Ort hatte sie ihre Kinder jeden Tag über den Fluss zur Schule rudern müssen. Hier konnten sie den Weg zur fünf Kilometer entfernten Schule auf der Hughes Farm selbst zu Fuß zurücklegen.

Endlich ist die vorhergehende Führung vorbei und ich steige als einziger nächster Besucher die Eisenstufen des Turmes hinauf. Auf der Treppe begrüßt mich Earl und führt mich weiter bis in die Spitze des Turmes. Dort oben dreht sich langsam eine riesige Fresnel-Linse im Kreis, in deren Mitte tagsüber eine schwache Glühbirne brennt, zu Demonstrationszwecken. Unterhalb der Linse entdecke ich überraschend auch ihren Herstellungsort: Paris. Die Linsen seien im Bausatz aus Europa an die Pazifikküste verschifft worden, erzählt Earl, die Franzosen seien damals marktführend gewesen, aber einige Linsen seien auch in England hergestellt worden.

Als ich zum Auto zurückkehre, peitscht der Wind über das Kap. Auf meiner Rückfahrt nach Port Orford regnet es ohne Unterbrechung. Bei diesem Wetter kann ich unmöglich im Freien kochen und probiere deshalb ein weiteres Restaurant aus. Ich entdecke auch ein von außen betrachtet einfaches und gemütliches Lokal, aber die Portionen der Muschelsuppe und des Salats hätten für ihren Preis größer ausfallen dürfen. Immerhin gibt es ein kostenloses WLAN, auch wenn man das Passwort erst nach der Bestellung erfährt.

Was soll man an so einem verregneten Tag an diesem Ort anstellen? Auf der Fahrt durch die Stadt sind mir viele Kunstgalerien aufgefallen. Im Internet erfahre ich, dass ein Arts Council die Ansiedlung von Künstlern und Galerien durch die Stadt gefördert wird. Und so beschließe ich, den restlichen Tag in Galerien zu verbringen. Ich verlasse das Restaurant und beginne gleich in einer auf der gegenüberliegenden Straßenseite. Dort unterhalte ich mich mit dem Eigentümer und einem weiteren Besucher über den Humbug Mountain. Der Berg hatte seinen Namen von Goldgräbern erhalten, die dort Gerüchten folgend nach Gold suchten, aber nicht fündig wurden. Dagegen hatten die Ureinwohner offenbar mehr Erfolg, wenn sie in Visionssuchen auf den Gipfel des Berges gingen. Als ich davon erfahre, erwäge ich, ebenfalls auf den Berg zu steigen und nach meiner Vision für mein Leben nach der Reise zu suchen. Ich erkundige mich bei den beiden Männern. Sie meinen, man brauche mindestens zwei Stunden für den Aufstieg, starte am bestem am frühen Morgen und solle sich für die Wanderung einen ganzen Tag Zeit nehmen. Der Weg verlaufe in Serpentinen beständig bergauf und sei auch mit einem Mountainbike zu bewältigen. Als ich ihnen von meinem Fersenproblem erzähle, raten sie mir eindringlich davon ab, und ich komme zu der Einsicht, dass ich die Suche nach meiner Bestimmung besser in Meereshöhe fortsetze.

Anschließend besuche ich noch einige weitere Galerien und lande zuletzt in einem Geschäft für Bilderrahmung. Die Inhaberin erkennt sofort meinen deutschen Akzent und erzählt, dass sie Ende der Sechziger in Garmisch-Partenkirchen als junge Frau bei der amerikanischen Armee Teller gewaschen habe. Seit vielen Jahren lebe sie nun schon in Port Orford und betreibe diesen Laden. Sie habe viel mit Künstlern zu tun und sei doch froh, selbst keine Künstlerin zu sein. Manch einen mache die Kunst krank, andere dagegen belebe sie. Das sei wie mit der Ernährung.

Ich erzähle ihr von meiner Reise, von meinem Besuch in Bandon und vom Fluch der Eingeborenen. Dazu meint sie nur, über Port Orford läge ebenfalls ein Fluch. Ich schaue sie überrascht und fragend an, aber sie lässt es bei dieser Bemerkung und zeigt mir stattdessen eine von ihr angefertigte Collage. Der Hintergrund ist eine farbige Zeichnung, die eine amerikanische Familie mit drei kleinen Kindern versunken in ihr Tischgebet an einer gedeckten Tafel zeigt. An der Stirnseite sitzt der Familienvater mit dem Rücken zum Betrachter. An seinem Stuhl lehnt ein Maschinengewehr, eine ausgeschnittene Schwarz-Weiß-Zeichnung, die in die farbige Familienszene geklebt wurde.

Der Laden ist gefüllt mit allen möglichen Kunstgegenständen, die von der Inhaberin selbst angefertigt wurden, Collagen und Skulpturen aller Art, kleine Altäre, Mobiles und kubistisch bemalte Bojen, die das Schaufenster dekorieren. Sie betont immer wieder, keine Künstlerin zu sein, sie mache das alles nur aus Lust und Laune und vertreibe sich damit lediglich die Zeit. Dabei ist ihr Laden ein einziges Gesamtkunstwerk.

Von dort aus fahre ich zum einzigen örtlichen Supermarkt, besorge mir eine Dose Bier und eine Portion gebratene Hähnchenschenkel, da ich im Restaurant nicht satt geworden war. Den Rest des Tages verbringe ich wieder schreibend auf dem Beifahrersitz, während der Regen weiter unablässig auf das Autodach prasselt.

Mitten in der Nacht werde ich durch die Alarmsirene eines Fahrzeugs aus dem Schlaf gerissen. Nach kurzer Zeit hört das schrille Heulen auf, beginnt aber bald darauf von Neuem und wird verstärkt durch den Widerhall. Nach einer weiteren Pause wird aus dem Jaulen ein Dauerton. Die Sirene ist völlig außer Kontrolle geraten. Als endlich wieder Ruhe einkehrt, bin ich hellwach. Es ist vier Uhr in der Frühe und es regnet unentwegt. Das Zelt ist klitschnass und mein Schlafsack klamm. Ich möchte nur noch weg von hier. Das einzige, was jetzt noch hilft, um mich wieder aufzumuntern, ist eine heiße Dusche und frische trockene Kleidung. Ich verstaue alles, was ich für die Morgentoilette benötige unter meinem Regenponcho und verschwinde in den nah gelegenen Waschraum. Als ich zurückkomme, hat es glücklicherweise aufgehört zu regnen. Ich verstaue meine nasse Ausrüstung im Kofferraum und fahre los in die Dunkelheit.

Bevor ich Port Orford verlasse, möchte ich noch Fotos vom Battle Rock machen. Diese Attraktion des Ortes ist nicht nur ein interessantes Fotomotiv, sondern sie hat auch eine denkwürdige Geschichte. Um mir die Zeit bis zum Hellwerden zu vertreiben, fahre ich zunächst in den Fischereihafen. Der Betrieb dort hat längst eingesetzt. Ein Hafenmeister überwacht per Funk den Schiffsverkehr. Gelegentlich hallt seine Stimme über Lautsprecher durch den Hafen. Einzelne Fischer sind damit beschäftigt ihre Boote und Ausrüstung instand zu setzen. Ein kleines Fischerboot wird gerade mit einem Kran zu Wasser gelassen. Der Schein der Straßenlampen wird durch den dichten Nebel gefiltert und taucht die an Land lagernden Boote in ein milchiges Licht. Ihre Namen, Friendship und Desert Storm, lassen widersprüchliche Bilder in mir hochkommen.

Der Fischereihafen von Port Orford liegt im Schutz einer Bucht. Bei klarer Sicht ist vom Hafen aus der gegenüberliegende Battle Rock zu sehen, ein etwa hundert Meter langer, von drei Seiten mit Wasser umgebener steiler Felsen, der bei Ebbe über eine schmale Landbrücke vom Strand aus erreichbar ist. Allmählich wird es heller, der Nebel hebt sich und ich kann den Felsen in der Ferne erkennen, von dem immer mehr Details sichtbar werden. Schließlich geht die Sonne auf und taucht die Umgebung in warmes Morgenlicht. Ich mache noch ein paar Fotos am Hafen und fahre dann auf direktem Weg zum Battle Rock City Park. Vom Parkplatz oberhalb des Strandes blicke ich Richtung Südosten auf den weiten Sandstrand unter mir. Wie von Zauberhand ist er von einer Nebeldecke überzogen, aus der vereinzelt Felskuppen emporragen. Dahinter, in der Ferne, erhebt sich der Humbug Mountain. Den Battle Rock lasse ich vorerst rechts liegen und laufe mit der Kamera die Böschung hinunter bis zum Strand und diesem Naturschauspiel entgegen, um möglichst viel davon in Bildern festzuhalten. Als ich mich satt gesehen und fotografiert habe, ziehe ich meine Schuhe aus und laufe mit der Morgensonne im Rücken langsam wieder zurück. Eine frische Brise weht mir von der Seite ins Gesicht. Das Brechen und Rauschen der Wellen dringt in meine Ohren.

Es riecht nach Salz und Meer. Die Strandwanderung belebt mich. Mittlerweile hat sich der Nebel aufgelöst und der Battle Rock strahlt im Morgenlicht. Ich fotografiere den Felsen, wie er sich in einer Wasserpfütze spiegelt, und bin begeistert von den Bildern.

Auf dem Parkplatz bereite ich mein Frühstück. Mein Müsli verzehre ich im Stehen, lehne mich dabei an die Kühlerhaube und schaue auf den Strand, das Meer und den Felsen vor mir. Dann lese ich auf der großen Schautafel, die hier zur Information der Besucher errichtet wurde:

Der Battle Rock City Park ist den Ureinwohnern
(Dene Tsut Dah) und den Gründervätern dieses Ortes
gewidmet. 1850 verabschiedete der amerikanische
Kongress den Oregon Donation Land Act, der es weißen
Siedlern gestattete, in West-Oregon indianisches Land als
ihr eigen registrieren zu lassen, obgleich kein indianisches
Volk je eine solche Vereinbarung unterzeichnet hatte.
William Tichenor, Kapitän des Dampfschiffes Sea Gull,
setzte am 9. Juni 1851 an diesem Ufer neun Mann ab, die
eine Siedlung von Weißen errichten sollten.
In der Folge kam es zwischen den beiden Kulturen zu
einer Auseinandersetzung mit tödlichem Ausgang. Die
neun Männer waren zwei Wochen lang auf der Insel, die
heute den Namen Battle Rock trägt, eingeschlossen und
belagert worden. Im Schutze der Dunkelheit konnten
sie schließlich nach Umpqua City im Norden fliehen. Im
Juli kehrte Kapitän Tichenor mit einer gut bewaffneten
Gruppe von 70 Mann zurück und errichtete die heute als
Port Orford bekannte Siedlung. Nachdem Tichenor sein
Leben auf See aufgegeben hatte, wurde er hier ansässig.[25]

Ich wundere mich über den seltsamen Text, unternehme später Nachforschungen und stoße dabei auf eine Masterarbeit[26] von Linda L. Nading, aus der ich erfahre, dass es 1998 zu einer heftigen Debatte in der Stadt kam, als man bei der Erneuerung des Parkplatzes die alte Schautafel aus den Fünfzigerjahren entfernte und Vorschläge für einen neuen Text diskutierte.

Die alte Inschrift wiederholte eine Überlieferung von John Kirkpatrick, dem Anführer jener neun Männer. Sie wurde bereits im Jahr der Ereignisse gedruckt und in den folgenden Jahrzehnten in weiteren Schriften und Büchern übernommen. Nach dieser Darstellung wären die zurückgelassenen Männer gleich am nächsten Morgen von feindseligen Eingeborenen angegriffen worden und hätten sich mit Kanonen verteidigen müssen, die sie auf dem Felsen installiert hatten. Zunächst hätten sie sich erfolgreich verteidigen können, wobei es zu größeren Verlusten auf Seiten der Eingeborenen gekommen wäre. Doch als die Angriffe nicht nachließen, wären sie im Schutz der Dunkelheit aus ihrer Belagerung Richtung Norden entflohen. Nach der Rückkehr des Dampfers wären die Ureinwohner schließlich von einer größeren bewaffneten Gruppe niedergeschlagen und vertrieben worden.

Die Legende von den wagemutigen Siedlern und den hinterhältigen Eingeborenen erfuhr eine Bestärkung, als man 1940 in Port Orford damit begann, diese kriegerischen Auseinandersetzungen in einem alljährlichen Spektakel zu inszenieren, um mehr Touristen in die Stadt zu locken. An jedem 4. Juli, dem amerikanischen Nationalfeiertag, verkleideten sich Einheimische als Eingeborene und Siedler, um Kirkpatricks Geschichte auf dem Battle Rock nachzuspielen. So wurde sie im Laufe der Zeit zum Selbstverständnis und zur Wirklichkeit der Einwohner von Port Orford. Das stimmt mich nachdenklich. Vielleicht trägt ein jeder von uns solche Geschichten mit sich herum, die er sein ganzes Leben lang fortwährend in Gedanken wiederholt und immer wieder vor seinem geistigen Auge erlebt, bis er davon überzeugt ist, dass sie wahr sind und sie seine Identität prägen. Schließlich stellte man den Schaukampf auf dem Battle Rock ein, da es immer wieder Verletzte gab und Vertreter von Stämmen der Ureinwohner begannen, dagegen zu protestierten. Erhalten geblieben sind das abschließende Feuerwerk am Unabhängigkeitstag und die Stufen, die man für die Zuschauer in den Hang gegenüber des Felsens gegraben hatte.

Im Jahr bevor die alte Schautafel wegen der Renovierungsarbeiten entfernt wurde, war durch das Buch des Historikers E.A. Schwartz über die Indianerkriege am Rogue River[27] eine neue Darstellung der Ereignisse am Battle Rock ins Licht der Öffentlichkeit geraten. In einem Brief aus dem Jahre 1871 an seine Vorgesetzten in Washington berichtete Anson Dart, der von 1851 bis 1853 als Inspektor für indianische Angelegenheiten in Oregon tätig war, über seine Untersuchung des Vorfalls. Er kam zu dem Ergebnis, dass Tichenor bei seiner ersten Landung mit etwa sechzig Mann von Bord gegangen war. Am Ufer wären sie von etwa dreißig friedlichen Eingeborenen empfangen worden, die sie beim Löschen der Ladung unterstützt und sogar dabei geholfen hätten, zwei Kanonen nach oben auf den Battle Rock zu transportieren. Nach der Beendigung dieser Arbeiten hätten die Weißen die Eingeborenen auf den Felsen gelockt unter dem Vorwand, sie dort oben für ihre Dienste auszuzahlen. Stattdessen aber hätte die Besatzung mit den Kanonen auf sie geschossen und 22 Männer auf der Stelle getötet. Am nächsten Morgen wären über 200 Krieger am Strand erschienen, worauf die Siedler mit dem Schiff das Weite gesucht hätten. Eine kleine Gruppe von Männern, die im Landesinneren auf einer Erkundung war, hätten sie dabei zurückgelassen.

Es gab eine Gruppe von Neubürgern in der Stadt, die diese Geschichte für glaubwürdiger hielten als die alte und bei der Stadtverwaltung anregte, eine neue Schautafel mit den neu aufgetauchten Fakten zu beschriften. Sie hatten allerdings nicht mit dem erheblichen Widerstand der Altbürger gerechnet, die nicht bereit waren, die neue Fassung anzunehmen, da sie aus dem Blickwinkel der Ureinwohner geschrieben worden war. Über ein Jahr lang wurde in vielen emotional geladenen öffentlichen Sitzungen heftig darüber debattiert. Eine Tafel mit der neuen Version der Geschichte wurde von der Mehrheit dieser Kommission ebenso abgelehnt wie der Vorschlag, zwei Tafeln mit unterschiedlichen Fassungen aufzustellen. Schließlich wurde die Angelegenheit an ein Komitee übergeben, das auch Fachleute und Vertreter der Vereinigten Stämme des Lower Rogue einbezog. Nach monatelangem Ringen entschied man sich für den gegenwärtigen Text.

In der Masterarbeit wird auch ein Zeitungsartikel aus dem Jahr 1959 zitiert, in dem berichtet wird, dass der hundert Jahre während Fluch der Ureinwohner über Port Orford seine Wirkung verloren hätte. Tatsächlich war die Stadt im Jahr 1868 durch einen Waldbrand zerstört und danach wieder aufgebaut worden. In dem Artikel wird auch der Enkel des Städtegründers Tichenor erwähnt, der glaubte, dass sich die Ureinwohner den Siedlern genähert hätten, um mit ihnen Handel zu treiben. Die Weißen seien dadurch in Panik geraten, hätten das Feuer eröffnet und so den Konflikt ausgelöst. Was wirklich am Battle Rock geschah, liegt vermutlich irgendwo dazwischen.

Die Schurken vom Rogue River

Die Inhaberin des Rahmenladens hatte gesagt, dass der schönste Abschnitt der Küste Oregons südlich von Port Orford beginne. Ich finde, der Strand am Battle Rock gehört auf jeden Fall dazu. Von dort aus fahre ich weiter Richtung Süden über die 101, die sich zunächst landeinwärts durch das hügelige, bewaldete Gebiet um den Humbug Mountain windet und dann wieder am Meer entlang verläuft. Von der

Schönheit der Küste kann ich nichts sehen. Sie ist noch unter einer Decke aus dichtem Nebel verborgen. Nach zwanzig Kilometern klart es allmählich auf und ich werde mit der Sicht auf einen traumhaften Strand belohnt. Da taucht linker Hand ein Schild mit Verweis auf die ABattle Rock City Park Recreation Site auf. Verwirrt von diesem Namen fahre ich weiter, bis ich kurz danach einen riesigen, furchteinflößenden Tyrannosaurus Rex mit fletschenden Zähnen erblicke. Zum Glück steht er am Straßenrand und macht nur Werbung für die Prehistoric Gardens mit lebensgroßen Dinosauriermodellen. Ich wende und fahre zurück zum Arizona Beach, den der erste weiße Besitzer nach seinem Heimatstaat benannt hatte. Der Strand macht seinem Namen alle Ehre, denn an diesem Ort ist es wärmer als an der benachbarten Küste. Die Bucht wird durch umliegende Klippen und Hügel begrenzt und liegt wunderbar windgeschützt.

Vor einigen Jahren erwarben die Parkbehörden den Strand und zahlten dafür drei Millionen Dollar aus Lotterieeinnahmen, so wurde der Strand eine Goldgrube für den Vorbesitzer. Der vorhandene Campingplatz wurde geschlossen und der Strand für Tagesbesucher geöffnet. Ich stelle meinen Wagen neben einer Parkgarnitur ab und breite Zelt, Matratze und Schlafsack zum Trocknen aus. Bis auf einige Wolken, die weiter landeinwärts ziehen, ist der Himmel nun strahlend blau. Nur in der Bucht hängen vereinzelt noch Nebelschwaden wie Watte zwischen den Klippen. Es ist Ebbe, das Meer ist weit zurückgelaufen. Von der See weht ein angenehm lauer Wind. Im Norden ragt die Kuppe des Humbug Mountain aus dem Dunst. Dieser bildschöne Ort inspiriert mich zu weiteren Aufnahmen. Ich fotografiere eine angeschwemmte Baumwurzel vor der Kulisse des Humbug Mountain, einen kleinen Bach vor einer bewaldeten Klippe und andere Motive. Zur Speicherung der Wärme an diesem Ort trägt auch der sehr dunkle Sand bei. Für das Sandmuseum fülle ich ein Tütchen mit diesem außergewöhnlich grauen Sand. Ich setze mich in die Sonne, schließe die Augen und genieße die Wärme, bis mein Zelt getrocknet ist.

Auf der Weiterfahrt passiere ich eine abwechslungsreiche Küstenlandschaft mit Buchten, Sandstränden, Dünen, Wald und Felsen. Etwa fünfzehn Kilometer vor Gold Beach, der nächsten größeren Stadt, biege ich von der 101 ab in die Nesika Road, die näher an der Küste verläuft, und komme in den verträumten Badeort Nesika Beach. Friedlich und scheinbar unbeachtet liegt der Ort mit seinen farbigen Ferienhäusern und geschmackvollen Vorgärten an einem kilometerlangen versteckten Sandstrand.

Es gibt hier sogar einen Campingplatz. Die Anlage ist sehr gepflegt und angenehm ruhig. Und so buche ich für zwei Nächte einen preiswerten Stellplatz. Viele der Gäste kommen seit Jahren her, einige bleiben für mehrere Monate. Im Waschhaus treffe ich einen jungen Mann, der seit einigen Monaten eine kleine Hütte in der Nähe gemietet hat. Er war als Soldat im Kosovo stationiert gewesen und arbeitete danach als Schreiner. Seit drei Jahren studiert er Elektroingenieur im Fernstudium, zieht durch die Lande und bleibt dort wohnen, wo es ihm gefällt. Nebenher betreibt er private Studien auf dem Gebiet der Elektrotechnologie. Wie sein Vorbild Nikola Tesla interessiert er sich für ungewöhnliche Technologien, wie die drahtlose Energieübertragung. Sein Wohnraum ist zugleich sein Laboratorium. Von seinen Experimenten macht er Videos und veröffentlicht sie im Internet. Als ich ihn danach frage, wie er denn elektrische Energie durch die Luft transportieren will, gibt er mir eine ausführliche Erklärung. Zwar kann ich dem jungen Mann nicht folgen, aber seine Begeisterung zieht mich in ihren Bann und ich möchte mehr von ihm erfahren. Leider aber lehnt er meine Einladung auf ein Bier am Abend ab. Dafür habe er keine Zeit, er müsse sich auf eine bevorstehende Prüfung vorbereiten.

Am Nachmittag erkunde ich den Strand. Vom Zeltplatz aus laufe ich nach Norden, bis ich endlich einen öffentlichen

Zugang zum Meer finde. Am Strand angekommen, wandere ich Richtung Süden. Über dem Sand schwebt eine zarte Nebeldecke. Das Licht, das im Nahbereich durch den Dunst dringt, lässt die Farben stärker leuchten: das Grün der Pflanzen, das Stahlblau in den Felsen und das helle Ocker des hölzernen Strandgutes. In der Ferne verblassen die Farben bis ins Grau, wunderbare Motive zum Fotografieren. Vereinzelte Stellen des Sandes im Hang sind gelb und rot getönt. Hier entnehme ich für das Sandmuseum eine Probe des sehr feinen orangenen Pulversandes.

Zurück auf dem Zeltplatz koche ich Kartoffeln mit Zucchini und esse als Vorspeise eine Portion Tomaten-Salsa aus dem kleinen Supermarkt nebenan. Am frühen Abend fahre ich nach Gold Beach, das an der Mündung des Rogue River liegt. Französische Pelztierjäger, die hier als erste Weiße herkamen, nannten den Fluss zunächst La Riviere aux Coquins, denn sie hielten die dort lebenden Ureinwohner für Schurken. Später wurde der Name übersetzt in Rogue River. Ich wundere mich über den Namen „Confederated Tribes of the Lower Rogue", den sich die Nachfahrten der Chetco und Tututni selbst gegeben haben. Während des Goldrausches hieß der Fluss Gold River, und aus dieser Zeit stammt auch der Name der Stadt.

Der Rogue River wird überspannt von der Isaac Lee Patterson Memorial Bridge. Die Auffahrt der Brücke wird auf beiden Seiten von mächtigen Pfeilern gekrönt, die im unverwechselbaren Art-Déco-Stil von McCullough entworfen worden waren. Ich überquere die fast 600 Meter lange Bogenbrücke aus Stahlbeton, wende, fahre zurück zum nördlichen Ufer, parke an einer Hotelanlage und fotografiere die Brücke von einem Steg aus im Licht der tiefstehenden Nachmittagssonne. Die Konstruktion überspannt den Fluss in sieben Bögen, die so schwungvoll anmuten, als folgten sie einem flachen Stein, der auf die Wasseroberfläche geschleudert worden und bis zum anderen Ufer gehüpft war. Ich laufe die Straße hoch bis auf die Brücke und bestaune die Pfeiler, die als Stufenpyramiden gestaltet wurden. Die Fußgänger laufen durch diese Pfeiler und können durch drei nebeneinanderliegende Öffnungen hindurchblicken, die wie Kirchenfenster anmuten, ein Triptychon der Flusslandschaft. Die Brücken von McCullough sind sakrale Bauwerke und Lobpreisungen der Natur.

Den restlichen Abend verbringe ich am Sandstrand im South Beach State Park am südlichen Ende von Gold Beach und beobachte, wie die Sonne im Meer versinkt. Als ich zurück nach Nesika Beach fahre, ist es bereits dunkel. Es ist wunderbar still auf dem Campingplatz, und ich verbringe eine ruhige Nacht mit viel Schlaf.

Der nächste Morgen ist wieder grau. Feuchtkalter Nebel zieht vom Meer ins Land. Nach dem Frühstück setze ich mich ins Waschhaus zum Schreiben, denn hier ist es warm und es kommen Gäste vorbei. Heute brauche ich Wärme und Gespräche. Schon bald erscheint meine Platznachbarin Kerry, die mit ihrem Freund ebenfalls gestern angereist ist. Sie wollen den ganzen September hier verbringen. Eine ihrer Töchter wohnt in der Gegend, ist gerade erneut Mutter geworden und Großmutter Kerry ist gekommen, um ihre jüngste Enkeltochter zu begrüßen und ihre Tochter zu unterstützen. Kerry hatte sich in den vergangenen fünfzehn Jahren viermal aus dem Arbeitsleben verabschiedet, um nach kurzer Pause wieder etwas Neues anzufangen. Zuletzt war sie Busfahrerin, davor hatte sie eine Altenwohngruppe betreut. Vor zwei Jahren hat sie sich endgültig zur Ruhe gesetzt. Seitdem lebt sie mit ihrem Lebensgefährten in einem Wohnwagen und zieht mit ihm durchs Land. Sie haben beide ihre Häuser aufgegeben und besitzen lediglich irgendwo einen Lagerraum. Entsprechend den Jahreszeiten fahren sie in jene Regionen, wo das Klima angenehm ist. Unterwegs machen sie Station in der Nähe ihrer Kinder und Enkelkinder, die im ganzen Land verstreut sind, oder fahren an Orte, die sie immer schon sehen wollten. Wenn es ihnen gefällt, dann bleiben sie länger. Sie sind nicht die einzigen Rentnerpaare, die dieses Nomadenleben führen. Es gibt mittlerweile sehr viele in den USA, die auf diese Weise ihren Ruhestand verbringen. Auf meine Frage, wie lange sie so leben möchte, ist ihre Antwort ganz klar: „Bis zum Ende!"

Auf dem Rückweg zum Zelt treffe ich meinen Nachbarn zur anderen Seite. Er ist seit seiner Scheidung alleine in einem geräumigen Wohnwagen unterwegs und lebt bereits seit neun Monaten auf diesem Platz. Nun träumt er davon, nach Thailand auszuwandern, wo er einst als Soldat gedient hatte. Zurzeit ist er damit beschäftigt, die notwendigen Papiere für die Auswanderungsbehörde zusammenzustellen. Sie will Nachweise darüber, wo er die letzten fünf Jahre gewohnt hat. Auf seiner Wanderschaft hat er nur wenige Belege aufbewahrt und plagt sich nun damit herum, die fehlenden nachträglich zu bekommen. Dennoch ist er bester Laune und voller Hoffnung.

Später klopfe ich bei Kerry an und frage sie, ob sie mir einen Tipp geben kann, was man bei diesem diesigen Wetter am besten unternehmen könnte. Sie sagt, im Inland sei es sonniger und empfiehlt, einen Ausflug nach Agness an den oberen Flusslauf des Rogue River zu machen. Es sei ein sehenswerter Ort mit einer historischen Poststation. Nachdem sie mir den Weg dorthin erklärt hat, warte ich nicht lange und starte Richtung Gold Beach.

Direkt hinter der Isaac Lee Patterson Memorial Bridge biege ich links in die Jerrys Flat Road. Die Straße folgt dem Flusstal des Lower Rogue River. Auf dem ersten flachen Teil der Strecke liegen einige Campingplätze. Der Grund dafür wird mir bereits nach wenigen Kilometern klar. Hier ist der Nebel verschwunden und der Himmel ist strahlend blau. Je weiter ich landeinwärts fahre, umso wärmer wird es. Nach 15 Kilometern wechselt die Uferstraße ihren Namen in Agness Road.

Sie windet sich immer höher in die Berge. 1850 wurde an mehreren Stellen des Flusses Gold gefunden und immer mehr Goldsucher drangen in die Gegend ein. Mit dem Oregon Donation Land Act konnten erwachsene Männer in ausgewiesenen Gebieten ein Stück Land in der Größe von 1,3 Quadratkilometern für sich privat beanspruchen. Da Ehepaaren die doppelte Fläche zustand, nahmen sich viele Weiße eine Eingeborene zur Frau.

Die Goldsucher machten sich breit, wo es ihnen passte, ohne Rücksicht auf die Ureinwohner, ihre Wohnsiedlungen, Fisch- und Jagdgründe. Der Bergbau verursachte Schäden an Bächen und Fischläufen. Es kam zu Spannungen und Konflikten. Sie führten in den Jahren 1855 und 1856 zu den Rogue-River-Kriegen und endeten mit der Kapitulation von Häuptling Tecumtum und seinen Männern. In Marschkolonnen wurden die Überlebenden der Stämme wie alle übrigen Ureinwohner Oregons in das im Norden gelegene Siletz Reservat deportiert. Über 1200 von ihnen wurden nach Port Orford getrieben und von dort mit Schiffen verfrachtet.

Heute ist die Gegend am Rogue River ein beliebtes Urlaubsziel zum Wandern, Bootfahren und Angeln. Als ich nach einer Stunde Fahrzeit am historischen Postgebäude in Agness aus dem Auto steige, werde ich von der Hitze überrascht. Mit 30 Grad Celsius ist es hier über 10 Grad wärmer als an der Küste. Ebenso überraschend ist, dass die alte Poststation so ganz alleine auf weiter Flur steht. Zumindest eine kleine Ortschaft mit einigen Häusern hatte ich erwartet. Und so frage ich die Besitzerin des Ladens darin, ob das etwa alles von Agness sei. Sie lacht und meint, dass es 300 Meter weiter noch eine Lodge sowie ein Gemeinde- und ein Feuerwehrhaus gäbe. Davor veranstalte die örtliche Feuerwehr heute eine Benefiz-Grillparty. Wenn ich mich beeile, bekäme ich noch etwas zu essen.

Ich komme gerade noch rechtzeitig und erhalte für wenig Geld ein fürstliches Essen. Eine freundliche Seniorin angelt einen Maiskolben aus dem heißen Wasser, taucht ihn in zerlassene Butter und legt ihn auf einen Pappteller. Dazu kommen noch einige Scheiben Weißbrot mit Knoblauchbutter und eine Portion Krautsalat. Schließlich werde ich gefragt, wie ich mein Steak gegrillt haben möchte. Ich bestelle Medium und suche mir einen Tisch. Kurze Zeit später serviert mir ein Mann ein riesiges Steak. Es ist so groß, dass man damit eine vierköpfige Familie hätte ernähren können. Das Fleisch ist perfekt gegrillt, zart, saftig und innen noch rosa.

Doch ich habe nicht nur Glück mit dem Essen. Eine Live-Band spielt Klassiker der Rockmusik, insbesondere von den Doors. Der Schlagzeuger ist zugleich Leadsänger und hat eine Stimme wie Jim Morrison in seinen besten Tagen. Während ich genüsslich in mein Steak beiße, erklingt „Light My Fire"[28].

Nachdem ich mir den Bauch vollgeschlagen habe, ist das Konzert zu Ende und ich streife durch das Gelände der benachbarten Lodge und hinunter zum Rogue River. An einem Steg warten Touristen auf das nächste Schnellboot, das sie nach Gold City zurückbringt. Am Morgen waren sie hergefahren worden und hatten den Tag hier in Agness verbracht. Jetzt legt das Boot an, es braust flussabwärts davon und dann herrscht wieder Ruhe am Fluss. Vom Landesteg laufe ich bis zu jener Stelle, wo der Illinois River in den Rogue River fließt. Ich setze mich in die Sonne und sehe, wie ein großer Fisch aus dem Wasser springt. Der Fluss und seine Zuflüsse haben die besten Laichlebensräume und die gesündesten Populationen von Lachs und Forellen an der gesamten Westküste. Die Stille hält nicht lange an, immer wieder rasen Motorboote an mir vorbei. Ich winke den ausgelassenen Touristen in den Schnellbooten zurück. Die Bootsbetreiber sind die Goldscheffler von heute, die für eine Fahrt nach Agness und zurück zur Küste einen stolzen Preis verlangen. Wer weiter flussaufwärts bis zu den Stromschnellen der Wildnis gefahren werden möchte, zahlt doppelt so viel.

Über eine Schotterstraße laufe ich zur alten Poststation zurück. Draußen dran hängt eine Pinnwand mit Fotos, auf denen Angler stolz ihren Fang präsentieren. Darunter steht in großen Lettern der Satz: „Agness – kleines Trinkerdorf mit großem Fischerproblem."[29] Ich setze mich noch einen Moment zu den anderen Gästen und bestelle einen Softdrink. Die alte Poststation ist der Dorfmittelpunkt der weit verstreut wohnenden Einheimischen. Gelegentlich hält ein Wagen, und der Fahrer wechselt aus dem Auto heraus ein paar Sätze mit den dort Versammelten.

Schließlich laufe ich zu meinem Wagen und mache mich auf die Rückfahrt. Bald darauf halte ich hinter der hohen Brücke über der Mündung des Illinois River. Der Blick von dort oben in die beiden Flusstäler ist überwältigend. In einer Schleife fließt der Rogue River um Agness herum. Der Ort liegt auf einer von Bergen umgebenen Hochebene. Am späten Nachmittag leuchtet die Sonne ein letztes Mal in diese Täler, bevor sie hinter den Hügeln versinkt.

Weiter flussabwärts, wo die Agness Road in die Jerrys Flat Road übergeht, biege ich rechts ab auf eine kleine Stahlbrücke und parke auf der anderen Seite des Rogue River. Von dort aus hat man einen fantastischen Blick in das Flusstal mit seinen Sandbänken und bewaldeten Uferhängen. An der Einmündung eines Nebenflusses hinter der Brücke beobachte ich zwei Angler beim Fliegenfischen. Dann fahre ich zurück. Kurz vor Gold Beach tauche ich wieder in den Küstennebel ein.

Als ich mich am Abend bei Kerry für ihren Tipp bedanke, meint sie, der Nebel habe sich hier hartnäckig gehalten. Wenn er bis 11:00 Uhr nicht verschwunden sei, bliebe er den ganzen Tag. Am nächsten Morgen begrüßt mich ein blauer Himmel. Heute ist bestes Strandwetter und ich brauche nicht lange, bis alles im Wagen verstaut ist.

Ein letztes Mal überquere ich den Rogue River und verabschiede mich damit von den Brücken Conde B. McCulloughs.

Die Isaac Lee Patterson Memorial Bridge ist seine letzte auf der 101, bevor man Oregon verlässt und nach Kalifornien kommt.

Gestern Abend nach dem Einkaufen hatte ich in Gold Beach einen Buchladen mit Café entdeckt, der aber schon geschlossen hatte. Heute habe ich mehr Glück und trete ein. Gold Beach Books ist vermutlich das größte Buchgeschäft an der gesamten Küste Oregons. Auf zwei Etagen stehen 50.000 Bücher, die meisten davon aus dem Antiquariat. Ich stöbere durch den sehenswerten Laden, blättere in wunderschönen alten Reiseführern, lasse mich durch Fotobücher inspirieren und besichtige im oberen Geschoss einen abgeteilten Raum, in dem besonders wertvolle, alte Bücher, aber auch Skulpturen und andere Kunstgegenstände ausgestellt sind. Zum Abschluss setze ich mich in das Café, trinke einen Latte Macchiato und lese in Zeitungen. Aus einem Artikel erfahre ich, dass ein in Panama registriertes Minenunternehmen die Gegend um Gold Beach für den Abbau von Nickel erschließen will. Für die Probebohrungen braucht es große Mengen von Wasser, die es von der Stadt Gold Beach bekommen möchte. Aufgrund der drohenden Umweltverschmutzung ihres Lebensraumes haben sich die Bürger zusammengefunden, um gegen dieses Vorhaben anzukämpfen. Heute sind es die Nachfahren der Goldsucher, die vom Fluss leben. Die Nickelsucher berufen sich auf ein noch gültiges Gesetz aus dem Jahre 1872, das keinerlei Umweltschutzmaßnahmen fordert und den Erwerb des Landes für einen Spottpreis zusichert. Die Schurken sind immer die anderen.

Heiratsantrag und Siegerehrung

Nach der Kaffeepause im Buchladen fahre ich zehn Kilometer weiter bis zum Cape Sebastian. Ich biege von der 101 rechts ab in den gleichnamigen State Park und parke auf der Kuppe der Landzunge. Von hier oben hat man bei dem wolkenlosen Himmel eine gute Sicht auf die südlich gelegene Bucht, die Hunters Cove. Sie ist durchzogen von dunkelbraunen Riffen, die aus dem Blau des Meeres auftauchen oder – wie jetzt bei Ebbe – auf dem hellen Sandstrand in der Sonne zu baden scheinen. Ich verlasse meinen Aussichtspunkt, mische mich unter die sonnenhungrigen Felsen und laufe barfuß über den Sand. Die Küste südlich von Port Orford ist wirklich die schönste in Oregon.

An diesem sonnigen Vormittag bin ich nicht der Einzige am Strand. Eltern sehen ihren Kindern dabei zu, wie sie Sandburgen bauen oder durch das noch warme Flachwasser toben. Zwei wuschelige Norfolk Terrier stehen gespannt neben ihrem Herrchen, verfolgen, wie er einen Tennisball weit ins Wasser hinausschleudert, und stieben hinterher. Überhaupt begegne ich vielen Leuten, die ihre Hunde ausführen. Drei Jugendliche surfen am Strand. Im vollen Lauf schleudern sie ihre Bretter mit Schwung auf das flache Wasser nach vorne, springen auf und gleiten darauf einige Meter weiter, bis sie durch den Sand ausgebremst werden. Ich bleibe lange an dem wundervollen Strand, bevor ich zum Windy Point weiterfahre. An dieser Landspitze ragt der Arch Rock, eine riesige Felsenbrücke, aus dem Meer. Im Norden Oregons hatte noch jeder einzelne Felsen vor der Küste einen Namen. Hier im Süden gibt es einfach zu viele davon, als dass man jeden hätte benennen wollen. Wenn einer dennoch einen Namen erhalten hat, dann zu dessen Ehre.

Auf der Wiese neben dem Parkplatz treffe ich eine kleine Malgruppe von drei Frauen, die an ihren Ölbildern arbeiten.

Ihr gemeinsames Motiv ist ein steiler Felsen, der pittoresk in einer Bucht liegt und auf dessen Gipfel einzelne Nadelbäume wachsen. Ich frage eine der Malerinnen, ob ich sie fotografieren darf. Sie erkennt gleich, dass ich aus Deutschland komme, meint, sie stamme ebenfalls von dort und fragt mich, was ich hier mache. Als ich ihr von meiner früheren Arbeit als Software-Architekt, meiner Pensionierung und dieser Reise erzähle, entgegnet sie, dass sie und ihr Mann als unabhängige Software-Experten gearbeitet und ein Vermögen gemacht hätten. Bereits mit vierzig hätten sie sich aus dem aktiven Berufsleben zurückziehen können. Während ihr Mann als selbständiger Berater für Computersicherheit gelegentlich noch Projekte übernähme, widme sie sich seitdem fast ausschließlich der Malerei.

Dann verlasse ich die Gruppe. Ich will die nächsten Tage in Brookings verbringen und den Harris Beach State Park besuchen, den mir die Malerin empfohlen hatte. Als ich in Brookings ankomme, zieht bereits wieder eine dichte Nebelfront landeinwärts. Für einen Aufenthalt im State Park bleibt mir heute keine Zeit mehr. Ich möchte mein Zelt so schnell wie möglich aufbauen, da für den späten Nachmittag Regen vorhergesagt ist. Deshalb fahre ich direkt zu einem RV Park, der hinter dem Hafen am Meer liegt.

Mit einem Zelt gehöre ich dort zu den Gästen zweiter Klasse. Für diese gibt es weder Strom, noch WLAN, noch Duschen. Immerhin gibt es fließendes Wasser für je zwei Stellplätze. Als sanitäre Anlagen dienen Toilettenhäuschen, die auch öffentlich genutzt werden. Der Zeltplatz befindet sich am Ende des Parks unmittelbar an der Mündung des Chetco River und direkt an der Zufahrtsstraße zum Gebäude der Küstenwache. Gleich gegenüber fischen Einheimische an der Flussmündung nach Krabben. Ich ärgere mich, dass ich den Platz bereits vor Tagen gebucht und mich noch über den günstigen Preis gefreut hatte. Aufgrund des Labour-Day-Wochenendes war es mir ratsam erschienen, früh zu reservieren. Später unterhalte ich mich mit meinen Nachbarn und erfahre, dass heute das alljährliche Fischerfest stattfindet.

Nach dem Zeltaufbau gehe ich in den Hafen, wo das Slam'n Salmon Ocean Derby gefeiert wird. Heute ist der Abschlusstag des dreitägigen Wettfischens, an dem die Preisträger verkündet werden. Die Veranstalter verkaufen für zehn Dollar ein Festessen, das ich mir nach der guten Erfahrung in den Bergen nicht entgehen lassen möchte. Außer dem unverzichtbaren gebutterten Maiskolben erhalte ich Kartoffelsalat, ein Brötchen, ein Stück Melone und ein großes saftiges Lachssteak – die Küstenvariante.

Während ich das pikante Menü an einem der langen Esstische genüsslich verzehre, beginnt auf der Bühne die Siegerehrung. Zunächst aber gedenkt man der Verstorbenen des letzten Jahres. Danach betritt ein Teilnehmer die Bühne und macht über das Mikrofon seiner überraschten Freundin im Publikum einen Hochzeitsantrag. Unter Applaus bahnt sich die Auserwählte ihren Weg nach vorn und nimmt dort von ihrem Liebsten einen Verlobungsring entgegen. Nach zahlreichen weiteren Ehrungen wird schließlich der Sieger gekürt. Er hatte einen Lachs von sagenhaften 17,3 Kilogramm geangelt und erhält nun als Prämie einen Scheck über 6000 Dollar.

Danach löst sich das Fest schnell auf. Die Händler des kleinen Flohmarktes bauen eilig ihre Stände ab, denn der Wind hat zugenommen, und von der See ziehen dunkle Wolken herauf. Ich gehe zurück zum Zelt und treffe einen meiner Nachbarn, der bereits seit einigen Jahren an dem Wettbewerb teilnimmt. Mit seinen beiden Lachsen konnte er dieses Mal keinen Preis gewinnen. Er beklagt sich darüber, dass es an diesem Ort immer weniger Lachs gäbe. Seine Beute lagert er in einem eisgekühlten Tank auf seinem Pickup. Morgen will er wieder nach Hause, um den Fisch zu räuchern und in Dosen zu konservieren.

Am Abend gehe ich ins Kino. Ich schaue mir den Konzertfilm einer britischen Boygroup an. Bevor der Film beginnt, kommen zwei etwa 15jährige Mädchen zu mir in die Reihe und fragen mich etwas misstrauisch: „Findest Du den Film wirklich so toll?" Dass ich aus Deutschland komme und mit Musikfilmen die wenigsten Verständigungsprobleme habe, scheint sie zu beruhigen, und so setzen sie sich mit einigen Reihen Abstand hinter mich. Wir drei sind die einzigen Kinobesucher. Die Konzertbesucher im Film sind ebenso jung wie die beiden Mädchen und ausschließlich weiblich.

Als ich das Kino verlasse, sind die Straßen noch immer trocken. Später gießt es die ganze Nacht. Am nächsten Morgen ist mein Schlafsack klamm, aber zum Glück regnet es nicht mehr. Über dem Hafengelände liegt eine dichte Nebeldecke. Es ist ungemütlich kühl und feucht. Das Positive an diesem Morgen: Ich kann im Freien frühstücken. Mehr als die Hälfte der Zelte sind bereits verschwunden. Viele Camper müssen schon in der Nacht oder sehr früh am Morgen das Weite gesucht haben. Der Wettangler neben mir schläft noch. Das Lagerfeuer meiner Nachbarn auf der anderen Seite brennt bereits und die Mutter versucht, darüber den Campingstuhl ihrer kleinen Tochter zu trocknen. Währenddessen ist ihr Mann mit Packen beschäftigt. Die Vorstellung, in der nächsten Nacht ganz alleine auf dem offenen Gelände zu übernachten, macht mir Angst. Bisher hatte ich mir immer nur Sorgen wegen wilder Tiere gemacht. Der Gedanke, dass auch Menschen für mich eine Bedrohung sein könnten, war mir noch nicht gekommen.

Jetzt aber brauche ich erst einmal einen Ort, an dem ich mich aufwärmen kann. Am Hafen gibt es ein kleines Einkaufszentrum mit einem gemütlichen Espresso-Café. Es ist bereits geöffnet und bietet kostenloses WLAN. Einige Gäste haben sich bereits eingefunden, die mit ihren Handys und Touchpads den Kontakt zum Rest der Welt suchen. Ich setze mich an einen Tisch mit einer Steckdose, bestelle einen Chai Latte, lade meine Geräte auf und schreibe weiter am Blog.

Eine ältere Dame spricht mich an und bewundert mein Tablet. Ich nutze die Gelegenheit und frage sie, wo ich im nahen Kalifornien am besten Redwoods, die riesigen Küstenmammutbäume, sehen könne. Sie meint, ich solle mir Trees Of Mystery anschauen, auch wenn der Park selbst etwas kitschig sei. Sie empfiehlt mir auch, auf jeden Fall über die Avenue of Giants zu fahren und unterwegs am Eel River anzuhalten.

Nacheinander verlassen die anderen Gäste das Café, bis ich als einziger übrig bleibe. Die Besitzerin hat mich längst über meinen Akzent identifiziert und fragt, wie man in Deutschland Eiskaffee zubereite. Ich erkläre ihr die Zubereitung. Sie ist überrascht über das Vanilleeis als Zutat und meint, das sei doch dann ein Dessert. Ich schlage ihr vor, die Eiscreme durch Eiswürfel zu ersetzen, dann sei es ein griechischer Frappé. Zum Abschied sage ich ihr, wie begeistert ich von ihrem gewürzten, schwach gesüßten Chai Latte bin.

Gegen Mittag hat sich der Nebel gelichtet. Auf dem Campingplatz steht mein Zelt mittlerweile mutterseelenallein am Rande der ungeschützten Anlage. Mir läuft ein Angstschauer über den Rücken bei dem Gedanken, eine weitere Nacht dort zu verbringen. Deshalb verzichte ich auf die zweite Übernachtung, packe und verschwinde von diesem unwirtlichen Zeltplatz zweiter Klasse. Ich passiere die Hafenanlage und kurz darauf ein Motel, das mit einem großen Schild am Straßenrand auf sich aufmerksam macht. Mehrmals bin ich schon daran vorbeigefahren, und jedes Mal gibt mir seine Inschrift zu denken:

Glaube nicht alles, was du denkst.[30]

Willkommen in Kalifornien

Südlich von Brookings erstreckt sich zwischen der 101 und dem Meer eine weite, landwirtschaftlich intensiv genutzte Ebene. Herden von schwarzen Angusrindern und weißbraunem Fleckvieh grasen friedlich auf den Weiden. Nur vereinzelt schweben lichte Dunstschwaden über dem Farmland. Ich erreiche die Staatsgrenze von Oregon. Ein großes blaues Schild verkündet: „Welcome to California". Von Weitem sehe ich einen Radwanderer, der vor dieser Kulisse ein Selfie aufnimmt. Als ich ankomme, kann ich nur noch fotografieren, wie er hinter dem Schild davonradelt. Kurze Zeit später überhole ich ihn, hupe, und er winkt zurück.

Hinter der Ortsausfahrt von Crescent City steht ein Tramper mit schwarzer Sportkleidung an der Straße, in kurzen Hosen, langärmeligem Hemd und ausgerüstet mit einem kleinen Rucksack. Ich halte und biete an, ihn bis zu den Trees of Mystery mitzunehmen. Er ist damit einverstanden, steigt ein und erzählt mir seine Geschichte. Vor einem halben Jahr habe er seinen Job als 3D- und CAD-Designer in San Diego verloren. Weil er nicht gleich etwas Passendes gefunden habe, sei er mit dem Rad Richtung Norden gestartet, um eine Tour an der Pazifikküste zu unternehmen. Das überrascht mich, denn seitdem ich Richtung Süden unterwegs bin, habe ich zwar zahlreiche Radfahrer überholt, aber keiner kam mir bisher entgegen. Er heiße Menrad, erzählt er weiter, und dass er in der Nähe von San Rafael von einem Lastwagen angefahren worden sei und am Bein operiert werden musste. Weiterfahren sei nicht mehr möglich gewesen. Er habe sein Rad danach verkauft. Ein Freund aus San Rafael habe ihm angeboten, ihn mit dem Auto nach Portland, Oregon, mitzunehmen. Da sei er mitgefahren, um sich dort nach einem neuen Job umzusehen. Portland entwickele sich zurzeit zu einem neuen Zentrum für Computertechnologie. Er sei dort auch zu einem Vorstellungsgespräch gewesen, man habe ihn aber nicht nehmen wollen, da er keinen Abschluss vorweisen konnte.

Ich finde meinen Begleiter zunehmend unsympathisch und irgendwie auch wenig glaubwürdig. Er erzählt in einem fort. Da das Auto seines Freundes in Portland einen Defekt gehabt habe, er aber auf die Reparatur nicht habe warten wollen, sei er vor einer Woche losgetrampt, um wieder zurück nach San Diego zu kommen. Ich bin erleichtert, als wir nach einer halben Stunde schon den Freizeitpark erreichen. Von der Straße aus ist er nicht zu übersehen. Vor dem Eingang der Trees of Mystery stehen zwei gigantische Holzskulpturen: der legendäre Holzfäller Paul Bunyan und sein Ochse Babe. Als ich Menrad auf dem Parkplatz absetze, bettelt er mich um etwas Essbares an. Nun ist er mir überhaupt nicht mehr geheuer. Ich weise ihn ab und bin froh, ihn endlich los zu werden. Im Park bleibe ich nur kurz, frage lediglich nach den Öffnungszeiten und fahre dann gleich weiter. Da er erst spät schließt, habe ich genügend Zeit und möchte erst einmal eine Bleibe finden.

Südlich vom nahen Ort Klamath gibt es mehrere Campingplätze, die aber alle unmittelbar an der 101 liegen. Deshalb fahre ich weiter über den Klamath River. Auf beiden Seiten der Brückenauffahrt stehen lebensgroße, goldfarben gestrichene Bärenplastiken aus Beton. Der Grizzlybär ist das kalifornische Wappentier. Hinter der Brücke biege ich rechts ab und gelange zu einem RV Park, der am Ufer des Flusses liegt. Der Zeltplatz am Rande der Anlage ist fast vollständig belegt. Der einzige freie Platz befindet sich etwas abseits unmittelbar am Flussufer und ist auf drei Seiten von Bäumen und Büschen umgeben. Dahinter beginnt der Wald. Die übrigen Zelte stehen alle nebeneinander auf einer Wiese. Die Wohnmobile befinden sich einer Wagenburg gleich im Zentrum der Anlage. Bin ich schon so alt, um einen Platz wie ein alter Büffel einzunehmen? Wird eine Büffelherde von außen - z.B. durch ein Rudel Wölfe - angegriffen, dann treiben die Kühe mithilfe der Bullen die Kälber in der Mitte zusammen. Danach formieren sich die Kühe in einem inneren Kreis um die Kälber. In einem zweiten Kreis versammeln sich die Jungbullen um die Kühe. Die ausgewachsenen Bullen und die alten Tiere schließlich bilden den äußeren Schutzring. Die Alten an den Flanken schützen die Herde, indem sie sich als erste Beute anbieten. Mit diesem Gedanken will ich mich nicht anfreunden.

Jedenfalls ist der Park ruhig und die sanitären Anlagen sind sehr gepflegt. Der Zeltbereich verfügt sogar über eine Spüle. Zwar habe ich keinen Stromanschluss, aber ich darf mich abends im Clubhaus aufhalten, wo es Stühle, Tische und Steckdosen gibt. Die Lage des Platzes am Klamath River mit seinen bewaldeten Ufern ist traumhaft. Das Wasser im breiten Flussbett bewegt sich kaum von der Stelle, das diesseitige Ufer steigt weiter flussabwärts steil an, das gegenüberliegende ist flach. Flussaufwärts sieht man in der Ferne die hohe Straßenbrücke. Der Campingplatz ist ein friedvoller Ort und im Einklang mit der umgebenden Natur.

Nachdem ich eingecheckt und mein Zelt aufgebaut habe, fahre ich zurück zu den Trees of Mystery. Beim Eintritt bekomme ich Seniorenrabatt und genieße so wenigstens einen Vorteil des Älterwerdens. Hinter dem Eingang startet ein Rundweg durch den Park. Am Wegesrand stehen märchenhafte Figuren und Miniaturblockhütten wie auch eine Wassermühle, deren Rad durch einen kleinen Bach angetrieben wird. Der Märchenpark liegt an einem farnbewachsenen Hang, aus dem die dicht stehenden Mammutbäume fast senkrecht in die Höhe schießen. Die meisten Bäume haben ein stattliches Ausmaß, einige sind von beeindruckender Größe. Der gewaltigste Baum im Park ist der Brotherhood Tree mit einem bodennahen Stammdurchmesser von sieben und einer Höhe von einhundert Metern. Er ist der Brüderlichkeit aller Menschen gewidmet, unabhängig von ihrer Herkunft,

Rasse oder Hautfarbe. Eine Gruppe von jüngeren Baumriesen ist im Halbkreis aus der Wurzel eines abgestorbenen alten gesprossen und steht so dicht zusammen, dass sie eine Art heilige Halle zu bilden scheint. Cathedral Tree wird sie denn auch genannt und ist ein beliebter Ort für Trauungen. In der Mitte sind zwei polierte Baumscheiben aufgestellt, in die zwei Verse eingraviert sind. Sie stammen aus dem Gedicht „The Redwoods" von Joseph B. Strauss, der für den Entwurf und den Bau der Golden Gate Bridge verantwortlich war:

This is their temple, vaulted high,
And here, we pause with reverent eye,
With silent tongue and awestruck soul;
For here we sense life's proper goal:

To be like these, straight, true and fine,
to make our world like theirs, a shrine;
Sink down, Oh, traveler, on your knees,
God stands before you in these trees.[31]

Sinngemäß übersetze ich:

Das ist ihr Tempel, hoch wie ein Dom.
Hier halten wir inne mit Andacht im Blick.
Schweigend und mit ergriffener Seele:
Spüren wir hier das wahre Lebensziel.

Sein wie diese, aufrecht, wahrhaftig, gut,
Unsere Welt verwandeln in ein Heiligtum;
Sinke nieder, oh Reisender, auf deine Knie,
In diesen Riesen steht Gott vor dir.[32]

Mit einer Seilbahn schwebe ich durch die Wipfel der Bäume bis auf den Gipfel des Berges und kann von der Aussichtsplattform dort oben auf den Pazifik und die mit

Redwoods bewachsenen Hügel der anderen Bergseite blicken. Von der Talstation führt der Rundgang weiter durch die legendären Geschichten des Holzfällers Paul Bunyan, die über Lautsprecher und mittels Holzskulpturen erzählt werden. Die Nachfahren der ersten weißen Siedler hatten ihre eigenen Mythen geschaffen.

Vom Park aus fahre ich zurück nach Klamath und halte an einem kleinen Supermarkt. Im Laden treffe ich überraschend den Radwanderer, den ich heute morgen an der Grenze zu Kalifornien gesehen hatte. Ich spreche ihn an und freue mich, dass wir uns heute schon das zweite Mal begegnen. Da lacht er und meint, es sei bereits das dritte Mal. Er habe mich im Café in Brookings gesehen, da sei ich aber ins Schreiben vertieft gewesen. Ich frage ihn, ob er auch nach San Francisco unterwegs sei. Dort sei er gestartet, meint er, und fahre nun wieder dorthin zurück. Ich schaue ihn fragend an. Geduldig erzählt er, dass er von San Francisco an der Küste entlang bis nach Mexiko gefahren sei, weiter an der mexikanischen Grenze zur Ostküste, von da aus an der Atlantikküste hoch bis nach Kanada und an der kanadischen Grenze bis zum Pazifik. Nun sei er auf dem Heimweg nach San Francisco. Er sei einmal um das ganze Land herumgefahren, eine Strecke von etwa 17.000 Kilometern. Seit fast einem Jahr sei er unterwegs. Es fehlten ihm nur noch 450 Kilometer. Mir dagegen fehlen die Worte. Ich bin zutiefst beeindruckt von diesem Mann und glaube ihm jedes Wort, denn er strahlt wie jener Wanderer vom Crater Lake einen Frieden aus, der von ganz tief drinnen kommt. Seine Augen sind so klar wie ein Bergbach, seine Haut ist braun gebrannt und wettergegerbt. Ich mache ein Foto von ihm und bin derart überwältigt von seiner Erscheinung, dass ich keinen weiteren Satz mehr herausbekomme und auch nicht nach seinem Namen frage. Und so bleibt mir nur diese kurze, aber eindrucksvolle Begegnung und ein Foto. Darauf steht er seitlich hinter seinem vollbepackten Rad und strahlt mich an.

Da es im Laden kein frisches Obst mehr gibt, fahre ich weiter bis zum nächsten Supermarkt. Als ich wieder zurück auf die 101 fahre, kommt mir der außergewöhnliche Radler noch einmal entgegen. Ich hupe. Wir lachen beide, und er winkt mir ein letztes Mal zu. Kurz darauf sehe ich einen Tramper, der Richtung Norden möchte. Es ist Menrad, der mir erzählt hatte, er wolle nach Süden.

Heute Abend koche ich einen Eintopf aus Kartoffeln, Zwiebeln und Knoblauch und reichere ihn mit Rindfleisch und Chilibohnen aus der Dose an. Wie immer gibt es dazu einen frischen Salat aus Tomaten und Gurken. Nach dem Essen dusche ich ausgiebig, fühle mich wieder wie ein Gast erster Klasse und ziehe mich für den Rest des Abends zum Schreiben in das Clubhaus zurück. Auf dem Rückweg zu meinem Stellplatz komme ich an den Zelten meiner Nachbarn vorbei. Sie sitzen um ihre Feuerstellen, unterhalten sich leise und trinken Bier. Heute ist Labour Day, der letzte freie Tag an diesem langen Wochenende. Einige Camper sind bereits im Laufe des Nachmittags nach Hause gefahren. Dort, wo mein Zelt steht, ist es stockdunkel. Vorsorglich habe ich den Wagen wieder so aufgestellt, dass die Scheinwerfer das Zelt anleuchten. An den Zeltleinen hängen wieder die Bärenglöckchen. Beim Einschlafen fällt mir plötzlich ein, dass im Rucksack neben mir noch ein Apfel steckt. Panisch öffne ich das Zelt und werfe den Apfel in hohem Bogen hinaus. Er landet im Fluss.

Am nächsten Morgen wache ich sehr früh auf und blicke unausgeschlafen auf den Klamath River, der friedlich vor sich hin fließt. Es ist schon hell, aber die Sonne liegt noch hinter den Bergen verborgen. Meine angstvolle Unruhe ist schlagartig verschwunden, als ich auf die magische Flusslandschaft blicke. Übers Wasser und durch die Wipfel der Bäume ziehen zarte Schleier von Dunst. In der glatten Oberfläche des träge dahinströmenden Flusses spiegeln sich die Wolken. Der Fluss ruht noch, bis er durch die Sonne und die Boote der Fischer aus dem Schlaf gerissen werden wird. Ich lasse die Stille des Morgens tief in mich sinken, laufe gemächlich am Ufer entlang bis zum Bootssteg, nehme die Bilder in mich auf und versuche, sie in Fotos festzuhalten. Unablässig ändert sich das Schauspiel, bis das gleißende Licht der Sonne plötzlich über die Hügel schießt. Sogleich wird die Luft mit Wärme erfüllt und die letzten Nebelreste lösen sich auf. Während ich frühstücke, trocknen meine Schlafsachen in der warmen Sonne. Nun bauen auch die letzten Nachbarn ihre Zelte ab.

Da ich bis morgen gebucht habe, breche ich nach dem Duschen zu einer Tagestour auf. Die Klamath Beach Road am Campingplatz geht kurz darauf in den Coastal Drive über, der dem Klamath River bis zur Mündung folgt, dann an der Küste weiter verläuft und schließlich über einen bewaldeten Berg zurück zum Fluss führt. Dort wo sich die Rundstrecke am Fluss schließt, mache ich einen ersten Halt. Oberhalb des steilen Hanges befindet sich eine alte, balkonartige Plattform, von der man eine schöne Sicht auf das Flusstal hat. Auf beiden Seiten der Plattform thronen wieder lebensgroße, aus Stahlbeton gegossene Bärenplastiken. Dann setze ich meine Fahrt fort. Unmittelbar vor der Flussmündung halte ich an einem Berghang, steige auf den Gipfel und sehe hinunter. Jetzt bei Ebbe ist der größte Teil der Mündung durch eine Sandbank blockiert. Lediglich durch eine schmale Rinne findet das Wasser des breiten Flusses seinen Weg ins Meer. Auf der Sandbank parken Dutzende von Booten und Geländewagen. Ebenso viele Angler haben sich an der schmalen Rinne aufgereiht. Die hindurchschwimmenden Lachse sind hier eine leichte Beute.

Von der Mündung fahre ich weiter an der Küste entlang und halte wenig später auf dem Parkplatz der historischen Radarstation B-71, die im Zweiten Weltkrieg von der amerikanischen Armee an der Westküste eingerichtet worden war, als Vorstufe eines Frühwarnsystems. Um sie zu tarnen, wurde sie versteckt in einer kleinen Farm betrieben. Auf meinem

Weg zur Scheune kommen mir zwei Besucher entgegen und berichten aufgeregt, dass sie soeben einen Schwarzbären gesehen hätten. Es sei bereits der zweite Bär heute Morgen. Den ersten hätten sie über die Straße laufen sehen, nachdem sie von der 101 abgebogen wären. Dort aber liegt ganz in der Nähe mein Campingplatz und die Radarstation ist keine zwei Kilometer Luftlinie entfernt. Ich breche meine Tagestour ab, gehe mit den beiden Männern zurück zum Parkplatz, fahre umgehend zum Zelt, packe meine Sachen und verschwinde schnurstracks Richtung Süden. Zunächst bin ich erleichtert. Dann aber wird mir klar, dass ich mit meiner panischen Angst bereits zwei bezahlte Übernachtungen verschenkt habe. Auch gebe ich mit meinem Verhalten meinen Ängsten jedes Mal neue Nahrung. Ein beunruhigender Gedanke steigt in mir auf. Sind die Begegnung mit Menrad und das Erscheinen der Bären möglicherweise sogar Folgen meiner übersteigerten Angst?

Allee der Giganten

Südlich der Klamath River Bridge biege ich am Exit 765 rechts in den Newton B. Drury Scenic Parkway ein. Die Seitenstraße verläuft fünfzehn Kilometer parallel zum Highway und führt durch ein Waldgebiet mit Redwoods von majestätischer Größe. Viele der Bäume am Straßenrand sind breiter als mein Fahrzeug lang ist. Ich halte oft und fotografiere. Damit man überhaupt einen Eindruck von der Größe dieser Baumriesen bekommt, stelle ich mein Auto davor oder achte darauf, dass Menschen im Bild sind. Von den Parkbuchten an der Strecke führen Rundwege in den Wald. Der größte Baum an dieser Strecke steht nur wenige Schritte von einem größeren Parkplatz entfernt. Dort halte ich und folge dem

Rundgang. Der Big Tree ist etwa 200 Jahre alt und hat das gleiche Ausmaß wie der Brotherhood Tree. Doch anders als jener im Märchenpark ist dieser von weiteren Riesen umgeben. Die Küstenmammutbäume haben eine bis zu dreißig Zentimeter dicke, längs gefurchte Rinde von rostbrauner Farbe, die für den Namen des Baumes sorgte. Küsten-Sequoie wird dieses kalifornische Rotholz auch genannt, aber anders als seine Verwandten im Inland sind die Mammutbäume an der Küste schmaler und höher. Die Riesenmammutbäume im Inland können Stammdurchmesser von 17 Metern erreichen und werden bis zu 95 Metern hoch. Die Küstenmammutbäume kommen auf Stammdurchmesser von lediglich sieben Metern, können aber bis zu 115 Metern hochwachsen. Über ihre Nadelblätter in den Wipfeln versorgen sie sich in der Trockenzeit mit Wasser aus dem Küstennebel. Die großen Bäume, deren Äste erst in über dreißig Meter Höhe ansetzen können, sind aufgrund ihrer Gestalt und dicken, schwer entflammbaren Rinde gut geschützt gegen Waldbrände. Mit ihrer Erhabenheit und Dickhäutigkeit hatte die Art furchtbare Feuer überleben können. Obgleich viele junge Bäume Opfer der Flammen wurden, überlebten doch die alten und es dauerte nicht lange, bis eine neue Generation heranwuchs. Der veraschte Grund trug dazu bei, ist er doch ein idealer Nährboden für die Samen und die schnell wachsenden Jungpflanzen. Diesen besonderen Eigenschaften verdankten die Redwoods ihr langes Leben und ihre weite Verbreitung, bis man entdeckte, dass ihr Holz einen hohen Nutzwert hat. Ende des 19. Jahrhunderts wurden die großen Baumriesen rücksichtslos gefällt. In seinem Buch „Last Wilderness" aus dem Jahre 1955 beschrieb Murray Morgan die ersten Abholzungen auf der Olympic-Halbinsel im Nordwesten des Bundesstaates Washington:

Es war befremdlich, wie Krieg. Sie gingen auf den Wald los, als sei er ein Feind, den es galt vom Land, auf das er bereits seinen Fuß gesetzt hatte, zurück in die Berge zu treiben, aufzuspalten und auszurotten. Viele Waldarbeiter glaubten, sie fällten nicht nur Holz, sondern befreiten das Land von Bäumen [...].[33]

Anfang des 20. Jahrhunderts formierten sich immer mehr Naturschützer, um eine weitere Rodung dieser einzigartigen und uralten Waldgebiete zu verhindern. Im Jahr 1918 schlossen sich verschiedene Umweltgruppen zur Save The Redwoods League zusammen. Ihr ist es zu verdanken, dass vom ursprünglichen alten Baumbestand wenigstens fünf Prozent übrig geblieben sind.

Einen Kilometer weiter halte ich am Prairie Creek Visitor Center. Den Ranger im Laden frage ich, wie groß er die Gefahr einschätze, in einem Zelt von Bären überrascht zu werden. Er meint, die hier lebenden Schwarzbären, von denen es eine Menge gäbe, wären harmlos im Vergleich zu Braunbären, die man hier aber nicht antreffe. Die Schwarzbären liefen eher davon, wenn sie Menschen begegneten. Wenn man keine Nahrung im Zelt aufbewahre, würden sie einen auch nicht belästigen. Auf dem Weg zum Ausgang laufe ich einem Braunbären in die Arme. Zum Glück ist er ausgestopft.

Kurz hinter dem Besucherzentrum gelange ich wieder auf die 101. Nach einer halben Stunde Fahrzeit erreiche ich Trinidad, die nächste Station meiner heutigen Tour. Dort setze ich mich in ein kleines, gemütliches Café mit einer verlockenden Auswahl von kleinen vegetarischen Gerichten und Kuchen. Um meine Angst weiter abzubauen, wähle ich eine Bärentatze zum Kaffee.

Trinidad liegt in einer geschützten Bucht. Bevor die Spanier im 18. Jahrhundert vor Anker gingen, hatte sich dort bereits das Volk der Yurok angesiedelt. Mit ihren Sandstränden und den vorgelagerten Felsriffen ist die Bucht von besonderer Schönheit und die sehenswerteste auf meiner ganzen Reise. Gleich zwei Leuchttürme sichern dort den Schiffsverkehr. Ich mache ein paar Fotos vom Trinidad Head Memorial Lighthouse, heute eine Gedenkstätte für die Verstorbenen auf See. Der kleine Leuchtturm steht oberhalb des Steilhanges und thront über der Bucht. Vorsichtig, um meine Ferse nicht zu überlasten, gehe ich wieder die steilen Stufen seitwärts bis zum Strand hinunter. Es ist noch früh am Nachmittag, und so setze ich mich in die Sonne, blicke auf die Bucht hinaus und auf die vielen kleinen Motorboote, die zwischen den Felsen ankern und sich sanft im Wellengang wiegen. Für Momente nur scheinen die Boote still zu stehen, dann erreicht die nächste lange Welle die Bucht, und sie fangen wieder an zu schaukeln. Die See ist heute nur wenig bewegt, und mit der Zeit legt sich meine innere Unruhe.

Am späten Nachmittag fahre ich weiter Richtung Süden bis ins 20 Kilometer entfernte Arcata, parke im Zentrum und unternehme dort einen Stadtbummel. Die kleine Universitätsstadt gefällt mir sofort. Überall gibt es interessante Läden und Restaurants. Ich gehe in ein Musikgeschäft, nehme eine Westerngitarre aus der Auslage, setze mich in eine Ecke und spiele eine Weile vor mich hin. Das Gitarrespielen ist Balsam für meinen Gemütszustand. Nachdem meine Unruhe am Strand von Trinidad etwas abgeklungen war, gibt es nun wieder Platz für hellere und harmonische Töne in mir. Später entdecke ich ein Geschäft mit einer riesigen Auswahl an Perlen und suche dort nach Materialien, aus denen Ureinwohner ihren Schmuck hergestellt hatten. Ich möchte die Hölzchen vom Cape Arago mit Perlen zu einem baumartigen Mobile zusammenfügen. Dafür passend finde ich durchbohrte und polierte Hirschgeweih-Stückchen. Außerdem nehme ich noch einige türkisfarbene Perlen und eine durchbohrte Nuss mit. Schließlich gehe ich in ein japanisches Restaurant im Zentrum der Stadt, um mich wieder mit mir selbst zu versöhnen. Sushi und andere Gerichte aus rohem Fisch sind meine

Lieblingsspeisen. Als Appetizer erlaube ich mir heute eine Miso-Suppe und zwei rohe Austern, die in Schnapsgläsern mit einer würzigen Ingwer-Zitrussauce serviert werden. Dann gibt es rohen Lachs und Thunfisch in einer Schale Reis, und mit einer Portion California Roll runde ich meine Mahlzeit ab. Köstlich! Beim Bezahlen frage ich den Kellner, ob er mir einen Platz zum Zelten in dieser Gegend empfehlen kann – eine wohl ungewöhnliche Nachfrage in diesem feinen Restaurant. Er meint, ein Zeltplatz in der Nähe verfüge über Stellplätze für Wohnmobile und Zelte, vermiete aber auch Hütten. Dann beschreibt er mir den Weg dorthin.

Es ist das erste Mal, dass ich auf dem Campingplatz einer Kette übernachte. Er ist vergleichbar mit der Filiale einer Schnellrestaurant-Kette. Die Plätze werden vom Konzern gemeinsam beworben und nutzen ein gemeinsames Reservierungssystem. Egal wohin man kommt, als Kunde kann man davon ausgehen, dass man den gleichen Standard vorfindet und keine bösen Überraschungen erlebt. So unterscheiden sich die Stellplätze kaum voneinander. Die Parzellen sind durch Sichtschutzgitter getrennt und liegen dicht nebeneinander in einer Reihe. Die gemauerten Feuerstellen sind ebenso normiert wie die Sitzbänke und die Wasseranschlüsse. Wer gerne Fast Food isst, findet dort die passende Unterbringung. Die Duschkabinen haben Mindestmaße wie die Käfige der industriellen Tierhaltung. Es gelingt mir kaum, mich darin abzutrocknen, ohne dabei die Wände zu wischen. Ablageflächen fehlen und der Haken an der Tür ist gerade groß genug, um ein einziges Handtuch aufzuhängen. Die sanitären Anlagen werden täglich in der Mittgaszeit gereinigt. Wer hier duschen möchte, macht das am besten am frühen Nachmittag. Die Beschäftigten auf dem Platz sind Lohnarbeiter und der Manager ist es wahrscheinlich auch. Es gibt sicher nicht wenige Eigner, die sich aus dem Betrieb zurückgezogen haben und den Platz als Investition betreiben.

Alle privaten Campingplätze, die ich auf meiner Reise besucht hatte, wurden von den Besitzern selbst vor Ort betrieben. Wie gut ein Platz in Stand gehalten wird, hängt letztlich von ihnen ab. Ich habe sehr gepflegte, aber auch vernachlässigte Anlagen gesehen. Die Qualität privater Plätze ist nicht garantiert. Diese Erfahrung vieler Camper hat sicher zum Erfolg der Kette beigetragen.

Ganz anders steht es mit den Campingplätzen in den State Parks. Diese Plätze haben einen hohen Standard und befinden sich oft an wundervollen Orten in der Natur. Sie werden von sogenannten Hosts betreut, die dort selbst für mehrere Monate in ihrem Wohnmobil kampieren. Die Platzwarte sind häufig Senioren, Ansprechpartner für alles, egal ob es um den Kauf von Feuerholz oder um Probleme mit den sanitären Anlagen geht. Sie sind Enthusiasten, die sich für die Sache und das Wohl der Gäste einsetzen, denn sie gehören selbst dazu. Es ist deshalb nicht verwunderlich, dass die State-Park-Plätze in der Hochsaison voll belegt sind. Ohne Reservierung ist es in dieser Zeit schwer, einen freien Platz zu finden. Das gilt vor allem für die Wochenenden, besonders für die um einen Feiertag verlängerten. Wer sichergehen will, bucht am besten Monate im Voraus über das Internet.

Aber heute Abend kann mich kein Zeltplatz mehr erschüttern. Ich betreibe ausgiebige Körperpflege, lege mich früh schlafen und lasse mich durch die vorbeirauschenden Fahrzeuge auf dem Highway nicht aus der Ruhe bringen.

Am frühen Morgen nach dem Frühstücken verlasse ich den Platz und fahre weiter nach Eureka. Dort parke ich im sehenswerten historischen Viertel und mache einen Spaziergang durch die viktorianische Altstadt. Mehr als 150 noch gut erhaltene Gebäude aus der zweiten Hälfte des 19. Jahrhunderts sind dort zu sehen. Nach einer Kaffeepause geht es weiter auf der 101 Richtung Süden. Mein Tagesziel ist heute die Avenue of Giants, die Allee der Giganten.

In Eureka habe ich so viel Geschmack an den alten Gebäuden gefunden, dass ich nach 25 Kilometern in die 211 einbiege und einen Abstecher nach Ferndale mache. Die Hauptgeschäftsstraße dort mit ihren viktorianischen Häuserfronten ist bis heute nahezu unversehrt geblieben. Mehr noch als in Eureka fühle ich mich um 150 Jahre zurückversetzt. Es gibt eine restaurierte historische Poststation mit einer vollständig erhaltenen Inneneinrichtung aus edlen Hölzern. Ich schreibe eine Postkarte, lasse sie dort abstempeln und schicke sie an Randy, der sich die Restaurierung der Farm seiner Großeltern zur Lebensaufgabe gemacht hat. Fasziniert von den historischen Gebäuden verliere ich die Uhrzeit aus den Augen und fahre erst viel zu spät weiter.

Als ich nach einer halben Stunde Fahrzeit kurz hinter der Ortschaft Stafford über die Nordeinfahrt in die 254, die Avenue of Giants, abbiege, ist es bereits später Nachmittag. Die Allee schlängelt sich über eine Strecke von 50 Kilometern durch den Humboldt Redwoods State Park, den größten zusammenhängenden Bestand von Mammutbäumen. 1921 hatte die Save The Redwoods League große Teile des Waldgebiets von einem Holz-Unternehmen käuflich erworben. Die Durchfahrtsstraße ist von riesigen Bäumen gesäumt. Wenn das warme Licht der späten Nachmittagssonne einen Weg durch das Dickicht der Äste findet, verstärkt es die rötliche Tönung der Redwoods. Die Straße windet sich um etliche Hügel herum durch den uralten Wald und folgt dem Tal des Eel River. Mit seinem sehr niedrigen Wasserstand wirkt der Fluss jedoch trostlos auf mich. Meine Aufmerksamkeit ist ganz auf die Baumriesen gerichtet. An einer besonders eindrucksvollen Stelle parke ich in einer Haltebucht und beobachte die Fahrzeuge, die wie Spielzeugautos durch diese gigantische Allee rollen. Es ist nur wenig los um diese Zeit, und ich muss mich allmählich beeilen, um noch einen Campingplatz zu finden.

Auf halber Strecke durch die Redwoods liegt der Ort Myers Flat. Dort befindet sich der Shrine Drive-Thru Tree, ein Baumriese mit einer Öffnung, groß genug, um mit dem Auto hindurchzufahren. Sie ist weitgehend natürlich gewachsen. Lediglich an den Seiten hat man sie etwas erweitert und geglättet. Der Baum befindet sich auf einem Privatgrundstück. Die Öffnung im Baum ist beängstigend schmal und meine Limousine erschreckend breit. Ich befürchte, dass es mit ausgeklappten Außenspiegeln eng werden wird. Deshalb messe ich zuvor mit den Füßen nach. Vorsichtig fahre ich auf die Öffnung zu und halte mein Fahrzeug in der Mitte, immer die Spiegel im Blick. Passt! Mit dem Heck noch im Baum halte ich an, und ein anderer Tourist macht ein Foto: Ich lehne mich aus dem Wagenfenster und winke ihm zu.

In zwei Stunden wird es dunkel sein. Alle Campingplätze in Myers Flat und der südlichen Umgebung sind bereits voll belegt. Nachdem ich eine Stunde vergeblich gesucht und die Avenue of Giants wieder verlassen habe, finde ich endlich kurz vor Garberville einen Platz, wo ich mehr Glück habe. Im Büro treffe ich auf eine junge Mutter und ihr nur wenige Wochen altes Baby, das gerade ihre ganze Aufmerksamkeit braucht, bevor sie wieder Zeit hat, mich einzuchecken. Ich bin sehr froh, noch einen Stellplatz mit Strom und Wasser zu bekommen. Der Zeltplatz befindet sich unter Bäumen im Zentrum der Anlage. Die Wohnmobile stehen darum herum und bilden eine Art Wagenburg, eine Anordnung, die sofort meinen Gefallen findet. Der Park liegt landschaftlich schön und unmittelbar am Ufer des Deer Creek, auch wenn dieser gerade kein Wasser führt. Da es schon dämmert, beginne ich gleich mit dem Kochen und baue nebenbei mein Zelt auf. Ich koste das Wasser und freue mich, dass es nicht gechlort ist. Als mein Zelt endlich steht und der Eintopf aus Kartoffeln und Okraschoten fertig ist, ist es stockdunkel. Froh darüber, noch rechtzeitig hier angekommen zu sein, verzehre ich mein Abendessen und lege mich dann müde in mein Zelt. In der

Nachbarschaft sind spät noch zwei junge Paare eingetroffen, die nun versuchen, in der Dunkelheit ihr großes Zelt aufzubauen. Beim Einschlafen höre ich sie laut streiten, und als ich später noch einmal kurz aufwache, hat sich ihr Ärger in eine nächtliche Party aufgelöst. Doch ich bin viel zu satt und zu müde, als dass sie mich vom Schlafen abhalten könnten.

Früh am Morgen gehe ich in den Waschraum zur Toilette. Zwei von drei Klos sind verstopft, Böden, Waschbecken und Duschen sind stark verschmutzt, und überall liegt Unrat herum. Dort will ich auf keinen Fall auf die Toilette gehen und schon gar nicht duschen. Es sieht so aus, als sei seit Tagen nicht mehr geputzt worden. Die junge Mutter ist vermutlich völlig überfordert. Es ist noch sehr still auf dem Campingplatz. Bis auf einen Nachbarn, der damit beschäftigt ist, ein Feuer in Gang zu bringen, ist der Platz noch menschenleer. Und so schlage ich mich in die nahegelegenen Büsche am Ufer. Auf dem Weg zurück zum Zelt wärme ich mich an der Feuerstelle auf und wechsle ein paar Worte mit dem anderen Frühaufsteher. Doch für ein Gespräch ist es uns beiden noch zu früh am Tag. Überall auf dem Platz liegen Haufen von Kot herum, die von Rehen stammen könnten. Darüber sehe ich hinweg, und es stört mich auch nicht, dass ich mich heute mit einer kleinen Wäsche am Wasserhahn meines Stellplatzes begnügen muss. Danach will ich nur noch frühstücken und dann weiterziehen. Ich baue meinen Kocher auf, fülle den durchsichtigen Plastikkanister mit Wasser und stelle ihn auf den Parktisch, wo das Sonnenlicht ihn durchleuchtet. Als ich die gelbbraune trübe Brühe im Kanister erblicke, wird mir übel. Das ist dann doch zu viel. Ich bin einfach zu dünnhäutig. Es fehlt mir an Erhabenheit und Größe, um darüber hinwegzusehen. Von den Mammutbäumen kann ich noch viel lernen.

Klassenfahrt mit Stinktier

Nach ich in einem Café in Garberville gefrühstückt habe, fahre ich weiter auf der 101 Richtung Süden bis nach Legett. Dort gabelt sich die Straße. Die 101 verläuft weiter durch die Täler hinter den Küstengebirgen und geht bis nach Los Angeles. Die California State Route 1, kurz Highway 1, führt ebenfalls nach L.A., aber unmittelbar am Pazifik entlang, und gilt als eine der schönsten Küstenstraßen weltweit.

In Legett befindet sich ein weiterer privater Drive-Thru Tree Park. Der Tunnel des Chandelier Tree ist zwei Meter breit und fast drei Meter hoch, sodass auch größere Fahrzeuge durchpassen. Es gibt noch einen dritten Baum dieser Art, den Tour-Thru Tree in Klamath. Dort hatte mich das Drive-Thru-Fieber aber noch nicht erfasst. Im Unterschied zum Shrine Tree, dem ich meine Ehre erwiesen hatte, sind die Tunnel der beiden anderen Bäume nicht natürlich gewachsen, sondern vollständig ausgesägt worden.

Die ersten 25 Kilometer bis nach Rockport schlängelt sich der Highway 1 durch das bewaldete Küstengebirge. Sobald er den Pazifik erreicht hat, folgt er der Küstenlinie und verläuft oberhalb der steil abfallenden Hänge. Ich bin begeistert von der rauen Landschaft. Heute ist ein wunderbarer Herbsttag mit wolkenlosem Himmel und weiter, klarer Sicht. Laut Wettervorhersage soll es die nächsten Tage so bleiben. Es ist ein tolles Gefühl, endlich wieder bei Sonnenschein unterwegs zu sein. Kalifornien beginnt allmählich, sich von seiner strahlenden Seite zu zeigen. Von Rockport bis nach Fort Bragg, meiner nächsten Station, sind es 70 Kilometer, die ich, abgesehen von kurzen Pausen an besonders schön gelegenen Aussichtspunkten, in einem Stück zurücklege. Gegen Mittag erreiche ich mein Ziel und entdecke kurz hinter der Ortseinfahrt von Fort Bragg auf der rechten Seite eine eindrucksvolle Holzbrücke mit auffallend vielen Pfeilern, ein äußerst stabiles Bauwerk, das über die Mündung des Pudding Creek führt. Ich halte auf dem gegenüberliegenden Parkplatz, um die Brücke aus der Nähe zu betrachten. Die Pudding Creek Trestle ist über 500 Meter lang und 40 Meter hoch, stammt aus dem Jahr 1916, wurde vollständig aus Rotholz gebaut und diente ursprünglich als Eisenbahnbrücke.

Nachdem die Abholzung der Mammutbäume[34] Mitte des 19. Jahrhunderts eingesetzt hatte, gab es fast an jedem Bachlauf eine Sägemühle, um das Holz für den Weitertransport zu zerteilen. Mit Unterstützung von privaten Geldgebern kaufte sich ein junger ehrgeiziger Geschäftsmann von der Ostküste, in die Mill Creek am Ten Mile River ein, erwarb große Waldflächen um den gerade aufgegebenen Militärstützpunkt Fort Bragg und übernahm später in der Nähe des Hafens ein Sägewerk. Mit Bandsägen, einem Novum damals, konnten dort bis zu drei Meter dicke Baumstämme zerschnitten werden. Das schnell wachsende Unternehmen erwarb einige umliegende Sägewerke und baute seine Monopolstellung an der nordkalifornischen Küste immer weiter aus. Bald war es der größte Arbeitgeber in der Region. Fort Bragg etablierte sich 1889 als Stadt und der Firmengründer wurde ihr erster Bürgermeister.

Über die ehemalige Eisenbahnbrücke, vor der ich stehe, wurden die riesigen Baumstämme aus einer Abholzung am Ten Mile River zehn Kilometer weiter nördlich bis in das einen Kilometer weiter südlich gelegene Sägewerk transportiert. Seit ihrer Renovierung im Jahr 2007 dient sie nun als Brücke für Fußgänger und Radfahrer.

Die folgenden drei Nächte möchte ich bei dem schönen Wetter auf einem Campingplatz zwischen Fort Bragg und Mendocino verbringen. Für die Suche lasse ich mir einige Stunden Zeit. Ich möchte einen Ort finden, der meinem Bedürfnis nach Ruhe, Sicherheit, Hygiene und Komfort entspricht. Nachdem ich mir vier Anlagen gründlich angeschaut habe, entscheide ich mich für einen Campingplatz am südlichen Ortsrand von Fort Bragg. Die sanitären Anlagen sind einfach, aber gepflegt, die Duschen geräumig. Mein Stellplatz wird mit Wasser- und Strom versorgt, ist umgeben von einer dichten Hecke und liegt im hinteren Teil der Anlage. Von dort werde ich den Verkehr auf dem Highway 1 in der Nacht nur noch wie ein Meeresrauschen wahrnehmen.

Nachdem mein Zelt aufgebaut ist und in der Sonne trocknen kann, fahre ich zu einem Stadtbummel nach Mendocino. Ich schlendere durch die Straßen und mache Fotos von den bunt gestrichenen, gut erhaltenen Holzhäusern aus der viktorianischen Gründerzeit, die von liebevoll gestalteten, blühenden Gärten umgeben sind. Sie prägen das traditionelle Bild der Stadt, die heute als Künstlerkolonie bekannt ist. Mendocino verdankt seinen ursprünglichen Reichtum der expandierenden Holzindustrie um 1900. Das erste Sägewerk wurde bereits im Jahr 1852 errichtet und nach dem Erdbeben im Jahre 1906 von dem wachsenden Unternehmen in Fort Bragg aufgekauft.

Mit der Lieferung von Holz für den Wiederaufbau der durch das Erdbeben zerstörten Stadt San Francisco machte es ein Vermögen. Da es zu dieser Zeit noch keine Eisenbahnverbindung gab, erfolgte der Transport ausschließlich mit Schiffen. Gegenüber Mendocino verfügte Fort Bragg mit einem Naturhafen in der Bucht des Noyo River über einen Wettbewerbsvorteil. Nach 1940 geriet Mendocino in eine wirtschaftliche Krise und die Bevölkerung wanderte ab. Die Stadt erholte sich erst wieder in den fünfziger Jahren, nach der Gründung des Mendocino Art Center. Künstler, Galerien und Läden mit Kunsthandwerk siedelten sich an, der Ort entwickelte sich zu einer Attraktion für Touristen, und das seit 1986 jährlich im Juli stattfindende Mendocino Music Festival zog weitere Besucher an. Heute lebt die Stadt vor allem vom Tourismus und verfügt über ein entsprechendes Angebot an Hotels, Cafés, Restaurants und Geschäften.

Am späten Nachmittag kehre ich zurück zum Zeltplatz und fahre nach dem Essen an den Glass Beach in Fort Bragg. Vom

Highway 1 biege ich in die West Elm Street, parke am Ende der Sackgasse und gehe den Fußweg hinunter zum Strand. Er liegt am nördlichen Ende des ehemaligen Industriegebietes, auf dem das Holz zwischengelagert und das Sägewerk betrieben worden war. Bevor der Betrieb im Jahr 2002 vollständig eingestellt wurde, waren dort bis zu 2000 Menschen beschäftigt gewesen. Heute liegt das Gelände brach, die Dekontaminierung des verseuchten Bodens ist immer noch nicht abgeschlossen.

Im Jahr 1906 begann man in Fort Bragg, Altglas, defekte Geräte und Fahrzeuge im Meer zu verklappen. Als die erste Deponie gefüllt war, ging man über zu einer anderen Stelle, die heute Glass Beach genannt wird, und entsorgte dort bis 1967 zwanzig Jahre lang Müll. Fünf Jahre dauerte die Reinigung des Strandes, bis dieser im Jahr 2002 als Teil des MacKerricher State Park für die Öffentlichkeit freigegeben werden konnte. Liegen geblieben waren Glaskiesel in allen Farben und Größen, Scherben, die durch Wellen und Sand im Laufe der Jahrzehnte so zerkleinert und glatt geschliffen worden waren, dass man heute gefahrlos darauf barfuß laufen kann. Erwartungsvoll betrete ich den Strand auf der Suche nach den leuchtend bunten Steinen, aber ich laufe nur noch über eine Mischung aus Sand und feinem farbigen Kies. Die größeren Glaskiesel sind im Laufe der Jahre von Touristen eingesammelt und mit nach Hause genommen worden. Ich komme zehn Jahre zu spät, und ich verpasse auch die Gelegenheit, etwas von dem einzigartigen Sand einzupacken. In den letzten Tagen hatte ich mein Sandprojekt völlig vergessen. Dafür war ich heute rechtzeitig vor Sonnenuntergang eingetroffen. Der Glass Beach ist Teil eines prachtvollen Küstenabschnitts aus Felsen und kleinen Sandbuchten. Kaum vorstellbar, was dort in der Vergangenheit geschehen war. Ich bleibe an diesem herrlichen Ort, bis die Sonne im Meer versunken ist. Danach kehre ich zurück zum Zeltplatz und lege mich bald schlafen.

Morgens wache ich in aller Frühe auf. Verschlafen richte ich mich auf, öffne das Zelt und setze mich dann versehentlich auf den Autoschlüssel. Im gleichen Moment beginnt mein Wagen wie verrückt zu blinken und zu hupen. Verwirrt und erschrocken brauche ich einen Moment, um das Spektakel zu beenden. Beschämt schlafe ich wieder ein und werde zwei Stunden später vom Alarm meines Mobiltelefons geweckt. Ich möchte heute Morgen pünktlich am Bahnhof von Fort Bragg ankommen, um eine Fahrt mit dem Skunk Train zu unternehmen. Die 64 Kilometer lange, nach Osten bis Willits reichende Eisenbahnstrecke ist der einzig übrig gebliebene Abschnitt des ehemaligen Streckennetzes der California Western Railroad. Die Eisenbahn wurde 1885 gebaut, um die Baumstämme von den Rodungsflächen bis zum Sägewerk in Fort Bragg zu transportieren. Passagiere wurden erst ab 1904 befördert. Die Strecke bis Willits verläuft durch das Tal des Noyo River und wurde 1911 fertiggestellt. Mit einem Anschluss an die Northwestern Pacific Railroad wurde das Holz über den Schienenweg weiter nach Süden transportiert. Aber auch bei Touristen aus San Francisco war eine Eisenbahnfahrt nach Fort Bragg oder Mendocino sehr beliebt.

Als ich am Bahnhof ankomme, haben sich noch keine weiteren Passagiere eingefunden. Ich kaufe ein Ticket bis Northspur und zurück. Die Station liegt auf halber Strecke nach Willits. Die gesamte Tour wird etwa vier Stunden dauern. Während ich auf die Abfahrt warte, mache ich Fotos vom Bahnhof und den Waggons, die bereitstehen. Einige von ihnen sind bemalt mit dem Wappentier des Skunk Train, einem Stinktier mit der roten Weste und der blauen Kappe eines traditionellen Zugführers. Den Namen Skunk Train erhielt die Bahn einst von Anwohnern der Strecke, weil die Dieselloks damals einen ätzenden Geruch verbreiteten. Man konnte sie riechen, bevor man sie sah.

Immer mehr Fahrgäste trudeln ein und der Zugführer inspiziert gemeinsam mit dem Lokführer vor der Abfahrt die

Räder und Bremsen der Anhänger. Plötzlich bevölkert sich der Bahnhof mit Dutzenden von Schulkindern. Eine alte Diesellok fährt heran, wird vor den Zug gespannt und der Einstieg kann beginnen. In den ersten Waggon steigt eine Reisegruppe, die bis nach Willits weiterfährt. Ich setze mich in den zweiten Waggon zu den Fahrgästen nach Northspur. Danach folgen ein Speisewagen und ein offener Waggon mit Stehplätzen. Der letzte Waggon füllt sich mit den Schulkindern und ihren Begleitern. Mit einigen von ihnen und weiteren Fahrgästen verbringe ich auf der Hinfahrt die meiste Zeit im offenen Waggon. Gemächlich rollt der Zug aus dem Bahnhof, kreuzt den Highway 1, passiert die letzten Häuser des Ortes und schlängelt sich dann durch die grüne Flusslandschaft des Noyo River.

Ein schnauzbärtiger Senior sorgt für Unterhaltung während der Fahrt. Er trägt eine schwarze Dienstuniform. Die Inschrift auf seiner Mütze weist ihn als TRAIN SINGER® aus. Kaum ist der Zug angefahren, läuft er mit einer schwarz-weiß gestreiften Handpuppe durch die Wagen und begrüßt die großen und kleinen Fahrgäste. Das freche kleine Stinktier ist sehr lebhaft, blickt neugierig nach allen Seiten und schnappt mit dem Maul nach allem, was sich bewegt. Besonders angetan ist es von Kindern und kleinen Hunden. Im offenen Waggon hält der Zugsänger einen Ring mit Seifenlauge so in die Höhe, dass der Fahrtwind Seifenblasen erzeugt und durch die Luft wirbelt. Schließlich erscheint er mit einer alten, abgewetzten Westerngitarre und einer Halterung um den Hals, in der eine Mundharmonika steckt. Während er sich mit der Gitarre begleitet, spielt der Zugsänger, dessen Name Greg ist, bekannte Eisenbahnlieder:

500 Miles[35]
City of New Orleans[36]
Freight Train[37]
Casey Jones[38]

Chattanooga Choo Choo[39]
Northspur Station[40]

Gelegentlich spielt er ein Mundharmonikasolo, imitiert Zuggeräusche mit der Stimme und seinen Instrumenten oder bläst in eine alte Signalpfeife. Besonderen Spaß macht es ihm, für die Kinder zu spielen, die ihm begeistert zuhören. Ein Schüler ist besonders von Greg angetan und folgt ihm auf Schritt und Tritt. Ich frage den Jungen, ob er später auch einmal Gitarre spielen und Sänger werden möchte. Doch er hat bereits andere Pläne und möchte lieber Arzt werden. In den Spielpausen kommentiert der Zugführer die Fahrt über Mikrofon und Lautsprecher. Er ist zwar der Kapitän an Bord, aber der Zugsänger ist eindeutig der Star der Besatzung.

Ich unterhalte mich mit einer Mutter, die als Begleiterin der Schulkinder mitfährt. Sie heißt Monica und ist heute morgen mit Schülern aus einer Grundschule in Point Arena angereist. Eltern seien verpflichtet, im Jahr 80 Stunden Dienst für die Schule zu leisten, und so habe sie sich als Begleiterin gemeldet. Sie arbeite sonst für eine Verwaltung. Und obwohl sie schon lange in der Gegend lebe, sei es für sie heute das erste Mal, dass sie mit dem Skunk Train fahre. Sie ist ebenso begeistert wie ich. Während wir uns unterhalten, stehen wir im offenen Wagen, halten uns am Geländer fest und genießen den lauen Fahrtwind und die herrliche Aussicht auf die vorbeifliegende Natur.

Monica hat mich nach wenigen Sätzen als Deutschen identifiziert und erzählt, dass ein Vetter von ihr in Berlin lebe. Sie habe ihn zuletzt vor der Wiedervereinigung besucht und sei damals auch im Osten gewesen. Als ich ihr von meiner Radtour erzähle, erfahre ich, dass sie vor einigen Jahren die gleichen Probleme mit der Achillessehne hatte. Fast ein Jahr hatte es bei ihr gedauert, bis die Ferse wieder richtig verheilt gewesen war. Dann zeigt sie mir eine Übung im Stehen, die sie monatelang täglich ausgeführt hatte, um die Sehne allmählich wieder zu stärken. Langsam verlagert sie ihr Gewicht auf die Fußballen und streckt dabei die Fersen in die Höhe. Dann setzt sie die Fersen wieder vorsichtig ab und wiederholt den Vorgang. Ich versuche es ebenfalls, aber traue mich nicht, den Fuß richtig durchzustrecken. Eine Selbstbehandlung ohne professionelle Betreuung ist mir zu riskant.

Plötzlich herrscht Unruhe im offenen Waggon. Einige Fahrgäste haben einen Berglöwen durch das Gebüsch huschen sehen, der vom Zug aufgescheucht worden war. Ich frage Monica nach ihren Erfahrungen mit wilden Tieren. Sie erzählt von einer Begegnung, die ihr Mann hatte. Er sei kniend mit einer Reparatur im Garten beschäftigt gewesen. Als er sich umgewandt hatte, stand hinter ihm ein junger Berglöwe. Nur einen Meter entfernt voneinander blickten sich die beiden reglos und auf Augenhöhe an. Ihr Mann konnte dem Blick der Raubkatze eine Zeit lang standhalten, versank gar in ihren kristallklaren Augen. Als er seinen Blick wieder abwendete, konnte er im Augenwinkel beobachten, wie sich das Tier zurückzog. Bedächtig sei es rücklings davongeschlichen und habe ihn unentwegt im Auge behalten, bis es ganz verschwunden war. Noch Tage danach sei ihr Mann von dieser Begegnung erfüllt und berührt gewesen.

Immer tiefer dringt der Zug in den Wald aus Mammutbäumen. Die Redwoods an der Strecke werden immer dicker und höher, je weiter wir ins Landesinnere fahren. Wir passieren etliche ehemalige Holzfällerlager. Nur wenige – wie das Camp Noyo – haben einen Namen erhalten, die meisten von ihnen wurden einfach durchnummeriert: Camp Three, Camp Four, ... Camp Seven. Nach 90 Minuten Fahrzeit erreichen wir Northspur, eine verlassene Station mitten im Wald. Wir steigen aus und haben 45 Minuten Aufenthalt, genug Zeit für einen Lunch. Die geschäftstüchtige Eisenbahngesellschaft verkauft ein Barbecue-Essen mit gegrilltem Fleisch, Kartoffelsalat und Dosenbohnen. Ein Maiskolben gehört natürlich auch zum Menü. Die Schulkinder werden mit Hot

Dogs und Hamburgern versorgt. Ich hatte mir meine Verpflegung zuvor im Supermarkt gekauft: ein Schälchen Humus, ein Stück Olivenfladenbrot und einen Apfel. Damit setze ich mich an einen freien Picknicktisch und beobachte beim Essen, wie die Lok für die Rückfahrt vor das andere Ende des Zuges rangiert wird. Für die Weiterreisenden nach Willits steht ein anderer Zug abfahrbereit.

Ich freue mich sehr, als sich der Zugsänger Greg Schindel zu mir an den Tisch setzt. Auch er hat ein eigenes Lunch-Paket mitgebracht. Er bemerkt, dass ich aus Deutschland komme, und beginnt sofort zu singen: „Auf de' schwäb'sche Eisebahn"[41]. Das Lied hätten ihm deutsche Fahrgäste beigebracht. Er feiere nächstes Jahr sein 25-jähriges Dienstjubiläum als unabhängiger Zugsänger. Mit dem Singen von Volksliedern und dem Gitarrespielen habe er bereits 1958 angefangen. Er habe in verschiedenen Bands und als Straßenmusiker in San Francisco am Pier 39 gespielt. Heute trete er gelegentlich mit seinen beiden erwachsenen Kindern auf Familienfeiern oder in Lokalen der Umgebung auf. Zum Touren sei er zu alt, aber das Singen im Zug bereite ihm viel Spaß und er bekäme dafür ein regelmäßiges Honorar. Nebenbei verdiene er auch noch etwas Geld als Musiklehrer an Schulen. Für einen kleinen Betrag kaufe ich seine CD mit Eisenbahnliedern[42], die er selbst aufgenommen und produziert hat.

Die Schüler, Lehrer und Eltern aus Point Arena versammeln sich gerade noch zu einem Gruppenfoto vor der Lok, und dann geht es auch schon wieder zurück. Auf der Rückfahrt sitze ich die meiste Zeit im geschlossenen Waggon und mache zwischendurch ein kleines Nickerchen. Zurück in Fort Bragg bummele ich durch das umliegende Stadtviertel. Der Bahnhof liegt am westlichen Rand des Stadtzentrums und grenzt unmittelbar an das stillgelegte Industriegebiet, ein etwa 500 Meter breiter verödeter Küstenstreifen, der im Osten durch den Highway 1 begrenzt wird und die Stadt vom Meer trennt. Der Highway ist zugleich die Hauptgeschäftsstraße.

In der Nähe des Bahnhofs haben sich einige Galerien angesiedelt. Es sieht ganz so aus, als eifere man der Nachbarstadt nach. Doch Fort Bragg war immer schon die hässliche Stiefschwester von Mendocino gewesen – eine Industriestadt mit einem riesigen Sägewerk. Zwar wurde die Anlage mittlerweile abgerissen, aber der brachliegende Küstenstreifen prägt noch immer das Bild der Stadt.

Nach dem Bummel fahre ich in den Hafen von Fort Bragg, der geschützt in der Mündungsbucht des Noyo River liegt. Vom Hafen aus blickt man unter der hohen Straßenbrücke des Highway 1, die den Fluss überspannt, hindurch bis auf das Meer. Die Sonne steht tief am klaren Himmel, fast schon unterhalb der hohen Brücke. Ich muss mich beeilen, denn ich möchte noch den Leuchtturm am Point Cabrillo bei Sonnenuntergang fotografieren.

Zwanzig Minuten später parke ich am Besucherzentrum des Point Cabrillo Light Station State Historic Park und gehe von dort zu Fuß weiter. Der sandige Weg durch die heideartige Ebene zieht sich lang hin. Unterwegs begegne ich einigen Rehen, die sich im hohen Gras verborgen halten. Ich erreiche Point Cabrillo Light erst, nachdem die Sonne bereits im Meer versunken ist. Der Himmel ist noch immer wunderschön gefärbt in pastellenen Regenbogenfarben, und so fotografiere ich vor diesem Hintergrund den Leuchtturm und die übrigen Gebäude der Anlage. Das Abendlicht verstärkt das Rot der Dächer und wärmt die weiß gestrichenen Hausfassaden. Ich bin derart berauscht von den visuellen Eindrücken, dass ich jedes Gefühl für Zeit verliere und den langen Rückweg vergesse. Währenddessen ist es immer dunkler geworden. In der Nähe des Leuchtturms entdecke ich eine Pension. Eine Gruppe von Gästen, die auf der Terrasse sitzt, frage ich nach dem schnellsten Weg zu meinem Parkplatz. Die Lighthouse Road vor dem Haus führt direkt dorthin. Zum Glück hatte ich meine Taschenlampe mitgenommen und kann der Straße im Dunkeln ohne Probleme folgen. Dafür bin ich umso mehr mit meinen Ängsten beschäftigt und muss mich immer wieder von dem Gedanken befreien, dass ich von einem Berglöwen angegriffen werden könnte. Sobald mich wieder ein Angstschauer durchläuft, atme ich tief durch und mache mir klar, dass ein Reh die attraktivere Beute für einen Berglöwen ist. Wirklich sicher fühle ich mich erst, als ich im Auto sitze und die Tür hinter mir geschlossen habe.

Den folgenden Tag verbringe ich auf dem Campingplatz. Ich habe meinen Parktisch in den Schatten einer Hecke gestellt und führe weiter Tagebuch. Das Schreiben macht mir immer mehr Freude und meine Berichte entwickeln sich wie von selbst zu Geschichten. Längst ist es mehr als bloßer Zeitvertreib, wenn ich den Tag nach Eintritt der Dunkelheit auf Papier Revue passieren lasse. Immer, wenn ich eine kostenlose WLAN Verbindung auf einem Campingplatz oder in einem Café vorfinde, lade ich die neuen Texte und Fotos in den Blog und suche im Netz nach interessanten Informationen zu den Orten, die ich gerade besuche. Dabei interessiert mich besonders ihre Geschichte. Durch das Nacherzählen intensivieren sich meine Eindrücke und zu meiner Überraschung stelle ich fest, wie meine Wahrnehmungen und mein Erleben im Außen oft ein Spiegelbild meiner inneren Verfassung sind. Weil ich nie lange am gleichen Ort bleibe, bin ich auch selbst einem fortwährenden inneren Wandel ausgesetzt. Meine Art des nomadischen Reisens befreit mich täglich aufs Neue, auch von inneren Anhaftungen. Indem ich darüber schreibe, wiederhole ich meine Erlebnisse nicht nur in einem weiteren Medium, sondern transformiere sie durch meine persönliche Reflexion in eine weitergehende Erfahrung. Das erste Mal auf meiner Reise frage ich mich, ob meine zukünftige Lebensaufgabe vielleicht darin besteht, über meine Erlebnisse zu schreiben und sie in einen größeren Zusammenhang zu stellen, sodass sie auch andere Menschen bereichern können. Ist die Verarbeitung meines Reisetagebuches in einem Buch der erste Schritt auf meinem zukünftigen Lebensweg? Allein die Vorstellung dieser Perspektive belebt mich.

Halbzeit im Nebel

Am nächsten Morgen haben die sonnenreichen Tage ein Ende gefunden und die Küste ist wieder von einer dichten Nebeldecke überzogen. Heute ist ein besonderer Tag, weil die zweite Halbzeit meiner Reise beginnt. Zur Feier des Tages werde ich morgens, mittags und abends im Restaurant essen. Ich verlasse den Campingplatz und fahre zu einem Frühstücks-Diner in Fort Bragg. Ich hatte die Restaurantkette schon auf meinen ersten Geschäftsreisen in die USA kennengelernt. Mit meinen deutschen Kollegen war ich dort regelmäßig frühstücken gewesen. Heute morgen bestelle ich ein typisches amerikanisches Frühstück: „Two eggs sunny side up, hash browns, bacon strips and blueberry pancakes with cream". Das sind zwei Spiegeleier, Röstkartoffeln, knusprig gebratene Speckstreifen und ein Blaubeerpfannkuchen mit Sahne. Dazu trinke ich ein Glas Orangensaft und Kaffee.

Die Kette ist der Gralshüter des klassisch amerikanischen Frühstücks. Sie pflegt die Essgewohnheiten der ersten weißen Siedler, der Farmer, Holzfäller und Goldsucher. Erfolgreich widersetzte sie sich lange allen neuen Strömungen der Frühstückskultur. In Fort Bragg gibt es weder Espresso noch WLAN. Man kann dort immer noch frühstücken wie in den Gründerjahren der USA.

Nach dem sättigenden Essen fahre ich weiter durch den Küstennebel über den Highway 1 Richtung Süden. Kurz vor der Ortschaft Point Arena biege ich rechts ab in die Lighthouse Road und durchquere die Stornetta Public Lands, ein Naturschutzgebiet mit großflächigen Feuchtgebieten,

Teichen, Zypressen, Wiesen und Sanddünen, ein idealer Ort zum Wandern. Man kann hier seltene Seevögel und an der felsigen Küste Seelöwen und Robben beobachten, wenn das Wetter mitspielt. Als ich Point Arena Light am Ende der Landzunge erreiche, hat sich die Sonne für kurze Zeit durchgesetzt und ich nutze die Gelegenheit zum Fotografieren. Am Fuße des Turmes befindet sich ein Häuschen, in dem das alte Nebelhorn ausgestellt und das heute als Museumsladen genutzt wird. Dort warte ich auf die nächste Führung und erfahre, dass der Leuchtturm 1870 erstmals in Betrieb genommen wurde. Durch das Erdbeben 1906 wurde er zerstört und zwei Jahre später wieder neu aufgebaut. Endlich beginnt die Führung. Mit einigen anderen Besuchern erklimme ich die Wendeltreppe des höchsten Leuchtturms in Kalifornien. Er ist immer noch in Betrieb und sendet bei Dunkelheit alle 15 Sekunden einen Lichtblitz aus, der bei klarer Sicht auf See noch in 46 Kilometern Entfernung zu erkennen ist. Mittlerweile hat sich der Nebel wieder um die Landspitze gelegt, und ich kann meinen Augen kaum glauben, als ich durch die Fenster der Turmspitze nach unten blicke. Ein Regenbogen überspannt die Landspitze. Unser Führer erklärt, wir sähen einen Nebelbogen, der vielleicht zehn Mal im Jahr zu beobachten sei.

Beglückt darüber, dieses seltene Phänomen gesehen zu haben, fahre ich weiter. Einen Galeristen in Fort Bragg hatte ich gefragt, wo ich auf meinem Weg nach San Francisco besonders eindrucksvolle Landschaftsfotos machen könnte. Der einzige Ort, den er mir empfohlen hatte, war Jenner. Also fahre ich anderthalb Stunden weiter und mache kurz vor der Ortseinfahrt nach Jenner an der Mündung des Russian River eine Lunchpause. Ein weiterer Tipp des Galeristen: Vom Restaurant River's End oberhalb der Flussböschung habe man eine fantastische Sicht. Als ich aus dem Wagen steige, ruft mir eine andere Reisende, die gerade aufbrechen will, zu:

„Das ist wahrscheinlich der schönste Ort an der gesamten kalifornischen Küste, wenn man nur etwas davon sehen könnte!" Gleich im Eingangsbereich des Restaurants hängen wunderschöne Fotos von Sonnenuntergängen in einer Flussmündung, mit einer Sandbank und aus dem Meer ragenden Felsriffen.

Dort gönne ich mir zur Feier meiner Reisehalbzeit einen besonderen Lunch. Ich bin in einem Restaurant der oberen Mittelklasse gelandet, mit Preisen, die sich nicht jeder leisten kann. Dafür ist das Essen hervorragend und der von mir bestellte mexikanische Burger sucht seinesgleichen. Die frittierten Kartoffeln und das Brötchen sind hausgemacht. Statt Ketchup gibt es eine köstliche Salsa, die ebenso frisch ist wie die Gemüsebeilagen. Das Fleisch habe ich „well done" bestellt. Es kommt fantastisch gewürzt, außen knusprig, innen vollständig gebräunt, noch saftig und nicht ausgetrocknet. Ich kann mich nicht erinnern, je einen besseren Hamburger verspeist zu haben. Dafür kostet er doppelt so viel wie das Frühstück im Diner. Beim Bezahlen spreche ich den Kellner auf den Nebel an. Doch der zuckt nur mit den Schultern:

„Der Nebel ist Teil der Küstenerfahrung." Als wenn ich das nicht schon selbst erfahren hätte! Hoffnungsvoll frage ich ihn, von wo aus man bei klarer Sicht den besten Blick auf die Mündung habe. „Vom Goat Rock Beach auf der gegenüberliegenden Seite des Flusses", rät er noch, und widmet sich dann den nächsten Gästen.

Ich fahre weiter durch den Ort Jenner, überquere den Russian River und biege dann rechts in den Park. Er liegt auf einer Landzunge, die im Westen vom Pazifik und im Osten vom Fluss begrenzt wird. Vom Parkplatz aus laufe ich bis an das nordöstliche Flussufer und kann für einen kurzen Moment am Strand gegenüber eine Herde ruhender Robben ausfindig machen: hellgraue Flecken auf dunkelgrauem Sand in milchgrauem Dunst. Gelegentlich tauchen gespenstische Kajaks aus dem Nebel auf und verschwinden gleich wieder darin. Das Flusswasser treibt fast reglos vor sich hin, ein ruhiger und friedlicher Ort. Dagegen tobt es auf der Pazifikseite, wo Wellenbrecher krachend und in Schüben an den kiesigen und felsigen Strand branden. Ich ziehe mich wieder an den stillen Fluss zurück, setze mich an das sandige Ufer und blicke in den Himmel.

Wie ein graues Band klebt der Nebel heute an der Küste und will sich nicht lösen. Auf meiner Fahrt konnte ich beobachten, wie der Wind die Schwaden in Flussmündungen und Buchten tiefer landeinwärts getrieben hatte. In Point Arena hatte sich das Land zu weit ins Meer hinaus gewagt und wurde vom Nebel gänzlich verschlungen. Die Elemente Wasser und Luft haben sich im Kampf um die Küste verbündet und behalten heute die Oberhand. Ihre Widersacher, das Feuer der Sonne und die aufgeheizte Erde, haben sich ins Inland zurückgezogen und sammeln neue Kräfte für den nächsten Tag. Eine ganze Stunde verfolge ich das Ringen zwischen dem Wind, der immer neue Nebelschwaden an Land weht, und der Sonne, die heute daran scheitert, den dichten Dunst mit der Kraft ihrer Wärme aufzulösen.

Die Hälfte meiner Reise liegt hinter mir und ich ziehe eine erste Bilanz. Ich habe großartige Landschaften am Meer und in den Bergen gesehen und die uneigennützige Unterstützung von Amerikanern erfahren dürfen. Die wegweisenden Leuchttürme und die naturverbundenen Brückenkunstwerke von McCullough haben mich ebenso begeistert, wie mich die Unersättlichkeit und Rücksichtslosigkeit der weißen Siedler in der Vergangenheit erschüttert haben. Die Gier der Weißen nach Gold und Holz hat nicht nur die Menschen und Kulturen der Urbevölkerung nahezu ausgelöscht, sondern auch die uralten Wälder der Mammutbäume fast vollständig vernichtet. Aber die Reise hat mich auch konfrontiert mit meinen eigenen Schwächen, mit meiner Einsamkeit und meinen Ängsten. Immer wieder bin ich in den Nebel geraten, der kurz vor San Francisco, meinem ursprünglich geplanten Reiseziel, so stark ist wie nie zuvor. Ich frage mich, was diese Erfahrung mit mir zu tun hat. Gibt es eine Nebelschicht in mir selbst, die mir eine klare Sicht auf mein Inneres verschleiert? Gibt es noch etwas Anderes, das hinter meinen aufwühlenden Emotionen verborgen ist?

Ich habe lange genug im Sand gesessen, dass ich mich plötzlich wieder an das Sammeln erinnere. Zum Glück befinden sich die Plastiktütchen in einem Seitenfach meines Rucksacks. Ich fülle eine Probe von dem grauen grobkörnigen Sand ab, gehe zurück zum Parkplatz und fahre weiter. Wenige Kilometer später reißt der Himmel für kurze Zeit auf und ich erblicke ein kleines, aber beeindruckendes Kap. Oberhalb einer kleinen Sandbucht halte ich auf dem Parkplatz des Duncan's Cove Overlook. Die felsigen Hänge um die Bucht fallen steil ab und um das Kap herum ragen gewaltige Felsen aus dem Meer. Es ist ein wunderschöner Ort, aber ich muss mich allmählich auf die Suche nach einem Campingplatz machen.

Nach zehn Kilometern gelange ich nach Bodega Bay, das vor allem als Drehort für den Alfred Hitchcock Film „Die Vögel" [43] bekannt geworden ist. Ein RV-Park, den ich anfahre, hat keine Zeltplätze, und der Campingplatz in den Dünen ist mir zu sandig. Überhaupt finde ich keinen Gefallen an der gespenstischen Bodega Bay und fahre deshalb weiter Richtung Tomales Bay. Als ich nach 20 Kilometern immer noch keinen Zeltplatz gefunden habe, halte ich in der Ortschaft Tomales. Dort erfahre ich, dass der einzige Platz weit und breit nur ein paar Kilometer entfernt an der Mündung der Bucht liegt. Es dämmert bereits, als ich in Dillon Beach auf dem Campingplatz ankomme. Mit geübten Handgriffen baue ich mein Zelt auf. Unmittelbar am Meer ist der Nebel so dicht, dass sich aus dem Dunst kleine Tröpfchen bilden, die wie in Zeitlupe auf den dichten, sattgrünen Rasen fallen. Ich beeile mich, denn ich bin müde und hungrig nach dem langen Tag. Die Außenhaut meines Zelts ist noch von der letzten Nacht völlig durchnässt. Meine Luftmatratze pumpe ich im Auto auf und schütze sie dort ebenso wie meinen Schlafsack vor der Feuchtigkeit. Nun brauche ich selbst einen trockenen und warmen Platz vor dem Schlafengehen. In Tomales hatte man mir ein Restaurant in Nicks Cove, sechs Kilometer entfernt an der Tomales Bay, empfohlen. Es sei das einzige in dieser Gegend, das heute Abend noch geöffnet ist. Als ich dort ankomme, ist es bereits dunkel. Ein Mitarbeiter des Nick's Cove empfängt mich vor dem Eingang, um mein Auto einzuparken. Ich freue mich über seine Begrüßung, überlasse ihm den Wagen und die Fahrzeugschlüssel und erhalte ein Ticket. Bereits das Valet-Parken signalisiert mir, dass das Abendessen teuer wird. Ich bin in einem Restaurant der Oberklasse gelandet. Dafür soll es auch der kulinarische Höhepunkt meiner Halbzeit werden.

Als Vorspeise bestelle ich rohe Austern und als Hauptgericht einen California Yellowtail. Die Gelbschwanzmakrele ist Spitzenklasse und nach Sushi-Art gegrillt, im Innern noch saftig und roh. Das Fischsteak liegt in einem fein gewürzten Bett aus gerösteten Paprika, schwarzem Knoblauch, Auberginenpüree und grünem Thai-Curry. Getoppt wird es von einer Schicht aus geschmortem Rotkohl. Als Beilage gibt es in Kokosmilch gegarten Klebreis. Dazu trinke ich ein Glas Pinot Grigio. Ich genieße jeden Bissen des köstlichen Essens und jeden Schluck des erlesenen Weißweins.

Das Restaurant ist gut beheizt, und so bleibe ich solange wie möglich, um mich für die kommende Nacht aufzuwärmen. Nach 22:00 Uhr bin ich der letzte Gast und schreibe immer noch. Der Kellner überreicht mir die Rechnung, legt demonstrativ meine Autoschlüssel auf den Tisch und macht mir damit unmissverständlich klar, dass das Restaurant in Kürze geschlossen wird. Als ich das Restaurant verlasse, steht mein Wagen bereits abfahrbereit vor dem Eingang.

Ich fahre äußerst langsam und vorsichtig, denn die Strecke ist eng und kurvenreich und die Sichtweite beträgt keine zehn Meter. Alles darüber hinaus wird verschluckt von der Dunkelheit und dem undurchdringlichen Nebel. Auf dem Zeltplatz ist er am dichtesten und ich bin froh, dass ich mein Zelt wiederfinde. Es ist kalt und extrem feucht. Schlafsack und Matratze sind im Heck des Wagens zum Glück trocken geblieben. Vorsichtig trage ich sie durch den nieselnden Nebel ins Zelt. Eingehüllt in Schichten trockener Kleidung schlüpfe ich in meinen vorgewärmten Schlafsack und schlafe sofort ein.

Kurz nach Mitternacht werde ich durch ein Geräusch geweckt. Tiere bewegen sich um mein Zelt herum. Ich höre Kaugeräusche. Regungslos bleibe ich liegen, lausche in die Nacht und drücke dann kurz auf den Türöffner meines Autoschlüssels. Sofort durchdringt ein Lichtblitz das Zelt und lässt es hell aufleuchten. Ich höre noch ein Huschen und dann ist es wieder still. Allmählich beruhige ich mich wieder. Wer mögen die nächtlichen Besucher gewesen sein? Es hörte sich an, als ob Gras aus dem Boden gerupft wurde. Vermutlich waren es nur Rehe.

Einige Stunden später werde ich durch das schrille Gekreische einer Frau geweckt. Das nächtliche Ehegewitter meiner Zeltnachbarn dauert nur kurz, und bald ist nur noch das Grummeln eines Mannes zu hören, das die Nacht durchdringt wie ein Donner, der sich in der Ferne verliert. Dann herrscht wieder Ruhe.

Früh am Morgen wache ich auf und bin trotz der nächtlichen Störungen ausgeschlafen. Ich verstaue mein nasses Zelt im Auto und breite es zum Trocknen über das Fahrrad. Zur Ausstattung des Stellplatzes gehören ein Wasserhahn und ein mobiles Toilettenhäuschen, das einen Steinwurf entfernt steht. Der Luxus einer Dusche gehört nicht dazu, aber für das Nötigste ist gesorgt. Zum Frühstücken fahre ich nach Tomales und setze mich in ein mexikanisches Café. In dem gemütlichen Lokal gibt es preiswerte Speisen und kostenloses WLAN.

Am späten Vormittag hat die Sonne die Küste wieder zurückerobert und den Nebel aufs Meer zurückgedrängt. Ich fahre weiter auf dem Highway 1, der nach wenigen Kilometern dem nördlichen Ufer der Tomales Bay folgt. Ein zweites Mal halte ich an Nicks Cove, laufe über den langen Bootssteg und kann nun sehen, wie schön es dort ist. Das gegenüberliegende Ufer zeichnet sich scharf vom Himmel ab. Das Wasser glänzt in der Morgensonne, seine Oberfläche wird durch eine schwache, warme Brise nur leicht gekräuselt. Die Tomales Bay ist keine Flussmündung, sondern das Ergebnis seismischer Aktivitäten, denn sie liegt über der Sankt-Andreas-Verwerfung.

In Point Reyes Station fahre ich bis ins Zentrum des Touristenortes mit vielen interessanten Geschäften und Restaurants. Als ich aus dem Wagen steige, schlägt mir die Hitze entgegen. Das Wetter ist seit dem frühen Morgen wie ausgetauscht. Ich ziehe mich um, bummele durch das Stadtzentrum und versorge mich mit Lebensmitteln und Getränken.

Anschließend fahre ich in den Point Reyes National Seashore Park, um dort den Leuchtturm an der Spitze der Landzunge zu besichtigen. Mit meiner Familie war ich vor Jahren bereits einmal dort gewesen. Aber wir kamen zu spät und konnten den Leuchtturm nur von Weitem sehen. Dieses Mal habe ich mehr Glück, heute – so lese ich auf einer Informationstafel am Straßenrand – ist bis 16:30 Uhr geöffnet. Es bleibt mir noch genug Zeit. Doch die Fahrt über die Halbinsel zieht sich hin. Das 290 Quadratkilometer große Naturschutzgebiet am Point Reyes umfasst nahezu die gesamte Halbinsel. Für Tausende von Jahren war sie die Heimat der Miwok. Dann lockte der Goldrausch um 1850 immer mehr Weiße an die Westküste. Es kam zu einem rapiden Bevölkerungswachstum in den Städten und einem steigenden Bedarf an Fleisch- und Milchprodukten. Geschäftsleute aus San Francisco kauften die etwa 60 Kilometer entfernte Halbinsel, teilten sie in Parzellen auf, benannten diese von A-Z und verpachteten das Land an Rancher. Fast eine Stunde lang folge ich dem Alphabet der Ländereien von Ranch G rückwärts bis Ranch A an der Spitze der Landzunge.

Meine Familie musste damals viel Geduld mit mir gehabt haben, wenn sie mich auf all den Ausflügen zu den Leuchttürmen in der Region um San Francisco und später an der Küste Neuenglands begleitete. Doch mit der Zeit gab es auch einen wachsenden Widerstand. Einmal hatte ich eine Übernachtung für uns in der East Brother Light Station gebucht. Der Leuchtturm befindet sich auf einer kleinen Insel vor Point San Pablo an der Durchfahrt von der San Francisco Bay in die San Pablo Bay. Auf der Fahrt dorthin gab es massive Proteste von meinem Sohn, der lieber zu Hause bleiben wollte. Schließlich waren wir umgekehrt, aber nicht wegen ihm, sondern weil ich plötzlich starke Zahnschmerzen bekommen hatte und dringend zum Arzt musste. Sein Widerstand hatte in meinen Zahnnerven Gehör gefunden. Der Umstand, dass der Bau dieses Leuchtturms auf dem Festland durch den Widerstand der Grundstücksbesitzer verhindert worden war, hätte mich warnen sollen. Während meiner Reise habe ich viel über die Geschichte der Leuchttürme und das Leben ihrer Wärter und Familien erfahren. Allmählich habe ich genug Leuchttürme gesehen. Nur einmal noch möchte ich in der Nähe eines Leuchtturms übernachten.

Die letzten Kilometer bis zum Point Reyes Lighthouse hat der Nebel wieder fest im Griff, der dort an 100 Tagen im Jahr vorherrscht. Vom Parkplatz der Anlage laufe ich zu einer Treppe und steige 308 Stufen hinunter bis zum Leuchtturm. Man hatte ihn tiefer gesetzt, sodass er unterhalb der Nebeldecke von der See aus sichtbar war. Am 21. September 1885 schrieb der diensthabende Leuchtturmwärter in sein Logbuch:

*Nebel, Nebel, nichts als Nebel. Keine Post seit dem 9. d. M.
Vorräte werden knapp.*⁴⁴

Darunter schrieb er einige Zeilen aus dem Poem „Allein, Vorgebliche Verse des Alexander Selkirk, verfasst in seiner Einsamkeit auf der Insel Juan Fernandez" des englischen Dichters William Cowper (1731-1800):

*O Einsamkeit – wo ist er, der Reiz,
Den die Weisen an dir entdeckten?
Besser leben inmitten von Feldgeschrei
Als herrschen am Ort solcher Schrecken*⁴⁵

Das Point Reyes Lighthouse war bis 1975 mehr als hundert Jahre in Betrieb. Danach wurde es ersetzt durch ein automatisches Leuchtfeuer auf dem Dach eines Nebengebäudes. Ein Park-Ranger öffnet den oberen Teil des Leuchtturms, und zusammen mit anderen Besuchern betrete ich den engen Raum. Von unten blickt man in die riesige Fresnel-Linse, die oben auf einer Mechanik angebracht ist. Sie sorgt für die gleichförmige Drehung der Linse und wird von einem Gewicht ähnlich dem einer Standuhr in Bewegung gehalten. Die aus Paris stammende Vorrichtung in Point Reyes sei die einzige in den USA, die bis heute vollständig und funktionsfähig erhalten geblieben sei.

Als ich durch den Nebel wieder zurückfahre, denke ich daran, dass die Familien der Leuchtturmwärter kein einfaches Leben hatten. Sie wohnten weit abseits von anderen menschlichen Gemeinschaften und waren fast täglich extremen Witterungsbedingungen ausgesetzt. Gelegentlich hatte auch die Familie eines Leuchtturmfotografen damit zu kämpfen.

In Point Reyes Station halte ich am Straßenrand und suche im Internet nach einem geeigneten Campingplatz. Keiner der Plätze in der Gegend hat Duschen, von einer Waschmaschine ganz zu schweigen. Ich brauche dringend eine Dusche und vor allem frische Wäsche. Auch mag ich keine weitere Nacht mehr im Nebel schlafen. Da es an der Küste keine preisgünstigen Hotels gibt, beschließe ich, ins Inland zu fahren und reserviere ein Zimmer in Petaluma.

Das Motel hat einen eigenen Waschsalon mit Münzmaschinen. Mein Zimmer ist groß genug, um dort Zelt, Schlafsack und Luftmatratze zum Trocknen auszubreiten. Ich genieße die warme Dusche und verbringe den Schluss des Tages schreibend im Waschsalon. Wie wunderbar es doch ist, im Trockenen in einem Bett zu schlafen, in frisch gewaschener, weißer Bettwäsche.

Über die Golden Gate Bridge

Am nächsten Morgen trage ich Radkleidung in Vorbereitung meiner zwar kurzen, aber bedeutsamen Tour. Ich hatte meine Reise vor fünf Wochen in Seattle auf dem Fahrrad begonnen, und so möchte ich sie am Ziel in San Francisco auch beenden. Die letzten beiden Kilometer bis dorthin führen über die Golden Gate Bridge.

In Petaluma ist es am Vormittag mit Temperaturen über 20 Grad Celsius schon spätsommerlich warm. Doch je mehr ich mich auf dem Highway 101 dem Pazifik nähere, umso dichter werden die Nebelschwaden, die heute sehr schnell über das Land hinwegfegen. In der Ferne kann ich bereits die roten Pfeiler der Golden Gate Bridge erspähen. Sie verschwinden hinter der nächsten Anhöhe und tauchen wenig später zwischen den Hügeln wieder auf. Ich nehme die letzte Ausfahrt vor der Brücke und fahre auf den Parkplatz unmittelbar davor. Er ist voll belegt. Viele Autos, die hier parken, haben leere Fahrradgepäckträger. Die Golden Gate Bridge mit dem Rad zu überqueren, ist sehr beliebt. Von San Francisco aus werden sogar geführte Touren angeboten. Vom Fisherman's Wharf radelt man mit einem Leihrad über die Brücke bis nach Sausalito. Von dort geht es mit einer Fähre über die San Francisco Bay wieder zurück zum Ausgangspunkt.

Da das Warten auf einen freien Parkplatz vergeblich scheint, fahre ich den Hügel hinauf zum Parkplatz am Battery Spencer. Der historische Verteidigungsposten oberhalb der Brücke wurde Ende des 19. Jahrhunderts gebaut, um die Einfahrt in die Bucht von San Francisco zu sichern. Von dort oben hat man einen fabelhaften Blick. Zu meinem Glück ist es heute sehr windig und ich muss nicht lange warten. Bald darauf eilt ein sommerlich gekleidetes, frierendes Pärchen zu seinem Auto zurück und ich übernehme dessen Parkplatz.

Ich hebe mein Rad aus dem Kofferraum, beginne mit dem Einbau des Vorderrades und – verzweifle fast daran. Es gelingt mir nicht, das Gewirr aus Rahmen, Vorderrad, Gepäckträger, Lichtkabel und Schutzblech zusammenzufügen. Meine Radtour über die Golden Gate Bridge droht an einem technischen Problem zu scheitern. Nach einigem Drehen und Wenden erinnere ich mich, schraube zunächst das Schutzblech ab und befestige erst dann den vorderen Gepäckträger. Jetzt ist mein Rad startklar, aber bevor ich losfahre, gibt es noch etwas zu erledigen.

Mein Fahrrad hat noch keinen Namen. In Deutschland hatte ich es einem Bekannten gezeigt, der daraufhin meinte: "Hast du dein Rad überhaupt gefragt, ob es mitkommen möchte?" Die Antwort war glücklicherweise positiv ausgefallen, und so war ich voller Zuversicht gestartet, nachdem es von mir gesegnet worden war. Mitsamt der Ausrüstung hatte das Rad die bisherige Fahrt unversehrt überstanden. Nur mich selbst hatte ich vor der Abfahrt nicht gesegnet.

Bevor das Fahrrad einen Namen erhalten würde, wollte ich erst eine Weile mit ihm unterwegs sein, um herauszufinden, welche besonderen Qualitäten es hat. Es sollte einen Namen bekommen, der seinem Wesen entsprach. In den letzten Tagen wurde mir klar, dass nun der Zeitpunkt dafür gekommen war. Mein Fahrrad war schon viel herumgekommen und hatte – wenn größtenteils auch passiv – eine Strecke von mehr als zehntausend Kilometern zurückgelegt. In der Bahn fuhr es von Wiesloch zum Frankfurter Flughafen. Im Flugzeug legte es von Frankfurt bis Seattle 8200 Kilometer zurück. Mit einer Fähre wurde es von Seattle über den Puget Sound nach Bremerton übergesetzt, zum Ausgangspunkt der Radtour. Die längste Zeit der Reise aber begleitete es mich im Heck meines Mietwagens. Nur einen Bruchteil des Weges war es durch meine Muskelkraft bewegt worden. Meinem Blog hatte ich den Titel gegeben: "Mit dem Fahrrad von Seattle nach San Francisco". Getreu diesem Motto bin ich die ganze Zeit unterwegs gewesen. Und als ich das Radfahren wegen meiner entzündenden Achillessehne aufgeben musste, bin ich mit dem Rad auf der Rückbank weitergefahren.

Auf der Suche nach einem passenden Namen war mir von Anfang an klar, dass das Wort Rahmen darin vorkommen sollte. Es käme beim Pilgern auf den richtigen Rahmen an, war mir vor der Tour gesagt worden. Ich hatte mir einen aus Aluminium besorgt, der mich auch nach der Verletzung weiter begleitete. Und so frage ich mich, was wohl die besondere Eigenschaft dieses Rahmens sei. Zunächst erwäge ich aufgrund seines Gewichtes den Namen „Leichter Rahmen". Doch es war alles andere als leicht, das Radfahren aufzugeben und die Reise mit dem Auto fortzusetzen. Oft waren mir Radler unterwegs begegnet, und oft war ich mit Neid und Wehmut an ihnen vorbeigezogen. Dann frage ich mich, ob ich ihn „Ruhender Rahmen" nennen soll, denn die meiste Zeit hatte er im Wagen gelegen. Doch diesen Namen verwerfe ich ebenfalls, denn in Zukunft soll er nirgendwo herumliegen oder einfach nur abgestellt werden. Ich möchte das Rad fahren und noch viele Reisen mit ihm unternehmen. Da es mich die ganze Zeit als treuer Reisender begleitet hat, kommt mir der Name „Reisender Rahmen" in den Sinn. Mir gefällt die rollende Alliteration. Ich schließe die Augen und spreche den Namen laut aus. Plötzlich sehe ich vor meinem geistigen Auge wie ich auf meinem bepackten Rad durch ein weites, fruchtbares Flusstal rolle. Nun bin ich mir vollkommen sicher.

Ich schaue mich nach einem geeigneten Ort für die Zeremonie um und schiebe mein Rad dann in eine schmale Gasse zwischen zwei Gebäuden der Verteidigungsanlage. Für die Einsegnung hatte ich in Mendocino ein Bündel weißen Salbei besorgt, das ich nun versuche anzuzünden. Aber selbst im Schutz der Hauswände wird die Flamme vom Wind immer wieder ausgeblasen. Ich verbrauche Dutzende von Streichhölzern, bis der Salbei stark genug glimmt und seinen würzigen Rauch verströmt. Bevor ich mein Rad einsegne, lasse ich den Rauch um meinen Körper ziehen und segne mich selbst. Für meine linke Achillesferse lasse ich mir besonders viel Zeit. Mit dem Rauch reinige ich meine Aura und bitte darum, dass ich auf meiner weiteren Reise körperlich, emotional und spirituell heile und dass sich insbesondere die Beschwerden in meiner Ferse bessern.

Danach weihe ich mein Rad und lasse den Rauch des Salbeis durch alle Teile des Rades ziehen. Zuletzt lege ich das qualmende Bündel unter dem Rahmen ab und umkreise Zimbeln schlagend das Rad. Mit Salbei und Zimbeln reinige ich das Fahrrad von negativen Schwingungen und öffne seine Seele für den Namen, den es bekommen soll. Schließlich spreche ich die Worte: „Ich gebe dir den Namen Reisender Rahmen." Es ist ein feierlicher Moment, denn ich kann spüren, wie mein Fahrrad diesen Namen annimmt. Ich wünsche uns beiden, dass wir in Zukunft noch viele Reisen miteinander unternehmen werden.

Dann rolle ich mit dem Reisenden Rahmen die Straße vom Parkplatz bis zur Brücke hinunter. Der Radweg auf der Seeseite ist bis heute Nachmittag auf Grund von Wartungsarbeiten gesperrt. Über Treppen gelange ich unter der Brücke hindurch auf die andere Seite, wo sich nun Fußgänger und Radfahrer beider Richtungen einen Fahrstreifen teilen müssen. Die Sicht auf der Brücke ist klar, der Nebel zieht über sie hinweg. Aber selbst auf Straßenhöhe weht noch ein heftiger Wind. Zum Glück ist auf der windabgewandten Seite weniger davon zu spüren. Bei dem strahlenden Wetter sind viele Radfahrer und Fußgänger auf der Brücke unterwegs. Aber selbst bei diesem Betrieb bleiben die Menschen rücksichtsvoll. Viele Radfahrer steigen ab, wenn es zu eng wird, und schieben. Ich blicke fast nur in glückliche und freudige Gesichter. Hier über dem Meer spüre ich meine eigene Leichtigkeit und Freiheit. Es ist ein erhabenes Gefühl, über die Golden Gate Bridge zu radeln.

In der Mitte halte ich an und stelle mein Rad an das beängstigend niedrige Brückengeländer, das kaum höher reicht als mein Lenker. Die Aussicht auf die Bucht, die ehemalige Gefängnisinsel Alcatraz und die Skyline von San Francisco ist einfach berauschend. Die Bay ist in diesen Tagen Schauplatz des 34. America's Cup. Gerade ist wieder ein Rennen im Gange und ich beobachte zwei Katamarane, die in hohem Tempo um Alcatraz kurven.

Allzu lange darf ich nicht am Geländer stehen und hinuntersehen. Der Impuls, abzuheben und wie ein Vogel über die Bucht zu segeln, könnte zu stark werden. Seit ihrer Inbetriebnahme sind mehr als 1600 Menschen von der Golden Gate Bridge gesprungen. Einer der ganz wenigen, die wie durch ein Wunder überlebt hatten, sagte über seine Gedanken nach dem Abspringen:

> *In diesem Moment begriff ich, dass es für alles in meinem Leben, was ich als unlösbar abgeschrieben hatte, eine Lösung gab – nur nicht für diesen Sprung.*[46]

Und so schwinge ich mich wieder auf den Reisenden Rahmen und fahre hinüber bis nach San Francisco, zum ursprünglichen Ziel meiner Reise. Gleich hinter der Brücke biege ich in einen Radweg, den Battery East Trail, und halte kurz darauf an einer Aussichtsplattform, von der man die Brücke in ihrer ganzen Länge sehen kann. Als ich sie das erste Mal vom Fisherman's Wharf in der Ferne erblickte hatte, war ich überwältigt von der scheinbaren Leichtigkeit, mit der sie die Mündung der Bucht überspannt. Wer ihre wirklichen Dimensionen erfahren möchte, überquert sie am besten zu Fuß oder auf dem Rad. Für mich ist sie das großartigste Bauwerk, das je von Menschen geschaffen wurde. Auch heute überkommt mich wieder dieses ehrfürchtige Gefühl, wenn ich daran denke, zu welch' grenzüberschreitenden Leistungen wir Menschen fähig sind. Der Anblick der Golden Gate Bridge ermutigt mich, auch über mich selbst hinauszuwachsen. Bis zu meinem Rückflug von San Francisco nach Frankfurt verbleiben mir noch vier Wochen und ich habe das Gefühl, dass meine wirkliche Pilgerreise noch gar nicht begonnen hat.

Bevor ich auf die andere Seite zu meinem Wagen zurückkehre, fahre ich zum Joseph Baermann Strauss Memorial, einer Statue des Chefarchitekten der Golden Gate Bridge, und erweise ihm meine Ehre. Wie sein Zeitgenosse Conde B. McCullough war auch Strauss (1870-1938) von Visionen beseelt und meinte einmal:

Unsere heutige Welt ... dreht sich ausschließlich um Dinge, die früher nicht erschaffen werden konnten, weil sie vermeintlich jenseits dessen lagen, was man für menschenmöglich hielt. Habe keine Angst davor zu träumen![47]

Er kam aus einer künstlerischen Familie deutscher Abstammung. Sein Vater war Maler und Schriftsteller, seine Mutter Konzertpianistin. Nationale Anerkennung und Beachtung erlangte Strauss zunächst durch sein revolutionäres Design von Klappbrücken. Deshalb war er 1921 von der Stadtverwaltung San Francisco mit ersten Entwürfen für die zukünftige Golden Gate Bridge beauftragt worden. Es entbrannte ein heftiger Streit um den Bau der Brücke mit den Fähr- und Schifffahrtslinien, Ästheten und Naturschützern auf der einen Seite, und dem Handel, der Autoindustrie, dem Tourismus und den Gewerkschaften auf der anderen. Außerdem gab es Zweifel an der Machbarkeit. Nach dem Beginn der Planungen und dem Börsencrash im Jahr 1929 wurde die Brücke ausschließlich durch private Anleihen finanziert. Zahlreiche Einwohner der Region verbürgten dafür ihre Häuser, Firmen und Farmen, erhielten das investierte Geld aber durch die Maut-Einnahmen später mit enormem Gewinn zurück. Nach nur vier Jahren Arbeit und unter Einhaltung der geplanten Bauzeit und des veranschlagten Budgets wurde die Brücke 1937 eröffnet.

Strauss war nicht nur ein gewissenhafter und genialer Ingenieur. Er war auch ein vorausschauender Visionär und Dichter. Nach Vollendung der Brücke, ein Jahr vor seinem Tod im Jahr 1938, schrieb er das Gedicht „The Golden Gate Bridge". Darin heißt es:

My arms are flung across the deep,
Into the clouds my towers soar,
And where the waters never sleep,
I guard the California shore.

Above the fogs of scorn and doubt,
Triumphant gleams my web of steel;
Still shall I ride the wild storms out,
And still the thrill of conquest feel.[48]

Sinngemäß übersetze ich:

Meine Arme sind ausgeworfen über das Meer,
In die Wolken steigen meine Türme hoch,
Und wo die Gewässer niemals ruh'n,

Wache ich über Kaliforniens Land.

Über den Nebeln aus Zweifel und Hohn,
Glitzert triumphierend mein Netz aus Stahl;
Ruhig werde ich die wilden Stürme übersteh'n,
Und doch den Kitzel der Eroberung spür'n.[49]

Um die Golden Gate Bridge zu erbauen, brauchte es die Vorstellungskraft eines Poeten.

Mein Jakobsweg ist der Camino Real

El Camino Real Business

In der kommenden Woche werde ich bei Jack und Laureen in Mountain View wohnen. Die Stadt liegt im Herzen des alten Silicon Valley, ein Tal, das im Nordosten durch die San Francisco Bay und im Südwesten durch das Küstengebirge begrenzt wird. In den letzten beiden Jahrzehnten ist das bekannte Tal der Computer- und Softwareindustrie um die gesamte Bucht herum gewachsen.

Jack hatte ich Anfang der Neunziger auf einer Geschäftsreise kennengelernt. An einem Wochenende unternahmen wir einen Ausflug in den Yosemite-Nationalpark. Laureen hatte Jack ein Zelt geschenkt, aber sich geweigert, darin zu übernachten. Mir zu Ehren hatte Jack dann einen Platz auf dem Crane Flat Campground reserviert. Nur hatte er vergessen, die Luftmatratzen einzupacken. Nachts wurde es sehr kalt und wir rückten dicht zusammen. Seit dieser Zeit sind wir miteinander befreundet.

Heute Abend hat mich Jack zu einer After-Work-Party in seine Firma eingeladen, auf der ein junger Autor aus seinem Erstlingswerk lesen wird. Das Büro befindet sich in Palo Alto am El Camino Real, der Hauptgeschäftsstraße des Silicon Valley, die sich mehr als 70 Kilometer von San Francisco bis nach San José hinzieht und durch namhafte Orte verläuft: San Mateo, Redwood City, Menlo Park, Palo Alto, Los Altos,

Mountain View, Sunnyvale und Santa Clara. Der Camino Real ist eine endlos scheinende Kette von Restaurants, Hotels, Tankstellen, Bürogebäuden, Supermärkten und Geschäften aller Art. Wenn man mit dem Auto von der Golden Gate Bridge nach Palo Alto fahren möchte, sollte man besser einen schnelleren Weg wählen. Entweder fährt man über den Highway 101 entlang der Bucht, oder, noch zügiger, über den Highway 280 durch die Ausläufer des Küstengebirges. Ich aber folge weiter der schönsten Strecke, dem Highway 1 entlang der Küste, überquere das Gebirge erst bei Half Moon Bay auf dem Highway 92 und biege dann ab in die 280 Richtung Süden.

Durch den einsetzenden Feierabendverkehr verzögert sich meine Fahrt und ich komme gerade noch rechtzeitig in Jacks Büro an. Er arbeitet als Vertriebsingenieur in einem Startup, das sich auf die Sicherheit von E-Mails spezialisiert hat. Einige der bekanntesten Unternehmen aus der Hochtechnologie, den sozialen Netzwerken und dem Finanzwesen sind bereits ihre Kunden. Kurz vor meinem Eintreffen rufe ich Jack an. Er kommt nach unten, öffnet die Parkgarage und wir begrüßen uns freudig. Das letzte Mal hatten wir uns vor drei Jahren gesehen, als ich geschäftlich in Palo Alto gewesen war.

Etwa fünfzig Personen haben sich in dem Großraumbüro eingefunden, Mitarbeiter, Geschäftspartner, Ehepartner und Freunde. Es gibt Fingerfood, Wein, Bier und Softdrinks. Kaum habe ich mich damit versorgt, beginnt auch schon die Lesung. Der Autor Scott Hutchins liest aus seinem Roman „A Working Theory of Love"[50] über eine Vater-Sohn-Beziehung. Nach dem Selbstmord des Vaters haben Forscher ein Computersystem mit den umfangreichen Tagebuchaufzeichnungen des Verstorbenen gefüttert. Mit der Zeit entwickelt das Programm eine künstliche Intelligenz, die sich mit dem Vater identifiziert. Der Autor liest aus dem Abschnitt, in dem sich der leibhaftige Sohn mit dem Computer unterhält. Das Programm weiß nicht, mit wem es spricht. Doch es fragt immer wieder nach der Mutter, als würde es bereits etwas ahnen. Die Lesung ist sehr kurzweilig, denn die Dialogpassagen des Computers werden mit einer synthetischen Stimme über Lautsprecher eingespielt. Nach der Lesung werden Fragen gestellt und ich erfahre, dass Scott Hutchins Kreatives Schreiben in Stanford unterrichtet. Abschließend verkauft und signiert er sein Buch. Jack besorgt eine gebundene Ausgabe und schenkt mir sein angelesenes Taschenbuch.

Seit Tagen will mir der Gedanke nicht mehr aus dem Kopf gehen, meine Tagebuchaufzeichnungen als Reisebeschreibung zu verfassen. Deshalb bitte ich den Autor um einen Rat für mein Vorhaben. Er meint, am besten bereitete ich mich darauf vor, wenn ich vorher einige Bücher zum Kreativen Schreiben lesen und einen entsprechenden Kurs besuchen würde. Und dann schreibt er mir noch einen Satz als Widmung ins Buch, der für ihn das Wesentliche des Schreibens zusammenfasst, ein Motto, das er mir auf den Weg gibt:

Jedes Schreiben ist Umschreiben! [51]

Laureen, die kein Interesse an der Lesung hatte, erwartet uns schon, als wir spät am Abend in Mountain View eintreffen. Sie begrüßt mich herzlich und zeigt mir das Gästezimmer, das sie liebevoll vorbereitet hat. Bald darauf ziehen sich meine Gastgeber zurück. Ich belege meinen neuen Raum, nehme noch eine Dusche und genieße die Ruhe, die Wärme und das frischbezogene, breite und komfortable Bett.

Als ich am nächsten Morgen früh aufwache und ins Wohnzimmer komme, sitzt Jack mit einem Laptop auf dem Sofa und telefoniert mit einem interessierten Kunden aus Europa. Mein Freund winkt mich zu sich und signalisiert mir, neben ihm Platz zu nehmen. Er schaltet sein Monitorbild auf den Fernsehbildschirm, auf dem ich seine Präsentation nun mitverfolgen kann. Zunächst demonstriert er dem EDV-Leiter am anderen Ende der Leitung, wie einfach es ist, ihm eine E-Mail mit einem gefälschten Absender zu schicken. Er braucht dafür nur wenige Zeilen zu programmieren, es sei genauso einfach wie das Verschicken eines Briefes mit einem gefälschten Absender auf dem Umschlag. Hacker versenden auf ähnliche Weise E-Mails an Bankkunden und fordern sie auf, sich in ihr Konto einzuloggen, um eine angeblich nötige Änderung vorzunehmen. Die ahnungslosen Kunden melden sich dann mit Benutzernamen und Passwort auf der Webseite der Kriminellen an, einer täuschend echten Kopie der Bankseite, und die Hacker fangen die Zugangsdaten ab. Das weltweite Finanzwesen habe im Jahr 2010 durch dieses Phishing mehr als acht Milliarden Dollar Verluste gemacht. Die Banken übernehmen in der Regel den Schaden und haben deshalb ein besonders großes Interesse an einem verlässlichen Schutz gegen diese moderne Form der Piraterie. Jack erklärt dem Interessenten nun, welche Lösung seine Firma für dieses Problem anzubieten hat. Während er bereits mit dem nächsten potenziellen Kunden aus Europa telefoniert, frühstücke ich und genieße die heiße Dusche im Gästebadezimmer. Am heutigen Tag werde ich mich vor allem um meine Ausrüstung kümmern und einige Einkäufe unternehmen.

Nach der Überquerung der Golden Gate Bridge hatte ich beim Abschrauben des Vorderrades eine spezielle Schraube verloren, die das Schutzblech und den vorderen Gepäckträger mit der Gabel verbindet. Am kommenden Sonntag möchte Jack mit mir eine kurze Radtour auf dem San Francisco Bay Trail unternehmen. Bis dahin muss ich einen Ersatz für die Schraube gefunden haben. Jack ist seit einigen Jahren ein begeisterter Radfahrer und besitzt ein robustes Mountainbike sowie ein extrem leichtes Rennrad aus Fiberglas. An der für Samstag geplanten Tour mit einem weiteren Freund werde ich nicht teilnehmen können. Sie wollen von Mountain View über das Gebirge bis an die Küste fahren und wieder zurück. Jack hatte mir daher für den Sonntag einen Radausflug durch das ebene Gelände um die Bucht vorgeschlagen.

Nachdem er seine zweite Telefonkonferenz beendet hat, fahre ich mit ihm zu einem Fahrradladen in der Nähe. Dort stellt er mich kurz vor und geht von da aus gleich weiter zur Caltrain Station. Für einen Geschäftstermin in San Francisco nimmt er heute die Bahn. Mit dem Besitzer des Radladens schaffe ich den Reisenden Rahmen aus dem Heck des Wagens in die Werkstatt. Ich erkläre ihm das Problem und bitte ihn außerdem, ein neues Rücklicht zu montieren und einen neuen Stecker für den Nabendynamo zu besorgen. Beide waren nicht während der Fahrt, sondern beim Ein- und Ausladen beschädigt worden. Schon beim ersten Verladen in Randys Wagen war das Rücklicht weggebrochen und wird seitdem notdürftig mit Textilklebeband zusammengehalten. Auf Cape Arago hatte ich vergessen, den Nabendynamo-Stecker vor dem Ausbauen des Vorderrades herauszuziehen. Die eine Hälfte des Steckers riss ab und ging verloren, ohne dass ich es bemerkte. Der Ladenbesitzer schaut sich alles an und sagt mir zu, bis Freitag alles repariert zu haben. Er will sich per Telefon oder E-Mail melden, wenn das Rad fertig ist.

Dann mache ich mich auf die Suche nach einem Daunenwaschmittel, mein Schlafsack muss dringend gewaschen werden. Auf dem Campingplatz in Nesika Beach hatte ich von Kerry erfahren, wie man einen Schlafsack mit amerikanischen Waschmaschinen am besten reinigt. Man stellt die sie auf Cold, Kaltwasser, und Delicate, Feinwäsche. Den Trockner ebenfalls auf Delicate und die niedrigste Temperatur. Dann wirft man drei Tennisbälle in die Trommel, die dafür sorgen, dass die Federn im Schlafsack nicht verklumpen.

Vom Fahrradladen fahre ich zum nächstgelegenen Supermarkt am Camino Real. Dort bekomme ich Tennisbälle, aber ein Spezialwaschmittel für Daunen gehört nicht zum Angebot. Im Internet finde ich ein Outdoor-Geschäft und lasse mich von der Navigation meines Smartphone dorthin führen.

An einer Ampelkreuzung halte ich überraschend hinter einem selbstfahrenden Auto. Einwohner aus Mountain View hätten sich kaum darüber gewundert, denn die Stadt ist ein wichtiges Testgebiet und zugleich Sitz des Unternehmens, das dieses Fahrzeug und seine Software entwickelt. Ich verfolge das Auto eine Weile und ignoriere meine Navigation. Zwar erkenne ich eine Person am Steuer, aber ich weiß, dass das Fahrzeug komplett von Software gesteuert wird. Es hält bei Rot, fährt an bei Grün, wechselt automatisch die Spur und beschleunigt wie jedes andere gewöhnliche Auto. Schließlich biegt es zügig nach links ab. Ich aber schaffe es nicht mehr, noch vor den entgegenkommenden Fahrzeugen abzubiegen, und muss die Verfolgung aufgeben. Die selbstfahrenden Testwagen sind nicht nur auf Autobahnen unterwegs. Sie fuhren schon die enge und kurvenreiche Lombard Street in San Francisco hinunter, überquerten die Golden Gate Bridge und navigierten über den Highway 1 entlang der Pazifikküste. Was aber, wenn in Zukunft immer mehr Fahrzeuge ohne Lenkrad durch die Gegend chauffiert werden? Wie fehlerfrei und sicher wird ihre Software sein?

Nachdem mir das selbstfahrende Auto entkommen ist, orientiere ich mich wieder an meiner Navigation, die sich vergeblich darum bemüht hatte, mich auf den richtigen Weg zurückzuführen. Zielsicher erreiche ich das Outdoor-Geschäft in Mountain View und habe dort mehr Glück. Es führt ein Spezialwaschmittel für Daunen.

Für meine letzte Besorgung an diesem Tag fahre ich über den Highway 101 Richtung Süden bis nach Sunnyvale und nehme die Ausfahrt Lawrence Expressway. Mein Ziel ist der Elektronik-Supermarkt Fry's, eine Ikone des Silicon Valley, der nur zwei Minuten vom Highway entfernt liegt. Ich möchte meine Fotos, die mittlerweile auf mehreren Speicherkarten verteilt sind, zusätzlich auf einer Festplatte sichern. Im Laden werde ich von Richard bedient, einem älteren Verkäufer. Er erzählt mir, dass er seit den neunziger Jahren im Unternehmen beschäftigt ist. Der riesige Laden in Sunnyvale sei bereits das dritte Gebäude, in das sie umgezogen wären, so schnell sei das Geschäft gewachsen. Jeder Laden sei nach einem bestimmten Thema gestaltet worden. Dieser erzähle die Geschichte des Silicon Valley. Über unseren Köpfen hängen große Tafeln mit historischen Fotos von der Entwicklung der Region. Ich hatte mich immer darüber gewundert, warum die Filiale in Palo Alto wie ein Western Saloon aussieht und warum man das marode wirkende Gebäude nicht renoviert. Mit einem Grinsen meint Richard dazu: „Der Wilde Westen eben".

Ich verlasse das Geschäft mit einer preisgünstigen Festplatte in der Größe meines Smartphones, genug Speicher für mehr als 20.000 Fotos. Dann fahre ich zurück zu Jacks Haus und mache mich gleich an das Waschen des Schlafsacks. Beim Aufhängen draußen schlägt die Terrassentür zu und ich sperre mich auf den Hof aus. Glücklicherweise habe ich mein Telefon dabei und kann Jack anrufen. Er ist zwar noch in San Francisco, befindet sich aber schon auf dem Rückweg. Nach einer guten Stunde erscheint er und lässt mich wieder herein. Ich friere schon, denn sobald die Sonne sinkt, wird es oft empfindlich kühl im Silicon Valley. Um mich wieder aufzumuntern, lädt mich Jack zum Essen ein. Wir fahren in das Stadtviertel zwischen der California Avenue Station und dem Camino Real. Dort hat sich in den letzten Jahren ein städtisches Nebenzentrum mit vielen neuen attraktiven Geschäften und Restaurants herausgebildet. Insbesondere junge Leute fühlen sich von diesem neuen Zentrum mehr angezogen als vom touristischen Zentrum an der University Avenue. Wir gehen in ein italienisches Restaurant an der South California Avenue, das erst im vergangenen Jahr eröffnet wurde und seitdem sehr gut ankommt. Das Team hatte zuvor schon in einem anderen Restaurant erfolgreich zusammengearbeitet. Die Mitarbeiter kündigten gemeinsam und machten sich selbständig. Das von ihnen gegründete Restaurant ist besonders beliebt wegen seiner traditionellen, hauchdünnen italienischen Pizza, die nur kurze Zeit bei großer Hitze in einem Steinofen vor den Augen der Gäste gebacken wird. Als wir ankommen, ist das Lokal bereits voll besetzt, und auf der Straße hat sich eine Schlange gebildet. Jack geht dennoch zielstrebig hinein. Er kennt alle, die hier arbeiten, begrüßt sie per Handschlag und stellt mich als seinen Freund aus Deutschland vor. Wir erhalten einen Longdrink als Willkommensgruß und innerhalb weniger Minuten einen Sitzplatz. Bald darauf wird uns ein Salat serviert. Die sich anschließende Pizza ist ausgezeichnet. Da Jack fährt, trinke ich Wein für zwei und wir erzählen uns, was in den letzten drei Jahren passiert ist. In dieser Nacht schlafe ich fantastisch und wache erst auf, als meine Gastgeber bereits zur Arbeit gefahren sind.

Scott Hutchins, der Autor und Lehrer für Kreatives Schreiben, hatte mir geraten, einige Bücher zum Thema zu lesen. Heute möchte ich mich danach umsehen und habe dafür zwei Buchläden ins Auge gefasst, die ich aus meiner Zeit im Silicon Valley kenne. Zunächst fahre ich zu meinem Lieblingsbuchladen am Camino Real in Menlo Park. Hier verbrachte ich vor fünfzehn Jahren so manchen Abend, nachdem die Kinder im Bett waren. In der letzten Stunde vor Ladenschluss um 22:00 Uhr empfand ich die Atmosphäre dort immer als sehr wohltuend. Während Jazzmusik im Hintergrund für eine entspannte Stimmung sorgte, zog ich mich oft mit Büchern und Fotobänden in einen bequemen Sessel oder auf ein Sofa in einen der vielen Lesewinkel des Ladens zurück. Für mich war der Laden immer ein Tempel der amerikanischen Buchkultur. Als ich ihn heute betrete, bin ich enttäuscht darüber, wie sehr er sich verändert hat. Die Inneneinrichtung wurde komplett umgestaltet. Die neuen Regale stehen in Reih und Glied auf einem küchentauglichen Kunststoff-Fußboden in kalten blauen Farbtönen. Die einzige Sitzgruppe mit futuristischen Sesseln und Sofas befindet sich wie ein Präsentierteller im Zentrum des Ladens. Es fehlt jede Intimität und Gemütlichkeit für einen Rückzug in die eigenen Lesewelten. Dafür ist das Personal so freundlich und hilfsbereit geblieben wie früher. Ich bitte eine Buchhändlerin, mir einige Titel zum Kreativen Schreiben zu empfehlen. Sie führt mich zu einem Regal und sucht fünf Bücher aus. Mit diesem Stapel setze ich mich an einen bestuhlten Lesetisch. Nach eingehender Prüfung sprechen mich drei davon besonders an. Mithilfe des Internets finde ich heraus, dass für zwei Titel deutsche Ausgaben erschienen sind:

Natalie Goldberg: Schreiben in Cafés[52]
Ray Bradbury: Zen in der Kunst des Schreibens[53]

Ich bestelle sie über das Internet nach Hause. Nicht nur der Buchladen hat sich in den letzten Jahren verändert, auch mein Kaufverhalten.

Von Menlo Park fahre ich über den Camino Real nach Palo Alto und nehme die Ausfahrt University Avenue Richtung Stanford. Zehn Minuten später parke ich am Ende des Palm Drive. Von dort gehe ich zu Fuß durch das Universitätsgelände der Stanford University bis zum Buchladen, der mich immer wegen seines guten Angebots an Büchern und seiner Lage auf dem Campus angezogen hatte. Das weitläufige Gelände, aus dessen Zentrum man den Autoverkehr verbannt hatte, erweckt mit seinen vielen Bäumen, Sträuchern und Stauden den Eindruck einer Parkanlage. Es wurde einst von einem Landschaftsarchitekten geplant. Die seit 1885 entstandenen Gebäude sind in ganz unterschiedlichen Stilen erbaut worden. Oberflächlich betrachtet wirken sie dennoch wie aus einem Guss, denn ihre Außenmauern sind im gleichen Farbton gestrichen, einem hellen Ocker, und ihre Dächer sind mit den gleichen roten Ziegeln gedeckt. Bis auf den Hoover Tower und die Memorial Church sind alle Gebäude in niedriger Bauweise und mit ausreichend Abstand voneinander errichtet worden. Der Campus ist ein Ort der Ruhe und Entspannung, der zugleich ein Gefühl von Geborgenheit vermittelt. Er ist belebt, aber nicht übervölkert. Man trifft auf einzelne oder Gruppen von Studenten, die zu Fuß oder mit dem Rad unterwegs sind. Gelegentlich finden auch Touristen hierher.

Nach weiteren zehn Minuten Fußweg erreiche ich schließlich den Stanford Bookstore. Ich betrete ihn und bin erschüttert. Es scheint, als habe man ihn in einen Andenkenladen umgewandelt. Statt mit Bücherregalen ist das Erdgeschoss mit Kleiderständern eingerichtet. Die T-Shirts, Jacken und Kappen im traditionellen Grau oder Weinrot sind entweder mit „Stanford University", mit „Stanford" oder ganz einfach mit dem symbolischen „S" bedruckt. Auf meiner Suche nach Druckerzeugnissen finde ich schließlich eine Gruppe von Regalen am Rande mit Büchern zum Verschenken. Im Obergeschoss kann ich endlich aufatmen. Dort, wo es früher Werbeartikel gab, befinden sich heute die Bücher. Verdient der Buchladen heute mehr mit bedruckten Textilien als mit bedrucktem Papier?

Ich frage eine Buchhändlerin, welche Titel sie mir zur Einführung in das Schreiben empfehlen kann. Sie führt mich zu einem entsprechenden Regal und reicht mir zwei Bücher. Mit dem Buch von Natalie Goldberg fühle ich mich bestätigt, das andere schaue ich mir genauer an. Ich lese in der englischen Ausgabe das Inhaltsverzeichnis und einige Abschnitte aus der Einleitung. Dann bestelle ich im Internet die deutsche Ausgabe:

Anne Lamott: Bird by Bird - Wort für Wort [54]

Mit insgesamt drei Büchern, die mich zu Hause erwarten werden, fühle ich mich für ein Selbststudium des Kreativen Schreibens bestens gerüstet. Im Café des Buchladens versorge ich mich mit Getränken und einem Imbiss und gehe damit hinaus ins Quad. Das Main Quadrangle ist das Herz und der älteste Teil der Universität. Um den großen rechteckigen Hof herum stehen die ältesten Gebäude in zwei Reihen.

Sie sind mit Wandelgängen untereinander verbunden. Den Hof säumen schattige Arkaden, die Stanford Memorial Church grenzt an die Südseite. Leider kann ich die Kirche nicht besichtigen, sie ist heute wegen Hochzeitsfeiern für die Öffentlichkeit geschlossen. Ich setze mich in den Schatten einer Baumgruppe in der Mitte des Hofes. Während ich die friedvolle Stimmung des Ortes genieße, beobachte ich die Vorbeikommenden, verzehre in Ruhe mein Essen und denke darüber nach, wie die Digitalisierung und das Internet die Welt der Medien verändert haben.

Die Buchläden hatten die Konsequenzen des Onlinehandels als erste zu spüren bekommen. Die nächsten Verlierer waren die Musikgeschäfte. Dazu beigetragen hatte seit 1995 auch das erschwingliche Raubkopieren mit CD-Brennern. Selbst große Ketten im Musikhandel gaben von einem auf das andere Jahr auf oder gingen bankrott, so dramatisch vollzog sich der Wandel. Ein besonderes Erlebnis für mich war damals ein Besuch eines Supermarktes in San Francisco, denn dort gab es auch ein fantastisches Angebot von Büchern und Fotobänden zur Rockmusik. Als ich den riesigen Laden an der Market Street im Herzen der Metropole 2009 noch einmal aufsuchte, war er bereits geschlossen und leer geräumt. Unter der Rolltreppe klebte nur noch ein Poster von den Grateful Dead. Das Management hatte sich von der Veräußerung der zentral gelegenen Immobilien in den Großstädten mehr Geld versprochen als durch den zukünftigen Verkauf von Medien an diesen Orten. Und heute wird der Onlinehandel mit physischen Medienträgern von den Streaming-Diensten überholt.

Die rasante technische Entwicklung im Silicon Valley hat nicht nur den Handel, sondern auch die Produktion von Medien verändert. Mit erschwinglichen elektronischen Geräten und Software können Kreative heute qualitativ hochwertige Bücher, Musik und Videos kostengünstig selbst herstellen. Lediglich die Produktion von längeren Filmen erfordert aufgrund des Personaleinsatzes weiterhin ein hohes

Budget. Jedoch ist die Medienproduktion in vielen Bereichen von den mächtigen Verlagen, Musikkonzernen und Studios befreit worden. Der Konsum hat eine direkte Demokratisierung erfahren. Über das Internet können Medien heute problemlos in der ganzen Welt vertrieben werden.

Unterwegs im Caltrain

Heute ist der Rückgabetag für meine schwarze Limousine, die ich vor vier Wochen in Portland angemietet hatte. Abliefern muss ich sie am San Francisco Airport. Ein letztes Mal überprüfe ich, ob alle meine persönlichen Gegenstände ausgeräumt sind, und fahre dann von Mountain View über die 101 Richtung San Francisco. Die Rückgabestationen für Mietwagen an amerikanischen Flughäfen sind sehr gut ausgeschildert. Kurz vor dem Flughafen nehme ich die Abfahrt mit dem Hinweis „Rental Car Return" und folge den Schildern bis zum Parkhaus der Autovermietungen. Dort verzweigt sich der Weg zu den einzelnen Firmen. Ich fahre hoch in den zweiten Stock zum Vermieter meines Wagens.

Etwas aufgeregt bin ich schon, denn vor drei Wochen war ich beim Zurücksetzen an eine niedrige Mauer gefahren. Wie erhofft, hat sich inzwischen eine Dreckschicht über die Stoßstange gelegt und verdeckt nun die beiden kleinen Kratzer im Kunststoff. Der freundliche Mitarbeiter schaut sich den Wagen nur oberflächlich an, notiert den Kilometerstand auf meinem Vertrag und schickt mich damit zum Büro. Als ich endlich an der Reihe bin, tippt eine Angestellte meine Daten in ihren Computer und sagt dann: „Das war's. Sie erhalten Ihre Rechnung per E-Mail zugeschickt, da Sie das Auto nicht hier angemietet hatten." Ich bitte sie um eine schriftliche Rückgabebestätigung. Sie meint, das sei nicht vorgesehen, aber versichert mir, dass es bei dem Preis bleiben werde. Wie bitte? Bei der Anmietung hatte nicht einmal meine Unterschrift ausgereicht, um den Vertrag zu unterzeichnen. Mehrere Positionen im Dokument musste ich zusätzlich mit einem handschriftlichen Kürzel abzeichnen, bevor man mir den Wagen aushändigte. Und jetzt soll es genügen, wenn man mir mündlich versichert, dass ich den Wagen ordnungsgemäß abgegeben habe und keine weiteren Kosten entstehen? Freundlich aber bestimmt bestehe ich darauf, dass meine Rückgabe schriftlich bestätigt wird. Wenn es dafür kein Formular gäbe, dann möge sie dies bitte handschriftlich tun. Nachdem sie bei ihrem Chef nachgefragt hat, vermerkt sie Rückgabe und Datum auf meiner Vertragskopie und setzt ihr Unterschriftskürzel darunter. Auf meine Bitte notiert sie daneben auch ihre Personalnummer.

Die Rückgabe des Mietwagens hat meine Stimmung nicht gerade verbessert. Ich bin seit einigen Tagen unzufrieden, denn ich habe das Gefühl, dass ich in den letzten Wochen zugenommen habe. Ich bewege mich zu wenig und esse zu viel. Anstatt - wie erhofft - durch das Radfahren abzunehmen, ist das Gegenteil eingetreten. Ich fühle mich schwer und verstopft, als gäbe es da noch etwas Anderes zu verdauen. Obwohl ich den Nebel hinter mir gelassen habe und seit meiner Ankunft in Mountain View die Sonne scheint, gibt es immer noch etwas Undurchdringliches in mir, das ich nicht durchblicke und in dem ich festzustecken scheine.

Mit diesem Gefühl mache ich mich auf den Rückweg nach Mountain View. Ich nehme den Aufzug in den 4. Stock und steige dort in den AirTrain, eine selbstfahrende Hochbahn, die alle Terminals des Flughafens mit dem Rental Car Center, dem BART und den Parkgaragen verbindet. Anders als in Seattle kann man in San Francisco in der Flughafenbahn Fahrräder mitführen. Ich drehe mit dem AirTrain eine Runde um den San Francisco Airport und steige schließlich an der BART Station in einen bereitstehenden Zug um. Der BART

– also der Bay Area Rapid Transit - ist eine Schnellbahn, die San Francisco mit den Städten nordöstlich der Bay verbindet: Richmond, Oakland und Fremont. Um nach Mountain View zu gelangen, fährt man zunächst mit dem BART bis Millbrae und steigt dort um in den Caltrain Richtung San José. Die Bahnstrecke verläuft parallel zum Camino Real und verbindet San Francisco mit den Städten im alten Silicon Valley.

Da es heute Morgen keine Direktverbindung gibt, fahre ich zunächst bis nach San Bruno und steige dort um in den nächsten Zug nach Millbrae. Kaum habe ich mich hingesetzt, erscheint eine junge Frau mit Sonnenbrille in der Tür. Sie blickt hektisch von links nach rechts und dann in den Wagen. „Geht die Bahn nach Millbrae?", ruft sie mir zu. „Das will ich hoffen!", antworte ich, bin aber nicht überzeugend genug gewesen, denn sie zögert immer noch. Doch dann springt sie in letzter Sekunde in den Wagen, setzt sich ganz unvermittelt auf die Bank vor mir, dreht sich abrupt um und drückt mir mit zitternden Fingern den Reißverschluss ihres Mantels entgegen. Er ist festgeklemmt. „Ich habe noch keinen Kaffee getrunken." Damit erklärt sie ihr Unvermögen, das Problem selbst zu lösen. Während ich mit ihrem Reißverschluss beschäftigt bin, erzählt sie, dass sie auf dem Weg nach Palo Alto ist. Gelegentlich nimmt sie beim Reden ihre Sonnenbrille ab und zwei unruhige braune Augen blitzen mich an. Nach wenigen Minuten hält der Zug in Millbrae, ich gebe ihr den Mantel mit dem endlich offenen Reißverschluss zurück, wir steigen aus und gehen gemeinsam zum Caltrain-Bahnsteig. Dort überreicht sie mir einen Zehndollarschein und bittet mich, eine Fahrkarte für sie zu am Automaten zu lösen. Während ich mit dem Kauf ihres Tickets beschäftigt bin, redet sie ohne Unterbrechung weiter. Ich erfahre, dass sie in Berkeley lebt, an einem Forschungsprojekt in Stanford mitarbeitet und darüber promoviert. Ich wundere mich über ihre Orientierungslosigkeit. Angeblich fährt sie diese Strecke regelmäßig und ich frage mich, ob sie vielleicht noch unter dem Einfluss von Drogen steht. Während wir am Bahnsteig warten, erzählt sie, dass sie in klinischer Psychologie forsche und an einem neurobiologischen Verfahren zur Behandlung von Traumata arbeite. Näheres dürfe sie nicht sagen, da alles streng geheim ist. Sie verfüge selbst über genügend traumatische Erfahrungen. Nun, die Begegnung mit ihr ist eine ebensolche.

Endlich kommt der Caltrain. Wir steigen in einen fast voll besetzten Wagen und nehmen auf der einzig freien Bank neben dem Eingang Platz. Dann erzählt sie mir aus ihrem Leben. Ich überlege schon, ob ich unversehens zur Versuchsperson ihrer psychologischen Studie geworden bin. Nachdem die ersten Passagiere ausgestiegen sind, setze ich mich auf eine andere Bank, um etwas Abstand zu gewinnen. Sie folgt mir und nimmt glücklicherweise auf der gegenüberliegenden Seite Platz. Als sie einen Moment lang schweigt, erzähle ich ihr, dass ich aus Deutschland komme, jetzt im Ruhestand bin und seit einigen Wochen an der Westküste entlang reise, um für mich herauszufinden, was meine Bestimmung im Alter sei und welcher Aufgabe ich mich in Zukunft widmen solle. Ich verschweige auch nicht, dass mir auf meiner Reise immer wieder Menschen begegnet waren, die mir einen neuen Impuls oder eine neue Einsicht mit auf den Weg gegeben hatten. Bei ihr sei ich jedoch völlig ratlos, aber ich spürte, dass unser Zusammentreffen eine tiefere Bedeutung für mich hat. Sie muss nicht lange nachdenken und fasst ihre Erkenntnisse zu meinem Anliegen in zwei Sätzen zusammen:

1. *Du erkennst eine Leidenschaft daran,*
   wenn du etwas mit Freude tust
   und nicht weiter hinterfragst.

2. *Du hast das Richtige für dich gefunden,*
   wenn es die Kreativität in dir freisetzt.

Noch bevor ich nachfragen oder gar darüber nachdenken kann, redet sie weiter und erzählt, dass sie sich noch an jedes Detail aus ihrer Kindheit erinnern kann. Sie sei arabischer Herkunft und in Damaskus aufgewachsen, habe eine ungewöhnlich hohe Intelligenz und ihr Bewusstsein schwinge bereits auf einer höheren Ebene. Ich versuche ihr zu folgen, aber komme nicht mit. Ihr pausenloses Reden und Gestikulieren strengt mich zunehmend an. Endlich hält der Zug in Palo Alto. Wenn ich sie nicht darauf aufmerksam gemacht hätte, wäre sie vermutlich weiter sitzen geblieben. Noch in der Tür dreht sie sich um und ruft mir zu: „Ich hoffe, du hast etwas von mir gelernt!"

Die Tür schließt sich. Ich atme auf und genieße die plötzliche Ruhe um mich herum. Der Zug hält noch an zwei weiteren Stationen, bevor ich in Mountain View aus dem Zug steige. Seitdem die junge Frau verschwunden ist, bin ich damit beschäftigt, mein Bewusstsein von den Schichten ihrer Geschichten zu befreien und ihre verirrten Schwingungen aus meinem Energiefeld zu entfernen.

Von der Station in Mountain View gehe ich zu Fuß weiter bis zur Filiale des Autovermieters am Camino Real, um dort ein vorbestelltes kleineres Auto für die verbleibende Zeit abzuholen. Ich laufe die Castro Street entlang. Sie ist die Hauptader des historischen Mountain View und verbindet die Caltrain Station mit dem Camino Real. Während ich an den zahlreichen Restaurants und Läden vorüber schlendere, gelingt es mir allmählich die traumatisierende Wirkung meiner letzten Begegnung abzuschütteln.

Nach einer Viertelstunde erreiche ich den Autoverleih und bekomme dort einen grauen Kleinwagen. Als ich mich ans Steuer setze, vermisse ich die komfortable und elegante Limousine. Die verbleibenden Wochen werde ich den Reisenden Rahmen in Jacks Garage lassen und ohne ihn weiterfahren. Mit dem farblosen Fahrzeug kehre ich zurück ins Zentrum und parke es in der Nähe meines Lieblingscafés in

Mountain View. In einer Ecke des Ladenraums steht eine schwarz lackierte riesige Kaffeeröstmaschine, die mich an eine historische Dampflok erinnert. Daneben lagern Jutesäcke mit frischen Kaffeebohnen auf Holzpaletten. Hier wird der Kaffee noch frisch geröstet. Mit einem Salat nach Art des Hauses und einer riesigen Tasse Cappuccino setze ich mich nach draußen.

Ich muss noch einmal an die junge Frau aus dem Caltrain denken und plötzlich kommen mir ihre beiden Leitsätze wieder in den Sinn. Jetzt, wo ich die Gelegenheit habe, in Ruhe darüber nachzudenken, finde ich sie ziemlich klug. Und so überprüfe ich mit ihrer Hilfe, ob ich bereits eine neue Lebensaufgabe gefunden habe. Mein Schreiben hat sich tatsächlich zu einer Leidenschaft entwickelt, denn es macht mir sehr viel Freude und ich hinterfrage es nicht. Es hat auch eine positive Rückwirkung auf mein Reisen. Habe ich etwas Schönes erlebt, dann verstärkt sich meine Freude, wenn ich darüber berichte. Unangenehme Erfahrungen relativieren sich, und ich kann sie schneller wieder loslassen. Ich bin aufmerksamer geworden für das, was in mir und um mich herum geschieht. Meine Lebensqualität auf der Reise hat sich durch das tägliche Schreiben gesteigert. Seit vier Wochen sitze ich fast jeden Abend einige Stunden an meinem Reisetagebuch. Und ebenso bemerke ich seit einiger Zeit, wie ganze Sätze oder Geschichten spontan aus mir heraussprudeln. Diese Erfahrungen überraschen mich nicht nur, sie sind auch sehr beglückend. Das regelmäßige Schreiben hat einen Strom in mir in Bewegung gesetzt, der nun automatisch nach außen zu fließen beginnt. Es schreibt aus mir, und es setzt die Kreativität in mir frei. Nach den Worten der jungen Frau muss ich dann wohl das Richtige für mich gefunden haben. Auf einmal fühle ich mich bestärkt durch diese Begegnung im Caltrain. Die junge Orientalin auf meiner Reise zu treffen, war ein Segen für mich. Ich bin froh und dankbar, dass ich ihren verwirrenden Schleier enthüllen konnte und nun ihre Botschaft verstanden habe.

Herbst in Half Moon Bay

1996 erhielt ich von meinem damaligen Arbeitgeber das einmalige Angebot, an einem Forschungsprojekt im Silicon Valley mitzuarbeiten und mit meiner Familie dorthin zu ziehen. Zur Vorbereitung unseres Auslandsaufenthaltes flogen wir alle nach Orlando und weiter zur Westküste, überquerten die Golden Gate Bridge und fuhren mit den Cable Cars durch die Straßen von San Francisco. Wir meldeten unseren Sohn in der Deutsch-Amerikanischen Schule in Menlo Park und unsere Tochter im Kindergarten an. Eine Maklerin beauftragten wir mit der Haussuche in zwei benachbarten Siedlungen in Redwood City. Hier gab es eine Häufung von Familien, deren Kinder ebenfalls die Schule in Menlo Park besuchten.

Noch in den Schulferien zogen wir um, lebten die nächsten zwei Jahre in einem traumhaft großen Haus in der gewünschten Nachbarschaft und schlossen uns einer Fahrgemeinschaft zur Schule an. Karina wurde im zweiten Jahr in den Vorstand der expandierenden Schule gewählt, engagierte sich im Personalausschuss und kümmerte sich gemeinsam mit dem neuen Schuldirektor aus Deutschland um die Auswahl und Einstellung von neuen Lehrern. In San Francisco besuchte sie einen Kurs im Kreativen Schreiben. Sie schrieb während dieser Zeit viele Gedichte, verfasste ihre Texte erst in Deutsch und übersetzte sie dann ins Englische. Nachdem meine Firma neue Gebäude bezogen hatte, arbeitete ich im zweiten Jahr in Palo Alto. Mit der belebenden Musik von Santana fuhr ich jeden Morgen bei strahlendem Sonnenschein über den Highway 280 zur Arbeit. Auf dem Rückweg hörte ich akustische Klassiker von Neil Young, um mich wieder zu entspannen. Es war ein unbeschreiblich schönes Lebensgefühl für die ganze Familie. Wir unternahmen viele Ausflüge in die Region, machten ausgedehnte Reisen durch ganz Kalifornien, flogen zweimal nach Maui und beendeten unseren Aufenthalt in den USA mit einem fünfwöchigen Urlaub an der Ostküste in Neuengland. Wir hatten eine wunderbare Zeit. Es war die letzte, die wir so unbeschwert miteinander teilen konnten.

Seit ich vor drei Tagen im Silicon Valley angekommen war, haben die vertrauten Orte, Straßen, Geschäfte und Restaurants meine Erinnerungen an diese Zeit wieder wach werden lassen. Ich denke oft an die vielen Wochenenden an der Küste zurück. Von Redwood City brauchte man bei wenig Verkehr nur eine halbe Stunde, um bis nach Half Moon Bay an den Strand zu gelangen. Dort möchte ich heute meinen Tag verbringen.

Von Mountain View nehme ich den Highway 280 und biege dann in den Highway 92 Richtung Westen. Dort schlängelt sich die Straße bis auf den Kamm des Küstengebirges hinauf. Sobald man den Abzweig zum Skyline Boulevard erreicht hat, ändert sich das Wetter meist schlagartig. Auch heute quillt der Küstennebel über den Gebirgskamm. Vor wenigen Minuten noch bin ich durch die Sonne gefahren, jetzt ist alles grau um mich herum und die Temperaturen sind merklich gesunken. Dann fällt die Strecke steil ab, und ich tauche immer tiefer in den Nebel. Die Feuchtigkeit kondensiert an den Seitenfenstern und läuft in Rinnsalen die Scheiben hinunter, die Wischer müssen ganze Arbeit leisten. Weiter unten lässt die Nässe nach und schließlich erreiche ich das schmale, fruchtbare Tal mit den Kürbisfeldern, auf denen die Ernte bereits begonnen hat. Die leuchtend orangefarbenen Kürbisse liegen zu Hunderten aufgereiht auf dem Acker und warten auf ihre Käufer.

Es ist Herbst in Half Moon Bay, der Kürbishauptstadt des Silicon Valley. In wenigen Wochen ist Halloween und die Farmer zu beiden Seiten des Highway 92 bereiten sich schon auf den Ansturm der Familien vor. In Kürze, am Wochenende nach dem Kolumbus-Tag, findet das alljährliche Art & Pumpkin Festival statt. Ich parke an einer Farm und schlendere neugierig durch die herbstlich herausgeputzte Anlage mit Wurf- und Losbuden, Spielplätzen, Ponyreiten und einer Kleinbahn. An jeder Ecke gibt es Verkaufsstände für Leckereien und Kürbisse in allen Größen und Formen. Als wir einmal mit unseren Kindern an einem Wochenende im Oktober dort waren, hatten wir Mühe, uns in den Menschenmassen nicht zu verlieren. Heute gehe ich durch eine Geisterstadt, in die sich außer mir niemand verirrt hat.

Um an den Strand zu fahren, ist es noch zu früh. Laut Wetterbericht soll der Nebel erst am frühen Nachmittag aufklaren. Deshalb fahre ich zunächst zum Pillar Point Harbor. Von dort aus hatten wir mit befreundeten Familien im ersten Winter eine Walbeobachtungs-Tour unternommen und uns mit Tabletten gegen die Seekrankheit gewappnet. Wie sich herausstellte, waren wir damit von den einheimischen Eltern gut beraten worden. Das einzige jedoch, was wir dann zu Gesicht bekamen, war die dunkle Fluke eines weit entfernt abtauchenden Grauwals.

Heute lasse ich mich von der Stimmung im Hafen treiben, fotografiere die still liegenden Boote, eine Gruppe von Fischern in dickem Ölzeug beim Ausnehmen ihres Fangs und eine Möwe im Hintergrund, die auf einer Laterne hockt und auf ihre Chance wartet. Schließlich gehe ich in einen Surf-Laden und schaue mir Fotos vom Wellenreiten an. Das Meer um den Pillar Point ist ein beliebter Ort für Surfer. Eine Fotografie spricht mich ganz besonders an. Ich nehme sie als Andenken mit. Beim Bezahlen macht mich die Verkäuferin darauf aufmerksam, dass sich in der Gischt über der Welle ein blasser Regenbogen abzeichnet. Er war mir gar nicht aufgefallen, aber nun verstehe ich, warum mich das Bild so magisch angezogen hatte. Vielleicht sollte man das Phänomen besser Gischtbogen nennen. Gegen Mittag bricht die Sonne durch die Nebeldecke. Ich fahre vom Hafen zum Miramar Beach Restaurant, stelle dort meinen Wagen ab und gehe an den Strand.

Nur wenige Jahre nachdem wir von Kalifornien nach Deutschland zurückgekehrt waren und uns wieder eingelebt hatten, diagnostizierte man bei Karina Krebs. Die Prognose war zunächst gut. Chemotherapie und Operation verliefen scheinbar erfolgreich. Eine Kur auf Sylt, wo sich Karina von den Strapazen der Therapie erholte, machte uns allen wieder neuen Mut. Doch ihr gesundheitlicher Zustand verschlechterte sich Ende des Jahres wieder erheblich. Nach einer zehrenden und vergeblichen Bestrahlungstherapie in der Kopfklinik verstarb sie im Hospiz Louise in Heidelberg. Sie war gerade erst 43 Jahre alt geworden. Ihrem letzten Wunsch entsprechend streuten wir ihre Asche vor der kalifornischen Küste in den Pazifik. Ich war mit den Kindern in einem gecharterten Boot vom Hafen am Pillar Point gestartet und wir hatten Karina mit Unterstützung einer Freundin und eines Geistlichen in der Bucht gegenüber jenes Strandes bestattet, an dem ich nun entlanggehe.

Heute Morgen hatte ich einen Strauß Rosen in einem Blumenladen am Highway gekauft, den ich nun in den Händen halte. Ich laufe am Wasser entlang, bleibe immer wieder stehen und blicke auf das Meer hinaus. Dann nehme ich eine Rose aus dem Strauß, würdige die Liebe, die mich mit Karina verbindet, ehre ihre letzte Ruhestätte und werfe eine Rose aufs Meer hinaus. Dann gehe ich wieder ein Stück weiter. Als Karina ihren 38. Geburtstag in Kalifornien feierte, fuhren wir nachmittags mit der Familie an den Strand von Half Moon Bay. Sie hatte sich schon immer gewünscht, ihren Geburtstag im Dezember einmal am Meer zu verbringen. Wir hatten einen wundervollen Tag am Strand, mit einem wolkenlosen Himmel, und blieben, bis die Sonne rotglühend hinter dem Horizont versunken war. Danach kehrten wir ein ins Miramar Beach Restaurant, wo wir einen Tisch mit Meerblick reserviert hatten, und beendeten den Tag mit einem festlichen Dinner.

Heute ist der Strand fast menschenleer. Lediglich einige unermüdliche Surfer treiben am nördlichen Ende in der Bucht und warten auf höhere Wellen. Ich bleibe immer wieder stehen, werfe weitere Rosen in das zurücklaufende Wasser, denke an unsere gemeinsame Zeit und an unsere beiden Kinder, die mich über Karinas Tod hinaus mit ihr verbinden. Schließlich halte ich die letzte Rose in den Händen. Die Sonne scheint nun auf den Strand. Ich halte ein letztes Mal an und werfe die Rose im weiten Bogen ins Meer. Kaum ist sie im Wasser gelandet, kommen plötzlich zwei Wellen von zwei Seiten aufeinander zugelaufen und prallen aufeinander. Ihre Gischt spritzt in die Höhe, und für einen Augenblick erscheint ein Gischtbogen über dem Wasser. Das Bild durchdringt mich vollends und berührt mich sehr. Mir ist, als habe ich eine Antwort auf meine Rosengrüße erhalten. Plötzlich fühle ich mich mit einer höheren Kraft verbunden und nehme diese Erfahrung ganz tief in mich auf. Dann liege ich eine halbe Stunde mit der Kamera auf der Lauer, um das Phänomen auch in einem Foto festzuhalten. Aber ein weiteres Mal will es sich nicht zeigen. Zur Erinnerung an diesen Strand fülle ich einen kleinen Beutel mit Sand und nehme auch eine Probe für das Sandmuseum in Griechenland mit.

Mittlerweile habe ich die Mündung des derzeit trocken liegenden Arroyo de en Medio erreicht. Bevor der Bach aus den Bergen auf den Strand trifft, wird sein Wasser durch einen Betontunnel geleitet, von dessen Deckenwölbung ein großer Traumfänger baumelt. In seine Mitte ist ein rotes Herz eingewoben. Erneut tief ergriffen von diesem wundersamen Symbol spüre ich, wie mich ein warmes Gefühl der Liebe mich durchströmt. In der Vergangenheit war ich schon einige Male an diesem Ort, aber etwas Derartiges hatte ich dort noch nie gesehen.

Über eine wackelige Holztreppe steige ich vom Strand die Böschung bis zur Straße hinauf. Auf dem Dachfirst eines Hauses dahinter steht eine Statue, die auf das Meer hinausblickt. Von Weitem sieht sie aus wie ein Engel mit erhobenen Flügeln, aus der Nähe betrachtet eher wie ein geistiges Wesen, das seine Arme in den Himmel streckt, um den göttlichen Segen für den Schutz der Bucht zu empfangen. Ich fühle mich reich beschenkt von den außergewöhnlichen Bildern und Gefühlen, die mein Herz heute erfüllt haben, und kehre voller Dankbarkeit nach Mountain View zurück.

Heißer Stoff

Das Schreiben über die Reise macht mir immer mehr Freude. Ich habe dadurch das Gefühl, jede Etappe ein zweites Mal zu erleben. Aus der Distanz heraus bekommen manche Kleinigkeiten eine neue, ungleich wichtigere Bedeutung. Immer wieder überrasche ich mich selbst mit einem Satz, der plötzlich aus mir herausbricht, oder mit einer Einsicht, die ich erst beim Schreiben gewinne. Heute bleibe ich den größten Teil des Tages bei Jack zu Hause und schreibe an den Berichten meiner Erlebnisse der letzten Tage.

Jack ist am Morgen mit seinem Freund aus Mountain View zu einer Radtour über die Berge bis an die Küste aufgebrochen. Ich laufe gegen Mittag in das Fahrradgeschäft, um den Reisenden Rahmen abzuholen. Zwar hatte sich der Ladenbesitzer noch nicht bei mir gemeldet, aber er hatte versprochen, das Rad bis gestern zu reparieren. Ich habe Glück, dass ich ihn antreffe. Mein Rad hängt bereits in der Montagehalterung seiner Werkstatt. Eine passende Schraube habe er gefunden, sagt er, aber einen passenden Stecker für die Zuleitung zum Nabendynamo suche er noch. Ich sehe, dass er das Vorderrad wieder eingebaut hat, aber das defekte Rücklicht wurde nicht ausgetauscht. Ich erkläre ihm nochmals, dass ich das Fahrrad morgen benötige, und bin gespannt, ob er es bis dahin schaffen wird.

Am Nachmittag kommt Jack erschöpft von der Radtour zurück und legt sich nach dem Duschen erst einmal schlafen. Am frühen Abend fahren wir nach Redwood City zu seinem Freund Fernando. Wir wollen zusammen in das Rockkonzert einer bekannten Coverband aus der Region gehen, die sich auf die Musik von Pink Floyd spezialisiert hat. Auf dem Weg zu Fernando wollen wir noch eine Kleinigkeit essen. Wenn Half Moon Bay die Kürbis-Zentrale des Silicon Valley ist, dann ist Redwood City seine Taco-Zentrale. Mit 49 Taquerías auf 74.000 Einwohner hat Redwood City die größte Dichte an authentisch mexikanischen Taco-Restaurants in der Bay Area, wenn nicht in den gesamten USA. Um damit gleichzuziehen, bräuchte San Francisco 492 und San José 615 Taquerías.[55] An der Middlefield Road zwischen der 1st und 8th Avenue gibt es Tacos an jeder Straßenecke. In diesem Stadtviertel, das nach einem mexikanischen Bundesstaat, auch Little Michoacán genannt wird, ist der überwiegende Teil der Bevölkerung hispanischer Herkunft.

Jack parkt an der Middlefield Road und führt mich in eine Taqueria, die mehr Imbiss als Restaurant ist. Eine einfache Portion kostet hier nur einen Dollar. Wir bestellen an der Theke und setzen uns an einen kleinen Tisch mit Blick auf die Straße. Ich schaue nach draußen und habe das Gefühl, als seien wir in Mexiko gelandet. Die Geschäfte und Restaurants haben fast ausschließlich spanische Namen und Bezeichnungen. Auf der Straße sieht man fast nur Hispanos. Vor wenigen Minuten sind wird noch durch das noble Wohngebiet von Atherton mit seinen ausgedehnten Parkanlagen und dahinter verborgenen Herrschaftshäusern gefahren. Nun befinden wir uns in einer zwar gepflegten aber armen Gegend mit renovierungsbedürftigen flachen Gebäuden, die einen neuen Anstrich vertragen könnten. Ein krasser Gegensatz. Dann wandert mein Blick wieder zurück auf den Tisch, und ich habe bereits eine Ahnung, was auf mich zukommen wird. Zum Würzen stehen nur Salz und Chilisauce auf dem Tisch. Den Pfeffer hat man gleich weggelassen. Während wir auf unser Essen warten, erzählt mir Jack, dass man die kleinen Tortillas aus Mais am besten zunächst mit Olivenöl benetzt und erhitzt, bevor man sie füllt. Dann kommen auch schon unsere Tacos. Das Hackfleisch ist kross gebraten und das Gemüse hat noch Frische. Die Tacos sind wirklich sehr saftig und schmecken fantastisch. Aber kurz nach dem ersten Bissen lodert in meinem Mundraum ein Feuer. Der Schweiß schießt aus meiner Kopfhaut, ich bekomme kaum noch Luft und kann gar nicht genug trinken, um den Brand wieder zu löschen. Jack scheint die Schärfe nichts auszumachen, stattdessen amüsiert er sich über mich und verspeist auch noch meinen zweiten Taco.

Danach fahren wir weiter zu Fernando, der in den Neunzigern in Deutschland gelebt und gearbeitet hatte. Heute betreibt er eine eigene Firma mit acht Mitarbeitern und unterstützt kleinere Unternehmen bei ihren Auftritten in sozialen Netzwerken. Um sich in Stimmung für das Konzert zu bringen, trinken Jack und Fernando Rotwein und rauchen Marihuana. Jack sei dazu berechtigt, sagt er, weil er unter Rückenschmerzen leide. Er habe ein entsprechendes Attest vom Arzt, das ihm aus medizinischen Gründen sie Einnahme gestatte. So ein Rezept sei heute leicht zu bekommen. Die beiden bieten mir immer wieder ihren Joint an, aber ich lehne ab. Vor dreißig Jahren hatte ich aufgehört zu rauchen, und meine damaligen Erfahrungen mit Marihuana waren in ihrer Intensität einfach zu überwältigend und hatten eher den Charakter intensiver spiritueller Offenbarungen. Seitdem halte ich mich zurück. Ich habe auch ohne Drogen Visionen. Da ich heute Abend am Steuer sitze, muss ich mich auch mit dem Wein zurückhalten und trinke nur ein halbes Glas. Endlich trifft auch Mario ein, auf den wir gewartet hatten. Mit seinem Wagen fahren wir in das Stadtzentrum von Redwood City.

Ich erkenne die Broadway Street an der Sequoia Station kaum wieder. Vor fünfzehn Jahren war das Viertel um den Bahnhof der Caltrain wie ausgestorben, eine Gegend, die man bei Dunkelheit besser gemieden hatte. Jetzt strömen Scharen von jungen Menschen durch die Innenstadt. Dazu beigetragen haben sicher auch die ungewöhnlich milden Temperaturen am heutigen Abend. Wir müssen lange nach einem freien Parkplatz suchen. Als wir endlich am Fox Theatre eintreffen, hat das Konzert bereits begonnen und die legendären Zeilen „We don't need no education, We don't need no thought control"[56] sind bis auf die Straße zu hören. Wir versorgen uns mit Getränken und mischen uns unter das Publikum. Auf der Bühne stehen drei Musiker aus meiner Generation am Bass, an der E-Gitarre und am Keyboard. Sie werden verstärkt von einem Schlagzeuger und einem Gitarristen, die ihre Söhne sein könnten, und von zwei Sängerinnen im Hintergrund. Die Band ist musikalisch so virtuos wie ihr Vorbild und spielt die Stücke originalgetreu. In einer Spielpause verlasse ich das historische Theater, das 1929 eröffnet hatte und die ersten beiden Jahrzehnte als Kino und später als Konzerthalle genutzt worden war. Seit seiner Wiedereröffnung im Jahr 2010 hat es dazu beigetragen, das Stadtzentrum neu zu beleben. Draußen bin ich auf der Suche nach einem Schnellrestaurant, denn in der Taquería war ich nicht satt geworden. Wo die Broadway Street die Middlefield Road kreuzt, gibt es zahlreiche Cafés, Restaurant und Bars. Ich versorge mich in einem Schnellimbiss mit einem Burger und Pommes Frites. Gegenüber befindet sich ein großes Kinozentrum. Ich gehe wieder zurück und lasse mich von den Menschenmassen treiben, die immer noch unter den Palmen am Broadway flanieren. Gegenüber der Konzerthalle drehe ich eine Runde über den Courtyard Square vor dem altehrwürdigen Gerichtsgebäude aus dem Jahr 1910, in dem heute das San Mateo County History Museum untergebracht ist. Zwischen den Palmen und angestrahlten historischen Gebäuden fühle ich mich in die Kolonialzeit zurückversetzt. Ein Hauch von Karibik liegt über dem Viertel.

Die Band spielt bereits wieder, als ich ins Theater zurückkomme. Jack und seine Freunde stehen am Rande der Bühne. Sie sind abgetaucht in die sphärische Klangwelt von Pink Floyd, lassen sich berauschen von der farbenfrohen Lightshow, trinken unablässig Bier und rauchen Gras. Fernando steht mit einer Frau zusammen, es ist nicht zu übersehen, dass es zwischen ihnen knistert. Mittlerweile wird vor der Bühne getanzt. Ich schließe mich an und bewege mich ausgelassen im Rhythmus der Musik. Meine verletzte Ferse habe ich heute Abend vergessen. Vor dem letzten Set der Band versorgen wir uns noch einmal mit Getränken. Ich bin der einzige, der nüchtern bleibt, und komme mir zunehmend deplatziert vor, da die anderen auf einer Wolke zu schweben scheinen und ständig vor sich hin kichern. Mittlerweile hat sich Denise, die neue Bekanntschaft von Fernando, unserer Gruppe angeschlossen. Es macht mir viel Spaß, mit ihr zu tanzen und sie dabei zu beobachten. Aber sobald die Musik verklingt und ich mich zu den anderen stelle, fühle ich mich wieder fremd in der bekifften Runde.

Nach der Show fährt uns Mario zurück zu Fernando. Wohl ist mir dabei nicht. Fernando und Denise haben sich abgesondert und ein Taxi genommen. Erst nach Mitternacht sind Jack und ich wieder zurück in Mountain View.

Als ich am nächsten Morgen frühstücke, schlafen meine Gastgeber noch. Bald darauf kommt Laureen in die Küche, begrüßt mich kurz, trinkt eine Tasse Kaffee und verschwindet wieder. Sie arbeitet zurzeit als Verkäuferin in einem Bekleidungsgeschäft und hat an diesem Wochenende Dienst. Später taucht Jack auf. Er ist immer noch ganz benebelt von der vielen Schokolade, die er nebenbei noch verzehrt hatte. Verkatert und müde legt er sich wieder ins Bett. Gegen Mittag erscheint er wieder und wirkt etwas aufgeweckter. Fernando hatte angerufen und vorgeschlagen, gemeinsam essen zu gehen.

Wir treffen uns mit ihm in einem Café an der California Avenue Station in Palo Alto. Nachdem wir bestellt haben, zeigt uns Fernando ein Foto auf seinem Smartphone: eine strahlende Denise bei strahlendem Sonnenschein. Damit hat er uns alles über die vergangene Nacht gesagt. Während des Essens unterhalten wir uns über gestern Abend. Ich frage die beiden, ob es nicht gefährlich sei, mit Marihuana erwischt zu werden, wenn man keine ärztliche Bescheinigung hat. Fernando meint, dass man natürlich aufpassen müsse, um nicht ins Gefängnis zu kommen. Immerhin sei jeder achte Inhaftierte in den USA wegen eines Marihuana-Deliktes eingesperrt.[57] Die Droge sei aber mittlerweile sehr verbreitet und die meisten gingen davon aus, dass Cannabis zukünftig auch in Kalifornien legalisiert werde, so wie bereits in Washington oder Colorado. Dort hätte die Legalisierung auch einen positiven wirtschaftlichen Effekt gehabt, weil eine neue Industrie mit neuen Beschäftigten und zusätzlichen Steuern entstanden sei.

Wir setzen unsere Diskussion über den Strafvollzug fort, und ich erfahre, dass die USA im internationalen Vergleich die höchste Inhaftierungsrate hat. Sie ist höher als in Russland oder China. Dieses Ergebnis wurde in den vergangenen Jahren durch eine private Gefängnisindustrie vorangetrieben, die ihre Gewinne mit zunehmenden Inhaftierungen steigern konnte. Die Gefangenen arbeiten für namhafte große Unternehmen und bekommen dafür einen Hungerlohn. Es ist eine moderne Form der Sklaverei.[58] Die private Gefängnisindustrie hat ein Interesse an voll belegten Gefängnissen. Zwei Jugendrichter wurden vor einigen Jahren im Kids-for-Cash-Skandal verurteilt, weil sie Bestechungsgelder von privaten Betreibern einer Haftanstalt angenommen und Jugendliche für Bagatelldelikte zu übermäßig langen Haftstrafen verurteilt hatten. Nun sitzen sie selbst im Knast.

Radfahren auf dem Bay Trail

Nach dem Essen mit Fernando fährt Jack mit mir zum Fahrradgeschäft. Der Besitzer ist unterwegs, wir treffen nur seine Frau und die beiden Kinder an. Während sich der halbwüchsige Sohn um uns kümmert, steht seine Mutter hilflos hinter der Ladentheke. Der Junge verschwindet unter der Theke und telefoniert mit seinem Vater. Ich sehe nach meinem Rad, das seit gestern unverändert im Montageständer hängt. Nach einer Weile taucht der Junge wieder unter dem Ladentisch auf. Sein Vater sei immer noch auf der Suche nach passenden Ersatzteilen. Jack, der alles mitverfolgt hat, ist nun auch der Meinung, dass mir hier nicht weitergeholfen wird. Er erklärt dem Jungen, dass wir das Rad nun mitnehmen müssten, da ich morgen weiterfahre, und fragt ihn, wie viel die bisherige Reparatur koste. Zwar verlangt er nichts dafür, aber ich drücke ihm dennoch zehn Dollar in die Hand. Er soll keinen Ärger bekommen. Dann verschwinden wir mit dem Reisenden Rahmen aus dem Laden. Vor der Tür macht Jack eine Probefahrt. Er ist überrascht, wie schwer das Rad ist, und meint, es sei viel mühsamer damit zu radeln, als er gedacht hatte. Kein Wunder, er selbst ist die meiste Zeit mit einem Rad aus Fiberglas unterwegs. Dann fährt er langsam mit dem Auto voraus und ich folge ihm mit dem Rad. Nach dem Tanzen am gestrigen Abend, das ich ohne Beschwerden überstanden habe, fühle ich mich fit für eine kurze Radtour. Zu Hause angekommen, ziehen wir unsere Radsportbekleidung an, versorgen uns mit Wasserflaschen und starten los.

Das Haus von Jack und Laureen hat eine Spitzenlage in Mountain View. Die beiden hatten es vor zwanzig Jahren gekauft und der Wert ist seitdem um das Dreifache gestiegen. Obwohl es sehr verkehrsgünstig gelegen ist, hört man kaum etwas vom Lärm der umliegenden Schnellstraßen. Bis zur Caltrain Station läuft man keine zehn Minuten, und in fünf Minuten ist man mit dem Auto auf der 101. Bis zum nächstgelegenen Radweg an die Bay, den Stevens Creek Trail, brauchen wir nicht einmal fünf Minuten. Kurz danach unterqueren wir die 101 und sind schon nach einer Viertelstunde auf dem San Francisco Bay Trail angekommen. Das Wegenetz für Fußgänger und Radfahrer hat eine Gesamtlänge von fast 500 Kilometern und führt durch das Marschland rund um die San Francisco Bay. Mir kommt unsere Tour im flachen Gelände sehr entgegen. Dennoch fahre ich vorsichtig und schone dabei meinen linken Fuß, auch wenn ich bisher keine Beschwerden spüre. Es ist wunderbar, bei strahlendem Sonnenschein hier zu radeln. Die Luft ist um einiges sauberer und frischer als im Ballungsgebiet auf der anderen Seite der 101. Die erste Hälfte unserer Tour fahren wir am Wasser entlang und durchqueren ein Naturschutzgebiet mit vielen Vogelarten. Unterwegs sehen wir immer wieder Gruppen von weißen Pelikanen, die mich ganz besonders begeistern. Das Marschland ist ein beliebtes Naherholungsgebiet für viele Sportarten. Wir begegnen anderen Radfahrern, Joggern, Skatern und einem Kitesurfer, der über uns vorbeizieht.

Jack hat eine Tour gewählt, die um das Moffet Federal Airfield herumführt. Das riesige, von einem hohen Zaun umgebene Gelände umfasst einen Flugplatz mit Landebahnen und Hangars. Es hat eine lange Geschichte. In den dreißiger und vierziger Jahren diente es als Luftwaffenbasis für die Zeppeline der Navy. Im 2. Weltkrieg startete man von hier Beobachtungsflüge an der Pazifikküste, um japanische U-Boote rechtzeitig zu orten. Ende der fünfziger Jahre wurde es von der NASA übernommen, die heute auf dem Gelände ein Forschungszentrum, das Ames Research Center, betreibt.

Das Moffet Field war der Ausgangspunkt für die Entwicklung des Silicon Valley in den vierziger Jahren. Um den Flughafen siedelten sich zunächst Unternehmen der Luftfahrtindustrie an, die später der Hochtechnologie als Sprungbrett dienten. Heute bemüht sich eine große Internetfirma um das Areal und parkt seit 2007 für viel Geld seine Privatjets darauf.

Mittlerweile sind wir fast eine Stunde unterwegs und haben das Moffet Field erst zur Hälfte umrundet. Ich hatte Jack darum gebeten, unsere Tour auf zwanzig Kilometer zu begrenzen, um meine Ferse zu schonen. Nun spüre ich ein erstes Ziehen und dränge darauf, auf dem kürzesten Weg zurückzufahren. Doch Jack überredet mich noch zu einem kurzen Abstecher und zeigt mir das neue Football Stadium der San Francisco 49er. Es befindet sich noch im Bau und soll ab 2014 den Candlestick Park in San Francisco ersetzen.

Von der Stadionbaustelle fahren wir zurück an den Highway 237. Ich bin überrascht, wie viele Radwege es gibt. Etliche verlaufen mit etwas Abstand parallel zu den Schnellstraßen. Als Autofahrer hatte ich sie nie wahrgenommen. Es gibt ein regelrechtes Netz aus Radschnellwegen. Immer wieder führen Tunnel oder Brücken auf die andere Seite eines Highways. Die zahlreichen Radwege, das flache Land und der unablässige Wind erinnern mich an die Niederlande.

Vor fünfzehn Jahren war das Radfahren im Silicon Valley noch nicht so populär wie heute. Nur ein einziges Mal hatten wir mit der Familie eine Radtour unternommen. Wir packten die Fahrräder in den Van und fuhren mit zwei Autos bis zu einem Radweg, wo wir uns mit Freunden trafen. Die restliche Zeit unseres Aufenthalts standen die Räder in der Garage.

Um abzukürzen, fährt Jack durch ein Bürogebiet zurück. Wir passieren die Zentralen und Außenposten vieler bekannter Unternehmen aus der Computer- und Softwarebranche. Am Ende sind wir fast zwei Stunden geradelt und haben fast dreißig Kilometer zurückgelegt. Meine Ferse brennt. Ich packe sie in Eis und lege mich aufs Sofa, bis der Schmerz abgeklungen ist.

Sushi-Meister gesucht

Vor zwanzig Jahren hatte mich Jack in das Sushi-Essen eingeweiht. Ich war sehr neugierig gewesen, es einmal kennenzulernen, aber meine Angst vor dem Verzehr von rohem Fisch hatte mich immer davon abgehalten. Jack entführte mich damals in ein Sushi-Restaurant an der Castro in Mountain View, um mich darauf einzustimmen. Zunächst zeigte er mir, wie man etwas Wasabi, eine scharfe grüne Paste aus Japanischem Meerrettich, in einem Schälchen mit Sojasauce vermischt. Dann bestellte er Maki-Sushi, mit Algen umwickelte Reisröllchen, die mit Gemüse oder Fisch gefüllt sind. Mein erstes Stück war vegetarisch und ich machte mich unter Jacks Anleitung mit der Handhabung der Essstäbchen vertraut, tunkte das Röllchen etwas in die Sauce und führte es in den Mund. Vom ersten Bissen an mochte ich den charakteristischen Geschmack aus Reis, Algen, Sojasauce, Wasabi und frischem Gemüse. Als nächstes probierte ich Makis mit Garnelen und Surimi und schließlich verzehrte ich meinen ersten Uramaki. Hier werden die Algen zur Abwechslung von Reis ummantelt. Meine erste California Roll mit einer Füllung aus Gurke, Avocado und Thunfisch, außen gerollt in geröstetem Sesam, war der Durchbruch. Allmählich verlor ich meine Scheu, Jack konnte mich mit der nächsten Stufe vertraut machen und bestellte Nigiri, Reisröllchen belegt mit einem rohen Stück Lachs (Shake) oder Thunfisch (Maguro). Sie erfordern schon etwas mehr Geschick in der Stäbchenführung. Idealerweise streicht man nur die Oberfläche des Fisches durch die Sojasauce und muss aufpassen, dass sich der Fisch nicht vom Reis löst und in die Sauce fällt. Nachdem ich auch das gemeistert hatte und immer mehr Gefallen am rohen Fisch gefunden hatte, probierte ich weitere Sorten: Makrele (Aji), Heilbutt (Hirame), Tintenfisch (Ika) und Jakobsmuschel (Hotate).

Vor einer neuen Fischsorte kauten wir immer ein Scheibchen Gari, süßsauer eingelegten Ingwer, um den Mundraum zu reinigen und die Geschmacksnerven wieder zu neutralisieren. Zum Höhepunkt und Abschluss meiner Initiation gab es Gunkan-Maki, Reishäppchen, die mit einem Streifen Algenblatt so umwickelt werden, dass ein kleines Boot entsteht. In den offenen Laderaum kommt die Füllung. Jack nannte mir nur die japanischen Namen ohne eine Erklärung: Ikura und Uni. Es war nicht schwer für mich, Ikura als Lachsrogen zu erkennen. Uni war cremig und hatte einen nussigen, mineralischen Geschmack. Wenn Jack verraten hätte, dass sie mit Seeigeleierstöcken gefüllt waren, hätte ich sie bestimmt verweigert. Ohne diese Kenntnis fand ich sie einfach nur pikant.

Nach dieser gelungenen Einführung entwickelte ich mich bald zum Sushi-Liebhaber und steckte damit meine ganze Familie an. An ihren Geburtstagen wollten unsere Kinder immer in Mountain View essen und dort an der Rundtheke sitzen. Die Sushi-Portionen schwammen in einem Wasserkanal auf kleinen Schiffchen an den Gästen vorbei und um die Sushi-Köche herum.

Das Japanische Restaurant Sushi Sam's an der 3rd Avenue in San Mateo gilt als das beste im Silicon Valley. Das unscheinbare Restaurant ist stets gut besucht. Die Gäste sitzen beengt an kleinen Tischen, und an den Abenden müssen sie auf der Straße Schlange stehen, da Reservierungen nicht angenommen werden. Als ich Jack vor drei Jahren das letzte Mal besucht hatte, waren wir dort gewesen.

Heute Abend nach der Radtour schlägt er vor, in ein japanisches Restaurant am Camino Real in Palo Alto zu gehen. Zum Abschluss unseres Forschungsprojektes hatten wir damals mit unserem Team dort in einem separaten Raum diniert und gefeiert. Wir hockten um einen niedrigen Tisch und wurden von einer Geisha bedient, die uns auch mit Gesang und Lautenspiel unterhalten hatte. Heute Abend nehmen wir Platz an der Sushi-Bar.

Wir sitzen keine Minute, da spricht mich ein junger Sushi-Chef an: „Ich kenne Sie!" Es ist Takumi, den ich das erste Mal vor vier Jahren in Mountain View getroffen hatte. Ich war mit meinem Sohn während eines Urlaubs in San Francisco dort essen gewesen. Mit Takumis Erlaubnis hatte ich ihn bei der Arbeit fotografiert und ihm im Gegenzug die Bilder per E-Mail zugeschickt. Er hatte damals gerade angefangen, dort zu arbeiten, und wollte die Bilder seinem Vater zeigen. Eine Rückmeldung hatte ich nie von ihm erhalten. Auf einer Geschäftsreise im darauffolgenden Jahr traf ich ihn wieder dort. Es war ihm sichtlich peinlich, dass er sich nicht gemeldet und bedankt hatte. Und nun treffe ich ihn drei Jahre später in einem anderen Restaurant und erkenne ihn kaum in seiner schwarzen Arbeitskleidung und Mütze. Zuletzt hatte er einen weißen Kittel und ein Stirnband getragen. Er erzählt uns, dass er vor einem Jahr hier angefangen habe, um etwas dazu zu lernen. Ich habe großes Glück, ihn hier getroffen zu haben. Ab Freitag wird er als Sushi-Chef bei einer bekannten Internet-Firma arbeiten. Die großen erfolgreichen Unternehmen im Silicon Valley wetteifern um die besten Sushi-Chefs in der Region.

Buckelwale in Monterey

Am nächsten Morgen heißt es Abschied nehmen von meinen Gastgebern in Mountain View. Der Reisende Rahmen hat einen Platz in ihrer Garage bekommen, wo er die nächsten drei Wochen bis zu meinem Rückflug in der Gesellschaft von drei weiteren Fahrrädern gut aufgehoben ist. Ich verabschiede mich von Jack und Laureen und bedanke mich für ihre Gastfreundschaft.

Mein nächstes Ziel ist die Monterey Peninsula mit den beiden Städten Monterey und Carmel, dessen vollständiger Name Carmel-by-the-Sea lautet. Vor ein paar Tagen sprach ich vor einem Buchgeschäft mit einer Umwelt-Aktivistin. Sie machte mich neugierig auf die Buckelwale, die sich in der Monterey Bay zurzeit so zahlreich aufhalten sollen. Die Bucht zwischen Santa Cruz und Monterey ist wegen der vielen Sandstrände und des milden Mikroklimas ein beliebtes Urlaubsgebiet. An vielen Tagen verläuft die sommerliche Nebelfront weit vor der Küste und ist vom Strand nur noch als graues Band am Horizont zu erkennen. Mit der Familie verbrachten wir manches Wochenende dort, aber in der Monterey Bay hatten wir nie eine Waltour unternommen.

Während unserer Urlaube auf Hawaii konnten wir zahlreiche Wale und Delfine beobachten. Den allerersten Abend auf Maui verbrachten wir kurz vor Sonnenuntergang vor unserer Hotelanlage. Ich saß neben meiner Frau am Strand, unsere Tochter spielte im warmen Sand und unser Sohn schnorchelte im flachen Wasser. Plötzlich kam er auf uns zu gerannt und rief: „Papa, ich habe einen Wal gehört!" Ungläubig folgte ich ihm. Mit Taucherbrille und Schnorchel ausgerüstet legten wir uns im Wasser auf die Lauer und konnten tatsächlich den charakteristischen Gesang eines Buckelwals hören. Wir hatten sie bereits kennengelernt durch die Tonaufnahmen[59] des Walforschers Roger Payne. Ehrfürchtig lausche ich den geheimnisvollen Klängen. Als der Walgesang abrupt verstummte, tauchten wir wieder auf und sahen, wie wenige hundert Meter vor uns ein Buckelwal hoch aus dem Meer sprang und seinen riesigen Körper auf die Wasseroberfläche klatschen ließ. Auf Waltouren vor der Küste Mauis hatten wir weitere eindrucksvolle Begegnungen. Dagegen verblasste unsere erste Tour, die wir vom Pillar Point Harbor aus unternommen hatten. Von der Monterey Bay hatten wir uns nicht viel mehr versprochen. Doch nun möchte ich mir die Gelegenheit nicht entgehen lassen. Wer weiß, ob und wann ich wieder herkomme.

Meine Nachforschungen im Internet hatten ergeben, dass es in der Gegend um die Halbinsel nur einen einzigen Campingplatz zum Zelten gibt. Um mir möglichst früh am Tag einen guten Stellplatz zu sichern, fahre ich von Mountain View direkt dorthin. Ich nehme erst die 101 Richtung Süden, biege eine Stunde später nach Westen in die 156, die in die Küstenstraße 1 übergeht, und komme nach einer weiteren halben Stunde in Carmel an. Über die Carmel Valley Road fahre ich 10 Kilometer landeinwärts in das Flusstal des Carmel River und erreiche den Campingplatz am südlichen Hang. Ich bekomme einen Stellplatz auf einer Terrasse zugeteilt und stelle mein Auto auf einem Sammelparkplatz weiter unten ab. Der Campingplatz ist wunderschön unter Bäumen gelegen. Er ist sehr ruhig, die sanitären Anlagen sind sauber und gepflegt. In der Nähe des Büros hat man eine ausgezeichnete WLAN-Verbindung. Mit gutem Gefühl buche ich zwei Übernachtungen.

Nach dem Zeltaufbau fahre ich zum Fisherman's Wharf nach Monterey, vergleiche die Angebote für Walbeobachtungsfahrten und besorge ein Ticket für morgen früh um 10:00 Uhr. Der alte Hafenkai in Monterey wurde 1870 für Passagier- und Güterschiffe gebaut. Heute legen nur noch Ausflugsboote für Angel- oder Walfahrten an. In den historischen Hafengebäuden auf dem Kai befinden sich heute zahlreiche Restaurants, Imbissstände, Galerien und Läden für Süßigkeiten und Souvenirs. Als besondere touristische Attraktion gelten die Seelöwen, die man bequem vom Kai aus fotografieren kann. Sie lungern auf Plattformen im Meer und warten auf die Fischabfälle aus den Restaurantküchen. Das Wetter ist ideal für eine Seefahrt und soll die nächsten Tage so bleiben. Auch das Licht ist perfekt an diesem frühen Nachmittag, und so schlendere ich auf dem Kai herum und mache Bilder von den grellbunt gestrichenen Häuserfronten vor dem tiefblauen Himmel.

Dann fahre ich weiter und parke an der Cannery Row, die nur eine Meile weiter nördlich beginnt. In der ersten Hälfte des 20. Jahrhunderts säumten Konservenfabriken diese Straße. Dort wurden die Ölsardinen erfunden. Man verpackte die frisch in der Bucht gefangen Sardinen in Blechdosen, die man mit Pflanzenöl auffüllte. In den Fabriken herrschten erbärmliche Arbeitsbedingungen. John Steinbeck beschrieb sie 1945 eindrucksvoll in seinem Roman „Die Straße der Ölsardinen"[60]. Ein besonders großer Abnehmer war die amerikanische Armee. Nach dem Zweiten Weltkrieg brach die Industrie wegen Überfischung der Bucht zusammen. Erst danach entwickelte sich der Ort zu einer touristischen Attraktion. Am nördlichen Ende der Cannery Row wurde 1984 das Monterey Bay Aquarium errichtet. Es ist eines der größten Schauaquarien der Welt und das schönste, das ich je gesehen habe. Da ich in der Vergangenheit schon oft an diesem Ort gewesen bin, setze ich mich an den kleinen friedlichen Sandstrand hinter dem Schokoladenladen, verzehre meinen mitgebrachten Lunch, blicke auf die Bucht und träume vor mich hin.

Anschließend fahre ich weiter am Meer entlang bis zur Nordspitze der Halbinsel, wo das Point Pinos Lighthouse steht, das 1855 erstmals in Betrieb genommen wurde. Leider ist es gerade wegen Renovierung geschlossen und ich kann es nur von außen fotografieren. Nicht weit vom Leuchtturm entfernt geht es zum 17-Mile Drive, einer Route durch die malerische Landschaft entlang der Küste der Halbinsel. In der Vergangenheit bin ich sie einige Male gefahren. Man gelangt an sehenswerte Küstenabschnitte, traumhafte Sandstrände und Felsformationen. Allerdings muss man dafür Eintritt zahlen. Die Strecke endet in Carmel auf der anderen Seite der Halbinsel. Heute fahre ich zurück nach Monterey auf den Highway 1, halte in einem Einkaufszentrum und versorge mich in einem Bio-Markt mit Proviant für die nächsten Tage. Ich freue mich darauf, wieder selbst zu kochen. Und so gibt es frischen Salat und Spaghetti mit Tomatensauce, die ich genüsslich vor meinem Zelt verzehre.

Ausnahmsweise verfügt der Campingplatz über Waschbecken für Küchengeschirr. Beim Spülen unterhalte ich mich mit Steven, einem Senior, der ebenfalls alleine unterwegs ist. Ihm gehört der klassische Airstream Wohnanhänger, den ich bereits von außen bewundert hatte. Ich bin begeistert von diesen stromlinienförmigen Wohnwagen mit ihren blanken Aluminium-Außenhüllen, die in der Sonne glänzen. In ihrer abgerundeten Form sehen sie aus wie verchromte Wale, die an Land gekommen sind und nun über den Asphalt weiterziehen. Noch nie hatte ich einen von innen gesehen, und so lädt mich Steven nach dem Spülen zu einer Besichtigung ein. Er hat seinen Oldtimer aus dem Jahr 1975 selbst restauriert und die ursprüngliche Inneneinrichtung liebevoll wieder instand gesetzt. Durch den Eingang an der Seite gelangt man in den Wohn- und Küchenbereich. Neben der Tür befindet sich eine Zeile aus Spüle und Herd gegenüber einem riesigen Einbaukühlschrank. Man sitzt auf einer gepolsterten Bank an der Stirnseite. Der Schlafraum liegt in der Mitte und ist durch Türen vom Rest des Wagens abgetrennt. Über einen Durchgang zwischen den beiden Einzelbetten gelangt man in das Bad im Heck mit Waschbecken, Toilette und einer Sitzbadewanne. Ein einzelner Reisender hat in diesem Wagen viel Platz, aber zu zweit kann man sich in diesem Schmuckstück bestimmt ebenso wohl fühlen. Steven öffnet immer wieder Türen und Klappen, um mir den vielen Stauraum zu zeigen, von dem er ganz begeistert ist.

Airstream, Inc. wurde 1936 von Wally Byam (1896-1962) gegründet. Seinen ersten Wohnanhänger baute er bereits 1929, nachdem er sein Jurastudium an der Stanford University abgeschlossen hatte. In Anspielung auf die Boeing 314 Clipper, ein von Pan Am betriebenes riesiges Flugboot, erhielt das erste Airstream Modell den Namen Clipper. Die Nachfrage war so groß, dass man mit der Produktion kaum nachkam. Das Design dieses Wohnwagens stammte von William Hawley Bowlus (1896-1967), der vorher für die Konstruktion der Spirit of St. Louis verantwortlich war, mit der Charles Lindbergh 1927 als erster den Atlantik überquert hatte. Bowlus ließ bei der Gestaltung des Airstream seine Erfahrungen aus dem Flugzeugbau einfließen. Die dreißiger Jahre waren in den USA nicht nur ein goldenes Zeitalter für den Bau von Autobahnen und Brücken, sondern auch für den Bau von Automobilen. Bevor sich rein ökonomische Interessen durchsetzen konnten, gab es in den Anfängen viel Spielraum für die ästhetische Gestaltung. Byam und Bowlus entwickelten den Airstream aus dem gleichen Geist heraus wie McCullough und Strauss ihre Brücken. Glücklicherweise ist das Unternehmen Airstream seinem ursprünglichen Design treu geblieben, und die Wohnwagen sind in ihrem typischen Erscheinungsbild bis heute fast unverändert. Männer wie Steven sorgen dafür, dass ihre Geschichte weiterlebt.

Als ich am nächsten Morgen eine halbe Stunde vor Abfahrt am Fisherman's Wharf eintreffe, haben sich bereits einige Fahrgäste an der Anlegestelle eingefunden. Ich reihe mich in die Warteschlange vorm Boot ein und unterhalte mich mit den Umstehenden. Es ist ein wundervoller sonniger Tag. Bevor wir an Bord gehen, müssen wir uns mit Name und Anschrift in eine Passagierliste eintragen. So wird es von der Küstenwache und der Versicherung des Veranstalters gefordert. Endlich können wir auf das Schiff, und sofort beginnt der Ansturm auf die besten Deckplätze. Ich sitze außen auf einer Bank, da ich von dort die besten Fotos schießen kann, schließe eine Weile meine Augen, lasse die kräftige Sonne auf mein Gesicht scheinen und genieße die sommerliche Wärme.

Endlich legt unser Boot ab und verlässt mit langsamer Fahrt den Hafen. Schließlich nimmt es volle Fahrt auf und die Küste hinter uns verschwindet in der Ferne. Neben und hinter mir sitzen zwei Seniorenpaare, die Gäste auf einem Luxusliner sind, der im Hafen vor Anker liegt. Sie sind in

Seattle an Bord gegangen und machen eine Kreuzfahrt entlang der Westküste bis nach Mexiko. Auf dem riesigen Hotelschiff haben sie kaum etwas vom Wellengang gespürt, nun aber rollt und stampft unser kleines Boot bei jeder größeren Welle. Gelegentlich ist es hier wie in einer Achterbahn, und ich behalte den Horizont im Auge, um nicht seekrank zu werden. Die ältere Dame neben mir klammert sich ängstlich an ihren Ehemann. Mit dieser Schaukelfahrt hatte sie nicht gerechnet.

Wir fahren über eine Stunde gen Norden in die Bucht, ohne auch nur einen einzigen Wal zu sehen. Vorne im Cockpit hält der Kapitän Ausschau und verfolgt den Seefunk. Es sind einige Boote unterwegs, sie verständigen sich untereinander über Sichtungen. Vorne an Deck steht die Meeresbiologin und sucht mit einem Fernglas den Horizont ab. Das Boot hält unentwegt den gleichen Kurs, als wüsste der Kapitän, wo die Wale zu finden sind. Währenddessen geht der erste Matrose durch die Reihen und begrüßt jeden Passagier persönlich. Von ihm erfahre ich, dass der Januar die beste Zeit für eine Beobachtungsfahrt ist. Im Moment laufe es nicht schlecht, aber die Crew vermeide es, Hoffnungen zu wecken, die sich vielleicht nicht erfüllen könnten. Mit dem Verkauf des Tickets wird eine Sichtung nicht garantiert. Der Matrose erklärt, dass die Wassertemperatur für das Auftauchen der Wale entscheidend sei. Sei es zu warm, dann zögen sich Krill und Sardinen, die Nahrung der Wale, in tiefere Schichten zurück, und die Wale folgten ihnen.

Plötzlich verliert das Boot an Fahrt. Vor uns dümpelt ein weiteres Boot in der Ferne. Unser Kapitän hat den Kurs leicht geändert und steuert langsam darauf zu. Wir nähern uns der Küste, an deren Ufer zwei gewaltige Schornsteine in die Höhe ragen. Sie gehören zum Elektrizitätswerk in Moss Landing. Als die Meeresbiologin erklärt, dass die Turbinen mit Erdgas und nicht mit Atomenergie betrieben werden, bin ich erleichtert. Die Küste in Kalifornien ist ebenso gefährdet durch Tsunamis wie die in Oregon.

Ich finde es seltsam, dass wir gerade hier die Wale antreffen. Gibt es vielleicht einen Zusammenhang zwischen ihrem Auftreten und dem nahen Kraftwerk? Während wir auf das zweite Boot zufahren, können wir von Weitem Blow-Outs sehen, kleine Fontänen, die durch das Ausatmen der Wale an der Wasseroberfläche verursacht werden. Schließlich erkennen wir einzelne Gruppen von Walen. Vorsichtig nähert sich der Kapitän einer Ansammlung, drosselt die Maschine und lässt das Boot treiben. Zum Aus- und Einatmen erheben sich die Buckel der Wale aus den Wellen und versinken wieder, bis nur noch die Fluken aus dem Wasser ragen und dann in die Tiefe abtauchen. Einige kommen dem Boot sehr nahe und tauchen unter dem Boot durch. Eine Dame, die neben mir steht, ist davon überhaupt nicht begeistert. Jetzt ist die Meeresbiologin ganz in ihrem Element. Sie kommentiert unablässig das Geschehen um das Boot und wir erfahren, dass wir einer Herde von etwa 30 bis 40 Buckelwalen folgen. Wenn sie etwas entdeckt hat, gibt sie uns die Richtung an. 12:00 Uhr ist in Fahrtrichtung, 3:00 Uhr rechts, 9:00 Uhr links und 6:00 Uhr hinter dem Boot. Aber anstatt nur die Blickrichtung zu ändern, hat ein gefährliches Laufen von der einen auf die andere Seite eingesetzt und bringt das Boot zum Schaukeln. Die Ermahnungen des Kapitäns, sitzen zu bleiben, haben kaum eine Wirkung. Allmählich ziehen die Wale davon gefolgt von Seelöwen, die sich in Schwärmen wie springende Delfine vorwärts bewegen. Sie machen Jagd auf die Fische, die von den Walen aufgescheucht und übrig gelassen wurden. Schließlich hat die Show ein Ende, das Boot macht eine Kehrtwendung und nimmt Kurs auf den Hafen von Monterey. Von der Meeresbiologin erfahren wir, warum die Wale hierher kommen. In der Mitte der Bucht ende eine bis zu drei Kilometer tiefe untermeerische Schlucht, die wie ein Trichter auf die Küste zulaufe. Diese Form bewirke, dass an ihrem Ende kaltes und nahrungsreiches Wasser aus der Tiefe aufsteigt. Mit der Aufwärtsströmung gelange auch der Krill, die Hauptnahrung der Buckelwale, an die Oberfläche. Die Wale brauchten dort ihr Fressen nur noch in Empfang zu nehmen.

Vielleicht war der Standort des Kraftwerks am Ende des Monterey Canyon deshalb gewählt worden, weil dort das kühle Wasser aus der Tiefe nach oben steigt. Pro Tag fließen 4,6 Millionen Kubikmeter Wasser durch die Kühlsysteme, das größtenteils dem Meer, aber auch dem Naturschutzgebiet Elkhorn Slough, einer angrenzenden Salzmarsch, entnommen wird. Wer weiß, wie sich die Erwärmung des Umgebungswassers durch das Kühlsystem auf das Ökosystem in Zukunft auswirken wird.

Auf der Rückfahrt wird das Boot plötzlich von einer hohen Welle mitgerissen und in eine bedrohliche Schräglage gebracht. Einige Passagiere rutschen von den Bänken und fallen in die Gänge. Zum Glück wird niemand verletzt. Die ältere Dame neben mir ist erleichtert, als wir im Hafen anlegen. Sie möchte endlich wieder in ihr sicheres schwimmendes Hotel zurück.

Die Tour hat keine drei Stunden gedauert, mir bleibt noch der halbe Tag. Und so fahre ich über den Highway 1 nach Carmel und verbringe dort den Nachmittag und den Abend. Ich mag den Ort mit seinen zahlreichen Restaurants, Cafés, Galerien, Kunstgewerbeläden und interessanten anderen Geschäften. Viele bekannte Künstler und Wohlhabende haben sich hier niedergelassen. Früher lebten hier Ernest Hemingway, John Steinbeck und Jack London. Clint Eastwood war Ende der achtziger Jahre Bürgermeister, und man konnte Kim Novak oder Doris Day auf der Straße begegnen. Dementsprechend teuer ist das Pflaster. Aber da Anschauen nichts kostet, schlendere ich durch das Zentrum und gehe hier und da in ein Geschäft, um mich umzusehen. Das finde ich schon inspirierend genug. Später fahre ich an den Carmel Beach. Er ist der schönste Strand in der Region und besteht aus sehr feinem, fast weißen Sand. Ein Tütchen davon packe ich ab für das Sandmuseum auf Milos. Ich bleibe, bis die Sonne rotgolden im Meer versinkt und der Vollmond über den Bäumen aufgeht.

Am Ende des Tages gehen mir die Wale und Mammutbäume noch einmal durch den Kopf, über die Roger Payne sagte:

Vor Walen und Mammutbäumen fühlen wir uns klein, ich denke, dass die Natur uns Menschen hier etwas Bedeutsames erfahren lässt. Wir müssen begreifen, dass nicht wir die Stars der Show sind.[61]

Von allen Lebewesen erreichen die Bäume das höchste Lebensalter. In ihren Ringen speichern sie die Geschichte der Erde. Die Wale bereisen die Weltmeere und legen alljährlich die weitesten Wege zurück. Zeichnen sie möglicherweise mit ihren Gesängen auch ihre Wege auf, die sie auf ihren Wanderungen erinnern? Sind die Wale gar die akustischen Träger einer dreidimensionalen Karte des Meeresraumes, den sie durchqueren? Plötzlich sehe ich auf einer tieferen Ebene in den Walen und Mammutbäumen die Hüter von Raum und Zeit. Löschen wir mit ihrer Vernichtung das lebende Gedächtnis der Erde? Könnte ohne sie gar das Raum-Zeit-Kontinuums unseres Planeten aus dem Gleichgewicht geraten?

Auf einer Mission

Die Mission San Carlos Borromeo de Carmelo gehört zu den größten und schönsten der 21 Missionen, die von den Franziskanern zwischen 1769 und 1823 in Kalifornien errichtet worden waren. Die Anlage ist weitläufig, mit einer großen Basilika im Zentrum. Seit der Renovierung im Jahr 1981 befindet sie sich wieder in einem sehr guten Zustand. Die Mission Carmel, wie sie auch genannt wird, ist auch sehr beliebt für Trauungen und Hochzeitsfeiern.

Als ich gestern am späten Nachmittag dort ankam, blieben mir gerade noch fünfzehn Minuten, denn um 17:00 Uhr wird die Mission bereits für Besucher geschlossen. Dafür war die Frau an der Kasse großzügig. Sie gewährte mir Einlass, ohne dass ich etwas dafür zahlen musste. Ich war froh, denn das Licht war ganz wunderbar und tauchte das Ocker der Mauern und das Rot der Dachziegel in warmen Glanz. Schon beim Eintreten wusste ich, dass ich am nächsten Morgen wiederkommen würde, um weitere Fotos zu machen.

Die Missionen waren von großer Bedeutung für die Besiedlung der kalifornischen Küste durch die ursprünglich spanischen Einwanderer. Viele Städte, die aus ihnen hervorgegangen sind, legen mit ihren Namen noch heute davon Zeugnis ab: San Diego, Santa Barbara, Santa Monica, San Luis Obispo, San Juan Bautista, San José, Santa Clara, Santa Cruz und San Francisco. Unter Leitung von Padre Junípero Serra erhielt der Orden der Franziskaner 1767 den Auftrag zur Bekehrung der Ureinwohner zum Christentum. Noch heute begegnet man ihm auf der Interstate 280, zwischen San Francisco und San José, wo ein Streckenabschnitt seinen Namen trägt: Junípero Serra Freeway. Die Franziskaner missionierten entlang der Küste von Süden nach Norden und gründeten 1769 in San Diego ihre erste Missionsstation. Unterstützt wurden sie vom spanischen Militär, das etwas abseits in Festungskasernen, sogenannten Presidios, als Schutzmacht für die Padres stationiert war. Eine zweite Mission wurde 1770 in Monterey errichtet, aber bereits ein Jahr später zugunsten dieser Mission hier in Carmel wieder aufgegeben, die an der Mündung des Carmel River, am Ende des fruchtbaren Flusstales, errichtet wurde. Etwas weiter im Landesinneren hatte ich die letzten beiden Nächte kampiert.

Seit wir in Kalifornien gelebt hatten, ziehen mich die Missionen auf magische Weise an. Mich faszinieren ihre historischen Kirchen, Wandelgänge, Brunnen, Höfe und Gärten. Es sind friedvolle Orte inmitten eines Landes, das seine ruhigen Sonntage verloren, und in dem die Geschäftigkeit längst die Oberhand gewonnen hat. Gestern Nachmittag dauerte es keine Viertelstunde, bis ich diese besondere Qualität des Ortes für mich wiederentdeckte. Doch in jenen letzten Minuten vor der Schließung, die ich in der Basilika von San Carlos Borromeo verbrachte, verspürte ich plötzlich eine weitere Qualität. Ich wurde der spirituellen Dimension dieses Ortes gewahr und erfasst von einer feinschwingenden Energie, die meinen Körper durchströmte. Plötzlich erfüllte mich ein Gefühl der Ehrfurcht: die Mission in Carmel war meine erste Reisestation mit geistigem Hintergrund. Im gleichen Moment wurde mir klar, dass ich mich auf einer Mission befinde und mein Jakobsweg der Camino Real ist. Zu seiner Blütezeit Anfang des 19. Jahrhunderts hatte der königliche Weg auf einer Strecke von fast tausend Kilometern die spanischen Missionsstationen miteinander verbunden. Zukünftige Haltepunkte auf meiner Reise werden also die Stationen der Franziskaner sein, die jeweils einen Tagesritt von etwa fünfzig Kilometern voneinander entfernt liegen. Doch werde ich nicht zu Pferde, sondern mit Pferdestärken reisen, und so kann ich an einem Tag auch mehrere Missionen besuchen.

Für San Carlos Borromeo, der ersten Station auf meiner Mission, nehme ich mir heute Morgen gebührend viel Zeit. So früh am Tag beleuchtet das Sonnenlicht die östlichen

Seiten der Gebäude, und ich vervollständige meine gestrige Fotoserie mit weiteren strahlenden Motiven. Es bleibt auch genug Zeit, um mich im Museum und in der Kirche ausführlich umzusehen. Junípero Serra, der 1789 im Alter von siebzig Jahren starb, wurde vor dem Hauptaltar der Basilika beerdigt. Ich setze mich auf eine Kirchenbank, erde mich mit aufgestellten Füßen und stelle mir vor, dass mein Scheitel über ein lichtes Band mit dem Himmel verbunden ist. Dabei atme ich tief und bewusst ein und lasse die Luft wieder ausströmen. Immer tiefer versinke ich in mir selbst und spüre erneut die spirituelle Kraft dieses Ortes, die sich nach einer Zeit der Besinnung und Andacht weiter verstärkt.

Mein nächstes Ziel ist die Mission San Juan Bautista, und dafür nehme ich einen Umweg in Kauf. Statt weiter in südlicher Richtung fahre ich zunächst wieder fünfzig Kilometer nach Norden, erst über den Highway 1, dann auf die 156, die sich später mit der 101 verbindet, bis sie schließlich wieder als 156 Richtung Osten abbiegt. Von da aus sind es nur noch drei Kilometer bis San Juan Bautista. Als ich die Mission im Zentrum des Ortes vor fünfzehn Jahren das erste Mal besuchte, arbeitete ich an einer Fotoserie mit nachgestellten Szenenbildern aus dem Alfred-Hitchcock-Film „Vertigo"[62], der in San Francisco und Umland gedreht worden war. Heute komme ich in anderer Mission.

Auf dem Platz vor der Kirche steht jetzt eine Skulptur von Johannes dem Täufer, dem Namensgeber der Mission. Nur mit einem Lendenschurz bekleidet ist er - von dem ortsansässigen Bildhauer Thomas Marsh - als Ureinwohner vom Stamm der Ohlone dargestellt worden. Johannes streckt seine Arme in die Höhe, als ob er etwas über seinem Kopf mit den Händen umfasst, auf das sein Blick gerichtet ist. Steht man bei Sonnenaufgang zur Wintersonnenwende vor dem Haupteingang der Kirche und blickt auf den Rücken des Täufers, dann hat man den Eindruck, Johannes hielte die aufgehende Sonne in den Händen.

Zum gleichen Zeitpunkt wiederholt sich innerhalb der Kirche seit zwei Jahrhunderten ein eindrucksvolles Lichtspektakel, so das Wetter mitspielt. Kurz nach der Morgendämmerung erscheint ein leuchtendes Rechteck an der Wand links neben dem Altar. Langsam bewegt es sich, erst golden, dann feurig rot, bis es den Altar erreicht hat. In diesem Moment öffnet jemand die große Doppeltür der Kirche und ein Fluss aus Licht schießt durch den über fünfzig Meter langen Hauptgang. Dann wird jedes Gemeindemitglied einzeln durch diesen Lichtgang zum Altar geführt. Für viele Ureinwohner war die Wintersonnenwende der gefürchtetste Tag des Jahres. Sie glaubten, die Sonne liege im Sterben und nur ihre Wiedergeburt könne ein Überleben sichern. Der Archäologe Rubén G. Mendoza von der California State University, Monterey Bay, konnte vergleichbare Lichteffekte[63] in mindestens 13 kalifornischen Missionen nachweisen, die an wichtigen Festtagen der Eingeborenen in Erscheinung treten. So ist ein ähnliches Spektakel am Morgen der Sommersonnenwende in der Mission Carmel zu beobachten. Franziskanermönche waren meisterhafte Gestalter des Lichts, wenn es darum ging, die Menschen in ihren Bann zu ziehen.

Ich begebe mich in den idyllischen Missionsgarten im Inneren der Anlage. Er wurde liebevoll mit vielen blühenden Blumen und Kakteen angelegt und muss mit Hingabe gepflegt worden sein, denn viele Pflanzen haben inzwischen ein üppiges Ausmaß angenommen. Die Mission San Juan Bautista ist heute ein ebenso ruhiger Ort wie die Stadt, die ihren Namen trägt. Sie liegt etwas abseits vom Hauptverkehr. Die Einwohner sind überwiegend hispanischer Abstammung. Es ist ausgesprochen heiß hier im Inland, nur wenige Kilometer von der Küste entfernt. Zur Mittagszeit ist die Hauptstraße menschenleer, es ist Zeit für eine Siesta. Nachdem mich der Aufenthalt in der Mission geistig erfrischt hat, stärke ich mich nun körperlich in einem Restaurant.

Dann folge ich dem Camino Real über die 101 weiter in südlicher Richtung und passiere schon bald den Ort Salinas. Dahinter erstreckt sich bis King City das Salinas Valley, eine weite fruchtbare Ebene mit endlos scheinenden Feldern, auf denen Gemüse und Wein angebaut werden. Es ist die produktivste landwirtschaftliche Region Kaliforniens. Die 101 folgt dem Salinas River, der das Tal mit Wasser versorgt. Hier wird Landwirtschaft in industriellen Ausmaßen betrieben. Der Hauptteil des Landes ist im Besitz der Agrarindustrie, die vor allem Lohnarbeiter hispanischer Abstammung beschäftigt. Schnurgerade verläuft der Highway 101 durch die eintönige Ebene mit ihren gleichförmigen Feldern zu beiden Seiten der Autobahn. Die Fahrt ist ermüdend. Nach 50 Kilometern nehme ich die Ausfahrt 301 und folge den Schildern zur Mission Soledad, die etwa zehn Kilometer abseits des Highways inmitten der riesigen Anbaufläche liegt. Es ist eine kleine, fast unscheinbare Missionsstation, die ihren Zauber erst im Inneren offenbart. Die Rast innerhalb der kühlen Mauern tut mir gut. Es ist ein Ort der Stille und der tiefen Ruhe. Ich entzünde drei Kerzen im Gedenken an jene Verstorbenen, die mir am nächsten standen: mein Vater, Karina und mein Bruder Manfred. Auf einer Bank vor dem Altar lasse ich mich nieder und versetze mich ein weiteres Mal in einen meditativen Zustand der Versenkung.

Seelisch und körperlich erfrischt kehre ich zurück auf den Camino Real. Nach etwa dreißig Kilometern gelangt man über die Ausfahrt 283 zur Mission San Antonio, doch diese Mission lasse ich aus, da sie sich zu weit abseits des Highways befindet. Heute Abend werde ich von Freunden in San Luis Obispo erwartet. Mein letztes Zwischenziel ist deshalb die Mission San Miguel Arcángel, die kurz vor Paso Robles direkt an der 101 liegt.

Als ich ankomme, wird sie gerade geschlossen, doch man gestattet mir noch einen kurzen Blick in den Hofgarten. Der größte Teil ist aufgrund von Bauarbeiten ohnehin gesperrt für Besucher. Die Kirche aber bleibt weiter geöffnet. Obwohl sie infolge eines Erdbebens im Jahr 2003 durch Mauerrisse geschädigt wurde, konnte sie nach sechs Jahren der Instandsetzung wieder ihre Tore öffnen. Das Innere der Kirche blieb glücklicherweise unversehrt. Die farbenfrohen Wandmalereien stammen aus dem Jahr 1821. Unter Anleitung eines spanischen Amateurmalers wurden sie von ansässigen Ureinwohnern der Salinas gemalt. Die Seitenwände sind mit hellblauen dorischen Säulen geschmückt. Die Deckenbordüre ist in rötlichen Farbtönen gestaltet. Säulen und Bordüre bilden eine Galerie für eine Serie von Ölgemälden. Eindrucksvoller Hintergrund der Kanzel ist ein großer lachsfarbener Fächer. Die gegenüberliegende Wand wiederholt das Motiv. Glanzstück der Kirche ist jedoch der Altar aus geschnitztem Holz. Statuen und Säulen sind so bemalt, als wären sie aus Marmor. Ein dramatisches Auge Gottes oberhalb des Altars wacht über das Kirchenschiff. Es schwebt vor einer Wolke, hinter welcher die Strahlen einer goldenen Sonne hervortreten. Herzstück des Altars ist die hölzerne Statue des Erzengels Michael.

In einer der ersten Bänke hat sich eine junge Frau niedergekniet und ist versunken in ihrem Gebet. Ich beende mein Knipsen, es durchhallt den ganzen Raum. Ich möchte die Frau nicht stören und verlasse die Kirche. Auf der Suche nach einer Außenansicht der Mission, die von der frühen Abendsonne beleuchtet wird, fahre ich mit meinem Wagen in eine Hofeinfahrt auf der südwestlichen Seite der Anlage. Jedoch erweist sich der Hof schnell als fotografische Sackgasse.

Stattdessen treffe ich hier auf einen großen hageren Mann mit Bart und einer Plastiktüte voll Obst in den Händen. Er steht neben einem Auto und spricht mit dem Fahrer. Als ich neben den beiden halte, verabschieden sie sich. Der Hagere bedankt sich beim Spender der Früchte und kommt zu meinem Wagen. Ich habe das Fenster heruntergekurbelt und frage ihn, wie ich auf die westliche Seite der Anlage gelangen kann. Er erklärt mir den Weg und beginnt sogleich eine Unterhaltung. Dabei spricht er in einem warmen und ruhigen Ton, und sein klarer Blick trifft meinen. Ich steige aus, um das Gespräch in Augenhöhe fortzusetzen, muss aber feststellen, dass er mich auch im Stehen noch um einen Kopf überragt. Er heiße Joseph, sagt er, und lenkt das Gespräch sogleich in eine religiöse Richtung. Er bietet mir an, jeden Tag für mich zu beten, wenn ich nur ein einziges Mal für ihn und seinen Bruder David ein Gebet spräche. Überrascht von diesem Angebot, das mir nur wenig abverlangt, erkläre ich mich einverstanden mit dieser Vereinbarung.

Joseph erzählt mir aus seinem Leben und wie er zu Gott fand. Vor dreizehn Jahren hatte ihn seine Frau verlassen. Das hatte ihm das Herz gebrochen. In gewisser Weise fühle ich mich mit ihm verbunden und erzähle ihm, dass meine Frau vor zehn Jahren verstorben ist. Spontan bietet er mir an, nicht nur für mich, sondern auch für sie zu beten. Unsere Namen, Rolf und Karina, notiert er fein säuberlich mit einem abgewetzten Bleistift in ein kleines, verschlissenes Notizbuch. Dann fährt er fort mit seiner Geschichte. Seine Wandlung habe mit dem Lesen des Textes „Der Vater spricht zu seinen Kindern"[64] begonnen. Er stamme von Mutter Eugenia Elisabetta Ravasio (1907-1990). Ihrem Bekenntnis nach wurde ihr der Text von Gott, dem Vater, im Jahre 1932 in Latein diktiert, obwohl sie selbst dieser Sprache nicht mächtig war. Joseph bekennt, dass er seitdem Gott seinen Vater nenne. Er empfiehlt mir ebenfalls, den Text zu lesen. Er sei leicht im Internet zu finden. Und so mache ich mir Notizen, um später am Abend danach zu suchen.

Joseph wirkt aufrichtig und klar auf mich. Ich erlebe ihn als einen Mann, der im Frieden mit sich und der Welt ist. Er nimmt das Leben so an, wie es ihm gegeben wird, und ist frei von Sorge. Gott, der Vater, so vertraut er mir an, gäbe ihm immer das, was er brauche. Manches davon mag sich im ersten Moment nicht immer gut anfühlen, doch erweise es sich stets als etwas, was ihn weiter führe, ihm etwas Anderes, für ihn Bestimmtes eröffne, auch wenn der Ausgangspunkt manchmal mit Schmerzen verbunden sei. Ich habe das Gefühl, dass dieser Mann tatsächlich im Jetzt lebt, denn in seiner Gegenwart fühle ich mich eben dort.

Gerne hätte ich das Gespräch noch weiter geführt mit diesem Gottesmann. Doch mir bleibt nicht mehr viel Zeit bis zu meiner Verabredung in San Luis Obispo. So nehmen wir beide Abschied voneinander und segnen gegenseitig unsere Wege. Beim Herausfahren aus dem Hof entdecke ich seine Habseligkeiten, die er neben einer Mauer abgestellt hat. Auf einem abgenutzten Campingbett liegen Decken und ein paar Plastiktüten mit seinen Habseligkeiten.

Abends vor dem Schlafengehen spreche ich ein Gebet für ihn und seinen Bruder David. Im Internet finde ich das Gebet „Gott ist mein Vater" der Mutter Eugenia, das mit den Worten beginnt:

Mein Vater, der Du in den Himmeln bist, wie ist
das Wissen darum, dass Du mein Vater bist und ich
Dein Kind bin, süß und erhaben! Vor allem wenn der
Himmel so düster und das Kreuz auf meiner Seele all zu
schwer lastet, dass ich das Bedürfnis verspüre, Dir zu
wiederholen: Vater, ich glaube an Deine Liebe für mich!
Ja, ich glaube, dass Du mir in jedem Augenblick meines
Lebens Vater bist und dass ich Dein Kind bin!
Ich glaube, dass Du mich mit unendlicher Liebe liebst!
Ich glaube, dass Du Tag und Nacht über mich wachst,
und dass ohne Deine Erlaubnis kein einziges Haar von
meinem Kopfe fällt!
Ich glaube, dass Du, unendliche Weisheit, besser weißt als
ich, was für mich nützlich ist.
Ich glaube, dass Du, unendliche Macht, auch aus dem Übel
das Gute hervorbringst!

Ich glaube, dass Du, unendliche Güte, denen, die Dich lieben, alles zum Vorteil gewährst: selbst unter den Händen, die schlagen, küsse ich Deine Hand, die heilt! [65]

Das gute Leben

Als ich am frühen Abend in San Luis Obispo ankomme und auf die Villa mit den zwei runden Ecktürmen hochblicke, vergleiche ich zur Sicherheit den Eintrag in meinem Adressbuch mit den Angaben meines Navigationssystems. Wie ein Schloss thront dieses Anwesen über dem Tal. Hier also wohnen Tom, ein Kollege aus früheren Zeiten, und seine Frau Susan. Letztes Jahr hatte ich zu meinem Firmenausstand geladen. Auch befreundete Kollegen aus dem Ausland. Tom konnte nicht kommen, hatte mich aber in seiner Antwort spontan eingeladen, und nun war die Gelegenheit für einen Besuch gekommen. Während ich nochmals ungläubig seine Adresse überprüfe, hat er mich bereits entdeckt. Über die steile Einfahrt kommt er mir entgegen und zeigt mir, wo ich mein Auto parken kann. Nach der Begrüßung führt er mich durch den Haupteingang in ein Atrium, das die beiden Türme miteinander verbindet. Von einer Treppe kommt uns Susan entgegen. Es ist das erste Mal, dass ich sie treffe. Tom war nach ihr vor einem halben Jahr in den Ruhestand gegangen. Vor drei Jahren hatten die beiden dieses wunderbare Anwesen erworben, und waren ein Jahr später aus dem Silicon Valley hierher gezogen.

Mit meinen Gastgebern gehe ich durch den Eingangsbereich. Das Licht durchflutete Atrium ist der zentrale Bereich des Hauses, von dem aus man in alle anderen Zimmer gelangt. Durch ein großflächiges raumhohes Fenster zwischen den Türmen hat man einen grandiosen Blick in das

Tal und auf die umliegenden Berge. Im Hochsommer schützen Rollos aus Gaze vor der Sonne und erlauben dennoch einen Blick nach draußen. Über Luftkanäle strömt nachts die abgekühlte Bergluft von unten in das Haus und verdrängt die warme Raumluft durch Öffnungen im Dach. Ohne eine Klimaanlage sorgt das System so ganzjährig für angenehm temperierte Luft.

Susan, die als Landschaftsarchitektin arbeitete, hat nicht nur den Garten angelegt, sondern auch das Haus liebevoll und mit viel Geschmack eingerichtet und mit Möbeln, Bildern und anderen Kunstgegenständen ausgestaltet. Dabei hat sie die Einrichtung zurückhaltend ausgewählt. Kleinere Sitzgruppen laden zum Niederlassen ein und bieten neue Blickwinkel in den Raum. Minimale Arrangements fordern das Auge zum Verweilen auf. Die Ausstattung belebt das Haus, ohne es zu überladen. Doch es wird auch belebt von einem großen ausgewachsenen Deutschen Boxer und einem kleineren Boston Terrier. Da ich Angst vor großen Hunden habe, hatte ich Tom bereits am Telefon gebeten, sie bei meiner Ankunft zurückzuhalten. Nun sind sie auf der Terrasse ausgesperrt und drücken ihre Nasen an der Glastür platt.

Als erstes führt mich Tom in das Gästezimmer im Erdgeschoss des Ostturmes. Es ist ein großzügiger, runder Raum, von dem ein Teil als Bad abgetrennt ist. Der Zugang dorthin setzt die Rundung des Zimmers in einer Spirale fort, Toilette und Dusche sind wie in einem Schneckenhaus verborgen. Die Einliegerwohnung hat einen eigenen Eingang und eine Küchenzeile, die unauffällig in den Wohnraum integriert ist. Ein Doppelbett bietet reichlich Platz zum Schlafen. Von einem Schreibtisch aus blickt man durch drei große Fenster auf den Hügel Cerro San Luis Obispo, der auch Madonna genannt wird. In diesem Appartement wohnen Toms und Susans Kinder mit ihren Familien, wenn sie zu Besuch kommen, und zuweilen auch Freunde. Ich fühle mich geehrt, hier zu sein. So viel Komfort, so viel Platz hatte ich seit Wochen nicht mehr für mich gehabt. Das Zimmer ist hell und ruhig wie das ganze Haus, ein Ort zum Wohlfühlen, Genießen und Entspannen.

Tom hat bereits alles für eine leckere Pizza Napoli mit grünem Salat bereitgestellt, und während er sie zubereitet, räume ich meine Sachen ins Gästezimmer. Dann gehe ich hinauf in die Küche, die im Obergeschoss des Ostturmes liegt. Sie ist Toms Reich. Vom Fenster über der Küchenzeile blickt man ins Atrium. Durch ein Dachfenster fällt Licht auf den Esstisch in der Mitte des Raumes. Ein Triptychon aus Rundbogenfenstern bietet eine erhabene Sicht auf die Madonna. Toms Küche ist ein sakraler Ort. Hier kocht der Hausherr höchst persönlich. Aus einfachen Zutaten macht er großartige Gerichte. Jeden Abend wird er für uns ein köstliches Menü zaubern und dazu fantastisch mundenden Wein aus der Region anbieten. Ich genieße die feinen Mahlzeiten und die Gespräche mit meinen Gastgebern.

Wir unterhalten uns über das Leben im Ruhestand. Die beiden sind sehr glücklich hier und gestalten ihre freie Zeit mit allem, was ihnen Spaß macht. Sie wandern viel, genießen das warme Klima und die klare Luft in den Bergen. Tom fährt viel mit dem Rad und hat gerade damit angefangen, klassische Gitarre zu lernen. Susan besucht einen Yoga-Kurs. Die Kinder und Enkelkinder kommen gelegentlich zu Besuch, und auch sie selbst gehen von Zeit zu Zeit auf Reisen. Doch die meiste Zeit verbringen sie auf ihrem Alterssitz. Bei aller Eleganz und allem Komfort, den sie sich nach einem erfolgreichen Arbeitsleben erschaffen haben, sind sie doch immer bescheiden geblieben und wissen, wo ihre Grenzen sind. Mit dem Kauf des Hauses hatten sie sehr viel Glück. Am meisten überrascht es mich, dass sie für ihr Anwesen nicht viel mehr bezahlt haben als ich für meine Doppelhaushälfte in Wiesloch. Sie waren einfach zur richtigen Zeit am richtigen Ort und nahmen an, was das Leben ihnen gerade bot.

Als junger Mann hatte Tom Philosophie studiert und beschäftigt sich seit seiner Pensionierung wieder verstärkt mit philosophischen Themen. Er liest gerade das Buch von Robert und Edward Skidelsky: „Wie viel ist genug? Vom Wachstumswahn zu einer Ökonomie des guten Lebens".[66] Die beiden Autoren, Vater und Sohn, Ökonomie- und Philosophieprofessor, ergründen darin, was es heißt, gut zu leben, wozu Reichtum da ist und was ein erfülltes Leben ausmacht. „Wem genug zu wenig ist, dem ist nichts genug"[67], lautet die Widmung zu Anfang des Buches. In den kommenden Tagen möchte ich das gute Leben meiner Gastgeber erfahren und für mich herausfinden, ob es mir genügt.

Als sich Tom und Susan nach dem Essen dann eine TV-Show ansehen, ziehe ich mich ins Gästezimmer zurück. Ich spreche das Gebet für Joseph und seinen Bruder David und gehe früh zu Bett. In der wohltuenden Atmosphäre des Hauses genieße ich meine Rolle als Gast, die Sicht auf eine traumhafte Umgebung, die Stille und die klare Luft in den Bergen. Hier kann ich wunderbar entspannen und loslassen.

Als ich am nächsten Morgen in die Küche komme, haben die beiden bereits gefrühstückt. Susan ist fast schon auf dem Weg zum Yoga, Tom nippt noch an einer Tasse Kaffee und liest in der Tageszeitung. Doch die beiden sind nicht die einzigen, die mich begrüßen. Kaum habe ich einen Fuß in die Küche gesetzt, heißen mich auch schon die beiden Hunde willkommen. Sie beschnuppern mich und versuchen, an mir hochzuspringen. Ich bin froh, dass Tom in der Nähe ist und sie immer wieder zurückruft, wenn sie zu aufdringlich werden. Der erste Schreck sitzt mir noch in den Gliedern, als mir klar wird, dass nun kein Weg mehr an den Hunden vorbeiführt. Ich muss mich mit ihnen arrangieren.

Tom hat ein Früchtebrot gebacken und Kaffee gekocht. Wir reden über den drohenden Government Shutdown. Die Mehrheit der Republikaner im Kongress will ihre Zustimmung zum jährlichen Bundeshaushalt verweigern, sodass die

Regierung nur noch auf Sparflamme arbeiten kann. Präsident Barack Obama soll in die Knie gezwungen werden, um die von ihm geplante Krankenversicherungsreform zu verhindern. Tom erklärt mir das Vorgehen der ewig Gestrigen und was es mit der Poison Pill, der Giftpille, auf sich hat, die man dem Präsidenten verabreichen will. Ich verstehe sie nicht und bin kaum in der Lage, ihrer Logik zu folgen. Mich befremdet diese Auseinandersetzung und wie sie geführt wird. Etwa jeder siebte Amerikaner ist nicht krankenversichert und eine kleine einflussreiche und wohlhabende Minderheit möchte, dass es dabei bleibt. Wie soll man das mit gesundem Menschenverstand nachvollziehen? In medizinischen Notfällen sind Krankenhäuser dazu verpflichtet, nichtversicherte oder nicht ausreichend versicherte Patienten zu behandeln. Abgewiesen werden kann nur jemand, der sich noch nicht in einer ernsthaften Notsituation befindet. In Centralia hatte man mich mit meiner entzündeten Achillessehne an eine entsprechende Notaufnahme verwiesen. Die Bescheinigung meiner privaten Auslandskrankenversicherung wurde ohnehin ignoriert.

Nach dem Frühstück mache ich mit Tom eine kleine Wanderung auf den Bishop Peak. Mit 471 Metern ist er der höchste der sogenannten Nine Sisters, einer Kette von Vulkanbergen, die sich von Morro Bay an der Küste bis nach San Luis Obispo erstreckt. Mit Rücksichtnahme auf mein Fersenproblem steigen wir nicht bis zum Gipfel hinauf, sondern begnügen uns mit einer darunter liegenden Anhöhe, von der man bereits eine eindrucksvolle Sicht auf die anderen Vulkanschwestern hat. Raubvögel kreisen unablässig über uns. Sie sind auf der Suche nach Beute und fliegen in unmittelbarer Nähe an uns vorbei, lassen sich tragen von den Aufwinden und gleiten ohne jede Kraftanstrengung. Die Leichtigkeit ihres Fluges und die Klarheit der Bergluft erreichen auch mein Gemüt. Sie helfen mir, mich weiter zu entspannen und alle Schwere von mir fallen zu lassen. Die Qualität der Natur in den Bergen ist eine ganz andere als jene an der Küste, wo das Element Wasser dominiert. Hier oben herrscht das Element Luft.

Als wir an einem Speichertank für Trinkwasser vorbeikommen, erzählt mir Tom, dass in seiner Region ein Streit um das immer knapper werdende Wasser ausgebrochen sei. In den letzten Jahren habe es kaum geregnet, das Grundwasser sei immer tiefer gesunken und die Wasserreservoire hätten lange schon ihren Minimalstand erreicht. Die großen Agrarfirmen aber entzögen der Allgemeinheit und den privaten Farmen weiterhin Wasser. Die Gesetze über eine kontrollierte Grundwasserentnahme seien deshalb immer wieder geändert worden. Die Großkonzerne hätten aber stets einen neuen Weg gefunden, um ihren Bedarf an Wasser zu decken. Wurde die Entnahme von Wasser an die Grundfläche gekoppelt, kauften sie noch mehr Land. Begrenzte man die Anzahl der Bohrungen, wurden die existierenden erweitert, indem man tiefer bohrte oder Rohre mit größerem Durchmesser installierte. Wasser sei in Südkalifornien zu einem teuren Gut geworden, die ausreichende Versorgung damit das größte Problem der hier lebenden Menschen.

Als die Hitze gegen Mittag zunimmt, machen wir uns wieder auf den Rückweg. Am Ausgang des Naturparks macht mich Tom auf ein dort geparktes Fixie aufmerksam. Ein Fixed Gear Bike ist ein Rad mit starrem Gang, ohne Gangschaltung, Rücktrittbremse und Freilauf. Bei diesem hier ist das Hinterrad auf der einen Seite mit einem kleineren und auf der anderen Seite mit einem größeren Zahnrad bestückt. Um den Gang zu wechseln, spannt man einfach das Hinterrad aus und wendet es. Derzeit sei diese Art von Rädern sehr beliebt in den USA.

Zu Hause angekommen führt mich Tom durch den verbleibenden Teil des Hauses. Im Untergeschoss des Westturmes hat er für sich ein Arbeitszimmer eingerichtet. Im Obergeschoss befindet sich ein Wohnzimmer mit einer Tischgruppe für größere Gesellschaften. Von hier aus hat man nicht nur eine freie Sicht auf die Madonna im Süden, sondern auch auf den Bishop Gipfel im Westen. Das Haus ist in den Hang gebaut. Die Wand nach Norden liegt unter der Erde. Hier auf der kühlen, schattigen Seite des Hauses befindet sich das Schlafzimmer. Durch das Fenster in der Zimmerdecke kann man die Sterne und die Milchstraße beobachten. Ein Fenster auf der Ostseite lässt die Morgensonne herein. Das Bad und ein Wäschezimmer liegen westlich vom Schlafzimmer. Weiter westlich mit Blick auf den Bishop hat Susan ihr Arbeitszimmer. Vor einer gemütlichen Sitzgruppe steht ein großer Fernseher.

Bald darauf ist auch Susan wieder zurück vom Yoga und die beiden entführen mich nach Morro Bay zum Lunch. Wir parken am Yachthafen bei einem Fischmarkt, wo es die besten Fish and Chips mit Heilbutt gibt. Wir sitzen auf der Terrasse mit Blick auf die Bucht. Hier erhebt sich der Morro Rock eindrucksvoll aus dem Meer, ein weiterer Vulkanberg der Nine Sisters. Mit einer Höhe von 176 Metern ist er der kleinste Felsen in der Kette und ihr westlicher Abschluss. Nach dem Essen schlendern wir die Wasserfront entlang und beobachten Pelikane, die sich hier tummeln wie die Möwen an der Nordsee, immer auf der Suche nach Fischabfällen, die von den Restaurantköchen ins Wasser geworfen werden.

Nach unserem Hafenbummel durch Morro Bay fahren wir wieder zurück. Meine Gastgeber ziehen sich zu einem Mittagsschlaf zurück, und auch ich lege mich auf mein Bett und gebe mich meinen Tagträumen hin. Am späten Nachmittag ist ein Ausflug zum Farmer's Market in San Luis Obispo geplant. Wie jeden Donnerstag ist dafür die Haupteinkaufsstraße, die Higuera Street zwischen Osos und Nipomo Street, von 18:00 bis 21:00 Uhr für den Verkehr gesperrt. Diese Woche ist sehr viel Betrieb in der Stadt, denn das Wintersemester an der California Polytechnic State University, kurz Cal Poly genannt, hat am Montag begonnen. Überhaupt ist das Leben in San Luis Obispo durch die Universität geprägt. Die Hälfte der 45.000 Einwohner ist dort beschäftigt oder studiert. Gruppen von Studenten sind heute Abend unterwegs, die ihr Wiedersehen nach der Sommerpause feiern. Zu den Besuchern zählen auch Eltern, die ihre Kinder zurück in die Universitätsstadt gefahren haben und die Reise mit einem Kurzurlaub in der Region verbinden.

Im südlichen Teil des Marktes lockt der Geruch von Gegrilltem. McLintocks Barbecue darf man sich nicht entgehen lassen. Jede Woche beginnen sie ihr Ritual mit der patriotischen Hymne: "God bless America, Land that I love."[68] Sie wollen nicht nur Gegrilltes unters Volk bringen, sondern auch Spaß verbreiten und selbst daran Freude haben. "Whattya have, whattya have?" schreit der Vormann in die Menge. Dann ruft er "Fünf kurze Rippen!", und seine Crew wiederholt diesen Auftrag im Chor. Und schon begrüßt er lautstark den nächsten Kunden in der Schlange: "Woll'n Sie 'ne Rippe? Oh ja, 'ne Rinderrippe." Er spornt sein Team an: "Knochen raus! Knochen raus!", und das Team wiederholt lautstark seine Anweisung. Mit einem "Bone appetite, Sir, bone appetite, Sir!" entlässt er den Rippchen-Kunden und brüllt in die Menge: "Leute, Leute, wie geht's euch heute?" Und so geht es weiter, bis der Markt schließt oder das Essen ausgeht. Diese Verkaufsschau gibt es seit 1976. An jedem Markttag werden hier auf diese Weise 2000 bis 2500 Portionen Essen unter das Volk gebracht.

Eine ungewöhnliche Attraktion bietet die Bubblegum Alley, allerdings nur für Leute mit robustem Magen und starken Abwehrkräften. Es handelt sich um das wahrscheinlich unappetitlichste Sträßchen der ganzen Westküste. Seit den Sechzigern werden beide Seiten der engen Gasse auf einer Länge von einundzwanzig Metern bis in eine Höhe von fast fünf Metern mit durchgekauten Kaugummis beklebt, bespuckt und beworfen. Vor ein paar Jahren hatte die Feuerwehr versucht, die Wände mit einer Wasserspritze von der klebrigen und unhygienischen Masse zu befreien. Doch was hier in die Luft geschleudert wurde, fiel ein paar Meter weiter als Regen auf Passanten nieder. Seitdem beschränkt sich die Stadt darauf, den Gehweg in der Gasse einmal pro Woche zu reinigen. Sie zieht täglich Hunderte von Besuchern an. Heute Abend drängen sich junge Leute in der vollgeklebten Häuserspalte und lassen den Anblick der durchgekauten und ausgespuckten Gummis und die Reste der süßlichen Ausdünstungen auf sich wirken, um im Wettstreit die Grenzen der Erträglichkeit auszutesten. Mir reicht ein kurzer Blick und ich verspüre sofort den Wunsch, mich von diesem Ort zu entfernen.

Die Hauptstraße ist erfüllt von den Rufen der Marktleute, dem Lachen und Reden der Besucher, und von Musik, die aus den Seitenstraßen dringt. Bands spielen dort und Barden mit Gitarre singen ihre Lieder. Die Bauern aus der Region haben ihre Stände am nördlichen Ende des Marktes aufgebaut und bieten frisches Obst, Gemüse und andere landwirtschaftliche Produkte an. Viele von ihnen sind Biofarmer. Tom und Susan kaufen hier ein, denn für morgen Abend werden weitere Gäste erwartet. Auch der Fachbereich für Landwirtschaft hat einen eigenen Stand mit Produkten, die von Studenten angebaut und hergestellt werden. Wir entziehen uns dem Trubel, finden in einer Seitenstraße ein ruhiges Restaurant und stärken uns mit einem Salat aus gegrilltem Hühnerfleisch. Als wir zurückkommen, ist es schon spät. Müde falle ich nach diesem ereignisreichen Tag ins Bett.

Am nächsten Morgen öffne ich verschlafen meine Zimmertür und schließe sie auch gleich wieder. Vor der Tür hocken erwartungsvoll die beiden Hunde, wedeln mit ihren Schwänzen und wollen mich begrüßen. In meiner Not rufe ich Tom. Die Hunde reagieren sofort auf seinen Befehl und ich höre, wie sie nach oben laufen. Vorsichtig taste ich mich hoch bis zur Küche, von wo mir Tom bereits entgegenkommt und die beiden Tiere weiter zurückhält. Beim Frühstücken streichen sie um mich herum und schnuppern an meinen Hosenbeinen.

Dann mache ich mich alleine auf den Weg in die Stadt, in der ich mich jetzt gut orientieren kann. Als erstes besuche ich die Mission San Luis Obispo de Tolosa im geschäftigen Stadtzentrum. Ihr Namensgeber ist Ludwig von Toulouse, auch bekannt als Louis d'Anjou (1274-1297). Sein Leben hatte schon als Kind einen dramatischen Verlauf genommen. Nachdem er während einer Kriegsgefangenschaft als 16jähriger an Tuberkulose erkrankte, wieder gesundete und freikam, verzichte er auf den Thron von Neapel und trat 1296 am Heiligen Abend dem Franziskanerorden bei. Er wurde noch im gleichen Jahr zum Bischof von Toulouse ernannt und starb bereits im darauffolgenden Sommer mit 23 Jahren.

Inmitten des regen Stadtverkehrs findet man nur im Inneren der Mission etwas Ruhe. Bemerkenswert ist, dass der Innenraum der Kirche in ein Haupt- und ein Seitenschiff unterteilt ist, die im rechten Winkel zueinander stehen. Der Altar befindet sich dazwischen und kann von beiden Schiffen eingesehen werden. Wände und Einrichtung sind heute nach vielen Restaurationen vergleichsweise schlicht gestaltet. Ehrfürchtig beobachte ich eine junge Frau in einem weinroten Anorak, die auf einer Kirchenbank sitzt und wohl in ihr Tagebuch schreibt. Ihren Rucksack hat sie auf dem Platz neben sich abgelegt. Durch ein kleines Fenster im Dach fällt das Licht auf sie nieder und hebt sie wie eine engelhafte Erscheinung aus dem dunklen Innenraum hervor.

Noch nie war ich so lange von zu Hause fort gewesen, dass ein Haarschnitt nötig wurde. Nun ist es soweit. Ich begebe mich in ein kleines Friseurgeschäft im Stadtzentrum. Ein alter Herr, der nach dem Krieg für einige Jahre in Heidelberg stationiert gewesen war und diese Stadt in guter Erinnerung hat, schneidet meine Haare. Damals verkehrte noch eine Straßenbahn in der Hauptstraße der Heidelberger Altstadt und der halbe Liter Bier kostete 55 Pfennige, erzählt er. Für einen Dollar habe er damals vier Liter Bier kaufen können. Das war vier Mal so viel wie er in den USA dafür bekam und habe ihn als jungen Mann sehr beeindruckt. Doch seitdem sei er nicht mehr in Europa gewesen.

Auf dem Rückweg zum Parkhaus komme ich an der Geschäftsstelle der Bürgerbewegung Connect SLO County vorbei, die sich mit Spenden und Appellen für den Ausbau des Radwegenetzes um San Luis Obispo einsetzt. Ihre Plakataktion „Wir sind alle auf dem Weg"[69] erinnert mich daran, dass ich ebenfalls auf dem Weg bin. Ich weiß nicht, wohin er mich in Zukunft noch führen wird, doch heute, wo ich mich für einige Stunden aus der Behaglichkeit der zwei Türme herausgelöst habe, spüre ich es wieder: es ist noch viel zu früh, um mich niederzulassen und zur Ruhe zu setzen. Ich spüre, dass noch Aufgaben vor mir liegen, die es zu erledigen gilt. Eine davon ist diese Reise und darüber zu schreiben. Es gibt eine geistige Kraft, die mir dabei die Richtung weist. Und so schaue ich, was sie mir zeigt, höre, was sie mir sagt, und fühle, was sie mich spüren lässt. Wenn ich achtsam bleibe und mich mit ihr verbunden fühle, folge ich meiner Bestimmung.

Mit einer Flasche Gewürztraminer, einem für Kalifornien ungewöhnlichen Wein, der meinen Gastgeber aber an seine Zeit in Deutschland erinnern soll, und einem Strauß Strelitzien mache ich mich wieder auf den Rückweg zum Haus meiner Gastgeber. Susan findet auch gleich einen passenden Platz für die Blumen und stellt sie auf einen halbrunden Wandtisch in der Küche. Das Arrangement integriert sich unauffällig in die Dekoration des Raumes, als ob es immer schon dazu gehört hätte. Ebenso findet auch der Wein einen Platz in Toms Weinbeständen, als hätte er schon immer dort gelagert.

Nach einer kurzen Mittagspause fahren Tom und ich in den Montaña De Oro State Park, der etwa fünfundzwanzig Kilometer westlich von San Luis Obispo und fünfzehn Kilometer südlich von Morro Bay an der Küste liegt. Der Name des Parks bedeutet "Berg aus Gold" und stammt von den Wildblumen, die dort im Frühjahr blühen und die Berge mit einem goldfarbenen Blütenmeer bedecken. Wir parken am Ausgangspunkt des Bluff Trails und folgen zu Fuß diesem Pfad, der an der steil abfallenden Küste entlangführt. Das Meer ist ruhig heute. Die meiste Zeit laufen wir schweigend hintereinander auf dem schmalen Weg. Ich bin ohnehin ganz erfüllt von dem Naturschauspiel unter uns. Schroffe Klippen ragen aus dem Wasser. Es sind Felsgebilde aus Gesteinsschichten, die aus der Tiefe an die Oberfläche geschoben wurden. Die Erde hat ihre Geschichte Schicht für Schicht in den Felsen geschrieben und sie aus der Dunkelheit ans Licht befördert. Bizarre Formationen bildeten sich hier, die mich in Erstaunen versetzen und die Erdkräfte erahnen lassen, die hier am Werk waren. Vereinzelt hat das Meer Buchten herausgespült. Die Gezeiten haben die Felsen aufgerieben und als Sand zurück an Land geworfen. Die Böschung ist steil und brüchig. Die Erde ist hier noch nicht zur Ruhe gekommen. Es ist zu gefährlich, bis an den Rand der Steilküste vorzugehen. Die Ranger haben Absperrungen aus Seilen und Stangen um die riskanten Stellen errichtet, doch die Verlockung ist groß. Um hier und da einen Blick nach unten zu werfen, trauen wir uns gelegentlich über die Absperrung hinaus und vorsichtig bis an den Rand.

Schließlich erreichen wir über eine steile Holztreppe hinab die Kiesbucht Corrallina Cove. Ich löse mich von Tom und streife alleine durch die Bucht auf der Suche nach interessanten Fotomotiven. Es ist gerade Ebbe und man kann ein Stück über den freigelegten Meeresboden hinauswandern und einen Blick in die Pfützen werfen, die das Meer hinterlassen hat. Doch man muss sich langsam vorwärts bewegen und immer auf einen sicheren Stand achten. Der felsige Meeresgrund ist überzogen mit einer Schicht aus grünen, glitschigen Algen und Wasserpflanzen. Als ich mich weit genug vorgetastet habe, werde ich mit Seesternen und Seeanemonen belohnt, die in den kleinen Tümpeln zurückgeblieben sind. Das klare Wasser steht unbewegt und gibt die Sicht frei auf die Meerestiere, die sich in leuchtenden Farben vom Untergrund abheben. Seesterne klammern sich mit ihren roten und orangefarbenen Armen fest an das dunkle Felsgestein. Hellgrüne Anemonen haben sich mit ihren Fußscheiben am Boden festgesogen und lassen ihre Tentakel in der leichten Strömung treiben, immer auf der Jagd nach Fressbarem. Für Menschen sind sie ungiftig. Streckt man ihnen einen Finger entgegen, reagieren sie wie auf Beute. Sobald der Wasserspiegel absinkt, ziehen sie ihre Fangärmchen ins Innere zurück und schließen sich, um sich vor dem Austrocknen zu schützen. Schließlich balanciere ich vorsichtig wieder zurück auf den Strand aus Kies. Für das Sandmuseum in Milos fülle ich ein Plastikbeutelchen mit einer Probe dieses groben Sandes. Dann gehe ich hinüber zu Tom, der sich auf einem Felsen sonnt und setze mich zu ihm. Wir schweigen weiter, genießen einfach nur den entspannenden Nachmittag am Strand, den strahlend blauen Himmel und den leichten Wind, der von der See weht. Die großartigen Felsskulpturen, der steinige, unebene Untergrund und das Rauschen der Brandung haben meine Sinne inspiriert und meinen Kopf geklärt. Eine Weile bleiben wir noch auf dem Felsen sitzen und lassen das Naturschauspiel ein letztes Mal auf uns wirken, bevor wir uns wieder auf den Heimweg machen.

Zu Hause angekommen zeigt mir Tom die Außenanlagen. Die große Terrasse befindet sich an der Ostseite des Hauses, die kleine Terrasse an der Westseite ist ein idealer Platz für ein Beisammensein bei Sonnenuntergang. Den Garten rund um das Haus hat Susan terrassenförmig angelegt. Wege und Treppen aus Natursteinplatten führen in Windungen den Hang hinauf. Susan hat Pflanzen ausgewählt, die wenig Wasser benötigen und viel Feuchtigkeit speichern. Ein großer Apfelsinenbaum versorgt die beiden mit frischen Orangen. Im Schatten des Baumes und umgeben von Büschen steht eine Bank, ein feines Plätzchen für eine Siesta. Das Grundstück oberhalb des Hauses ist eingezäunt. Inmitten der wilden

Wiese sind Sonnenkollektoren installiert, die das Haus mit Strom versorgen und überschüssige Energie ins öffentliche Netz speisen. Tom erklärt mir, dass sich die Anlage schon in wenigen Jahren amortisiert hat. Im Sommer war das Gras so hoch gewachsen, dass die Feuerwehr einen Rückschnitt anordnete, um die Brandgefahr herabzusetzen. Diese Arbeit hatte eine Herde von dreißig Ziegen erledigt, die von einem geschäftstüchtigen Farmer mit einem Lkw herangefahren worden waren. Um die Tiere gezielt zur wilden Wiese zu lenken, wurden beide Seiten des Weges mit einem mobilen Zaun begrenzt. Schon nach wenigen Tagen hatten die Tiere den Hang kahl gerupft und konnten wieder abgeholt werden.

Ein befreundetes Paar aus der Nachbarschaft kommt am Abend zum Essen. Sie sind ebenfalls im Ruhestand. Tom hat ein großartiges Dinner zubereitet und für reichlich guten Wein gesorgt. Es wird ein feuchtfröhliches Zusammensein. Am nächsten Morgen erinnere ich mich nur noch daran, dass Susan mir irgendwann Toms Gitarre in die Hände drückte und mich bat, etwas vorzuspielen. Auf ihren Wunsch gab ich ein deutsches Volkslied zum Besten und sang "Wir lagen vor Madagaskar"[70]. Später trällerten wir amerikanische Lieder wie "Blowin' in the Wind"[71] oder "Oh! Susanna"[72]. Das erhöhte unseren Alkoholkonsum, denn mit trockener Kehle lässt es sich nur schwer singen. Beim Frühstücken meint Susan, dass sie in ihrem Haus noch nie so viel gelacht habe. Nun sind wir alle etwas verkatert und lassen den Vormittag langsam angehen, sitzen in der Küche und frühstücken in aller Ruhe. Ich gewöhne mich langsam an die Hunde im Haus und verliere allmählich meine Angst. Doch ihr Sabbern ekelt mich zunehmend. Während ich auf einem Barhocker am hohen Esstisch sitze, lecken sie mir die Sandalen ab und hinterlassen schleimige Spuren. Der Terrier ist bekannt dafür, die Füße der Gäste abzuschlecken, und heute erweist er mir diese Ehre. Ich wage es nicht, mich zu rühren und lasse es über mich ergehen, solange die beiden friedlich sind. Wenn sie mir zu aufdringlich werden, wende ich mich hilfesuchend an Tom, der die Hunde zurückruft. Doch schon bald darauf kleben sie wieder an mir.

Gegen Mittag fahren wir zum Avila Beach, ein beliebtes Touristenziel, das etwa zwanzig Kilometer südlich von San Luis Obispo an der gleichnamigen Bucht liegt. Wir parken am Port San Luis Pier und laufen 300 Meter bis an sein Ende. Dort befindet sich das Olde Port Inn, wo wir zu Mittag essen. Seine Gründung im Jahr 1970 war damals ein gewagtes Unterfangen. Man bezweifelte, dass die Besucher so weit fahren und laufen würden, nur um am Ende einer Landungsbrücke Essen zu gehen. Doch das Konzept ging auf und das Restaurant ist heute gut besucht. Die Fisch-Tacos schmecken ausgezeichnet. Im Unterschied zu den Tagesgästen vermissen meine Gastgeber jedoch ein wechselndes Angebot auf der Speisekarte.

In seiner Vergangenheit war Avila Beach ein Ort, der von Touristen eher gemieden wurde. Seine Geschichte wurde geprägt durch den Port San Luis Pier, mit dessen Bau man 1868 begonnen hatte. Durch seinen Anschluss an die Pacific Coast Railway entwickelte er sich zu einer wichtigen Schnittstelle für den Personen- und Güterverkehr. Zwischen Los Angeles und San Francisco lag hier der einzige Hafen, an dem Dampfschiffe landen konnten. 1910 hatte ein Mineralölunternehmen von den San Joaquin Valley Ölfeldern bis zu dieser Anlegestelle die damals längste Pipeline der Welt verlegt. Bald schon wurde der Pier verlängert, damit größere Tanker hier festmachen konnten. Von 1914 bis 1922 baute das Unternehmen einen zweiten Pier mit Anschluss an die Southern Pacific Railroad. Port San Luis entwickelte sich zum weltgrößten Verschiffungshafen für Erdöl. Nachdem dieser bei einem schweren Sturm zerstört worden war, baute man 1983 einen dritten aus Stahlbeton.

Über die Jahre war Öl aus korrodierten Rohren ausgetreten und hatte den Boden unter der Gemeinde Avila Beach in großem Umfang vergiftet. In den Neunzigern wurde die verseuchte Erde entsorgt und durch sauberen Dünensand ersetzt. Nach jahrelangen Verhandlungen zahlte das Unternehmen 30 Millionen Dollar für den Wiederaufbau des abgerissenen Stadtteils. Bald darauf gab es den Standort auf und übergab den dritten Pier 2002 an das Zentrum für Meeresküstenwissenschaften der Cal Poly, das ihn heute für Forschungszwecke nutzt. Wenn überhaupt, dann erinnern nur noch die beiden übrig gebliebenen Landungsbrücken an die Erdöl-Verschiffung in der Vergangenheit.

Auf dem Rückweg vom Restaurant über den Pier beobachten wir Angler, die ihren Fang unter fließendem Wasser reinigen und an Ort und Stelle in Filets zerlegen. Ich bin entsetzt darüber, wie viel sie wieder ins Meer werfen und wie wenig am Ende übrig bleibt. Aber die Pelikane sehen das anders. Sie warten bereits in Scharen im Wasser und zanken sich um die größten Stücke.

Wir setzen unseren Ausflug fort und biegen hinter Avila Beach in die See Canyon Road, die durch ein fruchtbares Tal verläuft, in dem sich Obstfarmer und Winzer angesiedelt haben. Doch für einen Besuch dort ist es heute bereits zu spät. Wir begnügen uns deshalb mit einem Blick auf die Höfe und Apfelbäume, deren Blattwerk in der warmen Sonne des Spätnachmittags bereits eine gelbliche Tönung angenommen hat, und folgen der Straße weiter bis in die Berge und machen Halt auf einer Anhöhe. Tiefschwarze Kühe grasen hier friedlich vor sich hin. Auf dem Dach eines vor uns parkenden Wagens sitzt eine junge Frau im Schneidersitz und genießt die fantastische Aussicht. Ich rufe ihr zu: "Wie geht es dir?", und sie erwidert: "Großartig! Und was ist mit dir?", wobei sie das "dir" besonders betont und mir damit deutlich macht, dass ihr Wohlbefinden wohl kaum von meinem zu übertreffen sei. Sie muss schon eine Weile hier sitzen.

Anders als unten am Strand ist der Himmel hier oben wolkenlos und der Blick reicht weit ins Inland. Nur Richtung Meer verliert er sich im Küstennebel. Die Luft hier oben ist klar. Es weht kaum ein Wind. Über den Gipfeln herrscht eine Ruhe, die selbst die Kühe hat verstummen lassen. Bis auf ihr Rupfen wird die Stille durch nichts gestört. Wir trennen uns. Jeder sucht für sich ein Fleckchen, um diesen Ort auf eigene Art und Weise zu erfahren. Wie bereits am ersten Tag auf der Wanderung mit Tom spüre ich die Energie, die von den Bergen ausgeht. Die Landschaft um uns herum ist das Ergebnis eines Zusammenwirkens der vier Elemente. Mein Blick folgt der Vulkankette der Nine Sisters vom Morro Rock an der Küste im Westen bis zum Islay Hill östlich von San Luis Obispo. Das Feuer hatte Lava und Gestein aus der Tiefe der Erde zu Kegeln aufgeworfen. In hunderttausenden von Jahren hatten Wasser und Luft ihre Konturen geformt.

Heute ist das Zusammenspiel der Elemente aus dem Gleichgewicht geraten. Das Feuer der Sonne verbrennt die Erde. Das Land trocknet aus. Verdorrte Bäume entflammen sich wie Zunder und der Wind fegt die Feuer durch saftlose Wälder. Das Wasser wurde hemmungslos ausgeschöpft. Im Burnout der Landschaft spiegelt sich die Grenzenlosigkeit der kalifornischen Lebensweise mit seiner unersättlichen Landwirtschaft und Industrie.

Wir fahren schweigend weiter. Die Stille in den Bergen hat die Zeit angehalten und mich innerlich ruhig werden lassen. Zu Hause werden wir wieder lebhaft von den Hunden begrüßt. Sie waren den Nachmittag über alleine und sind nun besonders aufgeregt. Erst in einer halben Stunde bekommen sie Futter. Doch sie haben bereits Hunger und sind unruhig. Gereizt laufen sie herum und kommen auch immer wieder auf mich zu. Während Susan eine Schlafpause einlegt, folge ich Tom in sein Arbeitszimmer, denn in seiner Nähe fühle ich mich sicher. Ich spreche mit ihm über meine Angst und erzähle von meinem ersten beängstigenden Erlebnis mit einem Hund.

Ich war drei Jahre alt. Meine Mutter war mit mir und meinem einjährigen Bruder in die Stadt einkaufen gegangen. Er saß im Kinderwagen und ich lief nebenher. Auf dem Rückweg wurden wir von einem grauen Wolfsspitz verfolgt, den meine Mutter immer wieder zurückscheuchte. Er bellte unentwegt. Ich hatte die Situation als sehr bedrohlich empfunden und konnte auch spüren, dass meine Mutter damit überfordert war. Der kläffende Köter blieb uns auf den Fersen, bis wir zu Hause angekommen waren. Dort verharrte er vor der Haustür und lärmte weiter. Durch unseren Rückzug ins Haus waren wir seinem unmittelbaren Angriff zwar entkommen, doch die gefühlte Bedrohung hielt an. Erst als mein Vater von der Arbeit kam und die Polizei rief, nahm der Terror ein Ende. Wenn die Bilder und das Bellen von damals wieder in mir aufsteigen, verspüre ich immer noch die gleiche Angst wie ein Dreijähriger. Die Erfahrung hatte sich tief in mir eingegraben.

Ich möchte endlich darüber hinwegkommen und mehr über Toms Boxer erfahren, dessen Persönlichkeit sich mir bisher verschlossen hat. Ich vergesse seinen Namen immer wieder und wage es nicht, ihm zu nahe zu kommen oder gar in die Augen zu schauen. Tom erklärt mir, dass Cooper ein Deutscher Boxer sei, der aus einer neueren Züchtung stamme, die Ende des 19. Jahrhunderts ihren Ausgang nahm. Im Mittelalter waren diese Hunde für die Jagd auf wehrhaftes Wild wie Bären und Wildschweine gezüchtet worden, man nannte sie daher auch Bärenbeißer. Dieses Wissen beruhigt mich in keiner Weise. Es bestätigt nur die Bedrohung, die ich spüre. Cooper ist ein kräftiger Boxer von stämmiger Statur. Er hat einen schmalen Kopf mit beängstigend breitem Fang und typischem Vorbiss. Einen ausgeglichenen und ruhigen Charakter vermag ich nicht zu erkennen. Ich sehe nur seine Fähigkeit zu töten. Seine bedrohlich dunkle Maske, die Mundwinkel, aus denen der Speichel tropft, und sein tigerähnliches, goldschwarz gestromtes Fell unterstreichen für mich nur seine Gefährlichkeit. Wie geht man mit so einem Tier um, dessen ursprüngliches Verhalten auf das Beißen und Erlegen von Bären abgerichtet war? Tom erklärt, dass Hunde sich leicht in einer Rangordnung einordnen und ihre Halter als Alphatiere akzeptieren. Das mag ihm ja gelungen sein, aber welchen Platz finde ich als Gast in dieser Hierarchie? Um Hunde zurückzuweisen, reiche es, wenn man einen klaren Befehl mit deutlicher Geste erteile, der ihnen antrainiert worden ist. Die meisten verstünden ein „Nein" oder, weil hier Englisch gesprochen wird, ein „No". Ich solle laut und deutlich „No" sagen, dabei gleichzeitig Arm und Zeigefinger ausstrecken und ihm damit deutlich machen, wohin er sich bewegen soll.

Als mir der Boxer wieder einmal zu nahe rückt, wende ich dieses Verhalten an. Zwar weicht er etwas zurück, aber er bleibt unschlüssig vor mir hocken. Ich habe mehr Vertrauen gewonnen und blicke ihm in die Augen. Überrascht sehe ich in die treuen Augen eines Kleinkindes, das mich nicht richtig verstanden hat und mich hilflos auffordert: "Bitte erklär mir, was ich tun soll!" Diese Einsicht in sein Wesen verblüfft mich. Tom erklärt mir, dass meine Geste nicht klar genug gewesen sei. Aber ich bin stolz auf mich. Ich bin das erste Mal einem Hund nicht ausgewichen oder habe mich totgestellt, sondern ich habe ihn zurückgewiesen. Sollte es wirklich so einfach sein?

Ich frage mich auch, was mir eigentlich Angst macht, denn im Grunde bin ich ja selbst ein Wolf. Meine Eltern haben mich Rolf genannt, eine Kurzform des Namens Rudolf, der aus dem althochdeutschen „hruod" und „wolf" gebildet wurde und „ruhmreicher Wolf" bedeutet. Als Krafttier ist bereits von Jahren ein grauer Wolf zu mir gekommen. Er hockt als hölzerne Skulptur auf einem Eichenstamm in meinem Garten und heult den Mond an. Ich spüre in mir die gleiche Stärke und Gefährlichkeit, die von einem Wolf ausgeht. Angst machte mir, die Kontrolle darüber zu verlieren und andere wie auch mich selbst damit zu verletzen. Heute habe ich die Erfahrung gemacht, dass die Kraft einfacher zu lenken ist, als ich es mir vorgestellt habe. Leider bleibt mir nicht mehr viel Zeit, mich weiter darin zu üben, denn schon morgen fahre ich weiter.

Am letzten Abend bereitet Tom wieder ein köstliches Abendessen.

MEXIKANISCHES HÄHNCHEN-BARBECUE

ZUTATEN (4 PORTIONEN)
- 4 Hähnchenbrustfilets
- 1 Packung Recado Rojo oder Achiote Paste, eine Gewürzmischung aus Oregano, Kümmel, Gewürznelken, Zimt, schwarzem Pfeffer, Piment, Knoblauch, Salz und Annatto-Samen
- 1 Limone
- 4 Kolben Zuckermais (vorgekocht)
- 2 große Tomaten
- 1 große Zwiebel
- 2 Zehen Knoblauch
- 1 Kopf grüner Salat
- Koriandergrün
- 1 Dose schwarze Bohnen (ca. 400g)
- 1 Becher Langkornreis (ca. 200g)
- Gemüsebrühe
- Salz und Pfeffer
- Cayennepfeffer (wenn es schärfer werden soll)
- Olivenöl
- Basilikumessig
- Feigensenf

ZUBEREITUNG (CA. 45 MINUTEN)
1. Filets salzen und pfeffern. Limonensaft mit der roten Gewürzmischung zu Brei verrühren. Fleisch damit marinieren und ziehen lassen.

2. *1 Becher Reis, 2 Becher Wasser und 1 Esslöffel Gemüsebrühe in einen Topf geben. Mit geschlossenem Deckel aufkochen. Danach bei schwacher Hitze ziehen lassen bis alle Flüssigkeit aufgesogen ist*
3. *Kräuter hacken: Koriander grob, Zwiebeln mittel und Knoblauch sehr fein. Schwarze Bohnen mit der Hälfte der gehackten Kräuter vermischen und mit Salz und (Cayenne-) Pfeffer würzen. Aufkochen und köcheln lassen.*
4. *(Gas-)Grill anheizen.*
5. *Maiskolben in Salzwasser erhitzen.*
6. *Grünen Salat putzen, waschen und schleudern. Salatmarinade aus Olivenöl, Basilikumessig, Feigensenf, Salz und Pfeffer anrühren.*
7. *Tomaten würfeln und mit der zweiten Hälfte der gehackten Kräuter vermischen. Mit Salz und (Cayenne-) Pfeffer würzen.*
8. *Maiskörner mit scharfem Messer vom Kolben trennen.*
9. *Gekochten Reis, Maiskörner und Bohnen warmstellen. Hähnchenfilets grillen. Salatmarinade erst kurz vor dem Servieren mit dem Salat mischen.*

Mit meinen Gastgebern habe ich eine erholsame Zeit in San Luis Obispo verbracht und danke ihnen sehr, dass sie ihr gutes Leben im kalifornischen Ruhestand für einige Tage mit mir geteilt haben. Tom und Susan haben einen traumhaften, wenn nicht perfekten Ort gefunden, um miteinander alt zu werden. Nach einem langen ausgiebigen Frühstück verabschiede ich mich von den beiden, ihren Hunden und ihrem Haus am Berg mit den zwei Türmen.

An einem heiligen Ort

Ankunft in Big Sur

Von San Luis Obispo, der südlichsten Station meiner Reise, fahre ich über den Highway 1 zurück Richtung Norden. Der Cabrillo Highway, wie der Abschnitt von dort bis nach San Francisco auch genannt wird, gehört zu den landschaftlich schönsten Küstenstraßen der Welt. Heute ist ein sonnenklarer Tag. Zu meiner Linken die felsige, zerklüftete Küste, über die ich weit auf das Meer hinaus blicken kann. An besonderen Orten befinden sich Parkflächen, wo ich gelegentlich anhalte, Pause mache und den Ausblick genieße. Nach 80 Kilometern drängt sich das Gebirge immer weiter an das Meer und verleiht der Küste weiteren Reiz. Die Strecke wird kurviger, sodass ich mich ganz auf die Straße konzentrieren muss.

Plötzlich erregt ein Schild „Live Rock Music" am Straßenrand meine Aufmerksamkeit und ich verlangsame das Tempo. Ich brauche eine Pause und eine kleine Erfrischung, und so parke ich an einem Resort, in dessen Anlage eine Rockband unter freiem Himmel spielt. Ich gönne mir ein Eis, geselle mich zum Publikum und erfreue mich an den vertrauten Musikstücken aus den Sechziger- und Siebzigerjahren. Das Ragged Point Inn & Resort liegt weit oberhalb der Klippen auf einer Landzunge, mit einer fantastischen Sicht auf die Küste. Der Ort ist beliebt für Hochzeitsfeiern und geschäftliche Treffen. Er ist ein Rückzugspunkt, weitab von jeglicher Ansiedlung, und liegt am südlichen Ende von Big Sur, einem Küstenstreifen, der im Norden bis nach Carmel reicht.

Als die Musiker eine Pause machen, bummele ich über das Gelände und um den Festplatz. Verkaufsbuden bieten Eis, Getränke, Gegrilltes, Andenken und Kunsthandwerk feil. Ein Mobile aus grellbunt gehäkelten Kindersöckchen an einem Stand zieht mich besonders an. Bücher, Schmuck und Textilien gehören ebenso zum Angebot wie Schildkröten aus Ton mit wunderschön gestalteten Panzern, jede einzigartig dekoriert mit geometrischen Symbolen und in verschiedenen Farben. Die junge Verkäuferin erzählt mir, dass die Schildkröten alle handgefertigt seien. Der Künstler habe ihr die Exemplare erst vor wenigen Stunden zum Verkauf überlassen. Sie ist noch ganz begeistert von der Begegnung mit diesem Mann.

Eine der Schildkröten gefällt mir besonders. Ein indianisches Medizinrad ziert den tönernen Panzer, eingraviert und mit feinen Verzierungen versehen, die das Quadrat und den rechten Winkel in ihrer Symbolik variieren. Die Oberfläche ist sparsam bemalt, nur wenige kleine Flächen sind rot oder blau eingefärbt. In den erdfarbenen Panzer sind kleine weiße Muschelstückchen eingearbeitet, die für die vier Himmelsrichtungen stehen. Die Extremitäten und der Kopf sind schwarz lasiert. Die Schildkröte selbst symbolisiert das Element Erde, und so überrascht es mich nicht, dass ihr Bauch mit folgender Gravur versehen ist:

Erdtänzer, handgefertigt am Rande des Pazifik,
Big Sur, Kalifornien, USA

Mit einem Lederband, das durch die vorderen Füße geführt ist, kann die Schildkröte mit dem Kopf nach oben an die Wand gehängt werden. Doch Preis und Zerbrechlichkeit dieses kleinen Kunstwerkes halten mich davon ab, es mitzunehmen. Stattdessen entscheide ich mich für eine preiswerte, bunte Häkelmütze. Die kann unterwegs nicht zerspringen und soll mir in kalten Morgenstunden die Ohren wärmen.

Wenn ich im späten Herbst nach Deutschland zurückkomme, werde ich mich über die Mütze freuen. Kathleen überreicht mir noch eine Visitenkarte und ermuntert mich, von unterwegs zu schreiben.

Dann geht es weiter Richtung Norden. Von nun an ist die Straße in den Gebirgshang gegraben. Ich bin froh, auf der Bergseite zu fahren, denn zur Seeseite hin fällt die Böschung oft steil ab, und Leitplanken gibt es hier keine. Es ist später Nachmittag, die Sonne steht bereits tief im Westen, die ausgetrocknete vergilbte Grasdecke verleiht den Hügeln einen goldenen Glanz. Nach 50 Kilometern sehe ich in der Ferne vor mir eine imposante zweibogige Stahlbetonbrücke. Ich halte etwa einen Kilometer südlich in einer Parkbucht auf der gegenüberliegenden Straßenseite, um sie von weitem zu betrachten und zu fotografieren. Von dort hat man eine fantastische Sicht auf die 1937 fertiggestellte Big Creek Bridge. Sie hat eine Länge von 150 und eine Höhe von 30 Metern. Der Highway 1 in Big Sur verfügt über einige sehenswerte Betonbogenbrücken, die durch ihre fragile Eleganz und Schlichtheit beeindrucken. Die bekannteste und am meisten fotografierte Brücke ist die Bixby Creek Bridge 50 Kilometer weiter nördlich. Doch bis dorthin werde ich heute nicht mehr kommen.

Nach 25 Kilometern erreiche ich die Henry Miller Memorial Library, ein Kulturzentrum unmittelbar am Highway gelegen, das dem Schriftsteller und Maler gewidmet ist, der von 1944 bis 1962 in Big Sur lebte und dort u.a. „Stille Tage in Clichy"[73] schrieb, ein Roman mit autobiographischen Zügen. Das Zentrum hat eine Buchhandlung und ist Aufführungsort für Lesungen, Live-Musik und Filme. Außerdem werden hier Workshops im Schreiben angeboten. Ich halte auf dem Besucherparkplatz am Highway und gehe in den Buchladen. Mir gefällt die warme Atmosphäre in der geräumigen Hütte mit ihren naturbelassenen Holzwänden und ihrem Parkett-Fußboden. Von der hohen Decke hängen

Bücher, die man wie in einem Mobile an Schnüren aufgehängt hat. Aus Oberlichtern fällt natürliches Licht in den Raum. Auf antiken Holztischen liegen Bücherstapel zum Verkauf. Die Wände sind übersät mit Fotos, Gemälden und Postern, wie in einem Museum. Ich nehme mir eine Handvoll Bücher, versorge mich mit einer Tasse Kaffee und setze mich auf die Terrasse.

Kennengelernt hatte ich den Ort bereits in den Neunzigerjahren. Wir verbrachten damals mit der Familie ein Wochenende in Big Sur. An einem Nachmittag ließ sich Karina in einem nahegelegenen Zentrum mit einer besonderen Massage verwöhnen, während ich mit den Kindern die Memorial Library und andere Sehenswürdigkeiten in der Nähe erkundete. Nun möchte ich den Ort näher kennenlernen, an dem sich Karina so wohl gefühlt hatte und selbst in den Genuss dieser Massage kommen. Während meines Besuches in San Luis Obispo hatte ich mich für ein fünftägiges Seminar in diesem Zentrum angemeldet. Es hat den verheißungsvollen Titel: „Die Wiederauferstehung des Inneren Kindes"[74] und beginnt heute Abend. In der Ankündigung steht:

Wir haben ein natürliches Verlangen in uns, ganz wir
selbst zu sein und aus der Quelle unseres Seins zu leben.
Doch wir machen immer wieder die Erfahrung, dass
uns blockierende Muster davon abhalten, uns ganz zu
entfalten. Diese Begrenzungen haben wir in der Kindheit
erworben, um uns vor Verletzungen zu schützen.
In einer bewussten Klärung der elterlichen Prägungen
können die Teilnehmer ihre Konditionierungen,
aber auch ihre eigenen mütterlichen und väterlichen
Qualitäten erkennen. Sie werden durch das Seminar
darin unterstützt, ihr inneres Kind zu entdecken und die
elterliche Verantwortung und Fürsorge dafür selbst zu
übernehmen. Die Wiederauferstehung des inneren Kindes

macht uns wieder lebendig. Es beseelt und erfüllt uns mit Lebensfreude. Wir öffnen uns für die Liebe zu uns selbst und zu anderen Menschen.

Von der Memorial Library fahre ich eine Meile weiter Richtung Norden und biege dann rechts in die Coast Ridge Road ab. Die kurvenreiche Straße führt hinauf in das Küstengebirge. Oben angekommen verläuft sie parallel zur Küste in südwestlicher Richtung über einen Berggrat. Nach zwei Kilometern biege ich in eine private Straße links ab und fahre durch einen Torbogen aus Holz mit der Inschrift „Iknish Institute"[75] und einem Logo, das eine Wurzel zeigt. Die Zufahrtstrasse steigt leicht an und ich lande nach wenigen hundert Metern am Eingang der Anlage, wo man mich bereits erwartet. Man zeigt mir, wo ich parken kann und die Rezeption finde. Bevor ich dort an der Reihe bin, schaue ich mir im Büro die Auslagen des Ladenverkaufs an. Angeboten werden Mützen, Hosen, Tücher, Trinkflaschen, Bücher und CDs. Ich finde auch eine Kollektion von Schildkröten, ganz offensichtlich vom gleichen Künstler, der auch den Stand unterwegs beliefert hat. Doch ein Erdtänzer ist nicht dabei. Das ist wirklich schade. Denn auf der Weiterfahrt musste ich immer wieder an diese symbolträchtige Schildkröte denken. Aber für eine Umkehr war es bereits zu spät.

Endlich bin ich an der Reihe und checke ein. Ich bekomme ein Zimmer in einem Reihenhaus, das ich mit einem weiteren Teilnehmer aus meinem Seminar bewohne. Die freundliche Dame an der Rezeption überreicht mir den Schlüssel und eine Karte des Geländes. Es liegt am Anfang einer Schlucht, durch die ein Bach fließt, der Powama Creek[76]. Er mündet etwa zwei Kilometer weiter nördlich in den Big Sur River. Westlich oberhalb des Canyon befindet sich eine von Bäumen umgebene Hochebene. Hier befinden sich die Einfahrt, der Parkplatz, das Hauptgebäude mit der Rezeption und eine Kantine. Vor dem Gebäude erstreckt sich eine Liegewiese mit einem Pool und einer fantastischen Sicht auf die Küste und das Meer. Von der Terrasse der Kantine blickt man in den Powama Canyon[77]. Über eine Fußgängerbrücke gelangt man auf die andere Seite. Bachaufwärts davon stürzt das Wasser in einem kleinen Wasserfall in die Tiefe. An der Brücke ist die Schlucht noch eng, weiter bachabwärts nimmt sie schnell an Breite und Tiefe zu. Die Reihenhäuser für die Gäste sind über das Gelände verteilt ebenso wie die Seminarräume, die nach Tieren aus der Region benannt sind: Black Bear, Mountain Lion, Coyote und Deer.

Die Frau an der Rezeption markiert auf der Karte meinen Schlafraum, meinen Seminarraum, die Kantine, wo das Abendessen in Kürze beginnt, und den anliegenden Versammlungsraum „Humpback", in dem Erstbesucher um 19:30 Uhr mit dem Zentrum vertraut gemacht werden. Mein Seminar beginnt um 20:30 Uhr im Raum „Deer".

Als ich mit meinem Koffer den Schlafraum betrete, ist das untere Bett bereits belegt. Der Raum hat zwei Ebenen und so schaffe ich mein Gepäck über die Treppe nach oben, belege das zweite Bett und räume meine Kleidung in die danebenstehende Kommode. Zu meinem Mobiliar gehören außerdem ein kleiner Schreibtisch und ein Stuhl. Viel Platz ist nicht vorhanden, aber ich werde mich hierhin nur zum Schlafen zurückziehen. Im unteren Bereich führt eine Tür in ein kleines Bad mit Dusche, wo ich mich frisch mache.

In der Kantine angekommen herrscht dort bereits reger Betrieb und ich reihe mich ein in die Schlange am Buffet. Es gibt eine große Auswahl an Salaten, Saucen, Rohkost, verschiedenen Brotsorten, Käse und Aufstrichen. Auch zwei warme Suppen werden angeboten. Das Essen ist vegetarisch, vegane Speisen sind mit einem Wurzelsymbol markiert. Das Angebot ist frisch, reichhaltig und sehr schmackhaft. Das Zentrum betreibt eine eigene Landwirtschaft. Obst und Gemüse kommen aus den eigenen Gärten. Einige Lebensmittel, wie Käse und andere Milchprodukte werden eingekauft, biologisch produziert, versteht sich. Zu trinken gibt es Wasser, Säfte, viele Sorten Tee, aber auch Kaffee. Die Verpflegung ist im Seminarpreis inbegriffen. Wer auf Bier und Wein nicht verzichten mag, kann sich abends an der Bar damit versorgen, muss aber dafür extra zahlen.

Ich bin ganz überwältigt von dem wunderbaren Nahrungsangebot und den freundlichen Menschen, denen ich hier begegne. Die offene und wohlwollende Atmosphäre erleichtert mir die Kontaktaufnahme. Ich finde einen freien Sitzplatz und unterhalte mich mit meinen Tischnachbarn. Woher kommst du? Welches Seminar besuchst du? Bist du schon einmal hier gewesen?

Der Seminarplan bietet Workshops an, die entweder am Wochenende von Freitagabend bis Sonntagmittag oder während der Woche von Sonntagabend bis Freitagmittag stattfinden. Bis auf einige wenige Gäste, die mehrere Seminare hintereinander besuchen, sind fast alle Besucher erst heute, eingetroffen. Vorfreude erfüllt den Raum. Viele Besucher kommen seit Jahren regelmäßig hierhin zurück und immer wieder gibt es herzliche Begrüßungen und Umarmungen, wenn sich Bekannte wiedersehen.

Nach dem Abendessen versammle ich mich mit den anderen Neuankömmlingen im Versammlungsraum Humpback, dem größten Raum in der Anlage. An einer Wand im Inneren hängt ein riesiges Panoramafoto. Es zeigt einen Buckelwal, der aus dem Wasser gesprungen ist, sich fast vollständig in die Luft erhoben hat und nun rücklings wieder fallen lässt. Imposant streckt er seine langen Brustflossen in die Höhe, sein weiß gefleckter Bauch glänzt im Sonnenlicht. Ich bin fasziniert von der Erhabenheit der Aufnahme. Dann begrüßt uns ein Mitarbeiter und beginnt mit seiner Einführung in die Geschichte des Iknish Institutes.

Ausgrabungen hätten ergeben, dass die Big-Sur-Küste schon vor über 5000 Jahren besiedelt gewesen war. Gute Zugänge zum Meer und Trinkwasser in den Flüssen und

Bächen hatten diesen Küstenstreifen und sein bewaldetes Hinterland so attraktiv gemacht. In den Bergen gab es reichlich Wild, essbare Pflanzen, Früchte und Samen. Der Pazifik versorgte die Menschen zusätzlich mit Fisch und Muscheln. Bedingt durch das reiche Angebot an Nahrung, hatten die Menschen der Urbevölkerung keine Landwirtschaft entwickelt und waren Sammler und Jäger geblieben. Die verschiedenen Stämme, die einst in diesem Teil der Big-Sur-Küste lebten, werden heute unter dem Namen Esselen zusammengefasst. Das Gebiet nördlich von Point Sur bis nach San Francisco wurde von den Ohlone besiedelt. Südlich des Big Creek begann die Heimat der Salinas. Dann kommt der Mitarbeiter auf die heißen Quellen in der Region zu sprechen. Sie seien für die Eingeborenen von großer Bedeutung gewesen. Auch auf dem Gelände des Zentrums befände sich eine heiße Quelle, die Powama Hot Spring[78]. Man habe dort Spuren einer frühen Besiedlung gefunden. Das leicht schwefelhaltige Wasser trete mit 40 Grad Celsius aus dem felsigen Westhang des Canyons und fließe von da aus hinab in den Powama Creek. Es sei so heiß, dass es bei kühlen Außentemperaturen dampfe. Daher komme auch der Name „powama"[79], ein Wort aus der Sprache der Esselen, das übersetzt „atmen" bedeute. Das heiße Wasser habe eine entspannende und heilende Wirkung. Für die Ureinwohner seien die heißen Quellen in der Region heilige Orte. Man habe in ihrer Nähe Überreste von sehr alten Grabstätten gefunden und ginge heute davon aus, dass die Quellen früher auch eine rituelle Bedeutung gehabt hätten.

Eine besondere Attraktion des Zentrums sei das Badehaus am Hang, dessen Wannen und Becken mit Wasser aus der heißen Quelle gespeist werden. Dort würden auch Massagen durchgeführt. Sie seien sehr beliebt, und wir erhalten den Rat, schon bald einen Termin zu reservieren. Ich bin schon ganz gespannt darauf, denn ich möchte meinen Körper ebenso massieren lassen, wie es Karina erfahren hatte. Der Mitarbeiter lädt uns ein, das Badehaus so oft wir mögen aufzusuchen, um uns dort zu entspannen und die Seminararbeit in uns nachwirken zu lassen. Dafür sei es Tag und Nacht geöffnet. Durch das heiße Wasser kämen wir in natürlicher Weise wieder in Kontakt mit unserer eigenen Natur.

Dann erfahren wir mehr über die Geschichte des Instituts. Es wurde in den Sechzigerjahren von einer Gruppe Ärzte, Psychologen und Anthropologen aus San Francisco gegründet, die Heilweisen indigener Kulturen studiert hatten. Die Gründer hatten sich in der neoschamanischen Bewegung kennengelernt, wo sie Erfahrungen mit Heilritualen, Tanz-Zeremonien, Schwitzhütten, Geistkanus und anderen Formaten bei schamanischen Lehrern sammelten. Sie waren an die Grenzen ihrer therapeutischen Arbeit gestoßen und suchten in den überlieferten Heilweisen von Naturvölkern nach neuen und ergänzenden Formen der Therapie. In Big Sur fanden sie einen geeigneten Ort fernab der Ballungsräume, wo sie ihre Arbeit in freier Natur ungestört und unbeeinflusst ausüben und weiterentwickeln konnten. Mit Hilfe privater Unterstützer erwarben sie dieses Gelände.

Die Gründer nannten das neue Zentrum „Iknish Institute". Das Wort „Iknish"[80] kommt aus der Sprache der Esselen und bedeutet „heilige Wurzel". Das Logo des Institutes zeigt ein stilisiertes Abbild dieser Wurzel. Die in Kalifornien und Oregon wachsenden Wurzeln der Lomatium californicum sind verwandt mit der Karotte und der Pastinake und waren eine traditionelle Nahrungsquelle der Ureinwohner. Mit der Pflanze behandelte man auch Lungenerkrankungen und Fieber. Sie hat eine antibakterielle Wirkung. Der Samen hilft gegen Erkältungen und Halsentzündungen. Die Wurzeln wurden auch an einer Halskette oder an einem Gürtel getragen, um Klapperschlangen zu vertreiben.

Der Mitarbeiter erläutert uns auch, warum dieser Name für das Zentrum gewählt wurde. Mit dem Wort „Iknish" beziehe man sich auf die heiligen Wurzeln, das überlieferte

Wissen indigener Kulturen. Die Bezeichnung „Institute" betone den in die Zukunft gerichteten forschenden und ausbildenden Charakter. Die Workshops spiegelten diese beiden Aspekte wider. Sie verbänden Kopfarbeit mit Körperarbeit, Denken mit Fühlen, Psychologie mit schamanischer Praxis und Wissenschaft mit künstlerischem Ausdruck.

Heute könne das Zentrum etwa 60 Gäste aufnehmen. Es sei fast das ganze Jahr über ausgebucht. Ich hatte Glück, noch einen Platz zu bekommen. Als Neuankömmlinge erhalten wir auch einige praktische Hinweise für unseren Aufenthalt, wie die Essenszeiten für Frühstück, Mittag- und Abendessen. Der Speiseraum sei durchgehend geöffnet, mit Ausnahme der Stunde vor Beginn des Frühstücks. Da werde der Raum gereinigt. Ansonsten finde man hier immer etwas Kaltes oder Warmes zu trinken, aber auch Obst, Brot und Aufstriche für den kleinen Hunger. Das Zentrum sei berühmt für sein ausgezeichnetes Essen. Der Mitarbeiter erzählt mit einem Schmunzeln von den fehlgeschlagenen Versuchen, hier Fastenseminare durchzuführen. Dann beantwortet er noch Fragen und wünscht uns einen guten Aufenthalt.

Bis zum Beginn des Seminars bleibt mir nicht mehr viel Zeit. Es ist dunkel und kühl geworden. Ich gehe zurück zum Schlafraum, um mir eine Fleecejacke zu holen. Das Areal liegt weitab von der nächsten Ansiedlung und ist in Finsternis gehüllt, die schwache Beleuchtung beschränkt sich auf die Hauptwege. Die Dunkelheit belohnt mich mit einem verheißungsvollen Blick in den Himmel, an dem sich bereits die ersten Sterne zeigen. Langsam und vorsichtig folge ich den niedrigen Leuchten, die den Weg nur schwach erhellen. Wie gut, dass in dem Anhänger meines Zimmerschlüssels eine Taschenlampe integriert ist. So kann ich die Dunkelzonen überbrücken, ohne mich zu verlaufen oder zu stoßen. Viel länger als erwartet, bin ich unterwegs und erreiche noch gerade rechtzeitig vor dem offiziellen Beginn der ersten Sitzung den Gruppenraum mit dem Namen „Deer". Er liegt oberhalb der Kantine in einer Holzhütte am Westhang der Schlucht. Vor dem Eingang befindet sich eine kleine Holzterrasse, von der aus man in den Canyon blickt. Weiter unten erkenne ich rechts von hier Seite die schwach beleuchte Brücke und höre von dort das ferne Rauschen des Wasserfalls. Weiter links unten ist das Badehaus am Hang in der Dunkelheit nur noch schwach als Silhouette zu erkennen. Durch eine Glasschiebetür gelange ich in die Hütte, blicke in die Runde und begrüße die Anwesenden mit einem Lächeln. Der Raum ist belegt, aber nicht überfüllt. Die Teilnehmer sitzen auf Kissen in einem Kreis, der den Raum rundum ausfüllt. Ich lasse mich auf dem einzigen noch freien Platz nieder. Die Gruppe ist vollzählig und kann beginnen.

Der Workshop wird von einem Paar geleitet. Zunächst begrüßt uns Donna und stellt sich vor. Sie hat eine weiche, kräftige Stimme. Ihre Haare sind hellblond und fallen ihr bis auf die Schultern. Ihr strahlendes Lächeln und herzhaftes Lachen heißen uns willkommen. Lebhaft blitzen ihre klaren blauen Augen, während sie spricht und in die Runde schaut. Ihre warme, herzliche Ausstrahlung erfüllt den Raum und erreicht sogleich die Herzen der Teilnehmer und auch meines. Als Psychologin arbeite sie schon lange in der Paar- und Familientherapie. Sie erzählt, dass sie diesen Workshop seit vielen Jahren hier anbiete und immer weiter entwickelt habe. Seit drei Jahren leite sie ihn gemeinsam mit ihrem Lebenspartner Dan. Sie freue sich darauf, uns kennen zu lernen und mit uns zusammenzuarbeiten.

Dann übergibt sie das Wort an Dan. Er ist von kräftiger, sportlicher Gestalt und begrüßt uns ebenso freundlich wie seine Frau. Sein kahles, glatt rasiertes Haupt verleiht ihm eine männliche Autorität, die durch seine tiefe, klare Stimme noch verstärkt wird. Er spricht langsam und überlegt, macht Pausen und beschleunigt humorvoll. Seine Augen haben eine große Tiefe, er wirkt sehr geerdet. Seit vielen Jahren arbeite er als Coach und begleite Menschen auf Visionssuchen in der

Natur. Bereits als junger Mann sei er von einem indigenen Heiler unterrichtet worden, der ihn vertraut machte mit der Denk- und Lebensweise amerikanischer Ureinwohner und ihren Ritualen. Er freue sich besonders darüber, dass so viele Männer in diesen Workshop gefunden hätten, denn häufig seien die weiblichen Teilnehmer in deutlicher Überzahl.

Dann stellt uns Dan eine junge Frau um die Dreißig vor. Ihr Name sei Melissa und sie befände sich zurzeit in einer Ausbildung als Coach und Trainerin, die Donna und er anböten. Melissa hat eine zierliche Figur, sehr dunkle, kurze Haare und ein fein geschnittenes Gesicht, wirkt sehr lebendig und ist auch etwas aufgeregt. Sie begrüßt uns ebenfalls und erzählt, dass sie zuvor Tontechnik studiert habe. Es sei ihr erstes Seminar, bei dem sie assistiere, und sie freue sich auf die neuen Erfahrungen, die sie hier machen könne. Sie unterstütze Donna und Dan in der Leitung des Seminars und werde ebenso eine Ansprechpartnerin für uns Teilnehmer sein. In diesem Workshop kümmere sie sich insbesondere um die Musik.

Dann übernimmt Donna wieder das Wort. Bevor wir mit der Arbeit beginnen, treffen wir eine Vereinbarung, der alle ausdrücklich zustimmen: Alles, was wir an Privatem in dem geschützten Raum des Workshops voneinander erfahren, soll in der Gruppe bleiben. Nur so können wir uns einander anvertrauen und füreinander öffnen.

Nach dieser Verpflichtung beginnen wir mit der ersten Übung. Donna fordert uns auf, aufzustehen und uns im Raum zu bewegen. Melissa hat währenddessen die Musik gestartet. Sie unterstützt unsere Bewegungen, macht sie leichter und gibt ihnen einen Rhythmus. Und so schreiten wir durch den Raum, mal in die eine, mal in die andere Richtung, bis Donna uns auffordert, Kontakt miteinander aufzunehmen. Wir sollen jedem, dem wir begegnen, einmal kurz in die Augen schauen und mit einem Lächeln begrüßen. Nach einer Weile fordert sie uns auf, uns mit den Händen zuzuwinken. Dann begrüßen wir uns mit den Fußzehen. Unsere Bewegungen und kleine Willkommensgesten lockern die Atmosphäre immer mehr auf, bis wir in ein Tanzen übergehen. Wir drehen uns, fassen uns an den Händen und lassen wieder los, um nach anderen Händen zu greifen. Plötzlich stoppt die Musik und Donna fordert uns auf, demjenigen, der uns gerade begegnet, die Hände zu reichen und ein Paar zu bilden.

Ich stehe einer jungen Frau gegenüber. Wir halten uns die Hände. Bei einer geraden Anzahl von Teilnehmern hat jeder auf diese Weise einen Partner gefunden. Donna erklärt, dass die Partner von nun an Buddys füreinander sind. Wir sind Kumpel, die aufeinander achten sollen. Ein Buddy schaut, ob der andere anwesend ist, wenn eine Seminareinheit beginnt. Niemand soll verloren gehen. Im Laufe der Woche wird man auch einige Übungen miteinander ausführen.

Unsere erste Übung besteht darin, uns gegenseitig vorzustellen. Wir sollen unseren Namen nennen und sagen, warum wir in dieses Seminar gekommen sind und was wir gerne in der Freizeit unternehmen. Und so ziehe ich mich mit meinem Buddy in eine Ecke zurück. Jeder von uns hat fünf Minuten Zeit sich vorzustellen, während der andere nur zuhören soll. Der ältere von beiden beginnt. Das bin in unserem Fall eindeutig ich. Mit einer Klangschale signalisiert Donna Anfang, Wechsel und Ende der Vorstellung.

Mein Buddy heißt Sarah, ist 33 Jahre alt und kommt aus Cupertino im Silicon Valley. Sie ist im Laufe des Nachmittags im Anschluss an ihre Arbeit angereist und ist wie ich das erste Mal an diesem Ort. Als Entwicklerin arbeitet sie in einem bekannten Software-Unternehmen. In ihrer Freizeit joggt sie und geht gerne wandern. Sie wirkt sehr energievoll und ehrgeizig auf mich. Bisher hat sie sich auf ihre Karriere konzentriert. Kinder hat sie keine. Sie ist eine orientalische Schönheit mit langen dunkelbraunen glatten Haaren und großen braunen Augen. Später erfahre ich von ihr, dass ihre Eltern aus dem Iran stammen. Mit dem Ende der Monarchie

1979 verließen sie ihre Heimat und immigrierten in die USA. Ihr Vater, ein qualifizierter Physiker, hatte im Aufschwung der Computer-Industrie keine Probleme, eine Arbeit im Silicon Valley zu finden. Sarah war einige Jahre verheiratet, bis ihr Mann sie vor zwei Jahren verlassen hat. Erst vor kurzem ist sie eine neue Beziehung eingegangen, jedoch traten mit dem neuen Mann nach einer ersten Phase des Verliebtsein ähnliche Probleme wie mit dem geschiedenen auf. Sie ist verwirrt und verzweifelt. Vom Seminar erhofft sie, für sich mehr Klarheit zu gewinnen.

In fünf Minuten haben wir bereits viel voneinander erfahren. Doch die eigentliche Übung beginnt erst danach und besteht darin, seinen Buddy in der Runde vorzustellen. Wir sind 16 Teilnehmer, davon 7 Männer. Unter den Teilnehmern befindet sich auch ein Paar. Die meisten kommen aus Kalifornien. Einige haben eine lange Anreise hinter sich, sind von der Ostküste hierher geflogen oder seit Tagen mit dem Auto unterwegs. Ein Teilnehmer kommt gar aus Kanada. Die jüngste Teilnehmerin ist Anfang zwanzig, die beiden ältesten sind über siebzig Jahre alt. Viele arbeiten in sozialen Bereichen, als Therapeuten oder als Lehrer. Fast alle befinden sich in einer Umbruchsphase infolge einer Trennung, des Todes eines nahestehenden Menschen, einer schweren Krankheit oder durch den Beginn einer neuen Lebensphase. Von dem Seminar erhoffen sich die meisten, wieder mehr zu sich selbst zu finden, um endlich Abschied nehmen zu können, sich zu versöhnen mit der Vergangenheit, und um Kraft zu schöpfen für einen Neuanfang. Im Anschluss an die Vorstellungsrunde machen wir noch ein kurzes Spiel, damit wir uns die Namen besser einprägen. Ein Kissen wird zum Spielball, den wir jemandem zuwerfen, dessen Namen wir vorher nennen. Kreuz und quer fliegt es durch den Raum.

Es ist bereits spät geworden, viele von uns sind weit gereist und die Müdigkeit der Runde wird immer mehr spürbar. Auch ich bin erschöpft von dem erlebnisreichen Tag und sehne mich nach Ruhe. Zum Abschluss des Abends gibt uns Dan nun noch einen kurzen Ausblick auf die kommenden Tage.

Morgen werden wir uns mit der Mutter auseinandersetzen und am darauffolgenden Tag mit dem Vater. Wir werden uns mit den Prägungen beschäftigen, die wir in den Beziehungen zur Mutter und zum Vater erfahren haben. In der zweiten Hälfte des Seminars werden wir uns dann dem inneren Kind zuwenden. Das innere Kind ist das einzigartige Potenzial, das jeder von uns in sich trägt und das durch die elterlichen und gesellschaftlichen Prägungen in den Hintergrund gedrängt wurde. Wir werden auf eine Reise nach Innen gehen, um dem Kind in uns zu begegnen.

Dan erläutert uns auch die Arbeitsweise in diesem Seminar. Sie umfasse Bewegung, Spiel und Tanz ebenso wie Stille und Meditation. Mit Schreiben und Ritualen werden wir den Prozessen einen Ausdruck verleihen. Das Leitungsteam wird uns dabei fortwährend mit seiner psychotherapeutischen Praxiserfahrung begleiten und unterstützen. Dan fordert uns auf, unsere Träume und unser aktuelles Befinden in die Gruppe einzubringen. Dafür werde es genügend Raum geben. Wir werden ermutigt, Krisen, die in den nächsten Tagen erfahrungsgemäß auftreten würden, mit Zuversicht zu begegnen und sie in der Gruppe anzusprechen. Es könne sogar vorkommen, dass man das Seminar abbrechen wolle. In diesem Fall sollten wir zuvor das Gespräch mit den Leitern suchen.

Wir werden täglich in zwei etwa dreistündigen Blöcken arbeiten, den einen davon am Vormittag, den anderen am Nachmittag, jedoch am letzten Tag nur vormittags. Die ersten beiden Tage würden sehr arbeitsintensiv und individuelle Hausaufgaben für die Pausen umfassen. Für die ersten beiden Tage sollten wir uns deshalb nichts Weiteres vornehmen. Darüber hinaus wird es an den beiden ersten Abenden einen zusätzlichen etwa zweistündigen Block geben, der im

Freien stattfände. Details sollten wir an den jeweiligen Tagen erfahren.

Dan empfiehlt uns, in den kommenden Tagen ganz auf Kaffee, Alkohol und andere Drogen zu verzichten. Unsere Nahrungsaufnahme, auch den Verzehr von Süßem, sollten wir auf die regulären Mahlzeiten beschränken. Er rät uns, viel zu trinken, uns im Freien aufzuhalten und zu bewegen, auf genügend Ruhephasen zu achten und den Kontakt nach Außen über Internet und Telefon einzustellen bzw. auf das absolut Notwendige zu reduzieren. Erfahrungsgemäß sei der bevorstehende Prozess wirksamer, wenn wir diese Enthaltsamkeit üben, die uns besser in Kontakt mit uns selbst bringe. Wir seien eingeladen, so oft wie möglich die heißen Bäder und den warmen Pool aufzusuchen, die eine lösende Wirkung hätten.

„Morgen früh beginnen wir mit der Mutter. Wenn du heute Abend vor dem Einschlafen an sie denkst und dir wünscht, dass sie dir im Traum erscheint, dann beginnt der bevorstehende Prozess bereits heute Nacht in dir zu wirken." Mit diesen letzten Worten verabschiedet uns Dan in die Nacht und wünscht uns einen erholsamen Schlaf. Der erste Seminarblock ist beendet. Müde von dem ereignisreichen Tag ziehe ich mich gleich danach zum Schlafen zurück. Ich bin erfüllt von den vielen neuen Eindrücken und gespannt auf die kommenden Tage.

Was für eine Blume wächst aus dir?

Am frühen Morgen packe ich meine Kamera in den Rucksack und ziehe mich warm an. Vorsichtig taste ich mich im Dunkeln die Treppe hinunter. Mein Zimmergenosse schläft noch. Sein Atem ist ganz gleichmäßig. Ich weiß immer noch nicht, wer aus meiner Gruppe mit mir das Zimmer teilt. Gestern Abend bin ich vor ihm ins Bett gegangen.

Es ist kühl und die Luft ist klar. Im Osten dämmert es bereits. Zunächst steuere ich die Kantine an, um mich mit einem Kräutertee aufzuwärmen. Zwei weitere Gäste haben sich schon vor mir hier eingefunden. Sie sind in ihren Laptops vertieft. Der heiße Tee tut gut und weckt meine Lebensgeister. Ich erspähe das Vollkornbrot und schmiere mir ein erstes Frühstücksbrot mit Erdbeermarmelade. Beim Kauen denke ich noch einmal an den ersten Abend in der Gruppe. Ich hatte mir vor dem Einschlafen vorgenommen, von meiner Mutter zu träumen. An Bruchstücke von Träumen kann ich mich erinnern, doch sie war nicht darin vorgekommen.

Gestärkt und aufgewärmt, verlasse ich wieder den Raum und streife durch das Gelände. Es ist still und menschenleer. Aus dem Canyon hört man das Rauschen des Wasserfalls. Ganz allmählich wird es heller. Die Umrisse der Bäume zeichnen sich ab vor dem bläulichen Himmel, an dem die Sterne langsam verblassen. Die schwach leuchtenden Lampen rund um die Kantine faszinieren mich. Sie haben Schirme aus rostigen, gitterartigen, pyramidenförmigen Eisenblechen. Mit einem Schneidbrenner sind Muster in die Bleche gebrannt worden, kreisförmige Löcher, Herzen, Halbmonde und Schlitze aber auch ganze Buchstaben, aus denen sich Namen zusammensetzen, Brian, Smith, Dan, Heins, Helmut, Mike und Karen. Ich mache Fotos von den Lampen vor dem dunklen Hintergrund, den Nebelschleiern am gegenüberliegenden Hang und einem Himmel, an dessen Horizont sich das Rot des bevorstehenden Sonnenaufgangs abzeichnet.

Es ist immer noch früh. Bis zur Eröffnung des Frühstücksbuffets habe ich noch mehr als eine Stunde Zeit, die ich für ein Morgenbad im heißen Schwefelwasser nutzen möchte. Von der Terrasse der Kantine aus führt ein Pfad den Hang hinunter bis zum Badehaus, das ich bisher nur aus der Ferne gesehen hatte. Rund um das Haus ist kaum Licht. Als ich näherkomme, erkenne ich auf der Dachterrasse die gepolsterten Liegen, die Hocker für die Masseure und die Sonnenschirme, die eingerollt auf dem Boden liegen. Eine wohltuende Stille umgibt das Gebäude, aus dem nur vereinzelt das Plätschern und Gluckern von Wasser zu hören ist. Eine Treppe führt hinunter ins Innere des Gebäudes, wo ich zunächst in die Umkleideräume gelange. Stille ist hier geboten. Unter der Dusche genieße ich ein einzigartiges Naturerlebnis. Da kaum ein Wind weht, sind die wandfüllenden Glasschiebetüren zur Seeseite aufgezogen. Während ich das warme Wasser über meinen Körper laufen lasse, blicke ich in den Canyon. Ich atme die frische Morgenluft, höre das Plätschern des Baches und lausche dem Rauschen des Wasserfalls aus der Ferne.

Noch ganz ergriffen von diesem Duscherlebnis gehe ich in den Außenbereich mit seinen Wasserbecken. Es haben sich bereits einige andere Gäste hier zum Sonnenaufgang eingefunden. Wie alle anderen bin auch ich nackt. In den sonst eher prüden USA ist das eine Besonderheit. Wer es vorzieht, Badekleidung zu tragen, ist ebenso willkommen. Im großen Pool am Ende der Terrasse finde ich noch einen freien Platz. Ich steige über den Natursteinrand des Betonbeckens ins heiße Wasser. Mit einem Nicken und einem Lächeln begrüße ich die Badenden, zwei Frauen und einen weiteren Mann. Langsam tauche ich ein. Wie wohltuend das heiße Wasser ist! Ein leichter Schwefelgeruch dringt in meine Nase, keinesfalls unangenehm. Wie die anderen setze ich mich so, dass ich nach Osten blicke. Die Sonne steht noch tief hinter den

Hügeln, in deren Schatten sich zart graue Nebelfelder halten. Ich genieße die wohlige Wärme und beobachte das Naturschauspiel der aufgehenden Sonne.

Mit der Zeit wird das Beckenwasser spürbar kühler. Der Mann signalisiert mir, den Stöpsel auf meiner Seite zu ziehen, sodass das abgekühlte Wasser in die Schlucht und den Bach ablaufen kann. Zugleich öffnet er einen Schieber, damit frisches heißes Wasser nachfließen kann. Es kommt aus einer Rinne, die unablässig von der heißen Quelle gespeist wird. Schnell hat sich das Wasser im Becken wieder erwärmt, wir schließen Stöpsel und Zufluss, und das heiße Wasser rinnt wieder wie seit Urzeiten den Hang des Canyons hinab in den Bach.

Plötzlich tritt die Sonne hinter dem Berg hervor und erfüllt die Luft schlagartig mit Wärme und den Ort mit gleißendem Licht. Gefährlich für mein kahles Haupt. Bald verlasse ich den zauberhaften Ort, dessen Stimmung so abrupt gewechselt hat. Noch einmal genieße ich die wundervolle Dusche mit dem Blick in den nun erstrahlenden Canyon.

Als ich zurück ins Zimmer komme, ist mein Mitbewohner gerade aufgestanden. Es ist Ed. Wir stellen uns noch einmal persönlich vor. Er ist von kleiner, rundlicher Gestalt, hat lichtes graues Haar und ist offenbar einige Jahre älter als ich. Heute Morgen ist er noch sehr verschlafen und möchte erst einmal duschen. Also lege ich meine Sachen ab und gehe alleine zum Frühstück.

In der Kantine platziere ich mich an einem Tisch mit bekannten Gesichtern aus meinem Seminar und reihe mich mit den anderen in der Schlange ein. Das Frühstücksbüffet ist so reichhaltig wie das Abendbuffet. Es gibt verschiedene Arten Müsli, kalte und gekochte. Von Milch über Quark und Joghurt bis zu Sojamilch reicht die Auswahl. Ich bereichere mein Müsli um Haselnüsse, Walnüsse, Mandeln, Rosinen und Backpflaumen. Auch das Angebot an frischem Obst und Gemüse ist groß. Ich entscheide mich für einen saftigen ausgereiften Pfirsich. Es gibt verschiedene Sorten Brot und Brötchen, süße und salzige Aufstriche, Eier, gekocht oder gerührt, und Käse. Das Buffet ist eine einzige große Versuchung. Wochenlang habe ich morgens mein schmackhaftes, gesundes, aber auch schlichtes Frühstück verzehrt. Bei diesem Überangebot werde ich darauf achten müssen, meine Mahlzeiten zu begrenzen. Ich bleibe beim gewohnten Müsli. Es ist ja bereits mein zweites Frühstück heute Morgen.

Erneut tauschen wir in der Tischgruppe unsere Namen aus, stellen uns weiter vor, berichten von unseren Eindrücken und freuen uns auf das Seminar. Als sich unsere Gesellschaft auflöst, schlendere ich neugierig zum Gruppenraum den Hügel hinauf. Oben angekommen, bleibe ich noch eine Zeit auf der Terrasse vor dem Eingang stehen. Es ist ein grandioser Tag mit einem strahlend blauen Himmel. Wie ein Juwel ruht das Badehaus am Hang der Schlucht. Auf seiner Dachterrasse sind die Sonnenschirme aufgespannt. Von Weitem beobachte ich, wie bereits die ersten Gäste darunter massiert werden. In der Mittagspause möchte ich einen Termin für Mittwoch reservieren.

Das Leitungsteam ist damit beschäftigt, den Raum herzurichten. Wir begrüßen uns freundlich und ich schaue mich ein wenig um. Das fast lebensgroße Foto eines Hirsches an der Rückwand war mir gestern Abend schon aufgefallen. Nun lese ich den Text auf der Informationstafel daneben und erfahre mehr über die Bedeutung dieses Tiers für die Urbevölkerung. Die Jagd nach Hirschen war für die Esselen ein heiliger Akt. Um sich darauf vorzubereiten gingen die Jäger Tage vorher in eine Schwitzhütte und kauten starken psychoaktiven Tabak, bis sie sich ganz mit dem Geist des Hirsches verbunden hatten. Sie warteten auf seine Einladung, denn sie glaubten daran, dass sich die Hirsche ihnen hingaben. Erst wenn sie eine positive Vision hatten, zogen sie los. Sie schmierten ihre Bögen mit Hirschfett ein, hängten sich Hirschfelle um und kauten die stark nach Sellerie riechende Iknish-Wurzel, um sich zu tarnen. Wenn sie einen Hirsch erlegt hatten, bedankten sie sich bei seinem Geist. Rehe und Hirsche waren ihre wichtigste Nahrungsquelle an Fleisch. Sie verarbeiteten das ganze Tier, einschließlich Fell, Knochen und Geweih. Die Felle wurden zu Umhängen verarbeitet, die man nicht nur bei der Jagd, sondern auch bei kaltem Wetter trug. Die Esselen hatten zwei große Gemeinschaften, den Clan der Hirsche und den Clan der Bären. Die Menschen glaubten, dass sie von diesen Tieren abstammten. Bevor ein Junge das erste Mal an einer Jagd teilnehmen durfte, musste er einen Hirsch berührt haben. Als die ersten spanischen Siedler das Land betraten, war das noch möglich. In jener Zeit lebten die Menschen im Einklang mit der Natur.

Allmählich füllt sich der Raum. Die Teilnehmer nehmen auf ihren Sitzkissen Platz und das Seminar beginnt. Donna eröffnet die Sitzung und begrüßt uns. Reihum soll jeder noch einmal seinen Namen nennen und mit nur einem Wort oder einer Geste seine Befindlichkeit an diesem Morgen ausdrükken. Donna empfiehlt uns, aus dem Herzen zu sprechen und mit dem Herzen zuzuhören. Während ein anderer rede, sollten wir uns nicht damit beschäftigen, was wir selbst sagen würden. Erfahrungsgemäß könnten die Äußerungen in der Runde zuvor bereits eine Veränderung in einem selbst bewirken, bevor man an der Reihe sei. Und so achte ich auf die Äußerungen der anderen, bis das Wort bei mir ist:

„Rolf - neugierig".

Nach dieser Runde fragt uns Donna nach unseren Träumen, ob unsere Mutter darin vorgekommen sei und jemand einen Traum mitteilen oder etwas anderes vorbringen möchte. Amy, eine jüngere Teilnehmerin, die ich auf Anfang Dreißig schätze, möchte ihren Traum erzählen. Gestern Abend hatten wir erfahren, dass sie sich erst vor kurzem von ihrem Mann getrennt hatte und nun alleine mit ihren beiden kleinen Kindern lebte.

Es ist ein heller Tag. Ich befinde mich in meinem Elternhaus und die Sonne scheint in mein Zimmer. Meine Mutter kommt herein und möchte mir etwas geben. Sie legt mir eine große Spinne in die linke Hand. Ich bin starr vor Entsetzen, habe Angst und ekele mich vor der Spinne. Um sie loszuwerden, gehe ich an ein Fenster und öffne es mit der rechten Hand. Als ich die Spinne aus dem offenen Fenster werfe, löst sie sich aus meiner Hand und fliegt als kleiner Vogel davon. Ich bin erleichtert und ein Gefühl der Befreiung erfüllt mich.

Donna fragt Amy, wie sie ihre Mutter in der Kindheit erlebt habe. Die Mutter habe sie sehr eingeengt und ihr wenig Spielraum gelassen. Auch heute noch fühle sie sich oft gefangen von ihren Erwartungen, von denen sie sich gerne lösen möchte. Im Gespräch mit Donna begreift Amy, dass sie noch immer im Spinnennetz ihrer Mutter verstrickt ist. Dieses hindert sie daran, sich im Leben selbständig fortzubewegen. Im Traum sehe sie diesen Schritt voraus, indem sie sich auf das Fenster zubewege. Es gelinge ihr, sich von der Mutter zu lösen, indem sie die Spinne aus dem Fenster wirft. Die Befreiung aus der mütterlichen Umklammerung drücke sich in dem kleinen Vogel aus, der ins Freie fliegt. Amy ist berührt von dieser neuen Sicht ihres Traumes. Er mache ihr nun Mut, sich weiter aus der Verstrickung mit der Mutter zu lösen. Donna erläutert, dass das Weibliche mit der linken Hand und das Männliche mit der rechten in Verbindung gebracht werde. Die rechte Hand sei auch die freie Hand, die den Weg nach außen öffne. Vielleicht sei der Schlüssel für die Ablösung von der Mutter beim Vater zu finden. Nachdem ein weiterer Teilnehmer seinen Traum eingebracht hat, und wir uns dem Anliegen einer weiteren Teilnehmerin zugewendet haben, entlässt uns Donna in eine kurze Pause.

Nachdem sich alle wieder im Raum versammelt haben, startet Melissa eine gefühlvolle Rockballade aus den Sechzigern.

Donna ermuntert uns, zu tanzen. Wir sollen uns frei machen von eingeübten Tanzfiguren und mit unseren Bewegungen ganz unserem inneren Gefühl folgen. Über einem Klangteppich von Streichern, den ein Synthesizer im Hintergrund ausbreitet, schwebt das Solo einer Querflöte. „Nights in White Satin"[81] von den Moody Blues beamt mich zurück in die Vergangenheit. Als Fünfzehnjähriger tanze ich mit meiner Tanzschulpartnerin auf einer Kellerparty bei Freunden. Der Raum ist dunkel. Irgendwo glüht eine rote Birne. Wir tanzen eng umklammert. Mein erster Kuss. Mir ist, als wenn er nicht enden will. Sieben Minuten Seligkeit.

Um noch tiefer in uns und in unsere Vergangenheit zu versinken, tanzen wir später auf der Stelle, schließen die Augen und geben uns ganz der Musik und den Bewegungen unseres Körpers, dem eigenen Schwingen und Drehen hin. Plötzlich stoppt die Musik. Mit geschlossenen Augen bleiben wir stehen, pendeln aus in einem aufrechten Stand mit schulterbreitem Fußabstand und bleiben locker in den Knien. Wir achten auf unseren Atem und die innere Bewegung, die weiter in uns ausklingt.

Donna sagt dazu, dass sie uns auf einer Innenreise zurück in das Haus unserer Kindheit anleiten werde, um dort unserer Mutter wieder zu begegnen. Es könne auch eine andere Person sein, die sie ersetzt habe, etwa eine Ziehmutter oder Großmutter. Wie alt wir dabei als Kind seien, wäre nicht wichtig. Dann geht es los:

„Betrete das Haus deiner Kindheit. Gehe in einen Raum, in dem du deine Mutter antriffst."

Donna lässt uns Zeit, um anzukommen, und fragt dann:

„Wo hält sich deine Mutter auf? Womit ist sie gerade beschäftigt? In welcher Haltung ist sie? Bewegt sie sich und wenn ja, wie? Wie sieht sie aus? Wie ist sie gekleidet? Wie sind ihre Haare?"

Nach einer Pause fährt sie fort:

„Wie ist ihr Gesichtsausdruck? Wie geht es ihr? Wie ist ihre Stimmung? Ist sie glücklich oder unglücklich? Lacht sie oder ist sie traurig? Oder ist sie regungslos? Ist sie alleine oder ist noch jemand da? Reagiert sie auf dein Kommen und wenn ja, wie? Sagt sie etwas zu dir? Gibt sie dir etwas? Macht sie irgendetwas mit dir? Oder ist sie weiter mit ihrer Aufgabe oder jemand anderem beschäftigt?"

Damit wir tiefer in die Situation eintauchen können, lässt uns Donna wieder etwas Zeit und sagt dann:

„Wenn deine Mutter dich nicht beachtet: wie gewinnst du ihre Aufmerksamkeit? Oder beobachtest du sie nur in ihrem Tun? Was siehst du? Was hörst du? Kannst du etwas schmekken? Nimmst du einen Geruch wahr? Wie geht es dir? Was fühlst du?"

Ich nehme jedes Detail ganz tief in mich auf. Nach einer Weile bittet uns Donna, allmählich wieder zurück in den Raum zu kommen. Auf ihre Anregung recken und strecken wir uns, um uns wieder von der Situation zu lösen, gehen einen Schritt zur Seite und schütteln uns, lockern Arme, Beine und Nacken. Schließlich bittet uns Donna, wieder Platz zu nehmen und alles aufzuschreiben, was wir wahrgenommen haben. Allerdings sollen wir es nun aus der Sicht des Erwachsenen beschreiben. Sie lässt uns reichlich Zeit dafür. Nachdem alle ihre Aufzeichnungen abgeschlossen haben, erhalten wir eine zusätzliche Aufgabe. Wir sollen drei Situationen notieren, in denen wir uns als Erwachsene, andere oder uns selbst so behandelt haben, wie uns die Mutter auf der Innenreise behandelt hat. Nachdem sich alle Notizen gemacht haben, geht es reihum und jeder stellt eine seiner Situationen in der Gruppe vor. Das Ergebnis fasst Donna mit den provozierenden Sätzen zusammen:

„Wir gehen mit uns selbst so um, wie unsere Mutter in unserer Kindheit mit uns umgegangen ist. Wir bewerten uns selbst, wie uns die Mutter in der Kindheit bewertet hat. Wir engen uns selbst ein, wie uns die Mutter in unserer Kindheit eingeengt hat. Wir überfordern uns selbst, wie uns die Mutter in unserer Kindheit überfordert hat. Wir vertrauen uns selbst, wie uns die Mutter in der Kindheit vertraut hat. Wir ermutigen uns selbst, wie uns die Mutter in unserer Kindheit ermutigt hat."

Die Mutter sei die erste und wichtigste Bezugsperson im Leben. Die Beziehung zu ihr präge grundlegend die Art und Weise, wie wir Beziehungen in unserem Leben eingehen, insbesondere die Beziehung zu uns selbst. Wie wir unsere Mutter als Kind erlebt haben, sei das Ergebnis unserer eigenen Wahrnehmung. Geschwister oder Außenstehende hätten vielleicht ein ganz anderes Bild von ihr gewonnen. Wie wir unsere Mutter in der Kindheit erlebt haben, sei auch abhängig von den Lebensumständen in jener Zeit:

„Wie war die wirtschaftliche Situation deiner Familie während deiner Kindheit? Wie verlief die Beziehung deiner Eltern in jener Zeit? Womit war deine Mutter beschäftigt? Wie viele Geschwister waren bereits vor dir da oder sind nach dir gekommen? Wurdest du als Einzelkind, Erstgeborener, Mittelkind, als Jüngstes oder als Mehrling geboren?"

Ich spüre, wie die Beschäftigung mit meiner Mutter in mir zu wirken beginnt. Bilder aus meiner Vergangenheit tauchen in mir auf und Erinnerungen an längst vergessene Ereignisse kommen hoch. Ein innerer Prozess hat eingesetzt. Er führt mich zurück in meine Kindheit und bringt Unbewusstes und Unerledigtes zurück an die Oberfläche.

Dann spricht Donna darüber, wie wir über unsere Wahrnehmung in uns selbst ein individuelles Bild von der Mutter geformt hätten. Jeder Mensch erschaffe eine innere Mutter als eigenständig wirkende innere Wesenheit. Zwar sei die innere Mutter durch die äußere Mutter in der Kindheit geprägt worden, aber sie entwickle zunehmend ein Eigenleben, bis sie sich verselbstständigt habe: „Wir tragen die innere Mutter in uns. Wir nehmen sie mit, wenn wir das mütterliche Haus verlassen. Selbst wenn wir weglaufen, folgt sie uns. Sie bleibt immer ein Teil von uns." Unsere innere Mutter reguliere vor allem unseren Selbstwert und unsere Selbstliebe, wie wir mit unseren Schwächen und Stärken umgehen, wie wir uns annehmen oder ablehnen, wie wir für uns sorgen, wie wir uns selbst Zuwendung, Geborgenheit oder Wärme geben, wie wir uns selbst lieben.

Die Zeit ist schon weit fortgeschritten, in Kürze beginnt das Mittagessen. Donna bittet uns, in der Pause einen Brief an unsere Mutter oder Ziehmutter zu schreiben. Er sei nicht für sie bestimmt, sondern diene nur unserer eigenen Klärung und habe den Zweck, die Schattenseiten unserer inneren Mutter bewusst zu machen. Wir sollten den Brief an unsere Mutter richten, damit er unsere innere Mutter besser erreiche und wir erkennen könnten, wie wir uns selbst begrenzten, schwächten und verletzten. Die Wurzel dieser Schatten reichten tiefer und weiter zurück als bis in unsere Kindheit. So sehr sich unsere Mutter bemüht habe und so gut sie es auch meinte, ihre Erziehung konnte uns nicht vor Verletzungen bewahren. Eine Mutter könne nur begrenzt ihre eigenen Kinder davor beschützen und schonen. So hätten viele der Mütter aus Kriegsgenerationen eine Traumatisierung in ihrem Leben erfahren. Die erlittenen eigenen psychischen Verletzungen hätten sie oft in unbewusster Weise weitergegeben.

In dem ersten Teil des Briefes sollen wir unserer Mutter schreiben, welche Beschränkungen und Verletzungen wir als Kind durch sie erfahren hätten: „In welcher Weise hast du durch sie einen Mangel erfahren und wie hast du versucht, ihn auszugleichen? Wie hast du ihre Aufmerksamkeit und Zuwendung gewinnen können, wenn es dir daran mangelte? Wie hast du dir einen Freiraum verschafft, wenn du dich eingeengt oder bedrängt fühltest? Wie ging deine Mutter mit deinen Gefühlen um, mit deiner Freude, Lust, Traurigkeit, Wut oder Angst? Was durftest du zeigen, was nicht? Wie hat sie auf deine Schmerzen und Verletzungen reagiert? Womit hast du dich alleine gelassen gefühlt, und wie bist du damit umgegangen? Wodurch hast du dich durch sie verletzt gefühlt und wie hast du darauf reagiert?"

Im zweiten Teil des Briefes sollen wir ihr schreiben, wie wir diese schmerzvollen Einengungen und Verletzungen aus der Kindheit als Erwachsener wiederholt und gegen andere oder uns selbst gerichtet haben: „Welche Verhaltensweisen, Haltungen und Glaubenssätze hast du von deiner Mutter übernommen? Gegen welche hast du rebelliert? Welche davon hast du ins Gegenteil verkehrt? Wie hast du damit in deinem Erwachsenenleben anderen oder dir selbst weh getan? Was ist mit den Verhaltensmustern, die du als Kind entwickelt hast, um damit umzugehen? Welche davon bestimmen noch heute dein Leben? Wie helfen sie dir noch heute? Oder haben sie sich erschöpft und engen dich nur noch ein?"

Donna wartet, bis wir uns Notizen gemacht haben und empfiehlt uns dann, den Brief zurückgezogen an einem ruhigen Ort zu verfassen, an dem wir nicht gestört werden könnten, und mit keinem anderen in der Pause darüber zu sprechen. Zu Beginn des Nachmittagsblocks gäbe es Raum, wenn jemand darüber reden möchte. Je authentischer wir schrieben, umso besser. Mindestens zwei Seiten, höchstens vier, seien ausreichend. Beim Herausgehen erhalte jeder von Melissa zwei Bögen Papier, das frei von Schadstoffen und biologisch leicht abbaubar ist, und einen feinen Kohlestift zum Schreiben. Der Brief spiele heute Abend noch eine Rolle.

Mit den leeren Bögen Briefpapier gehen wir in die Mittagspause. Das Essensangebot ist ebenso grandios und verführerisch wie das der anderen Mahlzeiten. Es gibt eine Vorsuppe, ein großes Salatbuffet und mehrere Hauptgerichte zur Auswahl. Später wird noch ein Dessert aufgetischt, ein Hefekuchen mit frischen Pfirsichen und Streuseln. Über das Seminar sprechen wir nicht am Tisch. Donna hatte uns auch geraten, außerhalb des Seminars das Thema nicht zu zerreden, sondern alles, was wir einbringen möchten, in die Gesamtgruppe zu tragen. Ich frage Ed, der mit am Tisch sitzt, ob er damit einverstanden sei, wenn ich unser Zimmer zum Schreiben nutze. Wir könnten uns auch zeitlich absprechen, um es gemeinsam zu nutzen. Doch er hat für sich bereits einen anderen Ort zum Schreiben ins Auge gefasst. Nur kurz möchte er vorher noch einmal in den Raum, um sich umzuziehen, denn seit dem Morgen ist es merklich wärmer geworden. Auf dem Weg ins Zimmer, mache ich Halt im Büro und habe Glück, den letzten freien Massage-Termin in der Mittagspause am Donnerstag zu bekommen. Der Mittwoch ist bereits ausgebucht. Als ich im Zimmer ankomme, verlässt Ed gerade den Raum. Ich klettere auf die zweite Ebene und setze mich an den kleinen Schreibtisch neben meinem Bett. Bis zum Ende der Pause bleibt mir noch eine Stunde Zeit, um den Brief zu schreiben.

Ich beginne zögernd und komme zunächst nur mühsam voran. Erst tut es mir weh, über die Verletzungen in meiner Kindheit zu schreiben. Aber sobald ich die distanzierte erwachsene Perspektive einnehme, verspürt der verletzte kindliche Teil in mir auch eine Erleichterung. Er fühlt sich erkannt und gewürdigt durch den schreibenden erwachsenen Rolf, der für ihn Verständnis zeigt und Mitgefühl empfindet. Einmal in Gang gekommen, fließen die Sätze nur so aus mir heraus und bringen alles zu Papier, was meine Mutter über das verletzte Kind erfahren soll.

Dann mache ich mich an den zweiten Teil. Es erschreckt mich, als mir klar wird, wie viel ich von meiner Mutter übernommen habe. Noch immer behandle ich mich selbst in mancher Weise, wie meine Mutter mich als Kind behandelt hat. Besonders entsetzt bin ich darüber, als ich begreife, dass ich meine Kinder manchmal genauso behandelt habe. Dann betrachte ich meine Strategien, die ich in der Kindheit entwickelt habe, um die erfahrenen Mängel zu kompensieren oder Verletzungen zu vermeiden. Ich muss mir eingestehen, dass sie sich bis heute durch mein ganzes Leben gezogen haben. Gelegentlich war ich als Erwachsener damit erfolgreich, aber meist führten sie in eine Sackgasse und manchmal bewirkten sie gar das Gegenteil. Und während ich all das meiner Mutter schreibe, ist mir, als ob ich damit auch einen Teil in mir, meine innere Mutter, erreiche.

Ich beende den Brief und schlendere dann über die Liegewiese, setze mich auf eine Bank und blicke auf das Meer, das in der Ferne im Sonnenlicht glitzert. Es bleibt mir noch etwas Zeit, bis der Nachmittagsblock beginnt. Nach dem Schreiben fühle ich mich entspannt. Der Brief hat etwas geklärt in mir. Und so fällt es mir leicht, mich mit all meinen Sinnen ganz dem Augenblick und dem Ort hinzugeben, dem sanften Wind und der wohltuenden Wärme der Sonne, die mich mit jedem Atemzug tiefer durchströmt.

Nachdem wir uns wieder im Seminarraum versammelt haben, fragt Donna in die Runde, wie es uns mit den Briefen ergangen sei. Es kommen einige kürzere Rückmeldungen. Zwei Teilnehmer haben das Schreiben des Briefes durch hochkommende Emotionen als sehr schmerzhaft erfahren. Sie erhalten ausreichend Raum in der Gruppe, um mit Donna darüber zu reden.

Nach einer kurzen Pause, bittet uns Donna, auf unseren Meditationskissen Platz zu nehmen: „Setze dich aufrecht hin. Entspanne dich und achte auf deinen Atem. Das bewusste Atmen ist der direkte Zugang zum Jetzt. Solange wir leben, atmen wir. Der Atem ist immer da. Er kennt keine Vergangenheit und keine Zukunft, er existiert nur in der Gegenwart. Nichts kann ihn halten. Er kommt und geht von ganz allein, solange wir leben. Der Atem ist unser direkter Weg zum Sein. Nimm drei tiefe Atemzüge." Dann kündigt sie eine weitere Innenreise an und führt uns in eine Zeit weit vor unserer Geburt:

Du ruhst im Bauch von Mutter Erde und träumst von deinem kommenden Leben. Jahrtausende vergehen wie im Flug. Jahrhunderte und Jahrzehnte ziehen an dir vorbei. Epochen kommen und gehen. In welche Zeit möchtest du geboren werden?
Du beginnst ganz langsam in Spiralen aus der Tiefe des Erdenbauches nach oben zu steigen. An der Oberfläche ziehen währenddessen die Meere und Kontinente über dir vorbei. Wo möchtest du geboren werden?
Allmählich beginnst du einzelne Jahre und Jahreszeiten wahrzunehmen. Die Erde erblüht. Die Hitze der Sonne bringt sie zum Glühen. Die Blätter des Herbstes fallen auf den Boden, bis ihn das weiße Leichentuch des Winters bedeckt und der Reigen im Frühjahr wieder von vorne beginnt. In welche Jahreszeit möchtest du geboren werden?
Unablässig dreht sich die Erde weiter, während du immer weiter an die Oberfläche auftauchst. Auf welchem Kontinent möchtest du geboren werden, in welchem Land, in welche Landschaft, an welchem Ort?
Immer näher rücken Ort und Zeitpunkt deiner Geburt. An welchem Tag und zu welcher Tageszeit möchtest du geboren werden, in welches Haus und in welche Familie? Mit welchen besonderen Anlagen möchtest du ins Leben gehen? Welche Qualitäten möchtest du zur Entfaltung bringen? In welcher Weise soll deine Mutter dich darin unterstützen, damit du deine Gaben zum Leben bringen kannst? Alles, was du dir wünschst, geht in Erfüllung. Kurz bevor du aus deinem Traum erwachst, erhältst du ein Blatt Papier für eine besondere Wunschliste mit der Überschrift: Wünsche an meine Mutter.

Donna fordert uns auf, langsam wieder zurück in den Raum zu kommen, die Augen zu öffnen und aufzuschreiben, welche Eigenschaften wir uns von unserer idealen Mutter wünschen. Nach einer Weile haben alle ihre Wunschliste vervollständigt, und wir erhalten eine Zusatzaufgabe. Wir sollen jede Eigenschaft daraufhin prüfen, ob wir sie bereits in uns selbst gefunden haben. Zusätzlich sollen wir notieren, welche davon wir in der Kindheit durch unsere Mutter erfahren haben.

Mein eigenes Ergebnis überrascht mich. Die Rückmeldungen aus der Gruppe sind nicht anders. Die meisten unserer mütterlichen Ideale konnten wir in uns selbst wiederfinden, einige von ihnen hatten wir von unserer Mutter mitbekommen. Unsere ideale Mutter ist bereits ein Teil von uns.

Donna sagt, dass wir uns nun mit den hellen, stärkenden mütterlichen Qualitäten befassen werden, die unser Wachstum fördern. Zunächst aber bietet sie uns eine Erklärung an, warum wir trotz beengender mütterlicher Einflüsse Qualitäten entwickeln konnten, die wir durch sie nicht erfahren hätten:

„Besonders starke Verletzungen in unserer Kindheit hinterlassen eine tiefe Wunde, die sich anfühlt, als sei ein Stachel in uns hineingetrieben worden. In vielen alten Kulturen und Religionen spricht man von der Heiligen Wunde. Sie ist es, die unser Potenzial, unsere Heilung, unser Ganzwerden herausfordert. Der Schmerz, den wir durch eine besonders starke Einengung oder Verletzung empfinden, spornt uns an. Er beinhaltet die Energie, aus der wir schöpfen können, um uns selbst zu erschaffen. So können wir auch Qualitäten, die wir in der Kindheit nicht erfahren haben, aus uns selbst hervorbringen. Die Heilige Wunde weist uns wie ein Leuchtfeuer den Weg zu unseren verborgenen Anlagen. Der Stich ist die Öffnung, durch die das in uns eingeschlossene Licht nach außen dringen kann. Die Qualitäten, die wir aus diesem Ansporn entwickeln, zeichnen uns in besonderer Weise aus. Der Stachel verweist wie ein Marker auf das Besondere, das in uns angelegt ist. Er ist ein Teil von uns. Jeder Versuch, ihn zu therapieren, ist zwecklos. Besser wir begreifen ihn als einen Verbündeten auf unserem Lebensweg. Er erinnert uns daran, wie viel noch in uns steckt, das sich entfalten möchte. Wer seine Lebenswunde annimmt, kann die Energie erlösen, die darin gebunden ist, und sie als Treibstoff für die Entfaltung seines Potenzials nutzen. Jede mütterliche Liebe hinterlässt diese Lebenswunde, um uns anzutreiben, denn einer Liebe ohne Stachel fehlt der Wachstumsreiz. Die Rose als Symbol für die Liebe versinnbildlicht dies in eindrucksvoller Weise. Sie lockt uns mit ihren wunderschönen, zarten, lieblich duftenden Blüten und fordert uns zugleich mit ihren Dornen heraus."

Auf diese Weise, erklärt uns Donna, verhelfe uns die dunkle Seite unserer Mutter zu innerem Wachstum. Die Mutter hätte uns das Geschenk des Lebens gegeben und uns mit ihrer ganzen Fülle beschenkt, die zugleich Stärken und Schwächen, Licht und Schatten, Süße und Schmerz umfasse. Es sei an uns, diese Ganzheit anzunehmen und das Beste daraus zu machen. Die erfahrenen Verletzungen könnten wir als Herausforderungen begreifen. Erst wenn wir den Schmerz und die damit verbundene Trauer und Wut losließen, könnten wir die daraus freiwerdende Energie als Quelle unserer Kraft nutzen. Unserer Mutter zu vergeben, sei dafür der Schlüssel. Indem wir der Mutter vergeben, entlasteten wir uns auch selbst, denn die von uns verinnerlichte Mutter hätte auch uns selbst und andere verletzt. Der Weg zur Vergebung aber führe über die Dankbarkeit.

Unsere nächste Aufgabe bestehe deshalb darin, einen zweiten Brief an unsere leibliche Mutter oder Ziehmutter zu schreiben, in dem wir uns bei ihr bedanken. Unserer leiblichen Mutter gelte dabei der besondere Dank dafür, dass sie uns das Leben geschenkt hat. Donna regt auch an, dass wir unserer Mutter unsere Dankbarkeit persönlich bekunden, sofern sie noch lebe und sobald sich dafür eine Gelegenheit biete. Wir beendeten den Nachmittagsblock heute früher als üblich, damit wir diesen Brief noch vor dem Abendessen verfassen könnten. Nach der Mahlzeit sollten wir uns um 19:30 Uhr auf der Terrasse vor der Kantine versammeln, jenen ersten Brief aus der Mittagspause mitbringen und uns warm genug ankleiden, da wir uns etwa zwei Stunden im Freien aufhalten würden.

Bis zum Abendessen bleibt uns noch eine knappe Stunde, um den Dankesbrief an die Mutter zu schreiben. Was Donna über die Heilige Wunde gesagt hat, hilft mir, die Verletzungen in meiner Kindheit anzunehmen und zu würdigen. Es macht es mir auch einfacher, meiner Mutter und mir selbst, meiner inneren Mutter, zu vergeben. Doch ich spüre auch, wie mich dieser Tag fordert. Er ist noch lange nicht zu Ende. Ich verständige mich mit Ed und wir beschließen, beide in unserem Zimmer zu schreiben. Und so gehen wir ohne große Worte gemeinsam dorthin. Ed setzt sich an seinen Schreibtisch im unteren Teil des Raumes und ich nehme an meinem im oberen Teil Platz. Schweigend verfasst jeder seinen Brief.

Diesen zweiten Brief zu schreiben, fällt mir nicht schwer. Es gibt so vieles, für das ich meiner Mutter danken kann. Ich danke ihr dafür, dass sie mir das Leben geschenkt hat. Wie gut sie mich in meiner Kindheit versorgt hat. Wie sie meine Selbständigkeit gefördert hat. Wie viel ich von ihr gelernt habe. Was ich alles von ihr bekommen habe. Es gibt so viele Eigenschaften, die ich an ihr schätze und für mich selbst übernommen habe. Ich verdanke ihr meine gute körperliche Gesundheit und meinen klaren Verstand. Sie war immer für mich da, wenn ich sie um Unterstützung gebeten hatte, und hat mir alles gegeben, was für sie möglich war. Für all das danke ich ihr. Ich schreibe ihr auch, dass sie meine eigene Entwicklung herausgefordert hat durch das, was sie mir nicht zu geben vermochte, und ich danke ihr auch dafür. Je mehr ich schreibe, umso mehr fällt mir ein. Doch die Zeit ist begrenzt und das Abendessen naht. Ich höre, wie Ed sich von seinem Stuhl erhebt. Ein Blick auf die Uhr signalisiert mir, den Brief ebenfalls zügig abzuschließen. Als ich die letzten Sätze schreibe, hat Ed bereits den Raum verlassen.

Nach dem Abendessen versammeln wir uns auf der Terrasse. Wir rätseln darüber, was uns so spät noch erwarten wird. Seit heute Morgen sind wir nahezu ohne Pause in einem Arbeitsprozess, der uns kaum Raum zum Nachdenken lässt. Das ist sicher nicht ohne Absicht geschehen.

Als uns Donna und Melissa abholen kommen, sind wir bereits vollständig versammelt. Donna fragt nach, ob wir alle unseren ersten Brief dabei hätten. Zwei Teilnehmer haben ihn im Zimmer liegen gelassen. Nachdem sie wieder zurück sind, führen uns Donna und Melissa mit Taschenlampen durch die Dunkelheit. Wir überqueren die Liegewiese bis wir den angrenzenden Blumengarten erreichen. Von Weitem können wir einen Lichterkreis erkennen. Eine Spur aus Lichtern führt in einem Bogen zu diesem Kreis hin. Dan steht am Eingang des Kreises und wartet dort mit einer Rahmentrommel. Am äußeren Ende des Bogens machen wir mit unserer Gruppe Halt. Man kann die Lichter nun im Detail erkennen. Es sind hüfthohe Metallstangen, die in der Erde stecken und an deren Spitzen sich Windschutzgläser mit Teelichtern befinden. In ihrer archaischen Anordnung verleihen sie dem Ort etwas Magisches.

Donna erklärt uns, dass wir heute Abend ein Erdritual durchführen. Wir werden ein Blumenbeet anlegen und eine rituelle Aussaat durchführen. Damit wollen wir der Urmutter Erde für das Leben danken, das sie seit Urzeiten gebiert. Über unzählige Generationen hat sich das Leben bis zu unserer leiblichen Mutter fortgepflanzt, aus der wir selbst hervorgegangen sind. Mit dem Ritual wollen wir die mütterlichen Ahnen ehren und würdigen, die den Boden für unser eigenes Werden vorbereitet haben. Mutter Erde bildet die Grundlage für unsere Saat, aus der sich das Leben durch uns weiter fortpflanzen kann.

Um uns auf das Ritual vorzubereiten, erläutert uns Donna den Ablauf. Der Lichterkreis markiert den Ritualplatz, in den wir über einen Eingang am Ende des Lichterbogens nacheinander eintreten werden. Danach wird dieser Eingang geschlossen. Wir werden uns bis zum Ende des Rituals darin aufhalten. Wer zwischendurch austreten möchte, möge sich bemerkbar machen, damit der Kreis zu diesem Zweck geöffnet und danach wieder geschlossen werden kann. Der Lichterkreis dürfe nur über den Eingang betreten und verlassen werden, um seinen Rahmen nicht zu verletzen.

Auf Donnas Zeichen beginnt Dan in einem langsamen, gleichmäßigen Takt zu trommeln. Im Rhythmus der Trommel schreiten wir einzeln und mit Abstand entlang der hinführenden Lichter, die uns wie kleine Leuchttürme den Weg weisen. Über den Eingang betreten wir den rituellen Raum des Lichterkreises und bilden dort einen inneren Kreis. In der Mitte befindet sich eine flache Mulde. Jeweils um neunzig Grad versetzt sind vier Erdhaufen aufgeschüttet. Einer der Haufen ist deutlich niedriger als die anderen. Auf seiner Spitze steht eine Schüssel. Neben den Haufen stecken kleine Schaufeln aufrecht in der Erde.

Nachdem wir eingetreten sind, schließt Melissa den Eingang mit einem Ast. Donna erklärt uns, dass sie nun die elementaren Kräfte anrufen und bitten wird, uns in diesem Ritual zu unterstützen. Dabei stellt sie sich nacheinander vor jeden Erdhügel mit dem Blick nach außen. Wir folgen ihr, drehen uns um unsere eigene Achse, bis wir in ihre Richtung blicken. Sie tritt zuerst vor den Erdhügel mit der Schüssel obenauf und richtet ihren Blick in östliche Richtung, bittet die Qualitäten des Ostens, des Elementes Luft, des Frühlings, der Geburt, der Kindheit, des Wachsens und des Sonnenaufgangs, unserem Ritual Leichtigkeit zu geben und die Saat in ihrem Aufgehen zu unterstützen. Dann geht Donna zum südlichen Haufen und stellt sich mit nach Süden gerichtetem Blick davor. Wir drehen uns 90 Grad im Uhrzeigersinn, bis wir ebenfalls in Donnas Richtung schauen. Nun werden die Qualitäten des Südens, des Elementes Feuer, des Sommers, des Erwachsenseins, der Hochzeit, der Fülle und der

Mittagssonne um Beistand gebeten, um unsere Saat Energie und Wärme zum Erblühen zu spenden. Dann positioniert sich Donna vor den westlichen Hügel und ruft die Eigenschaften des Westens, des Elementes Wasser, des Herbstes, der Ernte, des Altwerdens, des Begrenzens, des Zurückziehens und des Sonnenuntergangs um Teilnahme, so dass unsere Saat mit Regen gesegnet werde, wir uns leichter von Vergangenem lösen und unsere innere Mutter weiter wachsen und reifen kann. Abschließend orientieren wir uns Richtung Norden. Donna ruft die Kräfte des Nordens, des Elementes Erde, des Winters, des Todes, der Stille und der Nacht, bittet die mütterlichen Ahnen, unsere Saat und unsere innere Mutter zu nähren, dem Wachsen Gelassenheit und Raum zu geben. Dann erhebt sie ihre Arme und ihren Blick gen Himmel, wir folgen ihr mit unseren Augen und blicken in das endlose Sternenzelt über uns. Donna bittet die Kräfte des Himmels um Mitwirkung und die geistige Welt um Führung. Danach deuten ihre Arme und Hände nach unten. Ihr folgend schauen wir auf den Boden, um auch die Kräfte der Erde um Beistand zu bitten, damit sie uns einen sicheren Stand gewähre und uns Halt gebe. Abschließend fokussieren wir die Mitte unseres Ritualorts. Für die Dauer der Zeremonie ist er der relative Nabel unserer Welt, der durch unser gegenwärtiges Hier und Jetzt bestimmt ist.

Nach dieser Anrufung stellen wir uns wieder so in den Kreis, dass alle mit dem Rücken nach Außen gewandt sind. Melissa dreht eine Runde um uns herum und streut etwas zwischen die Lichter. Donna erklärt, dass sie den Ritualplatz mit einer Spur aus Reiskörnern und Linsen von innen verschließt, um den Raum für das Ritual zu schützen. Danach bittet uns Donna, die Augen zu schließen und uns vorzustellen, unsere Mutter stehe hinter uns, dahinter die beiden Großmütter, dahinter die vier Urgroßmütter und dahinter all die mütterlichen Ahnen, aus denen wir hervorgegangen sind. Um einen heilenden Rückhalt von unseren weiblichen Ahnen zu erhalten, räuchert sie nun unsere Rücken. Dan hat mittlerweile einen Räucherkelch vorbereitet. Auf einer Schicht von Sand hat er ein Stück Kohle zum Glühen gebracht. Er überreicht Donna den Kelch und einen Fächer aus Seeadlerfedern. Mithilfe eines kleinen Messinglöffels entnimmt er aus einem Gläschen ein wenig Rauchwerk und legt es auf die Kohle. Es sei eine Mischung aus gemörserten Kräutern und Harzen, darunter weißer Salbei, Süßgras und Copal. Reihum tritt Donna hinter jeden Teilnehmer und fächelt den geweihten Rauch über seinen Rücken. Dan begleitet sie und sorgt für Nachschub mit Kräutern, wenn eine Portion verglüht ist. Als ich an der Reihe bin, kann ich den angenehmen Kräuterduft des Rauches, der meinen Rücken einhüllt, besonders intensiv wahrnehmen.

Nachdem Donna diese heilsame Verbindung zu den mütterlichen Ahnen hinter uns hergestellt hat, fordert sie uns auf, uns mit einer Schaufel zu versorgen. Dann weist sie auf den Haufen aus gehäckselten Pflanzenteilen und Ästen, der im Norden angelegt ist. Der grobe Kompost versinnbildliche die mütterlichen Qualitäten unserer Ahninnen vor unserer Zeit. In einem gemeinsamen Arbeitsgang tragen wir den Haufen ab und verteilen das Gehäckselte in der Mulde. Es bildet die unterste Schicht in unserem zukünftigen Blumenbeet.

Dann wenden wir uns dem westlichen Haufen aus reifem Kompost zu. Nun fordert Donna uns auf, die Briefe hervor zu holen. Sie beinhalten die schmerzhaften Begrenzungen und Verletzungen, die wir durch unsere Mutter erlebt und verinnerlicht haben, mit denen wir uns selbst und anderen verletzt haben. Mit diesen Erfahrungen, die unser Wachstum herausgefordert haben, impfen wir das Beet und vermischen die Briefe mit dem reifen Kompost. Indem wir sie der Erde übergeben, vergeben wir zugleich unserer Mutter und uns selbst. Und so treten wir nacheinander einzeln vor das Beet und sprechen die Worte:

Mutter, ich liebe dich und ich vergebe dir.
Ich liebe mich und ich vergebe mir.

Währenddessen zerreißen wir das Papier und streuen die Schnipsel in die Mulde. Darüber werfen wir einige Schaufeln Kompost und mischen ihn mit dem Papier in das Beet. Die übrig gebliebene Erde verteilen wir am Ende gemeinsam.

Der dritte Haufen im Süden enthält Mutterboden, der fein gesiebt wurde. Er steht für diejenigen Qualitäten, die wir von unseren Müttern und Großmüttern empfangen haben, aber auch von allen anderen Frauen, die unser Wachsen und Leben mit ihrem mütterlichen Sein in stärkender Weise geprägt oder beeinflusst haben. Es können Frauen sein, die eine mütterliche Rolle für uns eingenommen haben, aber auch Tanten, besondere Freundinnen, vergangene Partnerinnen oder die aktuelle Partnerin. Wann immer wir einen Impuls verspüren, einer bedeutsamen Mutter oder Frau unseres Lebens zu danken, treten wir einzeln vor das Beet, füllen eine Schaufel mit Mutterboden, nennen diese Frau laut bei ihrem Vornamen, sagen wofür wir uns bei ihr bedanken und streuen dabei den Mutterboden in die Mulde. Die erste Schaufel widmen wir unserer leiblichen Mutter.

Dieser Teil des Rituals rührt mich sehr. Eine Atmosphäre der Dankbarkeit erfüllt den Kreis. Wir beginnen damit, unsere Mütter, Großmütter und Tanten zu ehren. Dann folgen Freundinnen und Partnerinnen. Angeregt durch die anderen Teilnehmer fallen mir immer mehr Frauen ein, die mir ein mütterliches Vorbild waren. Die Danksagungen nehmen viel Zeit in Anspruch und wollen kaum enden. Es gibt reichlich Kompost für das Beet. Doch irgendwann hat sich der Dank erschöpft und wir können übergehen zum nächsten Schritt. Abschließend füllen wir die Mulde mit dem übriggebliebenen Mutterboden auf und ebnen sie ein. Den Boden unseres Beetes haben wir sorgfältig vorbereitet. Er enthält alles, was für das Wachstum der Blumen nötig ist. Jetzt können wir aussäen.

Der Samen befindet sich in der Schüssel, die auf dem Haufen Pflanzerde im Osten thront. Wieder treten wir einzeln vor, nehmen mit den Händen ein wenig Samen aus der Schüssel und wenden uns dem Beet zu. So, dass jeder es hören kann, sagen wir, welche mütterlichen Qualitäten wir selbst in uns weiter entwickeln möchten. Und so geloben wir unsere Absichten für das eigene Wachstum, welche Eigenschaften wir zur Blüte bringen möchten. Nach einem ersten Säen werden mir weitere Qualitäten bewusst und ich trete erneut vor. Den anderen geht es nicht anders. Ich spüre das Feld der Entschlossenheit, in dem all ihre positiven Absichten vortragen, und fühle mich dadurch gestärkt in meinem Wollen. Am Ende streuen wir gemeinsam die Pflanzerde über die ausgesäten Samen und klopfen mit unseren Schaufeln vorsichtig auf die oberste Schicht, damit der Samen Halt im Boden bekommt.

Danach bilden wir wieder einen Kreis. Überraschend stimmen Donna, Dan und Melissa ein kleines Kinderlied an. Den Inhalt jeder Zeile bringen sie beim Singen durch Gesten zum Ausdruck. Nach und nach schließen sich alle an.

Wir gehen in die Hocke und ducken uns. "Ich bin ein kleiner Samen in der dunklen, dunklen Erde."

Wir stehen wieder auf und bilden mit den Armen einen Kreis über unserem Kopf.

"Heraus kommt die Sonne, gelb und rund."

Wir halten Arme und Hände über das Beet und schütteln unsere Finger.

"Herunter kommt der kühle Regen, weich und zart."

Wir strecken unsere Arme und gespreizten Hände in den Himmel.

"Auf! Die Saat beginnt zu wachsen!"

Um eine Wiederholung des Liedes zu signalisieren, ruft Donna die Frage aus:

"Was für eine Blume wächst aus dir?"

Damit geht es wieder von vorne los. Das Singen und die Bewegung lockern die Atmosphäre auf. Wir benehmen uns wie Kinder, lachen und sind einfach nur fröhlich. Irgendwann fassen wir uns singend an den Händen und beginnen im Kreis um unser Beet zu tanzen. Als sich unser Reigen erschöpft hat, bleibt auch der Frageruf von Donna aus, und wir beenden den Tanz.

Dan reicht Donna drei Dosen aus einem Korb, der versteckt am Rande des Kreises gestanden hat. Donna bringt sie in Umlauf und muntert uns auf, die darin enthaltenen Nüsse zu kosten. In der Dunkelheit kann ich nicht erkennen, was eine Dose jeweils enthält. Immer wieder aufs Neue bin ich überrascht, wenn ich eine Nuss probiere. Erst schmecke ich gesalzene Erdnüsse, dann scharfe Wasabi-Nüsse und am Ende süße kandierte Mandeln. Unser Ritual soll alle Sinne ansprechen. Die Nüsse machen durstig, auch darauf ist das Team vorbereitet. Es werden Becher mit heißem Kräutertee aus einer Thermoskanne verteilt. Unsere Stimmung ist entspannt und heiter. Der lange Tag und die viele Arbeit scheinen sich in Wohlsein aufgelöst zu haben. Doch auch dieser Tag will ein Ende finden.

Abschließend stellen wir uns noch einmal im Kreis auf. Wie am Anfang des Rituals wenden wir uns nacheinander allen Richtungen zu: Osten, Süden, Westen, Norden, Himmel, Erde und Mitte. Donna dankt den von dort ausgehenden Kräften für ihre Unterstützung und entlässt sie damit wieder. Damit beendet sie das Ritual und wünscht uns eine gute Nacht. Sie erinnert uns noch daran, dass wir uns morgen mit dem Vater befassen werden. Wer mag, kann ihm bereits heute Nacht in einem Traum begegnen. Melissa öffnet den Ritualkreis wieder, wir verlassen ihn schweigend. Einzeln folgen wir dem Lichterbogen bis zu seinem Ende, wo wir uns versammeln. Von da aus führen uns Donna und Melissa mit ihren Taschenlampen wieder sicher zurück zur Kantine. Müde von diesem erfüllten Tag ziehe ich mich sofort zurück. Vor dem Einschlafen bitte ich darum, dass mir mein Vater im Traum begegne und ich mich beim Aufwachen daran erinnere.

Der Mann aus der Asche

Heute Morgen bin ich wieder sehr früh aufgewacht und doch bin ich ausgeschlafen, denn meine Nachtruhe war tief und erholsam. An einen Traum mit meinem Vater kann ich mich nicht erinnern. Nachdem wir uns gestern im Seminar mit der Mutter auseinandergesetzt haben, geht es heute um den Vater. Doch zunächst möchte ich ein Angebot aus dem Rahmenprogramm ausprobieren, das für alle Gäste des Institutes kostenlos angeboten wird. Vor dem Frühstück, nach dem Mittag- und dem Abendessen gibt es eine Auswahl von Übungsstunden für körperliche und geistige Fitness. Dazu zählen Meditation, Yoga, Tanz, Gesang und Gartenarbeit.

Ich habe mich heute Morgen für Yoga entschieden. Etwas Bewegung wird mir sicher gut tun. Im Büro hatte man mir versichert, dass keinerlei Vorkenntnisse erforderlich seien. Im Versammlungsraum Humpback nehme ich eine Matte vom Stapel und rolle sie in der Mitte des Raumes auf dem Boden aus. Erwartungsvoll strecke ich mich darauf aus und beobachte, wie sich der Raum mit weiteren Gästen füllt. In wenigen Minuten beginnt meine erste Yogastunde.

Wir fangen an mit Dehnübungen. Laura, unsere junge Trainerin, begrüßt uns. Sie sagt, es sei Brauch der Ureinwohner gewesen, sich morgens in einen flachen Wasserlauf zu stellen, um von dort aus die Sonne zu begrüßen. Eine ähnliche Übung wolle sie uns heute Morgen zeigen, der sie an diesem Ort den Namen „Saleki Asatsa"[82] gegeben hätten. Das heiße „Guten Morgen" in der Sprache der Esselen. Laura hat ein Headset um und erklärt über Lautsprecher, was zu tun ist und macht die Übungen vor. Das ist auch dringend erforderlich, denn ohne Verstärkung würde ich sie gar nicht verstehen. Aber auch so fällt es mir schwer ihr zu folgen, da sie sehr leise und schnell spricht. Wenn ich etwas nicht mitbekommen habe und sie nicht in meinem Blickfeld ist, dann schaue ich zur Seite und folge den Bewegungen der anderen neben mir.

Nachdem wir aufgewärmt sind, heißen wir die Sonne in einer Abfolge von Posen willkommen und werden dabei von Laura angeleitet. Die Ausgangsstellung heiße Mountain Pose, Bergposition. In Herzhöhe führen wir unsere Handflächen zusammen, sodass die Unterarme eine Waagerechte bilden und die Fingerspitzen nach oben zeigen. In dieser Begrüßungspose achten wir auch darauf, dass der Raum zwischen Unterarmen und Oberkörper leicht geöffnet bleibt. Wir stellen uns eine leuchtende Sonne in unserem Herzen vor. Mit dem Einatmen heben wir die Arme hoch, strecken die Hände über uns in den Himmel und visualisieren, wie die Sonne immer tiefer in uns erstrahlt, je mehr wir einatmen. Beim Ausatmen beugen wir uns nach vorne, sodass unser Oberkörper einklappt, unsere Hände die Fersen umfassen und der Blick durch die Beine hindurch nach hinten gerichtet ist. Mit dem nächsten Einatmen heben wir wieder den Oberkörper etwas an, zugleich das Kinn und den Blick, bis er vor uns auf den Boden gerichtet ist. Ich dagegen habe meine Augen woanders und beobachte die anderen. Nur noch Bruchstücke bekomme ich von Lauras Erklärungen mit. Mein Englisch war jahrelang auf das Vokabular der Software-Entwicklung beschränkt. Ich bin froh, dass ich dem Wochenseminar überhaupt folgen kann. Vom Yoga-Englisch verstehe ich nicht genug. Schon erklärt Laura, wie wir in die nächste Figur gelangen. Als ich beobachte, wie sich die anderen steif wie ein Brett machen, verstehe ich, was sie mit „Plank Pose" meint. Allmählich begreife ich, dass ich mit dieser Yogastunde völlig überfordert bin. Es ist das Gesamtpaket. Mein Körper folgt den unbekannten Figuren und Bewegungsabläufen, während mein Verstand sich darum bemüht, akustisch und inhaltlich die Erklärungen zu verstehen. Die amerikanische Yogasprache ist mir nicht vertraut. Das gleichzeitige bewusste Ein- und Ausatmen im Einklang mit den Bewegungen und die Visualisierung einer inneren Sonne verlangen mir ein Multitasking ab, dem ich als Mann nicht gewachsen bin. Ich habe längst aufgegeben, weiter zuzuhören, und versuche nur noch durch Nachahmen mitzuhalten. Ich folge den Bewegungen der anderen, nehme zwischendurch Haltungen ein, die ich aus den Wortfetzen mit abwärts bzw. aufwärts gerichteter Hund übersetze, bis ich die anfänglichen Posen in umgekehrter Reihenfolge durchlaufe und am Ende wieder in den aufrechten Stand gelange. Aus dieser Haltung bücke ich mich ein letztes Mal, hebe meine Unterlage auf, bewege mich mit gezielten Schritten in Richtung Ausgang, lege die Matte dort ab und verlasse den Raum.

Ich spüre, wie ein Gefühl des Versagens in mir aufsteigen will, dem ich nicht weiter Raum geben möchte. Deshalb setze ich mich auf eine Bank mit Blick in Richtung Osten, wo sich die Sonne gerade hinter den Bergen erhebt, und heiße sie von hier aus willkommen. Ich schließe meine Augen. Die Morgensonne erwärmt mein Gesicht. Ich achte auf mein Atmen und spüre, wie die frische Morgenluft in meinen Körper strömt. Mein Brustraum dehnt sich, nimmt Luft auf, entlässt die verbrauchte Luft alsdann und zieht sich wieder zusammen. So begrüße ich die Sonne auf meine eigene bescheidene Weise und finde mein inneres Gleichgewicht wieder.

Als sich unsere Gruppe im Seminarraum eingefunden hat, begrüßt uns Dan. Er wird den heutigen Tag leiten und Donna und Melissa werden ihm assistieren. Heute ist der Vater das Thema. Wie gestern schon beginnen wir mit einer Feedbackrunde. Als ich an der Reihe bin, fasse ich meinen augenblicklichen Zustand zusammen mit:

„Rolf – a sunny good morning."

Nach der Runde fragt uns Dan, ob jemand einen Traum erzählen möchte, in dem der eigene Vater vorkam. Ich ahne bereits, dass dieser Tag in ähnlicher Weise wie der gestrige verlaufen wird. Schließlich meldet sich Robert, der vor zehn Jahren den Familienbetrieb von seinem Vater übernommen hatte und seitdem weiterführt. Vor kurzem war er unter den Belastungen seiner Arbeit zusammengebrochen und erholt sich immer noch von den Folgen eines Burnouts. Er berichtet, dass sein Vater vor zwei Jahren verstorben sei, und erzählt:

Im Traum werde ich von dunklen Gestalten verfolgt. Sie zielen und schießen immer wieder mit Pistolen auf mich und treiben mich in eine Sackgasse. Ich fliehe auf ein Dach, um ihnen zu entkommen. Doch sie spüren mich wieder auf und verfolgen mich nun über die Dächer, bis ich auf dem Flachdach eines Supermarktes lande. Ich laufe immer schneller im Zickzack, während sie weiter auf mich schießen und immer näher kommen. Als ich wieder einmal einen Haken schlage, bricht plötzlich das Dach unter mir ein und ich stürze i ein tiefes dunkles Loch. Der Fall will gar kein Ende nehmen. Ich kann überhaupt keinen Halt mehr finden. Doch dann lande ich abrupt in einem Einkaufswagen. Als ich aufblicke, schiebt mein Vater den Wagen. Völlig abgehetzt und außer Atem wache ich mit pochendem Herzen auf.

Das Erzählen dieses Albtraums hat Robert erneut aufgewühlt und so wartet Dan, bis er sich wieder etwas beruhigt hat, und fragt ihn dann, wie er als Junge seinen Vater erlebt habe. Robert berichtet, dass sein Vater nie mit ihm zufrieden war. Immer hatte er etwas auszusetzen. Selbst als Robert den Betrieb übernommen hatte, mischte sich sein Vater immer wieder ein, weil er meinte, seinen Sohn verbessern zu müssen. Als Kind hatte Robert immer eine fürchterliche Angst, etwas falsch zu machen und den Erwartungen seines Vaters nicht zu entsprechen. Ihm gegenüber hatte er früher oft versagt und war dabei immer wieder über sich selbst wütend geworden. Um diese Wut zu vermeiden, entwickelte er im Laufe der Zeit einen aufzehrenden Perfektionismus, der schließlich zum Zusammenbruch führte. Im Gespräch mit Dan wird Robert die Symbolik des Traumes immer mehr bewusst. Seine Versagensängste und negativen Erwartungen erscheinen ihm als schwarzes Loch. Die aggressiven dunklen Verfolger sind die hohen Anforderungen, die zunächst sein Vater und später er selbst an sich stellte. Am Ende treiben sie ihn in den Abgrund. Seine Flucht auf das Dach, ein Symbol für den Kopf, versinnbildlicht das Unvermögen seines Verstandes, sich gegen seine eigenen übermäßigen Ansprüche zur Wehr zu setzen und davon abzugrenzen. Anhand des Traums erkennt Robert, welche Ängste ihn bestimmen und welches Muster ihn in den Zusammenbruch geführt hat. Es hat sich in der Kindheit in Interaktion mit seinem Vater herausgebildet und später verselbständigt. Robert versteht plötzlich, dass er immer noch der Anerkennung seines Vaters hinterhergelaufen war, auch nach dessen Tod. Er hatte nie das Gefühl, gut genug zu sein.

Als sie auf den Einkaufswagen zu sprechen kommen, gewinnt Robert eine weitere Einsicht. Das materielle Netz der Firma, das er von seinem Vater übernommen hat, sichert ihn einerseits ab und fängt ihn auf, aber andererseits empfindet er es auch als einen goldenen Käfig. Zum Erstaunen seines Vaters hatte er den elterlichen Betrieb erfolgreich ausgebaut. Er steht heute besser da als je zuvor. Robert erkennt erstmals, dass der jetzige Erfolg des Unternehmens auf seine eigene Arbeit zurückzuführen ist und fängt herzhaft an zu lachen. Er ist erleichtert über die Selbsterkenntnisse, die sein Traum ihm offenbart hat. Zum Abschluss der Traumarbeit erinnert uns Dan an Amys Traum mit der Spinne. Das Bild des Spinnennetzes finde sich wieder in Roberts Traum. Bei ihm sei es der Einkaufswagen seines Vaters.

Wie gestern befassen wir uns auch heute Morgen mit einem weiteren Traum und anderen Anliegen weiterer Teilnehmer, bevor uns Dan in eine kurze Pause entlässt. Als ich wieder zurück in den Seminarraum komme, spielt Melissa eine afrikanische Musik, die dominiert wird von einem energetischen, ursprünglichen Rhythmus. Ich schließe mich den Tänzern an, stampfe barfuß im Takt der Trommeln und fühle mich geerdet durch mein Tanzen und die Musik. Schmerzen in der Ferse habe ich seit meiner Ankunft in Big Sur nicht mehr verspürt. Als der Chor einstimmt, erkenne ich die Originalversion von „Jin-go-lo-ba"[83]. Sie stammt von dem nigerianischen Drummer Babatunde Olatunji und erschien 1960. Zehn Jahre später wurde die Cover-Version[84] von Santana ein Welterfolg.

Mit dem Rhythmus fühle ich mich plötzlich zurückversetzt auf die Aschenbahn eines Stadiums. Mit kraftvollen und raumgreifenden Laufschritten erreiche ich die Ziellinie in einem 100-Meter-Lauf. Als Siebzehnjähriger lockte mich mein Sportlehrer in ein Leichtathlet-Leistungszentrum, wo er nebenberuflich als Trainer beschäftig war. Ich trainierte an fünf Tagen in der Woche und war an den Wochenenden auf Wettkämpfen unterwegs, während meine Freunde Partys feierten, Musik hörten und tanzten. Von einem auf den anderen Tag verkündete ich meinem Trainer das Ende meiner Karriere als Leistungssportler. Die anderen liefen ohnehin schneller und sprangen weiter. Von da an hatte ich wieder freie Zeit und verbrachte Stunden mit dem Hören von Rockmusik bei einem Klassenkameraden, der einen eigenen Plattenspieler und die ersten beiden Alben von Santana besaß. Als „Abraxas"[85] herauskam, waren wir beide so begeistert von der Platte, dass wir sie einen Nachmittag lang immer wieder von vorne starteten. Wir konnten damals gar nicht genug davon hören.

Plötzlich stoppt die Musik im Raum. Wir halten auf der Stelle. Ich fühle, wie der Rhythmus und mein Stampfen sich in einer inneren Bewegung fortsetzen, spüre meinen Herzschlag und meinen Atem und lasse den Körper auspendeln, bis er in seiner aufrechten Haltung ein neues Gleichgewicht gefunden hat. Dan lässt uns noch eine Weile „ausklingen", bevor er uns auf eine Innenreise führt, die uns dieses Mal in das Haus unseres leiblichen Vaters oder Ziehvaters führt.

Auf einmal bin ich sieben oder acht Jahre alt und betrete das Mietshaus, in dem unsere Familie damals wohnte. Wir haben eine große geräumige Wohnung, die wir zuvor mit einem Ehepaar teilen mussten. Ich finde meinen Vater in einem Zimmer, in dem er eine große Modelleisenbahn in Tischhöhe auf einer großen rechteckigen Platte aufgebaut hat. Er ist gerade damit beschäftigt, ein neues Bahnhofsgebäude in der Anlage zu platzieren. Der Bahnsteig ist schon installiert. Mein Vater blickt nur kurz auf und lächelt mir freundlich zu, als ich erscheine. Dann ist er wieder in seiner Beschäftigung versunken. Ich schaue ihm zu und beobachte, was er macht. Bis auf die Schienen, Loks und Anhänger hat er alles selbst hergestellt, denn wir haben nicht viel Geld. Gestern Abend hatte ich ihm zugeschaut, wie er den Bahnhof aus Pappe und Holzleistchen zusammenbaute, anmalte und mit bedrucktem Papier aus Mauerwerk und Dachziegeln beklebte.

Manchmal darf ich meinem Vater beim Basteln helfen, etwas halten oder anreichen, wenn er keine freie Hand hat. Wir reden dabei wenig miteinander. Nur hin und wieder gibt er mir eine kurze Erklärung oder fordert mich auf, etwas für ihn zu tun. Endlich hat er den Bahnhof auf der Platte festgeklebt und startet mit der Dampflok eine Probefahrt. Da kommt auch mein zwei Jahre jüngerer Bruder in den Raum, stellt sich neben mich und wir schauen beide zu, wie der Zug am Bahnsteig vor dem neuen Gebäude anhält, und stellen uns vor, wie die imaginären Fahrgäste aus- und einsteigen. Dann geht die Fahrt schon weiter. Nach zwei weiteren Runden verschwindet mein Bruder wieder aus dem Raum. Er langweilt sich. Ich aber bin weiter neugierig und warte darauf, endlich mitzuspielen.

Da elektrische Weichen zu teuer sind, hat die Anlage nur mechanische, die über einen Kippschalter manuell umgelegt werden müssen. An jedem Schalter sind zwei Drähte befestigt, der eine rot, der andere blau. Daneben steht zusätzlich ein Nummernschild. Die farbigen Drähte verschwinden durch zwei Löcher unter die Platte, werden dort in einem komplizierten Geflecht bis zum Schaltpult geführt und kommen am Schaltpult aus einem entsprechend nummerierten Loch wieder an die Oberfläche. Zieht man an dem roten Draht, dann stellt die Weiche nach innen, zieht man am blauen, nach außen. So kann mein beinamputierter Vater die gesamte Anlage von seinem Sitzplatz am Pult aus bedienen. Das funktioniert aber nicht immer. Wenn eine Weiche blockiert, und die Lok aus den Schienen springt, dann komme ich ins Spiel. Ich krieche unter die Platte oder laufe um sie herum und helfe meinem Vater den Fehler zu beheben. Manchmal darf auch ich eine Weiche stellen oder für kurze Zeit den Trafo bedienen, aber immer nur unter Aufsicht meines Vaters. Die Modelleisenbahn ist sein Spielzeug.

Während ich aufschreibe, was ich auf meiner Innenreise erlebt habe, fallen mir noch viele ähnliche Situationen ein, in denen ich später Handlanger für meinen Vater war. Ich half ihm bei handwerklichen Tätigkeiten, die er mit seiner Behinderung nur eingeschränkt ausüben konnte. Ich lernte dadurch sehr viel, aber mein Spielraum war immer sehr begrenzt. Mein Vater war ein Perfektionist und hatte immer sehr klare Vorstellungen davon, wie ich etwas zu machen hatte. Es war nicht immer einfach, ihm etwas recht zu machen.

Für die anschließende Zusatzaufgabe, drei Situationen zu notieren, in denen ich mich selbst oder andere so behandelt habe wie mein Vater mich, fallen mir schnell drei Beispiele ein. Aber die damit verbundene Einsicht, dass es viele derartige Situationen in meinem Leben gegeben hat, dass ich Jahrzehnte lang ein Muster aus meiner Kindheit wiederholt habe, erschüttert mich nun doch.

Nachdem jeder in der Gruppe eine Situation exemplarisch in der Runde vorgestellt hat, gibt uns Dan eine kurze Einführung in das Thema des Tages. Anders als die Mutter erlebe das Kind den Vater als ein Wesen, das von außen in sein Leben komme. Präge die Mutter das Kind vor allem in seinem Erleben der inneren Welt, so präge der Vater es in seinem Erleben der äußeren Welt. In der Vergangenheit hätten die Elternrollen einer kulturell festgelegten Verteilung entsprochen. Während die Mutter zu Hause geblieben sei, um Haushalt und Kindererziehung zu übernehmen, habe der Vater das Haus verlassen, um einer Arbeit nachzugehen und die ökonomische Grundlage der Familie zu sichern. In dieser Aufteilung erfahre ein Kind die Innenwelt über die Mutter und die Außenwelt über den Vater. Bis weit in das zwanzigste Jahrhundert habe der Familienvater auch die gesellschaftliche Ordnung in der Erziehung der Kinder verkörpert. Innerhalb der Familie habe er die äußeren Normen und Gesetze vertreten, die Grenzen und die Ausbildung seiner Kinder bestimmt und sei die vorherrschende rechtliche und strafende Instanz gewesen.

Der Vater präge uns deshalb vor allem in unserer Beziehung zur äußeren Welt, wie wir sie wahrnehmen, unseren Platz darin einnehmen und sie gestalten. Wir hätten nicht nur eine innere Mutter, sondern auch einen inneren Vater als eigenständig wirkende innere Wesenheit geschaffen. Unser innerer Vater reguliere vor allem unser Erleben in der äußeren Welt, unser Selbstvertrauen, unseren Mut, unseren Freiheitswillen und unsere Durchsetzungsfähigkeit. Er beeinflusse, wie wir äußere Herausforderungen und Gefahren, aber auch Normen und Gesetze annehmen, ihnen aus dem Weg gehen oder uns dagegen widersetzen.

Am Ende seiner Einführung räumt Dan ein, dass die mütterlichen und väterlichen Prägungen in diesem Seminar überspitzt gegenübergestellt werden. Die starren Rollen aus der Vergangenheit befänden sich heute in einem Wandel. Doch die archaischen Elternrollen und die damit verbundenen besonderen Prägungen, die uns Menschen seit Jahrtausenden bestimmt hätten, seien immer noch tief im Unterbewusstsein verwurzelt.

Heute bestehe unsere Hausaufgabe für die Mittagspause darin, auch einen Brief an den leiblichen Vater oder den Ziehvater zu verfassen, um uns die Schattenseiten unseres inneren Vaters bewusst zu machen, welche schmerzhaften Einengungen und Verletzungen wir durch ihn erfahren hätten, wie wir diese als Erwachsener wiederholt und gegen andere oder uns selbst gerichtet hätten. Am Ende erinnert uns Dan daran, dass auch die Wurzeln der väterlichen Schatten tiefer zurückreichten als in unsere eigene Kindheit. Auch unser Vater habe uns nur begrenzt vor seinen Verletzungen schützen können. Viele Väter hätten in Kriegserfahrungen eigene psychische Traumata erlitten, die sie oft in unbewusster Weise weitergegeben hätten. Damit entlässt uns Dan eine halbe Stunde früher als gestern in die Mittagspause. Die verbleibende Zeit bis zum Mittagessen nutze ich, um gleich mit dem Brief anzufangen. In Absprache mit Ed ziehe ich mich wieder in unser Zimmer zurück.

Der entsprechende Brief an meine Mutter hat mich bereits vorbereitet. Ich habe verstanden, worum es in diesem Brief geht, und komme schneller voran als gestern. Wieder beziehe ich beim Schreiben die Perspektive des Erwachsenen und schreibe meinem Vater im ersten Teil, welche Verletzungen ich als Kind durch ihn erlitten und was ich dabei empfunden habe. Als ich nach diesem Teil auf die Uhr schaue, stelle ich fest, dass das Mittagessen in Kürze beginnt. Doch ich entscheide mich, den Brief abzuschließen, bevor ich essen gehe, auch wenn ich zu spät komme. Während des Morgenblocks waren mir bereits Verhaltensweisen und Haltungen meines Vaters bewusst geworden, die ich verinnerlicht und als

Erwachsener wiederholt habe. Dieser zweite Teil des Briefes trifft mich, damit muss ich mich noch selbst versöhnen. Der Perfektionismus meines inneren Vaters, der sich keine Fehler eingestehen mag, steht mir dabei im Weg. Durch mein Schreiben habe ich begonnen, auch dieses Hindernis auszuräumen. Nachdem ich meinen Brief beendet habe, fühle ich mich erleichtert. Auch bin ich froh, dass ich meine Hausaufgabe schon erledigt habe. Die Mittagspause steht nun zu meiner freien Verfügung. Zwar komme ich zu spät zum Essen, aber es ist noch genug Auswahl für mich da und Schlange stehen brauche ich auch nicht mehr. An einem Tisch mit Teilnehmern aus meinem Seminar finde ich noch einen freien Platz neben zwei unbekannten Männern, die sich miteinander unterhalten.

Plötzlich entnehme ich ihrem Gespräch den Namen eines Ortes, der sofort meine Aufmerksamkeit erregt: Black Rock Desert. Als sich die Gelegenheit ergibt, frage ich, ob sie dieses Jahr zum Festival des brennenden Mannes dort waren. Mein direkter Tischnachbar erzählt, dass sie seit einigen Jahren dorthin fahren. Seit drei Wochen seien sie von dort kommend auf dem Rückweg nach San Francisco, wo sie beide lebten. Unterwegs hätten sie Urlaub gemacht. Das Iknish Institute hier sei ihre letzte Station.

Dann stellen wir uns vor, die beiden Freunde heißen Christopher und Jason. Ich frage, was einen dort erwarte. Wenn man das erste Mal dort ankomme, werde man am Eingang zum Camp aufgefordert eine kleine Glocke zu läuten und sich anschließend im Staub zu wälzen: „Mach Liebe mit dem Staub!" Mit dieser Zeremonie gehöre man dazu und sei einer der Gestrandeten, die das Ufer einer anderen Welt erreicht hätten. Viele gäben sich einen neuen Namen und schlüpften in ausgefallene, bunte Bekleidungen oder liefen wahlweise nackt durch die Gegend. Man könne auch ein Fahrrad mitbringen, doch nur, wenn es auffällig geschmückt und dekoriert sei.

Die Mitnahme von Rädern macht mich neugierig und ich möchte mehr darüber erfahren. Jason meint, ein Rad empfehle sich, denn die Wüstenstadt habe mittlerweile einen Durchmesser von etwa drei Kilometern. In ihrem Zentrum hätte ein riesiger Holzmann auf einer hölzernen „fliegenden Untertasse" gestanden, die am Ende beide den Flammen geopfert worden seien.

Die Untertasse überrascht mich und ich frage, was es damit auf sich habe. Christopher erläutert, dass sich die Untertasse auf das diesjährige Thema bezogen hätte. Unter dem Begriff „Cargo-Kult"[86] würden einige religiöse Gruppierungen im Südpazifik zusammengefasst, die um 1940 als Gegenbewegungen zu den christlichen Missionierungsaktivitäten entstanden waren. Eine dieser Religionsgemeinschaften verehre einen Mann namens John Frum, ein Amerikaner, der ihnen in den Dreißigerjahren erschienen wäre und ihnen gesagt hätte: "Behaltet eure Bräuche. Hört nicht auf christliche Missionare und lebt von euren Gärten und Tieren."[87] Seitdem warte man auf seine Wiederkehr. Die Anhänger dieser Religion erhofften sich, dass John Frum sie nach seiner Rückkehr in eine glückliche und wohlhabende Zukunft führen werde. Genährt worden wäre ihr Glaube durch die Stationierung amerikanischer Soldaten im Zweiten Weltkrieg, die von den Eingeborenen als Abgesandte John Frums angesehen wurden. Die Untertasse aus Holz sei eine Anspielung auf eine moderne Variante des Cargo-Kult. Sie sei mit der Hoffnung verbunden, dass eine höher entwickelte Art, die uns in der Vergangenheit bereits besucht hätte, ihren Weg zurück auf die Erde findet und unsere Probleme löst. Der Gedanke ist mir vertraut. Schon als Zwölfjähriger hatte ich ein Buch von Däniken[88] gelesen und konnte danach nicht einschlafen. Neugier vermischte sich damals mit Angst; mir schaudert heute noch bei dieser Vorstellung.

Der Speisesaal hat sich mittlerweile gelichtet. Ich freue mich, dass die beiden Männer sich so viel Zeit mit mir nehmen. Nachdem wir uns mit Nachtisch und Tee versorgt haben, frage ich, wie sie dorthin gefunden haben. Jason erzählt, dass sie einer Schwulengruppe aus San Francisco angehörten. Mit ihren Freunden betrieben sie auf dem Festival ein eigenes Camp. Sie leiteten dort Kurse und organisierten Partys und Spiele. Besonders bekannt seien sie für ihre wilden Tanzpartys und eine Radtour durch die Stadt, die sich zunehmender Beliebtheit erfreue. Auch dieses Jahr seien mehrere hundert Teilnehmer nackt durch die Straßen der Wüstenstadt geradelt.

Ich erzähle von meinem vergeblichen Versuch, kurz vor Beginn ein Ticket zu bekommen. Christopher meint, seit einigen Jahren sei es lange vorher ausverkauft, obwohl die Eintrittspreise massiv gestiegen seien. Trotz des hohen Preises sei dieses Jahr mit über 60.000 Besuchern ein neuer Rekord erzielt worden. Jason beklagt, dass das Prinzip des Tauschhandels während des einwöchigen Festivals immer mehr aufgegeben werde. Mittlerweile würden Eis und Kaffee gegen Geld angeboten. Das eigentliche finanzielle Geschäft erfolge aber im Vorfeld. Besucher, die nicht in einem Camp organisiert seien, müssten Campingausrüstung, Nahrung und Wasser selbst mitbringen. Entlang der letzten bewohnten Meilen, bevor man das Gelände mit dem Auto erreiche, hätte sich ein lebhafter Handel entwickelt. Große Tafeln an der Straße machten weit im Voraus Werbung für Zelte, Fahrräder, leuchtende Drähte, Wasser und Tacos, für Parkplätze und den Weitertransport der Teilnehmer und ihrer Ausrüstung in die Wüstenstadt.

Wer es sich leisten könne, buche eine Pauschalreise, die er vorab per Kreditkarte bezahle. Tieflader lieferten Schlaf-, Wohn und Restaurantcontainer, Diesel, Wasser, Nahrungsmittel und Getränke in die Luxuscamps. Ihre wohlhabenden Gäste flögen mit dem Helikopter ein. Tagsüber schliefen sie in den klimatisierten Kabinen. Sie ließen sich von Spitzenköchen und Masseuren verwöhnen, um für die ausschweifenden nächtlichen Partys wieder fit zu sein. Natürlich umfasse das Angebot auch die Bereitstellung eines Mietrades.

Einige Gründer weltbekannter Unternehmen aus dem Silicon Valley zählten bereits seit Jahren zu den Gästen, komfortabel untergebracht in firmeneigenen Camps. Das Festival habe sich auch zu einem Marktplatz für neue Technologien und Fachleute aus dem Silicon Valley entwickelt. Man gäbe den Unternehmen immer mehr Raum in der Wüstenstadt, weil sie aufwendige Installationen und Skulpturen sponserten.

Meine beiden neuen Freunde sind davon nicht begeistert und auch meine Schwärmerei für dieses Ereignis hat durch ihren Bericht eine Dämpfung erfahren. Zum Schluss möchte ich noch etwas Positives von ihnen erfahren und frage sie nach einem Erlebnis, dass sie in besonders guter Erinnerung behalten hätten. Christopher meint, dass natürlich der Abschlussabend, an dem der Holzmann abgebrannt wurde, der Höhepunkt gewesen sei. Doch ein persönliches Erlebnis sei für sie von besonderer Bedeutung gewesen:

In einer Nacht liefen wir beide ganz alleine durch die Wüste. Wir folgten den Planeten, die in einem Modell des Sonnensystems als riesige Skulpturen in der Stadt aufgestellt waren. Wir legten mehrere Kilometer zurück, um alle aufzusuchen. An jedem Planeten machten wir Halt, setzten uns in den Sand, um miteinander zu reden. Wir aßen und tranken eine Kleinigkeit. Als wir Pluto erreichten, erschien die glühende Sonne am Horizont. Es war eine traumhafte Nacht mit einem wunderbaren Abschluss.

Nach dieser Geschichte verabschieden wir uns und ich danke den beiden, dass sie so viel mit mir geteilt haben. Ihr letztes Erlebnis hat mich sehr berührt. Zwei Männer, in Liebe miteinander verbunden, wandern Seite an Seite durch das Dunkel der Nacht und erleben einen neuen Morgen im

Licht der aufgehenden Sonne. Vor meinem geistigen Auge sehe ich den brennenden Holzmann, wie er sich als Phoenix aus der Asche erhebt. Ich muss an die Wiederkehr des Sonnenkönigs im Horuskult und an die Wiederauferstehung des inneren Kindes denken. Dann tauchen wieder Gedanken und Erinnerungen an meinen Vater in mir auf. Bis zum Beginn des nächsten Seminarblocks bleibt mir noch etwas Zeit. Ich gehe auf die große Wiese vor der Kantine, setze mich auf einen Liegestuhl an den Rand des Canyon und genieße mit geschlossenen Augen die frische Bergluft und die warme Nachmittagssonne.

Zurück im Seminarraum beginnen wir wie gestern mit einer ausführlichen Feedbackrunde zu unseren Briefen. Nach einer kurzen Pause begeben wir uns wieder auf eine Innenreise in die Zeit vor unserer Geburt, die dieses Mal von Dan geführt wird. Wir setzen uns bequem auf unsere Meditationskissen, schließen die Augen und nehmen einige tiefe Atemzüge, bis wir bei uns selbst angekommen sind. Dann geht es los.

Stell dir einen Meteoriten vor, der seit Milliarden von Jahren auf einer endlosen Bahn durch das Weltall zieht. Verbinde dich ganz mit diesem kleinen Himmelskörper und reise mit ihm durch die unendlichen Weiten. Hell leuchtende Sterne kreuzen deinen Weg, bis es wieder dunkel um dich wird. Du begegnest unbekannten Galaxien und treibst durch riesige kosmische Nebel. Unerwartet beschleunigt sich deine Flugbahn. Du wirst von einem schwarzen Loch angezogen, das alle Materie, ja selbst das Licht in seiner Nähe verschluckt. Es gibt kein Entrinnen. Schlagartig wird alles um dich schwarz und du bist umgeben von einer großen Stille und Leere. Einige Atemzüge lang verweilst du in diesem Raum, in dem sich die Zeit aufgelöst hat, es weder Vergangenheit noch Zukunft gibt.

Plötzlich ruft eine Stimme in dir, diesen Ort wieder zu verlassen. Im gleichen Moment öffnet sich der leere Raum. Du wirst zurück in das Lichtermeer geschleudert und erhältst den Impuls für eine neue Flugbahn. Du spürst, dass dein Weg, anders als zuvor, nun einer Richtung folgt. Er hat ein Ziel. In deiner Vorstellung malst du dir aus, worauf du dich zubewegst. Von Weitem erkennst du eine Sonne, auf die du zusteuerst. Dann tauchen nacheinander Planeten vor dir auf, blaugraue, ockerfarbene und ein roter. Du fliegst an allen vorüber.

Auf einmal entdeckst du einen blau leuchtenden Planeten in der Ferne, der dich magisch anziehst, und du entscheidest dich, ihn anzusteuern. Begleitet und umrundet wird er von einem grauen Mond, der das Sonnenlicht reflektiert. Du kommst näher und siehst, wie sich der blaue Planet um die eigene Achse dreht. Er ist wunderschön wie ein kostbarer blauer Edelstein, mit weißen Spiralen und Streifen geschmückt. Als du dich weiter näherst, erkennst du tiefblaue Ozeane und erdfarbene, grüne Kontinente. Du verlangsamst deinen Flug, bis eine Landmasse vor dir auftaucht, auf der du landen möchtest.

Als du in die Atmosphäre eintauchst, verglüht ein Teil von dir. Du reduzierst dich auf deinen Wesenskern und entscheidest, mit welchen besonderen Anlagen du auf diesem Planeten ankommen möchtest. Mit deinem Schweif steuerst du den gewünschten Ort für deine Landung an, das Land, die Stadt, die Familie, in die du niedergehen möchtest. Du wählst einen Vater, der dich in besonderer Weise darin unterstützt, deine Gaben auf die Erde zu bringen.

In einer letzten Checkliste bereitest du dich auf die unmittelbar bevorstehende Landung vor. Die Liste hat den Titel: Wünsche an meinen idealen Vater.

Mit der Landung weckt uns Dan aus unserer Versenkung und bittet uns, langsam wieder zurück in den Seminarraum zu kommen. Dieses Mal schreiben wir auf, welche Eigenschaften wir uns von unserem idealen Vater wünschen und erhalten im Anschluss daran wie gestern eine entsprechende Zusatzaufgabe. In der nachfolgenden Feedbackrunde kommen wir zu einem vergleichbaren Ergebnis wie bei den Wünschen an die ideale Mutter. Die meisten der von uns aufgelisteten väterlichen Eigenschaften konnten wir in uns selbst wiederfinden, einige von ihnen hatten wir bereits durch den Vater in unserer Kindheit bewusst erfahren können. Wir beschäftigen wir uns mit den hellen, stärkenden väterlichen Qualitäten.

Doch zunächst erläutert uns Dan, dass wir nicht nur eine Heilige Wunde durch die Mutter, sondern auch durch den Vater erfahren hätten. Die Abwesenheit der Väter in der Erziehung habe die Vaterwunde in den letzten Jahrzehnten in besonderer Weise ausgeprägt. Die langandauernde Abwesenheit von Vätern in Kriegen habe ihre Funktion in der Familie verändert. Nach ihrer Rückkehr hätten sie viel von ihrer familiären Autorität eingebüßt. Viele von ihnen wären mit Traumatisierungen zurückgekommen und danach mit sich selbst beschäftigt gewesen. Der zunehmende Druck im Arbeitsleben hätte weiter dazu beigetragen, dass sich die Väter mehr und mehr aus der Erziehung der Kinder zurückgezogen hätten. Sie wären mit ihrer Arbeit und der eigenen Regeneration derart vereinnahmt gewesen, dass sie für ihre Kinder nicht mehr verfügbar gewesen wären. Die zunehmenden Trennungen von Elternpaaren in den letzten Jahrzehnten hätten die Herauslösung der Väter aus der Erziehung weiter verschärft. Viele Mütter seien heute Alleinerziehende und der Kontakt vieler Kinder zu ihrem Vater beschränke sich bestenfalls auf das Wochenende oder die Ferien.

Den Söhnen mangele es an einem positiven Selbstbild als Mann oder Vater. Männliche Jugendliche seien heute mehr als je zuvor verunsichert. Viele junge Männer scheuten eine bindende Partnerschaft und erst recht eine Vaterschaft. Auf der anderen Seite fehle es vielen jungen Frauen an einem realistischen Männerbild. Töchter verblieben in der Rolle des ewigen Mädchens, das sein Leben lang auf einen Prinzen warte, der es rettet. Oder aber sie verharrten als gepanzerte Amazone in einer Ablehnung gegen Männer und zögen es vor, ihr Leben alleine zu bewältigen. Der Mangel an väterlicher Zuwendung führe zu einem ungestillten Vaterhunger, einem Verlangen nach männlicher Bestätigung und Grenzsetzung. Viele Männer und Frauen verausgabten sich deshalb heute im Berufsleben, in ihrem Beziehungsleben, in ihrem Sexualleben oder in extremen Sportarten.

Das Fehlen der Väter in der Erziehung habe auch eine positive Seite. Es habe bereits bewirkt, dass Frauen ihre Rollen nicht mehr nur auf Ehefrau, Hausfrau und Mutter beschränkten. Es habe auch dazu geführt, dass Männer damit begonnen hätten, ihre Rolle als Mann und Vater neu zu definieren und sich von den patriarchalischen Vorbildern der Vergangenheit zu lösen.

Mit der Vaterwunde verhalte es sich wie mit der Mutterwunde. Sie forderten beide unser Wachstum heraus. Um den in der Vaterwunde gebunden Schmerz zu lösen, bedürfe es ebenfalls der Vergebung. Dann könnten wir auch unserem inneren Vater vergeben und uns selbst entlasten. Auch der Weg zur Vergebung des Vaters führe über die Dankbarkeit. Und so erhalten wir nun die Aufgabe, einen zweiten Brief an unseren leiblichen Vater oder Ziehvater zu schreiben, um ihm darin zu danken. Am Ende des Nachmittagsblocks kündigt Dan an, dass wir heute Abend ein weiteres Ritual durchführen werden. Wie gestern sollen wir uns nach dem Abendessen auf der Terrasse vor der Kantine versammeln und den ersten Brief an unseren Vater mitbringen.

Bis zum Abendessen bleibt noch reichlich Zeit, um den Dankesbrief zu schreiben. Ed entschließt sich, heute Nachmittag im Freien zu schreiben. So habe ich unser Zimmer für mich alleine. Ich bevorzuge das Schreiben an einem Tisch. Auch dieser Dankesbrief fällt mir nicht schwer, denn es gibt vieles, für das ich meinem Vater danken kann. Dadurch, dass ich ihm beim Handwerken helfen musste, um sein fehlendes Bein auszugleichen, habe ich viel von ihm gelernt. So konnte ich bereits mit vierzehn Jahren ein Zimmer inklusive Zimmerdecke eigenständig tapezieren, wenn mir jemand zur Hand ging. Doch es waren nicht nur praktische Fertigkeiten. Ich habe von ihm auch gelernt, ohne Furcht an neue Aufgaben heranzugehen und Lösungen für unerwartete Probleme zu finden. Dafür danke ich ihm. Mein Vater war beruflich sehr eingespannt, arbeitete oft am Wochenende, um unser Eigenheim zu finanzieren, aber verbrachte auch viel Zeit mit seiner Malerei, um sich zu regenerieren. Zwar hatte er kaum Zeit für mich, aber ich bin ihm dankbar, dass er mir so einen großen eigenen Spielraum ließ, in dem ich mich frei entfalten konnte. Wenn ich aber meinen Vater um Unterstützung bat, dann war er für mich da, ganz so wie meine Mutter. Dafür danke ich ihm ebenso. Als junger Mann hatte mein Vater im Krieg viel Leid und Elend erlebt und schlimme Bilder gesehen. In der bildenden Kunst suchte er immer das Heile und Schöne in der Welt, malte naturbelassene Landschaften, Blumen, Bäume, Tiere und Portraits, die die Schönheit eines Menschen besonders hervorhoben. Meinem Vater verdanke ich die Herausbildung einer visuell ästhetischen Wahrnehmung und vieles mehr. Es dauert nicht lange, bis sich die vier Seiten meines Briefes mit Dank gefüllt haben.

Mit meiner bunt gehäkelten Mütze und einer Windjacke bekleidet, den ersten Brief an meinen Vater darin verstaut, mache ich mich danach auf den Weg zur Kantine. Nach dem Abendessen versammeln wir uns wieder auf der Terrasse. Als Dan und Melissa eintreffen, sind wir bereits vollzählig. Alle haben dieses Mal daran gedacht, ihren ersten Brief an den Vater mitzubringen. Vorsichtig folgen wir den beiden

Seminarleitern, die uns mit ihren großen Taschenlampen den Weg durch die Dunkelheit weisen.

Wir überqueren die schmale Holzbrücke über den Powama Canyon und biegen dann nach links auf einen Weg ab, der leicht ansteigt und auf ein kahles Plateau führt. Beim Näherkommen erkenne ich wieder einen Lichterkreis mit einem hinführenden Lichterbogen, an dessen Ende wir halten. Am Eingang des Kreises erwartet uns diesmal Donna mit der Rahmentrommel.

Dan sagt, dass wir heute Abend ein Feuerritual durchführen und gibt uns dazu eine kurze Einführung:

"Wir wollen damit Vater Sonne für sein warmes Licht danken. Er hält das Leben auf unserem Planeten von außen in Bewegung. Alle Lebewesen auf der Erde ernähren sich nicht nur durch die Substanz der Mutter Erde, sondern auch durch das Licht von Vater Sonne. Die Bäume konservieren das Sonnenlicht und setzen es wieder frei, wenn ihr Holz verbrennt. In Jahrmillionen wurde die Energie der Sonne gespeichert in Form von Kohle, Erdgas oder Erdöl, die aus abgestorbenen Bäumen, Pflanzen und Mikroorganismen entstanden sind. Zunächst hatten unsere Vorfahren die vernichtende Kraft des Feuers in Form von Blitzen und Bränden erfahren. Die spätere Beherrschung des Feuers war bahnbrechend für die weitere Entwicklung der Menschen. Durch Räuchern, Braten und Kochen konnten sie die Aufnahme und Haltbarkeit der Nahrungsaufnahme verbessern. Das kontrollierte Feuer ermöglichte ihnen auch, in kälteren Regionen zu überwintern. Schließlich lernten sie, Metalle zu schmelzen und zu wirkungsvolleren Werkzeugen, aber auch zu Waffen zu verarbeiten. Ob eine Kultur sich gegen eine andere durchsetzen konnte, hing in der Vergangenheit davon ab, ob sie in ihrer Feuertechnologie überlegener war. Das Feuer ist ein Wandler des gespeicherten Lichts. Ob wir es in Wärme, Bewegung, Wachstum oder in Zerstörung wandeln, liegt in unserer Verantwortung. Mit dem Feuerritual wollen wir unsere Schattenseiten transformieren und unserem lichtvollen Wachsen und Werden Energie verleihen."

Wieder schreiten wir einzeln und mit Abstand im Takt der Trommel entlang des Lichterbogens bis zum Eingang des Ritualkreises. Als ich ihn betrete, sehe ich, dass er um eine Feuerstelle errichtet worden ist. Am Rande des Kreises entdecke ich einen abgedeckten Korb und frage mich, welche Überraschung heute in ihm verborgen ist. Daneben stehen Eimer mit Wasser. An Sicherheit ist also auch gedacht. Die kreisrunde flache Feuermulde ist mit Steinen gepflastert. Darum herum sind vier Lagerstellen aus Brennholz in den Himmelsrichtungen angeordnet. Im Lichterkreis bilden wir einen Kreis um Feuerstelle und Brennmaterial. Als alle versammelt sind, schließt Melissa den Eingang wieder mit einem Ast.

Dan eröffnet die Zeremonie und stellt sich zunächst vor den mit Hölzern gefüllten Weidenkorb und blickt nach Osten. Er öffnet seine Arme nach außen in einer empfangenden Geste. Alle anderen drehen sich in die gleiche Richtung. Ich stehe neben dem Korb und kann erkennen, dass er mit dünnen Holzbrettchen gefüllt ist. Dan bittet die Kräfte der Luft – den Neuanfang, das Zünden, das Auflodern, den Auftrieb und die Leichtigkeit – um Mitwirkung in diesem Ritual. Danach geht Dan zum südlichen Haufen aus besenstieldicken Ästen. Wir folgen ihm in unserer Ausrichtung. Mit Blick nach Süden ruft Dan die Kräfte des Feuers – den Sommer, die Fülle, die Freude und die Hitze – um Hilfe. In westlicher Richtung sind fingerdicke Ästchen abgelegt. Von da aus erbittet Dan die Unterstützung der Wasserqualitäten – die Reinigung, die Begrenzung und die Transformation. Vor dem nördlichen Haufen aus Reisig beendet er die Anrufung, indem er die Erdkräfte des Nordens – die Tiefe, die Geduld, die Stille und die Weisheit – um Beistand bittet. Dann hebt er die Arme und den Blick in den sternenübersäten Himmel und bittet die Kräfte des Himmels und der Sonne um

Transformation, bis er sich dem Boden unter uns zuwendet, dem glühenden Kern der Erde, und um ihren Segen bittet. Abschließend fokussieren wir uns alle auf das Zentrum des Lichterkreises, und Dan bittet die Mitte, uns in der Konzentration zu unterstützen. Für unser Ritual sei dieser Ort nun das Zentrum der Welt und dieser Zeitpunkt das Jetzt unseres gegenwärtigen Lebens.

Während Melissa den Ritualkreis wieder mit einer Spur aus Reiskörnern und Linsen zu unserem Schutz verschließt, bereitet Donna im Hintergrund das Räucherwerk vor. Dan bittet uns, die Augen zu schließen und uns vorzustellen, wie unser Vater hinter uns steht, dahinter die Großväter, dahinter die Urgroßväter und dahinter all die väterlichen Ahnen, aus denen wir hervorgegangen sind. Um uns mit dem heilenden und erlösenden Rückhalt unserer männlichen Ahnen zu verbinden, räuchert Dan unsere Rücken. Ich spüre die unterstützende Kraft meiner männlichen Vorfahren hinter mir. Als Mann und Vater fühle ich mich in besonderer Weise verbunden mit meinen väterlichen Ahnen.

Nach diesen Vorbereitungen beginnen wir mit der Aufschichtung des Brennholzes in der Feuerstelle. Dan erklärt uns, dass das ungeordnete trockene Reisig des Nordhaufens die Qualitäten jener väterlichen Ahnen symbolisiere, die wir nicht persönlich kennengelernt haben. Das Reisig entfache das Feuer, so wie unsere Vorfahren einst das Feuer entfacht und weitergegeben hätten. Gemeinsam schichten wir das Reisig in Bündeln zu einem kegelförmigen Haufen in der Mitte der Feuermulde auf.

Anschließend zeigt Dan auf das Feuerholz im Westen, den Haufen aus fingerdicken Ästchen, und bittet uns, die Briefe hervorzuholen. Sie enthalten die schmerzhaften Einengungen und Verletzungen, die wir durch unsere Väter erfahren und verinnerlicht haben, mit denen wir uns selbst und anderen weh getan haben. Wir geben sie zum Feuerholz, damit das Feuer den Schmerz aus der Vaterwunde in heilende Wärme und Licht für unser Wachstum wandeln kann. Indem wir die Briefe an das Feuer übergeben, vergeben wir zugleich unserem Vater und uns selbst. Als ich an der Reihe bin, trete ich nach vorne, stelle mich vor das Beet und spreche die Worte:

Vater, ich liebe dich und ich vergebe dir.
Ich liebe mich und ich vergebe mir.

Dann nehme ich die Blätter meines Briefes, zerreiße sie in Hälften und knülle sie zusammen. Mit einem dünnen Stöckchen vom westlichen Feuerholz, das die Stachel versinnbildlicht, drücke ich erst die Papierknäuel in das Reisig und stecke dann den Stichel dazwischen. Am Schluss schichten wir gemeinsam die restlichen Ästchen kegelförmig um das Feuerholz, sodass ihre Spitzen nach oben in die Mitte weisen.

Nach dieser Vergebungszeremonie weist Dan auf den Haufen im Süden aus besenstieldicken Ästen. Sie verkörperten die Qualitäten, die wir durch unsere Väter und Großväter erfahren haben, aber auch durch alle anderen Männer, die uns in stärkender Weise geprägt oder beeinflusst haben. Es könnten Männer sein, die eine väterliche Rolle für uns eingenommen haben, Onkel, besondere männliche Freunde, vergangene Partner oder der aktuelle Partner. Und so treten wir nacheinander einzeln nach vorne, nehmen einen Ast vom Südstapel, stellen uns vor die Feuerstelle, nennen laut den Namen des Mannes, dem wir danken möchten, und seine stärkende väterliche Qualität. Wie in einem Tipi stellen wir die Äste so auf, dass das Feuerholz die Gestalt eines Kegels bekommt. Mit dem ersten Ast danken wir unserem leiblichen Vater, auch wenn wir ihn vielleicht persönlich nie kennengelernt haben. Für diesen Teil des Rituals nehmen wir uns wieder viel Zeit. Der Dank zieht seine Kreise und lässt den Holzhaufen in der Feuerstelle immer weiter anwachsen. Dann geht der Dank an die Großväter und andere männliche Verwandte. Es folgen väterliche Lehrer und männliche Freunde. Später kommen ehemalige Lebensgefährten und aktuelle Partner dazu. Es ist genug Holz vorhanden. Der Dank der anderen regt mich an, weitere Männer aus meinem Leben zu würdigen. Die väterliche Unterstützung, die ich in meinem Leben erhalten habe, ist weitaus größer, als ich es vorher gedacht hatte. Als aller Dank ausgesprochen ist, verbauen wir gemeinsam die wenigen übrig gebliebenen Äste.

Drei der Holzstapel sind nun abgetragen. Der Kegel aus Feuerholz hat mittlerweile eine stattliche Größe erreicht. Übrig geblieben ist der Weidenkorb im Osten mit den dünnen Holzbrettchen. Dan erinnert uns an die Liste der väterlichen Qualitäten, die wir uns von unserem Idealvater gewünscht, die wir in uns entdeckt haben und weiter herausbilden möchten. Die Energie aus unserem Feuerritual soll uns dafür stärken. Zunächst versorgen wir uns alle mit einigen Brettchen aus dem Weidenkorb. Dann treten wir nacheinander vor die Feuerstelle. Laut genug, sodass alle in der Gruppe es hören können, nennen wir väterliche Qualitäten, die wir selbst weiterentwickeln und verbessern möchten und schieben für jede von ihnen ein Brettchen zwischen das Feuerholz. Ich spüre, wie meine Gelöbnisse mich in meinem Wollen bekräftigen und wie mich die Gemeinschaft darin unterstützt. Einige Teilnehmer verstärken ihre Absichten mit einem abschließenden Howgh: „Ich habe gesprochen."

Nachdem alles gesagt wurde, nimmt Melissa den Weidenkorb und stellt ihn in sicherer Entfernung an den Rand des Ritualkreises. Unterdessen verteilt Donna an jeden Teilnehmer Wollmäuse und lange Zündhölzer. Zuerst stecken wir die mit Wachs getränkten Röllchen aus Holzwolle in den unteren Teil des Brennhaufens, dann entzünden wir unsere Zündhölzer an den Kerzen des umgebenden Lichterkreises und setzen damit die Wollmäuse in Brand. Es ist fast windstill, das Plateau liegt an einer windgeschützten Stelle und wird auf der Seeseite durch eine Felswand begrenzt. Gleichzeitig beginnt das Feuer an verschiedenen Stellen zu flackern, bis der ganze Holzhaufen in Flammen aufgeht.

Eine Weile stehen wir um das lodernde Feuer herum und beobachten die Flammen. Ich bin fasziniert von der Kraft unseres Feuers, der Helligkeit, die es ausstrahlt. Die Wärme tut mir gut. Von Zeit zu Zeit drehe ich mich mit dem Rücken zum Feuer, damit er ebenfalls warm wird. Bald ist mir so heiß, dass ich Mütze und Windjacke ausziehe und an den Rand des Kreises lege. Schweigend beobachten wir, wie der Haufen langsam niederbrennt und in sich zusammenfällt.

Als nur noch Glut den Boden bedeckt, fordert uns Dan auf, über das Feuer zu springen, um unsere Absichten weiter zu bekräftigen. Bald darauf fasst sich der erste Teilnehmer ein Herz, nimmt einen kurzen Anlauf und springt. Er landet sicher und mit genügend Abstand zur Glut auf der gegenüberliegenden Seite. Damit ist das Eis gebrochen. Mit jedem Sprung stimmt die Gruppe ein „Heeh" oder „Hooh" an und belohnt den Mut mit einem Applaus nach der Landung. Mit meiner entzündeten Achillessehne muss ich mich leider zurückhalten. Damit abzuspringen oder zu landen ist mir zu riskant. Zwar könnte ich nur mit dem rechten Fuß über das Feuer hüpfen, doch dafür müsste ich einen kurzen schnellen Anlauf nehmen, was genauso wenig ratsam ist. Und so finde ich mich damit ab, mich an diesem Abend an den Sprüngen der anderen zu erfreuen. David und Rebecca, die als Paar am Seminar teilnehmen, springen sogar Hand in Hand gemeinsam über das Feuer. Das Springen hat für ausgelassene Stimmung gesorgt, aber nach einer Weile werden wir wieder ruhiger. Wir stehen nur noch da, machen Scherze und necken einander. Dan macht sich am Korb zu schaffen und kommt mit einer Flasche und drei Tüten Tortilla-Chips zurück. Er nimmt einen Schluck aus der Flasche und gibt einen Spritzer ihres Inhalts ins Feuer: „Für unsere Vorväter".

Eine Flamme sticht in die Höhe. Die Flasche enthält hochprozentigen weißen Rum. Dann gibt er die Flasche weiter, holt eine Flasche mit Mineralwasser hervor und lässt auch diese kreisen. Die Chips bieten geschmackliche Überraschungen. Die erste Sorte ist scharf mit Chili gewürzt, die zweite mit Käse überbacken und die dritte schmeckt nach Barbecue-Sauce. Im Dunkeln sind die Sorten mit dem Auge nicht zu unterscheiden und verraten ihren Geschmack erst im Mund. Als die Flasche bei mir ankommt, nehme ich ebenfalls einen kräftigen Schluck. Der Rum spült die letzten Krümel aus meinem Mund und hinterlässt ein angenehmes Brennen in meiner Kehle. Der Imbiss mit Umtrunk hebt die Stimmung zu so später Stunde wieder.

Wir haben einen langen Seminartag hinter uns. Die Ausgelassenheit legt sich allmählich. Zum Abschluss stellen wir uns noch einmal im Kreis um die letzte Glut des Feuers und folgen Dan, der sich abschließend bei den Kräften für ihre Unterstützung bedankt und damit das Feuerritual beendet. Bevor er uns entlässt und eine gute Nacht wünscht, versichert er noch, dass damit die anstrengenderen und arbeitsreichsten Tage des Seminars hinter uns liegen. Melissa öffnet den Ritualkreis, Donna schlägt wieder die Trommel und wir verlassen nacheinander den Ort. Dan und Melissa führen uns mit ihren Taschenlampen wieder zurück über die Brücke auf die andere Seite des Canyon bis zur Kantine. Von dort geht mein Weg wieder direkt ins Bett.

Immer zurück zum Atem

Zwischen den großen Fenstern der Kantine, durch die man auf das Meer in der Ferne blickt, hängen Gitarren an der Wand. Wer mag, kann sich eine nehmen und spielen. Die meisten von ihnen sind Westerngitarren mit Stahlsaiten, doch man findet auch eine klassische Gitarre mit Nylon. Ich habe sie alle ausprobiert. Einige sind schon etwas abgenutzt und zeigen deutliche Gebrauchsspuren. Die Saiten müssten mal erneuert werden und nicht jedes Instrument ist noch bundrein. Mein Lieblingsstück hat eine abgenutzte Fichtendecke und einen zerkratzten Schlagschutz. Sie lässt sich leicht stimmen und hat einen kräftigen Klang. Manchmal greife ich das gute Stück und setze mich frühmorgens in eine Ecke der Kantine, um ein wenig zu klimpern. Gelegentlich verziehe ich mich auch auf die Terrasse oder suche ein ruhiges Fleckchen auf der Liegewiese. Auf einem weiten Holzsessel mache ich es mir bequem, blicke auf das aufgewühlte Meer weit unter mir und halte ihm mein sanftes Spiel entgegen.

Heute Morgen habe ich mich wieder im Dunkeln aus dem Zimmer geschlichen. Als ich die Kantine betrete, hat sich bereits ein Gitarrenspieler in der Mitte des großen Raumes platziert und spielt fortwährend die gleichen Akkorde:

A-Moll   C-Dur   E-Moll   G-Dur,
F-Dur   G-Dur   A-Moll   A-Moll

Und wieder von vorne. Man könnte meinen, dass einem dabei langweilig werden müsse, aber der Mann spielt in solch einer Gelassenheit und Ruhe, dass eine meditative Wirkung von ihm ausgeht. Während ich zuhöre, schaue ich mir den Musiker an, der ganz in sich und sein Spielen vertieft ist. Er dürfte etwa so alt sein wie ich, hat graues, lichtes Haar, eine kräftige, hakenförmige Nase und offenbar die gleiche Vorliebe wie ich: Er spielt mit meiner Lieblingsgitarre.

Ich besorge mir das nächstbeste Stück und frage, ob ich ihn begleiten darf. Er schaut nur kurz auf, lächelt mich an und nickt. Dann versinkt er wieder in seiner Akkordfolge. Zunächst hänge ich mich in sein Muster und folge seinen Akkorden, seinem Tempo und seinem Rhythmus. Bald schon beginne ich sein Spiel zu ergänzen, indem ich den Takt durch Verfeinerungen, andere Betonungen oder Synkopen so variiere, dass durch unser Zusammenspiel ein komplexeres Muster entsteht. Ich spiele die Akkorde in der fünften Lage und ergänze damit die Griffe meines Gegenübers in der ersten Lage. Auch, als ich anfange zu improvisieren, lässt sich mein Mitspieler nicht beirren. Er spielt sein Spiel und rollt für mich einen Klangteppich aus, auf dem ich mich mit einer freien Melodie ausbreite. Immer wieder bleiben einzelne Gäste stehen, um uns zuzuhören und zuzuschauen, dann verschwinden sie wieder oder gehen mit ihrem Morgenkaffee in einen anderen Winkel des Raums. Längst habe ich mein Zeitgefühl verloren, weiß nicht mehr wie lange wir schon spielen und mache mir keine Gedanken darüber, wie es weiter gehen wird. Wir spielen ganz im Hier und Jetzt.

Doch dann wird es plötzlich unruhig um uns. Es erscheinen immer mehr Gäste im Speisesaal. Ich signalisiere meinem Mitspieler, dass ich aussteige und mich zurückziehe. Er schaut erneut kurz auf, ohne sein Spiel zu unterbrechen, lächelt mich wieder an und nickt mir zum Abschied zu. Bis zum Frühstück bleibt mir noch mehr als eine ganze Stunde. Ich hänge die Gitarre wieder an die Wand, gehe zum Badehaus, lasse mich in das wohltuend heiße Wasser sinken und bleibe, bis die Akkordfolge aus meinen Ohren gespült ist.

Als ich nach dem Frühstück auf der Terrasse vor dem Seminarraum eintreffe, herrscht dichtes Gedränge. Die Tür ist geschlossen und die Vorhänge sind zugezogen. Wir sollen noch draußen warten. So aalen wir uns in der Sonne, lehnen uns über das Geländer, schauen in den Canyon, plaudern und scherzen miteinander. Dann ist es soweit. Melissa öffnet die Vorhänge und die Schiebetüren. Wir betreten den Raum. In der Mitte ist ein Berg aus Sitzkissen aufgetürmt. In einer Ecke des Raumes liegen Buntstifte, Wachsmalkreiden und Papier. In einer anderen Ecke warten Stofftiere, Teddys und Puppen darauf, in den Arm genommen zu werden. In einer weiteren parken Spielzeugautos. Daneben liegen Bauklötze. Hüte, Schals und Tücher sind im Raum verteilt. Trommeln und Tröten stehen an der Seite. Im Hintergrund tönen Kinderlieder aus der Musikanlage. Überrascht und vergnügt finden wir uns in einem Seminarraum ein, den das Team in ein Kinderzimmer umgestaltet hat.

Melissa begrüßt uns und erklärt, dass heute Morgen das innere Kind in uns geweckt werden soll. Sie lädt uns ein zum freien Spiel. Das muss sie uns nicht zweimal sagen. Die Gruppe verteilt sich im Raum, in dem sich jeder etwas Passendes zum Spielen wählt. Einige Frauen vertiefen sich ins Malen oder umsorgen Puppen, ein paar der Männer rollen die kleinen Fahrzeuge durch den Raum oder bauen Türmchen, die nicht lange stehen bleiben. Es gibt immer ein paar Raufbolde, die ständig Streit suchen. Ich schließe mich den Musikanten an. Wir haben uns Hütchen aufgesetzt und ziehen mit Trommeln und Tröten in einer Prozession durch den Raum, bis wir in Raufereien verwickelt werden. Schon nach wenigen Minuten sind wir um Jahrzehnte jünger geworden und wieder die kleinen Jungen und Mädchen aus dem Kindergarten. Einige der Kinder bleiben versunken in ihrer Beschäftigung. Nichts um sie herum kann sie darin stören. Andere wechseln ständig ihr Spielzeug und fangen etwas Neues an. Manche Jungen sind ständig in Bewegung, um sich mit anderen zu balgen, oder verbreiten Chaos. Einige Mädchen verkleiden sich mit Hüten, hüllen sich in Schals und Tücher und stolzieren als feine Damen durch den Raum. Ich ringe mit einem anderen Jungen auf dem Kissenberg. Andere stürzen sich auf uns. Erschöpft ziehe ich mich für eine Weile an den Rand zurück. Ich liege auf dem Rücken und verfolge den Trubel, die Bewegungen, die Geräusche und die Stimmen um mich herum. Ich habe wieder jedes Gefühl für Zeit verloren und beobachte die ausgelassene und fröhliche Kinderparty. Als eine Kissenschlacht in Gang kommt, stürze ich mich wieder ins Getümmel. Die Jungen attackieren die malende Mädchengruppe, die sich schlagkräftig zu wehren weiß. Energie- und Lärmpegel im Raum sind auf hohem Niveau.

In einer Gefechtspause unterbricht Melissa plötzlich unser Spielen und bittet uns, von nun an zu schweigen. Erstaunlich schnell reagieren wir und werden wieder erwachsen. Wir sollen zwei konzentrische Kreise bilden, sodass sich die Buddys gegenüber stehen. Mit einer Geste bedanken wir uns bei unserem bisherigen Buddy, und so verneige ich mich leicht vor Sarah. Melissa lässt die Kreise um zwei Positionen gegen den Uhrzeigersinn drehen, sodass sich neue zufällige Paarungen ergeben. Mein neuer Buddy ist Ed, mein Zimmernachbar. Wir begrüßen uns mit einem Grinsen. Sein Junge hat immer nur Unsinn im Kopf. Wie ein Schalk mischt er die Gruppe auf.

Melissa bittet die Paare, einen Spaziergang im Gelände zu unternehmen. Wir sollen uns dabei an den Händen fassen und schweigen. Eine halbe Stunde Zeit haben wir dafür. Händchenhaltend verlasse ich den Raum mit Ed, der mir zu verstehen gibt, ihm zu folgen. Ich spüre, dass er ein bestimmtes Ziel hat. Er führt mich den Hügel hinauf. Unterwegs pflückt er eine Blume am Wegesrand. Und auch ich knicke eine andere blühende Pflanze ab. Schließlich halten wir vor einem im Boden verankerten Gedenkstein für eine Verstorbene. Ed bückt sich und legt dort seine Blume nieder. Ich gehe ebenfalls in die Knie und lege meine Pflanze dazu. In den Stein ist eingraviert:

Grenzenloses Tanzen
Kareen Farmer
1942 – 1969
Wir werden uns immer an dich erinnern

Ich bin betroffen über den frühen Tod der Tänzerin und ihren Namen. Wer war sie? Warum führt mich Ed zu ihrem Gedenkstein? In der Gruppe hatte er berichtet, dass seine Mutter starb, als er noch ein Kind war. Obwohl ich mit ihm ein Zimmer teile, hatten wir bisher kaum Kontakt. Ed ist sehr gesellig, immer zu Späßen aufgelegt und versammelt gerne andere um sich herum. Ich habe nie dazu gehört. Doch nun spüre ich die Verbindung zu ihm. Es ist die Trauer, die uns verbindet, die Beziehung eines Vaters, der seine Frau verloren hat, zu einem Sohn, der seine Mutter früh verloren hat. In unserer Begegnung erinnern wir uns beide aus unterschiedlichen Blickwinkeln an den Verlust und den Schmerz darüber, dass der Vater die Mutter nicht ersetzen kann. Dann signalisiere ich Ed, mir zu folgen.

Ich führe ihn zum Seminarraum und nehme dort das Tablet aus meinem Rucksack. Damit gehe ich mit ihm zur Terrasse der Kantine, wo man eine WLAN-Verbindung hat. Ich zeige ihm eines meiner Fotos vom Strand in Half Moon Beach. Im Vordergrund liegt eine Rose auf dem Sand, im Hintergrund erkennt man die sichelförmige Bucht. Ich spüre, dass Ed meine innere Rührung nachempfindet, aber auch, dass er nicht verstanden hat, was ich ihm da zeige. Wir halten uns an das Schweigegebot und werden später noch darüber sprechen. Doch diese kurze Begegnung mit den beiden Ruhestätten hat uns zueinander geführt und uns die Tiefe unserer Verbindung fühlen lassen. Bewegt gehen wir beide wieder zurück zum Seminarraum.

In der Zwischenzeit wurde wieder komplett umgeräumt. Die Kissen sind nun hinten an der Wand aufgetürmt. Den Boden bedecken Matten, jede mit einem Meditationskissen und einer Decke versehen. Ich muss gleich an die Yogastunde von gestern denken. Das Team bittet die Ankommenden, sich auf den Matten zu verteilen. Vorher sollen wir unsere Schuhe ausziehen und an der Tür abstellen, Gürtel, Brillen und Schmuck auf dem Tisch am Eingang ablegen und darauf achten, dass wir uns bequem in unserer Kleidung fühlen.

Als sich alle wieder eingefunden haben, gibt uns Melissa eine kurze Einleitung für die nachfolgende Übung. Ich bin froh, als ich erfahre, dass wir kein Yoga, sondern eine Atemmeditation durchführen werden. Sie beruhe auf einer

2500 Jahre alten aus Indien überlieferten Meditation, der Vipassana, mit der Buddha Erleuchtung erlangt haben soll. In den Siebzigerjahren sei sie von Jeru Kabbal[89] in Kalifornien weiterentwickelt, mit Musik kombiniert und in das 20. Jahrhundert übertragen worden.

Die Atemmeditation unterstütze uns auf körperlicher Ebene darin, unsere hemmenden Muster, innere Blockaden sowie festgehaltenen Ängste und Spannungen zu lösen. Diese hätten sich in Veränderungen des Gewebes, der Organe, Muskeln, Sehnen und Gefäße materialisiert und hielten uns darin gefangen. Damit wir uns davon eine bildliche Vorstellung machen können, gibt uns Melissa zwei Beispiele aus der Unterhaltungselektronik.

Manchmal setze sich Schmutz in der Rille einer Schallplatte fest. Die Nadel stoße dann auf dieses Hindernis und springe zurück in die Rille davor. Die Schallplatte „hänge" und wiederhole unablässig die gleiche Musiksequenz. Erst wenn man die Nadel anstoße, gehe es weiter. Oder man reinigte die Platte und die Nadel könne wieder ungehindert bis zum Ende durchlaufen.

In einer weiteren Analogie sollen wir uns einen einfachen alten Radioempfänger vorstellen. Über einen Drehknopf, der mit einem Drehkondensator verbunden war, wählte man die Sendefrequenz. Der Kondensator bestand aus zwei Halbscheiben mit einem geringen Abstand. Durch Drehen der einen Scheibe konnte man die Größe der Fläche, die sie gemeinsam überdeckten, verändern. Damit wurde die Kapazität eingestellt, welche die Empfangsfrequenz regelt und den Empfänger so auf die Sendefrequenz einstimmte. War die Drehung blockiert, dann wurde nur noch eine Frequenz empfangen und man konnte bestenfalls einen Sender hören. Löste man die Blockade, dann konnten man auch wieder andere empfangen.

Mit dem menschlichen Körper verhalte es sich ähnlich, nur sei alles viel komplexer. Innerliche Verschmutzungen,

Verklebungen, Deformationen und Blockaden der Gewebe bänden uns in einem Rückkopplungsprozess an eingefahrene, festgehaltene Muster. Durch starkes, bewusstes Atmen könnten körperliche Verspannungen jedoch aufgeweicht und gelockert werden. Auch wenn die dadurch erzielte Entspannung am Anfang nur kurze Zeit erfahrbar sei, so könnten wir uns dadurch an unseren ursprünglichen Zustand von innerer Ruhe, Freiheit und Klarheit wieder erinnern. Wir würden offener und flexibler für neue Wahrnehmungen und erweiterten so unsere Denk- und Handlungsräume. Die Meditation führe uns zurück in unsere ganze Wesenheit und öffne den Weg für die Wiederauferstehung unseres inneren Kindes.

Melissa verfügt nicht nur über elektronische Fachkenntnisse, sie ist auch ein versierter Disk-Jockey und hatte in den letzten Tagen die Musik aufgelegt. Wie ein DJ steht sie hinter einem Controller mit zwei Abspieltellern. Nun erklärt sie uns, wie das Gerät zum Einsatz kommt. Sie könne damit die Musik dynamisch während der Meditation wechseln, fließend zum nächsten Musikstück übergehen oder zwei verschiedene miteinander kombinieren und im Tempo anpassen. Sie vertraue dabei ganz auf ihre Intuition und auf ihre Wahrnehmung des Gruppenprozesses. Während der Meditation werde sie uns weitere Anleitungen über Mikrofon geben. Wir sollten uns nicht erschrecken, wenn die Musik gelegentlich etwas lauter würde. Das geschähe absichtlich, um die Wirkung der Musik in bestimmten Phasen zu verstärken.

Während der Meditation würden wir intensiv atmen, um die Energie in unserem Körper zu erhöhen. Dabei sollten wir auf ein ausreichendes Ausatmen achten, damit wir nicht hyperventilieren. Dan und Donna würden uns fortwährend beobachten und uns notfalls unterstützen. Hyperventiliere ein Teilnehmer, käme jemand zu ihm, um ihm helfen, sich daraus zu lösen und die Ausatmungsphase zu verlängern. Wer Epilepsie, schweres Asthma oder eine schwere Herz-Kreislauf-Erkrankung hätte, solle nicht mitmachen. Niemand aus der Gruppe meldet sich auf ihre Nachfrage. Damit sind wir auch über die möglichen Risiken informiert. Bei der Anmeldung mussten wir ohnehin eine Erklärung unterschreiben, dass wir eigenverantwortlich am Kurs teilnehmen und Haftungsansprüche an die Veranstalter ausschließen.

Melissa bittet uns, zunächst eine entspannte liegende oder sitzende Position einzunehmen. Dann bereitet sie uns weiter auf die Meditation vor und sagt, dass das Atmen sehr wirksam sei und starke Angst auslösen könne. Das sollte uns weder überraschen noch beunruhigen. Die Hauptidee dieser Meditation sei, dass unsere Gedanken keine Substanz hätten. Wenn wir nicht an sie glaubten, verschwänden sie wieder. Wenn wir ihnen keine Aufmerksamkeit gäben, verlören sie sich wieder.

Mit dem Atmen würden wir den Körper immer weiter mit Energie aufladen, bis der Körper Erinnerungen an die Vergangenheit, Gefühle und Gedanken nicht länger festhalten könne. Sie lösten sich und kämen dann in unser Bewusstsein. Wenn das passiere, dann sollten wir uns nicht dagegen wehren, aber auch nicht darin vertiefen. Die Erinnerungen könnten sehr weit zurück in die Kindheit reichen. Wir sollten sie wahrnehmen und anschließend weiterziehen lassen. Wenn wir uns dagegen stellten oder daran festhielten, dann signalisierten wir dem Unterbewusstsein "Das ist wichtig" und verstärkten sie dadurch nur. Gingen wir aber neutral und gelassen damit um, gäben wir zu verstehen "Das ist unwichtig", dann könnten wir die festgehaltenen Erinnerungen schließlich gehen lassen. Wir sollten sie kommen lassen, bewusst wahrnehmen und danach loslassen. Das gelänge uns am besten, wenn wir uns auf die Wirklichkeit konzentrierten, auf das, was im Augenblick ist. In der Meditation aber sei nur das Atmen gegenwärtig. Alles andere existiere nur in unserer Vorstellung. Melissa weist uns auch darauf hin, dass während des Atmens auch verschiedene Körperempfindungen auftauchen können, etwa ein Prickeln in den Fingern oder ein Gefühl der Taubheit in der Nasenspitze oder in den Lippen. Was auch immer geschähe, wir sollten auch dem keine weitere Beachtung schenken, sondern es einfach wahrnehmen und geschehen lassen. Die Grundregel sei: „Immer zurück zum Atem!" Welche Gefühle auch immer auftauchten, wir sollten sie kommen lassen und nicht zur Seite schieben. „Schrei, wenn dir danach ist. Weine oder lache, wenn du weinen oder lachen musst. Aber tauch' nicht ab in das Gefühl. Lass es los und komm wieder zurück zum Atmen. Im nächsten Augenblick kann schon wieder ein anderes Gefühl, eine andere Erinnerung oder ein anderer Gedanke auftauchen." Die meisten Probleme, die uns belasteten, existierten nur in unserer Fantasie. Sie bezögen sich auf die Vergangenheit, die längst vorbei und nicht mehr zu ändern sei, oder auf die Zukunft, die noch unbestimmt vor uns liege. Wenn wir uns auf das Hier und Jetzt konzentrierten, dann sei das Leben für uns nicht nur angenehmer, sondern wir könnten unsere Wirklichkeit auch besser bewältigen.

Dann erklingt Vogelgezwitscher im Raum und Melissa bittet uns, auf dem Meditationskissen eine sitzende Position einzunehmen. Bevor ich mich setze, erhöhe ich es mit einer Decke. Dann folge ich weiter Melissas Anweisungen und achte auf eine stabile aufrechte Position mit geradem Rücken. Ich öffne meinen Brustkorb, entspanne meinen Bauch und schließe meine Augen. Ich atme tief in meinen Bauch hinein, verstärke meine Atmung weiter, atme durch den Mund ein, bis die gesamte Kapazität meiner Lungen genutzt ist, und lasse dann die Luft wieder herausströmen. Ich atme in tiefen, vollen Atemzügen. Wenn ein Gedanke in mir hochkommt, nehme ich ihn bewusst und ohne Wertung wahr, lasse ihn weiterziehen und konzentriere mich wieder auf das Atmen. Ich nehme mehr Sauerstoff auf, als ich benötige, und baue auf diese Weise immer mehr Energie in meinem Körper auf. Schon bald fangen mein Mund und meine Fingerspitzen an zu kribbeln. Die Erinnerung daran, wie ich mit Ed heute Morgen Blumen an dem Gedenkstein abgelegt habe, steigt auf. Sie macht mich traurig. Ich schenke der Erinnerung und dem Gefühl keine weitere Aufmerksamkeit, lasse sie weiterziehen und konzentriere mich wieder auf das Atmen. Dabei achte ich darauf, dass mein Bauch entspannt bleibt und meine Lungen ganz aufgefüllt werden. Was auch immer in den Sinn kommt, ich lasse es kommen, nehme es zur Kenntnis, lasse es wieder los und gehe zurück zum Atmen. Nur das Atmen zählt. Alles andere ist unwichtig, hat keine Bedeutung.

Zwischendurch unterbricht Melissa immer wieder ihre Erläuterungen. Dann erfüllt das Geräusch eines regelmäßigen geräuschvollen Ein- und Ausatmens aus dem Lautsprecher den Raum, um unser Atmen zu unterstützen. Ich folge weiter meinem eigenen Rhythmus und gebe mich ganz der Energie hin, die sich in mir aufbaut. Der Energie und der Intelligenz meines Körpers kann ich vertrauen. Mir fällt eine Zeile aus dem Song „Space Oddity"[90] ein: "und ich denk' mein Raumschiff weiß wohin es geht"[91]. Auch diese Zeile lasse ich weiterschweben wie ein Raumschiff, das an mir vorbeizieht, und konzentriere mich wieder auf mein Atmen.

In meiner Vorstellung taucht das Bild auf, wie ich mit dem vollbepackten Reisenden Rahmen durch eine Allee von Bäumen fahre, wie meine Achillessehne brennt und der Schmerz mich zum Anhalten zwingt. Ich lasse das Rad stehen und den Schmerz hinter mir. Die Bäume ziehen weiter. Ich gehe wieder zurück zum Atmen.

Nach einigen Minuten setzt eine Musik im Hintergrund ein, die eine tranceartige Wirkung hat. Ich bleibe bei meinem Atem, spüre, wie ich mit jedem Atemzug mehr Vitalität, mehr Leben in mich aufnehme. Ich habe das Gefühl, mich zu weiten. Das Kribbeln hat sich verstärkt und mittlerweile meine Hände vollständig erfasst. Ich lehne an der Reling einer Fähre und blicke auf eine vorbeiziehende Insel in der Ägäis. Von hinten umarmt mich Brisa. Wehmut steigt in mir auf. Ich lasse die Insel und die Wehmut vorbeiziehen. Sie ist nicht von Bedeutung. Wirklich ist nur der Atem. Die Bilder und

Gefühle, die in mir aufsteigen, führen immer tiefer in meine Vergangenheit. Je mehr ich mich mit Sauerstoff auflade, umso intensiver werden sie. Doch auch diese Selbstbetrachtung lasse ich wieder los und kehre zurück zum Atem. Er ist der Dampfer, mit dem ich meinen inneren Ozean durchkreuze. Mit ihm reise ich durch die Inselwelt meiner Erinnerungen und Gefühle und dringe vor bis zu den unerforschten Tiefen meiner Psyche. Und wieder kehre ich zurück zu meinem Atem.

Das Prickeln in meinem Körper hat mittlerweile mein Gesicht, meine Arme, meine Füße und meine Beine erreicht und breitet sich weiter aus. Ich nehme es wahr und kehre wieder zurück zum Atem. Irgendwann verschwindet die Musik im Hintergrund. Ich nehme das Zwitschern exotischer Vögel und Urwaldgeräusche wahr, die nur noch durch die lauten Atemgeräusche überdeckt werden. Und wieder atmen. Die Energie hat nun meinen ganzen Körper erfasst. Das Vibrieren in mir hat jede Zelle durchdrungen, meine Körperwahrnehmung beginnt sich zu verändern. Meine Hände erscheinen mir so groß wie die Schlagflächen eines Tennisschlägers. Ich registriere die Veränderungen und kehre zurück zum Atmen.

Eine neue Musik tritt in den Vordergrund. Die Streicher eines klassischen Sinfonieorchesters rollen einen gefühlvollen Klangteppich im Raum aus. Ich atme weiter das Leben in mich ein und vertraue mich meiner eigenen Energie an. Das Bild eines Holzfeuers erscheint in meiner Vorstellung, und ein Gefühl der Wärme durchzieht meinen Körper. Ich sehe einen brennenden Mann vor mir, der sein inneres Feuer durch den eigenen Atem entfacht, um seine verholzten Erinnerungen und Gefühle in Lebensenergie zu wandeln. Auch dieses Bild lasse ich weiterziehen und kehre zurück zum Atem.

Die gefühlvolle, romantische Musik löst meine festsitzenden Emotionen und erfasst das ganze Spektrum meiner Gefühle. Als das Stück endet, erfüllt wieder das durchdringende Atemgeräusch den Raum und feuert meinen Atem weiter an, während im Hintergrund Vögel zwitschern. Plötzlich fordert uns Melissa auf, in den nächsten Minuten unseren Atem zu beschleunigen. Kurz darauf setzt ein treibender Trommelrhythmus ein, der im Lauftempo eine Gruppe von Eingeborenen in ihrem wechselnden Sprechgesang begleitet. Ich folge ihrem Takt mit meinem Atem. Um mich herum ist es lauter geworden. Immer wieder hallt ein Schluchzen, Schreien oder Lachen durch den Raum, schwillt an und verebbt gleich wieder. So plötzlich die Wilden mit ihrem Gesang und den Trommeln erschienen sind, so verschwinden sie auch wieder. Melissa weist uns an, den Atem wieder zu verlangsamen, aber weiter voll und tief zu atmen.

Eine heitere Melodie erklingt, die mir vertraut ist. Es ist das Thema der Moldau, die sich bereits zu einem Fluss entwickelt hat, aus den symphonischen Dichtungen „Mein Vaterland"[92] von Bedřich Smetana. Weiter folge ich meinem Atem und Melissas Anleitungen: Ich stelle mir einen Sonnenaufgang vor, sehe die goldene Kugel vor mir, die sich am Horizont erhebt, und spüre ihre Wärme und das neue Leben, das sich in mir weitet. Mein eigener Körper ist selbst ein Energieball. Ich spüre die Sonne in mir und atme ihre Wärme, ihr Licht ein. Es ist, als hätten sich die Zellen, die Moleküle und Atome meines materiellen Rahmens aufgelöst. Ich spüre nur noch die vibrierende lebendige Energie. Dann löse ich mich wieder von meinen verzückenden und beglückenden Empfindungen und kehre zurück zum Atem.

Erneut wechselt die Musik. Hörner hallen aus dem Rauschen eines Waldes. Die Musik von Richard Wagner wird allmählich kraftvoller und schwillt immer weiter an. Ich atme weiter und spüre die Stärke und Fülle des Lebens. Mit jedem Atemzug verstärkt sich die Kraft weiter in mir. Ich genieße das Wunder meines Seins. Als die Hörner am Horizont verklingen und die Jagdgesellschaft weiterzieht, setzt eine neue Musik ein, die erfüllt ist von Erhabenheit, Schönheit und Weite. Ich spüre, wie sich mein Herz weitet und ganz zu öffnen beginnt. Liebe durchflutet mich und ich nehme Veränderungen in meinem Energiekörper war. Im linken unteren Bauchbereich spüre ich eine Verdichtung, die sich löst und auf die andere Seite des Bauches zu wandern beginnt. Wie eine Welle läuft sie am Ufer aus, und ich kehre wieder zurück zum Atem.

Die Musik geht über in eine herzergreifende Melodie, die von einer Solovioline gespielt wird. Auf Geheiß verlangsame ich meinen Atem und lasse ihn sanfter fließen. Der schmerzvolle Ton einer Geige löst eine tiefe Traurigkeit und Sehnsucht in mir, die aufsteigt und mit meinem Atem weiterzieht. Die neue Musik spiegelt die weiche, feine Seite in mir und ich gebe mich ihr hin. Und atme. Sanft und leicht. Ich nehme weiter die Bilder an, die in meiner Vorstellung erscheinen, akzeptiere sie und lasse sie gehen. Sie kommen aus der Vergangenheit, sie sind bedeutungslos für mein Jetzt. Sie bleiben ohne Wirkung für die Gegenwart meines Seins.

Am Rande des flammenden Energiezentrums meines Herzens kann ich plötzlich drei kleine Blockaden wahrnehmen, die sich im nächsten Moment aus ihrer Verankerung lösen und wie Monde ganz langsam um das Herz zu kreisen beginnen, bis sie ganz mit dem Energiezentrum meines Herzens verschmelzen und darin aufgehen. Gelassen nehme ich das Geschehen wahr und kehre mit meiner Aufmerksamkeit wieder zurück zum Atem.

Ich fühle mich immer leichter und zunehmend kraftvoller. Aus meinem Herzen beginnt nun Licht zu strömen, das mich ganz einhüllt, umarmt und streichelt. Ich spüre, wie die Liebe aus meinem Herzen meinen Körper erfasst. Es ist so viel Liebe in mir, die mich wärmt und nährt. Ich sehe meine Schönheit, spüre meine Kraft. Es ist alles in mir, was ich brauche. Mein Sein ist eine unerschöpfliche Quelle der Liebe und des Lichts. Ich vertraue der Gegenwärtigkeit meines eigenen Seins.

Ich bin frei.

Als die Musik ausklingt, spricht Melissa langsam in leisem Ton zu uns. Sie sagt, dass wir uns Zeit nehmen sollen, um unseren Empfindungen nachzuspüren. Wir könnten uns auf den Matten ausstrecken und in die Decken hüllen. Wir sollten langsam aufstehen, den Raum leise verlassen und zum Essen gehen. Heute Nachmittag gehe es zur gewohnten Zeit weiter. Sie erinnert uns an die Sachen, die wir auf dem Tisch abgelegt haben. Frisches Wasser und Becher stünden dort ebenfalls bereit.

Während Melissa diese abschließenden Worte spricht, breite ich mich auf meiner Matte aus und hülle mich in meine Decke. Ich genieße immer noch das Vibrieren in mir. Eine innere, lebendige Ruhe hat mich erfüllt. Ich fühle eine tiefe Entspannung und Leichtigkeit in mir. Gleichzeitig spüre ich eine gestärkte Kraft und Sicherheit. Eine ganze Zeit bleibe ich so liegen und fühle mein Wohlbefinden. Einzelne haben sich bereits erhoben und den Raum verlassen. Ich lasse mich nicht stören.

Als einer der letzten stehe auch ich schließlich auf und begebe mich zum Ausgang. Ich habe Durst und gieße mir ein Glas Wasser ein. Langsam nehme ich es zum Mund. Ich spüre das klare kühle Quellwasser in meinem Mund, das meine Schleimhaut erfrischt und meine Kehle hinunter rinnt. Dann fühle ich zu meinem Erstaunen, wie das Wasser meine Speiseröhre hinunterläuft. Doch damit nicht genug. Ich nehme wahr, wie die Kühle des Wassers von da aus tiefer in den Körper strömt, bis sie auch die Luft in meiner Lunge und das Blut in meinen Adern erreicht hat, das die Frische im Körper weiter verbreitet – bis sich diese Empfindung schließlich verliert. Der Spürsinn meiner äußeren Haut hat sich für einen Augenblick ausgedehnt bis auf die Haut in meinem Inneren. Diese Art von Wahrnehmung ist völlig neu für mich. Das Bewusstsein meines Körperempfindens hat sich auf eindrucksvolle Weise in das Innere meines Körpers ausgeweitet. Fast ist es, als erinnerte ich mich an etwas, das ich längst vergessen hatte. Beim zweiten Schluck ist das Gefühl schon nicht mehr so stark wie beim ersten Mal. Beim dritten hat es sich schon fast verloren. Ich habe begriffen, dass sich mein Bewusstsein heute für einen Augenblick erweitert hat. Ich habe eine Grenze überschritten. Wie ein Pionier bin ich in meine bisher unentdeckte innere Landschaft vorgedrungen. Mit meinen inneren Augen habe ich das Flussdelta meiner Arterien und Venen gesehen, die meinen Lungenbaum durchströmen. Ich habe mich erlebt als Teil der Natur um mich herum, mit ihren Wäldern und Wasserläufen. Es ist mein Atem, der mich dorthin geführt hat.

In der Mittagspause spricht mich ein Gast an, der hinter mir in der Schlange am Buffet steht. Er sagt mir, dass er unser Gitarrenspiel am Morgen sehr gemocht hat. Erstaunt bedanke ich mich. Ich hatte ihn in der Frühe gar nicht bemerkt. Im Laufe der nächsten beiden Tage werde ich noch oft darauf angesprochen. Aber so ist es eben in Kalifornien. Man zeigt anderen seine Begeisterung und hält sie nicht zurück, eine Haltung, von der ich mir auch in Deutschland mehr wünschte.

Während des Essens sitze ich neben Ed. Ich erkläre ihm jetzt, was es mit dem Strand und der Rose auf sich hatte. Es rührt ihn. Auch er fühlt unsere Verbindung. Als seine Mutter starb, war er sieben Jahre alt. Von den sechs Geschwistern war er der Jüngste. In seiner Kindheit hatte er eine sehr strenge christliche Erziehung erfahren, in der Schwarz und Weiß, Gut und Böse strikt voneinander getrennt waren. Ed ist von der Ostküste angereist, aus Boston. Bis zu seinem Ruhestand hatte er dort als Hochschullehrer für Religionswissenschaften gearbeitet. Seit Jahren kommt er regelmäßig ins Iknish Institute. Seine beiden Kinder arbeiten als Wissenschaftler an verschiedenen Universitäten. Er ist bereits dreifacher Opa. Man sieht ihm nicht an, dass er über siebzig ist. In seinem Berufsleben hatte er schon viel geschrieben, nun arbeitet er an einer Familienbiografie. Das Eis zwischen uns beiden ist gebrochen. Von nun an gehen wir unbefangen miteinander um und haben eine Menge Spaß. Ed hat einen umwerfenden Humor und versprüht unbändige Lebenslust.

Als wir die Cafeteria verlassen, entdecke ich einen Aushang an der Tür. Heute Abend nach dem Essen hält Julia Butterfly Hill einen Vortrag im Raum Humpback. Zwei Jahre hatte sie Ende der Neunziger in Nordkalifornien alleine einen Küstenmammutbaum besetzt und dadurch am Ende ein ganzes Waldstück vor dem Abholzen gerettet. Als sie den Baum bestieg, war sie erst 23 Jahre alt. Im September 2000 war sie in Heidelberg gewesen, um ihr Buch „Die Botschaft der Baumfrau"[93] vorzustellen, in dem sie über jene spektakuläre Besetzung schreibt. Ich hatte erst danach in der Tageszeitung davon erfahren, mir sofort das Buch besorgt und es an einem einzigen Wochenende durchgelesen. Engagement, Mut und Entschlossenheit dieser Frau hatten mich schon damals begeistert.

Später gehe ich noch einmal ins Badehaus und steige zu anderen Gästen in ein schattiges Becken, das sich in einem überdachten Außenbereich befindet. Schräg gegenüber sitzt mein Gitarrenfreund von heute Morgen in einer Badewanne. Als auch er mich entdeckt, winken wir uns zu. Gesprochen haben wir noch kein einziges Wort miteinander.

Am Nachmittag ist die Tür zum Seminar erneut verschlossen. Die Sicht nach Innen ist durch die Vorhänge versperrt. Als wir eingelassen werden, betreten wir eine Bildergalerie. Entlang der Längsseiten des Raumes sind Dutzende von großen Portraits auf dem Boden ausgelegt. Melissa bittet uns, zu schweigen und uns in Ruhe die Fotos anzusehen und auf uns wirken zu lassen. Die Bilder zeigen Gesichter von Kindern aus aller Welt. Es sind sehr kleine Kinder dabei, die Jüngsten gerade einmal ein Jahr alt. Aber auch Kinder von etwa zwölf Jahren blicken uns an. Ich gehe einmal an allen Fotos entlang und stelle dabei fest, dass die Bilder von Jungen an der einen Seite des Raumes und die Fotos der Mädchen auf der gegenüberliegenden Seite ausgelegt wurden. Ein kleiner asiatischer

Junge, der höchstens drei Jahre alt ist, hat mich gleich beim ersten Anblick berührt. Mir wird warm ums Herz, wenn ich ihm in die Augen schaue.

Nach einer Weile bittet uns Melissa, ein Kind auszuwählen, das uns ganz besonders anspricht. Wenn wir uns entschieden hätten, sollten wir vor dem Foto stehenbleiben. Mein Favorit steht schon fest, aber ich schaue mir noch einmal alle Jungengesichter an. Mittlerweile haben sich die Frauen und Männer getrennt gruppiert und suchen nach einem Kind, das sie in besonderer Weise bewegt. Ich bleibe bei meiner ersten Wahl und stelle mich vor den kleinen Jungen mit den Mandelaugen. Sein trauriger, weicher und zugleich klarer und bestimmter Blick berührt mein Herz. Tief aus seinem Inneren dringt ein Leuchten zu mir, das mich mit Liebe erfüllt und meine Seele rührt. Er spiegelt das innere Kind in mir.

Bald darauf hat jeder sein Kind gefunden. Zwei Teilnehmer haben sich für das gleiche Foto entschieden. Bei der anschließenden Übung werden sie nebeneinander sitzen. Melissa bittet uns, das ausgewählte Foto an uns zu nehmen. Als Donna und Dan die übrigen Bilder eingesammelt haben, nehmen wir auf unseren Sitzkissen Platz und greifen nach Papier und Schreibgerät. Melissa diktiert drei Fragen:

"Welche Eigenschaften hat mein Kind?

Was braucht mein Kind von mir?

Was möchte mein Kind mit mir unternehmen?"

Ich notiere meine Antworten auf einem Blatt. Als alle damit fertig sind, bittet sie uns, in einem zweireihigen Halbkreis Platz zu nehmen. Jeder von uns möge nun sein Kind mit dem Foto und seinen Antworten der Gruppe vorstellen.

Als es für mich so weit ist, gehe ich nach vorne und halte das Foto meines Jungen so vor mich hin, dass es die anderen betrachten können.

Melissa fragt mich:

"Welche Eigenschaften hast du?"

Ich antworte für mein Kind und lese seine Antwort:

"Ich bin ein offenes, strahlendes und verletzbares Kind. Es ist so viel mehr in mir, das ich noch zeigen möchte."
Sie fragt weiter:
"Was brauchst du?"
Das Kind in mir antwortet:
"Bitte gib mir Nähe, Wärme, Trost, Geborgenheit und Schutz. Sei immer für mich da und sorge für mich."
Schließlich fragt sie:
"Was möchtest du unternehmen?"
Mein Kind antwortet:
"Bitte spiel mit mir. Lass uns laufen, springen, toben und lachen. Zeig mir die Welt."
Als ich meine Vorstellung beendet habe, applaudieren die anderen und drücken damit aus, dass sie mein inneres Kind willkommen heißen. Nachdem alle ihr inneres Kind gezeigt haben, gehen wir in eine Pause.
Dieses Mal ist der Raum geöffnet, als ich zurückkomme. Ein Flipchart steht im Mittelpunkt des Halbkreises. Wir nehmen Platz und Melissa bittet uns, Eigenschaften zu nennen, die wir gerade herausgefunden haben. Während wir ihr zurufen, schreibt sie die Eigenschaften auf den Papierbogen mit der Überschrift:

Qualitäten des Kindes

unschuldig, natürlich, rein, strahlend, klar, leuchtend, spontan, erfindungsreich, kreativ, offen, empfänglich, bereit, willig, annehmend, friedvoll, ehrfürchtig, heilig, tiefgründig, lebendig, impulsiv, unbändig, ehrlich, wahrhaftig, fließend, strömend, zart, verletzbar, weich, entspannt, grenzenlos, ewig, absichtslos, zeitlos, präsent, gegenwärtig

Nachdem nichts Neues mehr dazu kommt, nimmt sie den Bogen von der Tafel, hängt ihn an die Wand, und Donna tritt nach vorne, um sie abzulösen. Donna erinnert uns an die

Eigenschaften unserer idealen Mutter und an die Qualitäten, die wir beim Erdritual gelobt haben. Auf unsere Zurufe notiert sie:

QUALITÄTEN DER MUTTER
fürsorglich, liebend, nährend, stillend, zuhörend, hingebungsvoll, liebevoll, warmherzig, sanftmütig, einfühlsam, mitfühlend, tröstend, beruhigend, unterstützend, verzeihend, annehmend, wertschätzend, aufmunternd, wärmend, beschützend, behütend, herzlich, zärtlich, humorvoll, freudvoll, stark, tragfähig, ausgleichend, vermittelnd, zuversichtlich, verlässlich, gleichmütig, gelassen

Dann hängt Donna das vollgeschriebene Blatt links neben das erste an die Wand und wird abgelöst von Dan. Wie nicht anders erwartet, lautet der nächste Titel:

QUALITÄTEN DES VATERS
kraftvoll, liebend, stark, energievoll, mutig, zielstrebig, selbstsicher, bestimmt, entschlossen, zuversichtlich, humorvoll, beschützend, verlässlich, risikobereit, vorausgehend, weitsichtig, entdeckungsfreudig, mitreißend, unerschrocken, unerschütterlich, zuverlässig, anregend, beweglich, belastbar, herausfordernd

Auch dieses Blatt findet seinen Platz an der Wand, rechts von den Qualitäten des Kindes. Dort ist nun die komplette Dreiheit Mutter-Vater-Kind versammelt.

Melissa erläutert unseren Prozess und sagt, dass wir als Teilnehmer in den vergangenen Tagen unsere inneren mütterlichen, väterlichen und kindlichen Qualitäten in unser Bewusstsein gebracht hätten. Das Seminar sei einem Trichterprozess gefolgt. Mit unserer Arbeit hätten wir uns von oben in einen weiten Trichter begeben, ihn nach unten durchlaufen und so eine Verdichtung erfahren. Wie in einer Destillation habe uns das immer weiter zu unserer eigenen Essenz gebracht. Dann erklärt sie uns die nächste Hausaufgabe. Wir sollen drei Qualitäten finden, die uns in besonderer Weise ausmachen, die voll und ganz für uns stimmig sind. Sie seien stimmig, wenn sie unsere Lebensfreude wecken und wir uns damit rundum lebendig fühlen, wenn sie unser Herz ganz erfüllen und unsere Liebe zum Strömen bringt. Dabei sollen wir für jeden inneren Anteil, den mütterlichen, den väterlichen und den kindlichen, genau eine Qualität finden und sie in einem Eigenschaftswort, einem einzigen Adjektiv, zusammenfassen. Dann nennt sie uns ein Beispiel für eine solche Dreierkombination und schreibt an die Tafel:

"warmherzige Mutter, mutiger Vater, klares Kind".

Für diesen individuellen Prozess bekämen wir ausreichend Zeit. Der Nachmittagsblock ende heute früher und morgen fingen wir eine Stunde später als üblich an. Natürlich könnten auch Qualitäten gewählt werden, die bisher nicht genannt worden seien. Es sei nur wichtig, dass sie für uns stimmten.

Melissa empfiehlt uns, unser Traumbewusstsein mit dem folgenden Satz um Unterstützung zu bitten:

Ich bitte meinen Traummacher heute Nacht um einen Traum. Zeige mir meine mütterliche, väterliche und kindliche Qualität und erinnere mich daran, wenn ich aufwache.

Er wirke aber erst, wenn wir ihn vor dem Einschlafen mindestens zwölf Mal wiederholten. Es sei wichtig, dass wir auch die Erinnerung an den Traum in die Autosuggestion mit einbeziehen. Melissa wünscht uns viel Glück und beendet damit die Gruppenarbeit für den heutigen Tag.

Ich notiere für mich einige Eigenschaften von den drei Postern, die mich besonders ansprechen. Mit dieser Aufgabe möchte ich mich erst morgen früh intensiver auseinandersetzen. Vielleicht hilft mir dann auch ein Traum weiter. Bis zum Abendbrot hänge ich noch im warmen Pool neben der Liegewiese ab und entspanne.

In der Kantine erblicke ich wieder meinen Gitarrenfreund. Er steht ein Stück vor mir in der Schlange am Buffet. Als er sich umdreht und auf einen Tisch zugeht, sieht er mich und grüßt mit einem Lachen. Wir begegnen uns von weitem wie alte Bekannte. Doch miteinander gesprochen haben wir immer noch nicht. Vorerst verbindet uns nur die Musik.

Am Tisch sitze ich neben Pedro, einem Teilnehmer aus dem Seminar, mit dem ich mich angefreundet habe. Er lebt in San Diego und arbeitet dort als Vertriebler in der Telekommunikation. Aufgewachsen ist er in Mexico City. Sein Vater ist Mexikaner, seine Mutter Deutsche. Zwar spricht er kaum Deutsch, aber über seine Herkunft kommen wir uns näher. Pedro ist ein großer, gutaussehender stattlicher Mann mit einem markanten Gesicht, der durch seine männliche, warmherzige und offene Art sehr beliebt ist. Er strahlt Ruhe und Gelassenheit aus, ein Bär von Mann. Ich frage ihn, ob er mich in den Vortrag von Julia Butterfly Hill begleite, die nach dem Essen über ihrer Erfahrungen mit der Baumbesetzung einen Vortrag halten wird. Er ist interessiert und so gehen wir zusammen in den Versammlungsraum Humpback, um uns einen guten Sitzplatz zu reservieren. Nur langsam füllt sich der große Raum. Nach einer Vorstellung durch den Leiter des Zentrums beginnt Julia mit ihrem Vortrag.

Sie bedankt sich für die Einladung und berichtet dann über ihre Erfahrungen aus den Zeiten der Baumbesetzung. Im Dezember 1997 war sie auf einen Tausend Jahre alten kalifornischen Küstenmammutbaum gestiegen und 738 Tage dort oben geblieben. Sie gehörte damals zu einer Gruppe von Umweltaktivisten, die sich für die Rettung der Redwood-Wälder in Kalifornien einsetzten. Man suchte jemanden, der eine Woche in einem Baum kampieren sollte. Da sich sonst keiner freiwillig meldete, erklärte sie sich bereit. Sie hatte die ersten Jahre ihrer Kindheit mit ihrer Familie in einem Wohnmobil verbracht, mit dem ihr Vater als reisender Pfarrer unterwegs war. Sie war das Leben auf engem Raum gewohnt und hatte sich seit jeher viel in der freien Natur aufgehalten. Schließlich hatte sie in 60 Meter Höhe jene vier Quadratmeter große Plattform bezogen und dort ihr Zelt errichtet. Eine Unterstützergruppe versorgte sie mit Nahrungsmitteln und Nachschub. Aus Julias Sicht hatten ihre acht Mitstreiter die schwierigere und gefährlichere Aufgabe. Sie mussten nachts im Schutz der Dunkelheit voll bepackt einen Berg erklimmen und durften sich nicht von den Mitarbeitern der Abholzungsfirma erwischen lassen. Kontakt zu ihnen hielt sie mit einem Mobiltelefon, das durch Solarzellen mit Strom versorgt wurde, kochte mit einem Propangasbrenner und sammelte Regenwasser in Planen.

Die Firma versuchte sie immer wieder vom Baum zu vertreiben. Nächtelang wurde sie mit Lärm beschallt. Mit den schräg gestellten Rotoren eines Hubschraubers versuchte man, sie vom Baum zu blasen. Den Baum einfach abzuholzen, traute man sich nicht. Julia erhielt immer mehr Unterstützung von anderen Umweltorganisationen und hatte für Besucher und Interviews bald in 30 Meter Höhe eine zweite Plattform eingerichtet. Wenn man ihren Baum, den sie Luna taufte, abgesägt hätte und sie dabei zu Schaden gekommen wäre, hätte dies zu öffentlichem Aufruhr geführt. Weitere Besetzungen wären zu befürchten gewesen.

1999 traf Julia eine Einigung mit dem Abholzungsunternehmen. Es garantierte ihr den Schutz von Luna und des umliegenden Waldstücks. Daraufhin verließ sie den Baum, auch weil sie durch gesundheitliche Probleme, Verletzungen und Erfrierungen an Fingern und Zehen schwer angeschlagen war. Sie schrieb ein Buch über ihre Erfahrungen, ging auf eine lange Vortragsreise und gründete eine Umweltschutz-Organisation, die sich für eine Nachhaltigkeit des Lebens auf der Erde einsetzt.[94]

Von ihrem Baum aus hatte Julia eine weite Sicht auf das Umland. Sie musste mit ansehen, wie große Waldstücke radikal abgeholzt wurden. Sie konnte beobachten, wie sich aus einem gerodeten Abhang ein Erdrutsch löste, der mehrere Häuser zerstörte und mit in die Tiefe riss. Aber sie musste auch die Zerrissenheit und den Streit ihrer Unterstützer in den Gesprächen am Mobiltelefon verfolgen, während sie alleine oben im Gipfel des Baumes ausharrte. Sie musste erleben, wie sich ihr Umgang untereinander nicht mehr sonderlich unterschied von der Art und Weise, wie die Holzfäller den Wald verletzten. Und in ihrem einsamen Kampf machte sie schließlich auch die Erfahrung, dass sie sich selbst dabei körperlich zersetzte und psychisch belastete. Der Umgang der Menschen mit der Natur war ein Spiegel für den Umgang untereinander und mit sich selbst.

Diese Erkenntnis verstärkte sich in den Erfahrungen, die sie nach dem Ende der Baumbesetzung machte. Radikale Umweltaktivisten verurteilten ihre Verhandlungen mit dem Unternehmen und die getroffene Einigung. Sie warfen ihr persönliche Bereicherung durch den Erfolg ihres Buches und ihrer öffentlichen Auftritte vor. Sie scheuten auch nicht davor zurück, ihre Vorträge durch Lärm zu stören, sie durch Zwischenrufe und Plakate zu schmähen und Julia zu bespucken.

Am Ende ihres Vortrags bezieht sich Julia auf ihre Zuhörer. Sie drückt ihre Wertschätzung dafür aus, dass sich Organisationen wie das Iknish Institute in den letzten Jahren vor allem für die individuelle Entwicklung und Heilung des Menschen engagiert hätten. Die Arbeit dort habe dazu beigetragen, dass Menschen wieder in sich selbst verankert seien und nicht nur mit sich, sondern auch mit anderen Menschen verständnisvoller und friedvoller umgingen. In den letzten Jahrzehnten sei diese Arbeit im Hintergrund geleistet worden und hätte nur wenige Impulse oder gar Aktivitäten nach außen getragen, die in einem öffentlichen Raum sichtbar geworden seien. Andererseits gäbe es die Umweltaktivisten, die sich in den vergangenen Jahren mit ihren Aktionen und inneren Auseinandersetzungen ausgebrannt hätten. Zwar sei es ihnen immer wieder gelungen, eine mediale Sichtbarkeit zu erreichen und die öffentliche Aufmerksamkeit zu wecken, aber sie seien bisher wenig erfolgreich damit gewesen.

Julia beendet ihre Ausführungen mit einem Bild. Ein Mammutbaum brauche Wurzeln, die ihn im Boden verankern und Sicherheit im Stand geben. Sie nährten sein Wachstum mit den Substanzen der Erde und versorgten ihn mit dem Wasser der Erde. Ein Mammutbaum brauche aber auch die Äste, die wie Arme in den Himmel ragen und sich im Wind bewegen, die mit ihren Blättern und Nadeln das Licht der Sonne und die Feuchtigkeit des Küstennebels einsammeln. Die Äste versorgten den Baum mit dem Licht und dem Wasser des Himmels. Ein Baum brauche Wurzeln und Arme gleichermaßen, um zu wachsen und zu überleben. Sie müssten zusammenarbeiten, damit der Baum als Ganzes überlebensfähig bleibe.

Julias Bild beeindruckt mich in der Klarheit ihrer Botschaft. Ihr Appell richtet sich sowohl an Menschen, die sich im Umweltschutz engagieren, als auch an Menschen, die ihr persönliches, inneres Wachstum vorantreiben. Sie sollen zusammenfinden und sich in ihrem Wirken verbinden. Nur in dieser Ganzheit kann sich das menschliche Leben auf der Erde erhalten. Ich bin mir nicht sicher, ob die Botschaft der Baumfrau heute Abend verstanden worden ist. Es kommen kaum Nachfragen oder Kommentare aus dem Publikum. Ihr Angebot eines Miteinanders bleibt ohne Echo. Julia hat ihre Arme und Hände ausgestreckt, ohne dass sie vom Publikum ergriffen worden wäre.

Pedro fragt, ob ich mit ihm ins Badehaus komme, dort finde noch eine weitere Abendveranstaltung statt. Zusammen trotten wir im Dunkeln den schwach beleuchteten Pfad am Hang hinab zur heißen Quelle. Das Bad ist bereits gut besucht, wir haben Glück, noch Platz in einem Becken zu finden. Der Raum ist dunkel. Einige wenige Kerzen sind aufgestellt, deren Licht an den Wänden flackert. Es herrscht eine friedvolle Stille, die nur durch das Plätschern und ferne Rauschen der Wellen unterbrochen wird.

Wir haben uns gerade im Wasser niedergelassen, als ein Didgeridoo zu Brummen beginnt. Sein Spieler ist ein wahrer Atemkünstler. Während er die Luft mit vibrierenden Lippen in das Rohr bläst, atmet er zugleich durch die Nase ein. Durch Veränderungen in der Spielweise, Verengungen des Mundraums, Zungenschläge, Wippen des Kehlkopfes und Wechseln des Anblasdrucks moduliert er Klang und Rhythmus. Er ruft oder singt in das Rohr, während er weiter bläst. Mit seiner Stimme erzeugt er schwebende Obertöne, die als leichtes Knattern hörbar werden. Das zirkulare Atmen ermöglicht ihm, die Luft fortwährend auszublasen. Der tiefe Grundton erschallt fortwährend. Der Spieler bleibt in der Gegenwärtigkeit seines Atems zentriert.

Wenig später erklingen Glöckchen und neben unserem Becken erscheint eine bezaubernde Schönheit, die sich zum Klang des Didgeridoo bauchtanzend und in eleganten rhythmischen Schritten und Drehungen durch den Raum bewegt. Das heiße Wasser, der betörende Klang des Instruments und die verführerischen Bewegungen der jungen Frau verwöhnen und berauschen meine Sinne. Entspannt lasse auch ich meine Arme und Hände ins warme Wasser sinken.

Das Rad in mir dreht sich

Vor meiner Haustür steht spät am Abend ein ungewöhnlicher Radfahrer. Er ist von äußerst hagerer Gestalt, seine eng anliegende Radkleidung – ein neongelbes Trikot mit neongrüner Radhose – leuchtet in der Dunkelheit und verdichtet die Dürre seiner Statur. Am merkwürdigsten ist sein brauner Helm. Der Radler trägt einen Schildkrötenpanzer auf dem Kopf, an dem seitlich bunte Vogelfedern befestigt sind, deren Kiele nach vorne weisen. Darunter spitzeln weiße Haare hervor. Der Fremde ist vertieft in eine Karte, die er in den Händen hält. Ich weiß nicht, was ich von ihm halten soll, und frage ihn verwundert: „Was möchten Sie von mir?" Der sonderbare Radler hebt seinen Kopf und starrt mich mit weit aufgerissenen Augen an. Er fixiert mich mit einem irren, durchdringenden Blick und sagt: „Ich brauche Kraftstoff!" Dann verschwindet er hastig in meinem Haus. Ich folge ihm ins Wohnzimmer und gehe in die Küche.

Dort werfe ich Bananen in den Glaskrug meines Standmixers und schütte Malzbier aus einer Flasche dazu. Als ich den Mixer starte, erhebt sich ein Tornado im Glas, der die Bananenmasse und das Bier von unten in seinen Schlund zieht und verquirlt nach oben wieder ausspeit. Ich habe Mühe, den Deckel festzuhalten. Als das Gerät von der Küchenplatte abheben will, muss ich es mit beiden Händen fest herunterdrücken.

Dann gehe ich zurück ins Wohnzimmer. Der fremde Besucher hat eine Karte auf dem Esstisch ausgebreitet. Ich reiche ihm ein Glas mit dem Kraftgetränk. Er schaut nur kurz auf, blickt mich abwesend an, leert das Glas in einem Zug und wendet sich sofort wieder seiner erstaunlichen, dreidimensionalen Karte zu. Mit den Fingern ertaste ich Hügel und Täler. „Nicht anfassen!", murrt der wortkarge Radler und zieht mit beiden Händen, die in Noppenhandschuhen stecken, die Karte weiter auseinander. Immer tiefer zoomt er in die Landschaft. Schließlich erkenne ich mein Haus und meinen Garten von oben, aber das Gelände darum herum ist mir nicht vertraut, als ob mein Haus an einen unbekannten Ort verpflanzt worden wäre. Es steht einsam am Rande einer Lichtung, die von einem dichten Wald umgeben ist. Eine Straße vor meinem Haus durchkreuzt diese Lichtung und verschwindet alsdann unter dem undurchlässigen Blätterdach. Der Radler fragt: „Wo geht es nach Westen?" Erstaunt über diese seltsame Fragestellung weise ich mit meinem Zeigefinger in Richtung Garten. Und schon ist der Mann wieder verschwunden. Ich sehe noch, wie er sich vor meinem Hauseingang auf sein Rad schwingt und in die Straße einbiegt. Nach wenigen Metern beginnen die Räder zu qualmen. Kurz darauf entzünden sie sich wie Feuerreifen. Das Rad mit seinem Fahrer hebt ab vom Asphalt, steigt auf, dreht hoch oben in der Luft eine enge Schleife, schnellt über mein Haus in Richtung Westen davon und verschwindet mit einem Gongschlag am dunklen Nachthimmel.

Aufgewacht durch das Weckgeräusch meines Smartphones sitze senkrecht im Bett. Mein Herz klopft. Die Bilder des Traumes habe ich noch ganz deutlich vor Augen und notiere sie sofort in mein bereitgelegtes Notizbuch. Es ist bereits taghell. Ich wundere mich, dass ich so lange geschlafen habe. So viel Traumausbeute überrascht mich. Ich schreibe jedes Detail auf, um nichts zu vergessen. Die Formel gestern vor dem Einschlafen hatte gewirkt. Mein Traumbewusstsein hatte mir diesen absurden, aber klar erinnerbaren Traum geschickt. Gerührt und dankbar darüber beende ich meine Aufzeichnungen, mit denen ich zunächst nichts anfangen kann, und gehe dann zum Frühstück. Heute Morgen muss ich mich beeilen.

Wie die Tage zuvor, finde ich einen freien Platz an einem Tisch mit Leuten aus meinem Seminar. Ich sitze neben Jonathan. Er unterrichtet Reiki, Tai Chi und Qi Gong. Für seine Schüler hat er ein Buch über persönliches Wachstum, spirituelle Psychologie, östliche Philosophie und Zen-Praxis geschrieben und im Selbstverlag herausgegeben. Um es bekannt zu machen, habe er eine Website eingerichtet und veranstalte Lesungen, erzählt er. Die meisten Bücher aber verkaufe er an seine Schüler.

Am Anfang meiner Reise hatte ich Maler und Fotografen getroffen. Nun begegnen mir Autoren. In meinem Seminar sind es bereits zwei Teilnehmer, Jonathan und mein Zimmernachbar Ed, die schreiben. Ich fühle mich durch sie ermutigt, auch wenn die Arbeit an meinem Blog seit meiner Ankunft im Zentrum ruht. Es passiert einfach zu viel. Ich finde kaum Zeit, mir Notizen zu machen. Mit den schriftlichen Hausaufgaben des Seminars bin ich ohnehin ausgelastet. Und so ziehe ich mich mit meinen Schreibsachen nach dem Frühstück in jenen ruhigeren Teil des Geländes zurück, wo wir das Feuerritual durchgeführt hatten. Ich finde eine ruhige Bank und widme mich dort ungestört meinem Traum. Drei Qualitäten soll ich für mich herausfinden, die meine innere Mutter, meinen inneren Vater und mein inneres Kind ausmachen. Mein Traum soll mir bei der Suche helfen.

Ich beginne mit der Qualität meiner inneren Mutter. Im Traum versorge ich den durstigen Radler mit einem Erfrischungsgetränk. Bei der Zubereitung muss ich darauf achten, auf dem Boden zu bleiben und nicht abzuheben. Die Eigenschaften fürsorglich, unterstützend, mitfühlend und behütend hatte ich mir gestern bereits notiert. Meine Fürsorge im Traum beschränkt sich auf die Zubereitung von Nahrung. Ich koche leidenschaftlich gerne. Nicht nur für meine Familie und Freunde, auch für mich alleine. Ich probiere gerne neue

Rezepte aus, sammle Kochbücher und lasse mich von anderen Köchen inspirieren. Beim Kochen lebe ich auf. Aber sollte sich meine mütterliche Qualität auf die bloße Versorgung mit Nahrung beschränken? Mithilfe einer App übersetze ich „nähren", denn ich brauche auch ein entsprechendes englisches Wort. Die App schlägt „feed" vor, bietet aber außerdem noch „nourish, nurture, nurse, increase" an. Die Übersetzung von „nurture" umfasst noch weitere Bedeutungen, in denen ich mich wiederfinden kann: "hegen, pflegen, erziehen, bilden, fördern". Ich nähre andere Menschen nicht nur mit meinem Kochen, sondern auch auf andere Weise. Meine Kinder habe ich immer von ganzem Herzen unterstützt, gestärkt und ermutigt, ihren eigenen Weg zu gehen und auf sich zu vertrauen. In den letzten Jahren meiner Berufstätigkeit engagierte ich mich für jüngere Kollegen, förderte und bestärkte auch sie in ihrer Arbeit. Das Wachstum und die Entwicklung anderer Menschen liegen mir am Herzen. Und in besonderer Weise hege ich mich selbst und meine eigene Entfaltung. Sonst hätte ich diese Reise nicht unternommen. Sonst wäre ich nicht in diesem Seminar. Selbst meinen Garten hege und pflege ich mit Begeisterung. Meine innere Mutter ist also „nährend". Diese Erkenntnis überrascht mich.

Was aber ist nun die spezielle Qualität meines inneren Vaters? Gestern hatte ich mir dazu notiert: "entdeckungsfreudig, zielstrebig, vorausgehend, anregend". Was sagt mein Traum dazu? Welche väterliche Qualität will er mir zeigen? Der fremde Radler fragte mich, wo es nach Westen gehe. Das ist eine ungewöhnliche Frage. Warum fragte er nach einer Himmelsrichtung statt nach einem bestimmten Ziel? Dazu fällt mir nur die Eigenschaft „richtungsweisend" ein. Was soll ich damit anfangen? Vielleicht hilft mir die Übersetzungs-App wieder auf die Sprünge. Manchmal muss man etwas nur aus einem anderen Blickwinkel betrachten, um es zu verstehen. Das kann auch eine andere Sprachperspektive sein. Das Programm übersetzt „richtungsweisend" mit „pointing the way". Das hilft mir nicht weiter. Ich probiere es mit „wegweisend". Die Übersetzung „pioneering" elektrisiert mich. Als Pionier hatte ich mich schon oft erlebt. In der riesigen Nachkommenschaft meiner Großmutter mütterlicherseits war ich der erste Enkel. Sie hatte sieben Kinder, vierzehn Enkel und neunzehn Urenkel, als sie uns mit 97 Jahren verließ. In meiner Familie bin ich ebenfalls der Älteste von vier Geschwistern. Schon früh hatte ich gelernt, vorauszugehen und den Weg für andere zu bereiten. Das Vorausgehen hatte mich immer fasziniert.

Aufgeregt hockte ich als Schüler nächtelang vor dem Schwarzweiß-Fernseher und beobachtete begeistert, wie der erste Mensch den Mond betrat. Im Physikunterricht referierte ich im gleichen Jahr über zukunftsweisende Raketenantriebe. Ich war angezogen von Science Fiction, von Weltraumserien und ihren Missionen: „ ... mutig dorthin zu gehen, wo niemand zuvor gewesen ist."[95] Als Studienanfänger gehörte ich zu den ersten Nerds, die bis in die Nacht hinein mit Stapeln von Lochkarten über den Campus liefen. Mein Promotionsvorhaben, das Wachstum von Schneekristallen mit einem Computerprogramm zu simulieren, war damals ein hehres Ziel. In den Achtzigerjahren gelang es mir, einen Ameisenstaat und die Herausbildung ihrer Straßen zu simulieren, versäumte es aber, meine Versuche zu veröffentlichen. Heute löst man mit Ameisenalgorithmen Optimierungsprobleme in Netzen. Als Software-Architekt machte ich Vorschläge, um geschäftliche Anwendungen nur mit Augenbewegungen und Sprache zu steuern, und erntete dafür ein: „Rolf, du kommst damit zehn Jahre zu früh." Entmutigt wurde ich dadurch nicht. Wenn ich für andere einen Weg bereiten kann, dann fühle ich mich erfüllt in meinem Sein. So geht es mir auch mit diesem Buch, eine Reisebeschreibung, die den Lesern Anregungen für eigene Reisen geben möchte. Im Traum will der Radler nach Westen. Die Alte Welt erschloss sich die Neue Welt auf dem Seeweg nach Westen. Die europäischen

Pioniere zogen mit ihren Wagentrecks westwärts, bis sie schließlich die Küste erreichten. Der Pazifik begrenzte ihren Weg. Weiter westwärts war nur noch Wasser. Genau dort hatte es mich hingezogen, an die Westküste der USA. Mein innerer Vater ist also „wegweisend". Er möchte auch den Weg bereiten für mein inneres Kind, ihm eine Orientierung geben.

In meinen Notizen zum inneren Kind finde ich die Eigenschaften: "kreativ, offen, erfindungsreich, beweglich und grenzenlos". Was davon zeigt sich im Traum? Am meisten überrascht mich die Kombination von Malzbier und Bananen. Im Internet finde ich kein passendes Rezept dazu. Das Getränk ist tatsächlich eine Neuschöpfung. Ich notiere das Rezept und füge noch den Saft einer Limette dazu. Zu Hause werde ich es ausprobieren:

Kraftstoff für Radler

Zutaten (2 Portionen)
- 2 reife Bananen
- 1 gut gekühlte Flasche Malzbier
- 1 Limette

Zubereitung (5 Minuten)
1. Bananen schälen, in Stücke schneiden und in einen Standmixer geben.
2. Das Malzbier und den ausgepressten Saft einer Limette dazugießen.
3. Den Mixer starten und die Mischung eine Minute lang verquirlen.

Schon als Kind hatte ich mich als Erfinder gesehen. Als Zwölfjähriger konnte ich meinen Musiklehrer mit einem selbstgebastelten Notenschieber verblüffen. Als Student erfand ich Brettspiele. Mit zwei Ärzten aus der Verhaltenstherapie entwickelte ich als Zivildienstleistender eine

Musiktoilette für Autisten, die das Wasserlassen auf einem Klo mit einem Lied belohnte. Später verkaufte ich meinen Anteil des Patentes an die Miterfinder, um damit eine elektrische Gitarre und einen Verstärker zu finanzieren und auf einem weiteren Gebiet kreativ zu sein.

Vor dreißig Jahren schließlich hatte ich mich selbst neu erfunden. Damals arbeitete ich als wissenschaftlicher Angestellter mit dem Ziel, in Mathematikdidaktik zu promovieren. Dann gab es plötzlich einen Einstellungsstopp für Lehrer. Die Zahl der Studienanfänger für das Lehramt sank abrupt. Mit einem zweiten Staatsexamen in Mathematik und Pädagogik konnte ich nicht zurück in die Schule. Also studierte ich Informatik und ging anschließend in die Software-Industrie. Dort wurde mein Erfindungsreichtum durch das Mitwirken an zahlreichen Entwicklungen und Patenten auch nach außen hin sichtbar. Etwas Neues zu erschaffen, begeistert und erfüllt mich mit Vitalität. Ich verspüre eine Erleichterung, wenn sich eine Idee, ein Gedanke oder ein Satz aus meinem Inneren löst und seinen Weg nach Draußen findet. Mit dem Schreiben mache ich nun die gleiche Erfahrung. Wenn meine innere Quelle zu fließen beginnt, dann fühle ich mich lebendig und bin ganz bei mir. Es ist eine Quelle, die nie versiegen will. Mein inneres Kind ist also „kreativ". Damit habe ich die drei Qualitäten meiner inneren Familie herausgearbeitet: nährende Mutter, wegweisender Vater und kreatives Kind. Glücklich über dieses Ergebnis, mit dem ich mich rundum stimmig fühle, gehe ich in den Morgenblock des Seminars.

Donna begrüßt die Seminarteilnehmer. Sie sei sehr gespannt darauf, was wir über uns herausgefunden hätten. Reihum nennt nun jeder die drei Qualitäten, die er für sich herausgearbeitet hat, und ordnet sie den jeweiligen familiären Anteilen zu. Manchmal erläutert der eine oder andere, was er darunter versteht, oder Donna fragt nach, was genau damit gemeint sei. Einige Teilnehmer sind noch unschlüssig oder schwanken zwischen zwei Alternativen. Donna unterstützt sie durch Nachfragen, bis sie sich schließlich entscheiden oder eine neue Eigenschaft finden. Am Ende hat jeder Teilnehmer drei Qualitäten bestimmt. Nun sollen wir aus diesen Wörtern einen Satz bilden. Dazu übergibt Donna die Leitung an ihren Mann.

Dan hat bereits zur Rahmentrommel gegriffen. Mit der Linken hält er sie von der Innenseite und mit der Rechten schlägt er mit einem Schlegel auf das Fell. Der erdige, kräftige Ton der Trommel durchdringt den Raum und bringt meinen Körper zum Vibrieren. Dan erklärt uns, dass die Schamanentrommel in der Überlieferung als weibliches und der Schlegel als männliches Wesen verstanden wurden. Das nachgiebige weibliche Becken empfange den harten zielgerichteten Stoß des Trommelstocks. Die Bauchdecke dehne sich und bringe das Fell in Schwingung. Neues Leben entstehe im Zusammenspiel von Weiblichem und Männlichem. Das Herz der Trommel beginne zu pochen, wie das Herz des ungeborenen Kindes zu schlagen beginnt. In schamanischen Heilritualen werde sie mit 240 Schlägen pro Minute getrommelt. Das entspräche in etwa dem doppelten Ruhepuls eines Neugeborenen und dem vierfachen eines Erwachsenen. Die Schamanentrommel oktaviere[96] die Schlagfrequenz des Herzen und gehe mit ihm in Resonanz. Mit der Frequenz der Schamanentrommel würden Theta-Wellen im Gehirn angeregt, die auch in der Phase zwischen Wachsein und Schlaf zu beobachten seien und traumähnliche innere Bilder hervorriefen.

Dan legt die Trommel wieder zur Seite und greift hinter sich, um zwei Hölzer hervorzuholen. Das eine ist ein langer Rundstab, das andere ein Holzbrett mit einer Mulde. Dan legt das Brett auf den Boden. Das Rundholz setzt er aufrecht in die Mulde des unteren Holzes. Mit dem Rundholz zwischen den flachen Handflächen dreht er es wie einen Quirl. Er demonstriert einen Feuerbohrer. Die Reibung des Stabs in der Holzmulde entwickele eine Hitze, die leicht brennbares, trockenes Material, wie z.B. Zunder, zum Entflammen bringen könne. Nach seiner Vorführung gibt er die beiden Hölzer in die Runde, damit jeder sie einmal anfühlen und betasten kann. Der Feuerbohrer sei ein weiteres archaisches Symbol für den Akt der Zeugung. Das Feuer sei das Kind, das aus der Reibung der beiden Holzteile hervorgehe. Der Bohrer wurde ebenso wie der Trommelstock gleichgesetzt mit dem männlichen Glied. Er wurde aus einem männlichen Baum geschnitzt. Sein Holz musste hart sein und eine gerade Faserung aufweisen. Die hölzerne Unterlage wurde als weibliches Gegenstück angesehen. Es stammte von einem weiblichen Baum mit weichem Holz. Die Mulde bildete den Schoß, der das Feuer empfangen sollte. Es wurde gezeugt aus dem Tanz des männlichen im weiblichen Holz.

Nicht anders sei es mit unserem inneren Kind. Es entfalte sich aus dem Reibungsfeld der inneren Mutter und des inneren Vaters. Damit das innere Kind in uns zünden und auferstehen kann, brauche es das Zusammenwirken beider elterlichen Anteile. Es brauche das Reibungsfeld zwischen einem männlichen und einem weiblichen Pol. Nur mit weichem oder nur mit hartem Holz kann man es nicht entzünden. Nur mit dem Fell der Trommel oder nur mit dem Schlegel kann man sein Herz nicht zum Schwingen bringen.

Im nächsten Schritt erfahren wir von Dan, wie wir die drei bestimmenden Qualitäten in einem einzigen Satz zum Ausdruck bringen können, der auch unser eigenes Geschlecht betont. Er stellt das Flipchart auf und notiert darauf die Struktur der Sätze getrennt für Männer und Frauen. Die Männer beginnen mit der Qualität des inneren Vaters und schließen ihr Bekenntnis mit "Mann" ab:

"Ich bin ein <Eigenschaft des inneren Vaters>, <Eigenschaft der inneren Mutter> und <Eigenschaft des inneren Kinds> Mann."

Entsprechend die Frauen:

"Ich bin eine ‹Eigenschaft der inneren Mutter›, ‹Eigenschaft des inneren Vaters› und ‹Eigenschaft des inneren Kinds› Frau."

Dann bittet er uns, unseren Satz in großer Schrift auf ein Blatt zu schreiben, mit unserem Vornamen als Überschrift. Mein Bekenntnis lautet:

"Ich bin ein wegweisender, nährender und kreativer Mann."

Nachdem jeder seinen Satz aufgeschrieben hat, setzen wir uns in einen Halbkreis. Nacheinander tritt jeder vor die Gruppe und trägt sein Bekenntnis klar und deutlich mit fester, entschlossener Stimme vor. Anschließend wird das Blatt mit Klebesteifen an die Wand gehängt.

Als sich jeder auf diese Weise erklärt und gezeigt hat, ist das Energieniveau im Raum spürbar gestiegen. Eine vitale Spannung liegt in der Luft. Jeder einzelne von uns hat sie erfüllt mit den Essenzen seines Seins. Durch unser Zusammenkommen in dieser Gruppe ist eine neue Komplexität entstanden, die mehr ist als die Summe seiner Teile. Damit entlässt uns Dan in die Mittagspause.

Beim Essen sitze ich neben Mary. Die begnadete Malerin war aus Albuquerque angereist und dafür zwei Tage mit dem Auto unterwegs gewesen. Bereits am Montag nach dem Frühstück hatte sie mir Fotos von einigen ihrer Gemälde gezeigt. Viele gefallen mir ausgesprochen gut. Sie erinnern mich in ihrem Stil an Edward Hopper und Jan Vermeer. Mary malt am liebsten Ölbilder, und vieles, was sie mir darüber erzählt, ist mir vertraut. Mein Vater hatte auch am liebsten in Öl gemalt. Mary gibt in Albuquerque Kurse in Art Journaling, malerisches Gestalten von Tagebüchern. Ich erzähle ihr von meiner Idee, aus den Texten des Blogs ein Buch zu machen. Sie ist sehr daran interessiert, muss aber aufbrechen, da sie im Anschluss an das Essen einen Massagetermin gebucht hat. Das erinnert mich an meine eigene Massage. Sie beginnt in einer guten Stunde.

Als ich die Kantine verlasse, laufe ich meinem Gitarrenfreund in die Arme und frage ihn, ob er Zeit für einen Tee habe. Leider nein, er sei auf dem Weg zu seinem Seminar. Aber wenigstens stellen wir uns vor. Sein Name sei Turtle, sagt er und ist tatsächlich der Künstler, der die Schildkröten aus Ton angefertigt hat. Begeistert erzähle ich ihm gleich von dem Erdtänzer, den ich auf der Hinfahrt gesehen, aber dann doch nicht mitgenommen hätte. Im hiesigen Laden gäbe es andere, aber leider kein vergleichbares Exemplar. Turtle meint, dass er auch nach hier einen Erdtänzer mitgebracht habe. Vielleicht liege er noch im Karton im Lager des Ladens. Ich solle im Büro nach Peter fragen. Der wisse Bescheid. Wir verabreden uns für den nächsten Tag. Ich gehe in den Laden und frage vergeblich nach Peter. Er hat erst morgen wieder Bürodienst.

Rechtzeitig gehe ich in das Badehaus, denn meine Massage beginnt schon bald. Ich entspanne mich in einem Hot Tub des überdachten Außenbereichs und warte darauf, das Andy, mein Masseur, mich zu sich ruft. Heute gönne ich mir selbst jene Massage, die Karina so viel bedeutete. Nur wenig erzählte sie darüber. Die Massage war ihre ganz persönliche Angelegenheit, was mich davon abhielt, sie mit weiteren Fragen zu bedrängen.

Eine Stimme, die meinen Namen aufruft, weckt meine Aufmerksamkeit. Es ist Andy. Ich steige aus dem Wasser, trockne mich ab, folge ihm zu einer handtuchbedeckten Liege im Innenbereich und lege mich nackt bäuchlings darauf. Er deckt mich mit einem zweiten Handtuch ab. Wir reden kaum miteinander. Im Raum stehen noch weitere Liegen, auf denen andere Gäste massiert werden. Es ist still um uns. Nur das Plätschern von Wasser ist zu hören. Andy fragt mich flüsternd: „Leicht, mittel oder stark?" Ich entscheide mich für eine mittelstarke Behandlung und soll mich bei ihm bemerkbar machen, wenn ich etwas anders wünsche. Dann deckt er meine Beine auf, reibt sie mit einem angewärmten, wohlriechenden Öl ein und beginnt mit der Massage an den Füßen. Ich atme ganz bewusst und richte meine Aufmerksamkeit auf seine Hände. Mit langanhaltenden Berührungen nimmt Andy Kontakt mit meinem Körper auf. Er ist ein sehr erfahrener und achtsamer Masseur, dem ich mich ganz anvertraue. In seinen Händen fühle ich mich sicher und gut aufgehoben. Immer tiefer lasse ich mich fallen. In langen Streichungen fährt er über meinen Körper. Mit langsamen Dehnbewegungen, leichtem Wiegen der Gelenke und moderatem Druck in mein Gewebe löst er Verspannungen in meiner Fuß- und Beinmuskulatur.

Als er sich meinem linken Fuß zuwendet, unterbreche ich seine Arbeit und erkläre ihm im Flüsterton, dass meine Achillessehne entzündet sei. Andy respektiert meine Grenzen und stellt sich darauf ein. Er behandelt diese Schwachstelle von nun an mit großer Vorsicht und berührt meinen linken Fuß und meine linke Wade nur ganz sanft. Nachdem er beide Beine bis zum Becken bearbeitet hat, deckt er diesen Bereich wieder ab, befreit meinen Oberkörper vom Tuch, ölt meinen Rücken ein und macht weiter mit seinen entschleunigenden Berührungen.

Mit seinen Händen und all seinen Sinnen spürt er sich nicht nur in den Körper, sondern auch in meinen Geist, meine Emotionen und meine Seele ein, die seine Berührungen empfangen. Er unterstützt sie mit Achtsamkeit. Gestern hat mich mein Atmen immer wieder zurück ins Jetzt gebracht. Heute sind es die Hände von Andy. Mit seinen Berührungen ist er ganz präsent. Sie geben mir Impulse, mit denen ich angestaute Blockaden im Körper wahrnehmen kann. Wenn ich sie verspüre und nicht daran festhalte, sondern weiter achtsam seinen Händen folge, dann können sich die Verspannungen lösen. Mithilfe seiner Bewegungen fließen sie als Welle im Gewebe weiter und laufen aus. Manchmal steigen innere Bilder und Gefühle in mir auf, die ich zur Kenntnis nehme und weiterziehen lasse. Die Gedanken und Empfindungen sind festgehaltene Artefakte aus der Vergangenheit, die sich im Körper verfestigt haben. In der Gegenwart sind nur Andys Hände. Die Massage ist eine andere Art der Meditation. Immer wieder kehre ich zurück zu seinen Händen. Sie führen mich zurück zum Jetzt.

Schließlich bedeckt mich Andy wieder ganz mit dem Handtuch. Er signalisiert mir, mich umzudrehen und auf den Rücken zu legen. Erneut beginnt er mit den Füßen. Dieses Mal von der Rückseite. Er hat auch meine linke Ferse nicht vergessen und schenkt ihr erneut besondere Aufmerksamkeit. Ich fühle mich immer entspannter. Ein Wohlbefinden durchflutet meinen Körper. Diese Massage geht weit über ein klassisches Wellness-Angebot hinaus. Andy arbeitet nicht an mir, sondern mit mir. Seine Berührungen nähren nicht nur meinen Körper, auch mein Gemüt und mein Kopf sind klarer geworden. Den massiert er zum Abschluss. Er stellt sich dahinter und lockert mit sanften Bewegungen meine Wangen-, Stirn- und Nackenmuskulatur. Als er damit fertig ist, flüstert er mir zu, dass ich noch eine Weile hier ruhen und danach vorsichtig aufstehen soll. Ich bedanke mich bei ihm und schließe die Augen wieder.

Ich fühle mich ausgeglichen und innerlich ruhig. Mein Körper fühlt sich leicht, warm und pulsierend an. Ich genieße das Nachschwingen der Massage. Nachdem die Intensität des Gefühls langsam nachgelassen hat, drehe ich mich auf die Seite und erhebe mich vorsichtig. Ich bleibe einen Moment sitzen, bevor ich aufstehe und mit langsamen Schritten den Raum verlasse. Ich habe die Massage voll ausgekostet. Am Ausgang treffe ich Andy, der aus dem Therapeutenraum kommt. Noch einmal bedanke ich mich bei ihm für seine wundervolle Behandlung. Er rät mir noch, viel Wasser zu trinken, um die gelösten Schlacken aus dem Körper zu spülen und das Gewebe weiter geschmeidig zu halten. Tatsächlich habe ich großen Durst. In der Kantine zapfe ich ein großes Glas Quellwasser und setze mich auf die Terrasse an einen ruhigen

Fleck. Ich nehme einen Schluck, blicke in den Canyon und spüre wieder, wie die kühle klare Flüssigkeit durch meine Speiseröhre rinnt.

Als ich im Seminarraum ankomme, läuft dort bereits Musik. Donna, Dan, Melissa und andere Teilnehmer, die bereits eingetroffen sind, bewegen sich auf der Tanzfläche. Ich schließe mich an. Wir tanzen, bis wir vollzählig sind und Melissa die Musik ausklingen lässt. Dan stellt das Flipchart auf und alle nehmen ihre Plätze ein. Donna beginnt zu zeichnen und malt einen Kreis. Vom Mittelpunkt ausgehend zeichnet sie dann drei Bögen bis zum Rand des Kreises. So entstehen drei Tropfen von gleicher Größe und Form, ähnlich wie jene beiden in einem Yin-Yang-Symbol. Als ich das fertige Bild sehe, muss ich gleich an Windturbinen, Propeller und Ventilatoren denken. Donna erklärt, dass sie eine Triskele gezeichnet habe, ein uraltes Symbol der Menschheit, dessen Entstehung der Jungsteinzeit zugeordnet werde. Man nenne es auch Dreiwirbel. Es sei in vielen Teilen der Welt gefunden worden, in Nordafrika, im keltischen Europa und in Asien. Das Wort sei abgeleitet vom griechischen Wort „dreibeinig". Mit der Drei komme es zu Vielfalt und Wachstum. Aus der Gegenüberstellung von These und Antithese gelange man zur Synthese. Die Triskele sei ein uraltes Symbol für die Überwindung der Polarität und die Entwicklung des Lebens.

Die Dreifaltigkeit sei verbreitet in allen Kulturen und Religionen. In vielen Märchen gäbe es drei Prüfungen, drei Wünsche, drei Söhne, drei Schwestern und dergleichen mehr: aller guten Dinge sind drei. Mit einem Walzer im Dreivierteltakt eröffne das Brautpaar den Reigen. In den menschlichen Beziehungen stehe die Drei für die Triade, die Urform der menschlichen Gemeinschaft aus Mutter, Vater und Kind. Das Kind überwinde die Zweiheit in der Dreiheit. Es habe die Aufgabe, die Dualität zu transformieren, um sie zu erneuern, zu übersteigen und schließlich zu verlassen. Mit der Drei komme Bewegung ins Leben.

Nach diesen einleitenden Worten bereitet uns Donna auf die individuellen Tanzmeditationen vor, für die jeder von uns ausreichend Raum erhalte. In einem Ausdruckstanz soll das Rad der inneren Familie in Bewegung versetzt werden, sodass das innere Kind aus dem Spannungsfeld der inneren Mutter und des inneren Vaters erneuert hervorgehen und wiederauferstehen kann. In der Mittagspause hätten das Leitungsteam zusammengesessen und für jeden einzelnen ein oder zwei Musikstücke ausgewählt, von denen sie glaubten, dass sie besonders gut für seinen Tanz geeignet seien. Melissa werde wieder am Mischpult stehen.

Nachdem uns Donna den Ablauf erklärt hat, dauert es einen Moment, bis der Erste in die Mitte tritt. Auf ein Signal von Dan trägt er der Gruppe sein Bekenntnis vor. Gleich darauf startet Melissa das für ihn ausgewählte erste Musikstück. Der Tänzer beginnt sich zu bewegen, öffnet sein Herz, gibt sich ganz der Musik und seinem Tanz hin und offenbart sich der Gruppe mit seinen Wesensqualitäten. Nach und nach bittet Donna weitere Teilnehmer auf die Tanzfläche, um den Tänzer zu unterstützen. Währenddessen achten alle übrigen im Kreis auf ihren Atem, sind ganz präsent zugegen und lassen den Tänzer in seinem Ausdruck ganz auf sich wirken. Sie öffnen ihr eigenes Herz für seine Wesensqualitäten und achten darauf, wie sie dazu in Resonanz gehen, was sie selbst dabei empfinden. Im Anschluss an den Tanz teilen sie in einer Feedbackrunde mit, was sie in ihren Herzen empfunden haben. Der Tänzer bedankt sich bei seinen Mittänzern und der Gruppe. Dann folgt der nächste.

Die letzten Tage haben eine Atmosphäre des Vertrauens innerhalb der Gruppe geschaffen. Unsere Herzen haben sich füreinander geöffnet, die gemeinsame Arbeit hat uns näher gebracht. Ich fühle mich verbunden und entspannt mit den anderen, getragen und geschützt in dieser Gemeinschaft. In einer solchen Atmosphäre fällt es mir leicht, mich zu öffnen. Nach und nach treten weitere Tänzer in die Mitte, um ihr inneres Kind im Tanz auferstehen zu lassen. Mehr und mehr werde ich berührt von den unterschiedlichen Herzensqualitäten dieser wunderbaren Menschen, die ich hier kennenlernen durfte.

Dann tritt Rebecca nach vorne und sagt:
"Ich bin eine zärtliche, zuversichtliche und echte Frau."

Mit grazilen Tanzschritten bewegt sie sich im Kreis durch den Raum und berührt jeden in der Gruppe mit ihrem sanften Blick. Rebecca ist eine zierliche Frau von kleiner Gestalt. Etwas sehr Vertrauensvolles geht von ihr aus. Auf ihre ganz besondere Art empfinde ich sie unverfälscht und wahrhaftig. Sie berührt mein Herz mit ihrer Zärtlichkeit. Donna bittet David, ihren Ehemann, auf die Tanzfläche, um sie zu unterstützen. Er weitet und sichert mit großen ausholenden Armbewegungen den Raum für seine Frau, sodass er ganz von ihr ausgefüllt werden kann. Anschließend holt Donna noch Sarah dazu, meinen ersten Buddy. Sie verstärkt Rebeccas eleganten Schritte, sodass ihre Schönheit mich erreicht. Als sie ihren Tanz beendet, hat sie mit ihrem Wesen mein Herz zum Schmelzen gebracht. Tief in meinem Inneren spüre ich, dass ich nun bereit bin. Ich bin der nächste Tänzer, der ihr nachfolgen soll.

Nachdem das Feedback für Rebecca gegeben wurde, gehe ich mit Entschlossenheit in die Mitte. Der Raum ist nun für mich bestimmt. Ich atme tief durch. In schulterbreitem Abstand sind meine Füße mit dem Boden unter mir verwurzelt. Meine Knie lasse ich locker. Ich habe noch gar nicht angefangen, da spüre ich schon, wie ein Zittern meinen Körper durchläuft und die Energie in meinem Körper zu fließen beginnt. Schließlich gibt mir Dan ein Startzeichen und ich sage:

"Ich bin ein wegweisender, nährender und kreativer Mann."

Mit dieser Aussage bin ich ganz bei mir. Der Satz verstärkt weiter meine Lebendigkeit und meine innere Spannkraft. Dann setzt eine rhythmusbetonte, afrikanische Musik ein.

Mit festen, stampfenden Tanzschritten intensiviere ich den Energieaustausch mit der Erde unter mir. Dabei vergesse ich ganz meine entzündete Achillessehne. Ich spüre, wie die Kraft der Erde in meine Füße fließt und über die Beine bis in den Rücken hochsteigt. Dan ruft Esther auf die Tanzfläche, die jüngste Teilnehmerin. Ich werde von ihrer Schönheit und Natürlichkeit angesteckt, von ihrer Leichtigkeit, mit der sie mich umschwebt. Gleichzeitig geht die Musik über in ein Stück von gleichem Tempo, das einen Rhythmusteppich ausbreitet, auf dem sich eine E-Gitarre niederlässt und mit einem Solo davon schwebt. Langsam beginne ich, mich um die eigene Achse zu drehen. Die Bodenhaftung meiner Schritte verleiht meiner Bewegung durch den Raum Halt. Esthers Begleitung hat meinen Tanz leichter gemacht. Mein Drehen hat etwas Schwebendes. Zielsicher steuere ich durch den Raum und folge einer magischen Bahn. Plötzlich erscheint Ed, mein Zimmernachbar, wie ein Schalk auf der Tanzfläche. Mit seinem Tanzen fordert er mich heraus, neckt und provoziert mich auf humorvolle Weise. Seine Art holt mich aus einer inneren Versenkung, in der ich fast verschwunden wäre. Er bringt mich zurück in den Raum und in den Augenblick. Ich bin wieder präsent für das Tanzgeschehen und die Gruppe um mich herum. Ich muss lachen über Ed, der mich aufheitert, verspüre Spaß und Lust. Immer mehr beschleunigt sich mein Drehen, bis meine Arme nur durch die Fliehkraft in der Waagerechten bleiben. Ich habe das Gefühl, als ob ich die Energie im Raum mit meinen Füßen aus der Erde sauge und sie mit den Armen wieder in den Raum zurückschleudere. Ich fühle mich wie eine Windhose, die alles, was sie auf dem Boden berührt, kreisend in ihre Mitte zieht. Mein Luftwirbel hebt es auf eine neue Ebene, wo es gewandelt wieder freigegeben wird. Ich nähre mich aus der Energie der Erde, verstärke sie durch meine Bewegung und nähre damit den Raum. Als es mir immer schwerer fällt, mich zu erden und meine Schritte gezielt durch den Raum zu lenken, schickt

Dan zu meiner Unterstützung David auf die Tanzfläche. Sein Tanzen stabilisiert meine Bahn, ich bekomme wieder mehr Sicherheit in meiner Bodenhaftung. Wie ein Derwisch drehe ich mich, bis ich nicht mehr kann und loslasse. Ed steht hinter mir. Er fängt mich auf mit seinen Armen. Mit Hilfe der anderen beiden legt er mich vorsichtig auf den Rücken. Ich fühle mich wie verwandelt und spüre wie die Energie weiter durch mich strömt und genieße das Vibrieren, das in mir nachhallt. Die ganze Gruppe hat sich um mich versammelt. Viele Hände berühren mich an Füßen, Beinen, Händen, Armen, Oberkörper und Kopf. Sie geben mir Halt, Sicherheit und Geborgenheit. Ich fühle mich angenommen und frei, wie verwandelt. Eine ganze Weile liege ich so da. Das intensive Körperempfinden in mir läuft allmählich aus. Plötzlich durchdringt mich ein Impuls. Ich löse mich aus den Berührungen der anderen, erhebe mich, verlasse den Kreis um mich herum mit einem Satz und springe zurück in die Mitte des Raumes. Überrascht von dieser unerwarteten Wendung beginnen alle zu lachen. Ich grinse bis über beide Ohren. Mein Wesen hat auch etwas Unberechenbares. In der nachfolgenden Runde nehme ich das Feedback der anderen in mich auf. Ich fühle mich gesehen und bedanke mich bei meinen Mittänzern und bei der Gruppe für ihre Unterstützung.

Nach vier weiteren Tanzmeditationen tritt Mary in die Mitte und erklärt:

"Ich bin eine hingebungsvolle, entschlossene und strahlende Frau."

Das Team hat für sie klassische Musik zum Tanzen ausgesucht. Doch Mary tanzt nicht, sie schreitet durch den Raum. Wie zum Segnen hat sie ihre Arme erhoben und geht reihum. Mit ihren nach unten geöffneten Händen weiht sie jeden einzelnen von uns. Dabei schaut sie uns tief in die Augen. Als sie mich anblickt, fühle ich mich ganz angenommen und beschenkt von ihr. Ihr Wesen strahlt soviel Heilsames aus. Bei ihrem Anblick fühle ich mich von einer göttlichen

Kraft berührt. Marys Segen bleibt nicht ohne Wirkung. Etwas Sakrales geht von ihr aus. Wie eine Priesterin schreitet sie weiter durch den Raum. Insbesondere die Frauen in der Gruppe sind erfasst von ihrem Wesen. Als die erste spontan auf sie zugeht, sich vor ihr niederkniet und ihre Füße mit den Händen berührt, folgen ihr weitere. Mary bleibt stehen und breitet weiter ihre Arme zum Segen aus, während sich die Gruppe um ihre Füße sammelt. Was gerade in dieser Gruppe passiert, überwältigt mich. Marys Wesenheit bringt ganz offensichtlich eine göttliche Seite in mir und in den anderen zum Schwingen. Wir befinden uns an einem heiligen Ort. Ich fühle eine große Dankbarkeit in mir, Teil dieser Gemeinschaft zu sein. Als die heilige Schwingung, die uns erfasst hat, wieder abgeklungen ist, nehmen wir wieder unsere Plätze ein. Donna wartet noch einen Moment, bevor sie uns um Feedback bittet.

Dann bleibt gerade noch genug Zeit für einen letzten Tänzer. Aber wer wagt sich danach, als Nächster in die Mitte zu gehen? Als ich schon damit rechne, dass wir vorzeitig zum Abendessen entlassen werden, meldet sich Pedro. Entschlossen tritt er vor die Gruppe und erklärt mit durchdringender Stimme:

„Ich bin ein starker, liebevoller und gelassener Mann."

Dan startet die Musik, doch Pedro beginnt nicht zu tanzen. Eine Weile bleibt er stehen, dann legt er sich in der Mitte des Raumes auf den Boden. Er streckt Arme und Beine von sich und bleibt reglos auf dem Rücken liegen. Die Gruppe schaut ihm voller Aufmerksamkeit dabei zu. Melissa schaltet um auf ein meditatives Musikstück und Dan signalisiert uns, dass wir uns um Pedro versammeln mögen. Auch ich gehe nach vorne, hocke mich neben ihn und lege meine Hände auf seinen linken Arm. Wir alle berühren Pedro und zeigen ihm damit, dass wir ihn in seinem Wesen annehmen. Innehalten und Pausieren gehören ebenso zum Tanz wie die Bewegung. Pedros Tanzmeditation schließt den heutigen Seminartag in würdevoller Weise ab. In Stille verlassen wir den Raum und gehen schweigend zum Abendessen. In den letzten Tagen habe ich mich einer Tischgruppe mit Teilnehmern aus dem Seminar angeschlossen, in der ich mich sehr wohl und wie in einer Familie aufgehoben fühle. Heute Abend gibt es eine Kürbissuppe, die alle begeistert. Sie ist mit Curry gewürzt und hat ein ganz besonderes Aroma. Ich möchte zu gerne das Rezept wissen. Ed meint, jemand aus der Küche würde mir bestimmt weiterhelfen. Ich beschließe morgen früh danach zu fragen. Nach dem Essen unterhalte ich mich mit Pedro, der mir von Mexiko erzählt, und von Frauen, die heute im Badehaus sängen. Das möchte ich mir natürlich nicht entgehen lassen, und so schlendern wir abermals gemeinsam den Hang hinunter. Es ist längst Nacht geworden.

Am Badehaus angekommen, höre ich bereits den hellen Gesang. Nach einer kurzen Dusche steigen wir zu den Sängerinnen in das große, nicht überdachte Außenbecken. In der Dunkelheit kann ich niemanden erkennen, doch einige Stimmen sind mir vertraut. Als sich die Frauen beratschlagen, was sie als nächstes singen, kann ich Donna und Melissa identifizieren. Der Damenchor singt Lieder der amerikanischen Folkbewegung und kalifornische Klassiker:

We Shall Overcome[97]
Where Have All the Flowers Gone[98]
California Dreaming[99]
Leaving on a Jet Plane[100]

Meine Versuche mitzusingen, scheitern kläglich. Die Tonlagen der Frauen sind viel zu hoch für mich. Als ich „Yellow Submarine"[101] anstimme, singen einige Männer mit. Doch die Damen setzen eine höhere Tonart dagegen, sodass wir Männer bald wieder verstummen. Am Ende des Liedes habe ich begriffen, dass mein Part als Mann heute Abend im Zuhören besteht.

Während ich dem hellen Gesang der Frauen lausche, blicke ich in den Nachthimmel. Er ist übersät von funkelnden Sternen und wird vom leuchtenden Band der Milchstraße, dem Regenbogen der Nacht, durchkreuzt. Der Mond hat sich noch nicht gezeigt. Er geht erst nach Mitternacht auf. Ich denke an all die Pioniere der bemannten Raumfahrt. Sie waren die ersten, die das fragile blaue Juwel unseres Lebensraumes von außen betrachten durften. Im Schatten der Sonne hatten sie einen nie zuvor gesehenen Blick auf den unermesslichen Sternenraum. Zur gleichen Zeit, als sich die ersten Astronauten auf den Weg zum Mond machten, gab es andere Zeitgenossen, die eine Reise nach Innen antraten. Ihr Mission Control Center lag nicht in Houston, Texas, sondern an der kalifornischen Big Sur Küste. Das Abenteuer der Menschheit besteht nicht nur in der Erforschung des äußeren Raumes, sondern ebenso in der Erkundung des inneren. Die Reise nach außen kann nur so weit vordringen, wie eine Reise nach Innen gelingt. So ging die Landung auf dem Mond einher mit der Herausbildung eines neuen Bewusstseins Ende der Sechzigerjahre. Die heutigen Planungen für eine bemannte Reise zum Mars sind ein Ausdruck dafür, dass andere Pioniere auf dem Weg nach Innen weiter voranschreiten. Sie gehen der Menschheit in der Entwicklung eines erweiterten Bewusstseins voran, der sie noch tiefer in den inneren Raum führen wird. Ihr Kraftstoff ist der Atem, ihr Rückschub die Berührung, ihre Bewegung der Tanz.

Abschied von Big Sur

Manchmal begegnen einem auf Reisen Menschen, an denen kein Weg vorbeiführt. Es gibt Verbindungen, die unausweichlich sind, als hätte das Aufeinandertreffen eine Bedeutung für beide Seiten. Oft ist man selbst nicht einmal die treibende Kraft. Scheinbare Zufälle sorgen für wiederholte Begegnungen, als wäre eine äußere Kraft am Werke, eine Art Fügung und Bestimmung. Manchmal kann man körperlich spüren, wenn ein anderer Mensch für einen wichtig ist. Der Kontakt mit ihm wird das eigene Leben dann nachhaltig beeinflussen. Das mag auch umgekehrt der Fall sein, als gelte es, etwas auszutauschen. Man bekommt etwas und gibt etwas zurück.

Als ich frühmorgens erwache, bin ich voller Energie und Tatendrang. Erstaunlicherweise verspüre ich nach meinem heftigen Tanzen am Vortag überhaupt keine Schmerzen in meiner Ferse. Wie schon an den letzten Tagen gehe ich früh in die Kantine, um mich mit heißem Tee aufzuwärmen. Nur wenige Gäste haben sich bisher hier eingefunden. Ich schaue in die Küche und habe Glück, jemanden schon so früh dort anzutreffen. Auf meine Frage nach der Kürbissuppe von gestern Abend reicht er mir ein Blatt mit dem Rezept. Er erzählt mir auch, dass sie die darin enthaltenen Iknish-Wurzeln selbst anbauen. Stattdessen könnte ich aber auch Sellerie oder Pastinake als Zutaten nehmen. Bevor ich das Rezept wieder zurückgebe, setze ich mich zurück in den Speiseraum und mache mir Notizen:

IKNISH-KÜRBISSUPPE

ZUTATEN (4 PERSONEN)
- *1 mittelgroßer Butternut-Kürbis*
- *2 Esslöffel Olivenöl*

- 1 mittelgroße Zwiebel, grob gewürfelt
- 2 Knoblauchzehen, fein gehackt
- 1 Stück Ingwer, fein gehackt
- 2 Wurzeln Iknish (ersatzweise ein Stück Sellerie und eine Pastinake), grob gewürfelt
- 3 Teelöffel Madras-Currypulver
- 1 Teelöffel Salz
- 500 ml Gemüsebrühe
- 2 Dosen Kokosmilch (à 250 ml)
- 1 Esslöffel frische glatte Petersilie, grob gehackt

Zubereitung (ca. 80 Minuten)

1. Den Kürbis von außen säubern. Mit einem scharfen Messer etwa alle 5–10 cm Kreuze bis in die Mitte des Kürbisses schneiden. Mit einem Essstäbchen in die Mitte der Kreuze ein Loch stechen, aus dem die heiße Luft im Inneren entweichen kann.
2. Den Kürbis auf ein Backblech in den auf 180 Grad Celsius vorgeheizten Umluft-Backofen legen und ihn etwa eine Stunde lang rösten.
3. Während der Kürbis noch backt, Olivenöl in einen hoch erhitzen Suppentopf geben und den Knoblauch, den Ingwer und die Zwiebelwürfel etwa 5 Minuten anbraten, bis sie glasig sind.
4. Anschließend das Currypulver und die Wurzelstücke dazufügen und sie braten lassen, bis sie weich sind.
5. Den Herd auf eine mittlere Hitze stellen und die Kokosmilch, das Salz und die Brühe in den Topf geben.
6. Den gebackenen Kürbis aus dem Ofen nehmen und ihn etwa 10 Minuten auskühlen lassen. Er ist gar, wenn ein Messer ohne Widerstand hineingestochen werden kann.

7. *Den Kürbis längs in zwei Hälften schneiden, den kernigen Brei aus seinem Inneren löffeln und entsorgen.*
8. *Das Kürbisfleisch aus seiner Schale löffeln und in den Topf geben.*
9. *Den Topfinhalt mit einem Stabmixer verrühren, bis die Suppe eine gleichmäßige Konsistenz hat.*
10. *Die Suppe erhitzen und zum Schluss die Petersilie dazufügen.*

Nach dem Frühstück gehe ich ins Büro. Dort treffe ich Peter und frage ihn nach den Schildkröten. Er geht in den Nebenraum und kommt mit einem Karton zurück, in dem ich gleich einen Erdtänzer entdecke. Ich bin überglücklich darüber und bekomme gleich noch ein Stück Luftpolsterfolie dazu, in die ich das zerbrechliche Objekt sicher einwickeln kann. Außerdem kaufe ich vier Halsketten aus dünnen Lederschnüren, an denen je ein Amulett aus Ton hängt. Sie stammen ebenfalls von Turtle. Drei davon sind für meine Kinder, eine Halskette werde ich für mich behalten. An ihr hängt ein kleiner bunter Schmetterling. Jedes Schmuckstück hat ein Etikett, auf dem Turtle etwas zur Symbolik des Amulettes geschrieben hat. Mit den Tonsachen gehe ich zurück in meinen Schlafraum. Die Zimmer werden bald gereinigt, denn schon am Nachmittag reisen neue Gäste an. Ich packe meine Sachen, ziehe die Bettwäsche ab und verstaue mein Gepäck im Mietwagen, die kleinen Kunstwerke zuoberst.

Der letzte Block des Seminars beginnt. Nach einem aufwärmenden Tanzen setzen wir die Tanzmeditationen von gestern fort, bis alle ihren Tanz in der Gruppe zelebriert haben.

Dem Abschied in der Gruppe folgt ein Abschied von Einzelnen, die mir in ganz unterschiedlicher Weise vertraut geworden sind. Jeder hat in mir eine besondere Saite zum Schwingen gebracht. So nahe wir uns in den letzten Tagen gekommen sind, so weit führen uns unsere Wege heute wieder voneinander fort. Und wie wir am Anfang einander gefragt haben, woher wir kommen, so fragen wir uns jetzt, wohin wir gehen.

Mary möchte wissen, was ich als Nächstes vorhabe. An diesem Morgen habe ich überhaupt noch keinen Plan für den Tag. Ich weiß weder, wohin mich mein Weg heute führen wird, noch, wo ich am Abend übernachten werde. Mary fährt zurück nach Albuquerque, New Mexico, und hat eine Fahrzeit von etwa 16 Stunden vor sich, bis sie wieder zu Hause ist. Ihr heutiges Etappenziel ist Bakersfield, etwa vier Stunden entfernt, wo sie in einem Hotel übernachten wird. In Marys Gegenwart bin ich immer erfüllt von Gefühlen der Dankbarkeit, Größe und Begabung, die sie in mir zum Klingen bringt. Anders als in unseren Gesprächen über Malerei hatten wir in der Gruppe kaum Kontakt zueinander und nicht eine einzige Übung zusammen gemacht. Als wir voneinander Abschied nehmen, bin ich sehr überrascht, als sie mich einlädt, mit ihr nach Bakersfield zu kommen. Da ich noch kein Quartier für die Nacht habe, bietet sie an, ihr geräumiges Hotelzimmer mit mir zu teilen. Als ich ihr sage, dass ich ebenfalls mit einem Auto angereist bin, ist sie so überrascht davon wie ich von ihrem Angebot. Ich habe sogar den Eindruck, dass sie enttäuscht ist.

Auf der Fahrt nach Bakersfield würden wir getrennt in zwei Wagen fahren. Bakersfield ist kein wirklich lohnendes Reiseziel. Die Stadt liegt im Nirgendwo. In der Umgebung gibt es nichts Interessantes. Hier kreuzen sich nur ein paar Highways. Ein Durchreiseort mit zahlreichen Motels, in denen man nur übernachtet, um am nächsten Morgen ausgeruht weiterzufahren. Hier bleibt man nicht. Hier hält man nur für eine Nacht. Deshalb bedanke ich mich für ihr Angebot und gebe ihr zu verstehen, dass mich dieses Ziel zu weit von meinem Weg nach San Francisco abbringe, von wo aus mein Rückflug in zehn Tagen startet. Ihr Weg führt nach Südosten, meiner nach Norden. Ich spüre, dass mir diese Entscheidung nicht gut bekommt, und habe das Gefühl, dadurch eine Chance zu verpassen. Doch Unsicherheit und Angst halten mich zurück. Ich verabschiede mich von Mary und wir wenden uns weiteren Teilnehmern der Gruppe zu.

Beim Mittagessen sitze ich ein letztes Mal mit Pedro zusammen. Auch wir sind in den letzten Tagen Freunde geworden. Er ist nicht gerade in bester Stimmung und möchte sich noch von einer Frau im Kurs verabschieden, die seine Zuneigung nicht in dem Maße erwiderte, wie er es sich erhofft hatte. Wir unterhalten uns über die Frauen in unserer Gruppe. Pedro unterstützt mich in meiner Entscheidung, nicht nach Bakersfield zu fahren.

Nach dem Essen gehe ich kurz zu meinem Wagen, um den Erdtänzer und die Halsketten für meine Kinder zu holen. Als ich zurückkomme, sitzt Turtle bereits auf der Terrasse und wartet auf mich. Voller Freude zeige ich ihm meine Errungenschaften und bitte ihn, sie für mich und meine Kinder zu signieren. Die eingebrannte Inschrift auf der Unterseite der Schildkröte lässt kaum Platz. In die Zwischenräume schreibt er:

Rolf, seit wir uns in der Musik begegnet sind, kann ich das Lied der Erde fühlen, das dich bewegt. Sei gesegnet. Danke für's Gitarrespielen. Friede, Liebe, Turtle

Erfreut über diese sehr persönliche Widmung bedanke ich mich und bitte ihn, auch einen Gruß für meine Kinder auf die Etiketten zu schreiben. Überrascht verfolge ich, wie er für jedes Kind einen eigenen Text verfasst. Damit habe ich nicht gerechnet. Nochmals danke ich ihm. Unser gemeinsames Musizieren hat uns beide berührt. Für die Zukunft wünschen wir uns alles Gute.

Dann entführt mich Ed zu einem Abschlussfoto. Zusammen mit unseren ersten Buddys in den Armen lassen wir uns mit unseren Kameras fotografieren. Wir umarmen uns ein letztes Mal, dann geht jeder wieder seines Weges.

Danach streife ich ein letztes Mal mit meiner Kamera durch das Gelände des Zentrums. Ich erkunde vor allem den Teil auf der anderen Seite der Brücke, den ich noch kaum kenne. Rechts oberhalb des Wasserfalls befinden zwei Häuser im viktorianischen Stil, in denen die Gründer gelebt hatten. Weiter oben auf der linken Seite liegt die Feuerstelle, wo wir in der Dunkelheit das Feuerritual zelebriert hatten. In der Nähe steht ein Weidengerüst für eine Schwitzhütte. Von da aus gehe ich weiter den Canyon hoch und blicke oben angekommen in eine dahinterliegende flache Senke mit den Gemüsefeldern des Zentrums. Auf meinem Rückweg entdecke ich vor der kleinen Brücke einen Baum, der übersät ist mit Monarchen, orangefarbenen Schmetterlingen, deren Flügel von feinen schwarzen Adern durchzogen sind. Ihr Körper und die dunklen Flügelränder sind gesprenkelt mit weißen Punkten. Was für ein Bild!

Bevor ich abreise, gehe ich durch den Speisesaal hindurch noch einmal zur Toilette. Nach dem Essen herrscht sonst immer viel Betrieb im Saal, doch jetzt sitzen nur noch einige wenige an den Tischen, die meisten Leute sind bereits abgereist. Überrascht treffe ich erneut auf Mary. Sie sitzt alleine an einem Tisch und isst. Als ob sie auf mich gewartet hätte. Das ist der Moment, in dem ich begreife, dass an dieser Frau kein Weg vorbei führt. Es gibt etwas zwischen uns beiden, dass es zu klären gilt. Ich erzähle ihr, dass ich noch Fotos gemacht habe und mich gleich auf den Weg Richtung Norden mache. Sie sagt, dass sie ebenfalls nach Norden fahren wird. Ich blicke sie ungläubig an. Doch sie erklärt, dass sie nur noch tanken muss, bevor sie nach Süden startet. Die einzige Tankstelle weit und breit befindet sich etwas weiter nördlich auf dem Highway 1. Jetzt bin ich noch einmal verblüfft und erzähle ihr, dass ich diesen Ort kenne und ebenfalls hier meinen ersten Halt geplant habe. Es ist ein Ort, an dem kein Weg vorbei führt.

Wir sind beide derart überrascht vom Plan des anderen, dass wir uns voneinander verabschieden, ohne uns für dort zu verabreden. Verwirrt verlasse ich die Kantine. Auf dem Weg zum Parkplatz erfasst mich eine innere Erregung. Es sind nur zehn Kilometer bis zur Tankstelle. Die kurvige Fahrt bis dorthin dauert allerdings etwa eine halbe Stunde. Als wir vor fünfzehn Jahren dort Halt machten, hatte das angrenzende Café eine wunderbare Atmosphäre, die mich in die Sechzigerjahre zurückversetzte. Der Gastraum war liebevoll dekoriert. Auf einem Kaminsims stand ein vergilbtes Bild von drei Cowboys. Dieses Arrangement hatte ich in einem Foto festgehalten und später in einer Ausstellung gezeigt. Die Einrichtung war auf das Gebäude abgestimmt. Im Hintergrund lief entspannender Jazz. Der Kuchen war selbstgebacken und schmeckte großartig. Als ich im Jahr 2000 ein weiteres Mal dort war, war dieser Zauber bereits verloren gegangen. Und wie ich heute leider feststellen muss, ist er nicht wieder zurückgekehrt. Die Musik ist zu laut, der Gastraum wirkt steril und der Kuchen sieht wenig verlockend aus. Wie die anderen Gäste nehme ich draußen Platz, von dort habe ich auch die Tanksäulen im Blick. Ich beschließe, eine Stunde zu warten, in der Hoffnung, Mary noch einmal zu treffen. Ich trinke einen Chai Tea Latte und esse ein Stück Erdbeer-Rhabarber Kuchen, der nach Tiefkühlkost schmeckt. Die weitere Zeit vertreibe ich mir damit, dass ich die Bilder auf meiner Kamera begutachte und nicht gelungene Aufnahmen lösche.

Plötzlich fühle ich ein Vibrieren in meinem Bauchraum. Etwas in mir ist aktiviert worden. Es vergehen keine fünf Minuten und Mary steht neben mir. Sie hatte bereits getankt, ohne dass ich es von meinem Beobachtungsposten bemerkt hätte. Ich bin entzückt von ihrem Erscheinen. Zärtlich berühre ich sie am Arm und sage ihr, wie schön es sei, sie wiederzusehen. Doch damit habe ich mich wohl etwas zu weit auf sie zu bewegt. Sie zieht sich zurück und gibt mir zu verstehen, dass sie sich erst einmal etwas zu trinken und zu essen holen werde.

Es wundert mich nicht, dass sie mit dem gleichen Kuchen zurückkommt, denn von dem überschaubaren Angebot war dies die einzig annehmbare Wahl. Ich frage sie, was sie davon hält, wenn wir diesen wunderschönen Tag gemeinsam verbrächten und erst morgen weiterreisten. Mit einem Bedauern in ihrer Stimme erklärt sie mir, dass sie dafür leider keine Zeit habe. Sie erwarte am Sonntag Gäste, das sei schon lange vereinbart. Sie müsse heute losfahren, um rechtzeitig zu Hause zu sein.

Ich erzähle ihr von meinem Blog und dass ich mich darauf freue, weiter daran zu schreiben. Sie bittet mich, ihr etwas daraus vorzulesen. Ich wähle das Kapitel "Über die Golden Gate Bridge" und übersetze ihr den Text. Sie ist begeistert, und sie bestätigt und ermutigt mich, daran weiterzuarbeiten. Ich solle unbedingt ein Buch daraus machen. Am Ende besteht sie sogar darauf und ich muss es ihr versprechen. Ihr Feedback bedeutet mir sehr viel. Seit sechs Jahren unterrichtet sie Kreatives Tagebuchgestalten. Was sie mir zu sagen hat, hilft mir sehr. Ich frage sie, welche Bücher sie mir über das Schreiben empfehlen könne. Doch sie rät mir davon ab, überhaupt etwas zu diesem Thema zu lesen. Ich solle vielmehr meinen eigenen Stil entwickeln und so schreiben, wie ich spreche und erzähle, je persönlicher, desto besser. Zum Abschluss schreibt sie mir auf ein Notizblatt:

Für Rolf – Ratschläge zum Schreiben
Wenn du sprechen kannst, dann kannst du schreiben.
Sprich natürlich.
Mach es persönlich.
Mary

Ich bin glücklich und dankbar für ihren Rat, ihren Zuspruch und ihre Ermutigung. Endlich begreife ich auch den Charakter unserer Begegnung. Sie ist meine Lehrerin, ich bin ihr Schüler. Es ist das Schreiben, das uns verbindet, und das von uns beiden gelebt werden will. Auch auf ihrer Seite verspüre ich Erleichterung, denn auch in ihr hatte etwas gedrängt, das sich auf mich zu bewegen wollte und nun seinen Weg gefunden hat. Und so hat sich unsere Beziehung erfüllt an diesem letzten Nachmittag in Big Sur.

Jetzt heißt es für uns beide, endlich Abschied zu nehmen. Unsere gemeinsame Zeit ist zu Ende. Ich bringe Mary zu ihrem Wagen. Es ist ein großer geräumiger SUV, in dem der Reisende Rahmen problemlos hineingepasst hätte. Ich hätte nicht einmal das Vorderrad ausbauen müssen. Doch mein Rad steht in Jacks Garage und wartet dort auf meine Rückkehr. Als Mary auf den Highway 1 Richtung Süden einbiegt, komme ich ihr ein letztes Mal mit meinem grauen Mietwagen entgegen und wir hupen uns zu. Ich bin noch lange ganz erfüllt von dem Gespräch und der Verstärkung, die ich durch sie erfahren habe.

Heute ist ein wunderschöner Tag an der Küste. Der Himmel ist wolkenlos. Es ist hochsommerlich warm und nur ein ganz leichter, erfrischender Wind weht landeinwärts. Die Big Sur Küste ist einzigartig. Nur gelegentlich mache ich Halt. Die Zufahrt zum Point Sur Lighthouse ist leider gesperrt. Man muss sich vorher für eine Führung anmelden. So mache ich von Weitem ein Foto, das die Anlage als schwarze Silhouette im Gegenlicht zeigt. Immer wieder bieten sich atemberaubende Aussichten auf die Küste. Auf einer Klippe mache ich eine Gruppe von Menschen aus. Was wird dort zu sehen sein? Ich halte ebenfalls an. Die Gruppe erweist sich als Hochzeitsgesellschaft. Die Trauung erfolgt unmittelbar am Abgrund. Ich wünsche den Brautleuten, dass sie auch in ihrer Ehe den Boden nicht unter den Füßen verlieren. Es ist bereits die dritte Hochzeit, in die ich während meiner Reise gerate. Ich komme immer dann, wenn gerade Bilder gemacht werden. Das Shooting ist hier Teil der Zeremonie. Die Fotos scheinen wichtiger als die Trauung selbst. Manchmal machen wir uns lieber ein Bild vom anderen, anstatt ihn so zu sehen und anzunehmen, wie er wirklich ist. Wir nehmen ihn nicht wahr wie er gegenwärtig ist, sondern wollen das in ihm sehen, was wir uns von ihm wünschen.

Nachdenklich gehe ich zurück zum Wagen und fahre weiter. Als es auf den Abend zugeht, weiß ich immer noch nicht, wo ich heute Nacht bleiben werde. Es gibt keine Zeltplätze an der Strecke, bestenfalls reine Wohnmobilparks, wie meine Internetsuche während einer Pause ergibt. Doch bis Santa Cruz ist es nicht mehr weit. Hier finde ich ein Motel, das für mich erschwinglich ist. Anschließend fahre ich in den Ort hinein, wo ich ein preiswertes indisches Restaurant finde. Die Stadt ist voller Menschen. Ein sonniges Wochenende steht bevor. Nach dem Essen bummle ich durch die Hauptstraße und treffe auf zwei Straßenmusiker. Ein junges Paar, auf dem Rad angereist, spielt mit Gitarre und Fidel irische Folkmusik. Das gemeinsame Musizieren verbindet sie. Sie brauchen keine Bilder.

Weiter auf dem Camino Real

Zurück auf Mission

In Santa Cruz, der Stadt des Heiligen Kreuzes, setze ich meine Pilgerreise fort und kehre zurück zu meiner Mission. Heute möchte ich drei weitere Stationen in der Bay Area besuchen. Meine erste ist die Mission Santa Cruz. Hier lebten nie mehr als fünfhundert Ureinwohner. Eine wirkliche Kooperation mit ihnen hatte es nicht gegeben. Als dann im Jahr 1818 Piraten vor der Küste ankerten, flohen die Mönche zum Schutz in die nächstgelegene Mission Santa Clara. Prompt wurde die verlassene Station geplündert, jedoch nicht von den Piraten, sondern von den Eingeborenen. Betrieben wurde die Mission danach nicht wieder.

Aus dem Gründungsjahr 1791 ist heute nur noch ein Nebengebäude mit mehreren Räumen von Mission Santa Cruz vorhanden, in dem ursprünglich Familien der ansässigen Ohlone untergebracht waren. Dass es überhaupt erhalten geblieben ist, ist vor allem der Verdienst von Cornelia Hopcroft, die sich hartnäckig geweigert hatte auszuziehen, selbst als das Gebäude zu einem Museum umgebaut werden sollte. 1958 - im Alter von achtzig Jahren - verkaufte sie schließlich das Gebäude an den Staat Kalifornien gegen ein lebenslanges Wohnrecht. Bis zu ihrem Tod hütete sie diese historische Stätte und bewahrte sie vor der Zerstörung. Frau Hopcroft starb 1983 im Alter von 104 Jahren.[102]

Die ursprüngliche Missionskirche war bereits 1857 in Folge eines Erdbebens zusammengestürzt. An ihrer Stelle wurde im nachfolgenden Jahr eine neue aus Holz errichtet. Im Jahr 1887 ersetzte man diese durch eine reich verzierte Kirche im gotischen Stil, die bis heute intakt geblieben ist. Etwa zweihundert Meter südöstlich davon befindet sich eine Nachbildung der ursprünglichen Missionskirche im Maßstab 1:3, deren Bau 1931 durch einen reichen Bürger der Stadt finanziert wurde. Doch anstatt heilsamer, geistiger Energie kommt mir im Inneren des Gebäudes ein unangenehmer Geruch entgegen. Mir wird übel und ich muss dringend wieder an die frische Luft. Draußen schuftet ein einzelner Gärtner in der glühenden Hitze. Aus einem Container füllt er Erde in einen großen Kübel, huckt sich diesen auf die Schultern, schleppt ihn bis zu einem Beet vor dem Nachbau und verteilt dort die Erde. Der Mann ist hispanischer Abstammung. Viel verändert hat sich nicht in den letzten zweihundert Jahren.

In der neuen gotischen Kirche kann ich ebenfalls keine Andacht finden. Sie ist verschlossen. Mir gelingt es nicht, eine geistige Verbindung zu diesem Ort herzustellen.

Bevor ich jedoch weiter zur nächsten Mission fahre, halte ich zunächst in Santa Cruz am Lighthouse Field State Beach, um den Leuchtturm an der Spitze des Kaps zu besichtigen. Im Inneren des Gebäudes befindet sich heute ein Surf-Museum. Die Ausstellung erzählt in Bildern und mit Exponaten die Geschichte von drei hawaiianischen Fürsten, die 1886 das Surfen nach Santa Cruz brachten. Hier an der Mündung des San Lorenzo River hatten sie vor über hundert Jahren auf Dielenbrettern gesurft und die Einheimischen damit begeistert. Seitdem hat sich das Kap mit seinen hohen Wellen zu einem Zentrum des Surfsports entwickelt. Heute findet hier ein Wettkampf für Jugendliche statt. So wie sich in Deutschland die Eltern von fußballspielenden Jugendlichen um den Sportplatz gruppieren, versammeln sich die kalifornischen Eltern am Rand oberhalb der Klippen, um ihre Kinder im Surf-Wettkampf anzuspornen. Die Zuschauer sind ausgerüstet mit Kühlboxen und Campingstühlen, denn so ein

Wettbewerb kann sich hinziehen. Nicht die Uhr bestimmt hier die Spielzeit, sondern das Meer, das ohne einen festen Zeitplan seine Wellen ans Land schickt.

Bedrohlich nahe am Rande der Steilküste steht ein engagierter Vater, um seiner Tochter letzte Ratschläge zu geben. Das Mädchen ist derart fixiert auf ihn, dass es immer wieder den rechtzeitigen Einstieg in eine Welle verpasst. Ihr Vater ruft ihr immer wieder zu, sich Zeit zu lassen. Irgendwann ignoriert sie seine Zurufe und folgt ihrem eigenen Gefühl. Von ganz alleine kommt sie in Einklang mit dem Meer, findet den richtigen Zeitpunkt, aufs Brett zu steigen, und lässt sich von den Wellen weit bis an den Strand tragen. Schließlich reiht sich ihr Vater mit strahlender Miene wieder in den Kreis der anderen Eltern ein. Er ist zufrieden mit sich. Sein Zuspruch hatte Erfolg.

Nach einer Lunchpause fahre ich auf direktem Weg zur Mission San José. Sie liegt nicht etwa im Zentrum der gleichnamigen Stadt, wie man annehmen könnte, sondern weiter nördlich in Fremont. 1797 wurde sie im Dorf Oroysom der Muwekma-Ohlone gegründet. Hier gab es reichlich fruchtbares Land und Menschen, die in das Missionssystem eingebunden werden konnten. 1831 lebten in seinem Einzugsbereich etwa zweitausend Menschen.

Die ursprüngliche Kirche aus Lehmziegeln wurde 1868 durch ein Erdbeben zerstört und 1982 wieder instand gesetzt. Ihr Innenraum konnte so restauriert werden, wie er vor dem Erdbeben gestaltet war. Regelmäßig feiert die örtliche Gemeinde hier ihre Gottesdienste. Anders als in San Carlos Borroméo, San Luis Obispo, Soledad und San Miguel Arcángel finde ich in Santa Cruz und San José keinen Zugang zum spirituellen Fundament der Missionskirchen. Ich kann ihre Wurzeln nicht erspüren. Möglicherweise liegt es daran, dass über die Jahrhunderte viel von ihrem Originalzustand verloren ging.

Vielleicht bin ich heute auch zu sehr abgelenkt. Es fällt mir schwer, in Andacht zu gehen, da ich immer wieder an meine zerbrochene Beziehung denken muss und Gefühle von Enttäuschung, Ärger und Wut in mir aufsteigen. Ich bin wütend auf mich selbst, dass ich mich so täuschen ließ. Ich bin wütend auf diese Frau, die mir so lange Hoffnungen gemacht hatte. Doch meine Wut tut mir auch gut. Sie hat eine heilsame, reinigende und loslösende Wirkung.

Auf einem Pult liegt ein aufgeschlagenes Altarbuch. Ich hatte mir angewöhnt, beim Besuch einer Kirche die beiden offenen Seiten zu lesen. Heute finde ich hier den Psalm 126:

Ein Lied im höhern Chor. Wenn der HERR *die Gefangenen Zions erlösen wird, so werden wir sein wie die Träumenden.*

Dann wird unser Mund voll Lachens und unsere Zunge voll Rühmens sein. Da wird man sagen unter den Heiden: Der HERR *hat Großes an ihnen getan!*

Der HERR *hat Großes an uns getan; des sind wir fröhlich.*

HERR, *bringe wieder unsere Gefangenen, wie du die Bäche wiederbringst im Mittagslande.*

Die mit Tränen säen, werden mit Freuden ernten.

Sie gehen hin und weinen und tragen edlen Samen und kommen mit Freuden und bringen ihre Garben.[103]

Und so bete ich, dass meine angestauten Gefühle, die noch in meinem Inneren gefangen sind, einen Weg nach außen finden mögen, damit sich der frei gewordene Raum wieder mit Freude füllen und ich meine Fülle leben kann. Als ich wieder ins Freie trete, erschlägt mich sengende Mittagshitze.

Im nahegelegenen Café mache ich Rast. Ein eiskalter Kaffee erfrischt mich und lässt meine Emotionen abkühlen.

Meine letzte Station ist heute die Mission Santa Clara de Asís. Sie ist die achte Mission, die ich auf meiner Pilgerreise besuche, und wurde als achte der einundzwanzig kalifornischen Missionen im Jahr 1777 gegründet. Es ist die erste Mission, die einer Frau gewidmet wurde. Die heilige Klara war eine frühe Weggefährtin des heiligen Franziskus und stammte wie er aus Assisi. Während Klara jedoch aus einer adeligen Familie kam, gehörte Franziskus als Kaufmann zur damaligen Unterschicht. Ein öffentlicher Umgang miteinander war ihnen dadurch unmöglich, es sei denn, sie lösten sich aus dem Sozialgefüge der damaligen Feudalgesellschaft heraus. Der Streit darüber, ob die beiden lediglich in tiefer religiöser Freundschaft miteinander verbunden waren, oder ob ihre Beziehung zeitweilig sexueller Natur oder eine Geschichte von abgewiesener oder unerfüllter Liebe war, dauert bis heute an. Es gibt einen umstrittenen Traum von Klara, der durch Filippa, eine Mitschwester, im Heiligsprechungsprozess bezeugt worden ist. Klara hatte ihr den Inhalt des Traumes geschildert.

> *Beim heiligen Franziskus angekommen, berührte dieser eine Brustwarze an seiner Brust und sagte zu mir: ‚Komm, nimm und sauge!' Als ich dann gesaugt hatte, redete mir Franziskus zu, ich dürfte noch einmal saugen. Was ich aus der Brust sog, war so süß und köstlich, daß ich es auf keine Weise beschreiben könnte.*[104]

Es gibt Theologen, die eine Romanze schon deshalb für unmöglich halten, da Klara zwölf Jahre jünger als Franziskus war. Doch als sie am Palmsonntag 1211 ihr wohlhabendes Elternhaus verließ, um ihm zu folgen, war er dreißig und sie achtzehn Jahre alt.

In einer Nebenstraße finde ich einen Parkplatz und mache mich zu Fuß auf den Weg zum Campus der Santa Clara University, wo sich die alte Mission befindet. Das Unigelände erinnert mich in seiner Bauweise an Stanford. Die ockerfarbenen Gebäude mit Dächern aus roten Adobe-Ziegeln sind umgeben von einer kleinen Parkanlage aus Blumenstauden und Palmen. Der Campus hat eine beruhigende Wirkung auf meine Seele und meinen Geist. Wie jener in Stanford ist er für den öffentlichen Autoverkehr gesperrt. Ich laufe am Ricard Observatory vorbei, einer historischen Sternwarte, die zwischen 1890 und 1930 gebaut wurde. Sie erinnert mich an die alte Sternwarte auf dem Königstuhl in Heidelberg, die ich erst im letzten Winter für mich entdeckte. Brisa hatte mich auf einem Spaziergang durch den verschneiten Winterwald hingeführt. Wir schlüpften durch ein Loch im Zaun, ohne zu wissen, dass das Haupttor für Besucher geöffnet war. Eine dicke Schneedecke lag auf dem Gelände, den Ästen der Bäume und den Kuppeln der Observatorien. Sie verlieh dem Ort etwas Außerirdisches. Es war ein zauberhafter Nachmittag voller Magie. Die Erinnerungen daran besänftigen mein Gemüt, in dem heute so viel Ärger hochgekommen war. Sie versöhnen mich wieder mit mir. In Santa Clara ist es warm und rote Rosen blühen ringsherum. Ich genieße den spätsommerlichen Nachmittag und lasse mich durch meine Augen und meinen Instinkt durch das Gelände führen. Wie gerne würde ich vieles von dem, was ich unterwegs sehe und erlebe, mit einer Frau an meiner Seite teilen.

Bald darauf erreiche ich die Mission. Im offenen Hof wird gefeiert. Die Gäste sind festlich gekleidet. Beim Vorbeigehen blicke ich durch die geöffneten Fenster eines Saales, bewundere die festlich gedeckten Tische und Stühle, deren Lehnen mit Hussen aus feinem Stoff überzogen sind. Zielstrebig gehe ich weiter zur Missionskirche und betrete den Innenraum. Wieder einmal erscheine ich auf einer Hochzeit in jenem Moment, als das Brautpaar fotografiert wird. Routiniert schließe ich mich dem Berufsfotografen an und mache eine eigene Serie, nicht ohne das junge Paar vorher um Erlaubnis zu bitten. Die beiden sind heute auf „Ja" eingestimmt und ermuntern mich sogar: „Ja, sehr gerne!" Mit diesem Freibrief gerate ich jedoch in die Schusslinie des Profis, der mich höflich bittet, zur Seite zu treten bis er seine Arbeit getan hat. Ich mache Fotos wie im Rausch. Es ist meine vierte Hochzeit auf dieser Reise. Mir ist, als hätten meine Gedanken an vergangene Liebesbeziehungen und mein unermüdliches Fotografieren ein magisches Feld um mich herum aufgebaut. Eine Kombination aus diesen beiden Elementen zieht mich auf geheimnisvolle Weise an. Sind es meine Gedanken und Gefühle, die diese Situationen herbeirufen?

Für die letzten Bilder posiert das Brautpaar außen vor dem Eingang. Ich fotografiere die beiden aus dem Dunkel des Innenraums durch das geöffnete Portal. Wie in einem Scherenschnitt sieht man im Gegenlicht nur die Silhouette des einander zugewandten Paares. Braut und Bräutigam halten ihre Köpfe leicht geneigt und blicken voller Hingabe auf den Brautstrauß, den er in seinen Händen trägt. Dieses Bild bringt mich fast aus der Fassung.

Ich beende meine heutige Mission und fahre zu einem Motel am Camino Real. Bereits am Vormittag hatte ich es per Internet gebucht. Einen Block weiter finde ich ein Sushi-Restaurant. Heute Abend möchte ich mich wenigstens mit meinem Lieblingsessen verwöhnen. Das Lokal ist gut besucht von jungen Leuten, die paarweise oder in Gruppen die Tische besetzen. Ich bestelle ein preisgünstiges Menü und erhalte eine riesige, typisch amerikanische Portion, die ich vollständig verzehre. Mir wird klar, warum so viele junge Gäste hier speisen. Schon als ich zahle, liegt mir der rohe Fisch schwer im Magen. Aber wirklich gesättigt bin ich immer noch nicht. Meine Seele ist es, der es an Nahrung mangelt. Dieses Bedürfnis möchte auf andere Weise gestillt werden. Also gehe ich tiefer in mich hinein und frage mein inneres Kind, was es braucht. Es verlangt nach Musik, nach leisen Tönen und ausgleichenden Harmonien, um wieder innere Ruhe zu finden.

Die Seele der Gitarre

Nach dem Abendessen fahre ich in einen Supermarkt für Musikinstrumente in der Nähe des Motels. Dort hoffe ich meine Seele durch Gitarrespielen mit Nahrung zu versorgen. Als ich das Geschäft betrete, läuft im Hintergrund „Black Magic Woman"[105], während sich ein Kunde darum bemüht, dem Original nachzueifern. Das Gitarrensolo von Carlos Santana vermischt sich mit den ersten Gehversuchen eines E-Gitarristen. Andere Kunden ignorieren die Musik aus den Lautsprechern und klampfen selbstversunken Riffs und Akkordfolgen vor sich hin, die mal verzerrt, mal in klaren Tönen den Raum zerteilen. Aus der Schlagzeugabteilung dringt das Stampfen einer Basstrommel. Die akustische Verschmutzung im Eingangsbereich ist kaum zu ertragen. Fluchtartig durchquere ich den klangverseuchten Hauptverkaufsraum und ziehe mich in die Abteilung für akustische Gitarren zurück. Sie ist durch eine Tür abgetrennt, die auch stets geschlossen gehalten wird, denn eine spezielle Klimaanlage sorgt dafür, dass die Luft zur Erhaltung der Holzinstrumente konstant auf einer Temperatur von 20 Grad und bei einer optimalen relativen Feuchtigkeit von 55 Prozent gehalten wird.

Ich musste selbst erfahren, wie empfindlich Gitarren auf Luftveränderungen reagieren können. Die Holzdecke meiner alten Flamenco-Gitarre war auf dem Rücktransport im Container von Kalifornien nach Deutschland an zwei Stellen aufgerissen. Das Holz war überfordert von den starken Temperaturunterschieden zwischen Tag und Nacht und der hohen

Luftfeuchtigkeit auf See und im tropischen Panamakanal. Ich musste lange suchen, bis ich einen Gitarrenbauer fand, der bereit war, sie von innen zu flicken und mit zusätzlichen Leisten zu stützen. Dabei hatte sie zuvor in ihrem Gitarrenleben schon anderes überstanden. Eine Freundin war mit ihr vom Rad gestürzt, doch wie durch ein Wunder brach dabei nur ein kleines Stück Holz aus dem Kopf der Gitarre. Bei einer feuchtfröhlichen Party kippte mir jemand betrunken ein Glas Whiskey ins Schallloch, um meinem Spiel ein Ende zu setzen. Doch weder diese Verletzungen noch die beiden Risse im Korpus konnten den Klang der Gitarre zerstören. Ihre Seele blieb über all die Jahre ungebrochen.

Diese Gitarre bedeutet mir sehr viel. Als Schüler arbeitete ich in den Ferien nachts in der Druckrotation der lokalen Tageszeitung „Die Glocke"[106] in Oelde. Damals mussten die gedruckten Zeitungen noch per Hand aus der Maschine in Empfang genommen werden. Ein Kettentransportsystem, das die Zeitungen automatisch weiterbeförderte und in abgezählte Stapel bündelte, gab es damals noch nicht. Zu zweit griffen wir abwechselnd in den Fluss der herausströmenden Zeitungen und schnappten uns die nächsten 25 Exemplare, drehten uns um 180 Grad und legten sie auf einen Tisch hinter uns, wo sie von einem anderen Mitarbeiter abgezählt und zusammengeschnürt wurden. Es war eine harte Arbeit in dem Höllenlärm, der nur mit Ohrschützer zu ertragen war. Der Druck erhöhte sich, wenn sich die Zeitung verspätete und die Stückzahl pro Stunde erhöht wurde. Nach zwanzig Minuten war ich so fertig, dass ich eine Pause brauchte und ausgewechselt werden musste. Ich nahm die Plackerei auf mich, denn die Nachtarbeit wurde gut bezahlt. Von dem Geld kaufte ich mir einen lang ersehnten Gitarrenverstärker. Doch meiner ersten Akustikgitarre, die ich mit einem Tonabnehmer im Schallloch aufrüstete, vermochte ich nicht jene Klänge zu entlocken, die Carlos Santana und Jimi Hendrix aus ihren Instrumenten hervorzauberten. Deshalb tauschte ich den nur wenig benutzen Verstärker bald danach gegen jene Flamenco-Gitarre ein und frönte meiner Faszination für Flamencomusik und Spieler wie Manitas de Plata, den Mann mit den Silberhändchen.

In der Akustikabteilung des Supermarktes wähle ich eine Gitarre mit Nylonsaiten und beginne mit „Spanish Caravan"[107] von den Doors. Doch auch mit „Stairway To Heaven"[108] von Led Zeppelin oder „Hotel California"[109] von den Eagles gelingt es mir nicht, meine innere Unruhe an diesem Abend zu vertreiben. Der Laden ist dafür nicht mehr geeignet. Seitdem er vor einigen Jahren umgezogen ist, hat er seine Anziehungskraft und Atmosphäre verloren. Heute ist er nur noch ein Supermarkt für Gitarren und andere Instrumente. Meine Seele kann hier nicht finden, was sie braucht. Bald verlasse ich das Geschäft und ziehe mich enttäuscht ins Motel zurück. Nach einer kurzen Nacht bin ich am nächsten Morgen körperlich erschöpft. Ich habe nicht genug geschlafen, meiner Seele mangelt es immer noch an Trost und Nahrung. Zum Glück gibt es im Silicon Valley immer noch Gitarrengeschäfte, die ihre Seele aus den Gründerjahren in den Sechzigern bis heute erhalten konnten.

Über die State Route 17 fahre ich von Santa Clara Richtung Süden nach Santa Cruz. In der Nähe des Highways gibt es einen Gitarrenladen, der meinen Bedürfnissen mehr entspricht. Es ist Sonntag, im Verkaufsgebäude haben sich erst wenige Kunden eingefunden. Im Erdgeschoss findet man Gitarren, Bässe, Verstärker und Schlagwerk. Eine Wand ist vollgehängt mit Ukuleles. Während einer Geschäftsreise vor drei Jahren hatte ich hier eine Ukulele erworben, die in Hawaii hergestellt worden war. Das seltene Holz der Koa-Akazie ist ausdrucksstark geflammt und entwickelt seinen Klang erst allmählich beim Spielen. Die Seele einer Koa-Ukulele braucht Zeit, um sich zu entfalten und den hölzernen Klangkörper auszufüllen.

Heute gehe ich ins Obergeschoss, wo die akustischen Gitarren ausgestellt sind. Vor fünfzehn Jahren hatte ich hier eine Konzertgitarre gekauft. Auch sie litt später unter dem Transport auf hoher See. Im Februar des darauffolgenden Jahres – die Luft war in diesem Winter extrem trocken – saßen wir gerade am Wohnzimmertisch und tranken mit Freunden Kaffee, als sich der Steg mit einem lauten Knall von der Gitarrendecke löste. Glücklicherweise ließ sich der Schaden ohne Klangverlust beheben. Seitdem befindet sich in meinem Wohnraum ein Messgerät für Luftfeuchtigkeit und ein Luftbefeuchter, den ich bei extremer Trockenheit in Betrieb nehme. Davon profitieren nicht nur die Gitarren.

In der Akustikabteilung entdecke ich eine Gitarre mit Nylonsaiten. Ihr flacher Körper liegt gut in meinen Händen. Diese Gitarre ist schon lange auf meiner Wunschliste. Sie ist nicht nur wunderschön anzusehen, sondern klingt auch fabelhaft und kann über ein Spezialkabel direkt an einen Synthesizer angeschlossen werden, der den Klang der Gitarre nach Wunsch in den einer Flöte, einer Violine, eines Saxophons oder einer Orgel verwandelt.

Der Verkaufsmanager für Akustikgitarren spricht mich an und fragt, ob er mir weiterhelfen könne. Ich sage ihm, dass ich die Gitarre gerne ausprobieren möchte. Er führt mich an das Ende des langen Ausstellungsraumes, wo die Akustik-Verstärker stehen, und wählt für mich einen passenden aus. Dann hilft er mir noch, eine angenehme Klangeinstellung zu finden, senkt die Höhen ein wenig, erhöht den Chorus-Effekt und überlässt mich dann meinem Spiel.

Die Gitarre in Kombination mit dem Verstärker erzeugt einen wunderbar warmen und brillanten Ton, der meinen Körper wohlig durchdringt. Die Einstellung unterstützt ein filigranes Spielen ebenso wie schlagkräftige Akkorde. Diese Möglichkeiten inspirieren mich und ich spiele alles, was mir in den Sinn kommt: „Heart of Gold"[110], „The Needle and the Damage Done"[111] und „Old Man"[112] von Neil Young.

Ich spiele auch die Stücke, die ich gestern Abend im Supermarkt angefangen hatte. Von Clapton gelingt mir nur noch „Layla"[113]. „Tears in Heaven"[114] habe ich leider wieder vergessen: Ich kann nicht nach Noten spielen und es dauert immer eine Weile, bis ich ein Stück einstudiert habe und auswendig spielen kann. Wenn ich es nicht oft genug wiederhole, vergesse ich es wieder und muss von vorne anfangen.

Das Spielen und der Klang der Gitarre nähren meine Seele. Sie bringen meine Emotionen zur Ruhe und ich tanke wieder auf. Als ich nach einer guten Stunde die Gitarre zurückgebe, geht es mir deutlich besser. Ich bedanke mich bei dem Manager und erkläre ihm, dass ich schon öfters hier gewesen bin, aber dieses Mal leider nichts mitnehmen kann. Und obwohl ich weder etwas kaufe noch zu kaufen beabsichtige, bedankt er sich für mein Spielen und wünscht mir eine gute Reise. Die Mitarbeiter in diesem Geschäft sind selbst erfahrene Musiker und gehen mit ihren Kunden ebenso fachkundig und höflich um, wie sie es selbst als Kunden erfahren möchten.

Zum Abschluss meines Besuches streife ich noch einmal durch den Laden und mache Fotos. In einem Nebenraum demonstriert gerade ein Mitarbeiter einem Kunden die Klangeffekte eines Gitarrenverstärkers. Der Verkäufer kennt den Verstärker in all seinen Funktionen und weiß, wie er ihn einstellen muss, um einen bestimmten Klang zu erzeugen. Mit einer E-Gitarre in der linken Hand, dreht er mit der rechten an den Knöpfen des Verstärkers und erklärt dem Kunden:

"Wenn du Santana magst, dann stell' Volume 1 und 2 auf 8, Master auf 2, Treble auf 7, Bass auf 2, Middle auf 7 und Presence auf 4."

Und schon spielt er das unverwechselbare Anfangssolo von „Black Magic Woman"[115].

Das Licht macht den Unterschied

Als ich nachmittags am Pigeon Point Lighthouse Hostel ankomme, ist bereits viel Betrieb in der Rezeption. Das Büro hat gerade erst geöffnet, und so reihe ich mich ein in die Warteschlange und beobachte den Mann hinter dem Tresen, der die Gäste eincheckt. Er ist groß und von schlanker Gestalt. Sein Gesicht und seine Hände sind wettergegerbt. Ein Strahlen geht aus von diesem Mann. Er ist freundlich, hilfsbereit und die Ruhe selbst. Sein Gleichmut erfüllt mich. Ich werde ruhig und gelassen, wenn ich ihn nur ansehe und ihm zuhöre. So habe ich mir immer einen Mann vorgestellt, der in Leuchttürmen oder an Deichen Wache hält, einen Mann, den nichts aus der Fassung bringt, selbst wenn Naturgewalten auf ihn einwirken. Er bleibt geduldig, denn die Erfahrung, dass Wetter und Stimmungen sich in einem fortwährenden Wandel befinden, hat er in seinem Wesen verinnerlicht. Es gibt keinen Grund, sich darüber aufzuregen, wenn der Wind und die Wellen an die Küste aufschlagen oder Dunkelheit und Nebel die Sicht einschränken. Zugleich ist er in seiner Gelassenheit allzeit wachsam und weiß, wann es Zeit ist, zu handeln und das Richtige zu tun.

Als ich an der Reihe bin und nach vorne trete, kommt plötzlich ein weiterer Gast von draußen herein und drängt mich zur Seite. Ich fühle mich brüskiert von seiner Art, doch Brian, so heißt der Herbergsvater, erläutert in ruhigem Tonfall, dass der Mann bereits vor mir da war und nur noch etwas aus seinem Fahrzeug holen musste. Er bittet um Verständnis und Geduld. Ich fühle mich besänftigt und trete wieder zurück in die Warteschlange. Brian bedient den Neuankömmling ebenso freundlich wie die Gäste zuvor. Das Gesicht des Neuen ist ausgemergelt, sodass die Kieferknochen hervorragen. Er wirkt rastlos und zerfahren. Seine Haare sind ungepflegt und seine Finger dreckig. Es geht ein übler Geruch von ihm aus.

Seine Jacke und seine Hose haben schon lange keine Reinigung mehr gesehen. Er möchte zwei Nächte bleiben, doch als er den Preis erfährt, ist er überrascht und entscheidet sich für nur eine Übernachtung. Brian überreicht ihm den Zimmerschlüssel, für den ein Pfand von 20 Dollar zu entrichten sei, der bei Rückgabe natürlich erstattet würde. Doch Frank, der Mann vor mir, ist misstrauisch. Er verlangt von Brian, dass er hinten auf der Quittung handschriftlich vermerke: eine Übernachtung 30 Dollar, Schlüsselpfand 20 Dollar. Ich verfolge, wie Brian ihm weiter in aller Ruhe erklärt, wo sein Schlafraum zu finden sei. Dann bin ich an der Reihe und Brian bedankt sich erneut bei mir für meine Geduld.

Die Anmeldeprozedur wiederholt sich. Ich lande im gleichen Raum wie Frank. Unbehagen steigt in mir hoch und ich frage Brian, ob er einen anderen Raum für mich habe. Doch er verneint und kann mir keine Alternative anbieten. Mittlerweile hat mich seine Gelassenheit angesteckt und ich gebe innerlich auf, gegen seine Entscheidung zu protestieren. Dennoch spüre ich ein Bedürfnis nach Sicherheit und frage, ob ich ein Schloss für ein Fach bekommen könne, um meine Wertsachen zu sichern. Brian meint, dass sie normalerweise keine Schlösser bereitstellten, aber er hätte einige vorrätig und könne mir eines davon leihen. Und so gehe ich mit dem Schloss und meiner Bettwäsche ins Nachbarhaus, wo sich mein Schlafraum befindet, den ich mit Frank und vier weiteren Männern heute Nacht teilen soll. Zwei Betten sind bereits bezogen. Ich wähle das untere eines freien Doppelstockbetts und beginne damit, das Bettlaken überzuziehen.

Im gleichen Moment klopft es an der Tür. Ich öffne. Davor steht eine Frau, die offensichtlich verärgert, vor allem aber hilflos ist. In ihrem Zimmer habe sich ein Mann auf ihr Bett gelegt. Sie bittet mich, ihr dabei zu helfen, ihn wieder aus dem Zimmer zu bekommen. Ich gehe mit ihr in den Frauenschlafraum, und da liegt tatsächlich Frank mit seiner dreckigen Kleidung ausgestreckt auf einem frisch bezogenen Bett. Als ich ihn erblicke, erwäge ich bereits, die Jugendherberge zu verlassen und ein neues Nachtquartier zu suchen. Doch vorerst bleibe ich ruhig, denn er hat sich ja nicht auf mein Bett gelegt. Noch bevor ich Frank anspreche, kommt auch schon Brian über den Flur zum Ort des Geschehens. Er ist von einer anderen Frau zu Hilfe gerufen worden. Ich bewundere Brian, der bei alledem die Ruhe bewahrt, Frank weckt und ihn höflich, aber bestimmt darum bittet, den Frauenschlafraum zu verlassen und ein Bett nebenan im Männerzimmer zu belegen. Schlaftrunken und ohne Protest steigt Frank aus dem Bett und verlässt den Raum.

Brian und ich schauen uns an. Ich sage ihm, dass ich mich sehr unwohl fühle. Und mein Unbehagen findet nun sein Verständnis. Er erwidert, dass er mich in einem anderen Zimmer unterbringen wird. Im Büro erhalte ich einen neuen Schlüssel für einen bisher unbelegten Raum, in dem ich heute Nacht alleine übernachten werde. Ich bin erleichtert und froh über sein Entgegenkommen und bedanke mich, weil ich mich nun viel besser und vor allem sicherer fühle. Brian erklärt mir, dass er dazu verpflichtet sei, den Mann aufzunehmen und dass er ihn nur verweisen könne, wenn es dafür ausreichend Gründe gäbe. Wenn er frei entscheiden könnte, hätte er ihn von Anfang an nicht aufgenommen. Ich respektiere seine Verpflichtung, und auch den kleinen Haken: Mein neues Zimmer befindet sich im Haus der Mitarbeiter, deren Küche ich nicht mitbenutzen kann. Ich muss die Küche mit Frank und den anderen Gästen im Nachbarhaus teilen.

Da ich mich in der Jugendherberge selbst versorge, habe ich für die nächsten Tage einige Lebensmittel eingekauft. Und so teile ich meinen Proviant in zwei Tüten auf, wobei ich den größten Teil in meinem Schlafzimmer deponiere. Nur die verderblichen Produkte werde ich im Kühlschrank der Gemeinschaftsküche aufbewahren. Als ich dort ankomme, hat Frank bereits angefangen zu kochen. Während er mit seinen ungewaschenen Händen hantiert und Pfannkuchen

in ranzigem Öl brät, murmelt er: „Das ist richtiges Essen!".
Ein unappetitlich riechender Qualm durchzieht den Raum,
mir wird übel und ich verschiebe mein Kochen auf einen
späteren Zeitpunkt. Nach einer Stunde komme ich zurück
in die Küche, um die Lage zu sondieren. Frank ist immer
noch beschäftigt. Für heute Abend gebe ich das Kochen auf.
Stattdessen ziehe ich mich in mein Privatzimmer zurück,
esse einen Pfirsich und schmiere mir einen Doppeldecker aus
Vollkornbrot mit Erdnussbutter. Das muss für heute reichen.
Danach mache ich es mir auf dem Sofa im Wohnzimmer des
Mitarbeiterhauses gemütlich, knabbere gesalzene Nüsse und
trinke dazu Mineralwasser. Alkohol ist hier strikt verboten.
Währenddessen schaue ich meine Fotos an und wähle einige
davon für den Blog aus.

Nach einer Weile kommt Brian vorbei und berichtet mir, dass er Frank soeben aus der Herberge gewiesen habe. Die Beschwerden der anderen Gäste hätten im Laufe des Abends ein solches Ausmaß angenommen, das er autorisiert gewesen sei, ihn fortzuschicken. Auch wenn er dies in aller Gelassenheit erzählt, so spüre ich doch, dass auch er darüber erleichtert ist. Wir unterhalten uns noch ein wenig. Ich erfahre, dass Brian seit zehn Jahren hier arbeitet und mit seiner Familie in der Anlage lebt. Von seinen Kindern wohnen noch die beiden jüngeren hier.

Als junger Mann hatte er zur Grateful Dead Family gehört und war näher befreundet mit dem Gitarristen Jerry Garcia, dessen Musik ich sehr schätze. Seine Art zu spielen ist einzigartig. Man erkennt sein unverwechselbares Spiel, selbst bei Aufnahmen anderer Musiker. Brian empfiehlt mir das Album „Virgin Beauty"[116] von Ornette Coleman, auf dem Jerry Garcia als Gastmusiker mitspielt. Die Zeit mit den Grateful Dead sei wahrscheinlich die schönste in seinem ganzen Leben gewesen, gesteht er mir noch, bevor er den Raum wieder verlässt.

Vor dem Schlafengehen muss ich noch einmal an Frank denken. So unangenehm mir die Begegnung mit ihm war, bin ich ihm doch auch dankbar für sein Auftauchen, denn damit hatte er mir zu einem Einzelzimmer verholfen. Ich bin auch stolz auf mich, dass ich nicht gegen ihn protestiert hatte oder einfach davongelaufen war. Offenbar hat mich die Woche im Iknish Institute bereits verändert. Ich habe verstanden und nun auch erfahren, dass in jedem Schatten, der uns begegnet, immer auch ein Licht verborgen ist, das sich nur entfalten kann, wenn wir bereit sind, die dunkle Seite anzunehmen.

Am nächsten Morgen bringe ich alle meine Lebensmittelvorräte in die Gemeinschaftsküche des Nachbarhauses unter. Die meiste Zeit des Tages verbringe ich hier und im angrenzenden Wohnraum. Es ist ein grauer, nebeliger Tag, ein idealer Tag zum Schreiben, in dessen Verlauf ich noch weitere Gäste und ihre Geschichten kennenlerne.

Zunächst treffe ich Sabine, eine Lehrerin aus Hamburg, die ein Sabbatjahr genommen hat. In den letzten beiden Monaten war sie wie ich an der Westküste unterwegs gewesen und fliegt übermorgen wieder zurück nach Deutschland. Sie hat ein schlechtes Gewissen wegen Frank, der doch eigentlich unsere Hilfe gebraucht hätte. Doch ich erwidere, dass er auf mich nicht den Eindruck eines Menschen gemacht hätte, der Hilfe suchte. Am Nachmittag lerne ich Kevin kennen, einen jungen Mann, der aus Los Angeles kommt und schon über eine Woche hier wohnt. Er arbeitet in der Großküche eines Vergnügungsparks. Davor war er in einem Café einer Kaffeehauskette beschäftigt und ist dabei süchtig nach deren Espresso geworden. Als ehemaliger Mitarbeiter zählt er heute zu den besten Kunden, denn er braucht täglich mindestens drei Tassen davon. Zum Glück trifft er in den Cafés immer wieder alte Bekannte, die ihm freie Getränke geben. Für Mitarbeiter ist der Kaffee umsonst.

Am Abend koche ich Kartoffeln mit Rosenkohl und kandierten Walnüssen in einer süßsauren Sahnesauce. Das Essen reicht für zwei, und so lade ich Kevin zum Dinner ein. Beim Essen frage ich ihn, ob er anschließend mit in den Whirlpool geht. Bereits am frühen Morgen hatte ich den Termin zum Sonnenuntergang reserviert und brauchte noch mindestens eine Person, die mich begleitet, da der alleinige Aufenthalt im heißen Wasser aus Sicherheitsgründen verboten ist. Kevin ist glücklich über mein Angebot, er selbst hatte sich nicht getraut, jemanden anzusprechen.

Nach dem Essen gehen wir zum Badehaus am Ende der Landzunge. Im Innenraum ziehen wir uns nacheinander um, denn im Unterschied zum Iknish Institute trägt man hier Badebekleidung, und betreten danach die Terrasse auf der Rückseite. Dort oberhalb der Klippen befindet sich der Whirlpool. Wenn auch die anhaltenden Nebelwolken die untergehende Sonne verbergen, so ist es doch wundervoll, in dem heißen sprudelnden Wasser zu sitzen, auf das Meer hinauszuschauen, die hohen Wellen zu verfolgen, die auf die vorgelagerten Felsen auflaufen, und zu beobachten, wie die Gischt weit in die Höhe spritzt. Während Kevin Geschichten aus dem Alltag des Vergnügungsparks erzählt, bricht die Dämmerung herein und hüllt den Schaum der Wellenkronen mehr und mehr in Zwielicht. Nur das Geräusch der Brandung dröhnt unvermindert vom Fuße der Klippen hoch, auf deren Spitze wir in einer Badewanne sitzen. Nach einer halben Stunde ist unsere Zeit vorbei und wir müssen den nächsten Gästen Platz machen. Zum Abduschen gibt es nur einen Brauseschlauch mit kaltem Wasser. Doch die Abkühlung nach dem heißen Bad tut gut, verschließt die Poren und hält die Wärme im Körper. Danach ziehe ich mich zum Schlafen zurück und genieße ein weiteres Mal den Luxus, alleine in einem Mehrbettzimmer zu übernachten.

Am nächsten Morgen mache ich ein Panoramafoto von der Pool-Terrasse aus. Ein Mitarbeiter, der den Whirlpool betreut, schließt für mich auf und entfernt auch den Deckel, der nachts das Becken verdeckt. Er kümmert sich vor allem darum, dass der Wasserstand ausreichend hoch ist, denn wie er aus Erfahrung wisse, kann schon einiges heraus geplanscht werden, wenn zwanzig Leute hier nacheinander baden. Und so füllt er zur Versorgung des Pools das verloren gegangene Wasser mit einem Schlauch wieder nach. Ich bin froh, dass ich gerade vom Duschen komme und mich bereits frisch und sauber fühle. Im Iknish Institute wurden die Becken regelmäßig geleert und gereinigt.

Schon lange war es mein Traum gewesen, einmal in der Nähe eines Leuchtturms zu übernachten. Nun war er Wirklichkeit geworden. Während meines Aufenthaltes hier fotografiere ich das Pigeon Point Lighthouse ausgiebig von allen Seiten, zu jeder Tageszeit und bei jedem Wetter. Bald schon habe ich meine Lieblingsmotive gefunden, die ich immer wieder vom gleichen Standpunkt, aus derselben Perspektive, doch zu verschiedenen Tageszeiten und bei ganz unterschiedlichen Lichtverhältnissen aufnehme. Ich bin fasziniert davon, wie stark sich mit dem Licht auch die Stimmung eines Motivs verändern kann. Das Licht macht den Unterschied.

Ein Piano am Strand

Man weiß nie, wie schnell das WLAN in der nächsten Herberge sein wird. Deshalb nutze ich die ausgezeichnete Verbindung am Pigeon Point Lighthouse für das Hochladen von Fotos in meinen Blog, bevor ich zum Point Montara Lighthouse Hostel weiterreise, das etwa fünfzig Kilometer nördlich ebenfalls am Highway 1 liegt.

Gegen 11:00 Uhr, pünktlich zum Check-out, verlasse ich die Herberge und starte vorerst in Richtung Süden, denn bis zum nächsten Check-in in Montara um 15:30 Uhr habe ich genug Zeit, um etwas zu unternehmen. Etwa zehn Kilometer weiter südlich befindet sich der Año Nuevo State Park, ein Naturschutzgebiet, in dem man Seeelefanten beobachten kann. An der Einfahrt informiere ich mich beim wachhabenden Ranger. Zurzeit befänden sich etwa 150 Jungtiere an der Küste, die man über einen fünf Kilometer langen Fußweg erreiche. Die großen Bullen seien jedoch noch nicht anzutreffen, die kämen erst Anfang Dezember. Der Eintritt koste zehn Dollar. Ich verzichte unter diesen Umständen auf einen Besuch.

Zurück auf dem Highway 1 passiere ich erneut Pigeon Point und biege etwa zehn Kilometer weiter nördlich rechts ab in eine Seitenstraße, die zum nahegelegenen Ort Pescadero führt. Er ist die einzige größere Ansiedlung weit und breit. Hier geht Brians jüngste Tochter zur Schule, die er jeden Tag mit dem Auto hinbringt, weil kein Schulbus verkehrt. Das Leben einer Familie an einem Leuchtturm hat sich im Laufe der Zeit nur wenig geändert. Es ist heute immer noch eine Herausforderung, vor allem für Heranwachsende.

In Pescadero scheint es einem, als wäre die Zeit stehengeblieben. Man fühlt sich um hundert Jahre zurückversetzt. Lediglich die Autos, die hier parken und durchfahren, erinnern daran, dass wir bereits im 21. Jahrhundert leben. Wer einmal hierher findet, sollte unbedingt Rast machen in Duarte's Tavern, die direkt an der Hauptstraße liegt und nicht zu übersehen ist. Das Geschäft wurde 1894 von Frank Duarte als Wirtshaus, Whisky-Brennerei und Friseurladen gegründet. In den Sechzigern wurde das beliebte Wirtshaus bereits in dritter Generation betrieben. Lynn Duarte experimentierte damals mit Rezepten für eine Artischockensuppe. Was ihr damals gelang, ist heute immer noch einzigartig. Die Stadt Castroville, etwa hundert Kilometer weiter südlich an der Monterey Bay, beansprucht für sich, das Artischockenzentrum der Welt zu sein, aber eine Suppe wie bei Duarte's haben sie dort nicht zu bieten. Als ich dort eintreffe, ist gerade Mittagszeit, und so setze ich mich an die Bar gegenüber der Küche und bestelle einen Teller dieser legendären Suppe:

Duarte's Artischockencremesuppe[117]

Zutaten (4 Portionen)
- 8 große Artischocken
- 1/2 TL Salz
- 1/2 TL weißer Pfeffer
- 2 Knoblauchzehen, zerdrückt
- 2 EL Olivenöl
- 2 EL Zitronensaft
- 1/2 Liter Hühnerbrühe
- 1 kleine gewürfelte Zwiebel
- 30g Maisstärke verrührt mit 60ml warmem Wasser
- 1/8 Liter Sahne

Zubereitung (etwa 1 Stunde)
1. Die Stiele der Artischocken kürzen, bis diese sicher auf ihren Böden stehen. Von den Spitzen der Disteln etwa 2cm abschneiden und alle harten Blätter entfernen. Die Blätter unter fließendem kalten Wasser auseinanderdrücken und mit einem Schälmesser die kleinen scharfkantigen Blätter und stacheligen Drosseln aus der Mitte schneiden. Danach die Blätter wieder zusammendrücken.
2. 5cm Wasser in einem ausreichend breiten Topf zum Kochen bringen und Salz, Pfeffer, Knoblauch, Olivenöl und Zitronensaft dazufügen. Die Artischocken kopfüber in das Wasser geben und etwa 30–40 Minuten kochen, bis sie weich, aber nicht matschig sind. Nach dem Abkühlen die Blätter entfernen, die getrennt mit einer Lieblingssauce serviert werden können.

3. Die Hühnerbrühe in den Topf geben und die Artischockenherzen mit einem Stabmixer pürieren. Die gewürfelte Zwiebel hinzugeben, die Suppe zum Kochen bringen und 5 Minuten köcheln lassen. Danach die Maisstärkenmischung in die siedende Suppe geben, bis diese in gewünschtem Maße andickt.
4. Den Herd ausschalten und die Sahne dazurühren.

Das letzte Mal war ich vor drei Jahren während einer Geschäftsreise bei Duarte's, nachdem ich zuvor die hawaiianische Ukulele erworben hatte. Während ich damals auf meine Suppe wartete, unterhielt ich mich mit einem anderen Gast, der neben mir an der Theke saß. Er bot mir an, mich zur örtlichen Radiostation zu bringen, die ein Freund von ihm betrieb. Ich könne dort etwas auf meiner Ukulele spielen und zum Programm beitragen. Doch leider hatte ich das Instrument bereits im Hotel deponiert, um es vor der Hitze im Auto zu schützen.

Endlich kommt meine Artischockensuppe. Sie ist so ausgezeichnet wie immer, der pure Gaumengenuss. Bevor ich das Restaurant verlasse, schaue ich noch ein letztes Mal in den Gastraum und bewundere die alte Bar aus dunklem Holz mit ihren kunstvollen Schnitzereien und Spiegeln aus der Gründerzeit. Der Wirt mit seiner Lederschürze steht hinter der Bar und unterhält sich mit zwei Männern, die an der Theke sitzen und ihr Bier trinken. Sie tragen schmucke sandfarbene Cowboyhüte und kommen tatsächlich von einer Farm, auf der sie derzeit Weidezäune reparieren. Ich frage den Barkeeper nach dem nächstgelegenen Waschsalon Richtung Norden, und einer der Männer meint, dass ich in Half Moon Bay einen finden könne.

Anstatt direkt zum Highway 1 zurückzufahren, folge ich der Stage Road, der Hauptstraße des Ortes, weiter Richtung Norden. Über eine kurvenreiche und hügelige Strecke gelange ich zehn Kilometer weiter nach San Gregorio. Hier gibt es nur ein einziges Geschäft, das zugleich auch ein Café ist und seinesgleichen sucht. Es ist der San Gregorio General Store, der sich im historischen Gebäude der alten Post befindet. Das Sortiment in diesem Laden ist so ungewöhnlich, dass sich ein Besuch schon deshalb lohnt. Neben gelben Küchenhandschuhen und Spülbürsten hängen Handtaschen mit grellbunten Katzenköpfen. Tassen, die mit Portraits von bekannten Schauspielern oder Katzen bedruckt sind, stehen neben winzigen bemalten Gitarren aus Glas, die sich als Nachttischlampen entpuppen. Eine Herde von roten, gelben, blauen und lila Porzellankühen, die als Milchkännchen dienen, bevölkert ein ganzes Regalbrett. Man findet hier bunte Kerzen in Hühnerform neben Äxten und Schaufeln für den Farmbedarf. Kleine und große Kuscheltiere, ausgefallene Hüte und Pappschachteln in allen Farben teilen sich ein Regal mit regenbogenfarbenen Glasflaschen mit Bügelverschlüssen. Mitte der Neunziger war die Hälfte des Ladenlokals noch mit Bücherregalen bestückt. Heute werden nur noch wenige Bücher angeboten. Der Internet-Buchhandel hat auch das Leben auf dem Lande erreicht. Als Andenken kaufe ich mir eine graue Kappe mit der Aufschrift „San Gregorio". Sie wird jene orangefarbene und mittlerweile abgetragene Kappe ersetzen, die ich vor drei Jahren hier erworben hatte. Dann setze ich mich an die alte Bar, trinke eine Tasse Cappuccino und bestaune den Inhalt des wandfüllenden alten Barregals aus edlem Holz, das in seiner kunsthandwerklichen Ausführung jenes in Pescadero noch übertrifft.

Auf dem Weg nach Half Moon Bay halte ich oberhalb des Tunitas Creek Beach, um einen Blick in die pittoreske Bucht zu werfen, die durch einen Steilhang aus Sandstein begrenzt wird. Plötzlich entdecke ich ein altes Piano am Rande des Abhangs. Ich befreie es von einer Plastikplane, die es vor Regen schützen soll, setze mich auf den davorstehenden

Klavierhocker und klimpere auf den Tasten. Das Instrument ist gestimmt und sein Klang vermischt sich mit dem Rauschen des Windes und der Wellen. Während ich auf dem Klavier spiele, blicke ich hinaus aufs Meer und die unter mir liegende Bucht. Ich beobachte, wie die schäumenden Wellen auf dem weiten Sandstrand ausrollen, werde eins mit dem Naturschauspiel und verliere wieder einmal jedes Gefühl für Zeit.

In der ersten Februarnacht des Jahres 2013 hatte Mauro ffortisimo, ein Maler, Bildhauer und Musiker aus Half Moon Bay, bei dichtem Nebel ein altes Klavier an den Rand der Klippen befördert. Von da an spielte er jeden Tag bei Sonnenuntergang immer wieder eine Arabeske[118] von Robert Schumann. Täglich versammelten sich mehr Leute, um ihm zuzuhören, zunächst Freunde, Nachbarn und vorbeikommende Jogger, Radfahrer und Hundebesitzer. Soziale Medien, Radio und Fernsehen verbreiteten dann die Nachricht, bis Tausende vorbeikamen und schließlich die Behörden Mauro dazu aufforderten, das Piano wieder zu entfernen. Doch Mauro hatte ohnehin nicht vor, ewig dort zu spielen, sondern das hundertjährige Piano mit seiner langen Familiengeschichte in Würde sterben zu lassen. Am Valentinstag wurde es zur feierlichen Feuerbestattung in Brand gesetzt. Während einer letzten Improvisation entzündete Mauro das Piano, das Publikum trat zurück und die Versammelten verharrten schweigend in Andacht.

Zwei Monate später installierte Mauro zusammen mit Freunden zwölf ausgediente, aber wieder instandgesetzte und gestimmte Pianos entlang der San-Mateo-Küste, zwischen Gray Whale Cove und Año Nuevo Bay. Jedes dieser „Twelve Pianos" war Mittelpunkt einer Serie von Konzerten in freier Natur, die im Laufe des vergangenen Sommers bei Sonnenuntergang stattgefunden hatten. Seitdem stehen sie dort, soweit sie nicht in der Zwischenzeit zerstört oder gestohlen worden sind. Mauro sagte dazu:

„Die Menschen werden sie dort am Meeresufer finden und für die Wale spielen."[119]

Also widme ich mein Klavierspiel den Grauwalen, die zu dieser Jahreszeit auf ihrem Weg nach Süden hier vorbeiziehen. Dann schließe den Tastendeckel, decke das Instrument wieder ab und fahre weiter. In Half Moon Bay finde ich kurze Zeit später den Waschsalon, der mir in Pescadero empfohlen worden war. Eine Stammkundin hilft mir, die Geräte zu bedienen. Auf ihr Anraten wechsele ich an einem Automaten zunächst einen Fünfdollarschein gegen zwanzig 25-Centstücke ein. Ich starte die Waschmaschine mit zwölf Münzen und stelle überraschend fest, dass sie bereits nach einer Viertelstunde ihre Arbeit einstellt. Also frage ich die nette Dame, ob ich noch mehr Geld nachwerfen müsse. Doch sie beruhigt mich und meint, dass die Maschine so schnell gewesen sei, weil ich so viele Münzen eingeworfen hätte. Nach dieser Erklärung wundert es mich nicht, dass das Trocknen doppelt so lange dauert: Ich habe dafür nur halb so viele Münzen eingegeben.

Zufrieden mit meinem Tagwerk an Hausarbeit setze ich meine Fahrt fort und erreiche das Point Montara Lighthouse Hostel, als es seine Pforten nach der Reinigung der Anlage gerade wieder öffnet. Hier warten neue Herausforderungen auf mich. Die erste besteht darin, dass ich mir drei Zahlenkombinationen merken muss, zwei davon sind sogar sechsstellig. Es gibt in dieser Herberge keine Schlüssel. Ich brauche einen Code für die Haustür, einen für die Tür zum Schlafraum und einen für das Schloss meines Wertfaches. Meinen Schlafraum teile ich heute Nacht mit fünf weiteren männlichen Gästen.

Wir sind nicht allein

Um 5:00 Uhr in der Frühe werde ich mit Discomusik abrupt aus dem Schlaf gerissen. Ein durchdringender Beat treibt eine farblose Tonfolge vor sich her, bis diese jeden Winkel des Raumes eingenommen hat. Zwar ist die monotone Klangfolge nur von kurzer Dauer, aber sie wird unentwegt wiederholt. Die Musik kommt aus dem Wecker eines Mitbewohners und beendet meine Nacht im Männerschlafsaal des Point Montara Lighthouse Hostel.

Hier bin ich nicht allein.

Unausgeschlafen verlasse ich mein Bett. Mein Ärger hält sich in Grenzen, denn eine Stunde später wäre mein eigener Wecker angesprungen. Heute Morgen möchte ich Fotos vom Leuchtturm und der umliegenden Küste im Licht der aufgehenden Sonne machen. Genau besehen verschafft mir das vorzeitige Aufstehen sogar einen Vorteil: Ich habe die Dusche ganz für mich allein. Und so lasse ich das heiße Wasser ausgiebig über meine Haut fließen, heize meinen Körper auf und spüle die Müdigkeit aus meinem Kopf. Sonnenaufgang ist heute erst um 7:00 Uhr, mir bleibt noch genug Zeit zum Schreiben und zum Entspannen auf dem Sofa des Wohnraumes, in dem ich mich wie zu Hause fühle. Mein Geist öffnet sich und dehnt sich aus in diesem weiten, stillen Raum. Auch diesen habe ich am frühen Morgen ganz für mich allein.

Plötzlich betritt ein weiterer Gast den Raum. Er kommt von draußen und friert sichtlich. Unruhig und unentschlossen irrt er im Raum umher, bis er mich schließlich anspricht. Er heiße Robert und möchte den Ofen in der Mitte des Raumes zum Brennen bringen. Ich helfe ihm dabei, doch unser gemeinsames Bemühen hat keinen Erfolg und es bleibt weiterhin kühl im Raum. Robert erkennt sogleich an meinem Akzent, dass ich aus Deutschland komme, und erzählt, dass er in den Sechzigern in München gelebt und dort seine deutsche Frau kennengelernt hatte, die vor 14 Jahren verstorben sei. Er besuche seine Tochter, die mit ihren kleinen Kindern hier in der Nähe lebe und nicht viel Platz habe. Aus diesem Grund wohne er solange in der Jugendherberge. Er redet ohne Unterlass und ich frage mich bereits, ob ich mich besser zurückziehen sollte, denn seine Unrast empfinde ich als anstrengend an diesem frühen Morgen. Doch als er mir vom Tod seiner Frau erzählt, weckt er wieder meine Aufmerksamkeit. Ich sage ihm, dass ich ebenfalls Witwer sei und fühle mich durch das gleiche Schicksal mit ihm verbunden. Robert meint, dass das Reisen das Beste sei, was ich in meiner Situation tun könne. Er selbst habe sich damals auch auf den Weg gemacht und sei viel herumgekommen. Seine Kinder seien bereits aus dem Haus gewesen. Er wirkt rastlos auf mich, ein Mann, der keine Ruhe findet.

Als es zu dämmern beginnt und sich ein erster Lichtschein am Himmel zeigt, sage ich ihm, dass ich heute Morgen Fotos vom Sonnenaufgang machen möchte. Das ist ein Signal für ihn, ebenfalls seine Kamera aus dem Auto zu holen. Mit meinem Aufbruch hatte ich ein wenig darauf gehofft, mich ihm zu entziehen, aber draußen folgt er mir unermüdlich bei jedem Standortwechsel und redet weiter unentwegt auf mich ein. Schließlich hänge ich ihn ab und finde genug Ruhe, um ungestört meine Aufnahmen machen zu können.

Auf dem Rückweg zur Herberge treffe ich ihn auf dem Parkplatz. Er fahre gleich zu seiner Tochter, die ihn heute an ihrem Geburtstag zum Brunch eingeladen habe. Ich begreife, dass es zwecklos ist, ihm zu entfliehen. Nun möchte ich herauszufinden, was ich mit diesem Mann zu erledigen habe. Da ich heute Abend kochen werde, lade ich ihn zum Essen ein. Er schlägt vor, Wein zu besorgen, den wir anschließend außerhalb des Hauses trinken könnten. Zur Sicherheit gibt er mir seine Handynummer, falls bei mir etwas dazwischenkomme. Bis spätestens 17:00 Uhr beabsichtige er zurück zu sein, und so vereinbaren wir, dass ich das Essen für 18:00 Uhr zubereite.

So früh am Morgen ist es kühl und windig an der Küste. Im Wohnraum verbreitet der Ofen nun eine wohltuende Wärme und ich bin froh darüber, dass es jemandem gelungen ist, das Feuer zu entfachen. In der Küche haben sich weitere Mitbewohner eingefunden, die bereits in Gruppen zusammensitzen und frühstücken. Ich bereite mir ein Müsli und setze mich an einen Tisch mit drei Senioren. Am meisten überrascht bin ich über Mike, so heißt der älteste von ihnen. Er ist alleine unterwegs und bestimmt schon über achtzig Jahre alt. Die beiden anderen, die Eheleute Jim und Harriet, sind auf der Heimreise nach Seattle und haben schon oft hier in dieser Herberge übernachtet. Jim beklagt die Preise, die in den letzten Jahren deutlich gestiegen seien. Für eine Übernachtung im Doppelzimmer zahle man heute siebzig Euro.

Als unsere Unterhaltung zum Thema Kunst übergeht, erzähle ich vom Fotografieren, vom Tagebuchschreiben und auch von meinem Plan, ein Buch daraus zu machen. Schließlich löst sich die Tischgesellschaft auf, und ich setze mein Frühstück alleine fort. Wenig später kommt Jim mit einem Umschlag zurück an den Tisch. Er zeigt mir den aktuellen Katalog seiner Frau und berichtet voller Stolz über ihre Ausstellungen. Harriet ist eine bekannte Künstlerin aus Seattle! Bald darauf kommt auch sie zurück und ich spüre, dass es ihr unangenehm ist, dass ihr Mann mit ihr prahlt. Er erzählt weiter, dass auch ihre Tochter Anna und deren Ehemann Leo Künstler seien. Ich schäme mich ein wenig über meine Unbescheidenheit, in der ich mein noch unvollendetes Vorhaben in die Frühstücksrunde eingebracht hatte. Doch dieses Umfeld von Künstlern, in das ich heute Morgen geraten bin, ermutigt mich auch. Es fordert mich heraus und spornt mich an, aus meinen Reiseberichten ein Buch zu machen. Immer wieder bin ich auf meiner Fahrt schöpferischen Menschen begegnet. Es ist fast so, als würde ich zu ihnen hingeführt. Am Anfang der Reise habe ich Maler und Fotografen getroffen. Zuletzt war ich Autoren und Lehrern für Kreatives Schreiben begegnet. Auf geheimnisvolle Weise bin ich mit diesen Künstlern verbunden. Plötzlich wird unser Gespräch am Tisch unterbrochen. Mein Sohn ruft an und möchte sein Glück mit mir teilen. Er hat einen Preis für einen Werbefilm gewonnen. Ich freue mich sehr über seinen Anruf und so schließt sich für mich der Kreis.

Für das Paar aus Seattle wird es bald Zeit aufzubrechen. Sie wünschen mir viel Glück für mein Projekt und ich wünsche den beiden eine gute und sichere Rückkehr nach Hause. Kurze Zeit später setzt sich Tom, ein etwa vierzigjähriger Amerikaner, zu mir an den Tisch. Er wird begleitet von einem schwarzen Labrador, einem großen, aber friedvollen Hund, der neben ihm auf dem Boden Platz genommen hat. Sein Herrchen hat ihn ebenfalls mit Frühstück versorgt und zwei Näpfe aufgestellt. Der gutmütige Hund ist zufrieden mit Wasser und Trockenfutter. Tom ist Unternehmensberater und spezialisiert auf Geschäftsentwicklung. Er unterstütze kleine Firmen beim Aufbau ihres Unternehmens und zeige ihnen, wie sie mit Hilfe von gezielter Werbung mehr Kunden gewinnen könnten. Zurzeit berät er ein Unternehmen aus dem Garten- und Landschaftsbau. Er möchte ins Silicon Valley ziehen und ist nun auf Wohnungssuche. Tagsüber arbeitet er bei seinen Kunden, nachts schläft er aus Kostengründen in der Herberge. Sein Mobiliar habe er solange eingelagert.

Tom ist ein angenehmer Gesprächspartner mit einer ruhigen und klaren Stimme. Doch nun ist er verärgert darüber, dass der amerikanische Kongress die Regierung gestern mit einem Federal Government Shutdown stillgelegt hat. Die Gelder für den neuen Haushalt wurden eingefroren. Lediglich die Gehälter der Volksvertreter, die diesen Beschluss fassten, würden weitergezahlt. Die Opposition will die Gesundheitsreform von Barack Obama in die Knie zwingen. Nun arbeite die Regierung auf Sparflamme. Ich sage, dass ich als Deutscher überhaupt kein Verständnis dafür hätte, und werfe die Frage auf, was wohl Besucher davon hielten, die nicht von diesem Planeten kämen. Es wundere mich nicht, wenn sie uns nur beobachteten, wie wir uns untereinander das Leben schwer machen, und es vorzögen, keinen Kontakt mit uns aufzunehmen. Tom ist überzeugt, dass wir schon lange von außerirdischen Kulturen besucht würden. Schließlich berichtet er mir von einer Begegnung, die sein Leben veränderte.

Als Jugendlicher hatte er am Nachthimmel über seinem Elternhaus eine leuchtende Scheibe beobachtet. Sie schwebte hoch am Himmel über ihm und sauste ganz plötzlich mit hoher Geschwindigkeit ohne jede Beschleunigung davon. Immer wieder änderte die fliegende Untertasse abrupt ihren geradlinigen Kurs und flog im Zickzack. Tom lief ins Haus, um seinen Vater zu holen. Der aber saß vorm Fernseher und winkte nur ab. Als Tom wieder nach draußen kam, kreiste die Himmelsscheibe in einer Ellipse am Nachthimmel. Was er damals sah, berührte ihn sehr und bewirkte eine nachhaltige spirituelle Erfahrung, die ein ganz tiefes Vertrauen in ihm auslöste. In seinen Gedanken formte sich damals ein Satz, der ihn seitdem getragen hat und den er mir nun mitteilt:

„Wir sind nicht allein."

Tom lebt ganz im Bewusstsein dieser Erkenntnis. Sein Wissen und sein Vertrauen strahlen auf mich ab. Währenddessen ruht der friedliche Labrador neben uns unter dem Tisch. Der Hund ist so geerdet wie sein Herrchen, ich verspüre keinerlei Angst vor ihm. Er ist ausgeglichen und in sich ruhend. Dann muss Tom zur Arbeit und unsere Wege trennen sich wieder.

In der Mittagspause verlasse ich das Hostel. Vor dem Gebäude steht abfahrbereit ein Wagen. Sein rechtes Seitenfenster öffnet sich, ein Finger zeigt in meine Richtung und eine Stimme ruft mir zu:

„Schreib dieses Buch, auch wenn du es nur für dich tust!"
Es ist Mike, der Senior vom Frühstück. Dann fährt der

Wagen davon. Verdutzt blicke ich ihm hinterher und wundere mich über den unerwarteten Zuspruch. Dann steige ich in mein Fahrzeug und fahre zum nahegelegenen Pillar Point Harbor. Ich setze mich zum Schreiben in den Hinterhof des Old Princeton Landing. Der Wirt, ein Surfer und Fotograf, ist sehr hilfsbereit und versorgt mich sogleich mit einer Verlängerungsschnur für mein Tablet. Zum Lunch verzehre ich dann einen saftigen Burger, den ich sehr weiterempfehlen kann.

Unter dem Decknamen The Echoes gab Neil Young mit seiner Band Crazy Horse 1996 einige legendäre Konzerte, auch an diesem Ort. Vierzehn Vorstellungen liefen hier von März bis Juni, bei denen sie sich vor kleinem Publikum für die neue Platte inspirieren lassen und für eine Tour aufwärmen wollten. Die Musiker wohnten während dieser Zeit nur etwa vierzig Autominuten entfernt auf der Farm von Neil Young und nahmen dort das Album mit dem Titel „Broken Arrow"[120] auf.

Der kleine Saal im Old Princeton Landing fasst höchstens 150 Personen. Sie blieben nicht allein.

Als die Band ein letztes Mal hier spielte, standen 2000 Leute vor der Tür. An jenem Abend verschwand die Holztür zum Toilettenhäuschen im Hinterhof, in die ein gebrochener Pfeil eingraviert war. Seither befindet sich das Old Princeton Landing im Umbruch und hat noch einiges mehr verloren. An den Deckenbalken des Saals hingen damals ruinierte Gitarren, vergeigte Violinen, zugeflogene Büstenhalter und andere Erinnerungsstücke. Ich spreche den neuen Wirt darauf an. Er verzieht das Gesicht. Er hätte das alles als ekelhaft empfunden, die Dekoration entfernt und die Decke gereinigt. Heute hängen dort auf Hochglanz polierte Surfbretter.

Am späten Nachmittag fahre ich wieder zurück zur Herberge. Kaum habe ich die Zahlenkombination am Eingang eingetippt, da öffnet sich schon die Tür von innen und Mike steht vor mir. Im gleichen Moment zeigt er mit dem Finger auf mich und sagt:

"Schreib dieses Buch."

Überrascht wie beim ersten Mal versuche ich dieses Mal, ihn aufzuhalten:

„Wann kann ich dich sprechen? Ich möchte wissen, was ich von dir lernen kann."

Doch er hält nur einen Moment lang inne und erwidert: „Ich kann von dir lernen. Schreib dieses Buch, damit deine Seele heilen kann."

Dann verschwindet er Richtung Parkplatz. Die Begegnung mit Mike hat für mich etwas Unwirkliches. Wer ist dieser Mann? Wo kommt er her? Was macht er hier? Ich fürchte, ich werde es nie erfahren.

Noch ganz in Gedanken an seine Worte beginne ich mit den Vorbereitungen für das Abendessen, zu dem ich Robert eingeladen hatte. Ich schneide Zwiebeln in Würfel, um sie in einer Pfanne zu schmoren, und frage Monika aus Deutschland, die ich in der Küche treffe, nach etwas Olivenöl. Sie sagt, sie sei mit ihrem Mann und den beiden Söhnen auf einer Urlaubsreise in den Norden Kaliforniens unterwegs. Der Federal Government Shutdown hätte den Verlauf ihrer Reise geändert. Alle amerikanischen Nationalparks seien ab sofort geschlossen, auch der Lassen Volcanic National Park, ihr Reiseziel. Jetzt müssten sie neue Reisepläne machen. Betroffen von den Sparmaßnahmen sei auch die Jugendherberge im Fort Mason am Fisherman's Wharf in San Francisco, von wo sie herkämen. Sie würde vom National Park Service verwaltet. Zum Glück würde unsere Herberge am Point Montara von einer gemeinnützigen, nicht staatlichen Organisation betrieben und wir könnten weiter hier wohnen bleiben. Während mir Monika ihre Geschichte erzählt, brutzeln die Zwiebeln im heißen Olivenöl. Später gebe ich in Scheiben geschnittenen Fenchel hinzu. In einem weiteren Topf kochen bereits Kartoffeln. Nebenher schneide ich Tomaten, Gurke,

Zwiebeln, Paprika und Schafskäse und verteile sie für einen griechischen Salat auf zwei Schälchen. Dann gebe ich die gar gekochten Kartoffeln zum Fenchel in die Pfanne und füge einen Rest kandierter Walnüsse dazu. Ich würze kräftig mit Salz und Pfeffer sowie einem kleinen Schuss Essig, damit das Gericht einen leicht süßsauren Geschmack bekommt.

Es ist kurz vor 18:00 Uhr, ich frage mich, wo Robert bleibt, und rufe ihn auf dem Handy an. Als er sich meldet, erkennt er mich nicht gleich wieder, und ich weiß, dass er mich längst vergessen hat. Er entschuldigt sich, könne aber nicht kommen, da er seit dem Nachmittag unter heftigen Kopfschmerzen leide. Ich wünsche ihm gute Besserung und sage Lebewohl. Sein Nichterscheinen überrascht mich nicht. Stattdessen eröffnet es mir eine neue Gesellschaft. An einem Tisch im Essbereich entdecke ich eine Frau, die gerade damit begonnen hat, ihr Abendessen vorzubereiten. Mit ihrem bezaubernden Lächeln zieht sie mich auf magische Weise an. Ich frage sie, ob sie mir beim Essen Gesellschaft leisten möchte. Mein Gast habe mich versetzt. Erfreut nimmt sie die Einladung an und sagt, sie heiße Isabella. Mein Abend bekommt unerwartet eine neue Perspektive. Um meinem Gericht noch etwas Herzhaftes zu verleihen, würze ich es mit Sahne und Gemüsebrühe nach und beginne dann damit, einen anderen Tisch für unser Dinner zu zweit so stilvoll wie möglich zu decken. Als ich mich wieder zu Isabella umdrehe, hat sich ein kleiner Junge zu ihr gesellt. Wir werden nicht allein sein. Überrascht von dieser unvorhergesehenen Erweiterung unserer Tischgesellschaft frage ich sie, ob ihr Sohn auch Salat möchte und ich ihn auf drei Schälchen verteilen solle. Sie antwortet mit einer Gegenfrage, ob ich mich nicht zu ihnen an den Tisch setzen möchte. Ihr zweiter Sohn und ihr Mann kämen auch gleich.

Mein Salat und Isabellas Rohkost ergeben eine bunte Mischung. Das herzhafte Kartoffel-Fenchelgemüse verzehren wir in einem Dinner zu fünft. Ich habe Glück mit dieser netten jungen Familie und fühle mich wohl in ihrer lebendigen

Runde. Mit den beiden Eheleuten unterhalte ich mich ganz ausgezeichnet. Sie erzählen, dass sie aus Toronto an der kanadischen Ostküste kommen und seit sechs Wochen unterwegs sind. Zunächst seien sie bis zur Westküste quer durchs Land gefahren und von dort aus weiter Richtung Süden gereist. Die meiste Zeit unterhalte ich mich mit Isabella, ihr Mann kümmert sich beim Essen um die beiden Jungen. Selbst ihnen schmeckt mein Gemüse. Schnell haben sie zu Ende gegessen. Sie sind ganz aufgeregt, da sie in diesem Urlaub das erste Mal am Meer sind. Die Jungen wollen mit ihrem Vater heute Abend unbedingt noch einmal an den Strand. Am Ende sitze ich mit seiner Frau alleine am Tisch und sie erzählt mir weiter von ihrer Reise.

Kurz nach Sonnenuntergang kommen die Jungs mit ihrem Vater wieder zurück vom Strand. Isabella möchte die müden Kinder ins Bett bringen. Es ist Zeit zum Abschiednehmen. Der junge Familienvater übernimmt auch meinen Abwasch. Ich bin für heute Abend vom Küchendienst befreit und eile nach draußen, um ein letztes Mal an diesem Tag Fotos vom Leuchtturm zu machen. Im Sucher meiner Kamera zeichnet sich nur noch eine schwarze Silhouette ab. Zunehmend verdunkelt sich das klare Himmelblau. Im Osten hat es sich schon in ein Violett gewandelt. Nur noch am weit entfernten westlichen Horizont erstrahlt der Himmel ein letztes Mal in einem rötlichen Glanz.

Erfüllt und zufrieden gehe ich zurück ins Haus. Ich strecke mich auf dem Sofa des Wohnraumes aus und blicke ins Feuer dieses unbegreiflichen Ofens, dessen Wärme mich in angenehmer Weise einhüllt. Gasflammen züngeln aus Keramikscheiten und geben mir die Illusion eines offenen Holzfeuers. Das Flackern der Flammen erschöpft meine Augen. Ermattet fallen sie zu und ich schlafe ein.

Als ich wieder aufwache, ist es bereits kurz nach Mitternacht. Ich ziehe um in den Schlafsaal. Leise begebe ich mich in mein Bett und schließe die Augen. Doch im Raum hat sich ein Chor von Schnarchern versammelt. Vier Stimmen kann ich deutlich voneinander unterscheiden. Es dauert eine Weile bis das Gurren und Schnaufen in meiner Wahrnehmung untergeht und ich endlich wieder einschlafen kann.

Am nächsten Morgen um 5:00 Uhr werde ich wieder mit Discomusik abrupt aus dem Schlaf gerissen. Es ist der gleiche Wecker wie gestern. Sein Besitzer ist bereits immunisiert gegen das Weckgeräusch und schläft beharrlich weiter. Gereizt verlasse ich erst das Bett und dann den Raum. Im Wohnzimmer treffe ich auf zwei weitere Männer aus meinem Schlafsaal. Sie haben schon in der Nacht die Flucht ergriffen und sind auf die Sofas umgezogen, um dort ihre Ruhe zu finden. Beide beklagen sich über das nächtliche Sägen. Habe ich nicht deutlich vier Stimmen voneinander unterscheiden können? Mindestens einer von beiden muss ebenfalls geschnarcht haben.

Später am Morgen gehe ich ein letztes Mal in den Schlafsaal, um meine Sachen zu holen. Kaum habe ich die Tür geöffnet, da regt es sich in einem Bett. Ein Mann erhebt sich abrupt aus seiner Schlaflage, bis er aufrecht sitzt. Mit ausgestrecktem Arm und Zeigefinger zeigt er auf mich und ruft mir zu:

„Schreib dieses Buch!"

Die Zeit ist reif

Von Montara sind es nur wenige Kilometer bis nach Half Moon Bay. Vor zwei Wochen war ich bereits ein erstes Mal dort gewesen. Ich hatte die Bucht im Gedenken an Karina mit Rosen geehrt, in der wir ihre Asche vor zehn Jahren ins Meer gestreut hatten. Ein letztes Mal vor meiner Rückkehr nach Deutschland möchte ich Abschied nehmen, denn ich habe den Ort der Beisetzung in seiner Bedeutung für mich noch immer nicht ganz erfasst.

Zunächst suche ich eine Stelle am Strand, von der ich die halbmondförmige Bucht gut überblicken kann, und parke am Ende der Poplar Street. Über der Küste strahlt die Sonne. Der Himmel ist leuchtend blau. Je weiter der Herbst voranschreitet, umso klarer wird das Wetter. Der Nebel hat sich mit dem Ende des Sommers verzogen. Es weht nur ein mäßiger Wind landeinwärts, aber die See ist immer noch aufgewühlt. Ich möchte noch ein paar Erinnerungsfotos machen, doch die markante Radarstation der historischen Pillar Point Air Force Station am nördlichen Ende der Bucht ist von hier aus kaum zu erkennen. Also verlasse ich diesen Ort wieder und fahre stattdessen zum Half Moon Bay State Beach, der zwei Kilometer weiter nördlich liegt.

An jenem Tag nach der Seebestattung war ich an diesem Strand alleine mit der Kamera unterwegs. Meine Kinder waren bei Freunden im Silicon Valley geblieben. Damals war der Himmel von einer dunklen Wolkendecke überzogen. Es war feucht und kühl, ganz anders als am Tag zuvor, an dem es klar und sonnig war wie heute.

Ein Ranger bewacht die Einfahrt zum Parkplatz vom State Beach und verlangt zehn Dollar Eintritt. Das ist ein hoher Preis dafür, dass ich höchstens eine Stunde dortbleiben möchte, und so versuche ich zu verhandeln. Doch der Ranger hat seine Vorschriften. Egal, ob eine oder zehn Stunden, der Eintritt sei der gleiche. An diesem späten Vormittag sind schon einige Besucher hier am Strand unterwegs oder haben sich mit Kühlboxen und Picknickkörben zum Lunch eingefunden. Ich parke meinen Wagen, gehe bis zum Wasser und blicke in die Bucht.

Wie schnell doch die Zeit vergangen ist und wie sehr sich mein Leben und das meiner Kinder seitdem verändert hat. Ich hatte damals große Sorge um die Kinder und fragte mich, ob ich der neuen Situation als Alleinerziehender überhaupt gewachsen war. Gute Freunde ermutigten mich und hielten mich davon ab, meine Berufstätigkeit auf die Hälfte zu reduzieren. Sie fanden auch eine Haushaltshilfe für uns, die mich in den ersten Jahren auch in der Erziehung meiner Kinder unterstützte und der ich sehr dankbar bin für alles, was sie für meine Familie geleistet hat. So war es mir möglich, zunächst mit achtzig Prozent und bald in Vollzeit weiter zu arbeiten. Ich war in der Lage, ein Haus zu kaufen und zu unterhalten, in dem meine Kinder und ich ein neues Heim fanden und uns wohl fühlten.

Auch Karina hatte ihren Teil dazu beigetragen. Als wir 1998 aus den USA zurückkehrten, wohnten wir vorübergehend zur Miete. Auf unserer Suche nach einer geeigneten Immobilie fanden wir bald ein Haus, das uns beiden sehr gut gefiel. In der darauffolgenden Nacht saßen wir lange zusammen, um uns darüber zu beraten. Das angebotene Haus erschien uns schließlich zu klein. Wir waren verwöhnt durch das riesige Haus in Redwood City, das wir zuvor zwei Jahre lang bewohnt hatten. Kurz nachdem wir den Verkäufern dann abgesagt hatten, zogen diese ihr Angebot überraschend zurück und blieben in ihrem Haus. Wie durch ein Wunder wurde das gleiche Haus drei Jahre später erneut zum Verkauf angeboten, als ich alleine auf der Suche war. Die Besitzer bauten inzwischen ein neues Haus. Da wir uns bereits kannten, wurden wir uns schnell einig.

So geheimnisvoll, wie ich zu meinem Haus kam, so magisch war auch seine Finanzierung. Nur wenige Wochen bevor meine krebskranke Frau in die Kopfklinik eingeliefert wurde, kündigte sie ihre Lebensversicherung und schloss eine neue ab, ohne dass sie mir etwas davon gesagt hatte. Am Ende hatte sie damit auf eine ungewöhnliche Art und Weise für uns gesorgt.

Ich hatte immer das Gefühl, dass es einen Teil von ihr gab, der unsere Kinder und mich unterstützte, auch später, als sie schon verstorben war. Dafür bin ich sehr dankbar. Denn ohne diese gefühlte Unterstützung hätte ich es kaum alleine geschafft.

Vor zwei Jahren verließ unsere Tochter als Letzte das Haus. Meine Hoffnungen vor zehn Jahren, dass es den Kindern gelingen möge, das Abitur zu bestehen und ein Studium zu beginnen, haben sich mehr als erfüllt. Ich bin sehr zufrieden und stolz darauf, was sie bisher erreicht haben, und voller Zuversicht für ihre Zukunft. Und ich denke, dass ihre Mutter im Jenseits das Gleiche empfindet. Unsere Kinder sind jetzt in der Lage, ihren Weg alleine weiterzugehen. Und für uns Eltern ist es an der Zeit, uns voneinander zu lösen. Die Kinder und unsere gemeinsamen Lebenserfahrungen werden uns für immer verbinden. Doch mein Herz möchte sich wieder öffnen für eine neue Partnerin. Und auch Karinas Seele möchte weiterziehen und frei sein für ein neues Leben. Die Zeit dafür ist reif.

Als ich zum Wagen zurückkomme, fällt mein Blick auf die Windschutzscheibe, hinter der die Quittung für den Parkeintritt klemmt. Es ist noch früh am Tag und ich möchte anderen Gästen die Gelegenheit geben, mit diesem Ausweis kostenlos in den Park zu kommen. Kurz hinter der Ausfahrt kommt mir ein Wagen entgegen, der auf die Einfahrt zusteuert. Ich halte an, lasse die Fensterscheibe herunter und halte den Zettel mit der linken Hand sichtbar aus dem Fahrzeug. Der ankommende Wagen hält neben mir und der Fahrer öffnet ebenfalls das Seitenfenster.

„Möchten Sie auch in den Park?" Ich habe die Frage kaum ausgesprochen, da bemerke ich, dass er eine Uniform trägt, und der Satz bleibt mir fast im Halse strecken. Der Fahrer schaut mich grimmig an. Doch sein Beifahrer lacht nur:

„Ja, wir arbeiten dort!" Ich suche das Weite.

Mein nächstes Ziel ist die Spitze der Landzunge Pillar Point, die ich über den Hafen von Old Princeton erreiche. Hier am nördlichen Ende der Half Moon Bay hatte ich vor zehn Jahren meine letzten Fotos gemacht, bevor ich nach San

Francisco weiterfuhr. Damals kam mir hier eine Gruppe von Jugendlichen entgegen. Sie gestikulierten heftig, sprachen jedoch kein einziges Wort miteinander. Es war mir unheimlich, als einer der Jungen, gefolgt von den anderen, plötzlich auf mich zueilte und mir ohne ein Wort zu sagen ein kleines schwarzes Gerät in der Größe einer Zigarettenschachtel vor die Augen hielt. Erschrocken schaute ich auf ein Display, auf dem geschrieben stand „Mavericks?". Eine Gruppe gehörloser Jungen hatte mich auf ihre Weise um Auskunft gebeten, und ich erklärte ihnen den Weg zur Spitze des Pillar Point.

Mavericks ist der Name einer Riesenwelle, die sich dort in der Zeit von Dezember bis März nach starken Stürmen bis zu 25 Metern Höhe aus dem Meer erheben kann. Sie gilt als die höchste Surfwelle, die in den Vereinigten Staaten und Hawaii so dicht an der Küste vorzufinden ist. Seit 1998 werden hier regelmäßig Surfwettbewerbe ausgetragen, die vom Ufer aus mit bloßem Auge verfolgt werden können.

Das Meer um diese Landzunge ist immer aufgewühlt. Am Tag von Karinas Bestattung erreichten die Wellen eine Höhe von über vier Metern und hielten uns davon ab, mit dem Boot um die Klippen herum zu fahren. Unser ursprüngliches Vorhaben, die Asche in der dahinter liegenden Bucht beizusetzen, mussten wir aufgeben. Auf unseren Wunsch hatte der Kapitän das Boot zunächst in diese Richtung gesteuert. Doch je mehr wir uns dem vorgelagerten Riff näherten, umso heftiger hoben sich die Wellen, bis wir uns im Boot kaum noch festklammern konnten. Der Kapitän behielt uns dabei stets mit fragenden Augen im Blick. Meine Kinder und ich mussten erst selbst erfahren, dass es zu gefährlich war, bevor wir schließlich zustimmten, Kurs auf die Half Moon Bay zu nehmen, wo Seebestattungen üblicherweise stattfinden. Selbst hier, bei einem viel ruhigeren Seegang, hatten wir Mühe genug uns festzuhalten, während wir die Asche ins Meer streuten.

Pastor Dennis W. Logie aus Redwood City leitete die Zeremonie. Er nahm eine Handvoll Asche aus der Urne, streute sie ins Meer und sagte in seiner Ansprache[121]:

Möge dieser Körper wieder zu Staub werden. Dies ist der wahre Kreislauf des Lebens – Asche zu Asche und Staub zu Staub. Aus Staub wurden wir erschaffen, und zu Staub zerfallen wir alle wieder. Doch unser Geist, der uns erst zu Menschen macht, wird von Gott geliebt. Und so vollendet sich der Kreislauf ihres Lebens mit dieser Asche.

Als meine Tochter ein wenig Asche ins Meer streute, begleitete er sie mit den Worten:

Wenn die Sonnenstrahlen wärmen und der Wind geht, verdunstet das Wasser, um dann Wolken zu bilden und als Regen wieder auf die Erde zu kommen. Nun, da sich die Asche deiner Mutter mit dem Wasser vermischt, wird ein Teil von ihr in den Himmel aufsteigen. So hebe den Kopf, wann immer es regnet, und empfange den Kuss deiner Mutter.

Danach verstreute mein Sohn etwas Asche und der Pastor sagte:

Da sich die Asche in der salzigen See löst, wird sie von den Wellen an jedes Ufer getragen, und an jeden Strand. Drum jedes Mal, wenn du am Meer stehst und die Gischt deine Füße umspült, gedenke der zärtlichen Liebe deiner Mutter.

Abschließend gab ich die verbliebene Asche ins Meer und er sprach:

Ein Teil der Asche wird auf den Meeresboden hinabsinken und zu Sand und Fels werden. Jedes Mal, wenn du am Meer auf festem Boden stehst, oder auf dem festen Boden der Zuversicht, des Könnens oder der Moral, dann denke an deine Frau, an die Unterstützung, die du durch sie erfahren hast, und an die Freude, die ihr Leben dir gegeben hat.

Während wir zum Abschluss der Zeremonie Blumen ins Meer warfen, rezitierte der Pastor ein Gedicht, das Karina während unseres Aufenthaltes in Kalifornien in Englisch verfasst hatte:

MUSIC WRITING[122]

*I run and run
along the beach I see the seagulls
diving after fishes and
the waves breaking at the rocks*

*I run and run
through the dark forest on
cracking wood
I can hear the birds chirping and
the mice flitting*

*I run and run
over the bright green meadow
see the flowers grow
yellow, red, blue, violet
see the grasshoppers jumping
from one blade of grass to the other*

*I run and run
through the city and*

see hasty people with
telephones and frozen faces
see the old man crossing the street
slowly and carefully

I run and run
never knowing what's next

Heute gehe ich bis zur Spitze des Pillar Point und erweise Mavericks meine Achtung. Die Gischt spritzt beachtlich in die Höhe, wenn die Riesenwelle auf den Felsen aufläuft, aber ihr größtes Ausmaß hat sie Anfang Oktober noch lange nicht erreicht. Ich beobachte die Brecher, lausche ihrem Tosen und denke an die Grenze, die sie uns damals gesetzt haben. Es ist die Natur, die unserem menschlichen Leben Grenzen setzt. Aus unseren Erfahrungen lernen wir, sie zu respektieren, eigene Pläne gegebenenfalls aufzugeben und andere Wege zu beschreiten. Auch meine entzündete Achillessehne setzte mir eine Grenze. Sie hielt mich davon ab, meine Fahrt auf dem Rad fortzusetzen, und führte mich stattdessen auf neue Wege. Auf dem Rückweg zum Parkplatz finde ich eine Gedächtnistafel. Sie gedenkt zweier tollkühner Surfer, die ihrerseits von Mavericks in die Grenzen gewiesen wurden. Sie hatten ihren Wagemut mit dem Leben bezahlt. Der Tod ist ein Lehrmeister des Lebens.

Dann fahre ich weiter nach Moss Beach zum Fitzgerald Marine Reserve, an den ursprünglich geplanten Ort der Beisetzung. Ich möchte auch diesem Strand meine Ehre erweisen und damit meine Pläne, Wünsche und Träume würdigen, die sich nicht erfüllen ließen oder von mir aufgegeben werden mussten. Sie wollen gebührend verabschiedet werden, denn sie waren es, die mir Hoffnung und Orientierung gaben, und aus denen ich die Kraft und den Mut zum Handeln schöpfte. Dazu zählen auch die gemeinsamen Lebensentwürfe, die ich mit meiner verstorbenen Frau entwickelt hatte.

Es herrscht Flut und die Gezeitenbecken, in denen man bei Ebbe Seeanemonen, Seesterne, Krebse und kleine Fische beobachten kann, sind unter der Wasseroberfläche verborgen. Aus diesem Grund sind nur wenige andere Besucher anzutreffen. Heute lümmeln hier auch keine Seelöwen oder Robben, und die Schilder, mit denen der Strand zu ihrem Schutz dann abgesperrt wird, wurden zur Seite gestellt. Der Sand ist feucht, die Flut ist bereits auf dem Rückzug. Näher am Steilhang finde ich eine trockene Stelle. Hier entnehme ich eine Probe für das Sandmuseum in Griechenland. Dann gehe ich zielstrebig weiter zum südlichen Ende des Strandes.

Auf halber Strecke entdecke ich plötzlich direkt vor meinen Füßen eine große Abalone, die das Meer auf den Sand gespült und mir in den Weg gelegt hat. Das Perlmutt auf ihrer Innenseite glänzt in schillernden Regenbogenfarben. Ich weiß sofort, dass diese Muschel eine Gabe des Pazifik ist, die für mich bestimmt ist. Wir haben dem Meer Karinas Asche überlassen, nun gibt es uns diese Schale zurück. Doch sie gehört mir nicht, ich bin nur ihr Bote. Meine Aufgabe ist es, sie nach Deutschland an ihren Bestimmungsort zu bringen.

Zugleich wird mir klar, dass es an der Zeit ist, dem Pazifik etwas für den Sand, den ich seinen Stränden entnommen habe, zurückzugeben. Doch hier ist nicht der richtige Ort, und heute ist nicht der richtige Zeitpunkt. Es gibt noch einen letzten Strand in San Francisco, den ich zum Abschluss meiner Reise besuchen möchte und der dafür bestimmt sein wird.

Als ich den Naturpark verlasse, habe ich endlich auch diesen Ort in seiner Bedeutung für mich erfasst. Die Strände von Half Moon Bay und Moss Beach bilden zusammen mit der Riesenwelle Mavericks eine Einheit, die ich zuvor nicht erkannt und gespürt hatte.

Auf den Klippen oberhalb von Moss Beach befindet sich die Moss Beach Distillery, eine historische Gaststätte, die 1927 von Frank Torres erbaut wurde und sich seitdem großer Beliebtheit erfreut. Mit meiner Familie oder mit Geschäftsfreunden bin ich früher oft dort eingekehrt. Auch nach der Beisetzung gingen wir hier essen und wurden begleitet von dem Pastor und von Luise, einer Freundin meiner Frau, die in Oakland lebt und uns in jenen Tagen zur Seite stand. Heute bin ich alleine in diesem Restaurant, das eine ausgezeichnete Küche hat, aber nicht gerade preiswert ist. Zum Lunch bestelle ich deshalb lediglich einen Caesar Salad. Die Galsträume sind wundervoll im Jugendstil eingerichtet, mit bleiverglasten bunten Oberlichtern und Deckenleuchten. Im kreisrunden Hauptraum blickt man von den Tischen an den Fenstern auf das offene Meer und am Abend auf die untergehende Sonne. Nach dem Essen setze ich mich auf die große Terrasse in die Nähe der offenen Feuerstelle, hülle mich in eine Wolldecke und trinke in aller Ruhe eine Tasse Cappuccino. Hier bleibe ich für eine Weile, blicke hinunter auf das endlose Meer und in die kleine Bucht unter mir, lausche dem Klang des Windes und der Wellen, koste das Aroma des Kaffees, schmecke die salzige Seeluft, spüre den leichten Wind, der mein Gesicht streichelt und die wohltuende Wärme des Feuers.

Ich gebe mich dem Augenblick hin und lasse los.

Schreiben im Baumhaus

Von Moss Beach war ich gestern am späten Nachmittag weiter nach San Francisco gefahren, um dort Luise zu treffen und von der Arbeit abzuholen. Die kommenden beiden Tage bin ich zu Gast bei ihr und ihrem Mann Steven in Oakland. Mit ihren Katzen Sissi und Franz bewohnen sie ein Baumhaus. Zwar wurde es nicht in eine Baumkrone gebaut, aber es steht an einem bewaldeten Hang und ist auf der abschüssigen Seite mit langen Stelzen in der Erde verankert. Es hat mehrere Stockwerke und eine Garage im Dachgeschoss. Von den Fenstern blickt man in die Kronen der umstehenden Bäume und hat den Eindruck, als wohne man mittendrin.

Meine Gastgeber sind heute Morgen schon früh zur Arbeit gefahren. Tagsüber sind die beiden Katzen meine einzige Gesellschaft. Wir laufen uns nur gelegentlich über den Weg. Die meiste Zeit halte ich mich im Gästezimmer auf, sitze am Schreibtisch vor dem Fenster und schreibe weiter an meinem Blog. Gelegentlich blicke ich durch die lichten Zweige in das Tal unter mir, in welchem Monterey-Kiefern, Kalifornische Eichen, Eukalyptusbäume, Küstenmammutbäume und Lorbeersträucher wachsen. In einer Schreibpause verlasse ich den Raum und gehe die Treppe hinunter, um auf den Balkon zu gelangen. Franz blockiert meinen Weg. Er hat sich auf einer Stufe ausgebreitet, bleibt einfach dort liegen und beobachtet, wie ich vorsichtig um ihn herum balanciere.

Der Sturm in der letzten Nacht hat einige Blumentöpfe umgeworfen, die Decke vom Tisch gefegt und den Balkonboden mit Tannennadeln übersät. Ich räume das Durcheinander auf und mache es mir auf einer Liege bequem. Hier im Wald leben Rehe, Füchse, Stinktiere und Waschbären, die nach Anbruch der Dämmerung umherstreifen. Ich entdecke ein Eichhörnchen, das durch die Baumwipfel hüpft und sich bald darauf mit einem laut schwätzenden Diademhäher um einen Platz in den Zweigen zankt. Vor dem Einschlafen gestern hörte ich das Heulen einer Eule, und am frühen Morgen weckte mich das Krähen eines Hahns und das Gackern seines Hofstaates in der Nachbarschaft. Ich muss an die Nacht vor der Bestattung meiner Frau denken, die meine Kinder und ich in diesem Haus hier verbracht hatten. Seitdem war ich nicht mehr hier gewesen. Als ich wieder ins Gästezimmer zurückkehre, hat Franz für sich ein sonniges Plätzchen im Wohnzimmer gefunden und die Treppe ist wieder frei. Dieser große schwarze Kater ruht die meiste Zeit, wärmt sich im

Sonnenlicht und ist durch nichts aus der Ruhe zu bringen. Ganz anders dagegen setzt die kleine, schwarzweiß gefleckte Sissi ihre Neugier in Bewegung um. Sie bleibt nicht lange auf einem Fleck sitzen, wenn ich ihr nahekomme. Gestern Abend wurde ich Zeuge ihrer enormen Sprungkraft, als sie von der Kommode auf den Küchenschrank sprang und dabei mehr als einen Höhenmeter überwand. Sie möchte am liebsten nur spielen und ist immer auf der Suche nach etwas, dem sie nachjagen kann. Steven hielt sie mit einem roten Laserpunkt in Bewegung, was beiden sichtlich Spaß bereitete. Vor ein paar Wochen war sie vom Küchenschrank aus in ein Schrankfach hineingesprungen und hatte sich dort versteckt. Luise war bei der Suche nach ihr fast verzweifelt. Seitdem tragen beide Katzen Glöckchen am Hals, damit sie besser wieder aufzufinden sind.

Zurück am Schreibtisch widme ich mich wieder den Recherchen zu Franziskus von Assisi. Morgen möchte ich zum Abschluss meiner Pilgerreise die Mission in San Francisco besuchen, die dem Gründer des Franziskanerordens gewidmet ist. Überraschend finde ich heraus, dass sich heute sein Todestag jährt. Er war am Abend des 3. Oktober 1226 gestorben, jedoch zählt der 4. als Todestag, da man damals die Zeit nach Sonnenuntergang zum darauffolgenden Tag rechnete. Papst Johannes Paul II hatte den Heiligen 1979 „als einen himmlischen Patron über jene ausgerufen, die die Ökologie voranbringen" und das ist auch der Grund dafür, dass heute, am 4. Oktober, der Welttierschutztag gefeiert wird.[123]

Mit seiner Berufung durch den gekreuzigten Jesus fasste Franziskus den Entschluss, ihm in radikaler Weise zu folgen. Er lebte in völliger und selbstgewählter Armut und widmete sich ganz der Versorgung von Kranken und Armen. Seine Güte war auch auf die belebte und unbelebte Natur um ihn herum bezogen. Er kümmerte sich um die Wiederherstellung von zerstörten Gotteshäusern und sammelte Raupen und Würmer von den Wegen, damit sie nicht zertreten würden.

Im Winter ließ er Bienen mit Honig füttern, um ihr Überleben zu sichern, und beim Holzschlagen wies er seine Gefährten an, einen Stumpf mit Wurzel stehen zu lassen, damit der Stamm im Frühjahr wieder ausschlagen könne. Bekannt wurde Franziskus von Assisi vor allem durch seine Tierpredigten. Seine berühmteste Dichtung aber ist der Sonnengesang, eine Lobpreisung Gottes und seiner Schöpfung:

DER SONNENGESANG[124]

Höchster, allmächtiger, guter Herr,
dein sind das Lob, die Herrlichkeit und Ehre und jeglicher
Segen.
Dir allein, Höchster, gebühren sie,
und kein Mensch ist würdig, dich zu nennen.

Gelobt seist du, mein Herr,
mit allen deinen Geschöpfen,
zumal dem Herrn Bruder Sonne,
welcher der Tag ist und durch den du uns leuchtest.
Und schön ist er und strahlend mit großem Glanz:
Von dir, Höchster, ein Sinnbild.

Gelobt seist du, mein Herr,
durch Schwester Mond und die Sterne;
am Himmel hast du sie gebildet,
klar und kostbar und schön.

Gelobt seist du, mein Herr,
durch Bruder Wind und durch Luft und Wolken
und heiteres und jegliches Wetter,
durch das du deinen Geschöpfen Unterhalt gibst.

Gelobt seist du, mein Herr,
durch Schwester Wasser,

gar nützlich ist es und demütig und kostbar und keusch.

Gelobt seist du, mein Herr,
durch Bruder Feuer,
durch das du die Nacht erleuchtest;
und schön ist es und fröhlich und kraftvoll und stark.

Gelobt seist du, mein Herr,
durch unsere Schwester, Mutter Erde,
die uns erhält und lenkt
und vielfältige Früchte hervorbringt
und bunte Blumen und Kräuter.

Gelobt seist du, mein Herr,
durch jene, die verzeihen um deiner Liebe willen
und Krankheit ertragen und Drangsal.
Selig jene, die solches ertragen in Frieden,
denn von dir, Höchster, werden sie gekrönt.

Gelobt seist du, mein Herr,
durch unsere Schwester, den leiblichen Tod;
ihm kann kein Mensch lebend entrinnen.
Wehe jenen, die in tödlicher Sünde sterben.
Selig jene, die er findet in deinem heiligsten Willen,
denn der zweite Tod wird ihnen kein Leid antun.

Lobt und preist meinen Herrn
und dankt ihm und dient ihm mit großer Demut.

Wenn man nicht wüsste, dass Franziskus ein Vertreter des christlichen Glaubens war, dann könnte man meinen, es handele sich um die Anrufung der Elementarkräfte durch einen Schamanen.

Den Tag über setze ich meine Studien über Franziskus weiter fort. Das mir vertraute Bild zeigt nur eine Seite des heiliggesprochenen Mannes. Doch vorerst unterbreche ich meine Nachforschungen. Am frühen Abend werden Luise und Steven von der Arbeit zurückkommen. Um mich bei ihnen für ihre Gastfreundschaft zu bedanken, möchte ich sie mit einem feinen italienischen Essen verwöhnen.

Für eine Vorspeise koche ich ganze Artischocken in Salzwasser und bereite dafür Dips aus den in der Küche vorhandenen Zutaten. Den einen mische ich aus Essig, Öl, Senf und Zwiebeln, den anderen aus Joghurt, Limettensaft und Knoblauch. Als Hauptspeise gibt es Pasta e Ceci, ein einfaches und wohlschmeckendes vegetarisches Alltagsgericht, das außerhalb von Italien kaum bekannt ist.

PASTA E CECI

ZUTATEN (4 PORTIONEN)
- *500 g Nudeln*
- *250 g Kichererbsen aus der Dose*
- *250 g geschälte Tomaten aus der Dose*
- *1 Karotte (oder Selleriestange)*
- *1 Rosmarinzweig*
- *2 Zehen Knoblauch*
- *1 mittlere Zwiebel*
- *Parmesankäse*
- *Olivenöl*
- *Weißwein*
- *Gemüsebrühe*
- *Salz, schwarzer Pfeffer*

ZUBEREITUNG (CA. 30 MINUTEN)
1. *Die Zwiebel und die Karotte in kleine Stücke schneiden. Etwas Olivenöl mit 2 feingehackten Knoblauchzehen in einer tiefen Pfanne oder in einem breiten flachen Topf parfümieren.*
2. *Das Gemüse dazugeben und anrösten.*

3. *Mit Weißwein ablöschen und anschließend die Tomaten und die abgetropften Kichererbsen dazugeben. Mit Gemüsebrühe und schwarzem Pfeffer würzen. Aufkochen und anschließend für etwa 5 Minuten auf kleinster Flamme weiterköcheln lassen.*
4. *Einen Topf mit Salzwasser zum Kochen bringen und die Nudeln hineingeben. Am besten eignen sich Rigatoni, da sie die Sauce gut aufnehmen können.*
5. *Maximal ein Drittel des Gemüses mit einem Stabmixer pürieren, indem er einige Male an verschiedenen Stellen ins Gemüse getaucht und dann zum Rotieren gebracht wird. Anschließend einen Rosmarinzweig dazugeben, umrühren und das Gemüse weitere 5 Minuten auf kleiner Flamme köcheln lassen.*
6. *Die Nudeln nach 8-minütigem Kochen vom Herd nehmen und das Wasser abgießen. Dann die Nudeln unters Gemüse heben, damit sie in der Sauce weiterziehen können.*
7. *Zum Schluss etwas Parmesankäse darüberreiben und verrühren.*

Als die beiden von der Arbeit kommen, habe ich das meiste vorbereitet und so können wir kurz darauf mit der Vorspeise beginnen. Steven spendiert dazu eine Flasche Pinot Grigio. Als Hauptgericht essen wir die Nudeln mit den Kichererbsen. Zum Abschluss des Menüs gibt es eine Nachspeise aus geschlagener Sahne und einer pürierten Papaya, die ich mit Zucker und Limettensaft abgeschmeckt habe.

Beim Essen erzähle ich meinen Gastgebern von meiner Begegnung mit Brian in der Herberge am Pigeon Point Lighthouse und seiner Verbindung zu den Grateful Dead. Überrascht erfahre ich, dass die Band in der Vergangenheit für einige Jahre ganz in der Nähe gewohnt hatte. Nach dem Frühstück am nächsten Morgen führt mich Luise auf einem Spaziergang dorthin. Dichter Bewuchs säumt das Grundstück und schützt es so vor den Blicken der Besucher. Es ist nun das zweite Mal, dass ich dieser Band aus der amerikanischen Gegenkultur der Sechziger begegne, die sich den sonderbaren Namen „Die Dankbaren Toten" gegeben hatte.

Exkurs: Die Minderen Brüder

Wer war Franziskus von Assisi, der den Orden der Franziskaner gründete, die Gemeinschaft der Minderen Brüder? Welche Bedeutung hatten sie für die Kirche in jener Zeit? Wie prägt der Mann aus Assisi die kalifornische Missionierung durch die spanischen Franziskanermönche? Und warum bezieht sich Papst Franziskus so auf ihn, dass er ihn zu seinem Namenspatron wählte?

Franziskus wurde 1182 in der umbrischen Stadt Assisi geboren und kam aus dem wohlhabenden Hause eines Tuchhändlers. Auch wenn er es später immer wieder verleugnete, hatte er eine hohe Bildung genossen und als junger Mann ein ausschweifendes Leben geführt. Geschäftliche Erfolge reichten ihm nicht. Zunächst träumte er davon, in den Adel aufzusteigen und in einem eigenen Wohnturm mit anderen Rittern zusammenzuleben. Später zog er als bürgerlicher Freiheitskämpfer für eine demokratische Kommunenordnung seiner Heimatstadt unter der Führung der Kaufmannszunft in den Krieg gegen den Adel, der von der Nachbarstadt Perugia angeführt wurde. Nach der Niederlage der Bürger von Assisi geriet Franziskus in Kriegsgefangenschaft, aus der er nach einem Jahr elender Haft in jämmerlichem Zustand freikam. Nach diesen leidvollen Erfahrungen zog er sich in die Einsamkeit zurück. Regelmäßig betete er vor einem Bild des Gekreuzigten, bis dieser im Januar 1206 zu ihm sprach:

Franziskus, geh hin und stelle mein Haus wieder her, das, wie du siehst, ganz verfallen ist.[125]

Von da an verstand sich Franziskus von Assisi als Erneuerer der Kirche und bezog die Worte zunächst nur auf die Wiederherstellung der Kirche in San Damiano, wo er diesen Ruf erhielt. Mit der Enzyklika Laudato si'[126] und ihrem Untertitel „Die Sorge für das gemeinsame Haus" bezieht sich Papst Franziskus auf ebendiese Offenbarung seines Namenspatrons und sieht seine Berufung heute darin, die römisch-katholische Kirche zu erneuern.

Nach seiner Berufung widmete Franziskus von Assisi sein Leben ganz der Wohltätigkeit. Er entnahm immer mehr Waren und Geld aus dem Besitz seiner Familie für karitative Zwecke, bis es zu einem Streit mit seinem Vater kam, der gegen seinen eigenen Sohn einen Prozess vor dem richterlichen Stuhl des örtlichen Bischofs führte. Die Gerichtsverhandlung fand im Frühjahr 1207 öffentlich auf dem Domplatz statt. In großer Geste entledigte sich Franziskus während der Verhandlung all seiner Kleider, warf diese seinem Vater vor die Füße und sprach nackt vor den Augen der auf dem Platz versammelten Menge die überlieferten Worte:

Bis heute habe ich dich meinen Vater genannt auf dieser Erde; von nun an will ich sagen: Vater, der du bist im Himmel.[127]

Wie kein anderer Prediger seiner Zeit beherrschte Franziskus die Kunst der öffentlichen Agitation und Performance. Er predigte in der Sprache des Volkes, oftmals begleitet von symbolischen Aktionen, um seinen Worten Anschauung und Nachdruck zu verleiten. In einer Messe zur Weihnachtsnacht des Jahres 1223 inszenierte er ein Krippenspiel in einer eigens dafür eingerichteten Höhle. In seine Predigt baute er schauspielerische und pantomimische Elemente ein und gilt heute als der Begründer des Krippenspiels und der Weihnachtskrippe.[128] So wie Franziskus die Menschen bei seinen Auftritten ansprach, war er nicht nur ein Publikumsmagnet. Immer mehr gebildete junge Menschen aus dem wohlhabenden Bürgertum schlossen sich ihm an, darunter auch viele Priester, denen die Gläubigen davongelaufen waren. Die katholische Kirche hatte zu jener Zeit ihre Glaubwürdigkeit verloren. Der Vatikan verfolgte diese Entwicklung mit großem Interesse und verstand es schon bald, den drohenden Niedergang der Kirche abzuwenden, indem er sich diese Bewegung zunutze machte. Während Franziskus den Kreuzzug von Damiette begleitete, um im Heiligen Land zu missionieren, gewann die Kirche immer mehr Kontrolle über den neuen Orden.

Als Franziskus 1220 nach Italien zurückkehrte, war die Bruderschaft bereits in ganz Europa verbreitet, aber zerstritten über ihre Führungsstruktur. Er selbst war körperlich und geistig gezeichnet. Der Kreuzzug hatte ihn schlimmeres Leid als je zuvor erleben und sehen lassen. Seine Ordensbrüder waren nicht mehr bereit, seinem Kurs und seinen strengen Regeln zu folgen. Schließlich diktierte Papst Honorius III der Gemeinschaft der Minderen Brüder eine hierarchische, dem Geist des Gründers aber kaum gerechte Ämterverfassung. Die Bewegung, die Franziskus ins Leben gebracht hatte, hatte sich seiner Kontrolle entzogen und nahm einen anderen Verlauf als von ihm beabsichtigt. Enttäuscht zog er sich in eine Einsiedelei zurück und überließ die Führung des Ordens anderen. Wenige Wochen später, drei Tage nach dem Fest der Kreuzerhöhung, erschien er mit den Wundmalen Christi wieder in der Öffentlichkeit.

Seine geschichtliche Bedeutung wird von Journalisten hoch eingeschätzt. Im Jahr 1992 wurde er vom Time Magazine[129] zusammen mit Johannes Gutenberg, Michelangelo, Martin

Luther, Galileo, William Shakespeare, Thomas Jefferson, Wolfgang Amadeus Mozart und Albert Einstein zu den zehn größten Persönlichkeiten des vergangenen Millenniums erklärt. Doch ich frage mich auch, was von so einer Liste zu halten ist, wenn nicht eine einzige Frau darin genannt wird.

Franziskus entzweite sich auch mit Klara, die während seiner Abwesenheit einen eigenen, von den Brüdern unabhängigen Orden der Klarissen für Frauen begründet hatte. An einem Aschermittwoch ging er wieder in ihr Kloster nach San Damiano, streute einen Kreis aus Asche auf den Boden, warf sich in die Mitte, streute Asche über sein Haupt und betete:

"Erbarme dich meiner, o Gott!"[130]

Ohne ein einziges Wort mit Klara gesprochen zu haben, suchte er anschließend das Weite und ließ die fassungslosen Schwestern weinend und schluchzend zurück.[131] Von da an mied er jeden Kontakt mit Klara, nannte sie Christiana und entpersönlichte sie so zur bloßen Christin[132]. Erst nachdem er an seinen Stigmata ernsthaft erkrankt war, ließ er sich von ihren Schwestern im Gründungskloster ihres Ordens versorgen[133]. In dieser Zeit – während seines Aufenthaltes im Kloster San Damiano – schrieb Franziskus die Lobpreisung des Sonnengesangs. Kurz vor seinem Tod im Jahr 1226 ließ er sich in die kleine Kapelle Portiuncula bringen, wo sein Orden einen Anfang nahm. Wie sie es zwei Tage zuvor auf seinen Wunsch geprobt hatten, legten seine Brüder ihn dort unbekleidet zum Sterben auf den nackten Boden.[134] In symbolischer Weise schließt er damit den Kreis, der 1207 mit seinem öffentlichen Entkleiden und Bekenntnis einen Anfang nahm. Bereits zwei Jahre nach seinem Tod wurde Franziskus heiliggesprochen.

In allen Geschöpfen erkannte Franziskus Brüder und Schwestern, geschaffen als Kinder Gottes und genährt von Mutter Erde. Er sagte:

Alle Gebilde der Schöpfung sind Kinder des einen Vaters und daher Brüder.[135]

Nur einem Geschöpf begegnete er mit Demütigung und Misshandlung, seinem eigenen Leib, den er „Bruder Esel"[136] nannte. Er führte einen unerbittlichen Krieg gegen seinen eigenen Körper. Es wird darüber berichtet, wie er seine Sexualität nachts sich nackt im Schnee wälzend unterdrückte und seine Regungen mit Dornengestrüpp bis aufs Blut aus dem Körper geißelte. Er verdarb sich die Lust an geschmackvollen Speisen durch Hinzufügen von Asche und kaltem Wasser.[137] Es wird auch vermutet, dass er sich die Stigmata selbst zufügte, um Anteil an der Passion Christi zu nehmen. In den Zeiten der Kreuzzüge war diese Form der Selbstkasteiung nichts Ungewöhnliches.[138]

Auch wenn sich Franziskus das Ziel setzte, in seinem Handeln Jesus Christus nachzueifern, so unterschied er sich doch in einem grundlegenden Verhalten von seinem Vorbild. Mir ist keine Stelle in der Bibel bekannt, in der davon berichtet wird, dass sich Jesus selbst Leid zufügte. Stets waren es andere Menschen, die ihn demütigten, quälten und schließlich am Kreuz töteten. Er verkündete vielmehr die Botschaft:

Liebe deinen Nächsten wie dich selbst.[139]

Jesus panschte auch nicht das Essen wie Franziskus, sondern verwandelte stattdessen Wasser in Wein und vermehrte die wenigen vorhandenen Brote und Fische, um eine große Menschenansammlung ausreichend mit Nahrung zu versorgen. Im Unterschied zu Jesus, der sein Fasten auf vierzig Tage beschränkte, schädigte sich Franziskus durch übertriebenes und gesundheitsschädigendes Fasten. Klara, seine treue Weggefährtin, eiferte ihm in jeder Hinsicht nach und übertraf ihn noch.[140]

Heute weiß man, dass Schmerzen und langes Fasten zur Ausschüttung körpereigener Endorphine führen und Rauschzustände auslösen können. Entwickelten die beiden ein Suchtverhalten auf der Suche nach religiöser Ekstase?

Hatten sie vielleicht einen übermächtigen und strafenden Vater, der sich nun als verinnerlichter Vater gegen sie selbst richtete? Es ist überliefert, dass Franziskus von seinem Vater eingesperrt und verprügelt wurde.[141] War die Selbstfürsorge ihrer inneren Mutter zu schwach, um auf das eigene Wohlergehen zu achten? Die radikale Trennung der beiden[142] von ihren Eltern ent-mutterte und ent-vaterte[143] sie zwar von ihren leiblichen, aber nicht automatisch von ihren inneren Eltern.

Oder kompensierten sie damit eine unterdrückte Sexualität? Es ist überliefert, dass es Franziskus vermied, Frauen offen anzusehen oder ihnen gar in die Augen zu schauen. Sich selbst und seinen Brüdern untersagte er den öffentlichen Umgang und gemeinsame Mahlzeiten mit dem anderen Geschlecht. Die sexuelle Beziehung zu einer Frau führte zum unmittelbaren Ausschluss aus der Bruderschaft.[144]

Dagegen hatte Jesus offenbar einen ungezwungenen Umgang mit Frauen. Er unterhielt sich öffentlich mit ihnen, auch wenn dies zur damaligen Zeit Missfallen erregte. Er traf eine Samariterin am Brunnen, pflegte Umgang mit Martha und ihrer Schwester Maria, ließ sich von einer Sünderin die Füße küssen und kümmerte sich zum Entsetzen seiner Jünger sogar um Prostituierte. Vor seinem Tod wurde er von einer Frau gesalbt, und wiederum waren es Frauen, die das leere Grab entdeckten. Über seine Beziehung zu Maria Magdalena hüllte sich der Vatikan lange in Schweigen. Auf Wunsch von Papst Franziskus, wurde sie im Juni 2016 den Aposteln gleichgestellt.[145] Außerdem gründete er eine Kommission, die über die Zulassung von Frauen zum Diakonat nachdenken soll.[146]

Sollten sich die Schritte zu einer Gleichstellung der Frauen in der Kirche weiter in diesem Tempo bewegen, wird der Niedergang der katholischen Kirche kaum noch aufzuhalten sein. Wie schon zu Zeiten des Franziskus von Assisi verliert sie immer mehr Gläubige und zahlende Mitglieder. Aufgrund des Zölibats finden sich auch immer weniger neue Priester. Mit ihrer gegenwärtigen Haltung zur Sexualität und durch das Vertuschen sexueller Übergriffe und Gewalt von Priestern gegen Kinder und Jugendliche verliert die Kirche weiter ihre Glaubwürdigkeit.

In seiner Enzyklika Laudato si' schrieb Papst Franziskus:

Wenn andererseits das Herz wirklich offen ist für eine universale Gemeinschaft, dann ist nichts und niemand aus dieser Geschwisterlichkeit ausgeschlossen. Folglich ist es auch wahr, dass die Gleichgültigkeit oder die Grausamkeit gegenüber den anderen Geschöpfen dieser Welt sich letztlich immer irgendwie auf die Weise übertragen, wie wir die anderen Menschen behandeln. Das Herz ist nur eines, und die gleiche Erbärmlichkeit, die dazu führt, ein Tier zu misshandeln, zeigt sich unverzüglich auch in der Beziehung zu anderen Menschen.[147]

Seine Worte bleiben nur leere Hülsen, wenn sie nicht in den Entscheidungen und im Handeln seiner Kirche sichtbar werden. Das gilt auch für die Aufarbeitung ihrer Vergangenheit.

Junípero Serra, der die Missionierung in Kalifornien leitete, eiferte seinem Vorbild Franziskus von Assisi in jeder Hinsicht nach. Gegen sich selbst war er von unerbittlicher Härte und trieb die Selbstbestrafung zum Entsetzen seiner Mitbrüder auf die Spitze. Unter seinem Mönchsrock trug er Sackleinen, in welches spitze Borsten und Drahtenden eingewoben waren. In seiner kargen Zelle hing eine Kette aus scharfkantigen Eisengliedern an der Wand über seinem Bett, mit der er sich nachts auszupeitschen pflegte, wenn ihm ein sündiger Gedanke kam.[148]

Wie Franziskus von Assisi war er auf einen anderen Kreuzzug gezogen und folgte mit seinen Ordensleuten den Garnisonen der Spanischen Krone an der amerikanischen Westküste auf ihrem Vormarsch Richtung Norden. Die Umerziehung der Ureinwohner verlief gegen ihren Widerstand. Es wird vermutet, dass es zu jener Zeit etwa hunderttausend Eingeborene gab, die an der kalifornischen Küste lebten, verteilt auf etwa hundert verschiedenen Stämmen. Die Missionare brachten nicht nur den katholischen Glauben, schulische Erziehung und europäisches Handwerk ins Land. Sie verbreiteten auch Viruskrankheiten. Während der großen Epidemie von 1806 starb ein Drittel der Urbevölkerung an Masern oder damit verbundenen Komplikationen. Eingeborene vom Stamm der Esselen und Ohlone, die zu Lebzeiten Serras in der Region um Monterey lebten, wurden erst getauft, dann zwangsumgesiedelt und schließlich zur Zwangsarbeit als Ackerleute, Hirten, Viehzüchter, Schmiede oder Zimmerleute von den Missionen eingezogen und dort festgehalten.

Elias Castillo, ein ehemaliger Reporter der San José Mercury News, untersuchte die Versklavung der kalifornischen Ureinwohner durch die Spanier. In seinem Buch „A Cross of Thorns: The Enslavement of California's Indians by the Spanish Missions"[149] aus dem Jahr 2015 kommt er zu dem Ergebnis, dass die Missionen wahre „Todeslager"[150] gewesen seien. Der Geschichtsprofessor Steven Hackel von der Universität Riverside kommt zu der Einschätzung, dass Junípero Serra bereits zu Lebzeiten „eine umstrittene Figur"[151] gewesen sei, „jähzornig und stur"[152]. Vor seiner Zeit in Kalifornien war er seit 1749 als Missionar und Inquisitor in Mexiko tätig gewesen. Es wundert nicht, wenn er die Eingeborenen so behandelte, wie sich selbst. Zehntausende Eingeborene starben infolge der Missionierung, viele kleine Stämme wurden völlig ausgerottet. Sie wurden vernichtet durch Krankheit, Fehlernährung, Hunger, Zwangsarbeit und Folter. Schwangere Eingeborene trieben ab, damit ihre zukünftigen Kinder keinen Missbrauch erleiden mussten.[153]

Die Ausrufung der unabhängigen Republik Mexiko im Jahre 1824 beendete die Mission der Franziskaner. Die Spanier wurden des Landes verwiesen, die Missionsstationen säkularisiert und die Franziskaner zogen sich in die Mission Santa Barbara zurück, die als einzige verschont worden war. Bis dahin aber hatten sie eine Spur der Vernichtung hinterlassen.

Sowohl in Oregon als auch in Kalifornien wurden die Ureinwohner an der Westküste der USA von den weißen Siedlern umgebracht, versklavt oder vertrieben. Jedoch blieb die geistige Verbindung der Eingeborenen in Oregon zu ihrem angestammten Land verschont. Sie äußert sich noch in den Namen vieler Orte, Flüsse und ihrer Mündungen, an denen sie beheimatet waren. Je weiter man an der Westküste nach Norden kommt, umso mehr konnten die Küstenstämme die Verbindung zu ihren kulturellen Wurzeln bis heute erhalten. Anders als in Oregon zerstörten die spanischen Siedler in Kalifornien auch die spirituelle Identität der Eingeborenen und zwangen ihnen einen fremden Glauben auf. In ihrer Gründlichkeit gaben die Franziskaner den Orten neue Namen und benannten sie nach ihren Heiligen. Es gibt nur noch wenige Orte in Kalifornien, die mit ihren Namen an die Urbevölkerung erinnern. Der Genozid durch die Missionierung war auch ein geistiger.

Als sich Papst Franziskus 2015 das erste Mal in den USA aufhielt, besuchte er nur Orte an der Ostküste. Während eines in spanischer Sprache gefeierten Gottesdienstes in Washington sprach er Junípero Serra heilig. Der Vatikan hatte die Kritik von vielen Bürgerrechtlern und Stammesvertretern im Vorfeld ignoriert. Obwohl die Mission in Carmel von Sicherheitskräften bewacht wurde, gelang es Unbekannten, vier Tage später nachts in das Gebäude einzudringen. Auf Serras Grab hinterließen sie die Inschrift: „Heiliger des Völkermordes"[154].

Stammesvertreter der Esselen distanzierten sich davon. Sie seien eine respektvolle Gemeinschaft. Viele ihrer Vorfahren seien ebenfalls dort begraben und auch einige ihrer Gräber seien geschändet worden. Der Stamm suchten vielmehr eine Partnerschaft mit den Missionen, um dort für ihre Toten beten zu können.[155]

Mission beendet

Als ich die Golden Gate Bridge das erste Mal sah, liefen mir Schauer über den Rücken. Sie ist ein großartiges Bauwerk, das mich immer wieder daran erinnert, zu welchen Leistungen wir Menschen fähig sind, um das scheinbar Unmögliche möglich zu machen. Dagegen war die Bay Bridge, die Oakland mit San Francisco verbindet, für mich immer nur ein praktisches Übel gewesen. Man brauchte eine zweite Brücke, um den immensen Verkehr über die Bucht zu befördern. Täglich fahren heute eine viertel Million Fahrzeuge über die Bay Bridge, mehr als doppelt so viele wie über die Golden Gate Bridge. Und während das goldene Tor meine Träume, Wünsche und Hoffnungen beflügelte, so hatte ich mit der grauen Bay Bridge immer nur den unvermeidbaren Alltag verbunden. Doch dieser hatte vor kurzem ein neues Gesicht bekommen.

Es ist der vorletzte Tag meiner Reise. Ich fahre nach San Francisco, um dort meine Mission an der Westküste der USA zu beenden. Kurz vor der Zollstation zur Bay Bridge gerate ich in einen Stau, da die Spur links neben mir gerade geschlossen wurde und sich nun Autos von dort in meine Fahrbahn reihen. Die Überfahrt kostet am Wochenende nur fünf Dollar. Als die Brücke im Jahre 1936 nur wenige Monate vor der Golden Gate Bridge ihren Betrieb aufnahm, hatte man 65 Cent für das Passieren verlangt. Aufgrund des Preisdruckes der Fähren war die Gebühr sogar bis auf 25 Cent gesunken, auf ein Zwanzigstel des heutigen Preises, den man jedoch für nur eine Fahrtrichtung bezahlen muss. Schon an der Zollstation zücke ich meine Kamera, um meine Überfahrt in Bildern festzuhalten. Während ich den Wagen mit der linken Hand lenke und mich auf den Verkehr konzentriere, halte ich die Kamera in der rechten und drücke immer wieder ab in der Hoffnung, dass die eine oder andere Aufnahme gelingen möge. Heute fahre ich das erste Mal über die neu gebaute Brücke, die erst vor einem Monat, am 2. September 2013 eröffnet wurde. Das Gesicht des Alltags hatte ein Facelifting bekommen und regt nun seinerseits zum Träumen an.

Von Osten kommend fahre ich zwei Kilometer über den neu erbauten Skyway zur funkelnagelneuen Brücke. Die Gegenfahrbahn verläuft parallel auf einer zweiten Rampe. Eine dritte dahinter ist Radfahrern und Fußgängern vorbehalten und bietet ausreichend Platz für Gegenverkehr und Schutz durch hohe Seitengeländer. Nach dem Erdbeben im Oktober 1989 und dem Brand eines Tankwagens im Jahr 2007 war die Bay Bridge derart beschädigt, dass ein Um- oder Neubau nötig wurde. Für das östliche Segment entschied man sich zu einem Neubau, der nun der Brücke neuen Glanz verleiht. Die mausgraue Stahlfachwerkbrücke aus dem Antiquariat der Baustatik wurde ersetzt durch eine moderne elegante Hängebrücke, deren Pfeiler sich hell und stolz in den Himmel erheben. Drei Jahre wird es dauern, bis die alte vollständig abgerissen ist. Was man heute noch davon sehen kann, wird bald verschwunden sein. Das Alte hält sich immer noch eine Weile an der Seite des Neuen, bevor es in den Tiefen der Vergangenheit versinkt. Ich habe das Gefühl, dass während meiner Reise auch etwas Neues in mein Leben eingetreten ist, doch muss ich mich in Geduld üben, denn das Alte will erst noch weiter verdaut und ausgeschieden werden, bevor sich das Neue ganz entfalten kann. Jede Auferstehung braucht ihre Zeit, und wenn es nur drei Tage sind.

Die beiden Abschnitte der Bay Bridge stützen sich in der Mitte der Bay auf den felsigen Grund der Yerba Buena Island. Kurz bevor man das Felsmassiv in einem Tunnel durchquert, gelangt man über eine Abfahrt auf die Insel und hat einen fantastischen Blick auf San Francisco. Von dort geht es zur Treasure Island, einer künstlichen Insel, die für die Weltausstellung im Jahr 1939 aus dem Schutt des Erdbebens von 1906 aufgeschüttet wurde. So bergen die Trümmer der Vergangenheit einen Schatz in sich, der als Fundament für die Zukunft nutzbar gemacht werden konnte.

Schon bei der Einfahrt in den Tunnel strahlt mir das gleißend helle Licht von jenseits der Ausfahrt entgegen, und kurz darauf geht die Fahrt weiter über den renovierten südwestlichen Abschnitt der Bay Bridge, die mit ihren beiden Hängebrücken bereits in der Vergangenheit eine gefällige Ästhetik aufwies. Ich finde es bemerkenswert, dass man fast alle Nieten mit Schneidbrennern herausgebrannt, die Löcher präzise nachgebohrt und durch neue Gewindeschrauben und Muttern aus hochfestem Stahl ersetzt hatte. Die Brücke wurde zudem durch weitere Streben versteift, um sie gegen stärkere Erbeben zu sichern. Was sich im Leben bewährt hat, muss nicht unbedingt ersetzt werden. Oft reicht es, wenn es der neuen Situation angepasst wird. Mit dieser weiteren Einsicht gelange ich nach San Francisco, wo mich die Navigation über die 101 bis zur Mission Street lotst. Hier befindet sich die Mission San Francisco de Asís, meine letzte Station auf dem Camino Real.

Früher war es der Weg, der dem Pilger Beharrlichkeit und Ausdauer abverlangte. Heute ist es das Ziel. Etwa eine Stunde lang durchkreuze ich das Missionsviertel an der Ecke Dolores und 16th Street, um einen Parkplatz zu finden. Schließlich finde ich einen freien Platz mit einem Schild daneben, das mich über eine App informiert, mit der ich den Platz buchen soll, wenn ich nicht abgeschleppt werden will. Da die entsprechende App für mein Smartphone nicht verfügbar ist, setze ich meine Suche weiter fort, bis ich schließlich versteckt in einer Seitengasse eine kleine Parkgarage finde. Nach zehn Minuten Fußweg erreiche ich von dort die Mission und begegne unterwegs zahlreichen Radfahrern, die mal sportlich gekleidet sind und sich schwungvoll den Hügel hinaufbewegen, mal mit ihrem Wochenendeinkauf beladen gemächlich an mir vorüber radeln.

Die unscheinbare Mission San Francisco de Asís aus dem Jahre 1776 ist das älteste Gebäude der Stadt und befindet sich unmittelbar neben der aufragenden Basilica Mission Dolores Parish von 1918. Die ursprüngliche Mission war die sechste von neun und die nördlichste, die von Junípero Serra gegründet worden war. Die später errichtete Mission San Rafael Arcángel nördlich davon gehörte als Submission zu San Francisco und diente mit ihrem milderen und wärmeren Klima als Sanatorium für Mönche und Einheimische. Noch weiter nördlich befindet sich nur noch die Mission San Francisco Solano, deren Gründung im Jahr 1823 von der gerade unabhängig gewordenen mexikanischen Regierung mit dem Ziel vorangetrieben worden war, die Mission San Francisco de Asís als Bollwerk gegen die russischen Siedler auf die Nordseite der Bay zu verlegen. Da aber die mexikanische Kirche ihre Zustimmung versagte, verfielen die in Solano errichteten Gebäude schon nach wenigen Jahren.

Die Mission in San Francisco ist dem Heiligen Franziskus von Assisi gewidmet und gab der heutigen Metropole ihren Namen. In der ersten Reihe der alten Missionskirche habe ich nun Platz genommen und bin in Andacht gegangen. Ich spüre die geistige Tiefe, die dieser Raum noch immer trägt. An diesem Ort waren schon viele Menschen zuvor in innerer Versenkung. Noch heute werden hier regelmäßig Messen gelesen. Auch Papst Johannes Paul II. war im Jahre 1987 hier, auf einer seiner vielen Reisen. Ob Papst Franziskus während seiner Amtszeit auch nach San Francisco kommen wird, ist ebenso offen wie die Fragen, ob es ihm gelingen wird, seine

Kirche nachhaltig zu erneuern, oder ob er das gleiche Schicksal wie sein Namenspatron erfahren wird.

Schließlich gehe ich hinaus auf den kleinen Friedhof. Im Film „Vertigo - Aus dem Reich der Toten"[156] gibt es eine Szene am Anfang, die hier spielt. Scottie verfolgt darin Judy und beobachtet sie am Grab von Carlotta Valdes. Deren Grabstein wurde eigens für den Film aufgestellt und danach wieder entfernt. Um Bilder aus dem Film nachzustellen, kam ich vor fünfzehn Jahren das erste Mal hierher. Ich machte eine Aufnahme im Museum Legion of Honor, von einem Blumenstrauß, den Judy im Film auf einer Bank ablegt, als sie ein Gemälde der verstorbenen Carlotta betrachtet. Ich stellte auch ein Szenenbild nach, in dem Judy vor der Golden Gate Bridge steht und einen Blumenstrauß in den Händen hält, bevor sie ins Wasser springt und Scottie sie vor dem Ertrinken rettet. Es scheint mir geradezu, als folgte ich Scottie, der im Film durch die Wiederholung einer Beziehung und ihres traumatischen Endes versucht, seine Ängste zu überwinden. Ich spüre, wie mich bei dieser Erkenntnis plötzlich eine heilsame Regung durchdringt. Auf dem kleinen Friedhof der Mission herrscht Totenstille. Nichts von dem Lärm des belebten Viertels ist hier zu hören. Die Luft ist warm. Die alten Bäume spenden Schatten und schützen vor dem grellen Sonnenlicht. Ich betrachte die Grabsteine und Skulpturen. Ein Franziskanermönch, die Hände auf dem Rücken gefaltet, schreitet in Andacht bedächtig voran. Sein Kopf ist geneigt, er bewegt sich in Richtung Ausgang. Sein letzter Schritt wurde in Stein gemeißelt. Die Statue soll Junípero Serra darstellen. Ich folge dem Blick des Padre und gelange durch eine Seitentür in die große Basilika. Ihr Innenraum ist in rötliches Licht gehüllt, das durch die Oberlichter mit Engelmotiven eindringt. Die Bleiverglasungen der darunterliegenden Seitenfenster sind bebildert mit den kalifornischen Missionen und ihren Schutzheiligen. Eines der Fenster ist Junípero Serra gewidmet. Andächtig schreite ich die Stationen meiner Mission ab:

San Carlos Borroméo de Carmelo
San Juan Bautista
Nuestra Señora de la Soledad
San Miguel Arcángel
San Luis Obispo de Tolosa
Santa Cruz
San José
Santa Clara de Asís
San Francisco de Asís

Schließlich erreiche ich den Altarraum und finde rechts davor einen Opfertisch, auf den ich eine Kerze stelle, die ich zuvor im Andenkenladen besorgt hatte. Ich entzünde sie mit einem Holzstäbchen, das ich an einer anderen Kerze zum Brennen bringe, knie mich davor nieder und bete. Dabei blicke ich auf das vergoldete Bild im Hintergrund. Es zeigt Gott Vater, der auf einer Wolke steht, und seinen Sohn auf dem rechten Arm trägt. Beide richten ihren Blick auf den Betrachter. Der Sohn hat die rechte Hand zum Schwur erhoben und die linke Hand aufs Herz gelegt. Ich richte mein Gebet an den Vater und den Sohn als einen Ausdruck der göttlichen Natur des Lebens. Ich danke dem Leben, dass es mich auf meiner Reise geschützt und mir stets den rechten Weg gewiesen hat, und bitte darum, dass mir dieser Schutz und diese Führung auch in Zukunft gewährt werde und ich die Zeichen, die mir gegeben werden, richtig zu deuten vermag. Danach danke ich allen, die mir diese Reise ermöglicht und mich unterstützt haben in meinen Vorbereitungen, und weiter denen, die mir auf der Reise begegnet waren und mir Rat, Unterstützung und Herberge gegeben hatten. Ich bete für David und Joseph, worum man mich gebeten, aber auch für Frank, der nicht nach Hilfe gefragt hatte. Es ist schon spät am

Nachmittag, als ich die Mission verlasse. Auf dem Weg zum Parkhaus mache ich Rast in einem Restaurant an der 16th Street. Im Mission District, der Gegend um die Mission, vollzieht sich seit einigen Jahren eine Wandlung. Vor 25 Jahren galt der Stadtteil als unsicher, vor allem im Dunkeln. Heute sammeln sich hier junge Alleinstehende und kinderlose junge Leute, die ihren Wohlstand dem Internet verdanken. Das Restaurant, das ich aufsuche, ist eines von vielen, das diese neue Einwohnerschaft bedient. Das Essen ist köstlich, aber nicht gerade günstig. Die Mönche, die hier zu Gast sind, können es sich leisten und möchten es sich schmecken lassen. Das Kernland des Silicon Valley um Palo Alto und Mountain View bietet dem Cyber-Nachwuchs nicht mehr genügend Anreiz. Die jungen Mitarbeiter suchen Zerstreuung in der Großstadt. Große Firmen haben für ihre Mitarbeiter einen Busverkehr mit WLAN und Morgenkaffee eingerichtet, der zwischen San Francisco und den Büros im Herzen des Valley verkehrt. Die Alteingesessenen von San Francisco sind nicht gut zu sprechen auf die jungen Neureichen, die auch zu einer Explosion der Mieten beigetragen haben. Derzeit führt die Stadt San Francisco sogar einen Rechtsstreit mit den Firmen. Sie sollen für das Halten ihrer Busse an den öffentlichen Haltestellen bezahlen. Später wird man sich auf eine symbolische Gebühr von einem Dollar pro Halt einigen.

Mit dem Mittagessen beende ich meine Pilgerfahrt auf dem Camino Real und begebe mich anschließend mit meinem Mietwagen auf den Camino del Mar, über den ich zum Baker Beach gelange. Der öffentliche Strand ist sehr beliebt, vor allem in der Schwulenszene, und selbst das Nacktbaden am nördlichen Ende des Strandes wird von der ansonsten prüden Öffentlichkeit geduldet. Es bliebe ihr auch keine andere Wahl. Die Einfahrt zum zentralen Parkplatz in Strandnähe ist gesperrt. Der Baker Beach State Park ist aufgrund des Government Shutdown geschlossen. Doch das hält niemanden davon ab, hierher zu kommen, sich bei strahlendem Sonnenschein ein Plätzchen im Sand zu suchen und die herrliche Sicht auf die Golden Gate Bridge zu genießen. Mit der Sperrung des Strandes wurden ohne Erbarmen auch die öffentlichen Toiletten geschlossen. Eine Frau, die ich dort antreffe, meint nur: "Dann gehen wir eben alle hinter die Bäume." Die Opposition mag zwar in der Lage sein, die Gelder für die Regierung zurückzuhalten, aber sie kann die Menschen nicht daran hindern, ihren natürlichen Bedürfnissen nachzugehen.

Der Baker Beach ist die letzte Station auf meiner Reise, bevor ich mich wieder auf die Rückreise mache. Schon einmal nahm ich hier Abschied. Mit meiner Familie besuchte ich diesen Strand, bevor wir im Sommer 1998 nach zweijährigem Aufenthalt wieder nach Deutschland zurückkehrten. An jenem Tag feierten wir hier auch meinen Geburtstag. Karina hatte mir eine Strandtorte aus Sand gebacken und mit einer Spirale aus Kieselsteinen verziert. Auf den Rand des Kuchens spickte sie 46 Kerzen aus Holz, die sich jedoch nicht anzünden ließen.

Heute gehe ich bis ans nördliche Ende des Strandes und entnehme dort am Fuß der Felsen eine Sandprobe für das Museum in Griechenland und fülle auch eine Tüte für mich ab, als Andenken. Der Baker Beach ist der zehnte und letzte Strand, von dem ich Sand mitnehme. Nun ist es an der Zeit, mich zu bedanken und dem Pazifik zum Ausgleich etwas wieder zurückzugeben. Ich nehme die Glasmurmel, die mir die alte Besitzerin des magischen Ladens in Athen geschenkt hatte, und gehe damit bis an den Rand des Wassers. Quarzsand war zum Glühen gebracht und beim Erkalten zu dieser Kugel geformt worden. Der Sand hatte dadurch eine Transformation erfahren. Ich halte die Murmel zwischen Daumen und Zeigefinger der linken Hand, blicke durch sie hindurch auf die Golden Gate Bridge, deren komprimiertes Abbild im Glas sichtbar wird und bedanke mich für den Sand. Nach drei tiefen Atemzügen werfe ich die Glasmurmel im hohen

Bogen ins Meer. Am Fuße der Golden Gate Bridge versinkt sie im Sand des pazifischen Ozeans. Dort ruht sie nun, bis in der Zukunft etwas Neues daraus hervorgehen kann. Damit schließe ich den Kreis von Geben und Nehmen, wie es mir die Ladenbesitzerin in Athen einst prophezeit hatte:

„Es wird alles rund werden."

Ich denke auch an Brisa, die ebenfalls eine Glasmurmel geschenkt bekam, und danke ihr dafür, dass sie mich mit ihrem Vorbild auf meiner Reise begleitet hatte. Indem ich meine Murmel dem Meer übergebe, lasse ich auch Brisa los und hätte dafür keinen besseren Ort finde können.

Hier am nördlichen Ende des Strandes wurde 1986 erstmals ein Holzmann aufgebaut und verbrannt. Es geschah angeblich, um einen noch schwelenden Liebeskummer zu überwinden. Damals waren nur etwa zwanzig Teilnehmer erschienen und man hatte Probleme, die mehr als zwei Meter hohe Figur zum Brennen zu bringen. In den darauffolgenden Jahren traf man sich hier jährlich zur Sommersonnenwende und wiederholte das Fest, bis 1990 fast tausend Teilnehmer kamen und der Holzmann auf zwölf Meter gewachsen war. Jedoch untersagten die Parkbehörden den Veranstaltern, sie in Brand zu setzen, um den nahegelegenen Wald vor einem Feuer zu schützen. 1991 zog man deshalb mit dem Festival des brennenden Mannes nach Nevada in die Black Rock Desert um. Der Termin wurde von der Sommersonnenwende auf das Labour-Day-Wochenende verschoben und die Eintrittspreise für das Festival sind seitdem deutlich gestiegen.

Mein brennender Mann ist der kleine blau karierte Hase. Er begleitete mich auf meiner Reise und half mir, meine Ängste als Alleinreisender zu überwinden. Und weil das Feuermachen immer noch verboten ist, grabe ich ein Loch in den Strand, setze den kleinen Hasen in die Grube, verschließe sie mit Sand und begrabe so den Angsthasen. Dabei spreche ich laut die Sätze:

Ich begrabe meine Angst davor, nicht gesehen zu werden.
Ich begrabe meine Angst davor, verlassen zu werden.
Ich begrabe meine Angst davor, alleine zu bleiben.

Mit diesem abschließenden Ritual beende ich meine Mission an der amerikanischen Westküste und werde nun zum Abschied mit meinen Gastgebern feiern.

Gerade noch rechtzeitig erreiche ich eine Bushaltestelle in der Nähe des Golden Gate Parks, wo Steven und Luise bereits auf mich warten und einen Parkplatz für mich freihalten. Meinen letzten Abend wollen wir heute auf einem Festival der amerikanischen Countrymusik verbringen, das seit 2001 jährlich in der ersten Oktoberwoche in San Francisco stattfindet. Das Hardly Strictly Bluegrass Festival wurde von einem Bankier gestiftet und findet auch nach seinem Tod weiter statt. Dem Stifter gelang es, das Ereignis frei von kommerziellen Interessen zu halten und so zu finanzieren, dass der Eintritt auch heute noch frei ist. Es ist eine Riesenparty, die im Golden Gate Park ein ganzes Wochenende lang mit zahlreichen Konzerten gefeiert wird. Heute Abend findet auf der Hauptbühne das Abschlusskonzert statt.

Auf unserem Weg dorthin passieren wir eine stillgelegte Durchgangsstraße, die als Parkplatz für Fahrräder dient. Es müssen Tausende von Rädern sein, die hier abgestellt worden sind. In China hätte ich mich über diesen Anblick nicht gewundert, aber hier in den USA überrascht es mich schon sehr. Unterwegs begegnen wir Festivalbesuchern aller Altersklassen, viele von ihnen im Stil der Sechzigerjahre gekleidet. Auf der Konzertwiese angekommen, arbeiten wir uns weiter vor bis zum Sperrbereich vor der Bühne und finden dort genügend Raum zum Tanzen und die Gesellschaft weiterer Tänzer. Wir hüpfen ausgelassen herum an diesem warmen spätsommerlichen Abend in San Francisco und erfreuen uns an unseren Bewegungen und an der Musik. Ich fühle mich befreit und bei mir angekommen. Zum Abschluss ihres Konzerts spielt die Band „San Franciscan Nights"[157], ein Stück von der Band Eric Burdon and The Animals aus dem Sommer der Liebe im August 1967. In den einleitenden Worten des Liedes sagt Eric Burdon:

> *Spart all eure Kohle und kommt mit den Trans-Love Airways nach San Francisco, USA. Dann werdet ihr das Lied vielleicht verstehen. Es lohnt sich, wenn schon nicht um des Liedes willen, so doch für euren eigenen Seelenfrieden.*[158]

Erst auf dem Rückweg zum Auto meldet sich meine Ferse wieder und erinnert mich erneut an meine Grenzen. Als wir wieder an den Fahrrädern vorbeikommen, sind die Reihen bereits lichter geworden und fortwährend starten Heimfahrende mit ihren Rädern in die Dunkelheit. Verwundert stelle ich fest, dass kaum ein Rad beleuchtet ist.

Das Gesetz der Gravitation

Lachse streben zur Vermehrung an den Ort ihrer Geburt zurück und schwimmen dafür gegen den Strom. Die Grau- und Buckelwale ziehen aus den arktischen Gewässern tausende von Kilometern entlang der amerikanischen Westküste bis in den Golf von Kalifornien, um dort in den warmen Gewässern zwischen dem Festland Mexikos und Baja California ihre Kälber zur Welt zu bringen. Brieftauben, die man weit entfernt von ihrem Schlag aussetzt, finden ihren Weg scheinbar mühelos wieder zurück nach Hause. Es ist, als seien die Tiere durch ein Band mit dem Ort ihrer Herkunft verbunden, als zöge sie eine Kraft immer wieder dorthin zurück.

Auch mich zieht es nach Hause, seit ich heute Morgen aufgewacht bin. Nach dem Frühstück verabschiede ich mich von Luise und Steven und breche auf nach Mountain View, wo der Reisende Rahmen in der Garage von Jack und Laureen auf mich wartet. In ihrem Haus werde ich meine letzte Nacht vor dem Rückflug verbringen. Auf der Fahrt von Oakland nach Mountain View überquere ich die letzte Brücke meiner Reise. Es ist die San Mateo Bridge, die Hayward auf der Ostseite der San Francisco Bay mit San Mateo auf der Westseite verbindet. Als die Brücke 1929 gebaut wurde, war sie die längste der Welt, und auch heute noch ist sie mit elf Kilometern die längste über die Bucht. Wie bei allen anderen Brücken über die Bay zahlt man den Wegzoll nur für eine Richtung. Wenn die im Silicon Valley arbeitenden Menschen am Abend wieder nach Hause rollen, ist der Rückweg kostenlos.

Die Tankanzeige meines Mietwagens nähert sich bedrohlich dem Nullpunkt, und mit dem letzten Liter Benzin erreiche ich die erste Tankstelle nach der Abfahrt in Mountain View. Mittlerweile habe ich gelernt, dass ich mit meiner deutschen Kreditkarte nicht selbständig tanken kann, da der Tankautomat die Eingabe einer amerikanischen Postleitzahl verlangt. Deshalb gehe ich zunächst zur Kasse, um einen geschätzten Betrag im Voraus zu bezahlen. Danach wird meine Tanksäule frei geschaltet. Ich darf mich auch gerne überschätzen, dann wird der Restbetrag nach dem Tanken automatisch auf meine Karte zurückgebucht.

Mit dem vollgetankten Wagen fahre ich zur Station des Autoverleihs und gebe den Wagen dort gerade rechtzeitig wieder zurück. Kurz darauf erscheint auch schon Jack mit seinem Sportwagen, um mich und mein Gepäck abzuholen. Wir haben Mühe, alles in seinem Wagen zu verstauen, und Jack kann sich nicht vorstellen, wie ich die Sachen auf einem Fahrrad nach Deutschland transportieren will. Doch es gibt auch ein paar Dinge, die ich zurücklasse.

Den ganzen Nachmittag über bin ich damit beschäftigt, mein Gepäck zu reduzieren und zu komprimieren. Ich belade die vier Radtaschen so, dass sie zusammen weniger als 50 amerikanische Pfund (23 Kilo) wiegen und ich sie wieder in dem Gepäcksack aufgegeben kann. Die kleine Lenkradtasche und die hintere Quertasche nehme ich wieder als Handgepäck mit in den Flieger. Glücklicherweise erfüllt auch die große Tasche die Beschränkungen für das Handgepäck, obwohl sich unterwegs einige Andenken angesammelt haben. Während ich mich immer wieder zu Jack laufe, weil ich eine Waage oder Luftpolsterfolie zum Verpacken brauche oder weil ich Dinge finde, die ich bei ihm lassen möchte, begegne ich auch immer wieder den drei Katzen, die dieses Haus bewohnen.

Seit ich den Boxer Cooper, seinen kleinen schleckenden Hundekumpel und das Katzenpaar Sissi und Franz kenne, hat sich meine Beziehung zu Haustieren verändert. Bei meinem Besuch vor drei Wochen hatte ich die Katzen in Jacks Haus schlicht ignoriert, nun interessiere ich mich für sie. Auf mein Nachfragen erzählt mir Jack, wie die Katzen zu ihnen kamen.

Jujubee, eine Katzendame, hatte mit den Katzenbrüdern Ben und Jerri in einem Tierheim gelebt, bevor sie von Jack und Laureen aufgenommen wurden. Sie nannten die beiden Kater nach den Brüdern Ben & Jerry, die das bekannte Speiseeis produzieren. Ben kam bald darauf bei einem Verkehrsunfall ums Leben und wurde durch Doodlebug, einen Kater, ersetzt. Zu diesem Zeitpunkt zeigte es sich, dass Jerri kein Kater, sondern eine Katze war. Doch glücklicherweise ist Jerri sowohl ein männlicher als auch weiblicher Vorname. Sie mussten nur die Aussprache der neuen Erkenntnis anpassen und die Betonung von der ersten auf die zweite Silbe verlagern.

Am Abend kommt Fernando vorbei. Jack hatte sich mit ihm zum Kino verabredet und fragt mich, ob ich mitkomme. Die beiden wollen einen 3D-Science-Fiction-Film anschauen, der gerade angelaufen ist und sehr spannend sein soll. Und so quetscht sich Fernando auf die schmale Rückbank von Jacks

Sportwagen und überlässt mir als Ältestem den Beifahrersitz. Ich erzähle von dem gestrigen Abend im Golden Gate Park und Fernando erwähnt, Denise sei ebenfalls dort gewesen. Offenbar sind die beiden immer noch zusammen, und was sie zueinander hinzog, währte länger als nur eine Nacht.

Plötzlich taucht ein unbeleuchtetes Fahrrad vor uns auf. Ich äußere, dass ich dafür kein Verständnis habe, auch nicht für die vielen Radfahrer, die gestern Abend nach dem Fest ohne Licht losgefahren seien. Sie setzten sich damit einem hohen Risiko aus, angefahren und verletzt zu werden. Nach den Gesetzen von Masse und Beschleunigung seien Radfahrer viel leichter verletzbar als Autofahrer, die in einer Blechkiste säßen, argumentiere ich. Doch Fernando meint, dass er im Dunkeln in der Stadt immer ohne Licht fahre. Er selbst sähe genug, denn es gäbe überall Straßenlaternen. In der Dunkelheit sei es für ihn besser, von den Autofahrern nicht gesehen zu werden, denn so könne er sich besser auf sie einstellen und ihnen ausweichen. Es sei sogar gefährlich, wenn er mit Licht führe, denn damit könnte er die Autofahrer erschrecken. Unerwartet könnten sie ihren Kurs ändern und seien dann unberechenbar für ihn. Jack unterstützt ihn in dieser Argumentation. Ich bin sprachlos.

Wir schauen uns den Film „Gravity"[159] an, der die meiste Zeit im All spielt, mit beeindruckenden Aufnahmen von der Arbeit in der Schwerelosigkeit und dem blauen Planeten im Hintergrund. Eine Gruppe von Astronauten repariert das Hubble-Teleskop und muss vor Trümmerteilen Schutz suchen, die nach der Zerstörung eines Satelliten wie Geschosse im Orbit kreisen. Für eine Biomedizinerin ist es der allererste Flug ins All und der erste Einsatz außerhalb des Space Shuttle. Nachdem ihre Kollegen aber tödlich verunglücken und das Raumschiff zerstört wird, muss sie alleine einen Weg finden, wieder auf die Erde zurückkehren. Als auch noch der Kontakt zum Bodenkontrollcenter abbricht, ist sie ganz auf sich gestellt. Die Schwerkraft führt sie schließlich zurück auf die Erde. Anders als die meisten Science-Fiction-Filme ist dieser sehr realistisch. Er zeigt, wie verwundbar und schutzlos wir Menschen außerhalb unseres Heimatplaneten sind und wie einzigartig, wunderschön und schätzenswert unsere Erde ist. Wir sollten uns besser um sie kümmern, denn bewohnbare Planeten sind im Universum schwer zu finden.

Rückflug mit dem Reisenden Rahmen

Am Bahnsteig der Mountain View Station der Caltrain herrscht am frühen Morgen bereits reger Betrieb. Immer mehr junge Leute treffen ein, viele davon mit einem Rad. Sie sind auf dem Weg zu ihren Büros, die weiter nördlich Richtung San Francisco liegen. Jeweils am Anfang und am Ende eines Zuges gibt es ein Fahrradabteil. Dort versammeln sich die Radfahrer. In den Wagen hinein geht es über eine steile Treppe. Es kostet mich einige Mühe, das Rad mit seinem schweren Gepäck hochzuwuchten. Ich gebe es auf, nach Hilfe zu fragen, nachdem ich gleich beim ersten Versuch eine Absage erhalte. Die jungen Leute sind mit sich selbst und ihren Smartphones beschäftigt. Viele trinken ihren ersten Kaffee aus einem Pappbecher. Ich befinde mich im ersten Wagen eines Zuges, der von der Lok geschoben wird. So habe ich freie Sicht auf die Strecke vor uns. Wir kreuzen etliche Bahnübergänge, erreichen Redwood City und unterqueren die Woodside Road. Nur zwei Kilometer westlich von hier hatten wir damals ein Haus gemietet. Kurz darauf hält der Zug an der Sequoia Station in Redwood City. Ich fahre bis Millbrae, dem Umsteigebahnhof zur Bay Area Rapid Transit (BART), mit der ich zum Flughafen in San Francisco gelange. Unglücklicherweise gibt es keinen Verkehrsverbund. Zwar hält die BART gegenüber der Caltrain am gleichen Bahnsteig, aber ich brauche erst ein weiteres Ticket, um durch das Drehkreuz auf die andere Seite zu gelangen. Gerade rechtzeitig bin ich am Bahnsteig, als der nächste Zug einfährt. Nach einem weiteren Umsteigen in San Bruno erreiche ich schließlich den Flughafen. Es bleiben vier Stunden bis zum Abflug, das ist sehr viel Zeit. Bei meiner Ankunft weiß ich noch nicht, dass ich sie dringend brauchen werde.

Doch zunächst einmal muss ich umpacken. Auf dem Hinflug nach Seattle war nicht nur der Sack durchgescheuert, in den ich meine Radtaschen umgeladen hatte. Zwei Taschen waren ebenfalls an einer Stelle aufgeschlitzt, sodass ich sie mit Klebeband abdichten musste. Dieses Mal möchte ich meine Radtaschen besser schützen. Deshalb gehe ich zu einer Station, wo man sein Gepäck in Folie wickeln lassen kann. Der Mitarbeiter beobachtet, wie ich vier Taschen in einen einzigen Sack verstaue und möchte den dreifachen Preis. Nach einiger Diskussion einigen wir uns auf den zweifachen für ein doppeltes Einwickeln. Zusätzlich gebe ich ihm noch ein kleines Trinkgeld. Dafür leiht er mir einen Stift, mit dem ich meinen umwickelten Transportsack beschriften kann. Dann belade ich mein Rad neu, lege den Sack auf Lenkrad und Stange und schiebe es vorsichtig zum durchgehend geöffneten Schalter der amerikanischen Linie, die den Flug durchführt. Gebucht hatte ich den Flug bei der deutschen Partnerlinie. Am Schalter kommt auch gleich eine Mitarbeiterin auf mich zu und erklärt mir, dass ich das Rad so nicht abgeben kann. Es müsse in einem Karton verpackt sein. Ich weise darauf hin, dass mir der Service-Agent am Telefon zugesichert habe, ich könne das Rad zusammengebaut abgeben. Es hilft nichts, ich muss mich den Regeln ihrer Fluglinie unterordnen, auch wenn ich das Ticket bei einer anderen erworben habe. Ich bin überrascht und verärgert, aber zugleich auch heilfroh, dass ich schon so zeitig am Flughafen bin. Jedenfalls erklärt mir die hilfsbereite Dame, wo ich einen passenden Karton bekommen kann. Ich bekäme einen am Inlandsschalter ihrer Linie, jedoch in einem anderen Gebäudeabschnitt des Flughafens. In dem Reisebüro gleich um die Ecke gäbe es auch Kartons. Dort kosteten sie aber doppelt so viel.

Und so schiebe ich mein Rad zum nahegelegenen Reisebüro. Vielleicht kann ich den Preis herunterhandeln. Der Mitarbeiter im Laden erklärt mir, dass er zusätzlich Klebeband, Werkzeug und eine Fahrradhalterung zur Demontage anbieten kann. Ich finde seinen Preis dennoch überteuert und verweise auf meine Alternative. Schließlich einigen wir uns auf einen Preis dazwischen. Mein Rad hat einen sperrigen Lenker und weit ausholende Gepäckträger. Damit das Rad in den Karton passt, muss ich die Pedale, den Sattel, das Lenkrad sowie den vorderen Gepäckträger und das Schutzblech abmontieren. Der Angestellte hilft mir, mit Spezialwerkzeug die Pedale abzuschrauben, und ich klebe die abgeschraubten Teile von innen an den Rahmen, wobei ich sorgfältig darauf achte, dass ich keine Schraube verliere. Schließlich beschrifte ich den Karton mit meinem Namen und den Flugdaten. Mit Pfeilen markiere ich, wo Oben ist, mit „Bycicle" und „Fahrrad" informiere ich über den Inhalt. Ich bin froh, dass ich diese Arbeit hier erledigen kann, denn ich glaube kaum, dass ich am Inlandsschalter so viel Unterstützung bekommen hätte. Ich bedanke mich für die freundliche Hilfe und verstaue den Karton auf einem Gepäckwagen.

Jetzt bleiben mir nur noch zwei Stunden bis zum Abflug. Die Dame am Schalter hatte mir zu verstehen gegeben, dass der Transport eines Rades bei ihrer Linie 200 Dollar pro Flug betrage, das sind 50 Prozent mehr, als die deutsche Linie dafür verlangt hatte. Und so stelle ich mich in die Warteschlange ihres Schalters in der Hoffnung, das Fahrrad für die telefonisch zugesicherten 100 Euro aufzugeben. Eine halbe Stunde warte ich bereits in der Schlange und habe mich in dieser Zeit nur langsam vorwärts bewegt, als eine Mitarbeiterin mich nach meinem Flug fragt. Sie macht mir klar, dass ich nur bei der Linie einchecken kann, die den Flug durchführt.

Zerknirscht und entmutigt stelle ich mich erneut von hinten an.

Während ich warte, beobachte ich eine Gruppe von buddhistischen Mönchen, die sich mit gleichförmigen Schritten auf einen anderen Schalter zubewegen. Aus ihren Gesichtern strahlt gleichmütige Freude. Sie tragen nur ein einziges bescheidenes Gepäckstück in ihren Händen. Während sie gemächlich durch die Abflughalle schreiten, schwingen ihre kleinen Täschchen und ihre langen dunkelroten Gewänder im gleichen Rhythmus. Der Anblick der Mönche stimmt auch mich friedlich und gleichmütig. Meinen Gepäckwagen schiebe ich von nun an im Pilgerschritt. Zwei Schritte vor. Ein Schritt zurück. Zwei Schritte vor. Ein Schritt zurück. Als ich an der Reihe bin, kann mich nichts mehr erschüttern. Die Mitarbeiterin verlangt meine Kreditkarte und fragt, ob ich damit einverstanden sei, wenn sie mir für den Transport des Rades 135,61 Dollar abbuche. Und wie ich einverstanden bin. Eine Hilfskraft übernimmt den Reisenden Rahmen in seinem engen Reisekarton und schiebt ihn zum Schalter für das Sondergepäck. Auf der Rückbank der schwarzen Limousine hatte er immer reichlich Platz. So beengt wie heute ist er bisher noch nie gereist. Ich hoffe, dass er den Flug gut übersteht.

In der Economy Class geht es mir nicht besser. Meine Beine sind eingequetscht durch den Sitz vor mir. Mein linker Arm schmiegt sich an den meines Nachbarn. Nur mein rechtes Bein und meinen rechten Arm kann ich gelegentlich in den Gang strecken. Neben mir sitzt Mark, ein sportlicher junger Mann, der mit seiner Frau Laura auf dem Heimweg nach England ist. Er ist Extremsportler, klettert, surft, fährt Ski alpin und macht gerne extreme Touren durch die Wildnis. Mein Sitznachbar ist unerschrocken optimistisch und sucht die Grenzerfahrung. Er erinnert mich an meinen verstorbenen Bruder, der bei seiner Suche nach Grenzerfahrungen in den Bergen den Tod gefunden hatte. Mark hatte mich bereits in der Schlange vor dem Schalter beobachtet. Ihm war die fehlerhafte Schreibweise „Bycicle" auf meinem Karton aufgefallen. Ich hatte schon beim Schreiben kein gutes Gefühl. In den USA ist dieses Wort nicht gebräuchlich. Ein Fahrrad wird hier „Bike" genannt.

Während des Fluges vertreibe ich mir die Zeit mit Kinofilmen. Zwar bin ich mit aufgeladenen Zusatz-Akkus aufs Schreiben vorbereitet, aber ich fühle mich in der Enge des Flugzeugs nicht frei genug dazu. In einem Film kämpfen Bewerber in Gruppen um eine Anstellung bei einem Erfolgsunternehmen aus dem Silicon Valley. Ich denke darüber nach, warum mir dieses Unternehmen immer wieder und so oft begegnet ist. Zieht es mich mit seiner Suchmaschine deshalb so an, weil ich selbst ein Suchender bin? Ist es deshalb so erfolgreich, weil sich die Menschheit heute auf der Suche nach Lösungen für ihre selbstgemachten Probleme befindet?

Ebenso beständig begleiteten Bäume meinen Weg. In Süd-Oregon und Nordkalifornien durchkreuzte ich mit meiner Limousine die letzten Wälder der Mammutbäume. Im Iknish Institute besuchte ich den Vortrag von Julia Butterfly Hill einer Baumbesetzerin, die Ende der Neunziger zwei Jahre lang einen Küstenmammutbaum besetzt hielt und ihn damit vor dem Abholzen rettete. Während des Seminars nahm ich im Anschluss an eine Atemmeditation meine Lunge als Baum meiner inneren Landschaft wahr. In einem Traum war mein Haus in einen Wald versetzt worden. Auf dem Camino Real folgte ich den Franziskanern, deren Ordensstifter von der katholischen Kirche zum Patron des Umwelt- und Naturschutzes ernannt worden war. Die letzten Tage wohnte ich in einem Haus in den Bäumen. Welche Bedeutung haben Bäume für mein zukünftiges Leben? Was will mir das Leben damit sagen, wenn es mich auf meiner Reise immer wieder damit in Kontakt gebracht hat?

Ich atme tief durch nach diesen Fragen und lasse meinen Körper in den engen Sessel meines Sitzplatzes sinken. Meine

Gedanken eilen dem Flugzeug voraus. Ich freue mich darauf, bald wieder zu Hause zu sein und meine Kinder zu sehen.

Auch meine Seele will zurück nach Hause. Ihr Heim ist das Hier und Jetzt. Ihr Ursprung ist die Gegenwart. Ich muss dafür gar nichts Besonders tun. Es reicht, wenn ich einfach da bin und mich auf meinen Atem konzentriere. Wenn ich meine Seele lasse, geht sie von ganz allein dorthin zurück.

Plötzlich setzt eine Hektik im Flugzeug ein, wie ich sie bisher noch nie erlebt habe. Das Flugpersonal eilt durch die Gänge. Der Kapitän hat gerade verkündet, dass wir 45 Minuten eher landen werden. Für mich ist es ein Geschenk des Himmels, denn nun habe ich genug Zeit, um mein Fahrrad in Frankfurt wieder zusammenzubauen, bevor mein planmäßiger Zug abfährt. Für das Flugpersonal ist es eine stressige Situation, denn wir landen schon in einer Stunde und haben noch nicht gefrühstückt. Ein Flugbegleiter muss gerade aus dem Tiefschlaf geweckt worden sein. Verschlafen und mit zerzaustem Haar füllt er hastig Orangensaft in Becher. Der Kaffee muss erst noch kochen. Ich bewundere das weibliche Personal, das auch unter diesem Druck ein perfektes Lächeln bewahren kann. Die Überreste des Frühstücks sind gerade rechtzeitig wieder eingesammelt, als das Flugzeug zur Landung ansetzt.

Weil wir so viel früher ankommen, verlassen wir das Flugzeug über Treppen und werden von Bussen abgeholt. Ich sitze ganz hinten und gehöre heute zu den ersten Passagieren, die das Flugzeug über die Hecktür verlassen. Vom Bus aus kann ich zusehen, wie das Gepäck ausgeladen wird. Ich muss an den Reisenden Rahmen denken und frage mich, ob er den Flug gut überstanden hat. An der Gepäckausgabe angekommen kreist mein Transportsack bereits auf dem Karussell. Dieses Mal hat er keinen Kratzer abbekommen. Am Sondergepäckschalter steht auch schon der Karton mit meinem Fahrrad. Er wurde bereits geöffnet und vom Zoll inspiziert. Ich stelle mein Gepäck an die Seite, hebe gespannt den Reisenden Rahmen aus dem Karton und bin froh, dass er durch den Transport nicht beschädigt wurde. Doch zu meinem Erschrecken muss ich feststellen, dass der Hinterreifen platt ist. Zum Glück ist der Vorderreifen unversehrt geblieben, und der Hinterreifen lässt sich erst einmal aufpumpen, ohne gleich wieder Luft zu verlieren. Offenbar ist der Schaden nicht allzu groß.

Zügig baue ich das Rad zusammen, befreie den Sack von seiner Schutzfolie und lade mein Gepäck wieder aufs Rad. Ich schultere die kleine Tasche und schiebe mein bepacktes Rad zum Regionalbahnhof im Flughafen, wo ich nicht lange auf eine S-Bahn warten muss. Sie bringt mich zum Hauptbahnhof Frankfurt. Dort steige ich in die Regionalbahn nach Heidelberg um. Nach einer guten Stunde überquert der Zug den Neckar und trifft pünktlich in Heidelberg ein. Die S-Bahn nach Wiesloch fährt von einem anderen Bahnsteig. Wie gut, dass heute fast jedes Gleis mit einem Aufzug erreichbar ist! Um die Mittagszeit herrscht reger Betrieb im Heidelberger Hauptbahnhof. Viele Schüler sind auf dem Heimweg ins Umland und einige von ihnen sind auch mit dem Rad unterwegs. Die S-Bahn ist so voll besetzt, dass ich selbst im Fahrradabteil keinen freien Platz finde und den Reisenden Rahmen in einen Gang stellen muss. Schließlich erreiche ich den Bahnhof Wiesloch-Walldorf. Bis nach Hause sind es nur ein paar Kilometer, doch ich spüre bereits nach wenigen Minuten Fahrt wieder meine Ferse, die dringend behandelt werden muss. Vor dem Haus begrüßt mich überraschend mein Sohn, der gerade die heruntergefallenen Kastanien und das Laub zusammenfegt. Er ist extra angereist, um mich zu empfangen. Wir umarmen uns. Und dann erzählt er mir, dass ich Großvater werde.

Nach der Reise ist vor der Reise

Wieder zu Hause

Die Vorbereitungen für meine Reise in die USA dauerten einige Wochen. Ich sammelte Informationen, ließ mich ärztlich untersuchen und beraten, machte mich fit durch Joggen und Radfahren, vervollständigte meine Ausrüstung und kümmerte mich darum, dass mein Haus während meiner Abwesenheit versorgt wurde.

Seit meiner Rückkehr bin ich mit den Nachbereitungen meiner Reise beschäftigt. Meine Taschen sind bald ausgeräumt, die Wäsche ist schnell gewaschen und wegsortiert. Ich schaffe mir ein neues deutsches Smartphone an und bin wieder unter meiner alten Nummer zu erreichen. Den Reisenden Rahmen bringe ich zum Überholen ins Fahrradgeschäft. Familie und Freunde bekommen ihre Reisegeschenke, und einige Erinnerungsstücke platziere ich in meinem Haus.

Meine verletzte Achillessehne lasse ich von einer Orthopädin untersuchen und behandeln. Mit einer Art Griffel pulst sie Stoßwellen in meine Ferse, die winzige Blutergüsse auslösen, sodass die Sehne stärker durchblutet wird und die Entzündung abheilen kann. Zusätzlich nehme ich Voltaren-Tabletten, bis mir übel wird und ich sie wieder absetzen muss. Ich erhalte manuelle Therapie und lerne Übungen, um meine Muskulatur im linken Bein wieder aufzubauen und die während der Reise eingenommene Schonhaltung abzulegen. Auf

Tanzen, Joggen und Radfahren muss ich vorerst verzichten, stattdessen soll ich Schwimmen gehen.

Bis die Sehne in der linken Ferse geheilt ist, nehme ich mir viel Zeit zum Schreiben. Zunächst vervollständige ich meinen Blog. Mit der Überarbeitung der Texte zu einem Reisebuch beginne ich, nachdem ich die deutschen Ausgaben der drei amerikanischen Bücher über das Kreative Schreiben gelesen habe. Sie warteten bereits auf mich zu Hause.

Auf der Reise hatte ich mir einige besondere Aufgaben vorgenommen. Ich möchte die Sandproben, die Abalone-Schale und die Hölzchen vom geweihten Strand der Indianer ihrer Bestimmung zuführen. Zunächst aber besuche ich Franz, der mich in der Vorbereitung so gut beraten hatte.

Radfahren, Essen, Schlafen

Wenige Tage nach meiner Rückkehr nehme ich Kontakt mit Franz auf. Ich möchte erfahren, wie es ihm auf seiner Radtour ergangen ist und ihm den geliehenen Transportsack zurückgeben. Wir treffen uns in Speyer, wo wir in seiner Küche zusammensitzen, Kaffee trinken und unsere Reiseerfahrungen austauschen.

Er war etwa zur gleichen Zeit mit dem Rad unterwegs und mit zwei Freunden von Kanada nach New Mexico über die Great Divide Mountain Bike Route durch die Rocky Mountains gefahren. Sie folgten der Kontinentalen Wasserscheide, einer Grenzlinie, auf deren östlicher Seite die Flüsse in den Atlantik und auf deren westlicher sie in den Pazifik fließen. Im Verlauf der mit 4418 Kilometern weltweit längsten Mountainbike-Strecke mussten sie 55.000 Höhenmeter überwinden und lange Abschnitte über unbefestigte Schotterpisten zurücklegen.

Franz berichtet, dass die Fahrt eine große körperliche Belastung für ihn bedeutete und auch seinem Tourenrad zugesetzt hatte. Speichen waren ebenso gebrochen wie die beiden eisernen Gepäckträger. Glücklicherweise konnten sie wieder zusammengeschweißt werden. Einmal hatten seine Bremsen bei einer Abfahrt versagt, und er war hunderte von Metern einen Berg hinuntergerollt, bevor das Gelände flacher wurde, und er das Rad mit den Schuhen zum Halten bringen konnte. Er hatte großes Glück, diese Abfahrt unversehrt zu überstehen. Seine Schuhe, die er vor der Fahrt gekauft hatte, waren nach der Tour zerschunden. Den Mountainbikes seiner Gefährten war es nicht besser ergangen. Ganz begeistert ist Franz von den Karten der Adventure Cycling Association für die Great Divide Mountain Bike Route. Von dieser Organisation stammten auch meine für die Tour an der Pazifikküste.

Auf meine Frage nach dem eindrucksvollsten Erlebnis erzählt er von einer Begegnung mit zwei Anglern. Franz und seine Freunde hatten ihre Nahrungsmittel- und Trinkvorräte nahezu aufgebraucht, und die beiden Amerikaner versorgten sie ganz selbstverständlich mit gebratenem Fisch und Getränken. Diese Großzügigkeit und Hilfsbereitschaft hatte ihn sehr berührt. Seine Gruppe war nach 55 Tagen am Ziel angekommen, zehn Tage eher als geplant, und war eine Woche früher nach Hause geflogen.

Natürlich möchte Franz auch von mir erfahren, wie meine Radtour verlaufen sei. Doch nachdem ich ihm erzählt habe, dass ich sie bereits nach wenigen Tagen abbrechen musste, ist er nur noch wenig interessiert an meiner Reise. Für ihn zählt mehr die körperliche Herausforderung. Zum Schluss weist er mich noch auf einen Vortrag hin, der in der darauffolgenden Woche in einem Radladen gehalten wird. Ein ortsansässiger Triathlon-Sportler berichte über seine Grenzerfahrungen bei der Tour Divide, dem jährlichen Mountainbike-Rennen über die Great Divide. Und dort treffe ich Franz zwei Wochen später wieder und lerne bei dieser Gelegenheit gleich seine beiden Mitfahrer kennen. Gespannt verfolgen wir den Vortrag.

Der Extremsportler hatte sich zwei Jahre auf das Rennen vorbereitet. Pro Jahr war er 15.000 km gefahren, 2000 km gelaufen und 500 km geschwommen. Er fuhr spezielle Bergtouren und nahm außerdem an Marathons, Triathlons und Mountainbike-Rennen teil. Die Ferien verbrachte er mit seiner Familie auf dem Rad. Sein Alltag in der gesamten Vorbereitungsphase war geprägt vom Training. Dass er von seinem Wohnort zu seiner Arbeitsstelle nur mit dem Rad fuhr, versteht sich von selbst.

120 Mal bezwang er den Heidelberger Königstuhl. Im letzten Winter vor der Tour fuhr er durchschnittlich jeden Abend einmal hoch und trainierte das Fahren bei Dunkelheit. Wenn er an einem Abend keine Zeit fand, fuhr er am nächsten Tag zweimal. Wenn er zwei Abende hintereinander aussetzte, dreimal.

Als ich später nachrechne, komme ich zu einem bemerkenswerten Ergebnis. Heidelberg liegt auf 114 Meter, der Gipfel des Königsstuhls auf 568 Meter. Der Höhenunterschied beträgt 454 Meter. Multipliziert man diese Differenz mit 120, kommt man auf 55.000. Das ist genau die Anzahl von Höhenmetern, die auf der Tour Divide überwunden werden müssen. Der Sportler hatte sich mit der Präzision einer Rechenmaschine vorbereitet!

Als die Tour Divide startete, hätte er nicht besser vorbereitet sein können für dieses härteste Radrennen der Welt außerhalb Frankreichs. Bei der Abfahrt war er einer von 116 Athleten, die sich auf den Leidensweg machten und von denen am Ende nur 69 das Ziel erreichten. Zur Sicherheit führte jeder Teilnehmer einen GPS-Sender mit, der regelmäßig seine Position an ein zentrales Trackingsystem übermittelte. Dieses verfügte auch über einen Notfallknopf, mit dem man um dringende Hilfe rufen konnte. Ansonsten waren die Fahrer auf sich gestellt und mussten sich selbst um

Wasser, Essen, Unterkunft, Reparaturen und Wundversorgung kümmern. Auf die ersten körperlichen Beschwerden musste der Sportler nicht lange warten. Bald nach dem Start verspürte er Schmerzen im ganzen Körper, die Füße wurden wund, seine Sitzhöcker hatten offene Stellen und seine Achillessehne brannte. Wie weit er an einem Tag fuhr, hing nur noch davon ab, wie viel er bereit war zu ertragen.

Unwillkürlich muss ich an Franziskus von Assisi denken und frage mich immer erstaunter, warum dieser Rennfahrer eine derartige Quälerei auf sich nimmt. Doch dann folge ich weiter seinem Bericht.

Fahren, Essen und Schlafen bestimmten seinen Tagesablauf. Er musste auch während der Fahrt essen und trinken. Pro Tag brauchte er zwischen sechs- und elftausend Kalorien, um seinen Energiebedarf zu decken. Die körperliche Quälerei blieb nicht ohne Wirkung auf Geist und Psyche. Emotionen brachen unvermittelt aus ihm hervor und bescherten ihm eine Achterbahn aus Gefühlsabstürzen. Er kämpfte gegen die Einsamkeit und gegen die Zeit, denn obwohl es ihm am Ende nur noch um das Ankommen ging, wollte er auch eine gute Platzierung erreichen. Nur mit Willenskraft waren die körperlichen und seelischen Qualen zu überwinden, doch auch diese verbrauchen sich zuweilen. Eine fehlerhafte Navigation, eine falsche Einschätzung der Witterung oder unzureichende Nahrung und Flüssigkeit konnten sein Leben in eine ernsthafte Gefahr bringen. Bei allem Leiden musste er stets einen klaren Kopf bewahren.

Dann erzählt der Extremsportler von einem Erlebnis, das zeigt, wie waghalsig sein Unternehmen war und mit welcher Entschlossenheit und Verbissenheit er daran festgehalten hatte.

An einem Abend, es dämmerte schon, entschied er sich, noch in der Nacht einen Pass zu überqueren. Beim Anstieg fuhr er nur im Mondlicht, um die Batterien seiner Stirnlampe zu sparen. Als gegen Mitternacht der Rahmen seines Rades brach, konnte er sich glücklich schätzen, dass er sich nicht auf der Abfahrt befand. Doch Aufgeben war an diesem Punkt keine Alternative für ihn, er hatte bereits zu viel in diese Tour investiert. Ohne eine Pause einzulegen, unterdrückte er die aufkommende Verzweiflung und suchte nach Lösungen. Und so flickte er den Rahmen notdürftig mit Textilklebeband und war froh, das Rad nicht tragen zu müssen. Obwohl er bereits seit fünfzehn Stunden auf den Beinen war, schob er sein kaputtes Rad weitere fünf Stunden über eine Entfernung von zwanzig Kilometern durch die Nacht. Als die Oberfläche des Schotterweges besser wurde, konnte er sein Rad wie einen Roller fahren. Schließlich erreichte er einen Ort, von wo ihn jemand zu einem Fahrradladen mitnahm, den er am Tag zuvor passiert hatte. Dort kaufte er ein neues Rad, stieg um und fuhr weiter.

Ich kann über diese Geschichte nur fassungslos den Kopf schütteln. Vor seiner sportlichen Leistung aber habe ich großen Respekt. Die Ziele, die Menschen mit einer Radtour anstreben, die Wege, die sie wählen, können sehr verschieden sein.

Zum Abschluss seines Vortrags zeigt der Rennfahrer eine Diashow mit Impressionen von seiner Tour, die er nicht weiter kommentiert. Seine Bilder lässt er musikalisch untermalen mit „Riders on the Storm"[160].

Exkurs: Eine Sendung Sand

Die letzten Tage unseres Griechenlandurlaubs hatten Brisa und ich auf Milos, einer Insel der Westkykladen, verbracht. Am Abend waren wir durch die engen Gassen der Altstadt Plaka geschlendert, die etwa zweihundert Meter über dem Meeresspiegel auf einem Hügel liegt. Wir hatten die Auslagen der Läden mit Kunsthandwerk, Schmuck und Backwerk in Augenschein genommen und waren an Restaurants vorbei flaniert, deren Tische im Freien standen, dicht an die Hauswand gerückt. Im Zentrum der Altstadt steht die Kirche Panagia Korfiatissa, von deren Vorplatz man eine fabelhafte Sicht auf die Insel, die See und die untergehende Sonne hat. In der Nähe der Kirche befindet sich die Marmara Sand Gallery von Asterios Paplomatas. In seinem Laden verkauft er Bilder, Untersetzer, Aschenbecher und Lampenschirme, deren Oberflächen er mit buntem Sand gestaltet hat.

Die Insel Milos selbst ist reich an Sanden, die es hier in allen Farben gibt. Versteckt vor den Augen der Touristen werden im Inneren der Insel Minen betrieben. Die westliche Hälfte der Insel ist praktisch nicht erreichbar, da kein Fahrzeugverleih eine Garantie für diesen Teil der Insel übernimmt. Neben Betonit, Perlit und Bauxit soll hier auch Uran abgebaut werden. Stattdessen besucht man besser die Sarakiniko Bucht mit ihren Felsformationen, die in der untergehenden Sonne einen besonderen Zauber entfalten und in intensiven, sich stetig wandelnden Ockertönen leuchten. Im Gespräch mit Asterios waren wir überrascht darüber, wie positiv er den Tagebau auf seiner Insel sah. Die Minen brächten nicht nur Geld und Arbeit, sondern verhinderten auch, dass sich der Tourismus weiter ausbreitete. Auf der anderen Seite begrenze der Tourismus die Ausweitung der Abbaugebiete. Dadurch sei ein gutes Gleichgewicht gegeben.

In einem Nebenraum der Galerie führte uns der Ladenbesitzer durch seine Ausstellung mit Sandproben aus der ganzen Welt. An den Wänden hingen Landkarten von allen Erdteilen. Asterios hatte den Sand mit Leim auf kleine Kärtchen geklebt und sie an ihren entsprechenden Fundorten auf der Karte befestigt. Als Höhepunkt demonstrierte er, wie zwei verschiedene Sandproben, die bei Tageslicht nahezu identisch aussahen, im ultravioletten Licht einen Unterschied in Färbung, Zusammensetzung und Körnung erkennen ließen.

Beim Rundgang damals war mir aufgefallen, dass von der Westküste der USA nur wenige Sandproben ausgestellt waren. Da erzählte ich Asterios von meiner geplanten Reise und gab ihm das Versprechen, unterwegs Sand für sein Museum zu sammeln, um die fehlenden Lücken zu schließen.

Durch die Entzündung meiner Ferse hatte ich das Projekt anfangs meiner Reise jedoch völlig vergessen. Ich war bereits drei Wochen unterwegs, als ich mich erstmals wieder daran erinnerte. Mein Fahrrad war im Laderaum der Limousine verstaut, und die kleinen Plastiksäckchen, die ich vor der Abfahrt besorgt hatte, waren in meinem Gepäck ganz nach unten gerutscht. Der denkwürdige Sand vom Glenaden Beach, an dem mein Smartphone aus der Tasche gerutscht und von einer Welle mitgerissen worden war, fehlt in meiner Sammlung ebenso wie der Sand vom viel gerühmten Cannon Beach. Erst bei einem plötzlichen Windstoß auf Cape Arago im Süden Oregons fegte der Sand wieder durch meinen Kopf. Nach zwei Wochen Schonzeit für meine Ferse hatte ich dort mein Fahrrad aus dem Kofferraum geholt und probeweise eine kurze Radtour zu den Stränden der kleinen Halbinsel unternommen.

Sunset Beach

Meine erste Sandprobe stammte daher vom Sunset Beach. An einem strahlenden Morgen rollte ich mit meinem Rad über den Strand der geschützten Badebucht. Ein Hochgefühl der Freude und Freiheit stieg in mir auf. Endlich fuhr ich wieder Rad. Es sollte jedoch der einzige Strand bleiben, den ich mit dem Rad erkundete. Der feuchte und feine Sand war fürs Radfahren fest genug. Das Profil hatte einen guten Halt im griffigen und nassen Sand, sodass ich ohne Mühe radeln konnte. Doch als ich in trockenen Sand geriet, versanken die Reifen. Ich musste absteigen und schieben.

Simpson Beach

Am gleichen Tag besuchte ich auch den Simpson Beach, der nur etwa zwei Kilometer weiter südlich liegt. Eine Künstlerin aus der Malgruppe am Sunset Beach hatte diesen Strand empfohlen. Sie hatte erzählt, dass der Sand dort ganz anders sei, obwohl beide Strände doch so nah beieinanderlägen. Anders als der Sunset Beach liegt der Simpson Beach in einer Bucht, die von einem hohen Steilhang umgeben ist. Da der Strand nur über eine steile Treppe zu erreichen ist, ließ ich mein Fahrrad oben stehen. Der Sand ist hier tatsächlich viel grobkörniger und kann die Feuchtigkeit nicht lange halten. Selbst in unmittelbarer Nähe des Wassers ist der Sand noch locker und trocken. Mit jedem einzelnen Schritt versinken die Füße tief im kieseligen Grund. Es ist sehr anstrengend, hier zu laufen. Selbst auf einem Mountainbike mit breiten Profilen hätte man hier große Schwierigkeiten vorwärtszukommen.

Arizona Beach

Von Port Orford fuhr ich Richtung Gold Beach und entdeckte auf halber Strecke den Arizona Beach. Dort lichtete sich der Nebel gerade und die Sonne zeigte sich. Ich nutzte die Pause, um mein nasses Zelt, den feuchten Schlafsack und die Matratze zu trocknen, und machte danach einen Spaziergang über den menschenleeren Strand. Von hier aus konnte ich in nördlicher Richtung die dunkle Kuppe des Humbug Mountain sehen, die an diesem Morgen aus dem Nebel ragte. Der Sand an diesem Strand ist von mittlerer Körnung. Aus der Nähe betrachtet kann man viele verschiedene Farbtöne unterscheiden und entdeckt weiße, ockerfarbene, überwiegend aber dunkel gefärbte Körner. Und so erscheint der Sand in seinem Gesamtbild grau, im nassen Zustand fast schwarz.

Nesika Beach

Vom Arizona Beach fuhr ich weiter über eine Nebenstrecke des alten Highway 101, die unmittelbar an der Küste verläuft. Durch diesen Umweg erreichte ich den verschlafenen Ort Nesika Beach. Dort blieb ich zwei Tage auf einem ruhigen Campingplatz und wanderte über den langen Sandstrand, der in eine zarte und dünne Nebeldecke eingehüllt war. Das Licht, das im Nahbereich durch den Nebel drang, verstärkte die Farben im Vordergrund, bis sie hell aufleuchteten. Ferne Farben verblassten dagegen zu einem Grau. Das durch den feinen Nebel gefilterte Licht verstärkte das Grün der Pflanzen, das Stahlblau in den Felsen und das helle Ocker des hölzernen Strandgutes. Der überwiegende Teil des Sandes an diesem Strand ist feinkörnig und von grauer Tönung. Nur vereinzelte Stellen leuchteten in gelben bis rötlichen Tönen. Hier entnahm ich den sehr feinen orangefarbenen Pulversand.

Der Nesika Beach war der letzte Strand in Oregon, von dem ich Sand mitnahm. Danach versank das Projekt wieder in den Tiefen meines Unterbewusstseins. So verpasste ich auch den Glass Beach in Fort Bragg, im Norden Kaliforniens, mit seiner Mischung aus Sand und Gries aus buntem Glas.

GOAT ROCK BEACH
Im Städtchen Jenner fließt der Russian River in den Pazifik. Die Mündung zählt wahrscheinlich zu einer der schönsten, die Kalifornien zu bieten hat, vorausgesetzt, man sieht auch etwas davon. Die Sonne war während meines Aufenthaltes am Goat Rock Beach zu schwach, den Nebel zu verdrängen. Der Sand von dort ist eine lockere, dunkle Mischung aus schwarzgrauen, farbigen und hellen Körnern von unterschiedlicher Größe. Die Füße versinken tief beim Gehen. Es war anstrengend, hier zu laufen, selbst über feuchten Sand.

MIRAMAR BEACH, HALF MOON BAY
In der Half Moon Bay, einer sichelförmigen, lang gestreckten Bucht, verstreuten wir vor dem Miramar Beach die Asche meiner verstorbenen Frau. Der Sand dort ist von feiner

Körnung und in einem hellen Ocker. Er ist durchsetzt von Spuren aus weißen, orange- und ockerfarbenen sowie dunklen Körnern. Die Feuchtigkeit hält sich gut in diesem Sand und bietet den Füßen einen festen Halt.

CARMEL BEACH

Während ich über den Strand von Carmel Beach lief, fegte ein kräftiger Wind und trieb den Sand in Staubwolken vor sich her. Schon nach wenigen Schritten wurden die Fußspuren hinter mir wieder zugeweht und verloren ihre Konturen. Der Sand dort ist so fein und weiß wie Puderzucker. Bei Tageslicht reflektiert und verstärkt er die Sonnenstrahlung und lässt den Strand selbst unter einer Wolkendecke noch hell erstrahlen. Im nassen Zustand wirkt er, als laufe man über Beton. Am Abend reflektieren die feuchten glatten Sandflächen das Licht der tiefstehenden Sonne und erstrahlen in goldgelben Tönen.

CORALLINA COVE

Die Corrallina Cove befindet sich im Montaña De Oro State Park in Südkalifornien. Über eine Holztreppe führte mich mein Gastgeber aus San Luis Obispo an den Strand, der von einem steilen Hang begrenzt wird. Der grobkörnige Sand drang in meine Sandalen und setzte sich zwischen meinen Zehen fest, wo er zu meinem Leidwesen kleben blieb und bei jedem Schritt an meiner Haut rieb. Die Färbung der Sandkörner erstreckt sich von Weiß über Ocker, Rot und Braun bis Schwarz. Die hellen Körner überwiegen und verleihen dem Strand im Sonnenlicht ein strahlendes Weiß. Die Füße versinken tief im Sand, unabhängig davon, ob er feucht oder trocken ist.

MOSS BEACH

Viele Nachmittage hatten wir als Familie an diesem Strand verbracht. Bei Ebbe gibt es immer etwas zu entdecken in den Gezeitenbecken. Und an manchen Tagen lassen sich dort auch Familien von Seerobben im Sand nieder. Der Sand am Moss Beach unterscheidet sich nicht sehr von dem in der Half Moon Bay. Er ist ebenso ockerfarben in seinem Grundton und enthält das gleiche Mischungsverhältnis unterschiedlicher Farben. Nur in seiner Körnung ist er etwas gröber.

BAKER BEACH

Vom Baker Beach in San Francisco hat man einen beeindruckenden Blick auf die Golden Gate Brücke. Hier entnahm ich die letzte von zehn Sandproben. Der Sand am Baker Beach ist fein und ockerfarben in seiner Tönung. Er ist durchsetzt von weißen, orangefarbenen, braunen und schwarzen Körnern. Im nassen Zustand bildet er einen festen Untergrund und eignet sich gut für Ballspiele. Seine Festigkeit ist auch ideal für den Bau von Sandburgen. Hier übergab ich dem Pazifik zum Ausgleich für den mitgenommenen Sand die Glasmurmel aus Athen. Ich warf sie in hohem Bogen ins Wasser, irgendwo zwischen Ufer und Golden Gate Brücke versank sie im sandigen Meeresgrund.

Wenige Wochen nach meiner Rückkehr bereite ich nun den Versand nach Milos vor. Zunächst fotografiere ich die einzelnen Proben, damit man sie auch bildlich vergleichen kann. Anschließend verpacke ich den Sand in nummerierte Plastiksäckchen, verstaue diese zusammen mit Fotos von den jeweiligen Stränden und einem Brief an Asterios in einem Päckchen, bringe den Sand zur Post und versende ihn nach Griechenland. In seiner Antwort schrieb Asterios:

Ich war begeistert von den Sandproben! Es war die großzügigste SPENDE, *die ich je erhalten habe!*[161]

Heimkehr des Schmetterlings

Drei Tage vor ihrem Tod sprach ich im Hospiz ein letztes Mal mit Karina, bevor sie am nächsten Morgen in ein Koma fiel, aus dem sie nicht mehr erwachen sollte. Es ging ihr so viel besser als in den Wochen zuvor. Sie war das erste Mal seit langem wieder in der Lage gewesen, ohne Hilfe auf dem Bettrand zu sitzen, und hatte dabei die Haare ihrer Perücke gekämmt. Es war ein letztes Aufbäumen ihres Körpers gegen den nahen Tod. Sie war geistig vollkommen klar, und wir beide waren uns so nah wie schon lange nicht mehr.

Da uns beiden der Ernst der Situation bewusst war, hatten wir darüber geredet, welche Form der Beisetzung sie für sich vorstellte. Sie hatte mir unmissverständlich zu verstehen gegeben, dass sie auf keinen Fall in Wiesloch beerdigt werden wollte. Stattdessen wünschte sie eine Einäscherung und eine Beisetzung auf See. Sie mochte das Meer. Viele Urlaube hatten wir an Küsten verbracht, so auch letzten Sommer, im holländischen Egmond aan Zee. Um mir eine Freude zu machen, hatte Karina ein Hotel in der Nähe eines Leuchtturms gebucht. Tagsüber waren wir am Meer entlang gewandert, hatten Radtouren unternommen, oder am Strand gesessen und gelesen. Abends waren wir mit den Rädern zum Essen in die Nachbarorte gefahren und kehrten erst im Dunkeln wieder ins Hotel zurück.

Da Karina im Frühsommer davor zur Kur auf Sylt war und dort eine gute Zeit erlebt hatte, schlug ich ihr die Nordsee vor Sylt als Ort für eine Beisetzung vor. Doch sie dachte eher an eine Küste, die uns allen vertraut war und mit der wir positive Erinnerungen des Zusammenseins verbanden. Und so hatte sie sich die Pazifikküste in Kalifornien als letzten Ruheort gewünscht, wo wir als Familie viele wunderbare Tage verbracht hatten. Die Details der Beisetzung wollten wir am nächsten Morgen besprechen. Doch dazu kam es nicht mehr.

Nach ihrem Tod sprach ich mit den Kindern darüber, und der Vorschlag, die Asche vor Moss Beach ins Wasser zu streuen, kam unabhängig von meinem Sohn und von mir. Am Tag der Beisetzung hatte uns der Seegang bei Mavericks jedoch daran gehindert, sodass wir schließlich auf die Half Moon Bay ausgewichen waren. Bereits vor dieser Bootsfahrt hatte Karinas Asche eine Odyssee hinter sich. Das Bestattungsrecht in Baden-Württemberg aus dem Jahr 1970 hatte es damals nicht gestattet, die Asche an die Hinterbliebenen auszuhändigen.[162] Die Einäscherung erfolgte deshalb in Frankreich. Meine Schwester fuhr die Kinder und mich nach Mulhouse, um die Urne abzuholen, die danach für einige Monate einen würdevollen Platz im Nebenraum einer Kapelle erhielt. Unseren Plan, in den darauffolgenden Osterferien in die USA zu fliegen, gab ich aufgrund des gerade ausgebrochenen Irak-Krieges auf. In den Pfingstferien hatte sich die Situation soweit stabilisiert, dass wir einen Flug wagen konnten. Auf Anraten des Bestattungsinstituts klärte ich den bevorstehenden Transport der Urne in einem Passagierflugzeug schriftlich mit der amerikanischen Botschaft in Frankfurt und mit der Fluggesellschaft ab. Das Einchecken am Flughafen erwies sich als unkompliziert. Die Urne wurde nicht einmal kontrolliert und durchleuchtet. In Kalifornien angekommen fuhren wir als erstes zu einem Büro der Gesundheitsbehörde in San Francisco. Der Kapitän unseres Bootes brauchte eine Genehmigung zur Beisetzung der eingeäscherten Überreste. Diese wiederum setzte ein internationales Todeszertifikat voraus, das ich bereits in Deutschland hatte ausstellen lassen. Obwohl mich diese formalen Vorbereitungen alle sehr befremdeten, blieb ich unbeirrt und kam allen Anforderungen nach. Und so wurde dem letzten Wunsch meiner Frau entsprochen.

Mit den Jahren dann fehlte ein Ort in der Nähe, um Karina an ihrem Geburtstag oder an ihrem Todestag zu gedenken. Sieben Jahre nach ihrem Tod fasste ich schließlich den Entschluss, eine Gedenkstätte in Deutschland einzurichten. Bei einem Natursteinhändler besorgte ich einen roten, mit weißen Adern durchzogenen flachliegenden Stein aus nordischem Granit. Er erinnerte mich an Karinas Haar, das von Natur aus einen rötlichen Farbton hatte. Danach brauchte ich fast ein Jahr, um einen passenden Ort zu finden. Karina hatte Anteile an kleineren Grundstücken in ihrem Geburtsort an uns weitervererbt. Mein Plan, den Stein dort zu platzieren, scheiterte am Widerstand der familiären Erbengemeinschaft. Heute bin ich froh darüber, dass er dort keinen Platz gefunden hatte, denn zwei Jahre später musste das Land wegen einer Flurbereinigung verkauft werden. Mein nächster Anlauf, den Stein in einem Friedwald abzulegen, scheiterte ebenso, denn es gehört zum Wesen eines solchen Waldes, dass dort keine Gedenksteine aufgestellt werden. Die Suche nach einem geeigneten Ort führte mich immer näher an Wiesloch heran. Mit Rücksicht auf Karina hatte ich diesen Ort lange ausgeschlossen, bis ich begriff, dass es neben dem letzten Willen eines Verstorbenen auch ein berechtigtes Interesse der Hinterbliebenen an einem Ort für ihre Trauer gibt. Nur hatte mir die Fantasie gefehlt, beides miteinander zu vereinbaren. Karinas Wunsch, sie nicht in Wiesloch zu bestatten, waren wir nachgekommen. Schließlich begriff ich, dass ihr Wunsch nicht im Widerspruch zum Bedürfnis nach einem für uns leicht erreichbaren Ort der Erinnerung stand. Er hätte nicht näher liegen können. Im September 2011 wurde er im kleinen Kreise meiner Familie und enger Freunde von einem Pfarrer im Garten der Erinnerung auf dem örtlichen Friedhof eingeweiht. Der Vermittlung des Pfarrers war es auch zu verdanken, dass die Friedhofsbehörde in unbürokratischer Weise eine Parzelle ohne sterbliche Überreste genehmigte.

Den Bezug zwischen dieser Gedenkstätte und dem Ort der Seebestattung hatte mir nun der Pazifik vor die Füße gelegt – es war jene Abalone-Schale, die ich während meiner Reise am Strand von Moss Beach gefunden hatte. Sie sollte nun ein Gefäß für den Sand vom Ort der Bestattung sein und den Platz des Schmetterlings einnehmen, der sich vor meiner Reise auf wundersame Weise vom Gedenkstein gelöst hatte.

Die Abalone ist eine Schnecke mit muschelartiger Schale. Im Deutschen nennt man sie Seeohren. Auch Iris- oder Regenbogenmuschel sind geläufige Bezeichnungen, denn das Perlmutt auf der Innenseite schillert in den Farben des Regenbogens. Als ich den Namen Regenbogenmuschel las, war ich auf der Stelle tief berührt. Bei meinem Besuch der Half Moon Bay hatte sich ein Gischtbogen über der Wasseroberfläche gezeigt, nachdem ich die letzte Rose ins Meer geworfen hatte. Einige Wochen zuvor hatte ich von der Spitze eines Leuchtturms aus das seltene Phänomen eines Nebelbogens beobachtet und fotografiert. Und in Big Sur konnte ich schließlich die Milchstraße, den Regenbogen der Nacht, bewundern. Beide, Milchstraße und Regenbogen, galten in vielen alten Kulturen als Brücke ins Jenseits. Die ganze Reise über war ich schon auf den Spuren der Regenbogenmuschel gewesen, ohne mir dessen bewusst zu sein.

Für die Umgestaltung des Gedenksteins bitte ich eine befreundete Künstlerin um technische und gestalterische Unterstützung. Ich erzähle ihr von meiner Idee, eine Mischung aus flüssigem Kunstharz und Sand vom Strand der Beisetzung in die Regenbogenmuschel zu gießen und dort aushärten zu lassen. Sie ist entsetzt. Sand sei ein freies Element, das man nicht binden dürfe. Ich verstehe ihr Argument. Der Sand braucht jene Freiheit, die der Schmetterling bereits eingefordert hatte, er muss offen in der Regenbogenmuschel liegen können. Wind, Regen und Vögel sollen den Sand weitertragen können. Auf jüdischen Friedhöfen ist es Brauch, dass Besucher kleine Steine auf die Gräber legen. So sollen auch Besucher des Gedenksteins eingeladen sein, die Muschel mit Sand aufzufüllen.

Am Tag vor Allerheiligen ist die Umgestaltung abgeschlossen und die Muschel nach oben hin offen am Gedenkstein befestigt. Ich schmücke den Stein mit einem

Gesteck aus Callablüten, eine Blume, die wild wachsend an der kalifornischen Küste verbreitet ist, zünde eine Kerze an und gebe Sand von Moss Beach und Half Moon Bay in die Muschel. Zum Abschluss der Einweihungszeremonie verlese ich ein Gedicht von Karina:

HERBST[163]

> *Herbst, es wird kühl*
> *Herbst, rot & gelb & braun*
> *ausruhen & spüren*
> *abstreifen das Getragene*
> *sich lösen vom Alten*
> *befreien von dem, was sich angesammelt hat*
>
> *Herbst, es wird dunkel*
> *Herbst, orangene Stille*
> *Zeit für Gott & die Welt*
> *Zeit für mich*
> *der Hauch der Vergänglichkeit liegt auf den Wiesen feucht*
> *& schwer*
>
> *Herbst, Jahreszeit des Gefühls*
> *Herbst, grau gewordener Sommer*
> *randvoll mit bunten Blättern*
> *fliegenden Drachen*
> *leuchtenden Kürbissen*
> *lachenden Kindern*
>
> *Herbst, du wärmst mir das Herz.*

Der Schmetterling jedoch, der den Grabstein einst geziert und sich schließlich davon gelöst hatte, sollte noch einmal auf Reisen gehen. Wenige Tage nach Allerseelen begleite ich ihn auf seinem Weg nach Norden. Es ist eine lange Fahrt bis nach

Bielefeld, in die ostwestfälische Stadt am Teutoburger Wald. Dort erklimmt er mit mir die Sparrenburg, die hoch über der Stadt wacht und gerade renoviert wird. Von der Anlage hat man eine fantastische Sicht auf die Stadt. Von dort geht es weiter auf die Promenade, einen Höhenweg, der über den Kamm des Teutoburger Waldes führt.

Im Herbst 1984 vor fast dreißig Jahren hatte ich Karina in Bielefeld kennengelernt. Unzählige Male waren wir über die Promenade durch den Teutoburger Wald gewandert, abends wieder heimgefahren und hatten uns in ihrem Bett aus weißen Laken gewärmt. Währenddessen spielte unablässig eine einzige Platte. Die Musik begann mit sanften, verführerischen Tönen, steigerte sich rhythmisch und ließ schließlich die Frage aufkommen, ob wir zusammenleben könnten. Es war das Album „Diamond Life"[164] von Sade, das uns zusammenbrachte, unsere Herzen füreinander öffnete und uns schließlich heirateten ließ.

Ich folge dem kleinen Schmetterling weiter über die Promenade bis zur Schönen Aussicht, ursprünglich ein Café und Restaurant, das damals gerade in eine Sauna umgebaut worden war. Hier hatten Karina und ich manche Nachmittage am Wochenende verbracht, im Garten gelegen und die schöne Aussicht auf Bielefeld genossen. Später hatten wir mit den Kindern oft den Spielplatz hier oben besucht und das Karussell in Schwung gebracht, bis uns schwindlig wurde und wir berauscht waren vom Kreisen um uns selbst und von unserem Lachen.

Der Schmetterling schwebt nun den Hang hinab und bis in die Innenstadt hinein. Wir bummeln durch die Altstadt, blicken neugierig in die Schaufenster von Hautnah und Meterweise, begeben uns auf Kleine Fluchten und passieren Sattelfest und Starke Stücke, Geschäfte mit bedeutungsvollen Namen. Wir streifen weiter durch die Gassen und werfen einen Blick in den neuen Bioladen, der gerade eingerichtet wird. Der Löwenzahn, in dem Karina einmal gearbeitet hatte, lag damals außerhalb der Innenstadt. Er war damals der erste Naturkostladen in Ostwestfalen-Lippe. Der neue Laden im Zentrum wird nun zum Fachgeschäft für Biofeinkost, für Menschen mit Geschmack und Geld.

Der Schmetterling braucht eine Pause und sucht sich einen Platz im Grünen. Ich begleite ihn in den Park um die Ravensberger Spinnerei mit ihren ehemaligen Industriegebäuden, die in den Achtzigern saniert und restauriert worden waren. 1986 zog dort die Volkshochschule Bielefeld ein, wo Karina später Kurse in Vollwertkochen und zu gesundheitsbezogenen Themen der Ernährung, Umwelt und Wirtschaftspolitik leitete. Wenn wir uns nicht in einer Bioenergetik-Gruppe getroffen hätten, dann hätten wir in der VHS eine zweite Chance gehabt, denn ich brachte dort Anfängern das Programmieren bei. Meine Computerkurse verliefen eher trocken und sachlich, in den Kochkursen ging es dagegen ganz lebhaft zu. An einem Abend in der Woche unterrichteten wir zu gleicher Zeit. Nach meinem Kurs wartete ich dann auf Karina und konnte durch die Glaswand das Treiben in der Küche beobachten. Karina hatte es immer sehr genossen, der strahlende Mittelpunkt in dieser Runde zu sein, und mein Herz schlug höher, wenn ich sie so sah.

Von Bielefeld reist der Schmetterling weiter nach Züschen, ein Ort, der in der Nähe von Winterberg im Sauerland liegt. Hier war Karina aufgewachsen. Ihre Eltern waren früh verstorben, ich selbst hatte nur den Vater noch kennengelernt. Er verstarb eine Woche vor unserem Umzug nach Wiesloch an einem Krebsleiden. Vielleicht war das auch der Grund dafür gewesen, dass Karina in Wiesloch nie richtig angekommen war.

Doch darum ging es jetzt, um Heimkehr und Rast. In Züschen am Rande der Bullenwiese wird der Schmetterling überwintern. Hier trifft sich das Dorf zum traditionellen Kartoffelbraten am offenen Feuer. Hier war Karina mit ihren Geschwistern und Studienfreunden oft gewesen. Hier, ganz in der Nähe ihres Elternhauses, findet der Schmetterling einen geschützten Platz im Laub, zwischen den jungen Stämmen einer Baumgruppe.

Er ist frei.

Medizinbaum

Im Januar 1945 lag über der Stadt Gotenhafen eine unheimliche Spannung. Wie ein weißes Leichentuch hatte sich der Winter über das Umland gebreitet. Es war bitterkalt, der härteste Winter seit Jahren, mit Temperaturen bis zu 20 Grad unter dem Gefrierpunkt. Hunderttausende waren vor der Roten Armee geflohen. Gotenhafen war ihre letzte Zuflucht. In Schulen, Kinos und Cafés fanden die Flüchtlinge aus Ostpreußen Schutz vor der eisigen Kälte. Nach tagelangen Märschen waren die Menschen erschöpft. Schutzlos waren sie den Angriffen sowjetischer Flieger ausgesetzt gewesen, sobald das Wetter aufklarte. Sie waren körperlich und seelisch am Ende. Sie froren. Sie hungerten. Sie hatten Durst. Im Hafen der Hoffnung warteten sie darauf, mit einem Schiff über die Ostsee in Sicherheit gebracht zu werden.

Im Herbst 1944 hatten die Nationalsozialisten den Volkssturm ausgerufen. Junge Männer ab 16 Jahren und alte Männer bis 60 Jahren waren zur Verteidigung deutschen Heimatbodens an die Fronten geschafft worden. Viele Jungen waren jünger, viele Alten älter. Fünfzehnjährige hoben Panzergräben aus, vier Meter tief, sechs Meter breit. Die Erde war gefroren. In Gruppen von 25 Jungen übernachteten sie bei Eiseskälte in Finnenzelten aus Sperrholz.[165] Es war Hitlers letztes Aufgebot in einem Krieg, der bereits verloren war. Mein Vater war 18 Jahre alt, als er an der Ostfront zum Einsatz kam. Kaum ausgebildet und schlecht bewaffnet wurden die Männer als Futter vor die Kanonen der gegnerischen Übermacht geworfen.

Anfang des Jahres 1945 schlug die Rote Armee zurück, überrollte die deutschen Ostgebiete und drängte die deutsche Wehrmacht unaufhaltsam zurück. Die russischen Kampfverbände hatten damit begonnen, Ostpreußen einzukreisen, und zogen die Schlinge um die Danziger Bucht immer weiter zu.

Anfang Januar durchbohrte ein Schuss den linken Unterschenkel meines Vaters und rettete ihm damit das Leben. Als Verwundeter wurde er aus dem Schussfeld genommen und nach Gotenhafen gebracht. Am 30. Januar sollte das Lazarettschiff Wilhelm Gustloff Soldaten und Verwundete nach Kiel bringen und auch meinen Vater mitnehmen. Das ehemalige Kreuzfahrtschiff der nationalsozialistischen Organisation „Kraft durch Freude" war in Friedenszeit ausgelegt für 400 Besatzungsmitglieder und 1500 Passagiere. Die Evakuierung der militärischen Kräfte lief seit dem 21. Januar. Die Schiffe sollten auch Zivilisten befördern, sofern Platz dafür vorhanden war. Ende Januar war der Ansturm der Flüchtlinge auf die Schiffe nicht mehr zurückzuhalten. Wer ein Parteibuch hatte, wurde bevorzugt. Ebenso Frauen und Kinder. Wer zwei Beine hatte und sich durchsetzen konnte, brachte sich oder wenigstens seine Familie an Bord. Als die Gustloff den Hafen verließ, befanden sich mehr als 10.000 Menschen auf dem Schiff, etwa die Hälfte davon Kinder. Von den zahlreichen Verwundeten, die auf fremde Hilfe angewiesen waren, kamen nur 162 mit.

Mein Vater wurde zurückgelassen. Seine Verwundung rettete ihm ein weiteres Mal das Leben. Die Gustloff wurde nach acht Stunden Fahrt von einem russischen U-Boot mit Torpedos beschossen und sank vor der Küste Pommerns. Man geht heute davon aus, dass dabei mehr als 9000 Menschen den Tod fanden.

Die Kriegsverletzung meines Vaters hatte nicht nur sein Leben, sondern auch meines geprägt. Nach der Theorie des britischen Wissenschaftlers Rupert Sheldrake bin ich als direkter Abkömmling meines Vaters über morphische Resonanz[166] mit ihm verbunden. Die Beschwerden, die sich in den letzten Jahren in meinem linken Unterschenkel manifestiert hatten, zwei Muskelfaserrisse in der Wade und nun die Entzündung der Achillessehne, stehen auf unerklärliche Weise in Resonanz mit der Verwundung meines Vaters. Ein Teil in mir ist sich dessen ganz gewiss.

Die brennende Ferse gab auch meiner Reise eine Wende. Sie beendete meine Fahrt auf dem Rad, ich stieg um in ein Auto und setzte sie mit dem Rad auf der Rückbank fort. Nach zwei Wochen Schonzeit wagte ich es erstmals wieder, eine Tagestour auf dem Rad zu unternehmen und die Strände der Landzunge Cape Arago in Oregon zu erkunden. Um möglichst nahe an einen Leuchtturm heranzukommen, überquerte ich mit respektvollen Schritten einen von Ureinwohnern geweihten Strand, von dem man auf die kleine vorgelagerte Insel Chief's Island blicken konnte, die von den einheimischen Stämmen einst als Ruhestätte für ihre Toten genutzt worden war. Ich spürte die Heiligkeit des Ortes und auch sein Einverständnis, als ich dort kleine, vom Sand und vom Meer glatt geschliffene Hölzchen einsammelte. Dabei ließ ich mich von meiner Intuition und der Gewissheit leiten, aus diesen Fundstücken zu Hause etwas Würdevolles herzustellen, das die Essenz meiner Reise zum Ausdruck bringen sollte. In meiner Vorstellung zog ich die Hölzchen auf eine Schnur auf und fügte Perlen zwischen die Plättchen. Die Perlen fand ich eine Woche später im kalifornischen Arcata. Ich war auf der Suche nach Naturmaterialien, die von Indianern für Schmuck verwendet worden waren, und fand in einem Bastelladen durchbohrte Perlen aus graubraunen Knochenstücken, die aus einem Hirschgeweih geschnitten worden waren. Um farbige Akzente zu setzen, nahm ich außerdem einige türkisfarbene Perlen und eine durchbohrte braune Nuss mit.

Aus den Hölzern und Perlen möchte ich nun eine räumliche Installation anfertigen und sie in ein großes Fenster hängen, von dem man in meinen Garten blickt. Ich gebe ihr den Namen Medizinbaum. Bäume waren mir während der Fahrt immer wieder begegnet. Welche Bedeutung sie für mich haben, vermag ich noch nicht zu erkennen. Der Medizinbaum soll mich auch daran erinnern, dass es etwas gibt, das von mir bisher nur erahnt, aber noch nicht gesehen werden kann. Auch für dieses Vorhaben erhalte ich wieder künstlerische Unterstützung und lasse mich gern davon abbringen, eine Nylonschnur zu verwenden. Nylon, ein künstliches Material, sei weniger geeignet als etwa ein natürliches Material wie Leder. Auch solle ein Baum nicht in der Luft hängen, sondern brauche einen Grund, aus dem er wachsen kann, wie etwa ein Säckchen mit Erde.

Seit fast dreißig Jahren besitze ich ein kleines braunes Ledersäckchen. Es stammt aus einer Zeit, in der ich mich intensiv mit der Kultur der nordamerikanischen Ureinwohner auseinandersetzte. Mit Karina und Freunden besuchte ich Wochenendseminare, die von einem Schamanen geleitet wurden. Damals befand ich mich ebenso wie heute an einem Wendepunkt in meinem Leben. Ich ließ mein Dasein als Mathematik- und Informatiklehrer hinter mir und wurde Entwickler in einem Software-Unternehmen.

Ich hatte lange keinen Blick mehr in das Ledersäckchen geworfen. Es ist immer noch randvoll gefüllt mit Perlen, Steinen, Münzen und anderem Kram. Ich leere das Säckchen und überlege, was ich weiterhin darin aufbewahren möchte. Schließlich entscheide ich mich für die Edelsteine. Bevor ich sie wieder zurück in den Ledersack gebe, fülle ich ihn mit Sand vom Baker Beach in San Francisco, von dem ich intuitiv mehr mitnahm, ohne damals zu wissen, wofür. Das indianische Ledersäckchen mit den Edelsteinen symbolisiert die Erde, von der aus der Medizinbaum in den Himmel wachsen kann. Im Sand sehe ich das Element Wasser, ohne das er nicht gedeihen kann.

In einem Bastelladen finde ich ein langes Lederband. Ich stöbere ein wenig herum und entdecke Glasperlen in den Farben des Regenbogens. Sie erinnern mich an den Nebelbogen, den Gischtbogen, die Milchstraße und die Regenbogenmuschel, die mir auf meiner Reise erschienen waren. Die Perlen sollen über meinem Medizinbaum einen Regenbogen bilden, eine Brücke in die geistige Welt.

Das Lederband setzt noch weitere Assoziationen in mir frei. Ich muss unvermittelt an eine Tiersehne denken und erkenne eine tieferliegende Bedeutung des Medizinbaumes. Er ist eine Medizin für meine entzündete Achillessehne, ein Symbol für die Heilung der Verletzung, die ich auf der Reise erfahren hatte. Im Internet finde ich nicht nur eine Bezugsquelle für getrocknete Hirschsehnen, sondern auch Videos, die zeigen wie ich daraus Fasern gewinnen und zu einer Schnur flechten kann. Ich brauche einen ganzen Tag, bis ich den Dreh heraushabe, und stelle schließlich eine etwa 150 Zentimeter lange Kordel her.

Nun kann der Medizinbaum zusammengebaut werden. Meine Künstlerfreundin kommt vorbei und hilft mir bei der Montage. Wir beginnen mit dem Ledersäckchen und knüpfen es an das lange Lederband, binden ein übrig gebliebenes ganzes Stück Hirschsehne als Unterschenkel und Stamm des Medizinbaums hinein und verzieren das Lederband mit Perlen und Sehnenfasern. Das Lederband und die Kordel aus Hirschsehne ziehen wir zusammen abwechselnd durch die Geweihperlen und die durchbohrten Holzstücke. Wir beginnen mit den großen und langen Teilen, sodass sich die Hölzer wie Astwerk nach oben hin verjüngen. In der Spitze des Medizinbaums befestigen wir die Feder eines Schreiseeadlers, die ich jüngst mit Zertifikat von der Deutschen Greifenwarte auf Burg Guttenberg erworben hatte. Noch weiter oben, über dem Baum, fädeln wir die Regenbogenperlen auf die Schnüre.

Schließlich hängen wir das obere Ende an einen Haken unter der Zimmerdecke. Das Gewicht des Ledersäckchens strafft die Kordeln, die alle Teile miteinander verbinden. Doch das Säckchen schwebt nicht frei. Es ruht auf der Fensterbank und ist selbst gut geerdet. Ich bin froh, dass ich von der erfahrenen Künstlerin unterstützt werde und sie ihre Anregungen beisteuert.

In den folgenden Tagen verschiebe ich die Teile im Baum, bis ich das Gefühl habe, dass die Proportionen stimmen. Zusätzlich flechte ich Kupferdraht in den unteren und oberen Teil des Baumes und verziere ihn mit den türkisfarbigen Perlen. Die braune Nuss arbeite ich in die Öffnung des Ledersäckchens ein. Es ist immer eine einzelne Frucht, aus der ein ganzer Baum hervorgeht. Den Haken an der Zimmerdecke verberge ich mit einem Stern als Symbol für den Himmel, in den der Medizinbaum emporragt. Schließlich habe ich das Gefühl, dass er stimmig ist.

Die Vorbereitungen und Arbeiten daran hatten sich über Wochen hingezogen und mich immer näher an meine Verletzung geführt. Der Medizinbaum ist ein Symbol für meine Reise, die durch die Entzündung meiner Achillessehne einen einzigartigen Verlauf genommen hat. Täglich sitze ich vor der Installation in meinem Fenster, betrachte sie und fühle mich hinein. Ich spüre, dass noch etwas fehlt, obwohl ich alle vier Elemente vertreten sehe, die Luft in der Adlerfeder, das Feuer in den Regenbogenperlen, das Wasser im Sand und die Erde im Sand und in den Edelsteinen des Ledersäckchens. Ein Freund macht mich schließlich darauf aufmerksam, dass der Regenbogen nicht das Element Feuer, sondern das Licht des Himmels symbolisiert. Auch das Wasser sei nicht ausreichend vertreten. Er hat recht. Es fehlt das Feuer der Erneuerung, das sich auch im Brennen meiner Achillessehne ausdrückt, und Wasser muss strömen, damit die Vergangenheit ebenso abfließen kann wie die Schlacken in meiner Sehne. Am Tag darauf finde ich in einem Esoterikladen einen zweiteiligen

Yin-Yang-Kerzenhalter und einen kleinen Zimmerspringbrunnen, die ich beide neben die Basis des Medizinbaums platziere, die Kerzenhalter zur Linken, den Brunnen zur Rechten.

Dann unterbreche ich meine Arbeit am Medizinbaum für einen schon lange geplanten Ausflug nach Bad Teinach, zur kabbalistischen Lehrtafel der Antonia von Württemberg. Die Prinzessin hatte als junge Frau das Leid des Dreißigjährigen Krieges miterlebt. Nach seinem Ende setzte sie sich dafür ein, die Wunden zu heilen, die er in ihrem Land hinterlassen hatte. In Zusammenarbeit mit Gelehrten an ihrem Hof gab sie die Bildelemente für einen Schrein vor, der von einem Hofmaler ausgestaltet wurde. Die Tafeln des Triptychons zeigen ihre Vision von einer geheilten Welt.

In Bad Teinach gibt es auch eine bekannte Heilquelle. Und so nehme ich zwei Trinkflaschen mit, um sie mit Wasser aus dieser Quelle zu füllen und damit den neuen Zimmerbrunnen einzuweihen und in Betrieb zu nehmen. Als ich in Bad Teinach ankomme, ist die Dreifaltigkeitskirche geschlossen. Von der Pfarrersfrau erfahre ich, dass öffentliche Führungen nur von April bis Oktober stattfinden. Dennoch öffnet sie die Kirche auf meine Bitte, warnt mich aber davor, dass es im Inneren kälter sei als draußen. Nach kurzer Andacht vor dem Schrein verlasse ich den eiskalten Kirchenraum und begreife, dass es vor allem das Wasser ist, das mich an diesen Ort geführt hat. Und so begebe ich mich auf den Weg zur Quelle.

Seit dem 14. Jahrhundert weiß man um die Heilkraft der Quelle in Bad Teinach. Als ich das Kurzentrum mit seiner Mineraltherme erreiche, ist es wegen Umbauarbeiten geschlossen. Geöffnet ist zurzeit nur das Hotel mit seinem Restaurantbetrieb. Hier frage ich eine Kellnerin nach einem Mineralbrunnen, wo Kurgäste Heilwasser in Flaschen oder Gläser füllen können. Doch sie erwidert, dass es einen solchen Brunnen schon lange nicht mehr gäbe. Er gehöre der Vergangenheit an. Stattdessen schickt sie mich zu den

Produktionsanlagen des Mineralwasser-Unternehmens, die sich gleich gegenüber befinden.

Über einen Seiteneingang gelange ich in das Gebäude. Innen finde ich ein Wandtelefon mit einer Liste von Rufnummern. Ich rufe das Sekretariat an und trage mein Anliegen vor. Die freundliche Dame bittet mich zu warten. Sie will den Brunnenmeister fragen, ob er mir weiterhelfen kann. Kurze Zeit später öffnet sich der Aufzug und der Meister steht in seinem grauen Kittel vor mir. Er erzählt, dass es schon lange keinen direkten Zugang mehr zur Quelle gibt. Die Bohrung des Brunnens sei über ein abgeschlossenes Rohrsystem in die Produktion eingebunden. Um den hygienischen Standard gewährleisten zu können, würde das Quellwasser nun direkt in Flaschen abgefüllt. Er rät, eine Kiste Hirschquelle zu kaufen. Ich bin wie elektrisiert, als ich den Namen der Quelle erfahre. Den nächstgelegenen Getränkemarkt finde ich am Ortseingang von Calw. Zwar hat dieser Supermarkt keine Hirschquelle im Angebot, aber die Bäckerei, die ihm angeschlossen ist, heißt Sehne. Frohen Mutes, auf der richtigen Spur zu sein, fahre ich weiter bis zum nächsten Supermarkt, wo ich schließlich eine Kiste Hirschquelle erstehe.

Perlen aus Hirschgeweih, Achillessehnen vom Hirsch und nun das Wasser aus der Hirschquelle. Was ist die Bedeutung dieses Tieres, das in meiner Installation einen solchen Raum eingenommen hat und dem ich bereits auf Randys Farm und im Seminarraum „Deer" in Big Sur begegnet war?

In der Tierwelt besitzt der Hirsch eine einzigartige Fähigkeit. Alljährlich wirft er sein Geweih ab, alljährlich wächst es wieder nach. In vielen Mythologien symbolisiert der Hirsch den sich stetig wiederholenden Kreis des Lebens. Er steht deshalb auch für den Neubeginn. Das Geweih des Hirsches wurde mit den Ästen des Lebensbaums in Verbindung gebracht. Die vier Hirsche Dainn, Dwalinn, Duneyr und Durathor in der germanischen Weltenesche verliehen den vier Winden ihre Namen. In vielen Mythen findet sich der Hirsch als Seelenführer, der sich auskennt im Dickicht des Waldes und Suchenden den rechten Weg weist. Der Hirsch ist ein aufmerksames und wachsames Tier, das Gefahren rechtzeitig erkennt und seine Kräfte einzuteilen weiß. Im Christentum gilt der Hirsch auch als Symbol für das Sakrament der Taufe. Die Heilquelle im Teinachtal soll durch einen Hirsch entdeckt worden sein. Ein abgeworfenes Hirschgeweih soll Quellwassern Heilkräfte verleihen. Vor allem aber ist der Hirsch ein Symbol für Männlichkeit, Stärke und Führungskraft. In Träumen steht er auch für ungelöste Vaterkonflikte. Der Träumer kann sie lösen, indem er den Hirsch erlegt, sich ihm annähert, ihn berührt oder selber zum Hirsch wird. Die Jungen vom Stamm der Esselen mussten einen lebenden Hirsch mit den Händen berühren, dann erst wurden sie aufgenommen in die Gemeinschaft der jagenden Männer.

Schließlich erkenne ich die Verbindung, die zwischen meiner Verletzung und der Verwundung meines Vaters besteht. Die Heilung meiner Achillessehne erfordert nicht nur manuelle Therapie und regelmäßige Dehnübungen, ich muss mich wieder meiner Vaterwunde zuwenden. Der nächste Schritt erfordert eine Heilung auf seelischer Ebene. Gleiches kann mit Gleichem geheilt werden, das erkannten bereits Hippokrates und Paracelsus. Samuel Hahnemann, der Begründer der Homöopathie, entwickelte aus diesem Prinzip ein ganzes Heilsystem.

BRAUNE.
[...]
Ich bitt' um Mittel! Ein erfrorner Fuß
Verhindert mich am Wandeln wie am Tanzen,
Selbst ungeschickt beweg' ich mich zum Gruß.

MEPHISTOPHELES.
Erlaubet einen Tritt von meinem Fuß.

BRAUNE.
Nun das geschieht wohl unter Liebesleuten.

MEPHISTOPHELES.
Mein Fußtritt, Kind! hat Größres zu bedeuten.
Zu Gleichem Gleiches, was auch einer litt;
Fuß heilet Fuß, so ist's mit allen Gliedern.
Heran! Gebt Acht! Ihr sollt es nicht erwiedern.

BRAUNE (SCHREIEND).
Weh! Weh! das brennt! das war ein harter Tritt,
Wie Pferdehuf.

MEPHISTOPHELES.
Die Heilung nehmt ihr mit.
Du kannst nunmehr den Tanz nach Lust verüben.[167]

Mein erster Schritt zur Heilung war das Erkennen der Vaterwunde. Die Reise ließ sie entflammen, sodass sie von mir erfahren werden konnte. Wochenlang war ich dann gereist, ohne einen Zusammenhang zwischen meiner Verletzung und der Verwundung meines Vaters zu sehen. Die Erkenntnis kam erst jetzt, als ich bereits wieder zu Hause war, und es sollte noch weitere drei Monate dauern, bis es mir beim Schreiben dämmerte, dass die Verwundung meines Vaters nicht nur sein Leben rettete, sondern auch meine Existenz ermöglichte. Ich nehme die Vaterwunde an und mache das Beste für mich daraus. Die entzündete Ferse hat mich zum Schreiben gebracht. Sie hat mich auf den Weg des Kreativen geführt, den mein Vater mit einem Bein gegangen war. Ich spüre, wie er nun hinter mir steht und mich mit seinen männlichen Qualitäten darin unterstützt. Es sind die Qualitäten eines Kriegers.

In der Vergangenheit hatte ich nie einen Krieger in meinem Vater gesehen. Für mich war er ein Kriegsversehrter gewesen, der durch die Erfahrungen des Krieges zu einem entschiedenen Pazifisten und Gegner militärischer Auseinandersetzungen geworden war. Seine männlichen Qualitäten kamen nicht in seinem Gehabe, sondern in seinem entschlossenen Handeln zum Ausdruck. Als mein Vater aufgrund seiner Behinderung nicht mehr in der Lage war, seinem Berufswunsch als Bühnenbildner nachzugehen, schulte er um zum Retuscheur, einen Beruf, den er sitzend ausüben konnte. Die neue Tätigkeit verhalf ihm zu einer geregelten und körperlich schonenden Arbeit, sodass er in der Freizeit weiter seiner Leidenschaft, der Malerei, nachgehen konnte. Ohne seine Körperbehinderung wäre es in der Nachkriegszeit schwierig gewesen, eine Stelle am Theater zu finden, dagegen hätte er als Maler und Anstreicher leicht eine Beschäftigung gefunden und wäre abends von der Arbeit körperlich erschöpft nach Hause gekommen. Vielleicht war es gerade seine Behinderung gewesen, die es ihm ermöglicht hatte, sich weiter künstlerisch zu entfalten. Mir ist es auf der Reise selbst so ergangen. Mephistopheles hatte meiner Ferse einen Tritt versetzt, um mich auf meine Vaterwunde zu stoßen:

„Fuß heilet Fuß, so ist's mit allen Gliedern"[168].

Ohne die entzündete Achillessehne wäre ich mit dem Rad weitergefahren und hätte kaum Zeit zum Schreiben gefunden. Ich wäre weder bis nach San Luis Obispo gekommen, noch hätte ich das Seminar im Iknish Institute besucht.

Nach der Fertigstellung des Medizinbaums segne ich ihn und lasse Weihrauch von den Wurzeln bis zur Spitze durch den Baum ziehen. Meinen linken Unterschenkel segne ich ebenso mit dem heiligen Rauch. Gute Kräfte lade ich ein, die mich bei der Heilung meiner Vaterwunde unterstützen mögen. Währenddessen läuft der Brunnen und hält das heilende Wasser der Hirschquelle in Fluss. Das Licht und die Wärme der brennenden Kerzen durchdringen die Hirschsehnen des Medizinbaums. Mit einem Gedicht von Karina beende ich das Einweihungsritual:

DER BAUM[169]

Und da stand der Baum,
mitten im Feld
einsam & stark
Stolz streckte er seine Zweige
zum Himmel
jeder einzelne
kraftvoll & saftig grün
seine Wurzeln reichten tief
tief
bis zum Zentrum
des Lebens
Stürme tobten
über ihn hinweg
Regen weichte
seine Rinde auf
und die Sonne
trocknete sein triefendes Herz
und ließ seine Blätter leuchten
zartgrün oder auch
sanftgelb
jahraus jahrein

Dann
kam der Blitz
tosend & unerwartet
brannte er sich
seinen Weg
tief tief
bis zum Zentrum des Lebens
Nie zuvor war er
seiner Kraft
sich selbst
näher als in diesem Augenblick

Er nahm das Feuer
und leitete es
behutsam
durch sich hindurch
bis es
in der Erde
verschwinden konnte
Das Grün ist jetzt
ein bisschen dunkler
die Rinde
an manchen Stellen
schwarz
doch er wächst & blüht
mehr denn je

verlag heil.reisen

Hardcover
120 Seiten
19 x 12 cm
ISBN
978-3-9818322-0-4
www.heil.reisen

„Ist Heimat etwas, das man hat oder etwas,
das man fühlt? Und wenn man es nicht fühlt,
kann man dann trotzdem eine haben?
Und wo befindet sich Heimat? Außen oder innen?
Ist es immer ein Ort?

Ich beschloss, mir eine Heimat zu suchen, denn ich
hatte schon lange das Gefühl, keine zu haben und ich
fand, dass ich eine haben sollte."

Anhang

Literaturverzeichnis

H. BAUMGARDNER III, *Yanks in the Redwoods – Carving Out a Life in Northern California* (New York: Algora Publishing, 2010)

Ray BRADBURY (Autor), Kerstin Winter (Übersetzung), *Zen in der Kunst des Schreibens* (Berlin: Autorenhaus Verlag, Deutsche Erstausgabe 2003)

Reneé BRUGGER und Kristin Langos (Herausgeber), *Radikalität Antike und Mittelalter: Religiöse, politische und künstlerische Radikalismen in Geschichte und Gegenwart, Band 1* (Würzburg: Verlag Königshausen & Neumann, 2011)

Elias CASTILLO, *A Cross of Thorns* (Fresno: Craven Street Books, 2015)

COUSTO, *Die Kosmische Oktave* (Essen: Synthesis Verlag, 1984)

Helmut ENGLER, *Mein Leben – mein Erleben* (Jever: Brune-Mettcker Druck- und Verlagsgesellschaft, 2002)

Helmut FELD, *Franziskus von Assisi* (München: Verlag C.H. Beck, 2013)

William **Dietrich**: *The Final Forest: Big Trees, Forks, and the Pacific Northwest* (Seattle: University of Washington Press, 2011)

Natalie **Goldberg** (Autor), Kerstin Winter (Übersetzung), *Schreiben in Cafés* (Berlin: Autorenhaus Verlag, Neuausgabe 2009)

Robert W. **Hadlow**, *Elegant Arches, Soaring Spans* (Corvallis: Oregon State University Press, 2001)

Julia Butterfly **Hill** (Autorin), Gisela Kretzschmar (Übersetzung), *Die Botschaft der Baumfrau* (München: Riemann Verlag, 2000)

Scott **Hutchins**, *Eine vorläufige Theorie der Liebe* (München: Piper Verlag, 2014).

Jeru **Kabbal** (Autor), Maria Buchwald (Übersetzung), *Quantensprung zur Klarheit: Mit dem Clarity®-Prozess zu innerem Frieden* (Bielefeld: J. Kamphausen Mediengruppe, 2008)

Karina **Kappen** (Autor), Rolf Krane (Herausgeber), *Heimatsafari* (Wiesloch: verlag heil.reisen, 2016)

Niklaus **Kuster**, *Franz und Klara von Assisi: Eine Doppelbiografie* (Ostfildern: Matthias Grünewald Verlag, 2012)

Anne **Lamott** (Autor), Kerstin Winter (Übersetzung), *Bird by Bird – Wort für Wort* (Berlin: Autorenhaus Verlag, Deutsche Erstausgabe 2004)

Anton ROTZETTER, *Klara und Franziskus: Bilder einer Freundschaft* (Ostfildern: Verlagsgemeinschaft topos plus, 2011)

E.A. SCHWARTZ, *The Rogue River Indian War and Its Aftermath 1850-1980* (Norman and London: University of Oklahoma Press, 1997)

Rupert SHELDRAKE, *Das schöpferische Universum: Die Theorie des Morphogenetischen Feldes* (Berlin: Ullstein Taschenbuch, 2009)

Robert SKIDELSKY (Autor), Edward Skidelsky (Autor), Ursel Schäfer (Übersetzung), Thomas Pfeiffer (Übersetzung), *Wie viel ist genug? Vom Wachstumswahn zu einer Ökonomie des guten Lebens* (München: Goldmann Verlag, 2014)

Vicky SPRING and Tom Kirkendall, *Bicycling The Pacific Coast* (Seattle: Mountaineers Books, 2005)

John STEINBECK (Autor), Rudolf Frank (Übersetzer), *Die Straße der Ölsardinen* (München: dtv, 1986)

Jonathan WHITE, *Talking on the Water: Conversations about Nature and Creativity* (San Antonio, Texas: Trinity University Press, 2016)

Anmerkungen und Quellenangaben

Die Quellenangaben sind im Chicago Manual of Style verfasst:

MUSIK-TITEL
wikiHow: „Ein Lied zitieren". „Zitat einer Aufnahme im Chicago-Stil".
URL: *http://de.wikihow.com/Ein-Lied-zitieren* (Abgerufen 3. November 2016 16:43 UTC).

FILM-TITEL
wikiHow: „Einen Film zitieren". „Filmreferenz im Chicago-Stil". URL: *http://de.wikihow.com/Einen-Film-zitieren* (Abgerufen 3. November 2016 17:02 UTC).

TEXT-QUELLEN
wikiHow: „Im Chicago Manual of Style zitieren". „Fußnoten schreiben". URL: *http://de.wikihow.com/Im-Chicago-Manual-of-Style-zitieren* (Abgerufen 3. November 2016 17:03 UTC).

INTERNET-QUELLEN
Seite „Zitieren von Internetquellen". In: Wikipedia, Die freie Enzyklopädie. Bearbeitungsstand: 24. Oktober 2016, 11:16 UTC. URL: *https://de.wikipedia.org/w/index.php?title=Zitieren_von_ Internetquellen&oldid=159037305* (Abgerufen 3. November 2016, 18:25 UTC).

WIKIPEDIA
Dörte Böhner: „Wie zitiert man Wikipedia korrekt?. Stand: 17. September 2009. In: Bibliothekarisch.de. URL: *http://blog.bibliothekarisch. de/blog/2009/09/17/wie-zitiert-man-wikipedia-korrekt/* (Abgerufen 3. November 2016 17:27 UTC)

1   Der Übersetzer eines englischsprachigen Zitats ins Deutsche ist am Ende der Quellenangabe vermerkt mit: „Übersetzung: <Name>."
2   Unter Verwendung von: *www.d-maps.com* Hrsg.: Daniel Dalet. Marcoux, Frankreich. Stand: 8. Februar 2015 14:21 UCT. URL: *http://www.d-maps.com/m/america/usa/usa/usa/usa30.pdf* (Abgerufen 26. September 2016 15:41 UTC);

Unter Verwendung von: „File:California 1.svg". In: Wikimedia Commons. Stand: 31. Mai 2006, 14:46 UTC. URL: *https://upload.wikimedia.org/wikipedia/commons/7/79/US_101.svg* (Abgerufen 27. September 2016 15:50 UTC);
Unter Verwendung von: „File:California 1.svg". In: Wikimedia Commons. Stand: 20. März 2006 14:55 UTC. URL: *https://upload.wikimedia.org/wikipedia/commons/d/dd/California_1.svg* (Abgerufen 27. September 2016, 14:56 UTC);
Unter Verwendung von Shutterstock-Vektorgrafiken: URL: *http://www.shutterstock.com/* (Erworben und abgerufen am 7. Oktober 2016):
Bildnummer:170540084, Urheberrecht: Kittichai;
Bildnummer:353106467, Urheberrecht: IADA;
Bildnummer:373267030, Urheberrecht: Tasha Hryshchenko.

3   Gesetzt aus der Adobe Caslon Pro® (11 Pt / 13,5 Pt), basierend auf einer Schrift von William Caslon aus dem Jahr 1722, die für den Erstdruck der amerikanischen Unabhängigkeitserklärung und der amerikanischen Verfassung verwendet wurde.

4   Für den Buchblock wurde Recyclingpapier (90 g/m²) verwendet: „Datenblatt EnviroTop Recycling Offset 0312000DS". Stand: April 2012. In: Paper Union GmbH, Hamburg. Produkte > Digitaldruck > Laser-Technologie > Recycling-Papier im Wunschformat > EnviroTop > Datenblatt. URL: *http://www.papierunion.de/starterkit/servlet/download/papierunion_index/396184/data/Datenblatt_EnviroTop_Digital_Laser_Recycling-Schneideartikel_031-data.pdf* (Abgerufen 8. Oktober 2016 11:27 UTC).

5   Aus dem Abspann von: *Amores Perros*. Regie: Alejandro González Iñárritu. 2000; Mexiko: Warner Home Video. 2002. DVD (Deutsche Fassung).

6   Syd Barrett. *See Emily Play*. Pink Floyd. © 1967 von Columbia (EMI)(UK). Single.

7   Vgl. „Pacific Coast". In: Adventure Cycling Association: Home > Routes & Maps > Adventure Cycling Route Network. URL *https://www.adventurecycling.org/routes-and-maps/adventure-cycling-route-network/pacific-coast/* (Abgerufen 30. September 2016 8:27 UTC).

8   Vicky Spring and Tom Kirkendall, *Bicycling The Pacific Coast* (Seattle: Mountaineers Books, 2005).

9   *Planes*. Regie: Klay Hall. 2003; USA: Walt Disney Studios Motion Pictures, 2003. Film.

10 Vgl. Cindy Mayo, Chief Executive: „Providence Centralia Hospital - Emergency Department - Community Access Project". Stand: 26. April 2011. URL: *http://wsha-archive.seattlewebgroup.com/files/82/*

Mayo%20presentation%204.25.11.ppt (Abgerufen 1. Oktober 2016 12:01 UTC).

11 Originalzitat von David A. Johnston am 18. Mai 1980 um 8:32 Uhr: „Vancouver! Vancouver! This is it!". Zitiert nach: Seite „David A. Johnston". In: Wikipedia, Die freie Enzyklopädie. Bearbeitungsstand: 18. Februar 2015, 17:01 UTC. URL: *https://de.wikipedia.org/w/index.php?title=David_A._ Johnston&oldid=138973537* (Abgerufen: 1. Oktober 2016, 12:21 UTC). Übersetzung: Maria Meinel.

12 Zitiert nach: Jutta Assel und Georg Jäger: „Orte und Zeiten in Goethes Leben. Eine Dokumentation - Kickelhahn" In: Goethezeitportal e.V. Stand: Januar 2015. URL: *http://www. goethezeitportal.de/wissen/topographische-ansichten/orte-und-zeiten-in-goethes-leben-kickelhahn.html* (Abgerufen 24. Oktober 2016 8:57 UTC).

13 Sigrid Damm, *Goethes letzte Reise* (Frankfurt am Main, Insel Verlag, 2007), 130.

14 Johann Wolfgang Goethe: „Briefe 1780 4/1012". An: Charlotte von Stein. 6. September 1780. In: Zeno.org. URL: *http://www.zeno.org/ Literatur/M/Goethe,+Johann+Wolfgang/Briefe/1780* (Abgerufen 24. Oktober 2016 9:06 UTC).

15 *Free Willy – Ruf der Freiheit*. Regie: Simon Winzer. 1993; USA. Film.
Free Willy 2 – Freiheit in Gefahr. Regie: Dwight H. Little. 1995; USA, Frankreich. Film.

16 Mars Bonfire. *Born to Be Wild*. Steppenwolf. © 1968 Dunhill Records. Single.
Filmmusik in: *Easy Rider*. Regie: Dennis Hopper. Hauptdarsteller: Peter Fonda und Dennis Hopper. 1969; USA: Sony Pictures Home Entertainment. 2000. DVD.

17 Jimmy Page und Robert Plant. *Stairway to Heaven*. Led Zeppelin. © 1971 Atlantic Records. Album: Led Zeppelin IV.

18 Das Café ist umgezogen: „Brewin' in the Wind to reopen in Netarts". Stand: 24. Februar 2016. In: Tillamook County Pioneer. URL: *http://www.tillamookcountypioneer.net/brewin-in-the-wind-to-reopen-in-netarts/* (Abgerufen 2. Oktober 2016 11:17 UTC).

19 Orginalzitat von Julia Child: „If you're afraid of butter, use cream.". Zitiert nach: Julie R. Thomson: „Our Favorite Julia Child Quotes In Honor Of Her Birthday". In: The Huffington Post. Edition US. Stand: 3. August 2016. URL: *http://www.huffingtonpost. com/2016/08/03/julia-child-quotes_n_1775163.html* (Abgerufen 2. Oktober 2016 11:41 UTC). Übersetzung zitiert nach: Alle Zitate.

URL: *http://www.allezitate.info/297-zitate/700-kochen-zitat-child-1* (Abgerufen 10. November 2016 10:25 UTC).

20 Originalzitat: Conde B. McCullough am 8. Oktober 1935: „The railroads usually measure a stream, and then send out a hand-me-down blueprint for a bridge to be built to predetermined standards. In Oregon our engineers have been trained to go to the stream, build a bridge for utility and economy, and at the same time design it so it will blend with the terrain." Zitiert nach: Robert W. Hadlow, *Elegant Arches, Soaring Spans* (Corvallis: Oregon State University Press, 2001), 37. Übersetzung: Gudrun Bernhard.

21 Robert W. Hadlow, *Elegant Arches, Soaring Spans* (Corvallis: Oregon State University Press, 2001).

22 Originalzitat: Conde B. McCullough aus dem Jahr 1937: „From the dawn of civilization up to the present, engineers have been busily engaged in ruining this fair earth and all the romance out of it." Zitiert nach: Robert W. Hadlow, *Elegant Arches, Soaring Spans* (Corvallis: Oregon State University Press, 2001), 1. Übersetzung: Gudrun Bernhard.

23 Originalzitat von Conde B. McCullough am 7. Mai 1946: "I kinda figure I'll have some alibi when I see St. Peter. Not all of 'em [bridges], you understand, but some of 'em did come out so good they make life worth living." Zitiert nach: Robert W. Hadlow, *Elegant Arches, Soaring Spans* (Corvallis: Oregon State University Press, 2001), 111. Übersetzung: Maria Meinel.

24 Originalzitat von Jack London nach einem Besuch des Crater Lake am 11. August 1911: "I thought that I had gazed upon everything beautiful in nature as I have spent many years traveling thousands of miles to view the beauty spots of the earth, but I have reached the climax. Never again can I gaze upon the beauty spots of the earth and enjoy them as being the finest thing I have ever seen. Crater Lake is far above them all." Zitiert nach: National Park Service, U.S. Department of the Interior: "Crater Lake National Park". URL: *http://npshistory.com/brochures/crla/rc1.pdf* (Abgerufen 3. Oktober 2016 19:26 UTC). Übersetzung: Maria Meinel.

25 Originaltext auf der Tafel: „Battle Rock City Park has been dedicated in memory of the ancient people (Dene Tsut Dah) and the pioneer founders of this townsite. In 1850, the U.S. Congress passed the Oregon Donation Land Act. This act allowed white settlers to file claims on Indian land in Western Oregon although no Indian Nation had signed a single treaty. Capt. William Tichenor of the steamship Sea Gull landed nine men on June 9, 1851, for the purpose of establishing a white settlement.
This resulted in deadly conflict between the two cultures. For two

weeks, the nine were besieged on the island now called Battle Rock. Under cover of darkness, the party escaped north to Umpqua City. In July, Capt. Tichenor again arrived with a well-armed party of seventy men and established the settlement now called Port Orford. Later, Tichenor became a permanent resident after his retirement from the sea.". Zitiert nach dem Foto „Refurbished Wooden Marker, 1999". In: Linda L. Nading, *Righting History: Remembrance and Commemoration at Battle Rock* (Vancouver: The University of British Columbia, 2000), 55. Übersetzung: Gudrun Bernhard.

26   Linda L. Nading: *Righting History: Remembrance and Commemoration at Battle Rock* (Vancouver: The University of British Columbia, 28. April 2000). URL: *https://open.library.ubc.ca/media/download/pdf/831/1.0089457/1/1695* (Abgerufen 8. Oktober 2016 13:07 UTC).

27   E.A. Schwartz, *The Rogue River Indian War and Its Aftermath 1850-1980* (Norman and London: University of Oklahoma Press, 1997).

28   John Densmore, Robby Krieger, Ray Manzarek und Jim Morrison. *Light My Fire*. The Doors. © 1967 von Elektra/Asylum Records. Single.

29   Originaltext: "Agness - a small drinking town with a large fishing problem." Zitiert nach einem Foto von Rolf Krane. Aufname: 31. August 2013. Übersetzung: Maria Meinel.

30   Originaltext: „Do not believe everything you think". Zitiert nach dem Foto einer Werbetafel der Portside Suites in Brookings von Rolf Krane. Aufnahme: 2. September 2013. Übersetzung: Rolf Krane.

31   Die beiden letzten von fünf Versen aus: Joseph B. Strauss: „The Redwoods". Zitiert nach: Humboldt County Visitors Bureau, Eureka. URL: *http://www.redwoods.info/showrecord.asp?id=3248* (Abgerufen 9. Oktober 2016 12:03 UTC).

32   Orginaltext: ebd. Übersetzung: Rolf Krane.

33   Originalzitat: „It was strangely like war. They attacked the forest as if it were an enemy to be pushed back from the beachheads, driven into the hills, broken into patches, and wiped out. Many operators thought they were not only making lumber but liberating the land from the trees ...". William Dietrich: *The Final Forest: Big Trees, Forks, and the Pacific Northwest* (Seattle: University of Washington Press, 2011), 24. Übersetzung: Gudrun Bernhard.

34   vgl. Chapter 11: "Mendocino Coast Settlement Takes Hold Frank". In: H. Baumgardner III, *Yanks in the Redwoods – Carving Out a Life in Northern California* (New York: Algora Publishing, 2010).

35 Hedy West. *500 Miles*. Hedy West. © 2012 von Ace Records (Soulfood). Album: Hedy West Vol. 2. CD.

36 Steve Goodman. *City of New Orleans*. © 1971. Arlo Guthrie. Album: Hobo's Lullaby. © 1972 von Rising Son. LP.

37 Elizabeth Cotton. *Freight Train*. Elizabeth Cotton. © 1956 von Oriole. Single.

38 Musik: Eddie Newton. Text: Wallace Saunders und T. Lawrence Seibert. *Casey Jones*. © 1900. Johnny Cash. Album: I Walk The Line. © 2009 von Delta. CD.

39 Musik: Harry Warren. Text: Mark Gordon. *Chattanooga Choo Choo*. Glenn Miller. © 1941 von RCA Victors Bluebird-Label. Schellackplatte 78 U/min.

40 Greg Schindel. *Northspur Station*. Greg Schindel. Album: Train Singer. © 1998 Schindel Music, P.O. Box 1376, Willits, CA 95490. CD.

41 Volkslied aus Württemberg. Vgl. Seite „Auf de Schwäb'sche Eisenbahne". In: Wikipedia, Die freie Enzyklopädie. Bearbeitungsstand: 3. Oktober 2016, 12:07 UTC. URL: *https://de.wikipedia.org/w/index.php?title=Auf_de_ Schw%C3%A4b%E2%80%99sche_Eisenbahne&oldid=158432122* (Abgerufen: 9. Oktober 2016, 20:02 UTC).

42 Greg Schindel. Album: Train Singer. © 1998 Schindel Music, P.O. Box 1376, Willits, CA 95490. CD.

43 *Die Vögel*. Regie: Alfred Hitchcock. 1963; USA: Universal Pictures Germany. 2004. DVD.

44 Originaltext: "Fog, fog and nothing but fog. Had no mail since 9th inst. Getting short on provisions.[...] from log of September 21 1885" Zitiert nach dem Foto einer Schautafel im Inneren des Leuchturms von Rolf Krane. Aufnahme: 10. September 2013. Übersetzung: Gudrun Bernhard.

45 Originaltext: „O solitude, where are the charms that sages have such in thy face? Better dwell in the midst of alarms than reign in this horrible place." Zitiert nach dem Foto einer Schautafel im Inneren des Leuchturms von Rolf Krane. Aufnahme: 10. September 2013. Übersetzung zitiert nach: Werner von Koppenfels (Herausgeber), Manfred Pfister (Herausgeber), *Englische und amerikanische Dichtung, 4 Bde., Bd.2, Von Dryden bis Tennyson* (München: C.H. Beck, 2000), 161.

46 Originalzitat von Ken Baldwin: "I instantly realized that everything in my life that I'd thought was unfixable was totally fixable — except for having just jumped." Zitiert nach: Tad Friend: "Jumpers". Stand:

13. Oktober 2003. In: The New Yorker, Letter from California. URL: *http://www.newyorker.com/magazine/2003/10/13/jumpers* (Abgerufen 10. Oktober 2016 10:42 UTC). Übersetzung: Maria Meinel.

47 Originalzitat von Joseph B. Strauss: „Our world of today ... revolves completely around things which at one time couldn't be done because they were supposedly beyond the limits of human endeavor. Don't be afraid to dream!" Zitiert nach: „Two Bay Area Bridges - The Golden Gate and San Francisco-Oakland Bay Bridge". Stand 18. November 2015. In: U.S. Department of Transportatio, Federal Highway Administration. Home > Resources > Highway History > General Highway History > Two Bay Area Bridges > The Golden Gate and San Francisco-Oakland Bay Bridge. URL: *https://www.fhwa.dot.gov/infrastructure/2bridges.cfm* (Abgerufen 10. Oktober 2016 11:06 UTC). Übersetzung: Gudrun Bernhard.

48 Verse 2 und 3 aus: Joseph B. Strauss: „The Golden Gate Bridge". 1937. Zitiert nach: „Strauss Poems". In: Golden Gate Bridge, Highway & Transportation District. Bridge > Research Library > History, Construction, and Opening Fiesta > Strauss Poems. URL: *http://goldengatebridge.org/research/ConstructionStraussPoem.php* (Abgerufen 10. Oktober 2016 11:35 UTC).

49 Orginaltext: ebd. Übersetzung: Rolf Krane.

50 Scott Hutchins, *A Working Theory of Love* (New York: Penguin Books, 27. August 2013).
Deutsche Ausgabe: Scott Hutchins, *Eine vorläufige Theorie der Liebe* (München: Piper Verlag, 10. März 2014).

51 Originalwidmung von Scott Hutchins: „All writing is rewriting!". Übersetzung: Rolf Krane.

52 Natalie Goldberg (Autor), Kerstin Winter (Übersetzung), *Schreiben in Cafés* (Berlin: Autorenhaus Verlag, Neuausgabe 2009). Originaltitel: Natalie Goldberg, *Writing Down the Bones* (Boston, MA: Shambhala Publications Inc, 1986).

53 Ray Bradbury (Autor), Kerstin Winter (Übersetzung), *Zen in der Kunst des Schreibens* (Berlin: Autorenhaus Verlag, Deutsche Erstausgabe 2003). Originaltitel: Ray Bradbury, *Zen in the Art of Writing* (Santa Barbara: Capra Press, 1992).

54 Anne Lamott (Autor), Kerstin Winter (Übersetzung), *Bird by Bird – Wort für Wort* (Berlin: Autorenhaus Verlag, Deutsche Erstausgabe 2004). Originaltitel: *Anne Lamott, Bird by Bird* (New York: Anchor Books, 1994).

55 vgl. David Plotnikoff: "Redwood City, center of the taco universe". Stand: 14. August 2016. In: The Mercury News. URL: *http://*

www.mercurynews.com/2008/09/30/redwood-city-center-of-the-taco-universe/ (Abgerufen 25. Oktober 2016 14:18 UTC.)

56 Textzeile aus: Roger Waters. *Another Brick in the Wall (Part II)*. Pink Floyd and the children of Islington Green School. © 1979 Roger Waters Music Overseas Ltd (Artemis BV). Album: Echoes, The Best of Pink Floyd. © 2001 von EMI Records. CD.

57 Mehr als die Hälfte der Gefängnisinsassen in den USA sind wegen Drogendelikten inhaftiert, mehr als ein Viertel davon wegen Marihuana. Vgl. Kathleen Miles: „Just How Much The War On Drugs Impacts Our Overcrowded Prisons, In One Chart". Stand: 3. April 2014. In: The Huffington Post. URL: *http://www.huffingtonpost.com/2014/03/10/war-on-drugs-prisons-infographic_n_4914884.html* (Abgerufen 25. Oktober 2016 14:48 UTC).

58 vgl. Vicky Pelaez: „The Prison Industry in the United States: Big Business or a New Form of Slavery?". Stand: 28. August 2016 (Erstveröffentlichung März 2008). In: GlobalResearch.ca - Global Research News. URL: *http://www.globalresearch.ca/the-prison-industry-in-the-united-states-big-business-or-a-new-form-of-slavery/8289* (Abgerufen 25. Oktober 2016 14:51 UTC).

59 Produzent: Dr. Roger Payne, *Songs of the Humpback Whale*. © 1991 von Earth Music Productions. CD.

60 John Steinbeck (Autor), Rudolf Frank (Übersetzer), *Die Straße der Ölsardinen* (München: dtv, 1986). Originaltitel: John Steinbeck, *Cannery Row* (New York: Viking Press, Januar 1945).

61 Originalzitat von John Payne: "Whales and redwoods both make us feel small and I think that's an important experience for humans to have at the hands of nature. We need to recognize that we are not the stars of the show." Zitiert aus dem Kapitel: „John Payne, Voices from the Sea". In: Jonathan White, *Talking on the Water: Conversations about Nature and Creativity* (San Antonio, Texas: Trinity University Press, 2016). Übersetzung: Gudrun Bernhard.

62 *Vertigo – Aus dem Reich der Toten*. Originaltitel: Vertigo. Regie: Alfred Hitchcock. 1958; USA: Universal. 2006. DVD.

63 Vgl. Steve Chawkins: „Winter solstice means 'illumination' at California mission". Stand: 22. Dezember 2001. In: Los Angeles Times. LAT Home > Collections > News. URL: *http://articles.latimes.com/2011/dec/22/local/la-me-illuminations-20111222* (Abgerufen 27. Oktober 2016 15:34 UTC).

64 vgl. Pater Andrea D'Ascanio, OFM CAP: „Zur Ehre des Vaters - Biographische Anmerkungen zu Mutter Eugenia Elisabetta

Ravasio", 99. URL: *http://www.armatabianca.org/store/Madre_Eugenia_tedesco.pdf* (Abgerufen 27. Oktober 2016 15:44 UTC).

65 ebd., 33.

66 Robert Skidelsky (Autor), Edward Skidelsky (Autor), Ursel Schäfer (Übersetzung), Thomas Pfeiffer (Übersetzung), *Wie viel ist genug? Vom Wachstumswahn zu einer Ökonomie des guten Lebens* (München: Goldmann Verlag, 2014). Originaltitel: Robert Skidelsky and Edward Skidelsky, *How Much is Enough?: Money and the Good Life* (New York: Other Press, Erstausgabe 2012).

67 Originalzitat von Epikur. Zitiert nach: ebd., 8.

68 Irving Berlin. *God Bless America*. © 1918.

69 Originalmotto der Initiative „Connect SLO County" für den Ausbau von Radwegen: „We are all on the path." URL: *https://connectslocounty.org/*. Zitiert nach einem Foto von Rolf Krane. Aufnahme: 20. September 2013. Übersetzung: Rolf Krane.

70 Just Scheu. *Wir lagen vor Madagaskar*. © 1934.

71 Bob Dylan. *Blowin' in the Wind*. Bob Dylan. Album: The Freewheelin'. © 1963 von Columbia Records.

72 Stephen Foster. *Oh! Susanna*. © 1848.

73 Henry Miller (Autor), Kurt Wagenseil (Übersetzung), *Stille Tage in Clichy* (Reinbek b. Hamburg: Rowohlt 1968). Originaltitel: Henry Miller, *Quiet Days in Clichy* (Paris: The Olympia Press, 1956).

74 Das Seminar „Die Wiederauferstehung des Inneren Kindes" ist fiktiv. Ähnlichkeiten mit real durchgeführten Seminaren und ihren Inhalten, Abläufen und Übungen sowie Ähnlichkeiten mit real existierenden, lebenden oder verstorbenen Personen wären rein zufällig.

75 Das „Iknish Institute" ist ein fiktives Institut an einem fiktiven Ort in Big Sur. Ähnlichkeiten mit real existieren Instituten und Orten wären rein zufällig.

76 Der „Powama Creek" ist ein fiktiver Bach mit einem fiktiven Wasserfall.

77 Der „Powama Canyon" ist ein fiktiver Canyon.

78 Die „Powama Hot Spring" ist eine fiktive heiße Quelle.

79 Vgl. D.L. Shaul: „English-Esselen Dictionary". In: Esselen.com. Esselen Tribe of Monterey County. Technical Report > Esselen-English. URL: *http://esselen.com/dict2.html* (Abgerufen 28. Oktober 2016 14:31 UTC).

80 vgl. D.L. Shaul: „English-Esselen Dictionary". In: Esselen.com. Esselen Tribe of Monterey County. Technical Report > Esselen-

English. URL: *http://esselen.com/dict2.html* (Abgerufen 28. Oktober 2016 14:31 UTC).

81   Justin Hayward. *Nights in White Satin.* The Moody Blues. Spieldauer: 7:38 min. Album: Days of Future Passed. © 1967 von Decca. LP.

82   Vgl. Lex Wedel: „Our Language". In Ohlone Costanoan Esselen Nation. Official Tribal Website. OPEN Language. URL: *http://www.ohlonecostanoanesselennation.org/Language.html* (Abgerufen 30. Oktober 2016 8:31 UTC).

83   Babatunde Olatunji. *Jin-Go-La-Ba.* Olantuji. Album: Drums of Passion. © 1960 von Columbia. LP.

84   Babatunde Olatunji. *Jingo.* Santana. Album: Santana. © 1969 von Columbia. LP.

85   Santana. Album: Abraxas, © 1970 von Columbia. LP.

86   Vgl. Seite „Cargo-Kult". In: Wikipedia, Die freie Enzyklopädie. Bearbeitungsstand: 18. August 2016, 17:45 UTC. URL: *https://de.wikipedia.org/w/index.php?title=Cargo-Kult&oldid=157154770* (Abgerufen: 30. Oktober 2016, 12:41 UTC)

87   Zitiert nach: Seite „John-Frum-Bewegung". In: Wikipedia, Die freie Enzyklopädie. Bearbeitungsstand: 2. Juni 2015, 20:27 UTC. URL: *https://de.wikipedia.org/w/index.php?title=John-Frum-Bewegung&oldid=142735934* (Abgerufen: 30. Oktober 2016, 12:44 UTC).

88   Erich von Däniken, *Erinnerungen an die Zukunft: Ungelöste Rätsel der Vergangenheit* (Düsseldorf: Econ Verlag, 1968).

89   vgl. Jeru Kabbal (Autor), Maria Buchwald (Übersetzung), *Quantensprung zur Klarheit: Mit dem Clarity®-Prozess zu innerem Frieden* (Bielefeld: J. Kamphausen Mediengruppe, 2008). Originaltitel: Jeru Kabbal, *Finding Clarity* (Berkeley, CA: North Atlantic Books, 2006).

90   Der Titel erschien zehn Tage vor der ersten Mondlandung am 21. Juli 1969: David Bowie. *Space Oddity.* David Bowie. © 1969 von Philips - Mercury RCA. Single.

91   Original-Textzeile: „And I think my spaceship knows which way to go". ebd. Übersetzung: Rolf Krane.

92   Bedřich Smetana. *Die Moldau* (tschechisch : Vltava). © 1874. Uraufführung: 4. April 1875 in Prag. Aus der sinfonischen Dichtung: „Mein Vaterland (tschechisch: Má vlast)".

93   Julia Butterfly Hill (Autorin), Gisela Kretzschmar (Übersetzung), *Die Botschaft der Baumfrau* (München: Riemann Verlag, 2000).

Originaltitel: Julia Butterfly Hill, *The Legacy of Luna* (San Francisco: HarperSanFrancisco, 2000).

94 Mehr über Julia Butterfly Hill auf ihrer Website: *http://www.juliabutterfly.com/* (Abgerufen 30. Oktober 2016 17:06 UTC).

95 Originalmotto des Raumschiffs Enterprise aus der Fernsehserie Star Trek: „ ... to boldly go where no one has gone before". Übersetzung zitiert nach: Seite „Raumschiffe und Raumstationen im Star-Trek-Universum". In: Wikipedia, Die freie Enzyklopädie. Bearbeitungsstand: 2. Oktober 2016, 18:43 UTC. URL: *https://de.wikipedia.org/w/index.php?title=Raumschiffe_und_Raumstationen_im_Star-Trek-Universum&oldid=158408541* (Abgerufen: 30. Oktober 2016, 18:57 UTC).

96 vgl. Cousto, *Die Kosmische Oktave* (Essen: Synthesis Verlag, 1984), 13ff.

97 Zilphia Hortons, Frank Hamilton, Guy Carawan, Pete Seeger (auf der Grundlage von Charles Albert Tindley aus dem Jahr 1903). *We Shall Overcome*. Pete Seeger. Album: We Shall Overcome. Live-Aufnahme aus einem Konzert in der Carnegie Hall, New York. © 1963 von Columbia. LP.

98 Pete Seeger. *Where Have All the Flowers Gone*. Pete Seeger. © 1955. Album: The Rainbow Quest. © 1960 von Folkways. LP.

99 John Phillips. *California Dreaming*. The Mama's & The Papa's. © 1965 von Dunhill. Single.

100 John Denver. © 1966. *Leaving on a Jet Plane*. Peter Paul and Mary. Album: Album 1700. © 1967 von Warner Bros. LP.

101 John Lennon, Paul McCartney. *Yellow Submarine*. Album: Revolver. © 1966 von Apple Records. LP.

102 Vgl. Jason Hoppin: „Slated for closure, Mission Santa Cruz to stay open under new deal". Stand: 14. April 2012. In: Santa Cruz Sentinel. URL: *http://www.santacruzsentinel.com/article/zz/20120414/NEWS/120417217* (Abgerufen 10. November 2016 21:01 UTC).

103 „Psalm 126". Aus der Lutherbibel von 1912. Zitiert nach: Tim Strehle. In: Die christliche Liederdatenbank. URL: *http://www.liederdatenbank.de/bible/psa/126* (Abgerufen 1. November 2016 UTC).

104 Anton Rotzetter, *Klara und Franziskus: Bilder einer Freundschaft* (Ostfildern: Verlagsgemeinschaft topos plus, 2011), 11.

105 Peter Green. *Black Magic Woman*. © 1968. Santana. Album: Abraxas. © 1970 von CBS. LP.

106 Die Glocke, Oelde. URL: *http://www.die-glocke.de/* (Abgerufen 1. November 2016 11:06 UTC).

107 Jim Morrison, Ray Manzarek, Robbie Krieger, John Densmore. *Spanish Caravan*. The Doors. Auf dem Album: Waiting For The Sun. © 1968 von Elektra/Asylum Records. LP. Unter Verwendung von: Isaac Albéniz. Asturias. Aus: Suite española op. 47. © 1886.

108 Jimmy Page und Robert Plant. *Stairway to Heaven*. Led Zeppelin. Album: Led Zeppelin IV. © 1971 Atlantic Records. LP.

109 Don Felder, Glenn Frey und Don Henley. *Hotel California*. © 1976. Eagles. Album: Hell Freezes Over. © 1994 von Geffen (Universal Music). CD.

110 Neil Young. *Heart of Gold*. Neil Young. Album: Harvest. © 1972 von Warner Bros. LP.

111 Neil Young. *The Needle and the Damage Done*. Neil Young. Album: Harvest. © 1972 von Warner Bros. LP.

112 Neil Young. *Old Man*. Neil Young. Album: Harvest. © 1972 von Warner Bros. LP.

113 Eric Clapton, Jim Gordon. *Layla*. © 1970. Eric Clapton. Album: Unplugged. © 1992 von Reprise. CD.

114 Eric Clapton, Will Jennings. *Tears in Heaven*. Eric Clapton. Album: Unplugged. © 1992 von Reprise. CD.

115 Peter Green. *Black Magic Woman*. © 1968. Santana. Album: Abraxas. © 1970 von CBS. LP.

116 Album: *Virgin Beauty*. Ornette Coleman. © 1988 von Portrait. (Jerry Garcia, Gitarre auf den Spuren 1, 6, 7). LP.

117 Vgl. Laura Levy: „Duarte's Famous Cream of Artichoke Soup". Stand: 6. Juni 2009. In: Laura'sw Berst Recipes. A Collection of Culinary Creations. URL: *https://ldlevy.wordpress.com/2009/06/06/duartes-famous-cream-of-artichoke-soup/* (Abgerufen 1. November 2016 14:35 UTC).

118 Robert Schumann. *Arabeske in C-Dur, Op. 18*. © 1839.

119 Originalzitat von Mauro ffortissimo vom April 2013: "[I'm doing the piano thing again, but this time with twelve pianos, all up and down the coast.]People will find them next to the ocean and play for the whales". Zitiert nach: Dean Mermell: „ Opus 2". In: Sunset Piano. > The Story. URL: *http://sunsetpiano.com/story/* (Abgerufen 1. November 2016 15:05 UTC). Übersetzung: Maria Meinel.

120 Album: Broken Arrow. Neil Young and Crazy Horse. © 1996 von Reprise. CD.

121 Originalansprache von Pastor Dennis W. Logie am 2. Juni 2003: "The body may return to dust. This is the truth of the cycle of life - ashes to ashes and dust to dust. From dust we were formed and eventually to dust we all go. But our spirit, that which makes us a person, is loved by God. And so these ashes complete the cycle of her life."..."As the warm sun shines and the wind blows, water is sucked up into the air to form clouds and come again as rain. As your mother's ashes blend with the water, so part of her will rise to the skies. Every time it rains, lift your head to receive the kiss of your mother."..."As the ashes dissolves into the salty sea, so this water is carried by waves to every shore, to every beach. Each time you stand in the sea, and the surf washes over your feet, think of your mother's caress of love."..."Some ashes sink to the bottom to harden, to become rock and sand. Each time you stand on solid ground in sight of the sea, or find yourself standing on the solid ground of confidence or ability or morals, think of your wife and the support her love gave and the joy her life brought." Übersetzung: Maria Meinel.

122 Karina Kappen (Autor), Rolf Krane (Herausgeber), *Heimatsafari* (Wiesloch: verlag heil.reisen, 28. Oktober 2016), 57.

123 Papst Johannes Paul II.: „1979 habe ich den Heiligen Franz von Assisi als einen himmlischen Patron über jene ausgerufen, die die Ökologie voranbringen (vgl. Apostolischer Brief Inter Sanctos: AAS 71 [1979], 1509f). Er gibt Christen ein Beispiel eines ursprünglichen und tiefen Respekts vor der Unversehrtheit der Schöpfung." In: „Die ökologische Krise eine gemeinsame Verantwortung. Botschaft seiner Heiligkeit". Zur Feier des Weltfriedenstages 1. Januar 1990. Stand: 8. Dezember 1989. URL: *http://www.clerus.org/clerus/dati/2000-05/05-10/OKrise.html* (Abgerufen 1. November 2016 19:37 UTC).

124 Franziskus von Assisi: „Der Sonnengesang". © 1224/25. Originaltitel: „Il Cantico di Frate Sole (Cantico delle Creature)". Übersetzung zitiert nach: Bruder Peter Fobes: „Der Sonnengesang". In: Deutsche Franziskanerprovinz. URL: *http://franziskaner.net/der-sonnengesang/* (Abgerufen 1. November 2016 20:00 UTC).

125 Zitiert nach: Bruder Peter Fobes: „Gebet vor dem Kreuzbild". In: Deutsche Franziskanerprovinz. URL: *http://franziskaner.net/san-damiano/* (Abgerufen 1. November 2016 21:16 UTC).

126 Papst Franziskus: „Enzyklia Laudato si' - Über die Sorge für das gemeinsame Haus." Stand: 24. Mai 2015. In: Der Heilige Stuhl. Enzykliken > Laudato si' (24. Mai 2015) > Deutsch. URL: *http://w2.vatican.va/content/francesco/de/encyclicals/documents/*

papa-francesco_20150524_enciclica-laudato-si.html (Abgerufen 1. November 2016 21:27 UTC).

127 Zitiert nach: Daniel Steinvorth: „Gottes Troubadour". Stand: 23. Juli 2013. In: Der Spiegel. GESCHICHTE 4/2013. S. 79. URL: *http://magazin.spiegel.de/EpubDelivery/spiegel/pdf/104108148* (Abgerufen 1. November 2016 21:38 UTC)

128 vgl. Helmut Feld, *Franziskus von Assisi* (München: Verlag C.H. Beck, 2013), 65f.

129 Time's Staff: „Millennium Top Ten." Stand: 15. Oktober 1992. In: Time. Magazine. URL: *http://content.time.com/time/magazine/article/0,9171,976745,00.html* (Abgerufen 1. November 2016 22:18 UTC). In der Quelle werden nur 9 Personen genannt.

130 Zitiert nach: Niklaus Kuster, *Franz und Klara von Assisi: Eine Doppelbiografie* (Ostfildern: Matthias Grünewald Verlag, 2012), 125.

131 Vgl. Anton Rotzetter, *Klara und Franziskus: Bilder einer Freundschaft*. ebd., 16.

132 Vgl. ebd., 17.

133 Vgl. ebd., 17.

134 Vgl. Anne Müller: „Symbolische Darstellungsformen von Radikalität im frühen Franziskanertum". In: Reneé Brugger und Kristin Langos (Herausgeber), *Radikalität Antike und Mittelalter: Religiöse, politische und künstlerische Radikalismen in Geschichte und Gegenwart, Band 1* (Würzburg: Verlag Königshausen & Neumann, 2011), 118.

135 Zitiert nach: „Wo Liebe ist, gibt es keine Furcht". Stand: 2. April 2013. © 2016 Frankfurter Presse. URL: *http://www.fnp.de/nachrichten/transfer_alt/Wo-Liebe-ist-gibt-es-keine-Furcht;art1463,172277* (Abgerufen 2. November 2016 12:22 UTC).

136 Vgl. Helmut Feld, *Franziskus von Assisi*. ebd., 52f.

137 Vgl. ebd., 53.

138 Vgl. ebd., 67f.

139 Zitiert nach: Bibel-Online.net. Aus der Lutherbibel von 1912. Galater 5 1: „Aufruf zur rechten Freiheit". URL: *http://www.bibel-online.net/buch/luther_1912/galater/5/#1* (Abgerufen 2. November 2016 12:52 UTC).

140 Vgl. Niklaus Kuster, *Franz und Klara von Assisi: Eine Doppelbiografie*. ebd., 14f.

141 Vgl. Helmut Feld, *Franziskus von Assisi*. ebd., 23.

142 vgl. Niklaus Kuster, *Franz und Klara von Assisi: Eine Doppelbiografie*. ebd., 36, 52.

143 Vgl. Helmut Feld, *Franziskus von Assisi*. ebd., 25.
144 Vgl. ebd., 52.
145 Vgl. Katholisches. Startseite > Liturgie & Tradition > „Gedenktag für Maria von Magdala in den Rang eines Apostelfestes erhoben". Stand: 11. Juni 2016. URL: *http://www.katholisches.info/2016/06/11/gedenktag-fuer-maria-von-magdala-in-den-rang-eines-apostelfestes-erhoben/* (Abgerufen 2. November 2016 13:40 UTC).
146 Vgl. Dietmar Neuwirth: „Wirbelwind Franziskus und die Frauenfrage". Stand: 8. Oktober 2016. In: Die Presse. URL: *http://diepresse.com/home/panorama/religion/5098719/Franziskus-und-die-Frauenfrage?from=simarchiv* (Abgerufen 2. November 2016 13:53 UTC).
147 Papst Franziskus: „Enzyklia Laudato si'. Über die Sorge für das gemeinsame Haus." ebd. „Eine Universale Gemeinschaft", 92.
148 Vgl. Wikipedia contributors, "Junípero Serra," Wikipedia, The Free Encyclopedia, *https://en.wikipedia.org/w/index.php?title=Jun%C3%ADpero_Serra&oldid=746497490* (accessed October 27, 2016).
149 Elias Castillo, *A Cross of Thorns* (Fresno: Craven Street Books, 2015).
150 Vgl. stern. Home > Panorama > Gesellschaft > „USA-Besuch: Papst spricht umstrittenen Missionar Junípero Serra heilig". Stand: 24. September 2015. URL: *http://www.stern.de/panorama/gesellschaft/usa-besuch--papst-spricht-umstrittenen-missionar-junipero-serra-heilig-6467420.html* (Abgerufen 2. November 2015 14:18 UTC).
151 Vgl. ebd.
152 Vgl. ebd.
153 Vgl. Ictmn Staff: „'Saint of Genocide' Message Left at Mission Carmel After Serra Canonization". Stand: 28. September 2015. In: Indian Country Today Media Network. URL: *http://indiancountrytodaymedianetwork.com/2015/09/28/saint-genocide-message-left-mission-carmel-after-serra-canonization-161899* (Abgerufen 2. November 2016 14:47 UTC).
154 Zitiert nach: „USA: Vandalismus am Grab des neuen Heiligen". Stand: 28. September 2015. In: © Radio Vatikan, Die Stimme des Papstes und der Weltkirche. URL: *http://de.radiovaticana.va/news/2015/09/28/usa_vandalismus_am_grab_des_neuen_heiligen/1175408#* (Abgerufen 2. November 2016 14:53 UTC).
155 Vgl. Nanette Deetz: „Esselen Nations Respond to 'Troubling' Vandalism at Mission Carmel". Stand: 30. September 2015. In: Indian Country Today Media Network. URL: *http://*

indiancountrytodaymedianetwork.com/2015/09/30/esselen-nations-respond-troubling-vandalism-mission-carmel-161916 (Abgerufen 2. November 2016 14:34 UTC).

156 *Vertigo – Aus dem Reich der Toten*. Regie: Alfred Hitchcock. 1958; USA: Universal. 2006. DVD.

157 Eric Burdon, Vic Briggs, John Weider, Barry Jenkins und Danny McCulloch. *San Franciscan Nights*. Eric Burdon and The Animals. Album: Winds of Change. © August 1967 von MGM. LP.

158 Originaltext: „Save up all your brand and fly Trans-Love Airways to San Francisco USA. Then maybe you'll understand the song, it will be worth it, if not for the sake of this song but for the sake of your own peace of mind." Aus: San Franciscan Nights. ebd. Übersetzung: Rolf Krane.

159 *Gravity*. Regie: Alfonso Cuarón. Hauptdarsteller: Sandra Bullock, George Clooney. 2013; UK, USA: Warner Bros. Pictures, 2013. 3D-Film (Englische Originalfassung).

160 John Densmore, Robby Krieger, Ray Manzarek und Jim Morrison. *Riders on the Storm*. The Doors. Album: L.A. Woman. © J1971 von Elektra/Asylum Records. LP.

161 Originalzitat von Asterios Paplomatas vom 29. Mai 2014: „I was thrilled by the samples of sand! It is the most generous DONATION I have ever had!". Zitiert aus einer E-Mail an Rolf Krane. Übersetzung: Rolf Krane.

162 Vgl. „Bestattungsgesetz - Vom 21. Juli 1970". Stand: 11. November 2016. In: Landesrecht BW Bürgerservice. URL: *http://www.landesrecht-bw.de/jportal/?quelle=jlink&query=BestattG+BW&psml=bsbawueprod.psml&max=true&aiz=true* (Abgerufen 11. November 2016 8:49 UTC). Vgl. auch: GBV Gesellschaft für Bestattungen und Vorsorge, Hamburg: „Asche zur freien Verfügung". In: Bestattungsplanung.de - Informationsportal für Bestattungen & Vorsorge. Startseite > Bestattung > Bestattungsarten > Asche zur freien Verfügung. URL: *https://www.bestattungsplanung.de/bestattung/bestattungsarten/asche-zur-freien-verfuegung.html* (Abgerufen 11. November 2016 8:57 UTC).

163 Karina Kappen (Autor), Rolf Krane (Herausgeber), *Heimatsafari* (Wiesloch: verlag heil.reisen, 2016), 91.

164 Album: Diamond Life. Sade. © 1984 von Epic (UK). LP.

165 Vgl. Helmut Engler, *Mein Leben – mein Erleben* (Jever: Brune-Mettcker Druck- und Verlagsgesellschaft, 2002), 14.

166 Rupert Sheldrake, *Das schöpferische Universum: Die Theorie des Morphogenetischen Feldes* (Berlin: Ullstein Taschenbuch, 2009).

167 Johann Wolfgang von Goethe, *Faust. Der Tragödie zweiter Teil* (Stuttgart, Cotta, 1. Auflage, 1832), 79. Zitiert nach: DTA Deutsches Textarchiv. URL: *http://www.deutschestextarchiv.de/book/view/goethe_faust02_1832?p=91* (Abgerufen 3. November 2016 9:03 UTC).

168 Ebd., 79.

169 Karina Kappen (Autor), Rolf Krane (Herausgeber), *Heimatsafari* (Wiesloch: verlag heil.reisen, 2016), 88.

Index

A

Achillessehne 47
    Achillea millefolium 103
    Dehnübungen 179
    Entzündung 47, 49
    Ibuprofen 49
    Manuelle Therapie 477
    Räuchern 197
    Riss 47
    Schafgarbe 103
    Stoßwellen-Therapie 477
    Voltaren 477
    Zerrung 47
Aquarien
    Monterey Bay Aquarium 239
    Oregon Coast Aquarium 92
    Seaside Aquarium 73
Arcata 167
Astoria 66, 67
    Astoria Bridge 66
    Columbia River 66
    Free Willy 67
Avenue of Giants 171
    Deer Creek 171
    Eel River 156, 170
    Garberville 171, 173
    Humboldt Redwoods State Park 170
    Myers Flat 171
    Save The Redwoods League 170

Shrine Drive-Thru Tree 171
Stafford 170

B

Bandon 128, 129, 131, 132
- Bandon Beach 131
- Bullards Beach State Park 128
- Bullards Bridge 128
- Coquille Point 131
- Coquille River 128, 129, 130
- Coquille River Lighthouse 129
- Ewanua und Seatka 131
- Face Rock 131
- Fluch der Ureinwohner 130
- Großmutter-Felsen 130
- Heritage Place 131
- Table Rock 131
- Tupper Rock 129, 130

Bären 22, 112, 117
- Bärenglöckchen 22, 113, 162
- Bärenpfeife 22, 113
- Braunbären 166
- Clantier 295
- Erlebnis 117
- Grizzlybären 158
- Jagd 271, 272
- Schwarzbären 164, 166
- Verhalten 62
- Wappentier 158

BART
- Airtrain 215

    Bay Area Rapid Transit 216, 470
    Caltrain 470
    Millbrae 216, 470
    San Bruno 216, 471
    San Francisco Airport 215, 470
Belfair 37
Big Sur
    Big Creek Bridge 277
    Big Sur River 279
    Bixby Creek Bridge 277
    Cabrillo Highway 275
    Coast Ridge Road 279
    Henry Miller Memorial Library 277
    Highway 1 275
    Point Sur Lighthouse 395
    Ragged Point 275
Bodega Bay 188
    Die Vögel 188
Bremerton 35, 36
Brennender Mann
    Achillessehnenentzündung 104
    Atemmeditation 351
    Baker Beach 464
    Besucherzahlen 327
    Black Rock Desert 102, 464
    Blau karierter Hase 464
    Cargo-Kult 326
    Eintrittspreise 327
    Festival 102, 325
    Horuskult 329
    Labour-Day-Wochenende 464
    Luxuscamps 327
    Phoenix aus der Asche 329
    Silicon Valley 328
    Sommersonnenwende 464

Tauschhandel 327
Wüstenstadt 102, 326
Brookings 153
Chetco River 153
Harris Beach State Park 153
Labour-Day-Wochenende 153
Slam'n Salmon Ocean Derby 154
Brücken
Astoria Bridge 66
Bay Bridge 456
Big Creek Bridge 277
Bixby Creek Bridge 277
Bullards Bridge 128
Conde McCullough Memorial Bridge 109
Depoe Bay Bridge 88
Golden Gate Bridge 194, 200, 456, 463, 464
Isaac Lee Patterson Memorial Bridge 145, 151
Pudding Creek Trestle 174
San Mateo Bridge 467
Siuslaw River Bridge 104
Umpqua River Bridge 105
Yaquina Bay Bridge 94

C

Caltrain 214
BART 470
California Avenue Station 209, 230
Millbrae 216, 470
Mountain View Station 218, 470
Sequoia Station 228
Cannon Beach 74
Badeort der Oberschicht 74
Bird Rocks 74, 75

    Haystack Rock 74, 75, 76
    Seesterne 76
Cape Arago 119
    Baldiyaka 123
    Bastendorff Beach County Park 119
    Cape Arago Highway 119
    Cape Arago Light 123
    Charleston 119, 127
    Chief's Island 123, 124
    Kap 127
    Lighthouse Way 121, 123
    Shore Acres State Park 126
    Simpson Beach 126
    Simpson Reef and Shell Island 126
    Sunset Beach 121, 122, 125
Cape Perpetua 98
Cape Sebastian 152
Carmel 237, 238, 244
    17-Mile Drive 239
    Carmel Beach 245
    Carmel-by-the-Sea 237
    Carmel River 238, 247
    Carmel Valley Road 238
    Mission Carmel 246
    Mission San Carlos Borromeo de Carmelo 246
Centralia 43, 47, 48, 60, 63
    Providence Centralia Hospital 48
    Valley View Health Center Walk In Clinic 48
Coos Bay 108, 109, 112, 119, 127, 128
    Annual Maritime Art Exhibit 127
    Coos Art Museum 122, 127
    Coos River 108, 119
    North Bend 108

Crater Lake 108, 112, 114
    Diamond Lake 114, 116, 118
    Mount Mazama 114, 115
    National Park 114
    Rim Village 114, 115
    Sinnott Memorial Overlook 115
    Watchman Overlook 115
    Wizard Island 115
Crescent City 157

D

Dawes Act 95
Depoe Bay 88
Duncan's Cove 188
    Duncan's Cove Overlook 188

E

El Camino Real
    Hauptgeschäftsstraße 203, 204
    King City 250
    Mein Jakobsweg 203, 247
    Menlo Park 210
    Missionen 397, 474
    Mountain View 207, 218
    Palo Alto 209, 235
    Salinas River 250
    Salinas Valley 250
    San Francisco 462
    Santa Clara 403
    Stanford 211
Elma 42
Eureka 169
    Old Town 169

F

Federal Government Shutdown 425, 428, 462
Ferndale 170
Florence 101
Fort Bragg 173
    Bahnhof Skunk Train 177
    Frühstücks-Diner 184
    Glass Beach 175, 176
    Hafen 175, 182
    MacKerricher State Park 176
    Noyo River 175, 182
    Pudding Creek 174
    Pudding Creek Trestle 174
    Ten Mile River 174
Franziskus von Assisi
    Agitation 448
    Aschermittwochzeremonie 450
    Berufung 448
    Bruder Esel 451
    Christiana 450
    Die Minderen Brüder 447
    Entkleidung 448, 450
    Erneuerer der Kirche 448
    Fasten 451
    Frauen 452
    Geburt 447
    Heiligsprechung 450
    Klara von Assisi 401, 450
    Kreuzzug von Damiette 449
    Kriegsgefangenschaft 447
    Krippenspiel 449
    Millennium Top Ten 450
    Mission San Francisco de Asís 459
    Orden der Klarissen 450

Ordensgründer 442, 447
Papst Honorius III 449
Perugia 447
Portiuncula 450
San Damiano 448, 450
San Francisco 459
Selbstkasteiung 451
Sexualität 451, 452
Sonnengesang 443
Stigmata 449, 450, 451
Tierpredigten 443
Tod 450
Todestag 442
Vater 448, 452
Weihnachtskrippe 449
Welttierschutztag 442

G

Gleneden Beach 88, 89
Gold Beach 144, 145, 147, 150
    Cape Sebastian State Park 152
    Gold Beach Books 151
    Hunters Cove 152
    Illinois River 150
    Isaac Lee Patterson Memorial Bridge 145, 151
    Jerrys Flat Road 147
    Lower Rogue River 147
    Nickelsucher 151
    Schnellboote 149
    South Beach State Park 146

H

Half Moon Bay 220, 421, 431, 439, 490
    Arroyo de en Medio 224
    Art & Pumpkin Festival 221
    Half Moon Bay State Beach 432
    Halloween 221
    Kürbisse 221
    Miramar Beach 222
    Miramar Beach Restaurant 222, 223
    Poplar Street 432
    Sunset Pianos 420
Heceta Beach 101
Herbergen
    Pigeon Point Lighthouse Hostel 409
    Point Montara Lighthouse Hostel 415, 421, 422
    San Francisco Fisherman's Wharf Hostel 428
Hirsch
    Achillessehne 500
    Christliche Taufe 504
    Clantier 295
    Erlebnis 59
    Führungskraft 504
    Geweih-Perlen 167
    Heilquellen 504
    Hirschquelle 503
    Initiation 295, 504
    Jagd 294
    Lebensbaum 503
    Männlichkeit 504
    Medizinbaum 506
    Mythologie 503
    Seelenführer 504
    Seminarraum Deer 294
    Vaterkonflikte 504

Historische Gaststätten
    Duarte's Tavern 416
    McLintock Saloon & Dining 261
    Miramar Beach Restaurant 222, 223
    Moss Beach Distillery 439
    Nick's Cove 189
    Olde Port Inn 268
    Sushi Sam's 235
    The River's End 185
Hochzeiten
    Big Sur 395
    Cannon Beach 76
    Cape Kiwanda 81
    Mission Santa Clara de Asís 402

J

Jenner 185
    Goat Rock Beach 186
    River's End 185
    Russian River 185, 186

K

Karina Kappen - Gedichte
    Der Baum 507
    Herbst 493
    Music Writing 437
Klamath 158, 161
    Big Tree 165
    Brotherhood Tree 159
    Cathedral Tree 160
    Coastal Drive 163
    Klamath Beach Road 163
    Klamath River 158, 159, 162, 163

Newton B. Drury Scenic Parkway 164
Prairie Creek Visitor Center 166
Tour-Thru Tree 173
Trees of Mystery 158, 159

L

Legett 173
    Drive-Thru Tree Park 173
Leuchttürme
    Cape Arago Light 123
    Cape Blanco Lighthouse 134
    Cape Meares Lighthouse 85
    Cleft of the Rock Light 98
    Coquille River Lighthouse 129
    East Brother Light Station 192
    Heceta Head Lighthouse 98
    Pigeon Point Lighthouse 409, 415
    Point Arena Light 185
    Point Cabrillo Light 182
    Point Montara Lighthouse 415, 421, 422
    Point Pinos Lighthouse 239
    Point Reyes Lighthouse 192
    Point Sur Lighthouse 395
    Santa Cruz Lighthouse 398
    Tillamook Rock Light 85
    Trinidad Head Memorial Lighthouse 167
    Yaquina Bay Lighthouse 93, 94
    Yaquina Head Lighthouse 97
Lincoln City 86, 87
    Siletz Bay 87
    Siletz River 87

M

Mammutbäume 474
    Avenue of Giants 156, 170
    Big Tree 165
    Brotherhood Tree 159
    Cathedral Tree 160
    Chandelier Tree 173
    Coastal Drive 163
    Drive-Thru Tree Park 173
    Humboldt Redwoods State Park 170
    Hüter der Zeit 245
    Küstenmammutbäume 165, 356, 361, 441
    Newton B. Drury Scenic Parkway 164
    Prairie Creek Visitor Center 166
    Save The Redwoods League 166
    Shrine Drive-Thru Tree 171
    Tour-Thru Tree 173
    Trees of Mystery 158, 159
    Trees Of Mystery 156
Medical Assistance 49
Mendocino 175
    Mendocino Art Center 175
    Mendocino Music Festival 175
Menlo Park 210
Missionen
    Mission San Antonio 250
    Mission San Carlos Borromeo de Carmelo 246
    Mission San Diego de Alcalá 246
    Mission San Francisco de Asís 458, 459
    Mission San Francisco Solano 459
    Mission San José 399
    Mission San Juan Bautista 248, 249
    Mission San Luis Obispo de Tolosa 263
    Mission San Miguel Arcángel 250

Mission San Rafael Arcángel 459
Mission Santa Barbara 455
Mission Santa Clara de Asís 401
Mission Santa Cruz 397
Mission Soledad 250
Missionierung in Kalifornien 453
    Beginn 246
    Ende 455
    Franziskaner 246
    Geistiger Genozid 455
    Heiliger des Völkermodes 455
    Inquisition 454
    Junípero Serra 246, 248, 453, 454, 459, 460
    Junípero Serra Freeway 246
    Masern-Epidemie 454
    Presidios 247
    Spanische Garnisonen 454
    Umerziehung 454
    Völkermord 455
Montara 431
    Point Montara Lighthouse 422
    Point Montara Lighthouse Hostel 422
Monterey 236
    17-Mile Drive 239
    Cannery Row 239
    Elkhorn Slough 244
    Fisherman's Wharf 238, 241
    Monterey Bay 237
    Monterey Bay Aquarium 239
    Monterey Peninsula 237
    Monterey Unterwasser-Canyon 244
    Moss Landing 242
    Point Pinos Lighthouse 239
    Walbeobachtungsfahrten 238, 242

Moss Beach 438, 439, 490
    Distillery 439
    Fitzgerald Marine Reserve 438
Mountain View 203, 205, 207, 231
    Caltrain Station 470
    Castro Street 218
    Selbstfahrendes Auto 207
    Stevens Creek Trail 232
Mount St. Helens 54, 56
    1980 Ausbruch 54
    Coldwater Lake 54, 56, 57
    Coldwater Ridge 55
    Mount St. Helens National Volcanic Monument 55
Museen
    Coos Art Museum 122, 127
    Experienced Music Project 31
    Henry Miller Memorial Library 277
    Museum Legion of Honor 460
    Prehistoric Gardens 143
    San Mateo County History Museum 228
    Surf-Museum 398

N

Nehalem 68
    Kelly's Brighton Marina 68
    Nehalem Bay 68, 71
    Nehalem River 68
    Short Sand Creek 77
    Short Sands Beach 77
    Smuggler Cove 77
Nesika Beach 144, 146
Newport 86, 90, 92, 93
    Altstadt 96
    Fischerhafen 96

Free Willy 93
Oregon Coast Aquarium 92
South Beach State Park 91
Yaquina Bay 93
Yaquina Bay Bridge 94
Yaquina Bay Lighthouse 93, 94
Yaquina Bay State Park 94
Yaquina Head Lighthouse 97
Yaquina Head Outstanding Natural Area 97
Yaquina River 93, 95
Zentrum 97

O

Oregon Donation Land Act 139, 148

P

Pacific City 80
Palo Alto 235
    California Avenue Station 209, 230
    South California Ave 209
    University Avenue 209
Papst Franziskus 448, 453, 455, 459
    Enzyklika Laudato si' 448, 453
    Franziskus von Assisi 447
    Frauen und Diakonat 452
    Heiligsprechung von Junípero Serra 455
    Maria Magdalena 452
Parks
    Año Nuevo State Park 415
    Arizona Beach State Recreation Site 143
    Baker Beach State Park 462
    Bastendorff Beach County Park 119
    Battle Rock City Park 138

Bullards Beach State Park 128
　　　Cape Blanco State Park 133
　　　Cape Lookout State Park 80, 82, 85
　　　Cape Sebastian State Park 152
　　　Crater Lake National Park 114
　　　Fitzgerald Marine Reserve 438
　　　Harris Beach State Park 153
　　　Humboldt Redwoods State Park 170
　　　Humbug Mountain State Park 133
　　　MacKerricher State Park 176
　　　Mount St. Helens National Volcanic Monument 55
　　　Point Cabrillo Light Station State Historic Park 182
　　　Point Reyes National Seashore Park 191
　　　Shore Acres State Park 126
　　　South Beach State Park 91
　　　Stornetta Public Lands 184
　　　Yaquina Bay State Park 94
　　　Yaquina Head Outstanding Natural Area 97
Personen
　　　Alexander Selkirk 193
　　　Alfred Hitchcock 188, 248
　　　Anne Lamott 212
　　　Anson Dart 141
　　　Asterios Paplomatas 483
　　　Barack Obama 258, 425
　　　Bedřich Smetana 352
　　　Bob Dylan 79
　　　Bruno de Heceta 99
　　　Carlos Santana 404, 405
　　　Charles aus Charleston 122, 128
　　　Charles Lindbergh 241
　　　Clint Eastwood 244
　　　Conde B. McCullough 104, 109, 128, 145, 146, 150, 199, 241
　　　Cornelia Hopcroft 397
　　　David A. Johnston 55

Dennis Logie 436
Doris Day 244
E.A. Schwartz 141
Edward Hopper 375
Elias Castillo 454
Erich von Däniken 326
Ernest Hemingway 244
Frank Duarte 416
Frank Torres 439
Franz Hals 122
Franziskus von Assisi 401, 442
Glenn S. Paxson 128
Greg Schindel 181
Häuptling Tecumtum 148
Henry Miller 277
Hippokrates 504
Jack London 116, 244
James Langlois 134
Jan Vermeer 122, 375
Jerry Garcia 412
Jeru Kabbal 346
Jesus von Nazaret 442, 451, 452
Jimi Hendrix 32, 405
Jim Morrison 149
Johannes der Täufer 248
Johann Jakob Astor 67
Johann Wolfgang von Goethe 63
John Frum 326
John Kirkpatrick 140
John Steinbeck 239, 244
Joseph B. Strauss 160, 199, 241
Julia Butterfly Hill 356, 361, 474
Junípero Serra 248
Karina Kappen 437, 493, 506
Kim Novak 244

Klara von Assisi 401, 450
Linda L. Nading 139
Ludwig von Toulouse 263
Lynn Duarte 416
Mabel E. Bretherton 134
Manitas de Plata 406
Maria Magdalena 452
Mauro ffortisimo 420
Murray Morgan 165
Mutter Eugenia Elisabetta Ravasio 252
Natalie Goldberg 211, 212
Neil Young 220, 427
Nikola Tesla 144
Ornette Coleman 412
Papst Johannes Paul II 442, 459
Paracelsus 504
Paul Bunyan 158, 161
Peter Paul Rubens 122
Ray Bradbury 211
Rembrandt van Rijn 122
Richard Wagner 352
Robert Schumann 420
Robert W. Hadlow 110
Roger Payne 237, 245
Rubén G. Mendoza 249
Rupert Sheldrake 498
Samuel Hahnemann 504
Scott Hutchins 204, 210
Steven Hackel 454
Thomas Marsh 248
Wally Byam 240, 241
William Cowper 193
William Hawley Bowlus 241
William Tichenor 139, 141

Pescadero 416
- Artischocken 416
- Duarte's Tavern 416
- San Gregorio 419
- San Gregorio General Store 419
- Stage Road 418

Petaluma 194

Pillar Point 434, 438
- Air Force Station 432
- Harbor 222, 427
- Mavericks 435, 438, 439, 490
- Old Princeton 434
- Old Princeton Landing 427
- Surfen 222, 224
- Surf-Laden 222

Point Arena 184

Point Cabrillo 182

Point Reyes
- Naturschutzgebiet 191
- Point Reyes Lighthouse 192
- Point Reyes National Seashore Park 191
- Point Reyes Station 191, 193
- Ranch A – Ranch Z 192

Polizeikontrolle 132

Portland 65

Port Orford 131, 133, 135, 136, 137, 140
- Arizona Beach State Recreation Site 143
- Arts Council 135
- Battle Rock 138
- Battle Rock City Park 138
- Cape Blanco Lighthouse 134
- Cape Blanco State Park 133
- Fluch der Ureinwohner 136, 142
- Hafen 133, 138
- Hughes House 133

Humbug Mountain 135, 142, 143
Humbug Mountain State Park 133
Prehistoric Gardens 143
Sixes River 133, 134

R

Radtouren
    Adventure Cycling Association Route Maps 33, 37, 479
    Ausrüstung 20
    Beleuchtung 469
    Bicycle - Bike 474
    Caltrain 470
    Connect SLO County 264
    Daunenschlafsack waschen 207
    Denatured Alcohol 37
    Der Reisende Rahmen 196
    Fahrradkauf 16
    Fixed Gear Bike 259
    Fixie 259
    Gepäcksack in Folie 471
    Great Divide Mountain Bike Route 15, 479
    Hiker-Biker Campsite 80
    Rad im Flugzeug 17, 23, 24, 471, 472, 475
    Tour am Cape Arago 120
    Tour Divide 479
    Tour über den San Francisco Bay Trail 232
    Tour über die Golden Gate Bridge 195
    Zoll 26, 475
Raubkatzen
    Berglöwen 22, 117, 180, 183
    Erlebnis 117, 180
    Pumas 112
Redwood City 203, 220, 221, 226, 470
    Broadway Street 228

    Courtyard Square 228
    Fox Theatre 228
    Little Michoacán 226
    Middlefield Road 226, 228
    San Mateo County History Museum 228
    Sequoia Station 228, 470
    Stadtzentrum 227
    Taquerias 226
    Woodside Road 470
Reedsport 106
Regenbögen
    Gischtbogen 222, 224
    Milchstraße 386
    Nebelbogen 185
    Regenbogenmuschel 439, 492
    Regenbogenperlen 500
Reisender Rahmen 196, 197
Rezepte
    Duarte's Artischockencremesuppe 417
    Iknish-Kürbissuppe 387
    Kraftstoff für Radler 371
    Mexikanisches Hähnchen-Barbecue 273
    Müsli für Radler 40
    Pasta e Ceci 445
    Ratatouille für Radler 45
Rituale
    Begraben der Angst 464
    Danken für den Sand 463
    Einweihen der Regenbogenmuschel 493
    Einweihen des Medizinbaumes 506
    Segnen des neuen Fahrrades 22
    Taufen des Reisenden Rahmens 197
Rochester 43
Rockport 173

Rogue River 142, 145, 149, 150
    Agness 147, 148, 150
    Agness Road 147, 150
    Gold River 145
    Illinois River 149
    Jerrys Flat Road 150
    La Riviere aux Coquins 145
    Rogue River Wars 141, 148

S

Sandmuseum
    Ausstellung 483
    Kirche Panagia Korfiatissa 483
    Marmara Sand Gallery 483
    Milos 482
    Minen 483
    Plaka 482
    Sarakiniko Bucht 483
    Westkykladen 482
Sandproben
    Arizona Beach 143, 485
    Baker Beach 463, 488
    Carmel Beach 245, 487
    Corrallina Cove 266, 487
    Goat Rock Beach 188, 486
    Miramar Beach 224, 486
    Moss Beach 439, 487
    Nesika Beach 144, 485
    Simpson Beach 126, 485
    Sunset Beach 122, 484
Sandstrände
    Arizona Beach 143
    Baker Beach 462
    Bandon Beach 131

    Bastendorff Beach 119
    Battle Rock Beach 138
    Cannon Beach 74
    Cape Kiwanda 80
    Cape Lookout Beach 82
    Carmel Beach 245
    Chief's Island Beach 124
    Corrallina Cove 266
    Glass Beach 176
    Glenenden Beach 88
    Goat Rock Beach 186
    Half Moon Bay, Miramar Beach 222
    Half Moon Bay State Beach 432
    Heceta Beach 101
    Hunters Cove 152
    Lighthouse Field State Beach 398
    Moss Beach 438
    Nesika Beach 144
    Oceanside Beach 79
    Seaside Beach 72, 73
    Short Sands Beach 77
    Simpson Beach 126
    South Beach State Park 146
    Sunset Beach 121
    Tunitas Creek Beach 419
    Yaquina Bay State Park 94
San Francisco 194, 198, 440, 456
    34. America's Cup 198
    1906 Erdbeben 458
    1939 Weltausstellung 458
    1989 Erdbeben 457
    AirTrain 215
    Alcatraz 198
    Baker Beach 462
    Basilica Mission Dolores Parish 459

Battery East Trail 199
Battery Spencer 195
Bay Bridge 456, 458
Bay Trail 232
Camino del Mar 462
Cyber-Nachwuchs 462
Dolores/16th Street 458
Fisherman's Wharf 195, 199
Franziskus von Assisi 459
Golden Gate Bridge 194, 200, 463
Golden Gate Park 465
Hardly Strictly Bluegrass 465
Market Street 213
Mission District 462
Mission San Francisco de Asís 458
Mission Street 458
Museum Legion of Honor 460
Nacktbaden 462
Oakland 440, 456, 467
Rental Car Return 214
San Francisco Airport 214, 470
Treasure Island 458
Yerba Buena Island 458

San José 399
Mission San José 399
Oroysom 399

San Juan Bautista 248
Johannes der Täufer 248
Mission San Juan Bautista 248
Vertigo 248
Wintersonnenwende 248

San Luis Obispo 254, 258
Avila Beach 268
Bishop Peak 258
Bluff Trail 265

    Bubblegum Alley 261
    California Polytechnic State University 260, 269
    Cerro San Luis Obispo 255
    Connect SLO County 264
    Corrallina Cove 265
    Farmer's Market 260
    Higuera Street 260
    Islay Hill 270
    Madonna 255
    McLintock Saloon & Dining 261
    McLintocks Barbecue 261
    Mission San Luis Obispo de Tolosa 263
    Montaña De Oro State Park 264
    Morro Bay 258, 260, 264
    Morro Rock 260, 270
    Nine Sisters 258, 260, 270
    Nipomo Street 260
    Olde Port Inn 268
    Osos Street 260
    Port San Luis 268
    Port San Luis Pier 268
    See Canyon Road 269
Santa Clara 401
    Mission Santa Clara de Asís 402
    Ricard Observatory 402
    University 402
Santa Cruz
    Lighthouse Field State Beach 398
    Mission Santa Cruz 397
    San Lorenzo River 398
    Santa Cruz Lighthouse 398
    Surf-Museum 398
Sausalito 195

Seaside 67, 72
- Badeort der Mittelschicht 73
- Radiosender 69
- Schwertmuscheln 74
- Seaside Aquarium 73
- Seaside Beach 73

Seattle 29
- Experienced Music Project 31
- Lake Washington 26
- Link Light Rail 25, 27
- Monorail 32
- Pudget Sound 33, 35
- Satellite Transit System 26
- Space Needle 31
- University Avenue 30
- Waterfront 33

Shelton 39
- Buck's Prairie Store 41
- Oakland Bay 39

Siletz Reservat 95, 148

Silicon Valley 203, 425, 467
- 92 Highway 204, 221
- 280 Highway 204
- Ames Research Center 232
- Deutsch-Amerikanische Schule 220
- Fry's 208
- Hayward 467
- Lawrence Expressway 208
- Moffet Federal Airfield 232
- Moffet Field 232, 233
- Mountain View 203
- NASA 232
- Palo Alto 203, 220
- Redwood City 220, 226
- San Francisco 49er 233

    San José 399
    San Mateo 235, 467
    San Mateo Bridge 467
    Santa Clara 401, 402, 406
    Santa Cruz 397
    Skyline Boulevard 221
    Sunnyvale 208
    Zeppeline 232
Skunk Train 177, 179
    California Western Railroad 177
    Camp Four 180
    Camp Noyo 180
    Camp Seven 180
    Camp Three 180
    Eisenbahnlieder 178
    Northspur 177, 178, 180
    Northwestern Pacific Railroad 177
    Noyo River 177, 178
    Stinktier 178
    Willits 177, 178, 181
Stanford 211
    Bookstore 212
    Hoover Tower 211
    Main Quadrangle 212
    Memorial Church 211, 213
    Palm Drive 211
    University 211
Sunset Pianos 420
Sushi 234
    Aji 234
    California Roll 234
    Gari 235
    Gunkan-Maki 235
    Hirame 234
    Hotate 234

Ika 234
  Ikura 235
  Maguro 234
  Maki 234
  Nigiri 234
  Shake 234
  Sushi Sam's 235
  Uni 235
  Urumaki 234
  Wasabi 234

T

Three Capes Scenic Loop 79, 80
    Cape Kiwanda 80
    Cape Lookout 82
    Cape Lookout State Park 80, 82
    Cape Meares 85
    Cape Meares Lighthouse 85
    Chief Kiawanda Rock 81
    Haystack Rock 81
    Netarts 79, 85
    Netarts Bay 82
    Oceanside 79, 85
    Pacific City 80
    Teacup Rock 81
    Tillamook 78, 79
    Tillamook Rock Light 85
Toledo 46
Tomales Bay 188, 189, 191
    Dillon Beach 188
    Nicks Cove 189, 191
    Sankt-Andreas-Verwerfung 191
    Tomales 188, 189, 190

Trinidad 166
    Trinidad Head Memorial Lighthouse 167
Tsunami 87

U

United States Geological Survey 55
Ureinwohner
    Chetco 145
    Coos 108, 123
    Coquille 128, 130, 131
    Dene Tsut Dah 139
    Esselen 282, 283, 294, 454, 456
    Ko-Kwell 128
    Miwok 191
    Muwekma-Ohlone 399
    Ohlone 248, 282, 397, 454
    Salinas 251, 282
    Siuslaw 99, 106
    Tututni 145
    Umpqua 112
    Vereinigte Stämme der Coos, Lower Umpqua und Siuslaw 124
    Vereinigte Stämme des Lower Rogue 142, 145
    Yaquina 93, 95
    Yurok 166

V

Valet-Parken 189
Vertigo
    Golden Gate Bridge 460
    Mission San Francisco de Asís 460
    Mission San Juan Bautista 248
    Museum Legion of Honor 460

W

Wale
    Buckelwale 236, 243, 281, 466
    Grauwale 222, 421, 466
    Hüter des Raumes 245
    Orcas 92, 93
Winchester Bay 106
Windy Point 152
    Arch Rock 152

Danksagungen

Ich möchte all den wunderbaren Menschen, durch die meine Pilgerfahrt an der Westküste der USA und dieses Buch Wirklichkeit werden konnten, für ihre Unterstützung und Einzigartigkeit danken.

Meiner Familie und meinen Freunden danke ich für ihr Vertrauen und Wohlwollen, ganz besonders aber dafür, dass sie wussten, mich immer im richtigen Augenblick zu ermutigen.

Franz danke ich für seine praxiserprobten Tipps zur Ausrüstung, dem lokalen Fahrradgeschäft für die technische Umsetzung und Ausstattung meines neuen Trekkingrades. Dank auch an meinen Hausarzt für einen Gesundheitscheck und der Physiotherapeutin für die Dehnübungen. Bei meinen Nachbarn bedanke ich mich für die Sorge um mein Haus und den Garten während meiner Abwesenheit.

Meinen amerikanischen Freunden in Centralia, Mountain View, San Luis Obispo und Oakland danke ich für ihre Gastfreundschaft. Die überraschenden Begegnungen auf dieser Reise berührten mich sehr und ich danke stellvertretend Paddy für die Scharfgarbe, Joseph für sein Gebet, Turtle für den Erdtänzer und Julia für ihren Vortrag und ihre Inspiration.

Für die medizinische Betreuung meiner Achillessehne nach der Rückkehr danke ich meiner Orthopädin und nochmals meiner Physiotherapeutin. Es dauerte fast ein ganzes Jahr, bis ich wieder Joggen gehen und längere Fahrten mit dem Reisenden Rahmen unternehmen konnte.

Andrea danke ich für ihre kreative Unterstützung bei der Installation der Regenbogenmuschel und des Medizinbaumes.

Die Arbeit an dem Buch erstreckte sich über drei Jahre. Mein besonderer Dank gilt allen Freunden, die mir Feedback zu einzelnen Kapiteln des Buches gegeben haben.

Die Herausgabe des Buches wäre nicht möglich gewesen ohne professionelle Unterstützung. Ich danke Maria Meinel für das Lektorat und Übersetzungen von Zitaten aus dem Englischen ins Deutsche, Carolin Liepins für die Gestaltung des Umschlags, Yvonne Hupe für ihre Beratung bei der Herausgabe des Buches und Gudrun Bernhard für weitere Übersetzungen von Zitaten und das abschließende Korrektorat.

Schließlich bedanke ich mich bei Christoph Bückers und Anwar Ziesel von der Firma Bookstation für die Betreuung bei der Herstellung des Buches.

Über den Autor

Rolf Krane wurde 1952 in Oelde, Westfalen, geboren. In Bielefeld, Münster und Paderborn studierte er Mathematik, Pädagogik und Informatik für das Lehramt am Gymnasium. Nach dem Zweiten Staatsexamen arbeitete er zunächst als Mathematikdidaktiker an der Universität Bielefeld und wechselte 1988 in ein großes deutsches Software-Unternehmen, wo er 24 Jahre als Entwickler tätig war, zuletzt als Chief Development Architect. Er lebt heute in Wiesloch bei Heidelberg und ist Vater von drei erwachsenen Kindern und Großvater von zwei Enkeltöchtern.

Zwanzig Jahre lang unternahm er zahlreiche geschäftliche und private Reisen in die USA. Von 1996 bis 1998 arbeitete er in einem amerikanischen Entwicklungslabor im Silicon Valley und lebte mit seiner Familie in Redwood City. In diesem Buch schreibt er über seine Selbstfindungsreise an der Westküste der USA im Herbst 2013. Er startete mit dem Fahrrad in Seattle und taufte es unterwegs auf den Namen Reisender Rahmen.

Rolf Krane am Sunset Beach, Cape Arago, im September 2013